소그드 상인의 역사

HISTOIRE DES MARCHANDS SOGDIENS
Deuxième édition révisée et augmentée
by Étienne de la Vaissière

Copyright © 2004, Collège de France,
Institut des Hautes Études Chinoises, Paris
(Première édition © 2002, Collège de France,
Institut des Hautes Études Chinoises, Paris)

First published 2004 by Collège de France,
Institut des Hautes Études Chinoises, Paris.

Korean Translation Copyright © Ghil Publisher 2025
All rights reserved.

This Korean edition was published by arrangement with
Collège de France, Institut des Hautes Études Chinoises, Paris
through Bestun Korea Agency Co., Seoul

이 책의 한국어 판 저작권은 베스툰 코리아 에이전시를 통해
저작권자와 독점 계약한 도서출판 길에 있습니다.
저작권법에 의해 한국 내에서 보호를 받는 저작물이므로
무단 전재 및 무단 복제를 금합니다.

역사도서관 029

소그드 상인의 역사

에티엔 드 라 바이시예르 지음 | 이은정 옮김

도서출판 길

지은이 **에티엔 드 라 바이시예르**(Étienne de la Vaissière, 1969~)는 프랑스 디종(Dijon)에서 태어나 파리고등사범학교를 졸업했으며, 1995년 파리 10대학에서 석사 학위를 받았다. 이후 1999년 고등연구실습원(École pratique des hautes études; EPHE)에서 박사 학위를 받았으며, 현재 파리사회과학고등연구원(École des hautes études en sciences sociales, EHESS) 교수로 재직하고 있다. 그는 파미르고원과 톈산산맥을 중심으로 중앙아시아 전체의 긴 중세 시대에 대한 사회경제사적 접근을 통해 그동안 미지의 영역으로 인식되던 중앙아시아 연구에 획기적인 업적을 쌓고 있다. 아울러 우즈베키스탄(1996~2008)과 아프가니스탄(2010~13)을 비롯해 몽골 등지에서 고고학 발굴과 조사 작업에 참여해 풍부한 사료를 바탕으로 *Les Sogdiens en Chine*(공저, 2005), *Samarcande et Samarra. Élites d'Asie centrale dans l'empire abbasside*(2007), *Asie centrale. 300~850. Des routes et des royaumes*(2024) 등을 저술했다.

옮긴이 **이은정**(李銀貞)은 한국외국어대 튀르키예어과를 졸업하고, 튀르키예 국립 앙카라 대학 사학과에서 18세기 오스만 제국에 끼친 프랑스의 영향에 관한 연구로 석사 학위를, 서울대 대학원 서양사학과에서 오스만 제국의 황실 하렘 여성에 관한 연구로 박사 학위를 받았다. 서양과의 갈등과 교류로 혼란스러웠던 오스만 제국의 19세기 역사와 오스만 여성 문제에 많은 관심을 가지고 있으며, 최근에는 튀르키예에서의 정치 이슬람의 부상이 여성의 사회적 지위 변화에 끼친 영향에 대해 연구 중이다. 서울대와 연세대, 서울과학기술대 등에서 강의를 했으며, 현재 서강대 유로메나연구소 연구교수로 있다. 저서로 『서양 여성들, 근대를 달리다』(공저, 푸른역사, 2011), 『지도자들』(공저, 역사비평사, 2013), 『러시아와 세계정치』(공저, 사회평론아카데미, 2019) 등이 있으며, 역서로는 『오스만제국은 왜 몰락했는가』(에디터, 2004), 『아랍: 오스만 제국에서 아랍혁명까지』(까치, 2016), 『잃어버린 계몽의 시대: 중앙아시아의 황금기, 아랍 정복부터 티무르 시대까지』(도서출판 길, 2021) 등이 있다.

역사도서관 029

소그드 상인의 역사

2025년 10월 1일 제1판 제1쇄 인쇄
2025년 10월 10일 제1판 제1쇄 발행

지은이 | 에티엔 드 라 바이시예르
옮긴이 | 이은정
펴낸이 | 박우정

기획 | 이승우
편집 | 이남숙
전산 | 최원석

펴낸곳 | 도서출판 길
주소 | 06032 서울 강남구 도산대로 25길 16 우리빌딩 201호
전화 | 02) 595-3153   팩스 | 02) 595-3165
등록 | 1997년 6월 17일 제113호

한국어판 ⓒ 도서출판 길, 2025. Printed in Seoul, Korea
ISBN 978-89-6445-300-1 93910

안-소피에게
밤낮으로

옮긴이의 말

실크로드에 세계적 교역 네트워크를 최초로 설계한 소그드 상인들의 장대한 역사

오늘날 우즈베키스탄과 타지키스탄의 아무다리야와 시르다리야강 사이의 비옥한 계곡에서 기원한 소그드 상인들은 실크로드를 따라 거대한 정치·경제 시스템을 구축하면서 유라시아 전역에 수많은 유산을 남긴 이들이다. 뛰어난 상술과 외교 전략, 재빠른 현실적 대처로 유라시아 교역에서 중요한 가교 역할을 한 그들의 장기적 상업활동을 검증하고 규정하는 것을 목표로 한 이 책은, 한 집단의 상업적 행위에 대한 규명과 분석을 통해 '실크로드'라는 무차별화된 개념에 역사적 실체를 부여하고자 한다. 사마르칸트와 부하라를 건설했고 1,500년이 넘는 시간 동안 페르시아 군주들의 명문(銘文)에서부터 아랍 문헌에 이르기까지 여기저기서 거론되어 왔음에도 불구하고 일반 독자들은 소그드인들에 대해 잘 모른다. 부끄러운 고백이지만 옮긴이 역시 상황이 별반 다르지 않았다. 하지만 이 책을 접하면서 그들이 경제·사회·문화 영역에 끼친 영향력이 실로 방대하며, 그들을 빼놓고 유라시아의 역사를 언급하는 것 자체가 불가능하다는 사실을 깨달았다.

소그드 상인들은 중국과 장기적이고 안정적인 교역 관계를 맺었을 뿐 아니라 중국과 인도를 비롯한 여러 대제국 간의 교역에서 거간꾼 역할을 수행했다. 또한 그들의 영향력은 중앙아시아 및 동남아시아를 넘어 페르시아와 비잔티움을 포함한 여러 제국으로까지 확장되었다. 대략

6세기부터 8세기까지 최고 전성기를 누렸던 이들은 실크로드 상거래의 거의 모든 측면을 통제했다. 뿐만 아니라 인도-이란 국경 지역의 승려들과 함께 기원후 2~3세기에 불교를 중국에 처음 전파한 이들도 소그드 상인들이다. 또한 이슬람이 도래하면서 튀르크인들이 처음 이슬람으로 개종한 곳도 소그드 상인들이 교역을 독점하고 있던 시르다리야강 북쪽 스텝 지대의 교역 지대였다. 다시 말해 뛰어난 상술과 사업가 기질을 타고난 소그드 상인들은 사람과 기술, 상품, 사상, 종교의 유통을 가능케 만든 장본인으로서 역사적으로 매우 중요한 역할을 담당했다.

그렇지만 소그드 상인들의 실체를 규명하는 작업에는 많은 어려움이 따른다. 소그드 교역 문제를 직접적으로 다루고 있는 자료가 거의 없다는 점이 가장 큰 걸림돌이다. 활용할 수 있는 한 줌의 자료마저도 분산되어 있거나 대부분이 소그드 공동체 밖에서 양산되었다. 따라서 역사적 관련성이 매우 희박한 자료들로 시간적·지리적 공백을 메우고 소그드 교역의 내적 구조의 윤곽을 그리기 위해서는 일련의 더딘 변형을 통해 시공간의 연속성 및 구조의 일관성을 보여 주는 노력이 필요하다. 그럼에도 외부에서 가져온 부족한 정보만으로는 소그드 사회구조와 교역 네트워크 규모 및 범위는 물론이고 소그드 교역의 시작과 종말 시점을 확정하기조차 어렵다. 이처럼 만성적인 문헌 부족과 결정적인 증거의 부재로 인해 연구의 대부분이 번역문 사용에 기반할 수밖에 없었으며, 동시에 다양한 인접 분야의 전문가와의 협력이 필요했음을 저자는 서문에서 밝히고 있다. 이 문제는 소그드 상인의 역사적 실체를 규명하는 것을 목표로 설정한 저자에게도 커다란 장애물이었겠지만, 본문에 제시된 다양한 언어로 쓰인 수많은 인용문과 참고문헌, 수시로 등장하는 낯선 지명과 인명 등은 옮긴이에게도 엄청난 고심의 시간과 에너지를 요구했다. 이는 수월한 본문 읽기의 흐름을 끊는 각주와 역주가 빈번하게 등장하게 된 주요 요인이기도 하다. 그나마 다행스러운 것은 한국 독자들에게는 제법 익숙한 중국 사료들이 자주 인용된다는 점이다.

이 책은 소그드 교역 네트워크가 등장하고 소멸해 가는 과정을 총 4부, 10장으로 구성해 다양한 사료 및 고고학적 증거와 함께 보여 주고 있다.

제1부는 기원후 4세기 초 중국의 주요 도시와 감숙(甘肅), 남부의 타림분지, 사마르칸트를 연결하는 소그드 교역망의 존재를 입증하는 『소그드인의 고대 편지들』이라는 독특한 문헌 모음집을 중심으로 구성되어 있다. 비옥한 풍적토의 관개에 기반한 농업 사회이자 정주 지역의 경계에 위치한 소그디아나(Sogdiana)는 지속적으로 스텝 지대의 유목민들과 접촉했다. 기원전 540년경 키루스에 정복된 소그디아나는 알렉산드로스 대왕에게 정복될 때까지 아케메네스 제국에 편입되었는데, 이때 이미 이곳에는 사마르칸트 같은 도시 문명이 건재하고 있었다. 기원전 6세기에 시작된 것으로 추정되는 소그드 상인들의 초기 상업활동은 실크로드의 초기 네트워크를 형성하는 데 중요한 역할을 했던 중국 외교 및 인도와의 무역과 밀접하게 연관되어 있었다. 중국 문헌에 따르면, 기원전 2세기 말에 유목민 군사 엘리트와 중국(한나라) 사이의 원대한 외교적 교류 현장의 주변에 중국 물품(특히 비단)을 거래하는 지방 교역이 구축되었다. 비록 대교역 노선이 아닌 파생 경로였지만, 소그드 상인들은 자신들의 전략적인 지리적 입지를 이용해 이 교역에 적극 가담했다.

소그드 네트워크의 존재를 입증하는 최적의 기록물 중 하나인 『소그드인의 고대 편지들』은 이 네트워크가 멀리 떨어진 지역의 상업활동을 통제하기 위해 고안된 경제적·사회적 구조로서 네트워크 개념이 의미하는 바를 모두 갖춘 관계망이었음을 보여 준다. 처음부터 소그드인들은 이방인들이 타림분지와 감숙, 중국에 정착하는 흐름에 동참했고, 중앙아시아와 중국을 잇는 교역 노선의 모든 지점에 위치한 도시에 연속적인 거류지 연결망을 구축하면서 주요 상인으로 성장했다. 그 결과 4세기 초 감숙 지역의 네트워크는 촘촘한 연결망으로 발전했고 4세기 내내 번영과 상대적인 평화를 누렸다. 또한 소그드인들은 향신료, 보석, 직물과 같은 상품이 풍부하고 고대 주요 경제 중심지였던 인도와의 교역에서도 중요한 위상을 차지했다. 다시 말해 소그디아나는 중국·인도·서역을 오가는 상품의 집결지로서 중추적인 역할을 수행했고, 불교의 전파처럼 광대한 지역을 잇는 문화적 가교로서도 활약했다. 이로써 중국 외교와 인도 무역에 깊이 뿌리를 둔 소그드인들의 초기 교역 활동은 실크로드의 초기 틀을 형성하는 데 크게 기여했다.

제2부는 실크로드를 따라 주요 무역 중심지로 부상한 소그디아나의 발전 과정과 그 성공비결을 보여 준다. 소그드인들은 '4세기 위기'라고 칭해지는 훈족과 키다리족의 대대적인 침략으로 인한 정치적 격변을 극복하고, 농업 자산과 도시 확장을 통해 경제적 번영과 정치적 안정의 기반을 다졌다. 이는 운하나 성벽, 관개시설과 같은 정교한 인프라와 높은 인구밀도 덕분에 가능했는데, 그 결과 박트리아 같은 교역 경쟁자를 제치고 침략과 전쟁의 파괴로부터 빨리 회복될 수 있었다. 높은 적응력과 유연한 대응을 보여 준 소그디아나는 중국과 중앙아시아를 연결하는 무역 중심지로 성장했고, 6세기 초부터 대략 8세기 중반까지 거의 2세기 반 동안 실크로드를 지배하는 교역 절정기를 누렸다. 특히 소그드 상인들은 550년대 초 새롭게 탄생한 튀르크 제국에게 중국 당국이 외교적 동기에서 보낸 비단을 대거 시장에 진출시키고, 이국적이고 값비싼 상품을 760년대까지 급여로 중국 병사들에게 지급된 비단과 교환하는 상거래에 참여하면서 대규모 육로 교역에서 명확한 우위를 점했다.

이처럼 소그드인들은 고대 네트워크를 기반으로 유례없는 교역로의 발전을 가져왔다. 당나라는 그들의 상업적 재능을 활용해 저 멀리 한반도 국경까지 교역을 확장했으며 소그드인들은 점점 중국 북부 도시 경제의 중요한 일부가 되어 갔다. 다양한 직업군에 종사하며 장기간에 걸쳐 중국 북부에 존재했던 소그드인들은 7세기에 중요한 발전을 경험했다. 당나라의 시스템에 통합되었던 수많은 소그드 공동체의 일원이 상당하고 지속적인 2세기 동안의 이주를 통해 중국의 상업 및 행정 활동에 깊숙이 자리하게 된 것이다.

소그드 상인들은 이웃한 유목민 세계와 항시적인 접촉을 유지하며 스텝 지대를 통해 소그드 교역 네트워크를 서쪽으로 확장했다. 이 책 제3부는 이와 같은 상업 네트워크를 활용해 중국, 스텝 지대 및 서역 간의 무역을 중재하던 소그드인들의 활약상을 보여 준다. 6세기 중국에서 비잔티움까지 광활한 지역의 새로운 패권자로 등장한 튀르크인들에게 소그드인들은 제국을 운영할 수 있는 정치와 종교, 특히 경제적 수단을 제공하는 최고의 적임자였다. 연속적인 튀르크 제국의 등장과 성장은 중국 국경에서 갈수록 눈에 띄는 소그드와 튀르크 주민들 간의 통합을 수반했는데, 이렇게 탄생한 튀르크-소그드 공생 관계는 중국과 유목민 이웃을 연결하는 모든 교역에서 중요한 역할을 수행했다. 소그드인들은 비단과 말(馬) 무역 통제권을 손에 넣기 위해 튀르크와 동맹을 맺었듯이, 사산 및 비잔티움 제국 시장에 접근하기 위해서도 외교 관계를 적극 활용했다. 그들은 튀르크 세력과 손잡고 상업적으로 사산 제국의 중심부로 밀고 들어갔고 비잔티움과의 거래 가능성도 타진했다. 서역과의 소그드 대교역은 튀르크 제국이 몰락한 이후에도 지속되었다. 이처럼 저 멀리 비잔티움의 성문 앞까지 발달해 있던 소그드인들의 상업적 외교와 중국에서의 역할은 소그드 교역이 단순히 대담하고 진취적인 개인의 집합적 산물이 아니라 극도로 발달되고 사회적으로 통일된 조직을 보유했음을 보여 준다. 즉 소그드인들은 550~750년 교역 네트워크와 문화적 영향력을 확장하기 위해 '동맹 및 외교'와 같은 비상업적 전략을 동원하면서 복잡한 정치·경제적 환경을 조율하는 능력을 보여 주었다.

그런데 중국의 대규모 교역에서 소그드인들이 누리던 황금시대가 755년을 시작으로 중국 북부를 전란에 빠트린 '안녹산(安祿山)의 난'으로 해상로가 육로를 대체하기 시작하면서 커다란 위기를 맞게 된다. 안녹산의 난은 중국의 정치 무대에서 대거 튀르크화된 북부의 전문 직업군—장교 가운데 여럿이 혼혈 출신의 호인(胡人)이었고, 소그드 공동체의 수장역이었던 사바오(sabao, 薩寶)가 중국의 전통적인 관료 체제에 흡수되면서 지방 행정관 또는 총독과 같은 상당히 높은 관리직을 수행하게 되었으며 중국 내에서 삼이교(三異敎)라고 불리었던 조로아스터교, 마니교, 경교(景敎)의 사원들을 관리하는 직위에도 소그드인이 임명되었다—이 급증했음을 확연히 보여 준다. 하지만 안녹산 이후 호인들에 대한 증오가 중국 전역에 확산되면서 중국 도시의 소그드 공동체들은 폭력과 경제적 불안정에 노출되었다. 낙양 및 장안과 같은 주요 무역 허브가 파괴되었고 소그드 교역을 뒷받침하던 인프라도 약화되었다. 이렇게 중국 내에서 소그드인들의 사회적·정치적 영향력이 감소하자 소그드 가문들은 재빠르게 중국 사회에 동화되는 길을 선택했다.

안녹산의 난은 중국 북부에 대한 막강한 패권을 위구르인들에게 넘겨주고 나서야 간신히 진압될 수 있었다. 호인에 대한 반감과 혐오가 확산되자 강력한 보호자가 필요해진 중국의 소그드인들은 위구르와 중국 사이에서 비단과 말을 거래하는 중요한 중개 업무를 담당함으로써 자신들의 입지를 되찾고자 했다. 한때 위구르인들이 소그드의 종교였던 마니교를 받아들이고 소그드 문자를 채택하면서 소그드의 문화적 영향력은 큰 위세를 떨치기도 했다. 하지만 이와 같은 일련의 회생 조짐에도 불구하고 이 지역 일대에서 소그드 무역 네트워크는 예전의 위상을 회복하지 못했고, 설상가상 중앙아시아에서 이슬람이 부상하면서 많은 소그드인이 이슬람교로 개종함으로써 소그드인들의 고유한 문화 정체성은 해체되기 시작했다.

8세기 전반기에 들어서자 군사적 균형은 수십 년에 걸쳐 아랍의 중앙아시아 정복과 티베트 및 위구르의 팽창, 중국의 후퇴로 인해 붕괴했다. 제4부는 정치적·경제적 변화로 인해 교역 네트워크가 해체됨에 따라 소그드인들의 상업 및 문화적 정체성이 쇠퇴하는 과정을 조명한다. 사산 제국의 패퇴와 아랍 침공은 이란 군주의 보호주의 정책에 의해 세워진 장벽을 부분적으로 와해시켰다. 무엇보다 아랍 제국에 소그디아나가 포함되면서 국경 문제는 더는 존재하지 않게 되었다. 아랍 정복은 서서히 진행되었기에 소그드 사회에 즉각적인 충격을 주지는 않았다. 대체로 소그드 전통 엘리트는 9세기 초 여전히 제자리를 지키고 있었고 심지어 바그다드에서는 군사 요직에도 등용되었다. 하지만 이 영광스러운 시기 직후인 9세기 후반에 중앙아시아의 대소 귀족 지주들, 즉 디칸(dihqān)에게 사회적 쇠락의 시간이 찾아왔다. 몇몇 가문만이 권력을 보존하는 데 성공했을 뿐, 10세기 초 오래된 소그드 귀족 사회는 소멸했거나 소멸해 가는 중이었다. 특히 이슬람 종교 엘리트층에 매우 느슨하게 통합되어 있던 사마르칸트는 새로운 이슬람 환경에 적응하지 못하고 상당히 오랜 시간 이러한 사회적 퇴행을 겪어야 했다. 반면 소그드 유산의 무게가 덜했던 부하라에서는 소그드 도시 사회가 해체되고 이슬람 모델로 빠르게 대체되었다. 이처럼 소그드 교역의 강화 및 발전을 가능케 했을지도 모르는 이슬람 정복은 소그디아나에서는 그런 기회가 되지 못했다. 오히려 소그드 도시 사회의 지리적·사회적 평형은 급진적인 변화를 경험했고, 동부 이란 모델의 메르브나 니샤푸르에 맞추어 조정되는 가운데 고유의 소그드적 특징은 사라지게 되었다.

사실, 760년대부터 소그드 통상로의 중심부 대부분은 직간접적으로 티베트와 위구르의 통제 아래 있었다. 이에 따라 소그드 교역 경제는 어려운 시기를 맞았지만, 위구르 제국의 소그드인들은 첫 튀르크 제국에서 수행했던 것과 유사한 역할(예를 들면 대사직)을 담당하며 자신들의 자리를 고수하고자 했다. 하지만 해상 교역로의 비약적인 성장과 옛 상권 중심지에서 계속되는 전쟁으로 인해 그들의 위상은 갈수록 위험해졌다. 중국으로의 공납이 종식되자 동부 소그드 거류지들의 상업적 잠재력은 지역 생산품 — 그중 사향과 노예는 압도적인 부분을 차지했다 — 에만 국한되어 발휘되었고, 이때부터 비단은 바다로만 운송되었다. 소그드인들의 세력이 서서히 약화되면서 본국에서 국외 거류지로 정기적으로 오가던 이들 — 상인, 군인, 농부, 성직자 — 의 흐름도 끊기기 시작했다. 동시에 소그드인들은 계속해서 튀르크어와 중국어를 사용하는 현지 주민 속으로 동화되어 갔다. 이렇게 교역 지대가 점차 축소되고 그들의 문화적 정체성이 소멸하면서 소그드 대교역의 네트워크도 종말을 맞았다.

지리적으로 가장 넓게 확장되었을 당시, 소그드 교역 네트워크는 크림반도에서 한반도까지 유라시아 스텝 지대 전체를 포괄했다. 이들은 중앙아시아라는 지리적 한계를 넘어선 광활한 지역에서 유목민과 정주민 간의 주요 거간꾼이자 동서 교역의 운반자로서 중요한 역할을 담당했다. 그런데 소그드 상인들이 지리적·문화적 경계를 넘나들며 행한 모든 경제적 행위는 동맹이나 외교 같은 엄밀한 정치적 조건과 밀접한 관련이 있었다. 그렇다 보니 처음에는 사산 제국이 몰락하고 아랍 군대가 점진적으로 소그디아나를 정복하면서, 그다음에는 중국에서 안녹산의 난이 발생하면서 연동된 정치적 균형의 변화가 소그드 대교역에 결정적인 타격을 주었다. 물론, 이 책을 통해 우리가 어렴풋이나마 윤곽을 그리게 된 소그드 상인의 역사는 완전함과는 거리가 멀다. 많은 그림자 영역을 남겨 놓은 문서 기록의 공백으로 인해 여러 논리적 핵심은 증거가 아닌 징후에 근거할 수밖에 없다. 그렇기에 소그드 대교역은 확실한 역사적 사실이지만 그 정확한 기원은 여전히 비밀에 가려져 있다. 마찬가지로 그 종말의 시점과 정황 역시 여러 역사적 징후를 통해 짐작할 뿐이다.

저자는 이 책을 통해 소그드 교역의 탄생과 성장 그리고 쇠퇴의 맥락을 구체화했지만, 무엇이 소그드인들로 하여금 대규모 교역 사업을 계속하도록 압박했는지 알 수 없을 뿐만 아니라 소그드 사회구조의 근본 또한 파헤칠 방법이 없었다. 지식의 이러한 공백은 내내 저자의 작업을 제한했다. 소그드 상인들의 이주 동기는 물론, 그것이 이루어진 방식도 커다란 미지의 영역으로 남아 있다. 그럼에도 산재하는 다양한 문서를 통해 우리는 한편으로는 소그드 상인들의 활약에 대해, 다른 한편으로는 소그드-튀르크 정치 구조에 대해 상당히 많은 사실을 알게 되었다. 즉 문서상의 공백과 명확한 증거의 부재에도 불구하고 저자가 처음에 내세운 가설—이 역사 연구의 대상, 즉 소그드 상인들에 의해 유지된 대규모 교역의 존재—은 완전히 확인된 듯 보인다.

실크로드를 따라 무역·문화·외교를 통해 동서양을 연결하는 중추적인 역할을 한 소그드 상인들의 전반적인 이야기를 통해 우리는 실크로드가 동서로 이어지는 단일 무역로가 아니라 동아시아에서 영국 그리고 스칸디나비아에서 마다가스카르까지 아시아, 아프리카, 유럽의 사회와 문화를 연결하는 중첩된 네트워크라는 전제를 확인했다. 이는 아케메네스 왕조와 알렉산드로스 시대부터 튀르크 제국, 당나라, 이슬람 세계로의 통합에 이르기까지 소그드 상인들이 다른 문화권에 쉽게 적응하고 통합될 수 있는 유연한 사회구조와 새로운 지배 집단이 등용할 만큼 뛰어난 상술 및 외교 전략을 가지고 있었음을 보여 준다. 이러한 특징 덕분에 이들은 4세기부터 10세기까지 유라시아 전역을 아우르는 광범위한 교역 네트워크를 유지할 수 있고 단순한 상인 집단을 넘어 고·중세 유라시아 세계에서 경제적·문화적 연결고리로서 중요한 역할을 수행할 수 있었다.

근래 들어 국내 학계에서도 경제적 번영뿐 아니라 문화적·종교적 다양성의 확장 그리고 글로벌 네트워크 형성에 기여하면서 세계사적 위상을 확고히 한 소그드 상인들에 관한 연구가 실크로드를 통한 동서 교류와 중앙아시아사에 대한 관심이 높아지면서 활발히 진행되고 있다. 즉 이들이 한반도와의 교류에 끼친 영향을 다각도로 조명하며 중앙아시아와 한국의 역사적 연관성을 탐구하는 연구자들이 늘고 있는 추세이다. 특히 신라의 「처용가」와 경주 지역의 서역인 무인상(武人像)이 소그드인과 연관성이 있다는 주장은 당시 신라가 당나라와 활발히 교류하면서 서역 문화를 수용했다는 점에서 상당히 설득력이 있는 가설이라고 생각한다. 최근 일본 학계에서는 페르시아나 당나라와의 교역에서 수입된 것으로 간주되던 유물들이 사실은 당나라에 진출해 활약하던 소그드 상인들의 작품이라는 학설이 제기되어 눈길을 끌고 있다. 그렇다면 당대 동아시아 국제 교류의 중심지이자 중국, 일본, 서역 상인들이 왕래하던 경주에서 발견된 서역풍 유물 역시 소그드 상인들이 신라를 방문했을 가능성을 보여 주는 물증이 아닐까? 우리나라 각지의 박물관이 소장하고 있거나 고분에서 출토된 신라시대의 당나라 유물 중에도 소그드인들의 작품이 포함되어 있지 않은지 세밀한 조사가 이루어짐으로써 유라시아 대륙 극단에 위치한 한반도 역시 소그드 상인들의 활동 무대 중 하나였음을 확인하는 날이 조만간 오기를 기대해 본다.

끝으로 이 책은 제임스 워드(James Ward)가 영어로 번역한 *Sogdian traders: A history*, Brill, 2005를 번역 저본으로 삼았으며, 카게야마 에츠코(影山悦子)가 일본어로 번역한 『ソグド商人の歷史』(岩波書店, 2019)를 참조했다.

2025년 7월
옮긴이 이은정

총 론

바다 상인이 천풍(天風)을 타고　　海客乘天風
배로 먼 장삿길 떠나네.　　　　　將船遠行役
구름 속으로 사라진 새처럼　　　　譬如雲中鳥
한번 가면 종적이 묘연하구나.　　一去無蹤跡
　　　　　　　　　　　　　　　　- 이백[1]

'실크로드'(緋緞路, Silk Road)라는 개념은 헬레니즘화를 경험한 바 있는 이슬람 근동(近東) 지역과 동아시아 사이의 상업적·종교적·예술적 교류에 대한 풍성한 역사 기록을 탄생시켰다. 이미지의 힘 덕분에 이에 관한 주제는 널리 확산되었지만 '실크로드'라고 불릴 만한 역사적 대상을 정확하게 규정한 적은 없다. 역사 기술적으로 사고함에 있어 분명 필요한 단계임에도 불구하고 명확한 역사적 관념에 근거하지 않은 이 개념에는 역사지리학의 주요 접근 방식이 그러하듯이, 상업적·외교적·

1　(옮긴이) 시 「고객행」(估客行)은 이백(李白)의 오언고시(五言古詩)로 「고객악」(估客樂) 또는 「상려행」(商旅行)이라고도 한다. 「고객악」은 악부의 청상곡사(清商曲辭) 서곡가(西曲歌) 가운데 하나로 제(齊)나라 무제(武帝)가 왕위에 오른 후 지난날을 회상하면서 지은 노래이다. 이태백, 황선재 옮김, 「고객행」, 『이태백 명시문 선집』, 도서출판 박이정, 2013, 109쪽 참조.

종교적 특색이 혼재되어 있다.

 이 문제를 명료화하는 방법 가운데 하나는 너무나 쉽게 '실크로드'라고 이름 붙여진 광활한 영토의 특정한 지역에서 일정 시기에 교역했다고 알려진 이러저러한 상인 공동체 가운데 구체적인 어느 한 사회집단의 활동에 주목해 보는 것이다. 역사 연구의 대상으로 명확하게 지목된 사회집단의 장거리 교역에 대한 조사는 그 특유의 경제적·사회적·문화적 구조를 밝혀줄 것이며, 이는 시간에 따른 그 집단의 진화를 분석하는 데에도 큰 도움이 될 것이다.

 이러한 교역은 변수가 나타날 수 있는 식별 가능한 경제적 교환과 원거리에 대한 제어 메커니즘, 판독이 필요한 사회적 위계, 그리고 공동 의례에 기반했을 것이다. 특정한 역사적 맥락에서 탄생한 교역은 발전을 거쳐 변형되며, 또한 쇠퇴와 함께 다른 경쟁 상업 세력으로 대체되었을 것이다. 이와 같이 한 집단의 상업적 행위에 대한 규명과 분석은 '실크로드'라는 무차별화된 개념에 역사적 실체를 부여하는 출발점이 될 것이다. 그러므로 이 작업은 중앙아시아의 사마르칸트(Samarkand) 지역에서 기원한 소그드(Soghd) 상인들의 장기적인 상업활동을 검증하고 규정하는 데 목표가 있다.

 소그드인들은 사막으로 둘러싸인 아무다리야(Amu Darya)강과 시르다리야(Syr Darya)강 사이에 위치한 비옥한 계곡, 그 가운데에서도 오늘날 우즈베키스탄과 타지키스탄에 있는 자라프샨(Zarafshan) 계곡에 주로 거주했다. 이란어를 사용하던 소그드인들은 기원전 6세기 아케메네스 왕조 군주들의 명문(銘文)에서부터 기원후 10세기 소그드인들의 문화적·언어적 정체성이 돌이킬 수 없을 정도로 쇠퇴했음을 언급한 아랍 지리학자들의 문헌에 이르기까지 1,500년이 넘는 시간 동안 여기저기에서 거론되어 왔다. 사마르칸트와 부하라(Bukhara)를 건설했음에도 불구하고 일반 대중은 소그드인들에 대해 잘 알지 못한다. 이유는 훗날 이란어를 사용하는 이슬람교도 무리의 일원으로 융합되었기 때문이다. 한편, 이들은 기원후 1,000년 동안 스텝 지대를 비롯해 중앙아시아와 동아시아를 다룬 학술 문헌에서 모든 상업활동을 책임진 민족으로 등장한다. 자료에 장거리 교역이 등장하거나 대외적 영향이 언급되면 전문가들은 종종 부족하나마 궁여지책으로 소그드 상인들을 인용하곤 한다. 비록 소그드 교역이 그 민족의 진정한 역할을 포괄적으로 평가하는 역사 연구의 주제였던 적은 없었지만 말이다. 따라서 우리는 이 작업을 통해 이러한 차이를 메우려 한다.

일단 부정확한 역사 기술의 망(網)에서 벗어나면 소그드 상인들이 끼친 영향력의 범위는 실로 방대하다. 우리가 검토할 정치적 질문과 더불어 이 작업의 주제를 구성하는 모든 경제적·사회적 문제는 차치하고 지금 당장은 문화 영역, 그 가운데에서도 특히 종교 영역에서의 몇몇 사례를 제시하는 것만으로도 충분할 것 같다. 소그드인들은 인도-이란 국경 지역의 승려들과 함께 기원후 2~3세기에 불교를 중국에 처음으로 전파했다. 그 후 400년 동안 그들은 서방의 새로운 종교들, 즉 마니교와 네스토리우스파 그리스도교를 중국과 튀르크인들에게 소개했다. 이슬람이 도래하면서 튀르크인들이 처음 신흥 종교로 개종한 — 이는 최초로 이슬람 튀르크 제국을 건립한 카라한인들뿐만 아니라 셀주크인들의 개종으로 이어졌다 — 곳도 소그드 상인들이 독점하고 있던 시르다리야강 북쪽 스텝 지대의 무역 지역이었다. 종교 영역은 완전히 배제하고 누군가는 9세기부터 11세기까지 이슬람 세계 최고 석학들의 교육에 끼친 이슬람화 이전의 소그디아나(Sogdiana) — 이곳은 이란과 튀르크뿐만 아니라 인도와 중국의 영향에도 열려 있었다 — 지역의 문화적 역할이 궁금할지도 모르겠다. 예를 들어 몇몇 사람의 이름, 곧 알-

비루니(al-Bīrūnī), 알-파라비(al-Fārābī), 이븐 시나(Ibn Sina), 알-콰리즈미(al-Khwārizmī) 모두 소그디아나 혹은 인근의 호라즘(Khorezm) 지역에서 교육을 받은 이들이다. 거칠게 말하자면, 이 책에서 다루고자 하는 소그드 상업망은 사람과 기술, 상품, 사상의 유통을 가능하게 만든 장본인이다. 사상의 보급은 그 자체만으로도 자세히 살필 가치가 충분한 주제이지만, 아직은 초기 연구 단계에 불과하기에 여기서는 다루지 않을 것이다. 하지만 이러한 흐름을 인지하고 더 나아가 이와 관련해 소그드 상업망이 역사적으로 얼마나 중요했는지를 고증할 필요는 있겠다.

소그드 교역 문제와 씨름하려는 역사가는 다수의 어려운 문제와 직면하게 된다. 서양의 경우에 보통 문서적 환경상 적어도 중세 말부터는 특정 집단의 교역사(交易史)의 경제적·사회적 구조를 안팎에서 연구하는 것이 가능하다. 공증 문서와 회계장부, 결혼 계약서, 법령, 길드 헌정사나 후원 증서 같은 기록 문서들이 풍부한 교차적 관점을 제시할 뿐만 아니라 필요한 정보도 제공하기 때문이다. 그런데 중세 중앙아시아의 경우에는 그렇지 못하다.

내가 이 작업을 시작했을 무렵 믿을 만한 증거에 의해 외몽골에서 인도 북서부까지, 그리고 중국의 수도에서 아랄해까지 아우르는 지역에서 대략 700년경 소그드 상인들이 활약했음이 입증되었다. 더욱이 연대학(年代學)도 거의 15세기 동안이나 은폐되었던 소그드 교역에 대한 의견을 내놓았다. 그러나 설령 역사가가 필요한 모든 역량 ― 언어학적으로나 기술적으로나 그 범위가 방대하다 ― 을 갖추었다 하더라도 이용할 수 있는 자료가 거의 없고 그마저도 너무 분산되어 있는 것이 현실이다. 게다가 이러한 자료들은 대개 외부 관찰자들이 남긴 것이다. 이들은 이러저러한 곳에 상인들이 있었다거나 드물기는 하지만 그들이 소그드인이었다고 진술할 뿐이다. 아마도 이러한 증언은 11세기 바그다드에서 편찬된 튀르크-아랍어 사전에서처럼 3세기 불교 승려의 전기(傳記)에서도 발견될 가능성은 충분하다. 이 같은 종류의 자료들에서 도출할 수 있는 연대기적·지리학적 묘사는 소그드 교역망의 실재와 그것의 진화를 보여 주는 지도를 그릴 수 있도록 해준다. 이렇게 분산된 정보에 비해 명확하게 상업적이거나 또는 소그드 상인 출신들에게서 흘러나온 소그드어 문서는 다섯 손가락으로 꼽을 수 있을 정도로 빈약하다. 나는 어떤 거래명세서나 법문도 찾을 수 없었고 인물 연구를 할 수 있는 방법도 없었다. 따라서 내가 할 수 있는 이야기는 필연적으로 아시아에서의 소그드인 네트워크의 확장에 대한 외사(外史, external history), 다시 말해 그들의 존재와 진화에 대한 묘사에 불과할 수밖에 없다.

기본적으로 외부에서 양산되었고 동시에 여기저기 흩어져 있는 기록 문서라는 정황상, 연구 대상의 일관성이라는 심각한 문제가 조사 과정에서 드러났다. 흩어져 있기는 하지만 내부에서 양산된 기록 문서라면 적어도 관련한 다양한 배경을 가진 소그드 상인들 사이의 비교가 가능했을 것이다. 또는 외부에서 양산되었다고 하더라도 제한된 시간과 지역에 초점을 맞춘 문서였다면, 나는 본격적으로 실존하는 단 하나의 역사적 현상만을 상정했을 것이다. 하지만 소그드인들의 경우에는 그저 불리한 조건들만 늘어났다. 오랜 시간 동안 인구가 희박했던 광활한 지역에 대한 기록 대부분이 외부인들의 증언인 데다가 곳곳에 분산되어 있는 자료였기 때문에, 이들 증거가 모두 하나의 같은 역사적 현상과 연관이 있는지 도저히 확신할 수가 없었다. 온갖 것을 모아 내적 일관성이라고는 전혀 없는 역사적 대상을 만들어 모든 기록 문서의 공백을 메우고자 했다면, '실크로드'라는 통념을 망쳐 놓은 일관성 없는 개념에 다시 함몰되거나 대단했던 중세 대상 무역(隊商貿易)이라면 응당 그러했을 것이라는 선험적 발상에 쉽게 빠지고 말았을 것이다.

지리적이고 연대기적인 종합만으로는 충분하지 않았다. 역사적 관련성이 매우 희박한 자료들로 이렇게 커다란 연대기적·지리적 공백을 메우기 위해서는 어떻게든 문헌 연구를 통해 소그드 무역의 내적 구조의 윤곽을 그릴 수 있어야 했다. 자료에 대한 내 작업이 끝나갈 무렵, 마침내 윤곽을 그릴 수는 있었지만 기록 문서가 매우 부족하다는 사실을 뼈저리게 느낄 수밖에 없었다. 그래도 두 가지 요소 덕분에 어려움을 완전히 해소할 수는 없었지만 어느 정도는 완화할 수 있었다.

  소그드 교역에 대한 다수의 증언은 간결하다. 하지만 모두 다 그렇지는 않다. 또한 대체로 서로 별개의 진술로 이루어져 있다. 아시아 대륙 양단에서 나온 두 자료가 비록 제한적일지라도 소그드 상인들에 대해 같은 정보를 준다면, 아마도 객관적인 사실의 존재를 보증하는 것일 터이다. 이들 정보 가운데 일부는 소그드 사회 및 경제의 내적 특징을 드러낸다. 더욱이 소그드 상인 출신에게서 직접 나온 몇몇 기록물도 존재한다. 진귀하지만 신뢰할 만한 내적 토대로 기능하는 이러한 자료들은 몇몇 가설을 제기하고 외부 자료들이 제공하는 기술(記述) 요소들과 연계할 수 있게 해준다. 따라서 나는 일련의 더딘 변형을 통해 시공간의 연속성 및 구조의 일관성을 보여 줄 수도 있겠다고 생각했다. 아직 조사되지 않은 것도 알려진 것만큼이나 중요하다.— 그리고 이것이 핵심이다 — 누락된 정보는 근본적인 변형 없이도 도식적인 이 구조에 어울리는 유형인 것 같다.

  그럼에도 불구하고 특히 소그드 교역사의 두 단계, 즉 시작점과 종결점이 계속해서 문제가 되었다. 왜냐하면 나는 시작점이 되는 고대 소그드 장거리 교역의 기원을 설명하기 위해 소그드 네트워크의 발단을 연대기적으로 정하는 총체적 시도 속에서 전적으로 외부 자료에서 가져온 아주 적은 정보에만 만족해야 했기 때문이다. 그리고 종결점의 경우에도 8세기 이슬람과 그것이 동반한 언어의 문화적 영향력이 소그드 문화를 소멸시켰을 정도로 방대했기 때문에, 이러한 정황은 내가 외부 자료를 선별하는 기준에 걸림돌이 되곤 했다. 더 이상 소그드인들이 존재하지 않았다는 주된 이유로 소그드 상인들 역시 더 이상 존재하지 않았다고 주장하지만, 이러한 상황이 반드시 소그드 교역이 다른 이름으로 살아남지 못했음을 의미하지는 않는다. 또한 그 구조가 다른 측면을 지탱하면서 문화적 요소들의 일부를 쉽게 상실하지 않았음을 뜻하지도 않는다. 나는 이전 시대와 관련해 정립된 모든 사실에 근거해 이 연구 대상이 그 무렵이면 최종적인 변화를 경험했다고 결론지을 수 있도록 10세기 중앙아시아 교역, 즉 사만 왕조의 교역이 소그드어 이름뿐만 아니라 선행한 소그드 교역의 경제적·사회적 특징의 일부분도 상실했음을 입증하고자 했다.

이와 같은 기획은 반드시 역량의 문제를 수반한다. 9세기 니샤푸르(Nishapur)로 떠난 여행가들의 출신지를 확인하는 문제나 수세기 동안 중국의 지리학 문헌에서 쓰인 차용어를 포함해 기원전 6세기 고대 페르시아의 광물학 용어에 대한 해석에서부터 13세기 프란체스코파의 이야기 속에 등장하는 특정 지명의 의미에 이르기까지, 제기된 모든 문제에 정통하는 것이 논점은 아닐 것이다. 선택된 주요 역사 주제는 바로 이와 같은 측면에서 기대의 지평선을 다채로운 박식한 토론으로 제한하는 가치 있는 보호 장치이다. 그렇다고—사실 이것이 더 중요하다—이것이 아르메니아어, 티베트어, 중세 인도어로 된 중요 문서들은 차치하고 주요 언어들만 나열하더라도 한문과 소그드어, 아랍어, 튀르크어, 페르시아어, 그리스어를 포함해 모든 기점(起點) 언어를 통달하는 문제도 아니다. 러시아어와 중국어, 일본어 같은 동양 학문의 언어들도 결코 쉽지 않다. 게다가 문서와 화폐, 고고학, 도상학 자료를 다룰 수 있는 필수적인 경험도 동시에 보유해야 한다. 이 연구를 하는 동안에 나는 고고학 문헌에 접근하기 위해 러시아어를, 이슬람 자료를 읽기 위해 아랍어를 배웠으며, 평범한 수준이지만 페르시아어와 소그드어, 중국어도 습득했다. 정말이지 이 연구의 대부분이 번역문 사용에 기반했음을 인정하지 않을 수 없다. 원문 검토를 거쳤지만 번역문 사용에는 반드시 오류가 발생할 가능성이 따른다는 사실도 인정할 수밖에 없다. 또한 나는 어떤 식으로든 고고학자나 문헌학자, 하물며 화폐학자나 예술사가라고 주장할 만한 자격이 없음에도 불구하고 고고학 발굴과 문헌학 작업에도 참여할 수 있었다. 내게 친절을 베풀어준 수많은 연구자의 도움이 없었더라면 이와 같은 오류들은 더욱더 많아졌을 것이다. 물론, 여전히 남아 있는 모든 오류는 전적으로 나의 책임이다. 이 책은 대다수의 다른 역사 연구보다도 훨씬 더 많은 측면에서 다양한 인접 분야의 전문가들과 긴밀하게 협력한 산물이다. 주제가 이를 너무도 필요로 했기 때문이다.

프란츠 그르네(Frantz Grenet)는 나를 도운 사람들 가운데 가장 먼저 언급해야 한다. 그는 친절하고 지속적인 도움과 함께 방대한 지식으로 동양 학문의 미로 속에서 헤매는 나에게 길잡이가 되어주었다. 변함없는 그의 도움이 없었다면 나는 결코 이 책을 쓰지 못했을 것이다. 원래는 자신이 지도하던 학위 논문이었던 이 책의 감수를 폴 버나드(Paul Bernard)가 맡아주었다. 아울러 고등사범학교 UMR 동서 고고학과(Archéologie d'Orient et d'Occident)의 클로드 라팽(Claude Rapin)과 오스먼드 보페아라키(Osmund Bopearachchi), 귀 르큐요(Guy Lecuyot)도 나를 따뜻하게 환대해 주었다. 콜레주 드 프랑스(Collège de France)에 본부를 둔 프랑스 국립과학연구원의 고등연구실습원 중국문명학과(CNRS Civilisation Chinoise of the École Pratique des Hautes Étud)의 일원들은 중국학 분야에서 상호 보완적인 지원을 제공해 주었으며, 학문적 열성과 큰 호의로 나를 반겨주었다. 장-피에르 드레주(Jean-Pierre Drège)와 에릭 트롬베(Éric Trombert), 장광다(張廣達, Zhang Guangda), 리처드 슈나이더(Richard Schneider)는 돈황(燉煌)과 투르판에서 나온 많은 정보에 내가 접근할 수 있도록 도와주었다. 심지어 트롬베는 이 책에 등장하는 모든 중국어 번역문을 몇 번이고 읽어주었으며, 공동 집필한 논문의 성과물을 이 영문 번역서에 사용하도록 기꺼이 동의해 주었다. 니컬러스 심스-윌리엄스(Nicholas Sims-Williams)와 요시다 유타카(吉田豊)는 소그드 철학 분야에서 큰 도움을 주었을 뿐만 아니라 일리야 야쿠보비치(Ilya Yakubovich), 모리야스 타카오(森安孝夫)와 함께 이 책의 첫 프랑스어 판에 관해 아낌없는 조언도 해 주었다. 나는 그 소견들을 이 책에 포괄적으로 담았다. 콘스탄틴 주커만(Constantin Zuckerman)은 비잔티움과 하자르(Khazar) 문제와 관련해 도움을 주었으며, 그리스어 번역문도 교정해 주었다. 알라스테어 노세지(Alastair Northedge)와 모니크 케르브랑(Monique Kervran)은 대상(隊商)의 숙소 문제에 대해 상세히 논의하는 데 기꺼이 참여해 주었다. 러시아에서는 그레고리 세묘노프(Gregori Semënov)와 보리스 마르샤크(Boris Maršak)가 소그드 문명 연구에 대한 자신들의 방대한 경험을 친절하게도 공유해 주었다. 우즈베키스탄에서는 자말 미르자크메도프(Djamal Mirzaaxmedov)가 파이켄트(Paykent)의 대상 숙소 발굴에 내가 참여할 수 있도록 허용해 주었으며, 피에르 슈뱅(Pierre Chuvin)은 여러 차례 프랑스중앙아시아연구소(Institut Français d'Études de l'Asie Centrale)의 방문을 환영해 주었다. 이외에도 스테판 르베크(Stéphane Lebecq), 프랑수아 티에리(François Thierry), 블라디미르 리브시크(Vladimir Livšic), 테오도르 누난(Theodor Noonan)(†), 프랑수아즈 미쇼(Françoise Micheau), 카게야마 에츠코(影山悅子), 마르가리타 필라노비치(Margarita Filanovič), 유리 카레프(Yuri Karev), 페넬로페 리부(Pénélope Riboud), 미셸 카잔스키(Michel Kazanski), 캐서린 푸졸(Catherine Poujol), 이사벨 앙(Isabelle Ang), 후다 아유브(Houda Ayyoub)를 비롯한 여러 학자가 다양한 방식으로 내게 도움의 손길을 건넸다. 콜레주 드 프랑스와 상트페테르부르크, 타슈켄트, 케임브리지, 사마르칸트의 사서들도 수많은 다양한 종류의 자료를 요구하는 연구자에게 큰 인내심을 발휘해 도움을 주었다. 그분들께 진심으로 감사하는 바이다.

나머지는 레일라(Leïla)와 로맹(Romain), 안-소피(Anne-Sophie)가 알고 있다.

차례

옮긴이의 말   7

총론   17

제1부 고대 네트워크(처음부터 기원후 350년까지)

   도입   37

제1장 소그드 교역망의 기원: 연대기적 범위를 설정하려는 시도   39
  1. 고대의 소그디아나(Sogdiana): 교역 경제?   40
     소그드 상인들의 결핍: 키루스 시대부터 알렉산드로스 시대까지의
     소그디아나   40
     수사(Susa) 헌장과 소그드 교역사   45
     사카족 세계에 확산된 청금석   48
     알렉산드로스 대왕과 소그드 교역   51
  2. 중국 문헌에서의 소그드 지방 교역   54
     소그디아나의 검증   54
     상업적 교섭(?)   59
     기원전 2세기에 대한 고고학적 자료   65
  3. 열외된 소그디아나: 기원후 초기의 교역 노선   68
     남쪽의 상업 민족들   68
     북쪽 노선들   72

제2장 『고대 편지들』에 대하여   78

1. 『고대 편지들』과 소그드 네트워크   78
  『고대 편지 II』   78
  맥락과 시기   82
  우편 네트워크   84
  완전체로서의 네트워크   86

2. 지역 거류지들   89
  『고대 편지 V』   89
  상업적 측면들   91
  소그드 지역사회   96
  거류지의 지리학   99

3. 중국 국경에 형성된 소그드 네트워크   101
  연대순의 기준점   103
  중국 인근에 형성된 네크워크   104
  경제적 맥락   109

4. 중국에 정착한 공동체들   111
  중국의 상황: 연대순의 문제   111
  4세기 타림분지와 감숙(甘肅)   114

제3장 인도와의 교역   118

1. 소그드 상인들, 쿠샨 상인들   118
  강승회(康僧會)   118
  인도와 소그드인들의 접촉   122

2. 북서 인도의 거류지   126
  불교 자료들   126
  인더스강 상류의 소그드어 비문들   129
  쿠샨 제국의 소그드인들   134

3. 부(副)지부?   137
  코스마스 인디코플레우스테스의 증거   137

쇠락? 140

제2부 상업 제국(350~750년)

도입 149

제4장 교역의 주요 중심지, 소그디아나 151

1. 대대적인 침략 152
   연대기적 문제들(350~450년) 152
   소그디아나의 고고학적 데이터들 156
   박트리아에서 157
2. 5세기 소그드의 회복 163
   농업 자산 163
   도시 팽창 165
3. 훈족에서 에프탈족까지 번영의 정치적 뿌리 167
   소그디아나의 훈족과 키다라족(Kidarites) 167
   에프탈족의 은화(銀貨) 172
4. 식민지 팽창 174
   차츠(Čāč)에서 174
   세미레체(Semireč'e)에서 176

제5장 중국에서 181

1. 중국 자료 속의 소그드 상인들 182
2. 타림분지와 감숙 186
   남쪽 노선 186
   북쪽 노선에 대한 기록 문서 189
   소그드 거류지들 193
   농부, 장인 196

상인	197
관세 대장	200
감숙의 공동체	203
3. 중국 중심부에서의 소그드 교역의 확산	205
수도들	206
중국 지방에서	211
사천(四川)과 티베트의 소그드인들	214
4. 공동체 구조	218
살보(薩寶)	220
단어의 기원	223
5. 중국의 소그드 공동체의 진화	225
살보에서 군구의 신민으로	225
중국화 과정: 이름, 결혼	226
중국화 과정: 살보에서 관료로	228

제6장 구조　　　　　　　　　　　　　　　　　　　　　233

1. 사회적 구조	233
상인 계층의 중요성	234
상인의 사회적 위상	238
활동 범위와 상인 간의 사회적 위계	241
2. 법적·정치적 구조	244
소그드의 과두제	244
소그드법	247
3. 소그드 교역의 자본 환경	250
돈	250
소그드 상품들	254
소그드 교역에서 비단이 차지한 위상	256
4. 소그드인과 그들의 경쟁자들	267
타림분지 사회	267
서쪽의 이웃들	269

엄청난 경쟁자: 페르시아인	271
소그드인들과 라다니트(Rādhānites)	274
5. 거리를 터득하기	278
대상 무역	278
소그드의 윤리와 대상 숙소 정신	283

제3부 교역과 외교(550~750년)

도입	293

제7장 튀르크-소그드적 환경   295

1. 튀르크-소그드적 환경의 탄생	296
튀르크 제국	296
행상인과 정복자	302
튀르크 비단과 소그드 교역	308
2. 오르도스(Ordos)의 말(馬)들	313
사(史) 가문: 살보이자 통역가, 그리고 말(馬) 사육자	314
6개의 호(胡) 자치주	316
3. 루산(Lushan)에서 위구르로	319
반란의 역사	319
튀르크-소그드 환경과 제국 질서	321
동화(同化)와 은폐	326
위그르인들의 개종과 엘리트의 융합	329

제8장 대사와 상인: 서역로들   333

1. 소그드인, 튀르크인 그리고 사산조 시장들	334
사산 제국의 상업 정책	334
선행 사건들	341

2. 비잔티움에의 접근	344
메난드로스의 글	344
코카서스의 문제들	348
크림반도의 소그다이아	354
3. 하자르 제국에서의 교역	365
은 제품(식기, 주화) 확산에 대한 연구	365
하자르 제국에서	370
4. 호라즘과 소그드인들	373
호라즘의 대교역	373
소그드 교역 분야에서	375

제4부 네트워크의 해체(700~1000년)

도입	381
제9장 이슬람 세계의 소그드인들	**382**
1. 8세기의 문제들	385
연대표	385
정복과 경제사, 그리고 교역	390
아랍 군대의 물주, 소그드인들	397
소그드 상인들의 정치적 역할	400
2. 이슬람 영토에 있던 중앙아시아 출신의 상인들	405
아무다리야강 남쪽의 소그드인들	405
바그다드의 중앙아시아 상인들	410
3. 전환점: 9세기	413
사회적 분열: 귀족 사회	413
새로운 종교 엘리트의 형성	415
소그드 문화	419

제10장 파열과 동화   422

  1. 서부에서의 소그드 교역의 종식   424
      10세기 서부의 교역   424
      소그드인에서 호라즘인으로   427
      서부 교역과 경제 수지   429
  2. 트란스옥시아나의 상업경제   433
      지리적 묘사   433
      소그드 상품의 유포   438
  3. 투르키스탄의 후배지   444
      소그드 교역, 위구르 교역   444
      9세기: 정치적 교류   448
      외교 및 종교와 관련한 여행자들   451
      자이하니에 대하여: 10세기   457
      고고학적 표지자들   462
  4. 동화(同化)의 문제   465
      소그드인, 중국인, 위구르인   465
      소그드인과 위구르인   469
      아르구(Argu)의 땅   471

결론   478

참고문헌   482

사항 찾아보기   527
인명 찾아보기   538
지명 찾아보기   546

제1부

고대 네트워크
(처음부터 기원후 350년까지)

도입

　이 책 제1부는 기원후 4세기 초 중국의 주요 도시들과 감숙(甘肅), 남부의 타림분지, 사마르칸트를 연결하는 소그드 교역망의 존재를 입증하는 『소그드인의 고대 편지들』(*Sogdian Ancient Letters*, 이하 『고대 편지들』)이라는 독특한 문헌 모음집을 중심으로 구성되어 있다. 제2장에서는 하서회랑(河西回廊)의 여러 도시에 정착한 소그드인들이 서쪽으로 보낸 이 상업적이고 개인적인 편지 다발을 상세하게 분석하고자 했다. 이들 편지 가운데 하나의 수신처는 사마르칸트인데, 대상로(隊商路)로 8개월이나 걸리고 3,000킬로미터도 더 떨어진 중국의 수도 낙양(洛陽)에 체류하던 소그드인이 쓴 것이다. 이들 편지가 쓰인 불안한 시기에도 상품과 상인, 소식은 유통되고 있었다.

　이와 같은 규모는 교역망이 4세기보다 훨씬 앞선 시기에 형성되었음을 시사한다. 틀림없이 형성기는 길었지만 다양한 정보를 제공하는 역사 기록에 의해 지나치게 늘어난 측면도 없지 않다. 제1장에서는 『고대 편지들』 이전의 연대표를 정리하고, 유목민들에 맞설 협력자들을 찾는 데 혈안이 되어 있던 중국의 외교 정책과 중국 사절이 가져온 비단(緋緞)을 인도 상품과 교환해 큰 이윤을 챙기던 히말라야 장벽 끝에 거주하는 중앙아시아인들이 만나, 4세기에 존재했다고 입증된 교역망이 어떻게 점진적으로 구축되었는지를 보여 주고자 했다.

인도는 분명 고대에 아시아 교역의 주요 파트너였다. 대규모 교역으로 발판을 마련한 소그드 상인들도 전임자들인 인도와 박트리아(Bactria) 상인들의 예를 따랐다. 따라서 제3장에서는 『고대 편지들』에서 확인할 수 있는 가족 관계나 어휘에서 명백하게 드러나는 이와 같은 영향력의 크기를 분석하고자 했다. 인더스강 상류 산길에서 발견된 대상단(隊商團)의 우두머리가 남긴 낙서 같은 또 다른 기록물은 기원후 3세기에서 5세기까지 인도와 중국 사이의 교역에서 이 최초의 소그드 교역망이 점점 더 중요해졌음을 보여 준다.

제1장
소그드 교역망의 기원: 연대기적 범위를 설정하려는 시도

한정적인 특성으로 인해 『고대 편지들』 이전의 교역사에 대한 장황한 분석에 그리 도움이 되는 자료는 없다. 자료 조사는 다소 신속하게 이루어졌는데, 기원전 6세기부터 기원전 4세기까지 아케메네스 왕조 시대에 양산된 중앙아시아에 대한 문헌들은 수적으로 매우 적을 뿐만 아니라 실속도 없었기 때문이다. 알렉산드로스 대왕의 페르시아 제국 및 중앙아시아 정복에 관계된 기원전 4세기 말과 기원전 3세기에 작성된 그리스 자료 역시 아케메네스 왕조의 문서만큼이나 실속이 없었다. 좀 더 도움이 되는 자료들을 찾기 위해서는 기원전 2세기 말부터 쓰인 중국 문헌들과 기원후 2세기 중엽 알렉산드리아의 프톨레마이오스(Ptolemaeos)[1]가 쓴 『지리학』(*Geōgraphikō hyphēgēsis*)을 살펴보아야 했다.

그러므로 제1장은 파편화된 일련의 소규모 연구 형태로 제시할 수밖에 없었다. 또한 각각이 특정 주장과 관련이 있다 보니 보존된 자료들을 총괄할 좋은 기회는 거의 보여 주지 못했다. 그래서 제1장의 목적

---

1 (옮긴이) 고대 그리스의 수학자·천문학자·지리학자·점성학자로, 지구가 우주의 중심이라고 생각했다. 그의 천문학은 13권으로 구성된 『알마게스트』(*Almagest*)에 집대성되어 있으며, 15세기까지 서양 천문학의 근간을 이루었다. 아울러 8권으로 된 지리학에서 지도 제작법과 위도와 경도로 표시된 유럽, 아프리카, 아시아를 비정(比定)하기도 했다.

은 고대 소그드 교역의 기원에 대한 역사를 쓰는 것이 아니다. 이는 자료 부족으로 절대 성취될 수 없는 목표이다. 이 장(章)에서는 좀 더 겸허하게 소그드인들을 간략히 소개하고 연대표를 구획하면서 몇몇 가설을 진전시키는 작업을 하고자 한다. 이처럼 제한된 목표 설정은 기원전 6세기부터 기원후 2세기까지 무려 800년이라는 시간을 단 몇 쪽으로 이야기하고 지나가는 명분이 될 것이다.

1. 고대의 소그디아나(Sogdiana): 교역 경제?

소그드 상인들의 결핍: 키루스 시대부터 알렉산드로스 시대까지의 소그디아나

기원전 6세기 아케메네스 왕조 시대의 자료에서 처음으로 소그디아나와 그 주민들, 즉 소그드인들이 언급된다. 이들 문헌에서 이 민족이 개별화되었다는 사실은 언어적 실체 이전에 종족적 정체성이 이미 존재했음을 보여 준다. 비록 이 책에서는 소그드인을 소그드어를 모국어로 사용하는 사람들로 정의했지만, 다른 이란어와 소그드어의 분리는 아마도 아케메네스 왕조 시대에 매우 점진적으로 이루어졌을 것으로 추정되기 때문이다.

소그드 지역의 정확한 경계에 대해서는 알려진 바가 거의 없다. 북쪽으로는 시르다리야강(약사르테스강)이, 남쪽으로는 아무다리야강(옥수스강)이 확실하게 자연적으로 국경을 형성했다. 서쪽으로는 소그디아나가 아무다리야강 물줄기의 중간 부분과 연결되지만, 습지가 많은 자라프샨의 저지대인 소그디아나의 중앙 지역은 여전히 인구밀도가 낮았다. 부하라(Bukhara)[2]는 시간이 훨씬 흐른 기원후 5세기에야 번영을 이루었다. 남동쪽으로는 소그디아나와 파미르고원이 접해 있었다.[3]

지도 1 중앙아시아 지도

지도 2 중앙아시아(상세 지도)

중앙아시아에서 소그드인들의 남쪽 이웃으로는 오늘날 아프가니스탄 북부를 형성하고 있는 아무다리야강의 반대편 기슭에 살던 박트리아인들이 있었다. 그 너머의 인도는 힌두쿠시의 험악한 산길을 지나면 다다를 수 있었다. 남서쪽으로는 아무다리야강을 건너 사막을 지나 오늘날 투르크메니스탄의 메르브(Merv)[4]에 다다르면 이란고원과 연결되었다. 북서쪽으로는 아랄해 인근 아무다리야강과 시르다리야강이 형성한 삼각주에 위치한 사막으로 둘러싸인 지역인 호라즘(Khorezm)[5]이 자리했다. 반(半)사막 지대와 스텝 지대를 지나면 볼가강과 흑해(黑海)에 이른다. 시르다리야강 너머 북쪽에는 사카(Saka) 유목민들이 살던 스텝 지대와 오늘날 타슈켄트에 자리한 차츠(Čač)처럼 산기슭에서의 정주 생활을 영위하던 오아시스들이 공존했다. 스텝 지대를 경유하면 서쪽으로는 흑해에 이르렀고, 동쪽으로는 타림분지를 돌아 톈산산맥(天山山脈)의 북쪽을 지나면 몽골에 다다랐다. 더 멀리 남쪽으로 내려가면 중국까지도 갈 수 있었다. 마지막으로 소그디아나의 북동쪽에는 페르가나 계곡과 그 너머 톈산산맥의 산길을 지나면 사람이 사는 지점들이 산기

---

2 (옮긴이) 기원전 4세기부터 기원후 17세기까지 2,500년의 역사를 자랑하는 고도(古都)로, 9세기 사만 왕조 때 처음으로 수도로 정해졌다. 이후 카라한 왕조 때 실크로드 상의 세계적인 교역 도시로 발전해 무역뿐만 아니라 학문과 과학도 발달해 세계 문화의 한 축을 이루었다. 1220년 몽골 침략으로 폐허가 되었다가 14세기 티무르 집권 시기에 이슬람 도시로 거듭 태어났다.

3 Bernard and Francfort, 1978, pp. 5~11 참조.

4 (옮긴이) 실크로드의 남쪽길과 북쪽길이 톈산산맥 서쪽에서 만나는 오아시스 도시로, 오늘날 투르크메니스탄의 마리 근처에 위치했었다. 고대 말기에 사산 제국과 에프탈족이 이 지역을 두고 경쟁했으며, 마니교와 네스토리우스파 그리스도교가 번성하기도 했다. 13세기 초엽 메르브는 인구 50만 명을 거느린 거대 도시로 바그다드나 콘스탄티노폴리스를 능가할 정도였으나, 1221년 몽골에 함락되어 폐허가 되었다.

5 (옮긴이) 현재의 우즈베키스탄 북서부, 곧 아무다리야강 하류에 위치하며 중앙아시아의 관개농업 지구 가운데 가장 오래된 지역 중 하나이다. 관개농업의 발달로 정주 문화와 유목 문화가 혼합되어 무역이 발달한 결과 호라산 등의 지역과 아랄해를 넘어 볼가강 유역 방면을 잇는 장거리 교역의 중계지로 번창했다.

슭을 따라 분포되어 있는 타림분지의 사막들이 자리했다. 한편, 소그디아나 동쪽 끝에 위치한 좁은 하서회랑(河西回廊, Gansu)[6]을 출발해 고비사막의 남쪽을 지나면 중국의 중앙에 도달할 수 있었다.

소그디아나는 정주 지역의 경계에 위치했기에 지속적으로 스텝 지대의 유목민들과 접촉할 수밖에 없었다. 아케메네스인들과 그리스인들이 사카족과 충돌한 곳도 바로 이 지역이었다. 고고학적 성과에 따른 설명에 의하면, 소그드 사회는 매우 비옥한 풍적토의 관개(灌漑)에 기반한 농업 사회였다. 산악 지대에서 남쪽과 동쪽으로 흘러내려오는 강들이 필요한 물을 공급했다. 유목민들은 오아시스 주변에 쿠르간(古墳, kurgan)을 만들었고 경제 관계 — 농산물과 교환하기 위한 축산물 — 가 중요했다.

기원전 540년경 키루스(Cyrus)[7]가 소그디아나를 정복했다. 그는 시르다리야강까지 진군했는데, 사카족과의 전투에서 죽음을 맞이했다. 소그디아나는 그때부터 기원전 329년 초 알렉산드로스 대왕에 의해 정복당할 때까지 아케메네스 제국에 편입되었다. 정복자를 계승한 장군들이 기원전 247년까지 이 지역에 대한 통제권을 계속 보유했다. 그 후에는 이 지역을 식민지로 개척한 그리스인들의 후손인 그리스-박트리아 군주들이 독립을 쟁취해 이란고원에서 그리스인들을 몰아낸 파르티아 제국의 저쪽 끝, 즉 중앙아시아 한가운데에서 그리스 문화를 보존했다. 그들은 여러 차례의 침략 물결 속에서도 대략 기원전 140년부터 기

---

6 (옮긴이) 중국 감숙성(甘肅省) 서북부에 위치한 동서 1,000킬로미터 길이의 좁고 기다란 고원 평지로 남북의 너비는 수십 킬로미터밖에 안 되며 고도는 해발 1,500미터 내외이다. 예로부터 서역으로 통하는 중요한 길목이었으며, 실크로드 역시 이곳을 경유했다.

7 (옮긴이) 메디아의 속국에 불과했던 페르시아를 거대 제국으로 만들었으며, 피지배 민족에 대한 관대한 정책으로 다민족 통치 기법의 토대를 마련하기도 했다. 바빌로니아 정복 이후 유대 민족을 해방하고 성전(聖殿) 재건을 도와 그리스도교인들에게도 잘 알려져 있다.

원전 130년까지 소그디아나 전역에 대한 통제권을 지켜냈다. 하지만 이후 북쪽에서 온 이란어를 쓰는 사카족 또는 동쪽(월지[月氏])에서 장거리를 이동해 온 유목민들의 수중으로 권력을 넘겨주었다. 그 결과 소그드의 정치사는 수세기 동안 시야에서 거의 사라지게 되었다.

아케메네스인들은 소그디아나에서 도시 문명을 발견했다. 자라프샨 산맥에서 흘러내려와 갈라진 두 개의 수로, 즉 다르곰(Dargom)강과 불룽구르(Bulungur)강의 원류를 따라 광활한 부지 두 곳에 아프라시아브-사마르칸트[8]와 쾩 테페(Kök Tépé) — 각각의 면적은 200헥타르가 넘었다 — 가 기원전 8세기 또는 기원전 7세기에 세워졌다.[9] 자라프샨 계곡에는 사마르칸트에서 약간 상류로 거슬러 올라간 사라즘(Sarazm) 부지에 예상보다 일찍 도시가 들어섰지만, 이때가 이미 1,000년 전이었다.[10] 쾩 테페는 빠르게 쇠퇴한 반면, 사마르칸트는 2,000년 동안 소그디아나에서 가장 큰 도시였는데, 메르브를 비롯해 박트라와 함께 서부 중앙아시아의 대도시 가운데 하나였다. 아케메네스인들이 소그디아나에 문자를 도입했기에 아케메네스 제국의 아람어가 오랫동안 문어(文語)로 쓰였다. 이 제국이 소멸하고도 1,000년 넘게, 즉 기원후 7세기에도 바빌론에서 물려받은 행정 방식이 여전히 소그디아나에서 통용되고 있었다.[11] 기원후 1세기 또는 2세기가 되어서야 소그드 문자가 아람어

---

8 (옮긴이) 트란스옥시아나 중심지에 위치해 있으며, 중앙아시아의 도시 중에서 가장 오래된 도시이다. 소그드인들의 주요 활동 무대였으며, 실크로드의 주요한 기착지였다. 뛰어난 지정학적 조건과 소그드인들의 탁월한 상업 능력 덕분에 여러 지배 세력을 거치면서도 중앙아시아의 대표적인 무역 도시로 자리할 수 있었으며, 대표적인 특산물로는 종이가 있다. 중앙아시아에서 가장 큰 중세 건물인 비비하눔 모스크가 있으며, 현재 우즈베키스탄 제2의 도시이기도 하다. 아프라시아브는 사마르칸트의 옛이름이다.

9 나에게 이 사실을 알려 준 클로드 라팽(Claude Rapin)에게 감사한다. 쾩 테페에서의 정착 시기는 좀 더 이르거나 심지어는 기원전 2000년까지도 거슬러 올라갈 수 있을 것 같다.

10 중앙아시아의 선사 및 원사 시대에 대해서는 Kohl, 1984; Lyonnet, 1997 참조.

11 Sims-Williams, 1991.

알파벳에서 파르티아어에 가까운 형태로 변환되었다.[12] 게다가 부하라의 문자도 파르티아 문자와 매우 유사했다.[13] 마지막으로 최초의 실제 화폐를 소그디아나에 가져온 이들은 그리스인이었다. 왜냐하면 아케메네스 제국의 금화(金貨, daric)는 동부 이란 전역에서 출토되지만 소그디아나에서는 거의 발견되지 않는다. 몇몇 그리스 주화가 기원후 5세기까지 악화 형태로 소그디아나에서 통용되었다.

수사(Susa) 헌장과 소그드 교역사

「수사 헌장」(Charters of Susa)의 한 구절에 따르면, 소그디아나의 교역사는 기원전 6세기에 시작된다. 다리우스 1세(Darius I, 재위 기원전 522~기원전 486)[14]의 궁전이 건설될 당시의 상황을 설명하고 있는 이들 평판은 궁전의 주춧돌에서 발견되었다. 평판에는 아케메네스 제국의 여러 지방과 제국의 부(富)를 찬미하기 위해 각 지방이 바친 재물이 열거되어 있다.

> 여기서 세공한 청금석(靑金石)이나 홍옥수(紅玉髓) 같은 진귀한 돌은 소그디아나에서 가져온 것들이다.[15]

이러한 정황은 교역 경제가 아니라 조공과 관련이 있다. 그럼에도

---

12 Gharib, 1995, pp. XIII~XXIX.
13 Livšic, Kaufman and D'jakonov, 1954 참조.
14 (옮긴이) 페르시아 역사에서 뛰어난 행정 조직과 대규모 건축 사업으로 유명한 다리우스 1세는 조로아스터교를 국교로 삼았다. 아케메네스 왕조 최대의 왕실 건축가로도 잘 알려져 있다.
15 pp. 57~58을 인용한 발췌문은 Vallat, 1971, pp. 53~59에서 엘람어를 번역한 것이다. Briant, 1996, p. 184에 본문이 전재되어 있다.

불구하고 여기서 청금석과 홍옥수로 번역한 'Kāsaka Kapautaka'와 'Sinkabruš'라는 재물이 소그디아나에서 왔다고 언급한 사실은 매우 흥미롭다. 첫 번째 돌은 이론의 여지 없이 청금석이 맞다. 고대의 유일한 채굴 광산이 파미르고원의 소그디아나 남동 경계 지역에 위치한 바다흐샨[16]에서 발견되었다. 두 번째 물질을 규명하기는 좀 더 어렵다. 빨간색— 사람들이 홍옥수라 생각하고 싶어 한 이유이다 — 돌임은 확실하다.[17] 하지만 고대 동양에서 홍옥수의 발원지는 인도의 구자라트(Gujarat)였다.[18] 그렇다면 아케메네스 제국의 통치자가 궁으로의 조달 업무를 맡긴 소그디아나 지역에서 책무 수행에 필요한 만큼의 충분한 홍옥수를 수입하는 교역이 이루어지고 있었음을 상정해야 한다. 그렇지 않으면 구자라트로부터 멀리 떨어진, 그것도 아케메네스 제국의 여러 다른 지방을 거쳐야 구자라트까지 갈 수 있는 소그디아나가 왜 굳이 이 돌의 공급을 책임지게 되었는지를 이해할 수 없기 때문이다. 그렇기에 장거리 소그드 교역에 대해 최초로 언급한 이 설명은 매우 귀한 자료이다.[19]

'Sinkabruš'라는 말은 「수사 헌장」에서 유일하게 등장하는데, 언어학자들의 추론은 사실상 색깔의 식별에 근거할 뿐이다.[20] 하지만 청금석

---

16 Bernard and Francfort, 1978, pp. 49~51. 비슷한 청금석 광산이 존재하기는 했지만 질이 훨씬 떨어졌다(Delmas and Casanova, 1990). 청금석 수출에 대해서는 Briant, 1984, p. 21; Herrmann, 1968, pp. 21~29 참조. 지도를 비롯해 사진, 광산 설계도를 볼 수 있다.

17 주로 Bleichsteiner, 1930, pp. 93~104 참조. 아울러 Herzfeld, 1938, pp. 303~04; Kent, 1953, p. 209도 참조. 고대 페르시아어로는 'sinkabru', 엘람어로는 'ši-in-qa-ab-ru-iš', 아카드어로는 'ṣi-in-ga-+ru-ú'이다. 청금석처럼 홍옥수도 상감(象嵌) 세공에 매우 적합한 돌이었으며, 또 다른 아케메네스의 유적지(예를 들어 페르세폴리스)에서도 상당한 양이 발견된다.

18 고고학은 홍옥수가 이미 기원전 3000년 전부터 상업적으로 유통되었음을 입증했다. Majizadeh, 1982.

19 Bernard and Francfort, 1978, pp. 9~11.

20 Fleming, 1982.

과 더불어 바다흐샨은 고대와 중세 내내 유명했던 붉은 돌, 이른바 바다흐샨의 '루비'라 불리던 석류석(石榴石)도 생산했다. 만약 'Sinkabruš'가 석류석이라면, 장식 재료의 목록에서 그 용도를 찾기는 힘들다. 'Sinkabruš'라는 용어가 서양어의 일부 — cinnabar(辰砂, 적색 황화수은)는 이 단어에서 유래했다 — 가 되었다는 사실을 지적할 필요가 있다.[21] 여기서 우리와 관련 있는 것은 후자라고 생각할지도 모르겠다. 궁전이나 벽화에 사용되었을 가능성은 분명해 보인다. 그림 그리는 데 종종 쓰이던 청금석도 마찬가지이다.[22] 마지막으로 만약 'Sinkabruš'가 정말로 홍옥수라면, 우리는 인도와 다른 지역 간의 교역로를 추적하기 위해 발견한 홍옥수를 이용하기에 앞서 최대한 주의를 기울여야 한다고 강조할 필요가 있다.[23] 또한 소그디아나와 구자라트 사이에 이와 같은 교역이 존재했다는 가설을 세우기에 앞서, 소그디아나의 인근에 다른 홍옥수 — 다소 흔한 석재였다 — 광산이 부재했는지도 확실하게 확인해야 한다. 물론, 우리에게 이러한 확실성은 허락되지 않는다. 수사(Susa)[24]에서 나온 문헌들은 소그드 교역의 역사를 확인하는 데 이용할 수 없다. 이외에도 소그드인들을 언급하는 자료는 있지만 교역을 다루지는 않는다.[25] 아케메네스 제국의 동부 지역 총독들이 바친 공물의

---

21 Herzfeld, 1938, p. 304에서 얻은 정보이다.
22 이들 재료는 훗날 중앙아시아 회화 — 예를 들어 박트리아의 할차잔(Halčajan) (Lapierre, 1990, p. 33)이나 사마르칸트의 소그드 대(大)회화 — 에서 흔히 이용되었다.
23 1,000년 이후 사마르칸트와 투하리스탄(Tukharistan)에서 온 사절들은 당나라 왕실에 특별히 원석 형태로 홍옥수를 가지고 왔다. Schafer, 1963, p. 228.
24 (옮긴이) 다리우스 1세와 그 후계자들의 행정 중심지로 기능했으며, 현재 지명은 이란의 슈시(Shush)이다.
25 이렇게 우리는 페르세폴리스 건축 부지에서 소그드인 장인들(kurtaš)에 대해 알게 된다. Briant, 1996, p. 446. 더욱이 아케메네스 왕조에 의해 아나톨리아에 정착한 이란어를 사용하는 이주민들 가운데 소그드인들도 포함되었을지 모른다. Briant 1984, pp. 94~96에 기록 및 분석된 Arrianos, IV. 3 참조.

양은 여러 세심한 분석의 주제가 되어왔지만, 역시 교역 문제를 다루는 분석 연구는 없다.

사카족 세계에 확산된 청금석

비록 향후 청금석의 보급을 누가 책임졌는지는 알 수 없지만, 「수사 헌장」은 소그드인들이 청금석 광산을 장악하고 있었음을 보여 준다. 고고학적 발굴 자체가 상인들의 신원을 알려 주지는 않지만, 그래도 그러한 정보를 바탕으로 이와 같은 청금석의 유통을 재구성해 볼 수는 있다. 그런데 남쪽으로, 즉 이란이나 인도 쪽으로 목전에 또는 매우 가까이에 박트리아인들이 있었다는 사실은 모든 고고학적 조사 자료를 사전에 무효화한다. 왜냐하면 인더스강 유역의 박트리아 보석상에 대한 크테시아스(Ctesias)[26]의 언급이 말해 주듯이, 박트리아인들도 장거리 교역에 종사하고 있었기 때문이다. 따라서 문서만이 유일하게 소그드인들이 이들 경로를 따라 청금석을 유통했다고 판단할 수 있는 근거가 되어 준다.[27]

그런데 문제는 소그드인들의 영토 바로 옆에 있는 땅이 시르다리야강의 북쪽에 펼쳐진 사카족 유목민들의 스텝 지대였다는 사실이다. 박트리아인들은 상당히 남쪽에 자리 잡고 있었기 때문에 소그드인들이 적어도 청금석 내수 시장을 장악하고 있었다고 가정하는 것이 그리 터

---

26 (옮긴이) 기원전 5세기 사람으로 페르시아와 인도에서 활동한 그리스의 의사이자 역사가이다. 그의 역사서들은 당시로서는 유일하게 페르시아의 공식 문서를 근간으로 저술되었다.

27 아케메네스 왕조 시기에 중앙아시아의 대규모 교역에 대해 언급한 유일한 문서는 소그드인이 아니라 보석을 인더스강에 던진 박트라 상인에 주목하고 있다. 아케메네스 왕실에서 한자리를 차지했던 그리스 의사 크테시아스에 따르면, "470개의 보석과 다른 비싼 광석이 강(인더스강)에 던져졌다. 그것들은 박트라 상인의 재산이었다"(Ctesias, 1991, p. 106).

무니없어 보이지는 않는다. 만약 청금석이 사카족이 거주하던 광활한 스텝 지대에 분포했다는 가설을 세운다면, 청금석의 유통을 책임진 이들은 아마도(확신할 수는 없지만) 다른 민족이 아닌 소그드인이거나 사카족이었을 것이다.

시르다리야강을 따라 사카족과 소그드인들 사이에 교류가 있었음을 증언하는 자료는 상대적으로 많다.[28] 시르다리야강 유역에서의 이러한 교류는 오늘날 그 연대가 기원전 4세기에서 기원전 3세기로 추정되는 알타이 지역 파지리크의 얼어붙은 고분들[29]에서 복원된 여러 물건─그 가운데 하나가 아케메네스 문양[30]의 카펫이다─에 의해 입증된다.[31] 이 카펫은 도시 작업장에서 생산된 것이 틀림없음을 보여 주는 우수한 솜씨 덕분에 소그드 또는 박트리아 공방에서 제작되었을 것으로 보통 추정하는 반면, 염료는 스텝 지대의 유목민들이 사용하던 것과 같은 종류로 생각된다. 이런 이유로 지리적으로 이 두 지표를 만족시키는 곳을 산지로 상정할 수 있다.[32] 이렇게 전체적인 정황은 소그드인들과 사카족 간의 교류에 매우 긍정적이다. 하지만 놀랍게도 사카족의 고

---

28 따라서 시르다리야강에 그리스 요새 도시를 건설해 소그디아나를 유목민들의 내륙 지역과 분리하려는 알렉산드로스 대왕의 야심은 소그드인과 사카족 사이의 경제적 상보성을 저해했을 가능성이 있다. 그리고 이것이 알렉산드로스 대왕이 옛 아케메네스 왕조의 영토 도처에서 진압해야만 했던 반란 가운데 가장 힘들었던 기원전 329년 소그드 대반란의 진짜 이유였을지도 모른다(Mandel'štam, 1977, pp. 219~20; Briant, 1982, pp. 226~34는 이러한 분석을 상대화하려 노력했지만, 나는 이와 같은 분석 연구가 의미 있다고 생각한다).
29 (옮긴이) 이 지역에서 출토된 유물들을 통해 파지리크 문화(Pazyryk culture)가 알려지게 되었다. 이것은 기원전 6세기에서 기원전 3세기까지의 철기시대 문화로 시베리아 남부의 영구 동토층과 알타이산맥, 카자흐스탄, 몽골 인접 지역에 걸쳐 분포했다. 이 지역을 통과하던 많은 무역로와 대상단 덕분에 문화가 번성했음을 추정할 수 있다.
30 박트리아 미술과 고분 사이의 유사점에 대해서는 Kuz'mina, 1977, pp. 213~14 참조.
31 Schiltz, 1994, p. 263.
32 Briant, 1996, p. 767; Schiltz, 1994, pp. 277~84.

분을 조사해 보니, 청금석은 북쪽으로 확산된 것이 아니라 오히려 그 반대로 전혀 발견되지 않았다.[33] 훗날 사르마트족(Sarmatians)은 귀금속 세공 기술을 향상시키고자 또 다른 청금석인 터키석을 사용했다.

청금석은 불가부득 고고학적 자료와 문헌 자료의 결합이 가능한 유일한 소재이다. 그런데 이 시험의 결과는 부정적이다. 한 가지 기준에만 치우친다면 당연히 그 가치는 제한적일 수밖에 없다. 'Sinkabruś'가 바다흐산의 석류석과 같은 것이라는 주장을 수용해도 달라지는 것은 없다. 이는 널리 확산되었던 것으로 보이지 않으며, 마찬가지로 부정적인 결과를 얻게 된다는 점에 유의하자.

파지리크에서 발굴된 것들이 보여 주듯이, 다른 상품들도 유통되었지만 그것들을 교역이라는 측면에서 분석하기란 불가능하다. 다시 말해 예를 들어 파지리크산(産) 카펫은 박트라의 총독이 유목민 부족장에게 파견한 사절의 선물이었을지도 모른다. 이런 종류의 예외적 물건이 분포되어 있다고 할지라도, 이 사실을 명시하는 문서가 없는 상황에서는 대개 교역의 존재 유무를 결론짓기 어렵다. 조공이나 약탈, 외교가 이러한 이동의 원인일 수도 있기 때문이다. 만약 우리가 스텝 지대 전역에서 개별적 가치는 거의 없는 작은 청금석 구슬의 분포에 주목한다면, 그렇지 않을 수도 있겠지만 우리의 경우는 여기에 해당되지 않는다.

현재 유용한 자료에 따르면, ─ 그리고 내가 여기서 지방 교역을 다루고 있는 것이 아님을 이해한다면 ─ 우리는 유목민을 대상으로 한 대규모 소그드 교역에 대해 아무것도 이야기할 수 없다. 현재로서는 아케메네스 왕조 시기에 이러한 교역이 있었다는 가설은 어떤 근거도 없다.

---

33 베로니크 실츠(Véroníque Schiltz)는 나에게 다음과 같은 정보를 확인해 주었다. 터키석이 유통되는 동안에 스텝 지대의 물건들은 청금석으로 장식되지 않았다. 예를 들어 '금-터키석' 양식의 역사에 대해서는 Treister and Yatsenko, 1997~98, pp. 52~53 참조.

알렉산드로스 대왕과 소그드 교역

알렉산드로스 대왕의 정복과 함께 고대 동부 이란에 대한 정보는 상당히 많아진다. 하지만 그 가운데 어느 것도 장거리 소그드 교역과의 관련성은 없다.[34] 그럼에도 불구하고 정복이 교역의 근저에 있었을지도 모른다는 가설이 세워졌다.

『고대 편지들』에서 중국의 수도 장안(長安)에는 쿰단(Khumdān)이라는 이름이 붙어 있다. 하지만 쿰단은 진(秦)나라(기원전 221~기원전 206)의 고대 수도 이름인 함양(咸陽)을 당시 발음대로 소그드어로 음성 표기한 것이다. 장안(오늘날의 시안[西安])에서 멀지 않았던 이 도시는 기원전 200년경에 장안이 그 자리를 대신하면서 방치되었다. 따라서 소그드인들은 기원전 3세기에, 즉 함양이 수도였을 당시 중국과 알고 지냈을 수도 있으며, 새로운 수도에 그 이름을 적용해 계속 보존했을지도 모른다. 이러한 추론은 한층 더 진전되었다.[35] 오늘날 공통 견해는, 함양이 버려지기 전에 발생했음이 틀림없는 중국과 소그드인들 사이의 최초 교류가 알렉산드로스 대왕의 정복으로 인한 참화와 관련이 있다는 것이다.[36] 소그드인들은 최종적으로 중국에 도달하기 전에 타림분지 저 멀리까지 마케도니아 군대를 피해 달아났을지도 모른다.

그런데 이러한 분석은 논쟁의 여지가 많다. 알렉산드로스 대왕의 정

---

34 특히 인더스강 하류에 살던 소그드인들에 대한 언급(Arrianos, VI, 15, 4[trans. Brunt, p. 145])은 Diodoros, XVII CII 4(trans. Goukowsky, p. 139)에 따라 실은 인도 문헌의 'Śudras'와 밀접한 관계가 있는 'Sodras'로 교정되어야 한다.

35 이러한 가설의 근거로 거론된 증거에는 소그디아나와 박트리아에서 주조된 기원전 2세기의 그리스-박트리아 주화에 중국산 니켈이 함유된 사실뿐만 아니라 기원전 4세기와 기원전 3세기에 인도-이란적 관념이 중국으로 유입된 정황도 포함한다(Henning, 1948, p. 608. Haloun의 편지 인용). 하지만 그리스-박트리아 주화에 함유된 니켈은 중국산이 아니며(Raschke, 1978, pp. 706~07), 인도-이란적 관념이라는 것도 입증하기에는 모호한 개념이다.

36 예를 들어 Čuguevskij, 1971; Gharib, 1995, p. XV 참조.

복은 가혹했지만, 그렇다고 그 멀리까지 수천 명의 피난민을 쫓아내지는 않았다. 마케도니아 군대가 미치지 않는 페르가나(Ferghana)[37]나 차츠(Čač)로 피신해 안주하는 것만으로도 충분했을 텐데, 굳이 왜 산길을 올라 중국으로 향해야만 했는지 묻지 않을 수 없다. 좀 더 총체적인 관점에서 보면, 이 가설은 너무 그리스 세계에만 초점을 맞춘 것 같다. 알렉산드로스 대왕의 정복은 분명 대사건이었지만, 계속되는 침략의 물결을 목격했던 이 지역의 경우 이 같은 결과를 단순히 그 탓으로만 돌릴 근거는 없다.

게다가 중국과 연계된 학문이나 어휘도 실제로는 기원전 3세기 말이나 2세기가 되어서야 중개인들을 통해 소그드인들이 획득했음을 명확하게 보여 주는 것도 가능해 보인다. 우리처럼 소그드인들도 한족(漢族)을 진(秦) 왕조,[38] 즉 'cyn'의 이름에서 파생된 말로 지칭했다. 중국, 즉 쿰단 지역은 소그드어로 cynstn('진의 땅')이라는 이름으로 불렸다. 민족과 수도, 나라의 이름이 같은 의미군(群)에 속하고 그것들이 동시에 소그드어에 영향을 끼쳤음을 누구나 어렵지 않게 동의할 것이다. 그런데 이러한 사실은 진 왕조가 마케도니아 제국 이후 한 세기가 지난, 즉 기원전 221년부터 기원전 206년까지 존속했기 때문에 알렉산드로스 대왕 시기에 (중국과 소그드인들 사이의) 접촉이 있었을 가능성을 완전히 배제한다. 이 무렵이 되어서야 진나라는 탁월한 전형적인 한족, 즉 중국인이 되었다. 진 왕조는 몽골 지역의 유목민 흉노(匈奴)에 맞서 제대로 싸웠고 만리장성도 쌓았다. 중국 문헌은 흉노가 '진 사람들'(men of

---

37 (옮긴이) 페르가나 계곡 남부 알라이산맥 기슭에 위치하며, 실크로드상의 주요 도시이다. 쿠샨 제국 시기에 무역상들에 의해 불교가 전파되어 융성했으며, 8세기 초에는 이슬람이 전파되었다.

38 서양어에서 쓰인 '중국'이라는 명칭에 대해서는 Pelliot, 1912; Pelliot, 1913; Bodde, 1986, p. 21 참조. 폴 펠리오는 1913년 출판한 저서의 주석에서 중국인들을 지칭하기 위해 "진(秦)의 사람들"이라는 호칭이 기원전 2세기에 페르가나에서 사용되었음을 보여 주는 몇몇 증거(『史記』卷 123, 大宛列傳, p. 3177)를 언급한다.

Qin)이라는 말을 다음에 오는 한(漢) 왕조 시기의 중국인들을 지칭하기 위해 사용했음을 명백히 보여 준다.39 비록 진나라에 대해 극도로 부정적인 기억을 가진 중국인들 사이에서는 이 말이 사용되지 않았지만 말이다. 흉노가 중개인이었을 것이라는 주장은 분명 타당해 보인다. 진나라와 한나라의 공격에 대응하기 위해 기원전 2세기에 형성된 흉노 제국은 적어도 명목상으로는 중앙아시아까지 팽창했다. 이름의 전파에는 서쪽의 오손족(烏孫族)40이나 사카족 — 둘 다 흉노의 서부 속국이었다 — 같은 여러 잇따른 중개인들이 포함되었을 수도 있다. 중앙아시아의 모든 민족처럼 소그드인들도 기원전 3세기 말이나 기원전 2세기 초 스텝 지대나 타림분지 사람들의 중재를 통해 쿰단이나 진(秦)이라는 이름을 받아들였다.

이리저리 생각해 봐도 이러한 검토의 결과는 아주 보잘것없다. 「수사헌장」에 대한 조사는 광범위한 소그드 교역을 분석할 수 있는 어떤 증거도 제공하지 않는다. 청금석의 확산과 관련해 제안된 시험 역시 저력 있는 소그드 상인들이 교역했을지도 모르는 지역들에서 부정적인 답을 줄 뿐이다. 소그드 문헌에 등장하는 쿰단이라는 이름도 일찍이 중국과 직접적인 접촉이 있었을 것이라고 결론짓기에는 충분한 근거가 되지 못한다. 하지만 이러한 부정적인 결과들은 적어도 그럴듯한 가설처럼 소그드 관계망이 시작된 시기를 연대기적으로 한정지을 수 있게 해준다. 즉 아케메네스 왕조 때 또는 알렉산드로스 대왕의 정복 시기에 그러한 관계망이 존재했던 것 같지는 않다. 따라서 우리는 상당한 분량의 자료 더미와 처음으로 마주할 수 있는 시기로 가기 위해 두 세기가 넘는 시간을 건너뛰어야 한다.

---

39 Pelliot, 1912, pp. 736~39.
40 (옮긴이) 월지 근처에서 생활하던 튀르크 계열의 유목민이다.

2. 중국 문헌에서의 소그드 지방 교역

중국 문헌 덕에 소그드 교역사의 시작이 기원전 2세기라고 분석하는 것이 가능해졌다. 중국 군대는 기원전 2세기가 끝나갈 무렵 감숙과 타림분지의 동쪽 끝을 장악했고 108년에는 페르가나까지 밀어붙였다. 중국은 다음 3세기 내내 수많은 성공을 거두면서 타림분지에 관여했다. 한나라와 중앙아시아 사이에 반복적으로 접촉이 이루어지면서 이들 지역에서의 정치적·종족적·경제적 상황에 대한 중요한 자료들이 양산되었다. 하지만 두 가지 주요 문제가 이들 문서를 이용하는 데 상당한 어려움을 야기한다. 지명 확인과 다양한 자료 사이의 관계 유지가 바로 그것이다.[41] 따라서 우리는 작업을 좀 더 진척시키기에 앞서 교역 문제를 검토하기 위해서는 중국 문헌에 등장하는 소그디아나와 그곳의 도시들을 확인해 보아야만 한다.

소그디아나의 검증

두 개의 중국 문헌이 중앙아시아를 다룬다. 하나는 사마천(司馬遷)의 『사기』(史記)이며, 또 다른 하나는 『한서』(漢書)이다.[42] 『사기』는 중국 최초의 역사서인데, 기원전 90년경에 세상을 떠난 한나라 왕실의 위대한 천문학자 사마천이 쓴 책이다. 그는 중앙아시아 지역을 다룬 권(卷) 123에 기원전 130년대 초 이 지역을 횡단했던 수많은 중국 사절이나 외국인이 제공한 정보, 특히 기원전 125년경 수도로 돌아오는 중에 초안을 작성한, 타림분지 너머로 파견된 최초의 중국 사절인 장건(張騫, ?~기원전 114)의 보고서를 모았다. 두 번째 문헌인 『한서』는 전한(前漢)

---

41 한(漢)나라의 역사 문헌은 Hulsewé, 1961에서 쉽게 찾아볼 수 있다.
42 이들 구절은 Hulsewé and Loewe, 1979에서 번역되어 주석이 달린 것이다.

왕조의 공식 역사서로 『사기』 이후 거의 2세기가 지난 때에 쓰였다. 반표(班彪, 3~54)가 36년부터 편찬하기 시작해 공공 기록물을 기반으로 그의 아들인 반고(班固)와 딸인 반소(班昭)가 작업을 계속 이어나갔다. 『한서』는 121년에 완성되었다. 『한서』의 설명은 종종 『사기』와 유사하지만 『사기』 권 123의 본문을 두 개의 다른 권, 즉 권 61과 권 96으로 나누어 다루고 있다. 그리고 『사기』의 작성 이후 축적된 수많은 역사적 정보를 덧붙이며, 아울러 기원전 1세기에 기술된 모든 나라와 중국과의 관계의 역사에 대해서도 말한다.[43]

사마천과 반표의 호기심은 그들이 들려준 외교적 임무의 결과가 의미하는 주요 군사적·정치적 맥락 너머까지 확장되었다. 자료—정말로 간략하지만 그럼에도 당시로서는 독보적인—덕분에 우리는 몇몇 경제적 질문을 끄집어낼 수 있다. 『사기』는 다음과 같이 서술한다.

안식(安息)은 대월지(大月氏) 지역 서쪽으로 수천 리(里) 떨어진 곳에 위치한다. 그 땅에 정착한 사람들은 밭을 일구어 쌀과 밀을 경작했

---

43 『사기』 전체, 특히 권 123의 진위에 대해서는 논쟁의 여지가 있다(Hulsewé, 1961, 1975; Hulsewé and Loewe, 1979). 파울루스 휠세베(Paulus Hulsewé)는 훗날 쓰인 『한서』의 원문을 『사기』 권 123으로 뒤늦게 재구성했다는 가설을 강력하게 옹호했다. 반면, 다른 중국학 연구자들은 『사기』의 진정성과 우선권을 옹호한다(Pulleyblank, 1970; Leslie and Gardiner, 1982). Daffinà, 1982도 참조. 『한서』 권 96은 양호한 상태로 우리에게 전해진 반면, 권 61—장건의 전기—과 『사기』 권 123은 그렇지 못하다. 하지만 이들 문헌에서 보이는 변형은 정확하게 비슷하다. 그러므로 하나는 다른 하나 이후에 재구성되었다고 볼 수 있다. 종이의 발명 이전에 중국 문헌은 얇은 나무토막을 끈으로 묶어 그 위에 썼다. 적어도 『사기』에 관한 한 23개 문자 조각의 혼합에 조응하는 23개 문자로 대체된 배열을 확인하는 것이 가능할지도 모른다. 어떤 문서가 어떤 것을 베낀 것인지에 대한 중국학 연구자들 사이의 논쟁은 진행 중이다. 이러한 질문은 중국 자료들이 보여 주는 각본(刻本)의 정확한 날짜를 명확하게 하고자 하는 사람들에게는 매우 중요하다. 물론, 내게도 이들 문헌의 기원에 대한 문제를 확실하게 해결할 방법은 없다. 하지만 『사기』 권 123의 역사적·지리학적 구조는 고도의 일관성을 가지고 있기에, 이것이 『한서』를 근간으로 재구성되었다는 의견의 논거는 약하다고 생각한다.

다. 또한 포도로 포도주를 생산하기도 한다. 그들은 다양한 크기의 수백 개 도시를 가지고 있는 지역인 대완(大宛) 사람들처럼 성벽을 보유하고 있다. 규(潙)강과 경계를 접하고 있는 왕국은 수천 평방 리의 크기로 거대하다. 주민 가운데 일부는 수레나 배로 이웃 나라들을 돌아다니고 때로는 수천 리를 여행하는 상인들도 있다. 은(銀)으로 된 이 나라의 주화에는 왕의 얼굴이 새겨져 있다. 왕이 세상을 떠나면 화폐는 즉시 교체되고 후계자의 얼굴이 새겨진 새로운 주화가 발행된다.[44]

계속 이어서,

대하(大夏)는 규강 남쪽, 즉 대완의 남서쪽으로 2,000리 이상 떨어진 곳에 위치한다. 그곳 사람들은 땅을 일구고 도시와 주택을 소유하고 있다. 관습은 대완과 비슷하다. 대(大)통치자는 없고 수많은 소(小)족장이 여러 도시를 통치한다. 사람들은 무기 사용에 서툴고 전쟁을 두려워하지만 상업에는 기민하다. 대월지가 서쪽으로 진군해 대하를 공격해 정복한 이후, 나라 전체가 그들 지배 아래 놓이게 되었다.[45]

끝으로 다음과 같은 글로 마무리한다.

대완에서부터 서쪽으로 안식까지 여러 나라가 다소 다른 언어를 사용함에도 그들의 관습은 대체로 유사하고, 언어도 상호 소통이 가능하다. 모든 사람의 눈은 움푹 들어가 있으며, 풍성한 수염과 구레나룻이 있다. 상업에 뛰어나고 잔돈푼을 두고 흥정을 벌인다.[46]

---

44 『史記』 卷 123, p. 3162(trans. Watson, p. 234). 이에 상응하는 『한서』의 본문(卷 96 上, p. 3889)은 Hulsewé and Loewe, p. 116에서 찾아볼 수 있다. 『사기』의 구절보다는 부정확하지만 부가적인 몇몇 정보를 제공한다.

45 『史記』 卷 123, p. 3164(trans. Watson, p. 235).

이들 내용은 분명 기원전 2세기 말 중앙아시아에 중요하고 다양한 교역 활동이 존재했음을 입증한다. 모든 문제는 묘사된 장소와 사람들의 신원을 확인하는 것에 달려 있다. 대하(박트리아)나 안식(파르티아)처럼 몇몇은 분명하게 확인이 가능하지만, 다른 것들은 모순적인 확인 결과를 보여 주곤 한다. 특히 주석자들 가운데 대다수는 페르가나로 보지만 어떤 이들은 소그디아나라고 생각하는 대완과[47] 어떤 이들은 소그디아나를 포함하지만 다른 어떤 이들은 제외하는 차츠(Čač)[48]를 중심으로 하는 강거(康居)[49]가 그러한 경우이다.[50] 리스크는 분명하다. 만약 대완이 페르가나라면 대완의 서쪽, 즉 그곳과 파르티아 사이에 살고 있는 수완 좋은 상인들은 소그드인일 수밖에 없다. 그리고 이것이 맞다면 우리는 소그드 교역사의 기초가 되는 문서를 가지게 될 것이다. 지도 및 지형적 특성에 대한 연구는 확실하게, 알렉산드로스 대왕의 정복에서부터 아랍 지리학자들에 이르기까지 모든 역사 문헌이 가리키듯이, 북쪽으로는 시르다리야강 중류와 남쪽으로는 아무다리야강 중류 사이를 아우르는 지역인 소그디아나만이 대완과 안식을 잇는 길 위에 있었음을 보여 준다. 여기서 중요한 것은 "대완에서 서쪽으로 안식까지"(自大宛以西至安息) 이어지는 길에 대한 언급이지, 대완 서쪽에 있는 모든 지역의 일반적 특징에 대한 발언이 아니다. 이 사안의 중요성은 이러한 주장 및 검증에 대해 각론에 들어가도록 만든다.[51]

---

46 『史記』卷 123, p. 3174(trans. Watson, p. 245); 『漢書』卷 96 上, p. 3896(trans. Hulsewé and Loewe, p. 136)에도 같은 내용이 실려 있다.
47 Pulleyblank, 1966.
48 오늘날의 타슈켄트(Tashkent) 지역을 말한다.
49 (옮긴이) 중앙아시아의 튀르크 계열의 유목민 또는 나라를 말한다.
50 Pulleyblank, 1966; Shiratori, 1928, pp. 84~90과 Haloun, 1937, p. 252를 이용한 Daffinà, 1967, pp. 48~63 참조.
51 같은 문제에 대한 또 다른 진술은 Bernard, 1996b, pp. 345~46 참조.

고고학과 지리학은 대완과 페르가나가 동일 지역임을 확인해 준다. 중국 문헌에 따르면, 대완에는 정주민이 되었으나 여전히 기마 전술의 완벽한 대가인 고대 유목민들이 살았다. 그들이 교역에 종사했다는 언급은 없으나, 분명히 포도와 밀을 재배했고 비옥한 목초지와 훌륭한 도시 체계를 갖추고 있었다고 전해진다. 이즈음, 더 정확하게는 기원전 2세기 초 페르가나에서는 한나라의 비단이 그곳 무덤에서 발견된 이래,[52] 쿠가이-카라불라크(Kugai-Karabulak) 문화가 더 넓은 교역망 속으로 유입되었다. 악시켄트[53] 같은 큰 도시 유적지가 발굴되었다. 이 문화는 기원전 1세기에서 기원후 4세기까지 농업의 정점에 이르렀다. 당시 주민들은 위력적인 시르다리야강을 관개에 이용하기 어려웠기 때문에 원뿔꼴의 급류 모양새를 고쳐 운하로 연장해 농사를 지었다. 그들은 쌀과 포도 재배 기술도 보유하고 있었다. 주화뿐만 아니라 계곡 남서쪽에 몰려 있는 중국 물산도 수입했다.[54]

페르가나에서 쌀과 포도 경작이 이루어졌고 중국산 물품이 다수 발견되었을 뿐만 아니라 넓은 목초지와 대도시도 존재했다는 사실은 모두 중국 문헌에 등장하는 상대적 성향의 다양한 진술과 일치하는 지리적 식별을 확인해 준다. 더 나아가 이는 후대 왕조사에서 고대 국가 대완과 페르가나(Poluona, 破洛那[55])가 같다는 진술에 의해서도 뒷받침된다.[56] 게다가 페르가나는 소그디아나보다 더 비옥한 목초지를 보유하고

---

52 Lubo-Lesničenko, 1978. 이들 비단 제품은 거의 알려진 것이 없는 한(漢)나라의 기술 연구에 매우 유용하다.
53 (옮긴이) 우즈베키스탄에 소재하는, 지금은 사라진 고대 도시로 사마르칸트만큼이나 오래되고 번성했던 곳이었으나 대지진으로 폐허가 되었다.
54 Gorbunova, 1986, pp. 176~77, 205.
55 중세 중국어 음운 체계의 재구성에 대한 에드윈 풀리블랭크(Edwin Pulleyblank)의 연구에 따르면, 당시에 'Poluona'는 'Pʰaʰlak naʰ'로 발음되었다(Pulleyblank, 1991b 참조). 아울러 Daffinà, 1982, p. 325도 참조.
56 『魏書』 卷 102, 西域傳, (破)洛那國, p. 2270; 『北史』 卷 97, 西域傳, 破洛那國,

있었다.

소그디아나와 소그드인들은 앞에서 인용한 『사기』 구절에 이런 식으로 언급된다. 페르가나 서쪽에서 파르티아로 이어지는 길 위에서 소그드 상인들 — 페르가나 주민들과는 다르지만, 그럼에도 알아들을 수 있는 방언을 사용했고 기꺼이 푼돈을 가지고도 입씨름을 했다 — 은 훗날 당(唐)나라의 역사 서술이나 도상학에서 항구적으로 그들의 특징으로 묘사될, 심리학적이고 외양적인 특성들(매부리코와 움푹 들어간 눈, 수염이나 콧수염을 기른 탐욕스러운 이들이다)을 이미 지닌 채 역사에 처음 등장한다. 당시 소그드인들은 조직화된 나라를 가지고 있지 않았다. 그러므로 모든 정치적 자율성을 박탈당한 소그디아나와 사마르칸트가 서양 왕조사에서 중요한 사건의 기초가 되는 근본적인 정치, 군사 보고서에 특별히 기록할 만한 대상이 되었을 가능성은 거의 없어 보인다. 소그드인들은 페르가나와 파르티아 사이에 위치한 민족들로 넘어가면서 간략하게 방백(傍白)으로 언급될 뿐이다.

상업적 교섭?

중국 문헌들은 소그드 상인들을 관측한 첫 논평을 제공할 뿐만 아니라 중앙아시아, 특정하게는 소그드인들과 중국 사이의 교역 관계의 현황 분석에도 도움이 된다.

확실히 관계 형성은 점진적으로 이루어지고 있었다.[57] 하지만 이러한 움직임이 장건(張騫)[58]의 사절단과 함께 상당히 가속화되었다. 당시 중

---

p. 3221.

57 예를 들어 중국 문헌들은 장건 파견 이전의 강거에 대해 잠깐 언급한(Hulsewé and Loewe, 1979, pp. 123~24 n. 298). 게다가 에릭 트롬베(Éric Trombert)는 중국에는 없었지만 서부 중앙아시아에는 있었던 포도주에 대해서도 장건이 귀향하기 전에 이미 중국 시인들에 의해 언급된다고 나에게 알려 주었다. Trombert, 2005, 근간.

국은 유목민 흉노를 뒤에서 공격하기 위해 동맹 세력을 찾고 있었다. 중앙아시아 북부와 몽골에서 온 이들 유목민은 중국 제국의 중심인 황하 계곡에 항시적인 위협을 가했다. 중국은 세계의 보편 제국임을 선언하고 진귀한 제품들을 구하기 위해 타림분지에서 새로이 획득한 영토의 서쪽 지역에 방어용 완충 지대를 형성하고자 했다.

이렇게 하여 황제는 대완과 대하, 안식 등 대단한 이들 나라가 흔치 않은 물산이 풍부하며, 그곳 주민들은 땅을 경작하고 중국인들과 같은 방식으로 생계를 유지하고 있다는 사실을 알게 되었다. 더불어 이들 나라가 모두 군사적으로는 약하고 한나라의 상품과 부(富)를 귀하게 여긴다는 것도 전해듣게 되었다. 또한 이들 나라 북쪽에는 군사력은 강하지만 선물과 수익 전망에 따라 한나라 왕실에 충성을 맹세하도록 설득할 여지가 있는 월지와 강거 민족이 살고 있다는 것도 알게 되었다. 황제는 평화적 방법으로 이들 나라를 한편으로 끌어들일 수만 있다면, 그들의 말을 옮기고 또 옮겨야 할 만큼 낯선 관습을 가진 사람들을 조정으로 끌어들이고 영토를 1만 리(里)는 확장해 자신의 권세가 사해지내(四海地內)의 만방에 알려지게 될 것이라고 생각했다.[59]

중국 사절단은 어마어마한 양의 비단을 싣고 이 지역 일대를 기원전 2세기 말에 집중적으로 누비고 다녔다.

황제는 대완의 말을 매우 좋아해 그것을 얻기 위해 이들 지역으로

---

58 (옮긴이) 한무제 때의 여행가이자 외교관으로, 기원전 139년 장안(長安)을 출발해 두 차례에 걸쳐 서역을 여행해 실크로드를 개척했다. 서역 여행의 주요 목적은 흉노(匈奴)를 경계하기 위해 주변국과 동맹을 체결하는 데 있었다.

59 『史記』 卷 123, p. 3166(trans. Watson, p. 236).

사절을 계속 보냈다. 외국에 파견된 사절 가운데 규모가 가장 클 경우에는 그 숫자가 수백 명에 달했으며, 작은 파견대에도 100명이 넘는 사람이 동원되었다. 하지만 이후 사절단이 이 노정에 익숙해짐에 따라 그 숫자는 점점 줄었다. 사절단이 가지고 갔던 신임장과 선물들은 장건 시대의 사절단에 제공되었던 것과 거의 같았다. 어디든 1년 동안에 5~6개에서 10개 이상의 사절단이 파견되곤 했다.[60]

오손(烏孫)으로 파견된 장건에게는 재량껏 처분할 수 있는,

대략 1만 마리의 소와 양이 있었고 …… 현금 1억 상당의 금과 비단 제품을 실어 날랐다.[61]

또한 문헌은 이 '사절단'을 구성하는 수행원에 대해서도 몇몇 상세한 정보를 제공한다.

임무를 마치고 돌아온 사절들은 여정 중에 약탈하거나 훔친 상품들을 가지고 있거나 그들의 보고서가 황제의 승인을 받지 못하는 일이 늘 발생하곤 했다. …… 임무 수행에 동행한 관료들과 군인들은 차례차례 외국에서 목격한 부(富)에 대해 주저 없이 열변을 토하며 설명하곤 했다. 가장 인상적인 이야기를 한 자는 특사로 승인되고 조심스럽게 이야기한 자는 조수가 된다. 그 결과 쓸모없는 모든 부류의 사람이 그들의 예를 흉내 내며 엉뚱한 이야기를 급조해 냈다. 사절들은 모두 가난한 집안의 아들들이었다. 자신들에게 위탁된 정부의 선물과 물건들을 마치 개인 재산인 양 취급했고, 외국에서 값싼 가격에 상품을

---

60 『史記』 卷 123, p. 3170(trans. Watson, pp. 240~41).
61 『史記』 卷 123, p. 3168(trans. Watson, p. 238).

사서 중국으로 돌아와 이윤을 취할 기회를 기대했다. 외국인들은 한 나라 사절들이 제각각 상당히 다른 이야기를 한다는 것을 깨닫고는 곧 넌덜머리를 내게 되었다. 또한 멀리 있는 한나라 군대를 걱정할 필요가 없다고 생각하면서 사절들에게 음식과 식량 제공을 거부하기도 했다. 이로 인해 궁핍과 곤궁 상태에 빠진 한나라 사람들은 어려운 처지에 놓이게 되었다. 울화통이 터진 그들은 다툼을 벌였고 심지어는 서로를 공격했다.[62]

무엇보다도 중앙아시아 주민들의 태도가 수차례 언급된다.

흉노 특사가 선우(單于)[63]로부터 받은 신임장을 가지고 지역에 나타나면, 그는 늘 이 나라에서 저 나라로 호위를 받으면서 이동했고 음식을 제공받았다. 아울러 감히 누구도 그를 억류하거나 곤경에 빠뜨리려 하지 않았다. 하지만 한나라 사절의 경우에는 그들이 비단이나 다른 상품을 내놓지 않으면 어떤 음식도 제공받지 못했으며, 시장에서 가축을 사지 않으면 그 위에 올라탈 수도 없었다. 이는 사람들이 한나라는 멀리 떨어져 있기에 자신들을 괴롭힐 수 없다고 생각했기 때문이다. 그들은 또한 한나라는 돈과 물품이 넉넉하니, 자신들이 원하는 것을 얻고자 한다면 사절이 그 대가를 지불하는 것이 타당하다고 생각했다. 보다시피 그들은 한나라의 사절보다 흉노의 사절을 더 두려워했다.[64]

---

62 『史記』 卷 123, p. 3171(trans. Watson, p. 242).
63 (옮긴이) 흉노 제국의 황제를 가리키는 말로, 『한서』 「흉노전」에 따르면, 선우는 '탱리고도선우'(撐犂孤塗單于, 탱리는 하늘, 고도는 아들, 선우는 관대함을 뜻함)의 약칭이다. 즉 '위대한 하늘의 아들'이라는 뜻이다. 역대 선우 가운데 모둔(冒頓) 선우가 가장 큰 업적을 남겼다고 한다.
64 『史記』 卷 123, p. 3173(trans. Watson, p. 244).

이와 같은 중국 사절에 대한 중앙아시아 주민들의 태도와 중국 사절의 입장은 공식적인 중국 문헌에서는 별개의 두 문제로 다루어지지만 사실상 같은 현상의 양면이다. 공식적인 역사 기록은 서역과의 외교 관계 증진을 열망하는 한나라 사람들의 생각을 잘 보여 준다. 그들은 서역의 유목민 군사 엘리트에게 쓸 예정이었던 국고의 장려금을 마음대로 취하고 사익을 위해 그것들을 되팔아 장사하는 자유를 누리는 중국 사절의 행위에 대해 지나치듯 불평할 뿐이다. 중국의 관료들도 이윤을 갈망하면서 할 수 있는 한 한나라 사절이 모두 지불하도록 만드는 서역인들의 무사안일한 태도에 큰 충격을 받기는 마찬가지였다. 여기서 중요한 것은 반복되는 상황에서 모험을 감행할 준비가 되어 있는 이들 사절이 보여 준 열정이다. 비록 이러한 태도 때문에 중국의 국고는 어려움을 겪었지만, 사절의 경우에는 그렇지 않았음을 이 열정은 보여 준다. 실질적인 상용(商用) 노선이 공식적인 외교 순행의 주변에 구축되었고, 이는 외교적 비용으로 유지되었다. 중앙아시아 주민들은 자신들의 봉사에 대해 보수를 받고자 했으며, 중국 사절들은 중국에서 되팔아 부를 창출해 줄 서역의 귀한 물건을 정부의 비단과 교환하고 싶어 했다. 공식적인 중국 문헌들이 약탈 또는 존중의 결여라고 부른 행위는 사실상 일종의 영리적 거래였던 것이다. 유목민 군사 엘리트와 중국 사이의 원대한 외교적 교류의 주변에서 이루어진 이러한 상업적 접촉은 중앙아시아 상인들과 중국 협잡꾼들에게 이득을 가져다주었다.

이와 같은 상업적 교류가 아니었다면 그 혜택을 누리지 못했을 사회 계층은 덕분에 비단을 분배받을 수 있었다. 비단은 이렇게 외교의 세계를 떠나 통상 교류의 세계로 입성했기에 이 혁신은 매우 중요했다. 분명히 유목민 군사 엘리트 수중에 있던 비단은 관련된 사회들의 내부 유통을 통해 종국에는 상인들의 자산이 되어 교역을 촉발했을 것이다. 그러나 어떤 자료도 이러한 과정을 언급하지 않기에 우리는 이에 대해 아무것도 모른다. 하지만 내가 해석한 바와 같이, 중국 문헌들은 기원전

2세기 말에 중앙아시아에서 중국 상품을 거래하는 지방 무역이 구축되었다는 명백한 증거를 제공한다. 물론, 이러한 교역을 통해 거래된 물량은 매우 제한적이었을지도 모른다. 특히 중국이 좀 더 동쪽에 있던 흉노에 제공한 비단의 엄청난 물량에 비한다면 말이다.[65] 하지만 여기서 우리가 다루고 있는 것은 중국 외교에 유용했던 수단 덕분에 그 구조를 갖게 된, 최초로 검증된 교역이다.

소그드인들은 문헌에서 여러 차례 언급된, 즉 대완에서 안식으로 가는 도상에 떡하니 자리를 잡았다. 그들이 이러한 거래에서 배제되었을 것이라고 추정할 만한 어떠한 근거도 없다. 소그드인들은 관련된 모든 나라의 변방에 위치했기에 아마 다른 누구보다도 더 절실하게 교역으로 희귀한 중국 물품을 얻고자 했을 것이다. 그렇지 않았다면 박트리아 제국이나 파르티아 제국처럼 유목민 지배 엘리트와 직접적인 접촉을 할 수 있었던 사람들과는 경우가 달랐던 소그드인들에게 이러한 물품을 손에 넣을 기회는 거의 없었을 것이다.

소그드인들은 공식적인 외교 접촉에서 배제되었지만 이 같은 일들은 일어났다. 중국 문헌들은 소그디아나에 대해 언급하지 않는데, 그 당시 이 나라는 어떤 외교적 지위도 없었기 때문이다. 따라서 스치듯이 그 주민들의 상업적 성격에 대해 내비치는 것만으로도 족했던 것이다. 중국 사절들이 업신여기며 그들의 땅을 가로지를 때, 소그드인들이 거래를 텄던 이들은 다름 아닌 하인이나 보급품 담당자였다. 이러한 수하들―훗날 교역을 위해 중앙아시아로 되돌아오기를 매우 고대했다―과의 접촉은 가장 단순한 경제적 측면, 즉 중국 시장에서 값어치가 큰

---

65 Raschke, 1978, pp. 606~22. 공물로 제공된 비단이 흉노의 수중에서 '진취적인 소그드 상인들'의 수중으로 넘어갔다고 설명하는 만프레트 라슈케(Manfred Raschke)의 가설은 구체적인 증거(p. 622)에 기반한 것이 아님에 주목할 필요가 있다. 누군가는 틀림없이 이 가설이 소그드인들에게 부여한 역할 때문에 수용되기를 바라겠지만, 중국과 상인들 사이의 직접적인 접촉을 수반하는 사회구조의 존재―문헌에 의해서도 한층 더 잘 규명된다―를 가정하는 것이 더 나을 것이다.

이국적인 상품들을 사려는 이들에게 가능한 한 많은 비단을 갈취하는 행위로 제한되었다. 고급 외교는 다른 이들에게 맡겨졌다. 소그드인들은 후미진 구석 자리에서 스텝 세계가 펼쳐지기 전에 위치한 도시화된 마지막 거점으로서, 그리고 이러한 사실 덕분에 일부 중국 사절과 그들이 지참한 귀한 제품이 지나갈 수밖에 없는 길에 자리함으로써 자신들이 누리는 지리적 입지의 중요성에 대해 충분히 꿰뚫어보았을 것이다.

기원전 2세기에 대한 고고학적 자료

중국 자료들은 교역의 발달을 명백하게 보여 주는 동시에 중국인들이 도래하기 이전에 존재했던 또 다른 교역에 대해서도 언급한다. 중앙아시아의 여러 상업 민족 가운데 소그드인들은 확실히 가장 덜 선진적이었던 것 같다. 이웃한 박트리아인들이나 파르티아인들과 비교해 보면, 그들은 마치 저임금노동자처럼 보인다. 『사기』는 상품들이 사방의 원산지에서 박트리아 시장으로 원활하게 공급되었으며,[66] 파르티아 제국의 주민들은 장거리 상선 선원이었다고 명시한다. 이 말은 곧 중국 물품의 도래가 소그디아나에서의 상업활동을 무(無)에서 창출하지 않았음을 의미한다. 오직 고고학적 자료들만이 대량의 비단이 이 일대로 유입되기 전에 이미 존재했던 이 지방 교역의 기원을 명료하게 밝히는 데 이용할 수 있다. 왜냐하면 중국 문헌들은 언급한 교역의 성격을 상술할 여지를 주지 않기 때문이다. 그런데 고고학도 소그드인들과 박트리아인들이 상거래를 했다는 가설을 거의 뒷받침하지 못한다. 사실 박트라(Bactra)[67]에 대한 고고학적 발굴은 거의 이루어지지 않았지만, 파미

---

66 『史記』 卷 123, p. 3164(trans. Watson, p. 235). "수도는 남시(籃市, Lanshi, 박트라)라 불리는데, 그곳에는 각종 상품을 매매하는 시장이 있다."
67 (옮긴이) 고대 그리스인들에 의해 박트라라고 불린 이곳은 조로아스터교 중심지로 한때 세계의 주요 도시였지만 몽골에 의해 완전히 파괴되었다. 오늘날 이곳은 아프가니

르고원 기슭에 있는 아이 하눔(Ai Khanum)[68]이라는 그리스-박트리아 도시의 발굴은 그리스-박트리아 왕국이 사방에서 상대적인 상업적 고립을 겪었음을 보여 준다.[69] 하지만 가공하지 않은 덩어리 상태로 아이 하눔에서 발견된 청금석은 당시 인도 아대륙 전역에 널리 분포되어 있었다.[70]

소그디아나에서 기원전 2세기에 속한 지층까지 시추한 결과가 제공하는 제한적인 정보로는 일반화가 불가능하다. 사마르칸트에서 발견된 유일한 비(非)군사용 그리스 건물은 수수 저장고이다. 하지만 사마르칸트의 그리스 수평 갱도들에서 여러 홍옥수 구슬뿐만 아니라 수많은 터키석 조각도 출토되었음에 주목하자.[71] 특히 터키석을 생산하던 성채의 공방은 기원전 2세기 전반기에 가동되었던 것 같다. 여러 부지 가운데 터키석은 호라즘의 산물이었으나, 페르가나 바로 가까이에 있는[72] 후잔트(Khujand)[73] 지역에서도 생산되었다. 그렇기에 터키석의 실재가 장거리 교역의 존재를 의미하지는 않는다.[74] 당연히 우리는 쉽게 변질되

스탄 북부의 발흐주(州)에 주도(州都) 마자레 샤리프(Mazare Sharif)에서 북서쪽으로 20킬로미터 떨어진 작은 마을로 남아 있다.

68 (옮긴이) 우즈베크어로 '달의 부인'이라는 뜻이며, 지금의 아프가니스탄 쿤두즈주(州)에 위치한 고대 도시의 유적이다. 클라디오스 프톨레마이오스에 의해 옥수스의 알렉산드리아로 비정되었다.

69 Rapin, 1992, pp. 295~99. 이러한 주장이 힘을 얻게 된 것은 올리브유 항아리(암포라)나 검은 유약을 칠한 꽃병 같은 몇몇 희귀한 조각의 존재 덕분이다. 그리스-박트리아 주화는 힌두쿠시 남쪽과 서역에서 매우 드물게 발견된다(Bernard, 1985, pp. 107~13, 158 참조).

70 기원전 200년경까지 인도에서의 고고학적 표지자(진귀한 돌 등)의 분포에 대한 연구로는 Lahiri, 1992 참조.

71 발굴자들(Olga Inevaktina, Lauriane Martinez-Sève, Frantz Grenet)로부터의 개인적 전언(傳言)이다.

72 Bernard and Francfort, 1978, pp. 73~74 n. 45, 46. 이 광상(鑛床)은 이븐 하우칼(Ibn Ḥawqal)이 언급했듯이, 적어도 이슬람 시기 이후에도 가동되고 있었다.

73 (옮긴이) 시르다리야강에 면해 있는 타지키스탄의 도시.

는 제품의 교역에 대해서는 아무것도 모른다. 상대적으로 높은 생활수준 — 큰 중단 없이 사마르칸트에서 계속되었던, 왕성한 고급 도자기[75] 생산이 입증하듯이 — 을 누리던 상당한 규모의 인구가 존재했다는 사실이 교역의 한 요인이었을 수는 있다. 그러나 이 역시 고고학적으로 확인되었다기보다는 추정에 가깝다. 또한 이에 연루된 사람들에 대해서도 알려진 바가 없다. 마지막으로 고대 시기의 주화(鑄貨)가 사마르칸트 유적지에서는 매우 드물게 발견된다는 사실도 반드시 지적해야 한다.[76] 월지의 유목민들에게 함락되기 바로 직전인 기원전 2세기 전반기, 즉 장건이 묘사한 것보다 수십 년이나 앞선 시기의 그리스-소그디아나는 교역 경제보다는 본질적으로 농업경제에 기반하고 있었던 것 같다.

따라서 파르티아나 박트리아의 교역과는 대조적으로 소그드의 대규모 교역은 기원전 2세기 말에 시작된 중국 상품의 대대적인 유입보다 앞서 형성되지 않았을 가능성이 크다. 반면, 중국 문헌들은 아마도 사마르칸트 후잔트에서 들여온 터키석 세공이 하나의 예가 되는 지역 또는 지방 교역을 기반으로 한 별반 대단치 않은 출현을 지지하는 것 같다. 대체로 연대기적 틀은 상당히 명확해졌다.

---

74 터키석은 아이 하눔에서도 발견되었는데, 호라즘산(産)으로 보인다. 보다 일반적으로 말해 현장에서는 특히 금고에서 준(準)보석 잔해들이 많이 나왔다. 이것은 그리스-박트리아의 왕 에우크라티데스(Eukratides, 기원전 204~기원전 145)가 인도에서 가져온 전리품일 수도 있다. Rapin, 1992, pp. 171~82 참조.

75 작은 받침대에 놓인 컵들에 대해서는 Grenet, 1996b, pp. 367~69; Lyonnet, 1997 참조.

76 Bernard, 1996b, p. 347 참조.

3. 열외된 소그디아나: 기원후 초기의 교역 노선

중왕국(Middle Kingdom)[77]의 산물과 중앙아시아인들 사이의 이 첫 만남은 기원후 4세기 초 『고대 편지들』이 작성되던 때로부터 무려 500년이 넘는 세월을 거슬러 올라간 때에 이루어졌다. 중국 문헌 및 고고학적 자료에 이제는 서양의 고전도 추가된다. 기원후 2~3세기 동안의 '실크로드'에 대한 연구는 상당히 명확한 그림을 제시하는데, 확실히 이 시기의 이미지에 가장 많은 사실이 담겨 있다. 실제로 중국과 로마 제국 사이의 대규모 교역은 주로 박트리아와 인도의 중개를 통해 이루어졌지만 파르티아 지배 아래 있던 이란을 경유해서도, 특히 비단 거래가 이루어졌다. 과연 소그드인들은 이 교역에 어느 정도 가담했을까?

남쪽의 상업 민족들

기본적으로 중국과 서양의 자료는 기원후 초기 교역에 대한 묘사에서 일치한다. 중국 측의 『한서』(漢書)처럼 『에리트레아 항해지』(*Periplus Maris Erythraei*)[78]도 인더스강 상류의 수로(水路) 및 박트리아를 가로지르면서 중국과 인도 사이에 조직된 남부 교역이 존재했음을 증언한다. 계빈국(罽賓國, 아마도 간다라[79] 또는 보다 일반적으로 북서 인도인 것 같다)[80]의 사절에 대해[81] 『한서』는 기원전 25년경의 정치가 두흠(杜欽)의

---

77 (옮긴이) 중국을 말한다.
78 *Periplus Maris Erythraei*, ed. and trans. Casson, 1989. 기원후 1세기 중반에 쓰인 이 책(Robin, 1991; Fussman, 1991 참조)은 인도양 교역 노선에 대한 정보를 기록으로 남기고 싶었던 한 선장의 작품이다.
79 (옮긴이) 고대 인도 문화와 지중해 문화가 교류했던 유서 깊은 지역으로 간다라 양식의 예술로 유명하다. 알렉산드로스 대왕의 침략으로 헬레니즘의 영향을 받은 불교 미술이 기원전 1세기부터 기원후 6~7세기까지 꽃을 피웠다.
80 (옮긴이) 기원후 2~5세기에 불교가 성행했던 고대 국가로, 인도 북서부에 위치했다.

보고서를 인용한다.

> 선물을 가져온 이들 중에는 왕족이나 귀족이 없다. 그들은 모두 상인이자 신분이 낮은 이들이다. 선물을 준다는 구실 아래, 그들은 상품을 교환하고 교역하기를 원했다.[82]

외교적 접촉이 형성되고 한 세기가 지난 후에 북인도의 상인들은 이미 중국의 수도로 이어지는 길을 오가고 있었다. 외국 상인들도 수도에서 더 자주 언급되었다.[83] 이에 대해 『에리트레아 항해지』는 다음과 같이 서술한다.

> 바다가 바깥 가장자리 어딘가에서 끝나는 최북단에 차이나[중국]라고 불리는 거대한 내륙 도시가 있는데, 그곳의 푼사와 연사, 직물이 육로로 박트리아를 거쳐 바리가자(Barygaza)로, 그리고 갠지스강을 경유해 리미리케(Limyrikê)로 수송된다. 이곳 차이나에 도달하는 것은 쉽지 않은데, 그곳에서 온 사람들이 손가락으로 헤아릴 정도로 거의 없기 때문이다. 이 지역은 작은곰자리 바로 아래에 있는데, 이 일대가 떨어져 나온 폰투스(Pontus, 흑해)와 카스피해의 일부분과 인접해 있다고 한다.[84]

혜초(慧超)는 『왕오천축국전』(往五天竺國傳)에서 지금의 아프가니스탄 수도인 카불 일대를 계빈국이라고 했다. 그러나 지금은 대체로 오늘날 카슈미르 지역이었다고 보는 견해가 우세하다.

81 Daffinà, 1982, pp. 316~18; Kuwayama, 1987 참조.
82 『漢書』 卷 96 上, p. 3886(trans. Hulsewé and Loewe, p. 109).
83 예를 들어 Yü, 1967, p. 212.
84 *Periplus Maris Erythraei*(ed. and trans. Casson, 1989, § 64, p. 91).

이 교역과 관련해 다른 자료들도 인용할 수 있다. 때때로 그리스와 라틴 문헌에서 언급되는 박트리아인들은 인도양의 교역 환경과 관련된 듯 보이는 맥락에서 인도인들이나 스키타이인들과 결부된다. 기원후 1세기 말 디온 크리소스토모스(Dion Chrysostomos, 40?~115?)[85]는(III, 32, 40) 알렉산드리아 극장의 관객들 가운데에는 박트리아인, 스키타이인, 페르시아인, 몇몇 인도인이, 그리고(V, 72-3) 로마에는 박트리아인과 페르시아인, 파르티아인이 있었다고 전한다. 그리스와 라틴 문헌에 등장하는 또 다른 이야기 속에서 박트리아인들은 그저, 참으로 아주 먼 곳에 살던 사람들의 귀에까지도 전해졌다는 로마 제국의 명성을 강조하기 위해 언급된다. 그리하여 그들에 대한 이야기가 나중에 『히스토리아 아우구스타』(Historia Augusta)에도 등장한다.[86] 이들 언급은 내가 지금 다루고 있는 주제로부터 매우 벗어난 중요한 논의들을 낳았다.[87] 기원후 초기 수백 년 동안에 중국과의 주요 교역 노선이 소그디아나 남쪽을 지나 파미르고원과 힌두쿠시를 거쳐 인도에 이르렀음을 지적하는 것만으로도 여기서는 충분할 것이다.

박트리아는 의심할 여지 없이 이 교역에 참여했는데, 파르티아 제국을 가로지르는 또 다른 노선의 존재 덕분에 추가적인 이득을 얻었다.[88] 실제로 기원후 150년경 『지리학』을 쓴 알렉산드리아의 지리학자 프톨레마이오스는 로마 제국 출신의 상인들이 기원후 1세기에 오가던 경로를

---

85 (옮긴이) 2세기 초에 전성기를 맞이한 후기 소피스트 학파의 그리스 철학자이자 역사가이다.

86 *Histoire Auguste*, Hadrien 21, 14(trans. Callu, p. 42), Aurélien, 33; 4(trans. Paschoud, p. 44, 41, 10(trans. Paschoud, p. 52).

87 Raschke(1978, pp. 637~50)의 핵심 논문 참조. 교역 중개인으로 동부 지중해 사람들만 남기기 위해 중국인, 소그드인, 쿠샨인, 파르티아인을 연속적으로 제거하는 식의 단계적인 역행 논법은 박학다식함에도 불구하고 설득력이 떨어진다. 쿠샨 제국과 이집트 사이의 교역에 대해서는 Šerkova 1991 참조.

88 Šerkova 1991, pp. 15~50 참조.

설명했는데, 유프라테스강에서 박트라로 이어지는 그 길은 산맥을 넘어 중국으로 향했다.[89] 프톨레마이오스의 대업은 비록 중앙아시아에 대한 정보를 혼동했지만, 그의 전임자인 티레의 마리노스(Marinos of Tyre)[90]를 비롯해 이들 상인 덕분에 성취할 수 있었다.[91] 천문학적 자료에 접근하지 못한 지리학자는 여행기와 여행에 걸린 시간에만 의존할 수밖에 없었다. 그의 총체적인 좌표계는 이 정보의 기초 위에서 산출되었다.[92]

그리고 교역을 통해 이 노선에 대한 정보를 얻었다. 실제로 그(티레의 마리노스)에 따르면, 티티아노스(Titianos)라고도 불리는 마에스(Maês)라는 자 ― 마케도니아 태생이자 그의 아버지처럼 상인이다 ― 가 비록 직접 세레스(Seres)[93]까지 가지는 않았지만 그곳에 몇몇 사람을 보내 측정 기록을 글로 남겼다고 한다.[94]

소그드 교역은 소그디아나 남쪽 지역들, 특히 박트리아와 북서 인도의 이와 같은 탁월함과 관련해 분석해야 한다.

---

89 프톨레마이오스는 특히 스트라본(Strabon)의 *Geography* XI, XV(XI, 9; XI, 13; XV, 1, 4~27; XV, 2, 8; XV, 73)과 대(大)플리니우스의 *Natural History* VI((VI, 49, 52, 54~55, 88)에서 발견되는 중앙아시아에 대한 전임자들의 식견을 현저히 향상시켰다.

90 (옮긴이) 로마 제국의 속주 시리아의 티레(Tyre) 출신으로 수리지리학의 기초를 닦은 인물로 알려져 있다.

91 Bernard, 1996b, pp. 341~45; Bernard and Francfort, 1978, pp. 45~48, 93~95 참조. 소그디아나에 할애된 단락은 Ronca, 1971, pp. 31~36(독일어로 번역된 그리스어 및 라틴어 본문), pp. 106~07(영어 번역).

92 Berthelot, 1930, p. 202의 비평에 대해서는 Pliny the Elder, *Natural History*, I, 2 and Shiratori, 1957, pp. 3~4도 참조.

93 (옮긴이) '세리카'(고대 그리스어, Σηρικὰ)는 고대 그리스-로마 지리학에서 세계의 동쪽 끝에 있는 나라를 말한다. 그 나라에 사는 사람들을 '세레스'(고대 그리스어, Σῆρες)라고 했다. 대개 비단길을 통해 로마와 이어졌던 진한(秦漢) 시대의 중국 북부를 가리키는 것으로 여겨진다.

94 *Geography*, I, 11, 5~6(trans. Coedès, 1910, reprinted 1977, p. 29).

북쪽 노선들

기원후 초기에 있었을 법한 소그드 교역에 대한 증거는 매우 혼란스럽고 분산되어 있다. 가장 분명한 구절이 『한서』에서 발견된다.

> 이러한 점을 고려하면서 왜 [강거가 한나라 궁궐 안으로] 들어가라고 아들들을 보냈는지 물으면, 그들이 교역을 바라며 세련된 말솜씨로 허세를 부렸음을 알 수 있다.[95]

이 구절은 강거의 왕이 기원전 11년 궁궐에 선물과 함께 그의 아들을 보냈다는 사실에 대한 타림분지의 중국 근위병장(Protector-General)의 보고서에서 인용한 것이다. 보고서는 강거와의 관계를 끊으라고 조언한다. 논객은 이와 비슷한 시도가 강거에 의해 기원전 29년에도 있었음을 덧붙인다.[96] 『사기』에서 강거는 기원전 2세기 시르다리야 강 중류에 한정된 작은 유목국으로 묘사되지만, 이러한 사실이 강거를 소그디아나와 동일시할 만한 근거는 되지 못한다.[97] 반면, 강거가 이들 사절이 파견된 시기에 소그디아나를 포함했다고 생각할 만한 충분한

---

95 『漢書』卷 96 上, p. 3893(trans. Hulsewé and Loewe, p. 128). 사실, 이 구절은 모호하기에 다르게 번역할 수도 있다. 어쨌든 강거의 사신들은 교역에 대해 이야기했다.

96 Hulsewé and Loewe, p. 126, n. 307의 번역 참조.

97 『사기』의 한 구절(卷 123, p. 3158[trans. Watson, p. 232])이 혼동을 주는데, 흉노에 맞서 월지와 동맹을 맺고자 했던 장건이 페르가나에서 강거로 간 후에 그곳에서 월지로 향했다고 서술하고 있기 때문이다. 소그디아나는 페르가나와 월지 사이에 위치했기 때문에 강거가 소그디아나를 포함했다고 믿게 되었을 것이다. 하지만 페르가나의 왕—그의 영토는 몇 해 전에 바로 이 월지와의 다툼으로 인해 유린당했다—은 『사기』에 정확히 서술되었듯이, 그저 시간을 벌며 월지와 흉노 모두에게 충성을 맹세한 강거의 왕에게 이 부담스러운 사절을 보냄으로써 상황을 모면했을 뿐이다. 이러한 식으로 페르가나의 왕은 강거의 왕을 신종의 의무에 있어 양자택일을 해야 하는 처지로 몰아넣었다.

이유는 있다.

실제로 강거는 『사기』에서 묘사된 대로 북쪽으로 대완과 국경을 계속 맞대고 있었지만, 『한서』에 실린 새로운 사실은 그 이후로 파르티아 왕국인 안식과도 북쪽으로 국경을 접하게 되었다는 것이다. 월지(月氏)는 장건이 여행할 당시 가지고 있던 핵심적 지위를 더 이상 보유하고 있지 않았다. 이때부터 강거는 페르가나에서 메르브 인근의 아무다리야강까지 확장했는데, 그 결과 소그디아나도 아우르게 되었다. 게다가 이 정보는 파르티아 제국의 프라아테스 5세(Phraates V, 재위 기원전 2~기원후 4)의 것일 수밖에 없는 주화들에 적힌 설명에 의해서도 그 시기가 추정 가능하다.[98] 따라서 강거가 소그디아나를 지배하게 된 때는 장건의 파견과 기원후 얼마 되지 않은 시기 사이였다. 훗날 『후한서』(後漢書)[99]는 더욱 노골적으로 소그디아나를 강거 왕국에 포함시켰다.[100]

강거의 소그디아나 점령이 월지의 마지막 이주민들이 박트리아로 떠난 직후인 기원전 11년 이전에 있었다고 기꺼이 인정한다면 십중팔구 『한서』에 실려 있는 교역을 원하던 강거의 사절들은 소그디아나 출신 상인들의 안내를 받았을 것이다. 다시 말해 두흠이 신랄하게 비난한 계빈국 출신 상인들의 가짜 사절단 파견 수법이 바로 여기에서는 소그드인들에 의해 이용된 것이다.

소그드인들을 포함해 『사기』에서 언급된 모든 상업 민족은 중국으로의 여정을 떠났다. 따라서 외교로 위장한 소그드의 장거리 교역은 중국 사절과 소규모의 소그드 무역업자들 사이의 상업적 접촉이 소그디아

---

98 Leslie and Gardiner, 1982, p. 280, n. 51.

99 범엽(范曄, 398~445)이 편찬한 『후한서』는 125년경 반용(班勇) — 무장 반초(班超)의 아들이자 역사가 반고(班固)의 조카 — 이 쓴 보고서에서 영감을 받았다고 한다. 그는 150~170년에 발생한 후대의 여러 사건을 덧붙였다.

100 Trans. Chavannes, 1907, p. 195. Shiratori, 1928, pp. 94~100에 따르면, 'Liyi(栗弋)'를 'Sukdok(Sogdiana)'로 발음되는 'Suyi(粟弋)'로 수정.

나에서 있고 한 세기가 지난 후인 기원전 수십 년경에 시작되었다고 확고하게 그 시기를 추정할 수 있다.

중국 문헌은 더 이상 아무것도 말해 주지 않는다. 다른 자료들 또한 소그드 무역에 대해 명백하게 언급하지 않는다. 이에 대한 고고학적 증거도 매우 산만하다. 사실상 아무다리야강 북쪽 지역의 대교역에 대해서나 또는 중앙아시아 다른 지역에서 발견된 것 외에는 최소한의 그 무엇에 대해서도 상상할 여지를 주지 않는다. 비단은 보존되지 않는다. 로마 지중해 세계에서 온 물건들 — 종종 이집트의 파이앙스(faïence) 구슬[101]이나 작은 청동 조각상 — 은 주로 북부 박트리아에서, 부차적이지만 호라즘과 소그디아나, 우스트루샤나(Ustrushana),[102] 페르가나에서도 발견된다.[103] 발견된 이들 물품의 자릿수는 수천 개의 로마 주화가 발견된 인도 남부의 경우와는 비견될 수 없다. 한편, 당대의 호박(琥珀)이 발틱해에서 중앙아시아까지 다다랐다.[104] 중국에는 동쪽에서 중앙아시아를 건너온 몇 가지 물품이 다시 흑해의 스텝 지대로 이동했다. 이리하여 최근 발굴된 사마르칸트 북쪽의 호화로운 분묘에서 대략 기원후 얼마 되지 않은 시기의 것으로 추정되는 중국산(產) 은거울이 다른 귀한 물건들과 함께 발견되었다.[105] 은거울이 그곳에 있게 된 이유가 상업적 맥락에서인지 또는 (좀 더 가능성이 있어 보이지만) 외교적 채널을 통해서인지는 알 수 없다. 중앙아시아산(產) 또는 적어도 중앙아시아를 거쳐 전해진 물품이 기원후 1세기 말부터 흑해 북쪽의 무덤들에서 발견된다.[106]

---

101 Litvinskij, 1973, pp. 128~52.
102 (옮긴이) 트란스옥시아나에 위치한 옛 이란 지역으로, 기원후 5세기에서 7세기까지 에프탈족의 영토에 속했다.
103 Šerkova, 1991, pp. 24, 64~74의 지도 참조. 또한 Staviskij, 1995, pp. 192~200 참조.
104 Bubnova, 1991, 1997 참조.
105 이 정보를 제공해 준 발굴자 클로드 라팽에게 감사를 드린다.

이렇게 고고학은 소극적인 팽창의 증거를 제시한다. 그리고 스텝 지대를 경유해 아무다리야강 북쪽의 중앙아시아와 흑해 사이의 이와 같은 교류의 발달은 거의 동시에 중국과 그리스 문헌에도 등장한다. 『후한서』는 기원후 2세기 초반에 수집된 정보에 근거해 이 노선의 일부를 설명했다.[107] 3세기에 쓰인 『위략』(魏略)[108]은 로마 제국까지 그 노선을 연장했다.

알란(阿蘭, Alan)이라고도 불리는 엄채국(奄蔡國)은 강거 사람들과 비슷한 관습을 가지고 있다. 서쪽으로는 대진(大秦)과 접해 있고 동남쪽으로는 강거와 접해 있다.[109]

알란은 알란족이며, 여기서 대진은 로마 제국을 말한다. 프톨레마이오스가 카스피해 북쪽 지역을 특히 잘 알고 있었는데, 그는 또한 북쪽 육로로 둘러갈 수 있는 카스피해가 영해임을 알아차린 최초의 사람이었다. 그는 카스피해로 흘러들어 가는 강들의 목록도 제공한다.[110] 게다가 그는 페르가나와 타림분지에 대해서도 설명한다. 그러나 자라프샨 계곡에 대한 글의 분량은 매우 적다. 특히 프톨레마이오스는 소그디아나에 관해 큰 실수를 범했다. 저 멀리 남쪽이나 북쪽에 관련한 그의 정

---

106 요긴한 목록은 Simonenko 2001 참조.

107 『後漢書』 卷 88, p. 2920.

108 239~265년 재야 사학자 어환(魚豢)이 작성한 이 문헌은 없어졌지만, 장문의 발췌문이 429년 배송지(裴松之)가 출간한 『삼국지』(三國志) 주석 속에 남아 있다. 이 구절들은 에마뉘엘-에두아르 샤반(Émmanuel-Édouard Chavannes, 1865~1918)이 번역한 것이다(Chavannes, 1905).

109 『三國志』 卷 30, 魏書, 烏丸鮮卑東夷傳, p. 862(trans. Chavannes, 1905, pp. 558~59). 흑해 연안의 보스포루스 왕국의 주화와 호라즘의 주화가 매우 비슷하다고 기록되어 있다. Vajnberg, 1977 참조.

110 Berthelot, 1930, p. 225 참조.

보가 훨씬 정확한 것 같다. 『후한서』는 메르브를 파르티아로 가는 관문으로 설명하는데, 이는 자라프샨 계곡을 거쳐 메르브에서 끝나는 파생 경로를 분명히 보여 준다.[111] 나중에 『위략』도 대완에서 안식으로 가는 이 길을 다시 설명한 듯하다.[112]

중앙아시아와 흑해 사이에 비교적 정규적으로 교역이 성행했다는 유일한 실제적 증거는 그리스-로마 보석 세공인들에게서 찾을 수 있다. 이들은 각양각색의 여러 청석(靑石)에 친숙했는데, 그 가운데 최고는 스키타이 시아노스(cyanos)라고 불리는 보석이었다. 이것은 흑해를 통해 수입되었는데, 확실히 [아프가니스탄] 바다흐샨의 청금석과 일치했다. 대(大)플리니우스(Plinius the Elder)[113]는 기원후 한 세기 동안,

> 최고의 시아노스는 스키타이의 것으로 …… 시아노스는 암수로 나뉜다. 사파이어와는 다르게 때때로 사금(砂金)을 품고 있기도 한다. 실제로 이 안에 있는 금이 작은 알갱이 형태로 빛난다.[114]

청금석에 포함된 황철석(黃鐵石)은 정확히 이 설명에 부합한다. 그러므로 청금석은 필연적으로 소그디아나를 거쳐 스텝 지대, 그리고 나서는 흑해 방향으로 정기적으로 유통되었을 것이다. 소그드인들이 이 교역에 참여했을 수도 있다.

---

111 Chavannes, 1907, p. 177.
112 『魏略』(trans. Chavannes, 1905, pp. 555~56); 『三國志』 卷 30, p. 860.
113 (옮긴이) 기원후 1세기에 활동한 로마 제국의 정치가, 박물학자, 해군 제독으로 황제 베스파시아누스의 친구이기도 했다. 기원후 69년 베스파시아누스가 황제로 등극한 뒤, 각별한 총애를 받은 그는 각지를 여행하거나 근무한 경험을 통해 식물학, 지리학, 생물학, 수학, 농업 등 다양한 주제를 다룬 『박물지』를 집필했다.
114 Pliny the Elder, *Histoire Naturelle*, XXXVII, 119.

중앙아시아의 고대 역사 속을 걷는 이 긴 활보의 유일한 목적은 연대순 배열을 좀 더 정확하게 하기 위함이었다. 그 결과 우리는 더 이른 시기 대신에, 기원전 2세기 중국의 모험에 이어 소그드인들과 남부 중앙아시아의 다른 상업 민족이 타림분지로 이어지는 산길을 넘은 기원전 1세기를 지지하게 되었다. 당시 다양한 노선은 인도와 중국을 연결하든 또는 이란과 중국 혹은 스텝 지대와 중국을 연결하든 간에, 모두 중앙아시아를 지나갔다. 우리는 그것을 세 개의 큰 그룹으로 구별할 수 있다. 첫째, 박트리아를 경유하는 남쪽 노선, 둘째, 시르다리야강을 경유하는 북쪽 노선, 마지막으로 소그디아나를 경유하는 노선이 그것들이다. 자라프샨 계곡에 이어 북쪽 노선을 거친 청금석의 유통이 보여 주듯이, 노선들 사이에는 교차점이 존재한다. 강거 상인들에 대한 문헌은 특히 자라프샨 계곡과 북쪽 그룹의 노선들에서 아마도 청금석을 교역할 때 소그드인들이 수행했을지도 모르는 역할을 너무 과도하게 축소하지 말 것을 경고한다. 비록 대교역 노선은 좀 더 남쪽으로 지나갔고 소그드인들은 파생 경로만 통제했지만, 그럼에도 적어도 그들은 멀리서나마 기원후 몇백 년 동안 교역 발전에 참여했다. 중국의 정치적 기획으로 인해 이웃 유목민들 사이에 발생한 상업적 기회는 교류가 부족했음에도 완전히 사라지지 않았다. 우리의 문서화 작업의 현황을 고려하면 ─그리고 이와 같은 경고는 중요한데, 아주 작은 발견도 이 모델을 완전히 반박할 수 있기 때문이다─, 남쪽의 이웃 민족들의 사업과 비교했을 때 그다지 대단하지는 않았을지라도 소그드 네트워크의 기원을 다른 곳에서 찾을 이유는 없다.

제2장
『고대 편지들』에 대하여

『고대 편지들』은 소그드 교역사에서 매우 독특한 문서 모음집이며, 그 자체로 이 연구의 중요한 논리적 토대의 일부를 구성한다. 실제로 감숙에서 사마르칸트로 보내진 『고대 편지 II』는 소그드 네트워크의 존재를 입증하는 최적의 기록물 가운데 하나이다. 문헌은 이 네트워크가 단순히 소그드 소상인들의 집합체가 아니라 멀리 떨어진 지역의 상업활동을 통제하기 위해 고안된 경제적·사회적 구조로서 네트워크 개념이 의미하는 바를 모두 갖춘 관계망임을 보여 준다. 게다가 이들 편지는 소그드 교역 초기에 대한 기록물이다. 그렇다 보니 상당히 선진적 형태의 네트워크를 갖춘 소그드 교역이 모호하게 불쑥 등장한다. 제2장의 목표는 『고대 편지들』이 제공하는 정보를 활용하는 동시에 이와 같은 모호함을 떨쳐버리는 것이다.

1. 『고대 편지들』과 소그드 네트워크

『고대 편지 II』

『고대 편지 II』는 본문 전체를 인용할 만한 가치가 충분하다. 왜냐하면 소그드 교역사에서 가장 중요한 기록이자, 로마 제국의 국경을 휩쓸기 60년 전에 낙양을 약탈했던 흉노에게 부여한 훈족(xwn)이라는 이름으로 말미암아 기원후 4세기의 역사를 조망하는 근본적인 문헌 가운데 하나이기 때문이다.

카나크(Kānakk) 가문의 나나이-트바르(Nanai-thvār)의 아들, 존귀하신 바르자크(Varzakk) 나리께 소신 나나이-반다크(Nanai-vandak)는 신에게 경배하듯이 무릎을 꿇고 천 번, 만 번 감축드리며 경의를 표합니다. 그리고 나리, 나리의 행복과 무병하심을 보게 된다면 소신에게는 최고의 날이 될 것입니다. 또한 나리께서 건강하다는 소식을 들으면 소신은 저 자신이 영생하리라 느낍니다!

나리, 주천(酒泉, Cwen)의 아르마트-사치(Armat-sāch)는 안녕하고 고장(姑臧)에 있는 아르사치(Arsāch)도 무탈합니다. 그리고 나리, 소그드인이 '안'[즉 중국]에서 나온 지 3년이 되었습니다. 소신은 고탐-사치(Ghōtam-sāch)를 안정시켰으며, 그는 지금 잘 지냅니다. 그는 크브링크(Kwr'ynk)로 가버렸고 …… 이제는 누구도 그곳에서 오지 않기에 '안'으로 간 소그드인들에 대해, 그리고 그들이 어떻게 지내는지 또 그들이 어떤 나라에 이르렀는지에 대해 나리에게 쓰고자 합니다. 그리고 나리, 그들이 말하기를, 마지막 황제가 궁과 도시로 번지기 시작한 기근과 화재 때문에 낙양(洛陽, Sry)에서 달아났으며, 궁은 불타고 도시는 [파괴되었다고] 합니다. 낙양은 더 이상 없고 업(鄴, Ye)도 더 이상 없습니다! 게다가 …… 흉노에 의해, 그리고 그들에 의해 …… 장안(長安, 'xwmt'n)이, 정말로 그들이 그곳을(?) 장악했다면(?) …… 어제는 황제의 신민이었던 바로 이들 훈족이 닌이치(N'yn'ych)까지 그리고 업(鄴)까지! 그리고 나리, 남은 중국인들이 흉노를 중국 장안에서 쫓아낼 수 있을지, 그리고 국난을 극복할 수 있을지(?) 모르겠습니다. 그리고 […에] 사마르칸트에서 온 100명의 자유민이 [있습니다] ……

드리잔(Drijan)에는 …… 40명의 남자가 있습니다. 나리, '안'에서 [나온 지] 3년이 [지났습니다] …….

그리고 돈황(δrw''n)에서 금성(金城, Kmzyn)까지 …… 아마 직물(?)의 판매는 잘 나가고[잘 팔리고?] 있고 포장되지 않은 천이나 방모 직물을 가지고 있는 사람은 누구나 …….

그리고 나리, K(금성[金城] 또는 무위[武威, Wuwei]?)에서 돈황에 이르는 지역에 거주하는 우리에 대해 말하자면, 우리는 …… 살아 있는 한 그나마 생존하고 있으며, 가족도 없이 늙어 죽기 직전에 있습니다. 그렇지 않았다면 [소신은] 우리의 상황에 대해 당신께 쓰려고 하지 않았을 것입니다. 그리고 나리, 중국의 근황을 일일이 쓴다면 그것은 정말이지 비통함 그 이상일 것입니다. 거기에서 나리가 얻을 이윤은 전혀 없습니다. 소신이 사그라크(Saghrak)와 파른-아가트(Farn-āghat)를 '안으로' 보낸 지 8년이 되었으며, 그곳에서 답장을 받은 지는 3년이 되었습니다. 그들은 잘 지냈지만 …… 지난 폐해가 발생한 이후에 그들이 지금은 어떻게 지내는지 답을 받지 못했습니다. 더욱이 4년 전에 아르티후-반다크(Artikhu-vandak)라는 사람을 또 보냈습니다. 대상단이 고장(姑臧, Kc'n, 무위)을 떠날 때, 와후샤크(Wakhushakk)는 …… 그곳에 있었고, 그들이 낙양에 도착했을 때 …… 그곳의 인도인들과 소그드인들은 모두 아사(餓死)해 있었습니다. [이에 소신은] 나시안(Nasyan)을 돈황에 보냈는데, 그는 '밖으로'(즉 중국 밖으로) 가서 돈황에 들어갔지만 지금은 그 역시 무단으로 사라졌고 큰 징벌을 받아 크라치흐(Kr''cyh)에서 맞아 죽었습니다.

바르자크 나리, 소신의 가장 큰 희망은 나리입니다! 드루와스프-반다크(Dhruwasp-vandak)의 아들 페사크(Pēsakk)는 소신의 것 가운데 손에 넣은 5[…]4 스타테르를 인도하지 않고 예치해 버렸습니다. 나리께서는 이제부터 그것을 봉인해 꼭 쥐고 계셔야 합니다. 소신의 허락 없이는 …… 드루와스프-반다크가 …….

나나이-트바르 나리, 당신께서는 바르자크에게 이 예치금을 찾아가야 함을 상기시키셔야 합니다. 그리고 둘 다 계산하셔야 합니다. 만약 바르자크가 그것을 소유해야 한다면, 나리께서는 자금에 이자를 더해야 하고 양도 서류에 그것을 기입해 바르자크에게도 이자를 지급해야 합니다. 그리고 나리 생각에 바르자크가 예치금을 가져서는 안 된다고 판단된다면, 그것을 가져다가 그 자산을 증식할 수 있는 능력이 있다고 생각되는 사람에게 주셔야 합니다. 그리고 보세요, 어떤 고아가 있다고 해보죠. …… 그가 살아남아 성인이 된다면 그에게는 이 돈 말고는 다른 희망이 없습니다. 그리고 타쿠트(Takut)가 신에게로 떠났다(신과 나의 아버지 영혼이 당신에게 힘을 주시기를!)는 소식이 들려왔을 때, 그리고 타흐시치-반다크(Takhsīch-vandak)가 장성하면 나나이-트바르 나리께서는 그를 결혼시켜 당신을 떠나지 못하도록 하십시오. …… 우리는 늘 죽임을 당하거나 강도를 당할 수 있음을 생각합니다. 그리고 나리께서 현금이 필요하면 자금 중에서 1,000스타테르나 2,000스타테르를 취하십시오. 그리고 완-라즈마크(Wan-razmak)가 나리께 전달할 타쿠트의 것인 32개의 사향(麝香) 소포를 돈황으로 소신에게 보냈습니다. 그것을 인수하시면 나리께서는 5개의 꾸러미로 나누어 그 가운데 3개는 타흐시치-반다크에게, 1개는 페사크에게 주고, 나머지 1개는 나리께서 챙기시면 됩니다.

이 편지는 치르트-스완(Chirth-swān) 왕 재위 13년의 타그미치(Taghmīch) 달에 작성되었습니다.[115]

---

115 Frantz Grenet, Xavier Tremblay, Étienne de la Vaissière의 도움을 받은 trans. Sims-Williams, 2001 참조.

맥락과 시기

이 문서는 1907년 중국 서부 국경 거의 끝자락에 있는, 돈황에서 서쪽으로 90킬로미터 떨어진 폐허가 된 한(漢)나라 시대의 감시탑(no. XIIa) 통로 가운데 하나를 가로막고 있던 쓰레기 더미에서 아우렐 스타인(Aurel Stein, 1862~1943)[116]이 발견한 밀봉된 편지 가운데 하나이다.[117] 소그드 문자로 종이에 쓰인 이 편지는 일부분이 파손되어 있었지만,[118] 1931년 손질을 거친 후에 발행되었다.[119]

『고대 편지들』이 작성된 시기는 수많은 논란의 대상이 되었다.[120] 실제 두 번째 편지는 중국의 수도 가운데 하나인 낙양의 약탈을 언급한다. 이 도시는 세 차례, 즉 190년, 311년, 535년에 약탈을 당했다. 마지막 날짜를 빼는 데에는 그럴 만한 여러 이유[121] — 고문서학이나 종이

---

116 (옮긴이) 헝가리 태생의 영국 탐험가로, 수차례 중앙아시아를 탐사하고 그 결과물로 감숙성 돈황을 연구해 돈황학(敦煌學)을 확립했다.

117 위치 확인은 Stein, 1921, vol. II, pp. 669~67; Stein, 1921, vol. V, map 74 참조. 이 장(章)에서 언급한 모든 지리적 장소는 이 책 102쪽 지도 위에 표시되어 있다.

118 게다가 여러 조각이 있다. 본래의 『고대 편지들』과 함께 발견된 조각들에 스타인이 누란(樓蘭) 남서쪽에서 발견한 20행의 편지 조각도 덧붙여야 한다. document LM II ii 09, Stein, 1928, I, p. 195 and II, p. 1031; Plate in vol. III, CXXIV, and location vol. IV, map 29 참조. 고문서학적 관점에서 보면, 이 편지는 같은 시기의 것으로 추정되며, 『고대 편지 II』처럼 훈족(5행)에 대한 언급도 나오는데, 글은 어렵다. 이 조각은 가필되거나 번역된 적이 없다. 한 여성이 작성한 것인데, 기본적으로 사람들의 왕래에 대해 언급하고 있으며, 교역과 관계된 몇몇 단편적인 정보도 실려 있는 듯하다('팔다'라는 동사는 'pr'yδ'이다. 13행).

119 Reichelt, 1931. 편지들은 지금 영국 국립 도서관(British Library)에 있다(Or. 8212/92~101).

120 Henning, 1948은 편지들의 작성 시기를 기원후 313년으로 제시했다. 야노스 하르마타(János Harmatta)는 기원후 196년을 주장했다(Harmatta, 1979a, 1979b, 1992). Grenet와 Sims-Williams, 1987은 발터 B. 헤닝(Walter B. Henning)의 가설로 돌아갈 것을 제시했다.

121 Grenet and Sims-Williams, 1987, p. 105.

의 재질 등에 의거해—가 있지만, 문헌에서 언급된 사건들(낙양과 업[鄴] 지역의 연소, 기근, 황제의 탈출, 흉노의 역할)이 어느 상황에도 적용될 수 있기 때문에 190년과 311년 둘 가운데 하나를 선택하기란 쉽지 않다. 대체로 311년에 중국에서 벌어진 사건이 190년보다는 편지의 본문과 더 부합하는 듯 보인다. 특히 기근 상황에서 311년에 피난을 간 이는 실제로 황제였지만, 190년에 황제가 수도를 버릴 수밖에 없었던 것은 독재자 동탁(董卓) 때문이었고 기근은 193년에야 시작되었다. 이러한 정황은 편지의 작성 시기를 313년으로 추정케 한다.

당시 중앙아시아에서 중국으로 여정을 떠난 상인들은 파미르고원을 경유해 『고대 편지들』이 발견된 장소와 그리 멀지 않은 중국 땅에 도달하기에 앞서 호탄(Khotan) 왕국[122]과 특히 누란(樓蘭) 왕국[123]을 지나갔다. 중국 주둔군이 여전히 인도화된 누란 왕국을 통제하고 있었다.[124] 로브 노르(羅布泊, Lob Nor) 호숫가에 자리 잡은 누란은 그 당시 다양한 주민을 수용하고 있던 국제적인 대도시였다. 주민들 중에는 인도인, 중국인, 소그드인, 그리고 확실히 박트리아인도 있었다. 그 후 돈황에서 온 상인들은 서진(西晉)의 영토로 들어갔고 『고대 편지 II』에서 언급한 도시들—주천(酒泉), 무위(武威, 옛 이름은 고장[姑臧]), 난주(蘭州, 옛 이름은 금성[金城])—을 두루 돌아다니고 나서야 당시 완전히 무

---

122 (옮긴이) 타림분지의 타클라마칸사막 남쪽 가장자리를 따라 이어진 실크로드의 분기점에 위치했던 고대 사카계 불교 왕국으로, 1006년 튀르크계 카라한 칸국에 정복당할 때까지 1,000년 넘게 존속했다. 중국에서는 한대(漢代)부터 당대(唐代)까지 '우전'(于闐)으로 불렸다.

123 (옮긴이) 현재의 중국 신장위구르 자치구에 있던 고대의 작은 도시국가로, 문헌 기록으로는 『사기』「흉노열전」에서 처음 거론되었다. 당시 한나라에서는 이 나라를 '선선'(鄯善)이라 칭했다. 역사 속에 묻힐 뻔한 이 왕국은 스웨덴의 탐험가 스벤 헤딘(Sven Hedin, 1865~1952)에 의해 그 유적이 발굴되었다.

124 이는 수도였던 누란(또는 크로라이나[Krorayna]) 현장과 호탄 변경에서 그리 멀지 않은 타림분지 한가운데 있는 벽지(僻地)인 니야(Niya), 양 지역 모두에서 발견된 중국 문서들에 의해 입증된다.

정부 상태였던 중국 중심부에 다다랐다.

우편 네트워크

이들 편지는 함께 발견되었지만 서로 다른 장소에서 발신되었다. 첫 번째 편지와 세 번째 편지는 돈황에서 같은 사람에 의해 쓰였고 수신처는 아마도 누란이었던 것 같다. 두 번째 편지는 사마르칸트행이었는데, 비록 정확한 장소를 특정할 수는 없지만 하서회랑에서 작성되었다. 다섯 번째 편지는 무위에서 보낸 것이었다. 다른 편지들에는 이와 같은 정보가 없다.

이들 편지의 다양한 출처뿐만 아니라 전적으로 소그드 문자로만 쓰인 정황도 소그드 사회 내에 우편을 수합해 전달하는 시스템이 존재했음을 보여 준다. 이들 편지를 운반한 사람은 한 소그드 공동체에서 또 다른 소그드 공동체로 넘나들었지만 다른 종족 공동체들은 배제했다. 예를 들어 중국어 또는 인도어로 된 편지는 소그드어 편지들과 섞이지 않았다. 배달원이 전문 직종이었는지는 알 수 없지만, 아마도 우편 배달의 업무를 상인들이 수행했을 가능성이 더 커 보인다. 편지를 쓴 소그드인들이 기다리거나 받은 편지에 대해 여러 차례 언급한 것으로 보아 편지 교환이 상당히 빈번했음을 알 수 있다. 뿐만 아니라 밀봉 편지에 적힌 주소의 명기 방식도 규격화되어 있다. 마지막으로 『고대 편지 I』과 『고대 편지 III』은 모두 미우나이(Miunai)라는 여성이 쓴 것이다. 첫 번째 편지는 어머니 카티사(Catisa)에게, 두 번째 편지는 남편 나나이-다트(Nanai-dhat)에게 딸 사이나(Šaina)가 쓴 추신을 덧붙여 쓴 것이다. 사적인 편지의 존재, 그것도 여성이 쓴 편지가 있다는 것은 교류가 빈번하고 정기적이었음을 보여 준다. 『고대 편지 IV』와 『고대 편지 V』는 상업적 성격을 띠고 있는데, 『고대 편지 I』과 『고대 편지 III』처럼 상당히 빠른 회신을 시사한다. 따라서 우리는 여기서 잘 발달된, 그리고 지역사회 간의 경제적·가족적 관계를 유지하는 데 기여한 지역 우편망을 다루고자 한다.

보존 상태가 양호한 다섯 통의 편지 가운데 네 통의 편지에는 정확한 주소가 없다. 이는 아마도 배달원이 편지를 받을 사람과 개인적으로 친분이 있어 수신자의 주소가 필요 없거나 또는 어쩌면 누란의 공동체처럼 같은 종족인 소그드 공동체로 배달될 예정이었기 때문이었던 것 같다.[125] 한편, 유일하게 좀 더 멀리 떨어진 도시인 사마르칸트로 전달될 예정이던 『고대 편지 II』만이 아마 덮개와 건포로 이중으로 밀봉된 편지였다. 아마 덮개 조각에는 "사마르칸트로 보내는 ……"이라는 말이 적혀 있는데, 이는 소그드 교역사에서 필수적인 단어이다[도판 I-1 참조]. 수신자의 이름들이 편지 뒤쪽에 쓰여 있다. 우리는 여기에서 두 개의 주소를 사용하는 방식을 목도하는데, 아마도 편지를 받은 누란의 최초의 수신자는 이어서 그 편지가 사마르칸트에 도달하도록 감독할 책임이 있었던 것 같다. 우리는 또한 여기에서 우편 배달의 임무를 띤 사람이 사마르칸트로 가지는 않았으며, 오히려 그의 여정은 감숙과 누란 사이를 오가는 것으로 제한되었고, 누란에서 사마르칸트로 편지를 가져갈 카라반을 물색했음을 추론할 수 있다. 그런데 돈황에서 사마르칸트로 보내진 사항에 대한 언급이 같은 편지에서 등장한다. 이처럼 우편 회선과 아마도 더 느렸을 상품 유통망은 분리되어 있었다. 편지의 외관과 주소, 내용으로 보았을 때, 『고대 편지 II』는 분명 다른 편지보다 좀 더 폭넓은 범위의 다른 영역에 속해 있다. 이들 문헌은 별개의 두 네트워크에 속해 있다. 하나는 잦은 접촉을 유지하고 있는 공동체로 구성된

---

125 돈황과 누란 사이를 잇는 길에서 발견된 편지의 위치는 이 목적지 — 더욱이 『고대 편지 IV』 5행에서 해명하기 힘든 맥락에서 언급되어 있다 — 를 지지하는 주장을 뒷받침한다. 게다가 주소 가운데 하나는 니야에서 나온 문서들에서 발견된 이름이 쓰여 있다(이에 대해서는 아래, n. 17 참조). 마지막으로 소그드 문서들은 앞에서 인용한(p. 45 n. 3) LM II ii 09 문서처럼 누란에서 발굴되었다.

(감숙과 누란 왕국을 포함해) 지역적 수준의 네트워크이며, 『고대 편지 II』가 속해 있는 다른 하나는 사마르칸트와 감숙 사이의 경우처럼 국제적 수준에서 작동하고 있는 네트워크이다.

완전체로서의 네트워크

『고대 편지 II』에 따르면, 상인 사회는 세 층위의 사람들로 구분되어 있는 듯하다. 사마르칸트의 나나이-트바르의 아들인 바르자크와 감숙과 중국의 네트워크 관리자인 나나이-반다크, 그리고 마지막으로 주천의 아르마트-사치, 무위의 아르사치나 고탐-사치, 파른-아가트, 사그라크, 아르티후-반다크, 나시안 같은 지역 대리인들로 말이다. 지역 대리인 가운데 몇몇은 다른 이들보다 나이가 많았고 최근에 파견된 이들도 있는 반면, 아르마트-사치와 아르사치처럼 도시에 정착한 지 오랜 시간이 흐른 이들도 있었다.

바르자크와 나나이-반다크가 정확히 어떤 사이인지 확정하기는 어렵다. 본문은 상하 관계를 떠올리게 하고 무한한 존경심을 표하는 부분도 많다. 그럼에도 불구하고 상당 부분 판에 박힌 듯한 표현들이기에 여기에 너무 많은 중요성을 부여할 필요는 없어 보인다. 더욱이 나나이-반다크는 여러 차례 바르자크를 동료로 대하는 듯이 보인다. 바르자크의 아버지가 부분적으로 나나이-반다크의 아버지를 이었고 나나이-반다크의 아버지는 자신의 아들을 그에게 위탁해야만 했다는 사실은[126] 그들 사이에 가족적 유대가 있었음을 보여 주는 것 같다. 이 구조의 가장 낮은 층위에 있는 '-sāch'(아르마트-사치, 아르사치, 고탐-사치)로 끝나는 세 수하의 이름도 이런 식으로 해석해야 할 것이다. 나나이-반다크가 별달리 그들의 신원을 특정하지 않은 채 그들에 대해 이

---

126 『고대 편지 II』 50행.

야기하는 것에서 알 수 있듯이, 바르자크는 아르티후-반다크를 제외하고 이들 수하와 개인적 친분이 있는 듯하다. 그리고 나나이-반다크는 바르자크나 나나이-트바르와는 관계없이 사마르칸트와의 접촉을 유지했다.[127] 게다가 그는 나나이-트바르에게 사향을 보냈다.

편지는 기간에 대해 여러 언급을 한다. 나나이-반다크는 3년 된 사건들과 사그라크와 파룬-아가트를 파견했던 무려 8년이나 지난 일을 교신하는 이들에게 알리려 신경을 썼다. 3년 동안 중국발(發) 뉴스의 부재, 즉 정치적 사건과 연관된 중단은 분명 비정상적이다. 따라서 훨씬 더 오래된 시기의 사건들은 아마도 요약의 일부분으로 포함된 것 같다. 나나이-반다크의 편지에서 보듯이, 사마르칸트에서의 사업 중요성을 고려했을 때 편지 교환이 3년이나 5년 또는 8년에 딱 한번씩만 이루어 졌을 리는 없다. 이들 시기는 편지의 첫 부분에서 언급되는데, 이는 기업 활동이 시작된 이래 발생한 사건의 개요와 영리 사업의 성공에 대한 평가 또는 보고의 성격을 띠고 있다. 편지의 두 번째 부분의 내용의 본질은 『고대 편지 IV』나 『고대 편지 V』— 여기에서 저자는 사마르칸트와의 현 사업에 관심이 있고 다룬 시기도 더 짧다 — 와 같은 문서들에서 발견된 모습에 더 가깝다.

그렇다면 바르자크는 중국 지점의 네트워크에도 관심이 있었을까? 나나이-반다크가 수년 동안 망라하는 평가 보고서를 그에게 보냈다는 사실은 중국 지점 측에 상당한 자율성이 주어졌음을 보여 준다. 물론, 중국 지점의 자율성 정도는 나나이-반다크에게 전적으로 달려 있었지만, 바르타크도 그의 직원들에 대해 잘 알고 있었다. 나나이-반다크의 명령 아래 진행되던 소그드 네트워크의 팽창이 총액이나 손실, 이득이 아니라 인간적 측면에서 표현된 것은 참으로 특이하다. 엄밀하게 상업적 측면을 다루는 편지 부분(23~25행)은 감숙에 한정되어 있으며, 직

---

127 『고대 편지 II』 41~42행.

원을 다루는 정보와 비교했을 때 매우 소략하다. 아마도 후반부는 가족과 관련이 있는 듯하지만, 그렇다고 이 편지가 가족적 성격을 띠지는 않는다. 이용 가능한 사실을 고려하면 나나이-반다크에 의해 통제되는 피라미드 구조는 온전한 자율성을 누렸던 것 같다. 29~31행의 단 하나의 구절 덕분에 우리는 바르자크가 실제로 감숙을 비롯해 중국에서의 교역과도 연계되어 있었다고 단언할 수 있다. "그리고 나리, 중국의 근황을 일일이 쓴다면 그것은 정말이지 비통함 그 이상일 것입니다. 거기에서 나리가 얻을 이윤은 전혀 없습니다."[128]

가장 그럴듯한 해석은 다음과 같다. 이 편지는 발신인인 나나이-반다크의 동료이자 아마도 친척인 바르자크에게 감숙과 그 너머의 중국 노선 상황에 대한 정보 요청에 대한 답신이다.[129] 바르자크는 수년 동안 그 지역을 떠나 있었고 그곳으로의 귀환을 심사숙고하고 있었기에, 그곳의 현황에 대해 알고자 했던 것이다. 나나이-반다크는 여러 중국 도시의 교역 네트워크를 독자적으로 관리했다.

---

[128] 이 구절은 여전히 다소 모호하다. 왜냐하면 "그리고 [소신이 이에 대해 계속 이야기 하는 것이] 나리에게 전혀 도움이 되지 않을 것입니다"라는 의미로 이해할 수도 있기 때문이다. Henning, 1948, p. 607, n. 4는 진작에 이 모호성을 지적하면서 영리적 부귀를 선택했다. 이 문제를 의논한 요시다 유타카(吉田豊)는 나에게 사용된 단어인 'pryˊw'가 상당히 구체적인 의미를 가지고 있다고 말했다.

[129] 이러한 해석은 다음 구절에서 추론될 수 있다. "그는 크브링크(Kwrˊynk)로 가버렸습니다. …… 그리고 이제는 누구도 그곳에서 오지 않습니다. 그래서 소신이 '안에서' 온 소그드인들에 대해, 그리고 그들이 어떻게 지내는지, 그들이 들어간 나라들에 대해 나리께 쓰고자 합니다"(8~10행).

2. 지역 거류지들

『고대 편지 V』

『고대 편지들』은 보다 일상적인 관계에 대한 다양한 예시를 제공한다. 『고대 편지 V』는 『고대 편지 II』가 보여 준 수천 킬로미터도 넘는 공간 속에서 이루어지는 접촉과는 상당히 다른, 소규모 소그드 상인들이 일상적으로 나누었을 것이 틀림없는 편지의 한 표본이다.[130]

고귀하신 에스판다트(Espandhāt) 나리께, 축복과 경의를 표합니다. 그리고 나리의 건강과 안전, 행복, 무병과 자족을 관장하시는 [그분께도] 안녕이 [함께하기를]. 나리의 종복 [프리후타우(Fri-khutāw)]로부터. 신에게 [경의를 표하듯이] [직접] 나리를 [뵙고] 가까이서 나리께 경의를 표할 수 있다면 [소신은] 더할 나위 없이 기쁠 것입니다.

안(중국)에서 [소신은] 더 나쁜 — 더 좋은 것이 아니라 — (소식들)을 매일 들었고 소신이 아후르마즈다크(A[khurmazdak])(?)에 관해, 즉 그가 혼자 어떻게 떠나버렸는지, 그리고 그가 무엇을 가지고 있었는지 등 무엇을 쓰든지 간에 …… 소신은 고립되었고, 이곳 고장(姑臧)에 머물면서 아무 데도 가지 못합니다. 여기에서 (출발하는) 카라반(?)이 없습니다. 고장에는 발송할 네 꾸러미의 '하얀' [납?]과 2,500(정도 되는 양의?) 후추, 그리고 2프라스타카(prasthaka)의 n(··y)t, 5프라스타카의 리스크(rysk), $\frac{1}{2}$ 스타테르의 은(銀)이 있습니다. 가우투스(Ghāwtus)가 고장을 떠났을 때, 소신도 그의 뒤를 쫓아 돈황에 왔습

---

130 이 편지에 대한 철학적·역사적 주석이 Grenet, Sims-Williams and de la Vaissière, 2001에 상세하게 실려 있다.

니다만 (중국) 밖으로 벗어나는 것이(?) 허용되지(?) 않았습니다. (만약) …… 가우투스가 평로를 보았다면(=찾았다면?), 소신은 '흑인들'을 데리고 나갔을 것입니다. 많은 소그드인이 떠날 준비가 되어 있었지만 그들은 떠날 수가 없었습니다. 왜냐하면 가우투스가 산으로 갔기 때문입니다. 소신도(?) 돈황에 남아야 했지만, 그들(=소그드 주민들?)은 극빈했습니다. 소신은 나리의 'pr'k로부터의 자선(?)에 의지합니다.(?) 왜냐하면 저는 고장에서 …… 일하고 있고(?) [그들은 ……] 저에게, 그리고 그들은 제가 …… 하도록 하고 소신의 …… 을 구하며 [그리고] …… 그들은 우리의 …… 그것을 증가시키고 …… 그리고 …… 소신은 매우 비참합니다.

소신은 다음과 같은 이야기를 들었습니다. 나리께 은화 20스타테르를 [빚지고 있는(?)] 하르스트랑(Kharstrang)이 소신이 (그것을) 가져올 것이라고 공표했다(?)고요. 그는 저에게 은을 가져왔고 제가 그것의 무게를 달았습니다. 그런데 모두 합해야 (겨우) $4\frac{1}{2}$스타테르밖에 되지 않았습니다. 제가 물었습니다. 그가 제게 20스타테르를 [보냈다면] 왜 당신은 제게 $4\frac{1}{2}$스타테르를 주십니까? 그는 다음과 같이 답했습니다. 에스판다트가 길에서 저를 발견했고 그가 그것을 저에게(?) 주었습니다. 그는 $7\frac{1}{2}$스타테르의 은이 (있다)고 말했습니다. 그리고 4스타테르를 주고 4짐 분량의 'st(k)[.](m)을 구했습니다. 그리고 '흑인들'이 은을 가져갔습니다. 왜냐하면 그들이 이렇게 말했기 때문입니다. 우리는(?) 돈이 없습니다. (그들에 따르면) 그들보다 제가 비참한 것이 차라리 더 낫다는 이유에서였습니다! 나리께서 아후르마즈타크가 제게 어떻게 해를 끼쳤는지를 이해하셨다면 나리께서도 (이를) 조심하셔야 합니다.

나리의 종복 프리후타우로부터. 이 편지는 고장에서 세 번째 달 30일에 작성되었습니다.

뒷면에 주소:

상인의 수장이자 고귀하신 에스판다트 나리께, 당신의 종복 프리-흐와타우가.

상업적 측면들

거래된 물건들이 이들 문서 가운데 네 곳에 인용되어 있다. 『고대 편지 II』에는 리넨 천(?)과 모직물, 사향이,[131] 『고대 편지 IV』에는 금과 포도주가, 『고대 편지 V』에는 후추와 금속 은, 그리고 확인이 철저히 되지 않은 상품들(rysk/쌀?, 'spytc/백연?)[132]이, 『고대 편지 VI』에는 장뇌[133]가 언급되어 있다. 이 분류에 비단은 포함되어 있지 않은데, 이는 그저 이들 문헌의 단편적 특성 때문일 것이다. 어쨌든 비단은 『고대 편지 II』를 감싼 천에 의해서도 충분히 설명된다. 비단은 이들 상인의 일상에서 필수적인 일부였다. 좀 더 서쪽에 위치한 니야(Niya)에서 발견된 동시대의 문서[134]는 이 점에 대해 명시적이다.

---

131 Harmatta, 1979a, p. 163이 왜 42~43행에서 '비단 두루마리'와 '향료품들'을 읽어 냈는지 모르겠다.
132 문자 그대로 '약간 하얀'이라는 의미의 'spytc'는 소그드인들이 6세기에 교역했던, 그리고 중국 문헌에서 '이방인의 가루'(胡粉)라고 알려진 하얀 연분일 수도 있다 (Laufer, 1919, p. 201과 대조해 참조).
133 장뇌와 후추에 대한 언급은 동남아시아와 인도처럼 먼 지역과의 상업적 접촉이 있었음을 보여 준다(Laufer, 1919, pp. 374~75, 478~79). 사향은 하서회랑의 티베트 국경에서 생산되었다.
134 이 문서는 북서 인도의 프라크리티어(Prakrit)로 작성되고 카로슈티(Kharosthi) 문자로 쓰인 매우 중요한 문서 모음집(수백 개의 문서)으로 3세기 후반부터 4세기 초에 작성된 것이다(Brough, 1965, pp. 599ff.). 안타깝게도 그 내용은 대체로 물물교환에 기반한 농경 중심의 경제체제의 재정 또는 행정적 특징에 대한 것이다. 이 문헌 가운데 일부는 Burrow, 1940가 번역했다. 하지만 종종 좀 더 상업적인 경제의 표지(標識)도 등장한다.

현재 중국에서 온 상인이 아무도 없다. 그래서 지금은 비단 채무를 조사할 수 없다. …… 상인들이 중국에서 도착하면 비단 채무 조사가 있을 것이다.[135]

비단은 누란 왕국의 외딴 지방에서만큼이나 저 먼 서쪽에서도 중요한 경제적 역할을 수행했으며, 유일한 공급자는 중국에서 온 상인들이었다.[136]

『고대 편지들』에서 언급한 상품들은 꽤 다양한지만 상당수가 사치품으로 구성되어 있으며, 멀리 있는 교신자들에게 부친 편지들에서 언급한 상품들을 고려하면 이는 당연했던 것 같다.[137]

『고대 편지 IV』와 『고대 편지 V』는 감숙(甘肅)에서의 동서 교역의 지역적 균형을 분석하는 데 도움이 된다. 서쪽으로부터 은과 금이 들어왔으며, 백후추, 은, 포도주, 쌀(?), 백연분(?)은 서쪽으로 보낼 준비가 되어 있었다. 사마르칸트 방향에서는 사향 소포만이 언급된다. 이러한 물품 목록은 다른 자료들에서 얻은 정보와도 일치한다. 포도주와 후추를 포함한 교환에 대한 니야의 자료처럼 동시대의 문헌이든 『투르판의 관세 장부』(*Register of the Customs at Turfan*)에서 찾은 정보처럼 좀 더 이후의 소그드 자료이든 간에, 이들에 대한 정보는 제5장에서 분석할 예정이다.

수량에 대한 지표는 희귀하다. 때로는 측정 단위를 추론해야만 한

---

135 Burrow, 1940, p. 9, document 35.
136 그러나 Atwood, 1991과는 반대로 그들이 중국인이었다는 증언은 어디에도 없다.
137 『고대 편지 II』의 리넨 천을 제외하고 이것이 정말이라면, 이 의미는 다소 이 구절을 이해하기 어렵게 한다. Liu Bo, 1995, pp. 152~53은 유사한 제품들(모직과 면, 비단으로 만든 직물과 향수 제품 등)을 언급한 한(漢) 왕조 또는 이후의 몇몇 중국 문헌을 인용한다.

다. 특히 『고대 편지 II』의 사향과 『고대 편지 V』의 후추의 경우가 그렇다. 여기에서 당연하게 쓰인 사향 단위가 소포임은 꽤 분명하다. 소포 하나의 공급량이 평균 사향 25그램이므로 나나이-반다크는 대략 순(純)사향 0.8킬로그램을 보내려 했을 것이다. 가격이 중국의 국경 도시들에서 크게 달라지지 않았다고 가정하면, 이 사향의 가격을 은화(銀貨)로 계산하는 것이 가능하다. 743년 투르판[138]에서 1분(分, fen)의 사향, 즉 0.41그램은 평균 가격이 중국 주화 110냥, 즉 은화 3.43냥(당시 중국 주화 대[對] 은의 비율은 1:32였다)이었으며, 이는 1그램당 은화 8.4냥의 가격을 쳐주는 것이었다.[139] 가격이 안정적이었다고 가정했을 때, 나나이-반다크는 돈황에서 대략 한 냥의 무게가 4그램 나가는 은화 6,720냥, 즉 27킬로그램의 은 — 이것의 $\frac{3}{5}$은 그의 아들이 받을 상속액 전부와 맞먹으며, 교육비와 사회 정착 비용을 충당할 만큼 엄청난 금액이다 — 에 상응하는 사향을 보냈을 것이다. 당대 자료들과 비교해 보면, 이 액수가 이상한 것은 아니다.[140] 서쪽의 향수 시장에서 사향은 그만한 무게의 금보다 3~5배 가치가 나갔으며, 1972년 생산지 인근인 네팔에서도 사향은 그만한 무게의 금보다 약간 더 값이 나갔다. 이제 금과 은의 비율을 1:20으로 환산하면 (돈황과 중국에서 8세기 전반기에 입증된 비율이다) 은 27킬로그램은 금 1.35킬로그램, 사향 0.8킬로그램에 상응하므로, 예상했던 중요도 순서 안에 든다고 할 수 있다.

　후추의 경우에는 문제가 좀 더 곤란하다. 말린 후추 열매는 양의 단위로 나타낼 수 없다. 왜냐하면 '2,500개의 말린 후추 열매'는 터무니없게도 매우 적은 양이기 때문이다. 그러나 이들 문서에서 명시된 단위는 일반적으로 중앙아시아에서 그리스 시대부터 내려온 스타테르— 's'

138　(옮긴이) 톈산(天山)산맥 남북을 잇는 교통의 중심지로, 실크로드 북쪽의 주요 중간 기착지이자 북쪽으로 우루무치를 지나 중앙아시아를 통과하는 분기점이다.

139　Ikeda, 1979, p. 458, col. 286에 실린 문헌 참조.

140　Holmes, 1999 참조.

로 줄여 쓴다. 하지만 때때로 『고대 편지 V』의 'styr'처럼 온전히 쓰기도 한다 — 이다.[141] 그리스의 중량은 기원전 3세기부터 기원후 8세기까지 중앙아시아에서 쓰였는데, 소그디아나에서는 6세기부터 8세기까지 은 접시에 금속의 무게를 새겨넣은 상인들이 드라크마와 스타테르 단위를 사용했다. 온전한 접시의 무게를 있는 그대로 달아보면 스타테르와 드 라크마가 변함없이 대략 16그램과 4그램에 달함을 알 수 있는데, 이는 아테네의 무게 측정 체계와 같다.[142] 이 측정법이 4세기에도 사용되었기에 『고대 편지들』에서 '스티르'(styr)는 약 16그램이었다. 따라서 이 문서에서 스타테르는 대략 후추 40킬로그램을 표시하는 단위였을 것이다. 반면, 니야(Niya)의 문서에서 후추의 무게는 드라크마로 측정하는데, 여기서는 드라크마가 후추 10킬로그램을 의미했을 것이다.[143] 우리는 값비싸고 만족스러운 중량의 수송품 하나하나를 다룰 예정이다. 한편, 인도의 프라스타(prastha)에 대한 언급도 발견할 수 있지만, 이는 매우 무거운 중량 단위라서 이 경우에는 적용할 수 없다.[144]

한편, 스타테르는 『고대 편지들』에서 통화 단위로도 쓰인다. 이와 같은 통화 단위는 주화를 언급하는 것이 분명한 금 스타테르가 등장하는 니야의 문서 — 여기서 드라크마와 스타테르는 무게를 측정하는 데도 사용된다 — 에서 발견된다.[145] 우리는 중량 단위로 사용되었던 스

---

141 『고대 편지 II』 42행; 『고대 편지 V』 10, 21, 24행 등. 축약형 's'와 'styr' 사이의 연계는 4.5styr와 그리고 7.5s라는 언급이 등장하는 『고대 편지 V』 24~26행에 의해 가능해졌다.

142 이 계산과 접시에 대해서는 Livšic and Lukonin, 1964, p. 176 참조.

143 Document 702, trans. Burrow, 1940, p. 141.

144 『고대 편지 V』 9, 10행. 인도에서는 대략 1.5킬로그램을 의미한다.

145 Atwood, 1991, p. 190은 이 스타테르가 문서들(예를 들어 document 702, trans. Burrow, 1940, p. 141)에 따라 무게 단위로 쓰였음을 보여 주었다. 하지만 문서 12는 스타테르가 우연히 용기에 숨겨진 채 발견된 주화(여기서는 금화)일 수도 있음을 보여 준다. 기원후 1세기 또는 2세기에 주조된 호탄의 시노-카로슈티(Sino-Kharoṣṭhī) 구리 동전은, 중국의 범례에 따르면 한나라에서 1온스, 즉 15.6그램이

티르와 스티르치(styrch)를 구분해야 한다. 스티르치가 언급된 『고대 편지 II』 42행에는 어떤 자재에 대한 암시도 없는데, 맥락은 분명히 통화 거래를 시사한다.

> 드루와스프-반다크(Dhruwasp-vandak)의 아들 페사크(Pēsakk)는 소신의 것 가운데 손에 넣은 5[…]4스티르치를 인도하지 않고 예치했습니다.

이 스타테르에 대해 에우튀데모스(Euthydemos)의 은화 4드라크마를 본뜬 부하라 모조품[146]인, 아마도 스타테르라고 불렸을 수도 있는 당시의 소그드 주화와 동일시하자는 제안이 있어왔다.[147] 하지만 사마르칸트행(行) 편지를 쓴 『고대 편지 II』의 필자는 단지 사마르칸트에서 사용 중이거나 적어도 범(汎)소그드 통화만을 고려할 수 있었을 것이다. 게다가 에우튀데모스의 4드라크마는 부하라의 오아시스 밖에서는 거의 발견되지 않는다. 더욱이 나나이-반다크가 경상비를 충당하기 위해 발신인에게 1,000스타테르 내지 2,000스타테르를 가져가도록 무심한 듯이 재가한 정황도 이 화폐 단위의 가치가 낮았음을 강하게 지지한다. 만약 이것이 당시 12그램 나가던[148] 부하라의 4드라크마였다면, 나나이-

---

나갔다. 가장 작은 주화들은 그 총액의 1/4만큼 무게가 나갔다. 이렇게 그들은 박트리아에 널리 퍼져 있던 스타테르/드라크마 시스템과 동일한 측정법을 개발했으며, 스타테르나 드라크마로 중량을 측정했을 뿐만 아니라 각각의 측정 단위명도 가지고 있었을 것으로 추정된다(Cribb, 1984, pp. 149~50의 분석은 Zeimal', 1991~92, pp. 145~46에 의해 받아들여졌다).

146 그것이 주조된 장소는 5세기부터 부하라를 중심으로 한 사막에 위치했기 때문에 종래의 명칭은 알려져 있지 않다.

147 Grenet and Sims-Williams, 1987, p. 114가 받아들인 해결안이다. 하지만 어떤 견본도 타림분지에서 발견된 적이 없으며, 서부 소그디아나 밖에서 아주 적은 수가 발견되었음에 주목해야 한다. Ernazarova, 1974, pp. 171~72; Zeimal', 1983, p. 253; Bopearachchi, 1991~92; Rtveladze, 1984 참조.

반다크가 주저하지 않고 발신인에게 은 12킬로그램과 24킬로그램 사이에서 고를 수 있는 선택권을 주었음을, 그리고 이것이 그저 유동자산에 대한 필요성을 충족하기 위해서였음을 받아들여야 한다.

5세기까지 사마르칸트는 단위값이 낮은(4세기에 은 0.6그램의 가치를 지녔다), '궁수 동전'(archer coins)으로 알려진 주화를 주조했다.[149] 이 주화가 사마르칸트의 화폐 유통을 좌우했다. 나나이-반다크가 언급한 스티르치도 그 가운데 하나로 보는 것이 논리적이다. 그래야만 언급된 은의 양을 20으로 나누어 나나이-반다크의 부조금을 12킬로그램에서 0.6킬로그램으로 축소하는 것이 가능하기 때문이다. 어쨌든 이러한 형식으로는 더 이상 입증되지 않는 스티르치라는 명칭은 스티르와 같은 실재성을 망라할 필요 없이 약칭으로 이해할 수 있을 것이다. 프랑스어로 작은 동전 'piécettes'가 동전 'pièces'이듯이, 'styrch'도 'styr'일 수 있다. 후대의 위구르 문헌에서 'stir'는 분명히 '동전'이라는 일반적인 의미를 지녔는데, 이것은 소그드인들에게서 차용한 것이다.

게다가 『고대 편지 IV』는 구리 동전인 'rwδk'(3, 8행)를 언급하는데, 이 이름은 지역 주화가 그곳에 포함되면서 아마도 중국의 구리 동전을 지칭하는 듯하다.

소그드 지역사회

편지들은 상인 공동체 내에서 가족 연대의 중요성을 잘 보여 준다. 실제로 이 여섯 통의 편지 가운데 아마도 세 통은 같은 대가족 일원끼리 주고받은 것으로 보인다. 『고대 편지 I』과 『고대 편지 III』은 미우나

---

148 Bopearachchi, 1991~92, p. 8.
149 그것들은 초기에는 1~1.5그램의 무게가 나갔으나 3~4세기 이후에는, 즉 4세기에는 0.2그램 이상이 나가지 않았다(Zeimal', 1983, p. 251).

이(Miunai)가 그녀의 어머니와 남편에게 보낸 편지로, '친족 회의'의 일원인 파른쉰트(Farnxunt)라는 자 — 그도 『고대 편지 VI』를 보냈다 — 를 언급한다. 이들이 동일인이라면 — 파른쉰트는 흔한 이름이다 — 가족 구성원 사이의 역할 분담에 대해 좀 더 자세히 검토할 수 있는데, 특히 여성의 경제적 지위에 대해 그러하다. 이러한 측면에서 『고대 편지 III』에 상업적 요소가 있을지도 모른다는 사실은 중요하다.[150] 미우나이가 이중으로, 즉 남편과 친족 회의로부터 후견을 받았고 마음대로 처분할 수 있는 개인적 재원도 없었던 듯 보이지만, 그래도 아마 혼자서 여행은 할 수 있었던 것 같다. 반면, 돈황의 한 가문의 수장임이 분명해 보이는 파른쉰트의 『고대 편지 VI』는 비록 보존 상태가 좋지는 않지만, 상업적 성격을 띠고 있는 듯하다. 다시 말해 경제력은 남자들의 수중에 있었다. 미우나이와 그녀의 딸이 보낸 『고대 편지 III』이 분명히 서로 다른 두 사람에 의해 쓰였고 이는 여성의 문해력을 논증한다는 점에서 매우 흥미롭다. 또는 두 명의 필경사가 이어서 썼을지도 모른다. 한편, 사마르칸트의 나나이-트바르는 파른쉰트와 미우나이와의 관계에서처럼 나나이-반다크 아들의 후견인 역할을 했던 것 같다. 이렇게 상업 사회의 기본적인 단위는 대가족이었던 것 같다. 그리고 그 안에서 총괄 역할은 가문과 친족 회의의 수장에게 주어졌다. 후원 관계는 가문 일원 사이에 맺어졌고 이는 경제적 유대를 강화했지만, 그렇다고 더 가까운 가족의 이득을 위한 사업 경영을 배제하지는 않았다. 미우나이가 자신의 남편 사업에 대해 들먹이듯이 말이다. 마지막으로 『고대 편지 I, III, VI』에 의해 형성되었을지도 모르는 하위 집단은 국외로 이주한 다른 소그드 지역사회 사이에 혼인이 이루어졌다는 사실도 보여 준다.

---

150 18행에서의 의복에 대한 언급, 32행 추신에서의 수량에 대한 언급. LM II ii 09의 문서에 따르면, 여성은 경제활동에서 배제되지 않았다(판매와 중국에서의 왕래에 대한 언급이 있다).

『고대 편지 I』10행에 실린 성직자에 대한 언급은[151] 돈황의 소그드 지역사회가 전담 성직자가 있는 예배 장소가 있을 만큼 충분히 중요한 곳이었음을 믿게 한다. 『고대 편지 III』(8행과 12행)에서 언급한 '당국'('yps'r)의 신원을 밝히기는 어렵다. 첫 번째 편지 4행에서 인용한 '세금 징수관'(ß'zk'm)처럼 이 용어는 소그드 사회의 내부 기관을 언급하는 것일 수도 있다.[152] 『고대 편지 II』(19~20행)에서 언급한 사람들의 숫자 — 알려지지 않은 중국의 어느 도시에 있는 사마르칸트 출신의 자유인 100명과 또 다른 도시에 있는 마흔 명의 남자 — 는 어쨌든 수많은 지역사회를 반영한다.[153] 이들 지역사회는 『고대 편지들』에서 증언되었듯이, 의심할 여지 없이 주로 상인들과 대상(隊商)들로 구성되었지만 처녀지를 찾는 농부 무리도 포함했을 수 있다. 적어도 그들의 별명이 어두운 피부색으로 농부의 특징을 묘사하던 중앙아시아 전역에 널리 유포된 피부색 분류 체계를 의미하는 것이라면, 『고대 편지 V』에서 서부로 돌아가기 위해 최선을 다했던 가여운 흑인들이, 농부들이었을지도 모르기 때문이다.[154]

중국 당국과의 관계는 쉽지 않았다. 『고대 편지들』이 옥문관(玉門關)[155]의 중국 군정에 의해 몰수된 편지들의 묶음일지도 모른다는 생각

---

151 Sims-Williams, 1996c, pp. 48~49 참조.
152 이는 Sims-Williams, 2005의 해석이다.
153 Henning, 1948, p. 606, n. 9는 이들 도시에 있는 소그드인의 실제 숫자에 이르려면 이 수치에 10은 곱해야 한다고 추산한다. 하지만 그는 다소 낙관한 듯하다. 게다가 발터 B. 헤닝의 믿음과는 대조적으로 여기에서 나나이-반다크가 묘사한 것은 돈황의 지역사회가 아니기 때문에 더욱 그렇다. 이는 편지의 나머지 부분에서 인용된 상인들을 표본으로 한, 즉 가족들이 아닌 중국 내륙의 독신 상인들의 상황이었을지도 모른다. 『고대 편지 V』 7행에서 프리후타우는 그가 카찬(Kačan)에 고립되어 있다고 전한다. 인용된 수치가 상당한 소그드인이 있었음을 보여 주지만, 너무 곧이곧대로 읽어내지 않도록 유의해야 한다.
154 Grenet, Sims-Williams and de la Vaissière, 2001, p. 100.
155 (옮긴이) 돈황에서 90킬로미터 떨어진 곳에 위치해 있으며, 만리장성 서쪽 끝에 있

은 가설에 지나지 않지만, 『고대 편지 III』에 따르면 돈황에 유기된 소그드 여성이 처할 수 있는 최악의 운명은 중국의 예절법을 익힌 후 중국인에게 고용되는 것이었다. 지역사회의 일원이었던 파른쉰트는 교역상 발생했을 채무 문제로 중국 포졸에게서 몸을 숨길 수밖에 없었던 것 같다.[156] 중국 상인과 소그드 상인은 경쟁 관계였다.[157] 변경 지역 및 누란 왕국에 있던 중국 회사들의 이름들(호[胡, hu]를 집어삼킨', '호를 쳐부신', '호를 탄압한', '호를 억누른')[158]은 '호'[159]가 북서부 주민들을 지칭하는 중국어이기 때문에 문제 상황을 명확하게 서술한 것처럼 보이는 것이 사실이다. 소그드인들은 중국 당국으로부터 명백히 고립되어 있었다. 나나이-반다크가 보고한 소식들은 소그드인들의 경로를 거쳐 전달되었는데, 중국 관리들과의 정규적인 접촉이 야기했을 신선함과 정확성은 부족하다.

거류지의 지리학

누란 왕국에, 그리고 좀 더 보편적으로는 남쪽 노선을 따라 소그드인

다. 한나라 때 서역으로 가는 길을 개척하면서 세운 국경 관문이다. '서역에서 옥(玉)이 들어오는 길'이라는 데서 이름이 유래했다.

156 이 구절은 Henning 1948, p. 612, no. 5; p. 607, no. 2; p. 615, no. 2를 번역한 것이다. 20행은 "나는 중국인을 공손하게 대하는 법을 배워야만 했다", 33행은 "파른쉰트는 도주했다. 중국인이 그를 수색했지만 찾지 못했다", 35행은 "파른쉰트의 책임으로 (또는 '그의 채무로') 어머니뿐만 아니라 나 역시 중국인들의 종복이 되었다"이다.

157 누란에서 나온 단편적인 중국 문서는 분명히 상업적 성격을 띠는 것으로 보인다. Chavannes, 1913, p. 188(no. LA VI ii 0229): "돈황에서 2만 개의 주화가 교환되어".

158 Chavannes, 1913, p. X: 각각은 'Tun hu(呑胡)', 'Po hu(破胡)', 'Yan hu(厭胡)', 'Ling hu(淩胡)'이다.

159 (옮긴이) '호'(胡)는 원래 기마 유목민을 통칭하다가 한대(漢代)에는 '흉노'를 의미하게 되었다. 이후 다른 존재를 지칭하는 말로 사용되다가 수대(隋代)와 당대(唐代)에는 소그드인을 가리키게 되었다. 이에 대해서는 정재훈, 『흉노 유목제국사, 기원전 209~216』, 사계절, 2023, 28쪽 각주 39 참조.

들이 존재했다는 사실은 『고대 편지들』의 지명 및 그것들이 발견된 장소에 의해서뿐만 아니라 누란에서 재발견된 단편적인 소그드 문서들에 의해서도 입증된다.[160] 한편, 소그드인들은 다른 언어로 작성된 문서들에서도 언급된다. 예를 들어 나니바다가(Nanivadhag'a)는 3세기 후반 또는 4세기 초로 추정되는 엔데레(Endere)(Kh 661) 문서 — 카로슈티 문자로 표기한 덕분에 아마도 소그드인 나나이-반다크는 신분을 위장할 수 있었을 것이다 — 에서 언급된다.[161] 이 문서는 매우 흥미로운데, 호탄 왕의 연호에 따라 날짜를 기입했기 때문이다. 이제는 증인 가운데 한 명인 소그드인 나나이-반다크뿐만 아니라 구매자 자신도 술리가(sulig'a)[162]로 묘사되며 소그드어로 바기티-반다크(Vag'iti-vandak)라는 이름을 가지고 있다.[163] 반면, 판매자의 이름은 이란어인 흐바르나르세(Khvarnarse)였다.[164] 낙타 판매 계약서는 호탄에서 필시 작성되었을 것이고, 아마도 소그드인 구매자에 의해 엔데레로 이송되었을 것이다.

---

160 vol. IV, pl. CLIII; Stein, 1928, II, p. 1031에 전재된, 누란에서 나온 작은 소그드 문서 파편에 대해서는 Stein, 1921, vol. I, p. 383 참조. 이는 vol. III, pl. CXXIV("(')D ßγw xwt'w ßγ'(')[ny BRY ……]"는 그저 소그드 편지의 흔한 도입 문구로 읽을 수도 있다. 이 점에 대해서는 Sims-Williams, 1991 참조. 그리고 누란 남-남서쪽으로 50킬로미터 떨어진 발견 지역의 위치에 대해서는 map 29 in vol. IV, Stein, 1928 참조)에 전재된 두 번째 문서를 인용한다. 또한 소그드어로 새겨진 (어원적 의미에서의) 상징에 대해서는 LM II ii 09; Stein, 1921, vol. III, p. 652, vol. IV, pl. CLVII 참조.

161 Brough, 1965, p. 594.

162 Bailey, 1982, p. 23은 고전 호탄어 형태인 'sūlī'를 제시하지만 파흘라비어 형태인 'sūlīk'도 언급한다. 이 글에 대한 분석은 Noble, 1931 참조. 'sulig'a'를 티베트어로 '카슈가르 주민'을 의미하는 'S'u-lig'에서 온 것으로 번역(p. 453)한 것은 정정해야 한다. 최근의 해명에 대해서는 Emmerick and Skjærvø, 1987, pp. 148~49; Burrow, 1940, p. 137 참조. 문서의 마지막은 Noble, 1931에 번역되어 있다. "SPA S'A NA의 입회 아래, 증인들은 Nani Vhadhag'a, S'as'ivaka, Spaniyaka였다."

163 ßγyšt(y)ßntk, Grenet, Sims-Williams and de la Vaissière, 2001, n. 3 참조.

164 Burrow, 1934, pp. 514~15. 참조. 세 번째 증인의 이름도 이란 방식인 스파니야카(Spaniyaka)였다.

어떤 경우이든 간에, 이 문서는 호탄에 소그드 지역사회가 존재했음을 입증하며 그 가운데 적어도 두 사람의 이름을 우리는 알고 있다.

『고대 편지들』이 작성된 시기의 소그드인 거류지들에 대한 유용한 자료를 다음 쪽의 지도 위에 수록했다.

표시된 장소들은 다음과 같다.

1) 『고대 편지들』에서 언급된 장소들(소그드어 지명이 적힌 검은 점)

2) 소그드어 문서나 소그드인들을 언급한 문서가 발견된 장소들(회색 점)

누란은 양쪽 모두에 해당된다. 『고대 편지들』은 'Tower XIIa'에서 발견되었으며, 많은 문서가 누란 남-남서쪽으로 50킬로미터 떨어진 'LM' 지역에서 발굴되었다. 그 가운데 엔데레에서 발견된 'LM II ii 09. A' 문서도 소그드인을 언급한다. 호탄 왕의 연호에 따라 날짜를 기입한 이 문서는 호탄이 목록에 추가되어야 함을 보여 준다. 3세기 선선(鄯善) 왕국의 국경[165]이 검은 선으로 그려져 있다. 여기에 표시된 니야(Niya)와 정절국(精絶國, Cadota)은 단지 참조용이다.

3. 중국 국경에 형성된 소그드 네트워크

『고대 편지들』은 불현듯 감숙(甘肅)과 중국 내륙에 형성된 소그드 네트워크의 존재를 드러낸다. 그렇다고 할지라도 중국에 구축된 소그드 네트워크의 역사에 대해 말할 수 있을까? 이 질문에 대한 답은 중국에서의 불교 확산에 기여한 소그드 수도승들의 역할에 대한 종교 문서나 몇몇 비문, 왕조사에 등장하는 서부식 발음의 이름들, 마지막으로 중

---

[165] Brough, 1965.

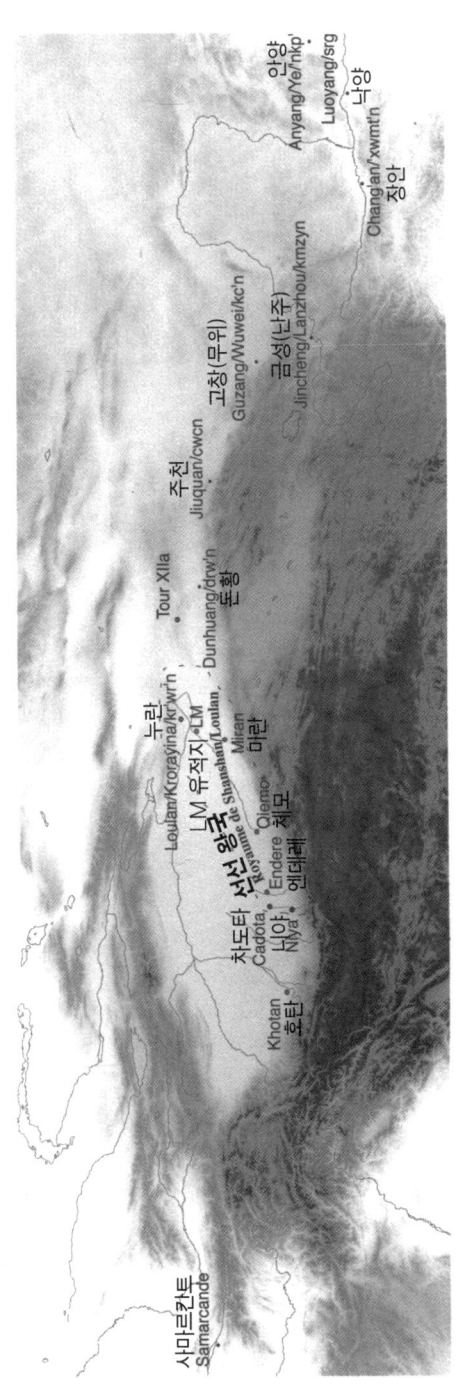

지도 3 소그드인들의 상업 진출(『고대 편지들』이 작성된 시기)

표시된 장소들은 다음과 같다.

1) 『고대 편지들』에서 언급된 장소들(소그드어 지명이 적힌 검은 점).
2) 소그드어 문서나 소그드인들을 언급한 문서가 발견된 장소들(회색 점).

누란(樓蘭)은 양쪽 모두에 해당된다. 『고대 편지들』은 Tower XIIa에서 발견되었고 많은 문서가 누란 남-남주쪽으로부터 50킬로미터 떨어진 LM 지역에서 발굴되었다. 그 중 엔데레에서 발견된 LM II ii 09. A 문서도 소그드인을 언급한다. 호탄왕의 인호이 찍혀 있는 이 문서가 기원된 이 문서는 호탄이 목북에 주가되어야 함을 보여 준다. 3세기 선선(鄯善) 왕국의 구경이(Brough, 1965에 따라) 검은 선으로 그려져 있다. 여기에 표시된 니야(Niya)와 카도타(Cadora)는 단지 참조용이다.

앙아시아와 중국 사이의 접촉에 대한 주로 화폐 관련 고고학적 정보와 같은 파편적인 자료에서 겨우 얻을 수 있을 뿐이다. 제1장이 외교에서 교역으로의 경과를 알리는 미약한 첫 신호를 보여 주었다면, 이들 자료는 중앙아시아의 상업적 네트워크가 중국 영토 쪽으로 확장되는 다음 단계를 상술할 수 있도록 해준다.

연대순의 기준점

『고대 편지들』에서 우리는 정주하지 않고 중국 국경을 가로질러 변방과 수도 사이의 외국 상인 호송단뿐만 아니라 수많은 도시의 지역사회 구조는 물론이고 여성과 아이들을 포함한 정착 주민 공동체의 네트워크도 다룰 것이다. 앞에서 인용한 강거(康居)에서 온 사절단의 상업적 목적에 대한 언급은 이러한 거류지들에 대한 설명으로 충분하지 않다. 게다가 이 증언들이『고대 편지들』이 작성된 시기보다 무려 한 세기나 앞선 것들이기 때문에 더욱 그러하다. 한(漢) 왕조가 몰락한 이후 고난의 시기가 이어지던 227년, 월지(月氏)와 감숙 중앙에 위치한 양주(涼州)의 소그드 지역사회 수장들은 앞다투어 중국 내륙에서 온 정복군을 그 누구보다 먼저 환영했다.

> 양주(涼州)의 여러 왕이 스무 명이 넘는 남자를 보냈는데, 그 가운데에는 군사령관을 맞이하기 위해 온 월지와 강거의 호인(胡人) 영주들인 지부(支富)와 강식(康植)도 있었다. 대군이 북쪽으로 진군하자, 그들은 앞다투어 우리를 먼저 맞이하고자 했다.[166]

---

[166] Rong, 2000, p. 134에 인용된 문장이다. 이는 429년 배송지(裵松之)의『삼국지주』(三國志注)에 나오는 구절이다. 중국어 본문은『三國志』卷 33, 蜀書, 後王傳, p. 895 참조.

당시 강거에서 온 호인들은 소그드인일 수밖에 없다. 그들의 수장은 침략자와 협상을 책임질 만큼 지역사회의 영향력이 충분했다. 본문은 이것이 상인 공동체임을 명시하지는 않지만 다른 가설을 상상하기는 힘들다. 게다가 월지라는 말이 여기서는 오래전에 감숙을 떠나 박트리아를 침략한 '대(大)월지'의 먼 사촌들인 지역의 '소(小)월지'를 지칭하는 것이 아닐 수도 있다. 그러므로 우리는 (중앙아시아와 북인도의 대월지를 계승한) 쿠샨 제국의 상인 공동체를 다루고 있는 것일 수도 있다. 본문에 따르면, 이들 공동체는 중국으로 향하는 노선을 따라 사방에 자리잡았다.[167] 이 글에서 제공하고 있는 주요 정보는 특성상 시간 순서를 따르고 있다. 1세기에는 소그드 상업이 매우 발달했던 것 같지는 않다. 그러나 적어도 프톨레마이오스의 정보를 신뢰할 수 있다면 3세기 초에 소그드 상인들이 소그디아나로부터 3,000킬로미터 이상 떨어진 지역에서도 중요한 정치적 역할을 담당했을 정도로 소그드 상업은 성장해 있었다.

중국 인근에 형성된 네트워크

『한서』(漢書)의 한 구절에서 강거 상인들이 언급된 이래, 중국 왕조의 역사서들은 『고대 편지들』이 작성되기 이전 시기에 대해 생각할 거리를 거의 제공하지 않는다. 『삼국지』(三國志)는 강거의 연례 사절단이 위(魏)나라(220~265) 치하에서 상대적으로 잘 유지되었다고 서술한다.[168] 『진서』(珍書)에도 265~274년에 강거의 왕이 보낸 사절단이 등장한다.[169] 한무제(漢武帝, 265~290)는 비교적 정기적으로 중앙아시아와 접촉을 유

---

167 반대 견해는 Rong, 2000, p. 134 참조.
168 『三國志』 卷 30, p. 840(trans. Zürcher, 1968, p. 371).
169 Enoki, 1955, pp. 51~52.

지했는데, 심지어 285년에는 페르가나의 통치자에게 왕이라는 칭호도 수여했다.[170]

무엇보다도 또 다른 기록의 출처는 중국 행정부 주요 인사들의 전기(傳記)이다. 모든 왕조의 역사서에는 전기와 관련된 장(章)이 포함되어 있다. 고위 관료 가운데 일부는 서역 출신이었는데, 그들 계보에 대한 조사는 때로는 『고대 편지들』의 시기까지 거슬러 올라가거나 또는 적어도 그렇다고 주장되는 가운데 연표와 지리적 기준점, 그리고 출세 전략을 밝히는 데 도움이 된다. 전기적 요소들을 제공하는 수많은 묘비는 물론이고 이와 같은 잠재적인 자료들도 이러한 목적으로 연구된 적이 없다. 여기에 제시된 사례도 그저 극히 일부에 지나지 않는다.[171]

『위서』(魏書)에 기록된 북위(北魏)의 초대왕 탁발규(拓拔珪, 371~409, 재위 386~409)의 정치 자문역 안동(安同)의 전기는 다음과 같이 서술한다.

> 안동은 요동(遼東) 출신의 이란계 호인(胡人)이었다. 그의 조상은 한나라 시대에 [중국 황궁의] 안식(安息) 왕의 '시자'(侍子)로 낙[양]에 들어온 세고(世高)였다. 위나라(220~265) 내내, 그리고 진나라(265~317)에 들어서도 [안세고(安世高)의 후손들은] 요동에서 분란을 피했고 종국에는 그곳에 정착했다.[172]

요동은 한반도의 변경에 위치한다. 같은 문서를 계속 읽다 보면 우리

170　Zürcher, 1972, vol. 1, p. 58.
171　내가 알고 있는 바로는 안토니노 포르테(Antonino Forte)가 서양어로, 서역 출신 엘리트의 문제를 마땅히 대접받아야 하는 방식으로 다룬 유일한 연구자이다. 비록 그가 지향한 목적은 달랐지만 훌륭한 저작의 결론에서, 그리고 한 논문에서 간략하게 이 문제를 다루었다(Forte, 1995, 1996).
172　『魏書』卷 30, p. 712(trans. Forte, 1995, pp. 14~15).

는 안동이 황제의 정치 자문이 되기 이전에 상인이었음을,[173] 그리고 그의 아버지는 한 상인의 친구 — 만약 그 자신이 상인이 아니었다면 알려지지 않았을 것이다 — 였음을 알게 된다.

또 다른 사례는 『신당서』(新唐書)에 등장하는 당나라의 전쟁 대신(大臣)인 이포옥(李抱玉, 767~777)에 대한 글이다.

> 무위(武威) 출신의 이(李) 가문은 원래 안씨(安氏) 일가였다. ······ 후한(後漢) 말기에 (안식국[安息國]의 왕은) 아들 세고(世高)를 한나라 왕실에 보냈고, 그 결과 그는 낙양에 살게 되었다. 진나라(265~317)와 위나라(220~265) 시기에 그 일가는 안정(安定, 감숙 소재)에 머물렀다. 후에 그들은 혼란을 피하기 위해 요동의 좌측 지역으로 이사했다. 다시 그들은 무위(武威)로 이사했다. 후위(後魏, 386~556) 시대에는 안난타(安難陀)가 있었다. 그의 손자인 안파라(安婆羅)는 북주(北周, 557~581)와 수(隋)나라(581~618) 시대에 살보(薩寶, sabao)[174]로 활동하면서 양주(涼州) 무위(武威)에 살았다. 그는 ······ 아버지가 되었다.[175]

그리고 『양서』(梁書)에 전기로 기록되는 영예를 누린 강순(康絢, 464~520)은 한나라 시대에 왕실 인질로 잡혀온 강주인들의 후예 — 민간인 신분이 복권되어 감숙(甘肅)에 정착했다 — 임을 주장했다. 그의 일가 역시 뒤이어 감숙과 (장안[長安] 동쪽에 있는) 남전(藍田), 그러고서는 남쪽으로 호북(湖北)까지 사이사이를 옮아다녔다.[176]

---

173 Forte, 1995, p. 16. 『魏書』의 같은 구절에서.
174 (옮긴이) '보호자'라는 뜻으로, 소그드 상인 공동체의 우두머리를 일컫는다. 's'rtp'w'에서 파생했다.
175 『新唐書』卷 75, 下, pp. 3445~46(trans. Forte, 1995, pp. 26~27).
176 『梁書』卷 18, 康絢傳, p. 290; 『魏書』卷 59, 蕭寶夤傳, p. 1316, 卷 64, 郭祚傳,

이 전기와 계보들을 문자 그대로 받아들여서는 안 된다.[177] 당면한 목적을 위해 미화되기 십상이기 때문이다. 이 위대한 서역계 중국 가문들의 일원이 제공한 가계도에서 사실상 4~5세기의 감숙 너머로까지 거슬러 올라가는 이름은 없다. 한나라 치하에서 인질이 된 왕족의 조상들은 가공된 것으로 보이며, 무엇보다도 영광의 시대와 연계해 위신을 세우고자 언급된 것 같다. 그럼에도 불구하고 이들 가문이 3, 4세기의 혼란과 이산(離散)의 시대에 대한 기억을 보존했다는 사실은 변함없다. 비록 가계도가 거짓이라도 『고대 편지들』에서 분명하게 묘사된 고난들은 이후에도 외지에서 온 가문들에 의해 계속 기억되었다. 이 모호한 기억들은 그 가문의 것을 넘어 공동체의 기억으로 보존되었다. 그리고 이들 공동체는 후한 시대 중국에서 시작한 자신들의 기원에 대한 정보를 4세기 말부터 계속 옮아오던 새로운 이주자들에게 전수했다. 비록 상세한 사항이 위조되었거나 미화되었을지라도 이러한 설명의 근원에 자리한 역사적 전개는 반박할 수 없다.

안가(安家)와 강가(康家) 사례 사이의 유사점은 다수의 서역인이 중국에 정착했음을 역설한다. 당시 안가는 파르티아에서 왔다. 강가만이 소그드인이었다.[178] 소그드 네트워크의 고유한 특성은 오랜 기간 살아남았다는 것이다. 그들은 중국과 서역 사이에 교역이 처음 시작된 이래 수백 년 동안 중개상으로서 결코 독점적인 입지도, 심지어 특권도 누리지 못했다. 『고대 편지 II』는 소그드 공동체에 더해 낙양의 인도인 공동체도 언급한다.[179] 만약 『고대 편지들』을 배제한다면, 4세기와 그 이전

---

    p. 1425, 卷 73, 楊大眼傳, p. 1635도 참조. Eberhard, 1956, p. 150에 인용. 『양서』에서 가계(家系)를 설명하는 구절을 번역해 준 트롬베에게 진심으로 감사하는 바이다.

177 Forte, 1995의 연구가 공개적으로 비난받는 주요 이유이다. 그는 윤색하려는 기존 관행을 고려하지 않고 이들 문헌을 너무 신뢰하고 있다.

178 강가(康家) 일족인 강승회(康僧會)에 대한 아래의 논의(이 책의 제3장 119쪽 및 120쪽 주 213) 참조.

세기에 중앙아시아에 정착한 다른 민족들과 소그드인들의 위상을 차별화하기는 불가능할 것이다. 상당히 우연히 보존된 『고대 편지들』로 인해 다른 민족들이 행한 역할을 축소해서는 안 된다. 『후한서』(後漢書)가 집필되던 당시,

> 상업에 종사했던 호인과 사업을 수행했던 이방인들이 옥문관 아래에서 매일 부딪혔다.[180]

이들 호인이 오로지 — '강거의 호인'일 필요가 있는 — 소그드인들이었다고 생각할 만한 근거는 없지만, 소그드인들을 배제할 근거 또한 없다.

이들 문서에는 중국에, 그 가운데에서도 『고대 편지 II』에서 소그드 공동체가 언급된 바로 그 장소인 감숙에 정착하고 있던 외래 공동체들이 등장한다. 이러한 가계도 덕분에 왕조의 역사서가 상기시킨 사절단과 『고대 편지들』의 공동체를 연결해 볼 수 있다. 첫 임무 이후에 '대사들'이 중국, 특히 감숙과 수도에 정착했고 서역으로부터의 이주로 유지될 공동체들을 설립했다. 이와 달리 중국 자료들은 이러한 정착 과정에 대해 논하지 않지만, 기원전 25년 두흠(杜欽)의 신랄한 비평은 그것에 대한 설명을 가능하게 해준다. 이들 귀족은 사실상 공급자들과 가까이 남기를 당연히 바랐던 상인들이었으며, 이는 자신들의 고국으로 돌아가길 고대한 실제 귀족들을 황당하게 만들었을 것이다. 중국의 인도 및 이란 공동체의 역사 속에서 사절단의 활동 시기와 상인 공동체의 정착 시기 사이에는 단절이 없어 보이지만, 실제로는 하나의 단계에서 다른

---

179 37행. 제3의 민족이 이 훼손된 구절에서 언급되었을 수도 있다. 왜냐하면 '그리고'('PZY')가 인도인('yntkωt)과 ('PZY) 소그드인(sωydykt)에 대한 언급보다 앞에 있기 때문이다. "X민족과 인도인, 그리고 소그드인들은 ……."
180 『後漢書』卷 88, p. 2931(trans. Chavannes, 1907, pp. 216~17).

단계로의 점진적인 이동이 있었다.

경제적 맥락

상인들은 사절단과 어우러지거나 사절단을 형성하면서 산길을 누볐고 중국 영토에 자리 잡았다. 이들은 상업을 중국의 외교적 선의에 대한 의존으로부터 벗어나게 만들겠다는 확실한 목표를 가지고 있었다. 실제로 중국의 선물이 기원전 1세기에 — 특히 비단 상품에 대해 — 수요가 높은 시장을 창출했는지, 그리고 그에 부응해 중앙아시아 상인들이 극단적인 가격 변동을 피하기 위해 생산지로 그 상품들을 구하러 갔는지 충분히 의심할 만하다. 이러한 측면에서 『사기』의 한 구절은 매우 유익하다.

> 하지만 지금까지 너무도 많은 사절단이 주천(酒泉) 밖으로 북쪽 노선을 따라 대하(大夏)로 여정을 떠났으며, 그 결과 이 일대의 타국들은 한나라 상품에 질려 더 이상 그것들을 찬탄의 눈길로 바라보지 않는다.[181]

정착 과정에 대한 우리의 이해를 도울 또 다른 자료가 있다. 고난의 2세기 말이 지나고 3세기가 되자, 감숙과 돈황 지역은 관개 기술이 향상함에 따라 농업 잉여의 전환에 기반한 농업적·상업적 팽창으로부터 확실한 혜택을 받게 되었다. 이는 곧 서역과 중국 사이의 환승 지역으로서의 역할을 강화해 주었다. 『진서』(晉書)「경제」(景帝) 편의 여러 구절이 이러한 과정을 묘사하고 있는데, 230년경 양주(감숙의 무위)의 지방관과 관련해 다음과 같이 썼다.

---

[181] 『史記』卷 123, 大宛列傳, p. 3171(trans. Watson, p. 241).

위나라의 명제(明帝, 204~239)[182] 치세기에 서막(徐邈, 172~249)은 양주의 지방관이었다. 그 지역은 강우량이 적어 종종 곡식 부족으로 고통을 겪었다. 서막이 곡물을 오랑캐들로부터 구입할 수 있도록 무위(武威)와 숙주(肅州)에 소금 습지를 복원할 것을 제안했다. 그는 또한 많은 밭을 관개해 가난한 사람들이 그곳에서 농사를 지을 수 있도록 했다. 가가호호 여유가 생겼다. 곡물 저장고는 가득 차 넘쳐났다. 그는 금과 양단, 개와 말을 사기 위해, 그리고 일반적으로는 중국에서 소비되는 물품을 공급하기 위해 지방의 남는 군자금을 체계적으로 사용했다. 서막 덕분에 서역인들이 공물을 가져왔고 은과 상품이 유통되었다.[183]

『삼국지』에서는 '서쪽 지역의 다양한 호인'과 관련해 다음과 같은 글도 찾을 수 있다.

[상인들이] 낙양에 가고 싶어 하면 정부는 그들에게 국경 검문소를 통과할 수 있는 통행증을 발급했다. 그들이 고국으로 돌아오기를 원하면 정부는 관재로, 그리고 시장가격으로 그들의 모든 상품을 구매해 여행 이후에도 그들이 보살핌을 기꺼이 받을 수 있도록 보장했다.[184]

중국의 거류지들과 감숙 및 타림분지의 요새에서뿐만 아니라 중국에서도 지불 수단으로 쓰인 비단의 역할은 한자리에 정착한 소그드인 등

---

182 (옮긴이) 이름은 조예(曹叡)이다. 촉나라의 제갈량에 맞서 여러 차례 전쟁을 치렀고, 시문에 능했다고 한다.
183 Yang, 1945~47, p. 154의 번역. 『晉書』 卷 26, 食貨志, pp. 784~85. Zürcher, 1972, vol. 1, p. 59 참조.
184 『三國志』 卷 16, 魏書, 倉慈傳, p. 512(trans. Rong, 2000, p. 128).

에게 어떤 이점이 있었는지를 이해하는 데 도움이 된다. 한나라가 타림 분지를 장악하고 있는 동안에 군인과 관료들은 비단으로 급여를 받았는데, 비단은 주화나 곡물에 비해 중원에서 보내기에 훨씬 가벼운 매체였다. 이렇게 상인들은 상당한 양의 비단을 구할 수 있었고 낮은 가격에 매입해 서역의 상품들과 교환했다. '실크로드'는 중국에 확산되어 있던 매우 독특한 화폐 제도 덕택에 존재했을 뿐 초기에는 상업적이지 않았던 것 같다. 그러나 이러한 화폐 제도는 몇몇 파생적인 상업활동을 가능하게 만들었다.[185]

중국의 영향력이 2세기 중반 이후에 동쪽으로 서서히 사그라들자, 상인들은 지속적으로 비단을 얻기 위해 감숙과 중국 중심부에 광범위하게 정착해야 했다. 그즈음에 비용도 한층 상승했다.

4. 중국에 정착한 공동체들

『고대 편지 II』는 기근으로 인한 낙양의 소그드 공동체 소멸과 같이, 소그드 네트워크에 끼친 극적인 사건의 영향을 강조한다. 『고대 편지 II』의 본문 덕분에 중국에 소그드인들이 정착한 상대적으로 일관된 역사를 추적하는 것이 가능할 뿐만 아니라 4세기 동안 중국의 소그드 공동체가 발전하는 과정도 들여다볼 수 있다.

중국의 상황: 연대순의 문제

왕조 연보에 기록된 사절들 — 상인 대상과 외교 사절단 사이의 모호한 법적 신분을 고려하며 — 은 중국과 중앙아시아 사이의 접촉이,

---

185 따라서 Yü, 1967, p. 195는 서역에 주문한 중국 귀족들의 사례를 제시한다.

특히 혼란한 시기에 지속적이었는지를 결정할 수 있는 좋은 수단을 제공한다. 이러한 목적을 위해 우리는 검토 중인 시기, 즉 중국의 영토가 정치적으로 매우 분열되어 있던 4세기와 관련된 다양한 왕실 역사서들을 참조해야 한다. 그 결과 역사서는 왕조의 숫자만큼이나 많다.[186] 4세기에 사절단 파견은 두 차례의 단기간에 국한되었다. 331년 감숙의 통치자는 사절단이 후조(後趙, 329~352)의 석륵(石勒) 조정으로 면화나 산호 같은 다양한 물건을 가지고 페르가나를 빠져나가는 것을 허락했다.[187] 그리고 376~383년에 여러 사절단이 서역(페르가나, 강거 등)과 진나라 왕실 — 북방을 지배하던 부견(符堅)[188] 치하에 있었다 — 사이를 오갔다.[189] 약 50년 동안 다시 중단되었다가 435년 좀 더 빈번한 접촉이 재개되었다. 눈에 띄게도 소그디아나(Sute, 粟特)에서 온 사절단이 435년, 437년, 439년, 441년, 457년, 467년, 474년, 479년에 북위의 왕을 알현했으며, 468년(두 차례)과 473년, 476년, 479년, 480년, 487년, 491년, 502년, 507년, 509년에는 사마르칸트에서 온 사절단만이 알현했다. 이들 사절은 심지어 남중국의 조정까지 찾아갔다. ('肅特'으로 음역되는) 소그디아나의 한 사절단에 대한 이야기가 441년 송(宋)나라 왕실에서 등장한다.[190]

---

186 Frankel, 1957 참조. 이 유용한 저작은 왕실 역사서의 글귀를 서양 언어로 번역한 모든 작품의 목록을 제공한다.

187 Thierry, 1993, p. 108(『晉書』 卷 105, 載記 5, 石勒 下, p. 2747 인용)과 Trombert, 1996, p. 212(10세기의 백과사전인 『太平御覽』 卷 820, 布帛部, 白疊, p. 3653 인용) 참조.

188 (옮긴이) 5호16국 당시에 중국 북방을 통일한 첫 왕조는 진(秦)나라인데, 제3대 부견에 이르러 화북을 통일했다. 어릴 때부터 한인들에게 교육받은 부견은 탁월한 유학자였으며, 그 오른팔은 몰락한 한족 출신의 정치가 왕맹(王猛)이었다. 고구려에 승려와 불경을 보내 불교를 전파한 이도 부견이다.

189 Thierry, 1993, p. 108 참조.『晉書』 卷 113, 載記 13, 符堅上, pp. 2900, 2904.

190 이 모든 사절단의 명단을 제공하는 Thierry, 1993, pp. 122, 130 참조. Eberhard, 1948도『위서』(魏書)의 참고문헌을 제시하면서 위나라에 한정해 이와 같은 명단을

이들 정보만으로는 충분하지 않다. 자료의 성격상 국가 연보는 최소한의 정치적 안정의 존속을 상정하고 중국의 4세기처럼 혼돈의 시기에 대한 기록은 거의 담지 않기 때문이다. 따라서 (교역) 노선들의 개통에 대한 정보를 국가 연보로부터 직접 추론할 수는 있어도 그 역(逆)은 불가능하다. 상인들은 골치 아파 공물 바치는 것을 피하고자 했을 수도 있다.

외교적 설명에 다른 자료를 곁들일 필요가 있다. 이러한 목적에 불교 문헌이 큰 도움이 된다. 불교 경전을 번역한 이들의 명단을 조사해 보면, 어떤 순례자도 301~380년에 중국을 방문했거나 떠나지 않았음을 알 수 있다. 후한 시대(25~220)에 서부 출신 순례자 열 명을 찾을 수 있었는데, 그 가운데 네 명은 인도인이었다. 220~316년에는 열다섯 명의 서부 출신 순례자(그 가운데 네 명이 인도인)와 세 명의 중국 순례자가 반대로 중국을 떠났다. 380~420년에는 스물일곱 명의 서부 출신 순례자(열일곱 명의 인도인)와 쉰한 명의 중국인 순례자가, 그리고 420~589년에는 서른두 명의 서부 출신 순례자(그 가운데 스물두 명이 인도인)가 있었다.[191] 4세기 말과 5세기 동안에 중국에서의 불교 확산 속도는 놀라울 정도이다. 380년대 초반에 많은 수의 승려가 육로로 순례를 떠났다. 이는 383~435년에 두 번째로 중단 시기가 있었다는 가설을 매우 상대화한다.

말할 것도 없이, 4세기는 앞에서 언급한 공동체와 가문들에게는 고난의 시기였다. 당시에 그들은 중국 북부의 한쪽 끝에서 다른 쪽 끝으로 내던져졌다. 예를 들어 안동도 전기에서 자신의 가족이 혼란을 피해 피난 가야 했음을 기록하고 있다. 이 고난의 시기에 대한 기억은 보존되었는데, 서부인들은 감내해야 했던 시련으로 인해 감숙과 요동 사이

제공한다.

191 Liu Xinru, 1988, p. 147.

를 배회할 수밖에 없었다. 『고대 편지 II』의 본문과 서역 사절단의 부재를 모두 고려하면, 이들 사례는 4세기 중반 한 세대나 두 세대 동안 중국에서 서역 네트워크가 부분적으로 파편화되는 국면이 있었음을 보여 준다. 그럼에도 불구하고 언급된 가족들의 궤적뿐만 아니라 감숙을 경유한 불교 신자 유입의 재개는 한편으로는 이러한 파편화가 4세기 후반까지 계속되지 않았음을, 다른 한편으로는 감숙의 상황이 중국 내부와는 달랐음을 주목하게 한다.

4세기 타림분지와 감숙(甘肅)

타림분지에서 『고대 편지들』이 작성되고 20년이 흐르는 동안, 누란에 소그드인들이 계속 머물렀음을 보여 주는 한 소절이 있다. 이 문서는 330년 소그디아나에서 온 오랑캐, 속특호(粟特胡, Sute hu)에게 인도된 곡물에 대해 언급한다.[192] 게다가 같은 시기에 작성된 것 같은 또 다른 소그드어 소절도 발견되었는데, 십중팔구 발굴지는 누란이었을 것이다.[193] 한편, 4세기 중반에 서역과의 교류가 중단된 것은 전적으로 중국과 관계된 것이었음에 주목해야 한다. 타림분지의 도시들은 중국 북부와 서부 중앙아시아에 타격을 주었던 침략을 면했고 인도와 강한 유대감을 유지했다. 그 결과 중국에 불교를 전한 위대한 전승자 가운데 한 명이 될 젊은 쿠마라지바(Kumārajīva, 344~413)[194]가 4세기 중반에 어

---

192   LA I iii 1 문서. Chavannes, 1913, p. 182와 pl. XXVII는 '속특'(粟特, Sute)으로 읽지 않았다. 그 후 해석은 수정되었다. Rong, 1993, p. 12, n. 28; Yoshida, 1996, pp. 69~70 참조. 트롬베는 친절하게도 나를 위해 이를 검토해 주었다. 이 문서도 누란에서 재발견된 최신 중국어 문서인데, 건흥(建興) — 사실상 중국 중앙부에서는 316년 그 사용이 종식되었으나 지역적으로는 양나라 때까지 계속 사용되었다 — 18년으로 그 시기가 추정된다.

193   Yoshida, 1996.

194   (옮긴이) 중국식 이름은 구마라습(鳩摩羅什)이다. 구자국(龜玆國, 지금의 쿠차 지역

머니와 함께 쿠차(庫車, Kucha)[195]와 간다라를 여행할 수 있었다.

『고대 편지들』은 4세기 초 감숙 지역의 네트워크가 얼마나 촘촘했는지를 입증해 준다. 추후에 쇠퇴가 있었다고 가정할 만한 근거는 없으며, 사실 오히려 그 반대였다.『고대 편지들』이 작성된 바로 그 시기에, 로마 동부에서 한 사절단이 감숙에서 독립을 쟁취한 전량(前凉, 301~376)[196]의 조정에 도착했다.[197] 보다 일반적으로 말해 상기한 3세기에 이 일대에서 전개된 국면 이후에, 감숙과 타림분지 동부는 양(凉)나라 덕에 중국을 갈가리 찢어버린 혼란으로부터 거리를 둘 수 있었고 4세기 내내 번영과 상대적인 평화를 누리는 오아시스로 등장한다.[198] 불교도 그곳에서 세력을 넓혔다. 주요 문서는 우리가 검토 중인 시기 말미에 상당한 숫자의 소그드 상인들이 그곳에서 계속 돌아다녔음을 보여 준다.

> 속특이라는 나라는 파미르고원(Congling) 서쪽에 위치한다. ……그곳의 상인들 상당수가 양주(凉州, 감숙 중부) 구역에 거래를 하러 오곤 했다. 고장(姑臧, 즉 武威)이 (439년 위나라에 의해) 정복되자, 그들은 모두 체포되었다. 고종(高宗, 452~465) 치세 초에 (속특)의 왕은 그들의 몸값 — 황제(고종)의 명령으로 승인되었다 — 을 물어보기 위해 사절단을 보냈다. 그 후 어떤 사절도 공물을 제공하러 (위나라 조정에)

에 속함) 출신의 불교 사상가로 후진(後秦) 시대에 장안(長安)에 와서 약 300권의 불교 경전을 한자로 번역했다. 최초의 삼장법사(三藏法師)로 불리며, 4대 역경가(譯經家)로도 꼽힌다.

195 (옮긴이) 타클라마칸사막 북동부에 위치하며, 인도 불교가 중국으로 전해지는 데 가장 중요한 길목 역할을 했다. 인도와 페르시아의 영향을 많이 받은 유명한 키질 석굴이 있으며, 혜초도 이곳에 대한 기록을『왕오천축국전』에 남겼다.

196 (옮긴이) 5호16국 시대에 난립했던 나라 가운데 하나로 한족 출신 장궤(張軌)가 세웠다. 흔히 장량(張凉)이라고도 하며, 수도는 고장(姑臧)이다.

197 참고문헌을 제시하지 않은 Thierry, 1993, p. 122 참조. 중국에서 발견된 비잔티움 주화에 대해서는 Thierry and Morisson, 1994 참조.

198 Franke, 1936, II, pp. 60ff.

오지 않았다.¹⁹⁹

439년처럼 313년에도 감숙에는 상당수의 소그드 상인들이 있었다. 그들이 잠시라도 그곳에 거주하지 않았던 적은 없었으며, 문헌은 그들이 늘 존재했음을 강조한다. 또한 부가적인 정보를 하나 더 얻을 수 있는데, 소그드 상인들은 『고대 편지들』 이후에도 한 세기 동안 감숙의 큰 도시들을 여전히 자주 방문했을 뿐만 아니라 그들의 모국과도 계속 접촉했다. 다시 말해 이 네트워크는 하나의 연결망으로서(as a network) 4세기의 위기를 넘기고 실제로 살아남았다. 사마르칸트와의 접촉은 깨지지 않았으며, 설령 그랬더라도 곧 재개되었다.

물론, 누군가는 4세기 감숙 지역의 소그드인 공동체에 대한 정보를 더 원할 것이다. 하지만 안타깝게도 자료들은 입을 열지 않으며, 심지어 고고학조차 정보를 제공하지 않는다. 투르판에서 발견된 여러 (주화) 더미 속에는 4세기 사산 왕조 주화들이 포함되어 있었지만,²⁰⁰ 당(唐)나라 이전에 발행된 서역 주화들은 이 일대에서 전혀 발견되지 않는다.²⁰¹

처음부터 소그드 공동체들은 아마도 인도-이란 변방(간다라, 박트리아 등)에서 비롯되었을, 이방인들이 타림분지와 감숙, 중국에 정착하는 흐름에 동참했다. 한(漢)나라가 전성기를 구가하는 동안 남쪽에 자리 잡은 이웃들처럼 소그드 상인들도 많은 사절단을 중국에 보냈다. 중국의 행정 및 군사적 영향력이 동쪽으로 물러났을 때에도 시세를 보전하고 시장에 공급을 계속하기 위해 중앙아시아와 중국을 잇는 교역 노선의 모든 지점에 위치한 도시들에 연속적인 거류지 연결망을 만들었다.

---

199 『魏書』 卷 102, p. 2270(trans. Enoki, 1955, p. 44). 『魏書』 卷 5, p. 116에 따르면, 사절단은 457년에 왔다.
200 Thierry, 1993, p. 104 참조.
201 Thierry, 1993, pp. 98~99 참조.

이러한 측면에서 4세기의 위기는 감숙의 공동체만이 살아남고 중국 자체에서는 이방인들을 흩어지게 하는 여과 장치로 기능했다. 교류가 4세기 말에 재개되자, 소그드인들은 『위서』와 후대의 모든 문서가 입증하듯이, 주요 상인으로 활약했던 것 같다. 따라서 소그드 네트워크의 형성 과정은 두 단계로 구분할 수 있으며, 『고대 편지 II』는 확실히 역사적으로 중요한 정황을 묘사하고 있다. 그럼에도 불구하고 비록 매우 모호하고 신화적으로 표현되었지만, 소그드 공동체의 역사적 기억이 위기 이전 시기까지 확장되면서 흥미롭게 지속되었다는 사실은 우리가 지금 다루고 있는 현상이 파열보다는 철회의 성격이 다분했음을 잘 보여 준다. 중국은 침략 이전에 그랬던 것처럼 주요 시장으로서 계속 기능했다.

제3장
인도와의 교역

『고대 편지들』은 소그드 교역의 노선이 중국 쪽으로 확장된 사실에 대해서뿐만 아니라 또 다른 지선(支線)의 소그드 교역에 대한 정보도 제공한다. 제1장에서 보았듯이, 중국에서의 소그드 네트워크의 발전은 소그디아나의 남쪽 나라들을 포괄하는 더 넓은 교역 환경 안에서 발생했다. 소그드인들은 기원후 얼마 되지 않아 상업적인 이유로 중국에 정착했던 최북단의 사람들인 것 같다. 여태까지는 대체로 더 남쪽에 위치했고 주로 간다라나 박트리아 주민들에게 득이 되었던 상업 노선에 소그드 네트워크가 어떻게 합류했는지에 대해서 다루지 않았다. 이 질문은 사실상 인도와의 교역에 어떻게 소그드인들이 참여하게 되었는지를 궁금하게 만든다. 이 사안을 분석하면서 아직 사용하지 않은 『고대 편지들』의 자료를 참작할 것이다.

1. 소그드 상인들, 쿠샨 상인들

강승회(康僧會)

이 문제에 다가가는 최고의 방안 역시 중국 문헌이다. 530년경 혜교

(慧皎, 497~554)²⁰²가 저술한 『고승전』(高僧傳, 전 14권)은 2세기 중반에서 519년 사이에 활동한 500명의 승려 전기를 담고 있다. 성인전의 윤색으로부터 언제나 자유롭지는 않지만 신뢰할 만한 저작이다.²⁰³ 이들 전기 가운데 강승회의 전기가 특히 중요하다.

> 소그드인 승회(僧會)의 조상들은 본래 수세대에 걸쳐 천축(天竺, 인도)에서 살았던 강거(康居, 소그디아나) 출신의 사람들이었다. 그의 아버지는 그곳에서 교역을 위해 교지(交趾)²⁰⁴로 갔다. [승회]가 열 살쯤 되었을 때, 부모가 모두 돌아가셨다. 효심이 컸던 그는 매우 슬퍼하다가 세상을 떠났다.²⁰⁵

강승회는 강거를 줄여서 부른 그의 성씨에서 알 수 있듯이, 소그드인이었다. 외국인을 명명하던 중국의 이와 같은 방식에 대한 다른 사례도 많이 알려져 있다. 3세기 중엽 바로 이 강승회가 자신의 전임자였던 안세고(安世高)²⁰⁶에 대해 다음과 같이 썼다. "안청(安淸)이라고 [불리던] 보살(菩薩)이 있었는데, 그의 자(字)는 세고(世高)였다. 그는 안식국 왕의 아들이었다."²⁰⁷ 당대 중국의 명명학상 이러한 글자(특히 안[安]이나 강[康])가 드물었기 때문에 이와 같은 이름의 승려는 서역 출신이었을 것

---

202 (옮긴이) 남북조 시대 양나라의 승려로 경론(經論) 연구와 민중 교화에 힘썼으며, 중국 초기 불교사 연구에 귀중한 『고승전』을 남겼다.

203 Zürcher, 1972, p. 10; Demiéville(dir.), 1978, p. 266.

204 (옮긴이) 베트남 북부 일대를 관할한 중국의 옛 군(郡)의 명칭으로, 영어로는 통킹(Tonkin)이라고 한다.

205 Trans. Chavannes, 1909, pp. 199~200.

206 (옮긴이) 후한 시대 중국에 들어온 역경승(譯經僧)으로, 원래 안식국(安息國)의 왕자였으나 왕위를 버리고 불교에 귀의했다. 그의 불경 번역은 중국 역경사에서 초기에 해당한다.

207 Trans. Forte, 1995, p. 68.

으로 추정 가능한데, 이러한 가설은 성씨(姓氏)를 구체적으로 다루는 중국의 저작에 의해 뒷받침된다.[208] 게다가 남경(南京) 출신의 한 관료는 강승회를 호(胡)의 땅에서 온 사람(胡人, 즉 북서쪽에서 온 사람)이라고 묘사했다.[209]

3세기 초에 태어나 완전히 중국화된 강승회는 육경(六經)에 친숙했다. 그는 247년에 남쪽 수도에 도착했으며, 그곳에서 번역가로 중요한 기여를 했다.[210] 그의 전기는 2세기에 인도에 있던 소그드 상인 가문들의 존재에 대해, 그리고 그 무렵에 다른 소그드 가문들도 중국에 정착하고 있었음을 언급한다. 어린 나이에 고아가 되었음에도 강승회는 자신이 소그드 출신임을 알고 있었는데, 이는 정체성을 유지케 하는 구조화된 소그드의 해외 이주가 인도에서 이루어졌음을 보여 준다. 중국 문헌에서 이 일대의 소그드인들에 대한 정보를 더 찾기는 힘들지만, 오히려 동남아시아 본토와 도서 지역에 소그드인들뿐만 아니라 서역의 외국인들도 존재했음을 알려 준다.[211] 예를 들어 다른 호인(胡人)이 교지(交趾)에 사는 강승회의 친척으로 나온다.[212] 245~250년에 중국 사절 강태(康泰)[213]는 수마트라와 관련해 다음과 같이 언급한다.

---

208 Forte, 1995, pp. 18~19 참조. 또한 Pelliot, 1903b도 참조.
209 Chavannes, 1909, p. 203.
210 Zürcher, 1972, pp. 51~55.
211 자료 일부가 Grenet, 1996a에 수합되어 있다. 지역사, 특히 경제사와 관련해서는 Hall, 1992 참조. 동남아시아 반도에 있는 부남(扶南) 왕국에 대해서는 Pelliot, 1903b 참조.
212 Zürcher, 1972, vol. II, p. 336, n. 148은 지방 조정의 여러 일원을 '호'(胡)라고 불렀음을 지적한다. 서쪽의 오랑캐를 지칭하는 말이며, 남쪽의 오랑캐를 가리키는 이름은 '만'(蠻, man)이다.
213 그에 대해 알려진 바는 없다. Pelliot, 1903b, p. 275는 이질적이고 희귀한 이 이름의 특성에 주목했다. 『사기』와 『한서』의 색인을 숙독해 보면, 실제로 직함의 형태가 아니라면 '강'(康)이라는 이름이 등장하지 않음을 알 수 있다. '강'이라는 이름의 노예 한 명이 기원(紀元) 바로 직전에 『漢書』 卷 59, 張湯傳, p. 2655에 등장할 뿐이다. 당시 그는 분명 소그드인이었을 것이다.

월지 상인들은 계속해서 해상으로(즉 배로) 가영국(加營國)에 그것[말]들을 수입한다. 왕이 그것들을 모두 산다. 항해하는 동안에 말이 죽으면 마부는 그 머리를 진상하고 숨으면 된다. 왕은 그것을 반값에 사준다.[214]

인도와 동남아시아 사이의 사절단 파견은 빈번했으며, 그 가운데 몇몇이 월지의 말을 가져왔다.[215] 소(小)순다열도의 숨바와섬(Sumbawa)에서 멀리 떨어진 상제앙섬에서 발견된, 2세기 또는 3세기의 것으로 추정되는 동고(銅鼓)를 장식한 판화에는 말을 타고 있는 중앙아시아의 월지 전사 같은 복장을 한 두 명의 사람이 그려져 있다. 그런즉 동남아시아 본토와 도서 지역을 포함해 인도 권역에서의 말 교역은 이 시기에 충분히 입증되며,[216] 이는 번영하던 시장으로의 상인들의 이동을 야기했을 것이다. 불교 역시 255년경 월지 승려에 의해 안남(安南)[217]에 전파되었을 가능성이 있다.[218] 역방향의 교역을 위해서는 상인들이 대차를 상쇄하고자 『고대 편지들』에 인용된 다양한 지역 산물, 특히 인도네시아의 후추와 장뇌를 구했을 것이다. 이러한 측면에서 중앙아시아 주민을 지칭하는 호(胡, hu)라는 문자가 포함된 후추(胡椒, hu jiao)라는 이름이 가리키듯이, 기원후 몇백 년 동안은 후추가 좀 더 가까운 해상로가 아니

---

214 『太平御覽』卷 359, 兵部, p. 1650a를 수정해 번역한 Mukherjee, 1970, p. 37; Hall, 1992, p. 194 참조.

215 Pelliot, 1903b, p. 271이 인용한 『梁書』卷 54, 諸夷傳, 海南諸國, 中天竺國, p. 798은 오(吳)나라(222~280) 시대에 있었던 한 일화에 대한 내용이다. "[인도의 왕이] (부남의 왕인) [范] 전(旃, Zhan)에게 월지산(産) 말 네 필을 선물로 보낸 것에 감사하기 위해 두 사람을 뽑았는데, 그 가운데 진송(陳宋)이 있었다."

216 다른 자료로는 Malleret, 1960, p. 315; 1962, pp. 363~79; pl. XC~XCV, XCVIII~C 참조.

217 (옮긴이) 현재의 베트남을 중국인들이 부르던 호칭으로, 당대의 안남도호부(安南都護府)에서 그 명칭이 유래했다.

218 Giap, 1932, pp. 213~14.

라 육로를 통해 중국에 도착해야 했던 것은 놀라운 사실이다.[219]

강승회에 대한 문서와 앞에서 수집한 다른 증거 조각들은 소그드인들이 인도 및 동남아시아와의 교역에 참여했음을 보여 준다. 그렇다 해도 이 일대에 소그드 네트워크가 구축되었다고 생각할 수는 없다. 서역인들이 이 지역에 있었다는 일련의 지표가 있지만, 단 한번의 설명으로는 네트워크의 존재를 충분히 입증할 수 없기 때문이다. 이러한 이론을 뒷받침할 만한 『고대 편지 II』에 버금가는 무엇인가가 우리에게는 없다. 그럼에도 인도에 공식적인 네트워크가 존재했다고 결론지을 만한 다른 요소는 없지만, 적어도 장기간에 걸쳐 접촉이 빈번했음은 보여 준다.

인도와 소그드인들의 접촉

강승회의 간략한 전기는 수세대에 걸친 소그드 가문의 정착기를 보여 준다. 이는 자연스럽게 인도 자료들에 대한 조사로 이어진다.

인도 문헌들은 연대를 추정하기가 어렵다. 때로는 1,000년이 넘는 세월 동안 대대로 이어지면서 엮어 만들어졌기에 상당히 다른 시간대에서 온 정보를 제공한다. 대체로 많은 문서의 일부가 기원후 수백 년 동안에 작성되었거나 그 시기의 자료들을 이용했던 것 같다. 이들 문헌은 실제로 소그드인, 즉 쿨리카(Cūlikā)에 대해 언급하지만 결코 상업적인 맥락에서는 아니다.[220]

이들 참고문헌 가운데 대표적인 사례를 뽑자면, 『마하바라타』

---

219 Yung-ho Ts'ao, 1982, p. 222.
220 고전 인도 문헌 속의 소그드인들의 신원 증명은 수십 년 전에 이루어졌다. 1910년 로베르 고티오(Robert Gauthiot)는 *Mārkaṇḍeya Purāṇa*와 *Matsya Purnāṇa*의 쿨리카 ― 그들의 나라는 칵수강, 즉 옥수스강이 가로지른다 ― 가 소그드인임을 입증했다(Gauthiot, 1910, pp. 541~42). 1930년 프라보드호 찬드라 박치(Prabodh Chandra Bagchi)는 이 사람들이 언급된 인도 문헌들의 목록을 작성했다(Bagchi, 1930, pp. 1~10). 또한 Singh, 1972, pp. 177~78의 주석도 참조.

(Mahābhārata)[221]는 쿨리카에 대해 다음과 같이 언급한다.

> 그리고 투샤라(Tuṣāra)와 야바나(Yavana),[222] 샤카(Śaka)는 쿨리카와 함께 우익(右翼)에 서 있었다.[223]

따라서 판다바(Pāndava)족 — 그리스인(Yavana) 및 샤카와 제휴했고 발히카(Bālhika, 박트리아)와 캄보자(Kamboja)[224] 다음으로 언급되었다 — 과의 대전투 당시에 쿠루(Kuru) 왕국 군대에 있던 소그드인/쿨리카에 대한 이와 같은 언급은[225] 인도 북서쪽에 살았던 인도인들에게 알려진 모든 민족에 대한 전체 목록 — 기원전 2세기 또는 1세기의 정치적 맥락에도 상응하는 목록이다 — 의 틀에도 잘 부합한다. 푸라나(Purāṇa)[226] 문학에서도 소그드인들은 다른 많은 민족 가운데 북서쪽에 자리한 하나의 민족일 뿐이다.[227]

---

221 (옮긴이)『라마야나』(Ramayana),『바가바탐』(Bhāgavatam)과 함께 고대 인도의 3대 서사시로 알려져 있다. 이 작품은 고대 인도에 존재하던 쿠루 왕국의 두 왕족 세력인 판다바와 카우라바 사이의 갈등을 중심으로 전개되는데, 분량이 무려 20만 행이 넘는 운문으로 구성된 세계에서 세 번째로 긴 서사시이다. 인도인들에게 지금도 철학적으로나 종교적으로 지대한 영향을 끼치고 있으며,『바가바드 기타』(Bhagavad Gita) 역시 이 작품 가운데 하나로 힌두교 사상의 정수를 담고 있다.

222 (옮긴이) 고대 인도에 거주하던 그리스인들을 지칭한다.

223 Poona, trans. Roy, 1887, p. 276의 교정판에 실린 Mahābhārata, VI 75 20. 요하네스 베르나르두스 판 부이테넨(Johannes Bernardus van Buitenen)의 번역이 제6권까지 미치지는 않았다.

224 부처 당시의 16대국 가운데 한 나라를 말한다.

225 Fussman, 1974, p. 33은 그들을 가즈니(Ghazni) 인근 산맥과 아르간다브(Arghand-āb) 계곡 위쪽에 위치시켰다.

226 (옮긴이) 고대 인도의 신화와 전설, 왕조사를 기록한 산스크리트어로 쓰인 힌두교 성전이다.

227 종종 수정된 문서들의 연대 추정의 어려움은 반드시 언급하고 넘어가야 한다. 따라서 각각의 구절마다 따로따로 연대를 추정하는 것이 나을 수도 있다. Mārkaṇḍeya Purāṇa는 LVII 35-42(trans. Pargiter, 1904, pp. 311~24)와 LVIII, 37에서 소

이렇듯 인도 문헌들에 소그드인들이 언급되어 있기는 하나, 이들 참고문헌에서 소그드 상업에 대한 어떤 정보도 얻을 수 없다. 인도 작가들이 상업 때문에 그들을 알고 있었던 것인지 확실하지 않을뿐더러(그리스나 샤카 침략자들이 이러한 정보를 가져왔을 수는 있지만), 어떤 자료도 이와 같은 교역에 나선 이들이 인도인이나 박트리아인, 간다라인이 아니라 정말로 소그드인이었음을 명시하지 않는다. 끝으로 인도인들이 소그드인들에 대해 매우 빈약한 정보를 가지고 있었던 것처럼 소그디아나 자체에 대해서도 별반 잘 알지 못했던 것 같음에 주목해야 한다. 푸라나 문헌에 등장하는 지명과 중앙아시아의 지명을 비교해 보면, 비록 그것들을 조화시키려는 시도가 있기는 하나 공통점을 발견할 수는 없다.[228]

인도 자료들은 소그드인들과 관련한 주제에 대해 거의 언급하지 않는다. 인도에 수출한 특정 물품에 자신들의 이름을 붙이고[229] 때때로 문헌들에서 외국인으로 인용되는 박트리아인들과는[230] 다소 다른 문제일 것이다. 하지만 이 주제는 여기서 다루지 않을 것이다.

그드인들을 언급한다. 다른 푸라나 문서들도 같은 유형의 목록을 제공한다. 이렇게 *Vāyu Purāṇa*는 XLV 121에서 북쪽의 다른 민족 가운데 쿨리카를, 그리고 XLV 115-19에서는 카르마칸디카(Carmakhaṇḍika)족을 언급한다. *Brahma Purāṇa*도 XXV 44-50에서 같은 것을 언급한다. *Matsya Purāṇa*(L 76)는 원래 인도 출신 왕들에 그들을 포함하는 등 좀 더 흥미로운 맥락에서 그들을 언급하지만, 거기서 발견된 명단 역시 정형적이다. 쿨리카는 또한 *Bṛhat Saṃhitā of Varāhamihira*(IX, 15 and 21, X, 7, XIV 23, XVI 35, XIV 8)와 *Saṃhitā of Caraka*(30 6)에서도 언급된다.

228 특히 Ali, 1973 참조. 이 저자의 주장대로 메루산과 파미르고원을 같은 것으로 전제하면, 푸라나에 나오는 아시아의 모든 지형을 읽어낼 수 있다. 그러나 이러한 기초에 근거해 제시된 증거(pp. 97~98)는 의도와 완전히 반대되는 결과를 초래한다. 소그디아나가 라마나카(Ramaṇaka)라는 용어로 지명될 수 있다는 생각은 순전히 추정일 뿐이다(Ali, 1973, pp. 83~84, 87).

229 Prasad, 1984, p. 128.

230 Singh, 1972, pp. 123~27의 논고 참조.

그러므로 다른 자료를 찾아야 한다. 여기서도 역시 『고대 편지들』은 특별한 가치가 있어 보인다. 정말이지 이미 간략하게 언급한 이 문헌집에서 묘사되는 소그드인들과 중국인들 사이의 상충 관계는 인도인들과 가깝게 지내던 그들의 모습과는 대조를 이룬다.[231] 예를 들어 낙양(洛陽)의 소그드인들과 인도 주민들은 모조리 떼죽음을 당한 뒤에 함께 언급된다.[232] 이들 인도인은 니야의 문서에서 드러난 프라크리트어(prakrit)를 사용하는 북서 인도 출신이거나 인도화된 누란의 주민들이었다. 아마도 편지를 운반하던 사람이 향하고 있던 곳은 누란이었던 것 같다. 첫 번째 편지의 수신인 이름인 'c't'ysh'는 누란 왕국에서 나온 문헌들에서는 카티사(Catisa)라는 형태로 실증되는데,[233] 이는 카티사의 딸이 소그드인과 결혼한 것처럼 누란에서는 소그드인과 인도인 가문 사이에 교류가 있었다는 증거로 볼 수 있다.

소그드어에 유입되어 『고대 편지들』에도 등장하는 인도어 단어들은 다음과 같다.

– 산스크리트어 sārtha에서 온 s'rth: 카라반(『고대 편지 II』, l. 36)
– 박트리아어의 매개를 거쳐 산스크리트어 sārthavāha에서 온 s'rtp'w(-ao로 끝나는[234])?: 대상단을 이끄는 대장(『고대 편지 V』, 주소)
– 북서(간다라의) 프라크리트어 prastha에서 온 prstk: 양을 측정하

---

231 이러한 측면은 여러 경우를 통해 이미 분석한 바 있다. Henning, 1948, p. 603, n. 3; Sims-Williams, 1996c, p. 49 참조.
232 『고대 편지 II』 36~38행: "그들이 낙양에 다다랐을 때 …… 그곳의 인도인들과 소그드인들은 모두 아사(餓死)한 상태였다." 『고대 편지들』은 다른 상인 그룹에 대해서는 전혀 언급하지 않는다. 문서 LM II ii 09만이 5행에서 맥락은 알 수 없지만 훈족을 언급한다.
233 Henning, 1948, p. 603, n. 3 참조. Sims-Williams, 1996c, p. 52는 그녀의 이름이 '-isa'로 끝난다는 이유로 인도화된 박트리아 여성이라는 가설을 제시한다.
234 Sims-Williams, 1996c, p. 51.

는 단위(『고대 편지 V』, ll. 9-10)

- 북서 프라크리트어 mūlya에서 온 mwδy: 가격(『고대 편지 IV』, l. 5)
- 북서 프라크리트어 lekha에서 온 δykh: 편지(『고대 편지 V』, l. 32; 『고대 편지 I』, l. 12)
- 호탄의 산스크리트어 pitpalī에서 온 pδ'pδ[y]h: 후추(『고대 편지 V』, l. 9)[235]

이와 같은 차용어에 의해 입증된 연계는 '대상'과 '가격'이라는 의미로 쓰인 단어들이 보여 주듯이, 중요하면서도 상업적 성격을 띤다.

자료들에 대한 검토 결과, 통킹(Tonkin)이나 돈황에서 인도인들과 소그드인들 사이에 교류가 있었음을 알 수 있다. 이들 두 지역 사이에서 나온 두 문서집이 이러한 역사를 명확하게 보여 줄 것이다.

2. 북서 인도의 거류지

불교 자료들

첫 번째 문서집이 알려진 지는 꽤 오래되었지만 그 상업적 함의에 대해서는 온전히 검토된 적이 없다. 기원후 얼마 되지 않은 한나라 때 중국에 들어온 불교는 처음에는 중앙아시아와 인도에서 온 외국인 수도승들이 설파(說破)하고 다녔다. 그러므로 이들 성인의 이름과 전기를 보존해 온 불교 전통은 서역인들의 중국 유입을 연구하고자 하는 이들에게 매우 중요한 자료이다. 이들 수도승 가운데에는 소그드인 특유의 강(康)이라는 성씨의 사람도 있다. 실제로 이들 수도승은 본래 강거(康居)

---

235 Sims-Williams, 1983, p. 135.

출신 가문의 일원이었지만, 이것이 곧장 그들의 출신지를 알려 주지는 않는다. 지금까지는 역사 기술적으로 강씨 성(姓)의 이들 수도승의 출신지에 대해—종족적 정체성에 대해서도—의문이 제기되지 않았다. 하지만 이들이 소그디아나에서 곧바로 왔을지는 의심스럽다.

당대 소그디아나의 불교에 대해서는 아무것도 말할 수 없다. 오히려 반대로 보존된 소그드 불교 문서들은 후대의 것이다. 게다가 그것들은 인도어가 아니라 중국어에서 번역된 것이다.[236] 고고학적 관점에서 볼 때, 불교는 테르메즈(Termez)[237] 인근의 카라테페(Karatépé)에서와 마찬가지로 기원후 1세기 말 또는 2세기 초에 옥수스강 유역에 전해졌지만, 소그디아나에서는 7세기에나 그 존재를 드러낸다. 강씨 성을 가진 승려들은 소그드 가문 출신이었지만, 대규모 상업과 불교의 보급이 중첩되었던 바로 그 일대의 박트리아나 힌두쿠시 남쪽으로 이주한 소그드 가문의 일원이었다.

안(安)이라는 이름의 승려들, 특히 위대한 안세고 같은 이들도 아마 같은 경우일 것이다.[238] 그의 중국 이름은 파르티아 제국을 떠올리게 하지만, 인도-파르티아 국경 지대를 통치했던 아르사케스(Arsacid) 왕조[239]의 군주가 이란의 파르티아 군주보다는 2세기 중반 불교도였을 가능성이 더 크다. 왜냐하면 당시 불교 자체가 아직은 메르브에 정착하

---

236 Weller, 1934.
237 (옮긴이) 도시 이름은 그리스어로 '더운 곳'을 의미하는데, 알렉산드로스 대왕의 정복 당시에 붙여졌다. 박트리아와 소그드를 연결하는 최단거리 교역로상에 위치한 교통 요지였으며, 쿠샨 왕조 시기에는 대승불교의 중심지로 불교 문화가 융성하기도 했다. 7세기 현장(玄奘)이 인도로 가는 길에 이곳을 들렀는데, 그의 『대당서역기』에는 달밀국(呾蜜國)으로 소개되었다.
238 Forte, 1995, p. 69, n. 13.
239 (옮긴이) 기원전 3세기 카스피해 스텝 지역의 준유목민이었던 파르니족의 족장 프리아파테스의 아들인 아르사케스(Arsakes)가 시조이며, 기원후 224년에 사산 왕조의 초대 왕인 아르다시르 1세(Ardashir I)에 의해 멸망했다.

지 않았기 때문이다. 불교는 예전에 생각되었던 것과는 달리, 2세기가 아닌 4세기 이후에 메르브에 확산되었던 것 같다.[240] 일반적으로 "그는 파르티아의 왕과 여왕의 아들이었다"라고 번역되는 중국어 문장(安息王嫡后之子)은 "그는 아르사케스 왕과 여왕의 아들이었다"라고 번역하는 것도 괜찮을 뻔했다. 따라서 안세고는 인도 서부의 인도-파르티아 왕국에서 왔을지도 모른다.[241]

중국 문헌들은 강씨 승려들의 출신지에 대한 이와 같은 해석에 잘 부합한다. 확실히 문헌들은 승려들의 가문에 대해 매우 빈약한 정보를 제공하지만, 정보 제공 시에는 승려들의 조상이 강거에서 왔음을 명시한다. 즉 이들 승려는 사실상 이주한 가문 출신이었다. 강승회도 이러한 경우였으며, 강맹상(康孟詳)—"그의 조상도 강거에서 온 이들이었다"[242]—이나 강보의(康寶意) 같은 여러 다른 강씨도 그렇다.[243] 이들 승려는 이주하면서 인도어를 배웠으며, 그 결과 소그드어를 거치지 않고도 불교 서적을 중국어로 번역할 수 있었다. 이들 이주자는 상인 가문의 일원이었으며, 강승회의 경우도 그러했음이 명백하다. 이는 또한 다른 이들도 그러했을 것이라고 추정케 한다.

우리는 매우 놀라운 사실을 설명해야만 한다. 인도인들은 2세기와 3세기에 이 활동 분야에서 상대적으로 적극 나서지 않았다. 반면, 안씨나 강씨처럼 이란어를 사용하는 이들은 중국에서 불교를 확산하는 데 어떻게 이처럼 큰 역할을 담당할 수 있었을까?[244] 가장 그럴듯한 가설은 강씨나 안씨의 승려들이 이러한 노선을 여행하는 것에 익숙한 사회 집단에 속했기 때문에 저 멀리 중국까지 여행했을 것이라는 주장이다.

---

240 최신 연구로는 Callieri, 1996, 아울러 참고문헌은 Callieri, 1998 참조.
241 Forte, 1995, pp. 67~68에 인용.
242 Zürcher, 1972, vol. 1, p. 23에 인용.
243 『高僧傳』 卷 3, 譯經(trans. Shih, p. 155).
244 Kuwayama, 1987, p. 705의 논평 참조.

반면, 분명히 덜 불교적이었다기보다는 아마도 덜 조직화된 상인 가문 출신이었던 인도 승려들은 자신들의 가문 관례상 익숙하지 않았던 다른 언어권으로의 여행을 하려 하지 않았을 것이다.[245] 소그디아나와 이란-파르티아 지역에 확립된 불교가 부재하는 가운데, 이것은 강씨와 안씨의 승려들이 행한 역할을 이해할 수 있는 유일한 방식이다. 예를 들어 붓다의 법을 전파한 강씨를 언급한 불교 자료들은 여러 명의 안씨도 거론하는데, 그들 가운데 일부는 번역 일에 종사하기 전에 상인이었던 것이 확실하다. 안현(安玄)은 181년 낙양에 도착한 상인이었고 그곳에서 승려가 되었다.[246]

인더스강 상류의 소그드어 비문들

두 번째 문서집은 최근에 발견되었다. 파키스탄과 중국을 잇는 대대적인 카라코룸 고속도로 건설 공사가 끝나고 여러 암각화가 인더스강 상류 계곡의 외딴 장소에서 체계적으로 발견되었는데, 주로 길기트(Gilgit)강 하류 지역에서였다[도판 I-2 참조]. 이들 암각화 가운데 일부에는, 예를 들어 사리탑(stupa)이나 아이벡스(ibex) 같은 그림이 새겨져 있었지만 다양한 글씨체로 쓰인 수많은 낙서도 있었다. 그 가운데 브라흐미(brāhmī) 문자와 카로슈티(kharoṣṭhī) 문자는 인도에서 유래했다. 이들 명문(銘文) 가운데 소그드어로 된 낙서가 가장 많은데— 650개가 넘는다—, 샤티알(Shatial, 대략 550개),[247] 다담 다스(Dadam Das, 55개), 오시바트(Oshibat, 26개), 토르(Thor, 19개), 탈판(Thalpan,

---

245 불교의 확산과 상인들의 여행 사이의 연계성은 종종 지적되어 왔다. 특히 4세기 말 향이나 필사본을 입수하고자 상인들의 용역을 이용한 중국의 인도 승려들의 사례에 대해서는 Liu Xinru, 1988, p. 143 참조.
246 Zürcher, 1972, vol. I, p. 23, 『高僧傳』I, 324, 2.27에서 인용.
247 샤티알에 대해서는 Fussman and König, 1997 참조.

8개), 훈자 - 할데이키쉬(Hunza - Haldeikish, 6개), 칸바리(Khanbari, 1개), 캄프시테(Campsite, 1개) 유적지가 대표적이다.[248] 샤티알에서 나온 명문은 소그드어로 된 것이 다수인데, 410개의 브라흐미어 명문과 12~15개의 카로슈티어 명문, 9개의 박트리아어 명문, 2개의 파르티아어 명문, 2개의 중세 페르시아어 명문과 비교된다.[249] 이란어권에 속하는 명문으로는 앞에서 방금 언급한 샤티알의 파르티아어 명문과 중세 페르시아어 명문을 제외하면 모든 현장을 통틀어 박트리아어 명문 12개가 나왔을 뿐이다.[250] 다른 언어로는 특히 캄프시테의 히브리어[251]와 샤티알의 중국어 명문이 대표적이다. 인도어 및 토착어로 쓰인 명문도 발견되었다.

소그드어 명문의 내용은 대개 극단적으로 표준화되어 겨우 이름 정도의 정보만 제공한다. Y의 아들, X 또는 Z의 아들, Y의 아들 X처럼 말이다.[252] 명문 가운데 가장 긴 것은 다음과 같이 쓰여 있다.

(나) 나리사프(Narisaf)의 (아들) 나나이 - 반다크는 10일에 (이곳에) 왔고 성지 크르트(K'rt)의 영혼에게 은혜를 청했다. …… 내가 더 빨리 타슈쿠르간(Tashkurgan)에 도착해 건강한 내 형제를 볼 수 있는 기쁨이 함께하기를.[253]

---

248 이 문서집을 분석한 Sims - Williams, 1989, 1992b, 1997 참조.
249 Fussman and König, 1997, pp. 58~59, 62에 수합된 자료 참조.
250 Sims - Williams, 1992b, pp. 27~28.
251 Jettmar, 1987a.
252 이러한 공식의 변이를 상세하게 조사한 연구에 대해서는 Sims - Williams, 1992b, pp. 29~34 참조.
253 Sims - Williams, 1989, p. 23, no. 254(36: 38)는 'xrβntn'를 신장(新疆) 타슈쿠르간(塔什庫爾干, Tashkurgan)의 고대 지명과 같다고 주장한 Yoshida, 1991, pp. 237~38의 제안에 따라 타슈쿠르칸으로 변경했다. 소그드어 본문은 다음과 같다. "nnyßntk ZK nrsß ˮγt-kym kw 10 ḤRZY MN kʾrt ßγncytk yʾn ptʾyst ʾt xrβntn twxtr prʾysʾn rty ZKw ʾḤY pr šyr wynʾn ʾM wγš."

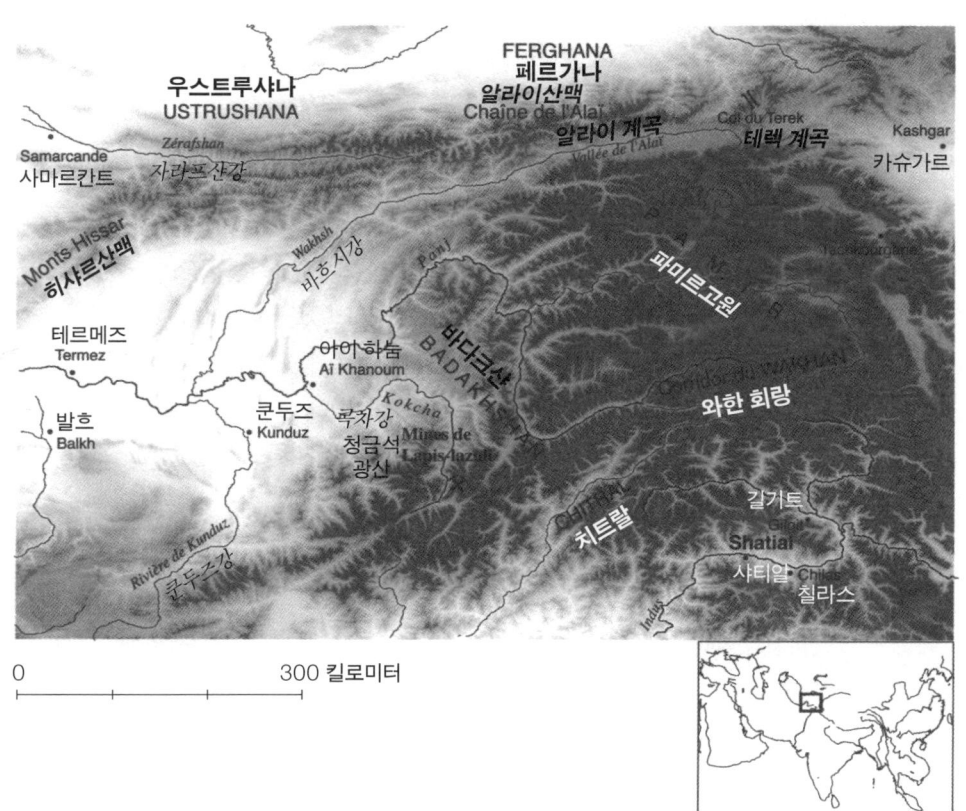

지도 4 인도로 가는 길들

브라흐미 문자로 쓰인 산스크리트어 명문에서 소그드인들에 대한 여러 언급도 주목할 만하다.[254]

이들 명문의 상업적 유래에 대해 의심할 여지는 거의 없다.[255] 이것은 3세기 초 인도에 존재했던 소그드인들의 중요성을 보여 준다. 인더스강 상류에 있는 일부 소그드어 명문은 고문서학적으로 『고대 편지들』보다 앞선다. 하지만 소그드어 명문 가운데 몇몇은 적어도 5세기의 것임을 증명할 수도 있다.

이들 명문을 연구한 결과 가장 자주 등장하는 이름이나 성씨는 나나이-반다크를 제외하면 xwn, 즉 훈(Hun)이다. 열여섯 개의 명문이 이를 언급하는데, 주로 샤티알 명문이 그러하고 오시바트와 다담 다스의 명문들도 그러하다.[256] 이 xwn은 철저히 소그드 부계(父系)의 성격을 지니고 있다. 예를 들어 바르자크의 아들 xwn,[257] 또는 나나이-반다크의 아들 xwn과 같이 말이다.[258] 이러한 종족적 기원의 성명은 훈족에

---

254 특히 Fussman, 1997, p. 82 참조. 소그드인 페카코(Pekako)는 두 명의 인도인과 함께 아마도 치트랄(Chitral)을 향해 여행했던 것 같다. 샤티알 명문에는 대략 10~15개의 이란어 이름이 브라흐미 글씨로 적혀 있다(Fussman, 1997, p. 79). Hinüber, 1997, p. 60도 참조.

255 다양한 가설이 이처럼 고립된 지역에 이토록 많은 명문이 집중되어 있는 이유, 특히 샤티알에 소그드어 명문이 많이 보이는 이유를 제시했다. 그 결과 이 지역을 소그드 교역의 확장이 종식되는 지점으로 생각한 사람이 있다. 일부 정치 세력이 이곳에서 소그드인들에게 상품을 인도 상인들과 교환하도록 강제했고 그들이 더 멀리 가지 못하도록 금했다는 것이다. 또 이곳을 피난처로 보는 사람도 있다. 이러한 주장은 앞에서 인용한 소그드어 명문만큼이나 불화(佛畵)에 의해서도 암시되는데, 이 안(案)을 나는 지지한다. 혹은 인더스강 횡단과 관련 있는 기항지에 불과했을지도 모른다. 이 문제에 대한 논의는 Fussman and König, 1997, pp. 62~106 참조. 그럼에도 불구하고 모두는 이 지역에서의 소그드인들의 존재가 가지는 상업적 성격을 만장일치로 인정한다. 물론, 다른 직업도 보인다.

256 Sims-Williams, 1992b, p. 80 참조.

257 Sims-Williams, 1989, p. 29: inscription no. 380, at Shatial. Sims-Williams, 1992b, p. 14: inscription no. 451, at Shatial, *idem* p. 18, inscription no. 528, 535 at Shatial.

의해 소그디아나가 정복되고 뒤이어 소그드 주민들과 유목민 침략자들이 평온하게 융합되는 시기가 오기 전에는 역사적으로 상상도 할 수 없는 일이었다. 이와 같은 융합이 4세기 말 이전에 발생할 수 없었음을, 그리고 아마도 5세기에 이루어졌을 가능성이 훨씬 높음을 다음 장(章)에서 살펴볼 것이다. 두 번째 사실도 이러한 연대 추정을 뒷받침하는데, 샤티알에서 적어도 여덟 명이 5세기 중반에 『위서』(魏書)에서 처음으로 언급되는 마이무르그(Maymurgh)라는 도시[259]와 연계된 이름을 가지고 있었다. 옛 부지에서의 개발은 이 시기에 굴착된 다르곰 운하 개발(또는 그 확장)과 확실히 관계가 있었다. 인더스강 상류에서 발견된 가장 긴 중국 명문은 위(魏)나라 때 그곳에 도착한 중국 사절에 대해 언급하고 있다.[260] 예를 들어 3세기 또는 4세기의 것으로 보이는 네 개의 명문과는 대조적으로, 빨라도 5세기의 것으로 추정되는 스물네 개의 명문이 있다. 여러 기준이 최후 시점(terminus post quem non)을 특정할 수 있도록 뒷받침해 주는데, 명문이 7세기 초 이후에 작성되었을 리는 없다.[261] 튀르크 이름의 부재 역시 7세기 초보다 더 늦은 시기에 작성되었을 가능성을 배제한다.

매우 취약하기는 하지만 그래도 한 가지 지표가 좀 더 구체화할 수 있도록 도와준다. xwn을 언급하고 있는 열여섯 개의 명문 가운데 하나가 아버지의 이름을 따서 성명을 밝히지 않는다. X의 아들 xwn은 있지만 xwn의 아들 X는 없다. 이것이 단순히 우연일 수도 있음을 인정해야겠지만, 한편으로는 xwn과 소그드인과의 접촉이 매우 중요해지던 때

---

258 Sims-Williams, 1989, p. 14: inscription no. 44, at Shatial.

259 Sims-Williams, 1992b, p. 56 참조.

260 미밀(迷密, Mimi)의 신원에 대해서는 Ma Yong, 1989와 의혹을 제기한 Jettmar, 1989, p. LIII 참조. 좀 더 상세한 분석을 위해서는 Höllmann, 1993 참조.

261 Sims-Williams, 1997, p. 67은 6세기 말 소그드어 부구트(Bugut) 명문과 비교하고 있다.

에 인더스강 상류에서는 소그드 교역이 종식되었음을 — 비록 발생 시기가 한 세대보다 더 거슬러 올라가지는 않지만 —, 또 다른 한편으로는 이러한 중단이 매우 갑자기 발생했음을 생각하게 한다. xwn은 아버지 이름에서 따와 사용되었을 가능성이 있다. m'ymrγc이 이러한 상황에서 더 자주 등장하듯이 말이다.[262] 그러므로 훈족과 소그드인들 사이의 결합이 앞선 세대에 이루어지는 동안에 최근의 명문들은 마이무르그가 적어도 한 세대 동안 존재하던 때에 만들어졌을 것이다. 상당히 가설에 입각하고 있지만, 이 모든 내용은 5세기 전반기에 인더스강 상류에 존재했던 소그드인들의 활동이 종식되었음을 상정하게 한다. 같은 유적지에서 나온 브라흐미어 명문이 3세기에서 7세기까지의 시기를 망라하고 있음에 주목해야 한다.

쿠샨 제국의 소그드인들

대규모 국제 교역을 위한 주요 가도(街道)는 소그디아나 남부를 지나 파미르고원 또는 박트리아를 경유해 중국과 인도로 연결되었다. 1세기부터 3세기 초까지 이 노선의 남쪽 출구는 정치적으로 쿠샨 제국의 일부였다.

제국의 역사, 특히 연대표는 아마도 중앙아시아 역사에서 가장 논쟁적인 주제일 것이다. 왜냐하면 대외적 연대표들과의 비교점이 부족하기 때문에 카니슈카(Kaniṣka) 시대 — 주요 군주의 이름을 딴 것으로 그의 통치기가 일부 비문의 연대를 추정하는 데 사용되었다 — 에는 기원후 78년[263]과 232년[264] 사이의 다양한 날짜가 지정되어 왔다. 수십 년 동

---

[262] Sims-Williams, 1989, p. 16; inscription no. 86, 92; *idem* p. 17, inscription no. 115; *idem* p. 20, inscription no. 184; Sims-Williams, 1992b, p. 13, inscription no. 416.

[263] 여러 차례 제라르 푸스망(Gérard Fussman)이 옹호한 가설이다. 예를 들어 Fussman, 1974, 1980 참조.

안의 논쟁 끝에 고전학(古錢學)과 새로운 비문의 발견, 오랫동안 알려진 문헌의 재해석 덕분에 127년으로 날짜를 정할 수 있게 된 듯하다.[265] 제1장에서 언급한 박트리아의 월지 공국에서 기원한 쿠샨 제국은 1세기 후반에 인도 북부로 팽창했으며, 2세기 초에는 심지어 저 멀리 호탄까지 타림분지도 아울렀다.[266] 232년 사산 제국의 공격을 받은 쿠샨 제국은 힌두쿠시 북쪽의 영토를 잃어버렸다.

쿠샨 제국은 (아마도 결코 포함된 적이 없는) 소그디아나 남쪽과 바로 접해 있는 인도 북부와 박트리아에서 안정과 대번영을 누리던 지역이었다. 불교는 그곳에서 더욱 발전했고 옥수스강까지 확산되었다. 중국에 불교가 전파된 것도 바로 쿠샨 제국으로부터이다. 이러한 발전이 초기의 소그드 상인들이 박트리아와 인도 북부 쿠샨의 도시들로 이주하도록 이끌었을 것이라고 믿을 만한 충분한 이유가 있다. 당시 소그디아나의 상황은 쿠샨 제국의 눈부신 도시 문명과 비교했을 때 아주 좋지 않았다.[267] 내가 언급한 교류는 상업적이든 종교적이든 간에, 이 시기로 거슬러 올라간다. 중국에서 활동하던 당시 위대한 상인들은 쿠샨 제국 출신들이었다.

쿠샨 제국 때부터 간다라어는 4세기까지 타림분지의 진정한 국제어가 되었던 것 같다. 간다라어로 쓰이고 카로슈티 문자를 사용한 문헌들이 대(大)오아시스 전역에서 발견되었다.[268] 간다라어로부터의 일부 소그드 교역 용어의 차용은 여러 다른 시점에서 이루어졌을 것이다. 가

---

264 Göbl, 1968과 특히 Göbl, 1984 참조.
265 고전학(古錢學)에 대해서는 주로 Cribb, 1984, 1985, 1990을, 라바탁(Rabatak)의 비문에 대해서는 Sims-Williams and Cribb, 1995/96 참조. 푸스망은 최근 78년이라는 새로운 날짜를 옹호했다(Fussman, 1998). Falk, 2001은 점성술 문헌을 재해석해 카니슈카 시대의 시작점으로 127년을 정했다.
266 Cribb, 1984, 1985.
267 Grenet, 1996b, pp. 367~70.
268 Lin Meicun, 1996.

령 소그드 상인들은 북서 인도 출신의 상인들이 우위를 점하고 있던 호탄 — 잠시 2세기 초 쿠샨 제국의 일부였을지도 모른다 — 의 국제적 환경에 흡수되었을지도 모른다. 또한 사마르칸트에서 발흐로, 그리고 나서는 탁실라와 인도로 이어지는 길들을 따라 이러한 교류가 이루어졌다고 생각할 수도 있다.[269] 'caravaneer'(대상단의 수장)라는 단어의 전파 과정에서 포착할 수 있는, 중간에 끼인 박트리아어는 이러한 관점에서 이해할 수 있다. 반대로 히사르산맥 북쪽에 있는[270] 소그디아나에서 쿠샨 동전이 거의 발견되지 않는다고 해서 이것이 소그디아나에 강력한 외세가 존재했음을 변론하는 것도 아니다.

인더스강의 소그드어 비문들은 사산 제국의 공격에 직면한 쿠샨 제국이 중앙아시아에서 소멸하고 수십 년이 지난 후에 등장한 것 같다. 박트리아어 비문이 거의 부재한 이유도 아마 소그드인들이 사산 제국의 지배를 피하기 위해 가장 동쪽의 산길을 택할 수밖에 없었던 사산 제국의 정복과 관계가 있을 것이다. 그사이 박트리아인들은 교역의 방향을 메르브로 바꾸었다. 그런 상황 속에서도 소그드의 교역은 2세기 동안 이 일대에서 계속되었다.

---

269 이러한 점과 관련해 소그드어와 카로슈티어 문자 둘 다 새겨진 쿠샨-사산 왕조 시대(3~4세기)의 인장(印章)이 박트리아의 드지가-테페(Džiga-tépé) 유적지에서 발견되었다. 이것은 젊은 남자 또는 여자를 묘사하고 있는데, 두 가지로 해석되는 카로슈티-소그드어 제명인 "대공 Vadanaśa"(Vadanaśa rayasa, w'δ', 이때 소그드어는 휴지[休止]로 끊어진다)가 쓰여 있다. Kruglikova, 1984, p. 146.

270 Zeimal', 1983, p. 249. 소그디아나의 남쪽 국경은 쿠샨 제국 때 북쪽으로 후퇴한 것 같다. 알렉산드로스 대왕을 연구하는 역사가들은 박트리아와의 국경을 아무다리야강에 위치시켰지만, 쿠샨 제국 시대의 시작과 함께 박트리아가 히사르산맥의 남쪽 우안을 지배했다는 점은 꾸준히 언급되어 왔다.

3. 부(副)지부?

코스마스 인디코플레우스테스의 증거

비잔티움 시대의 글인 『코스마스 인디코플레우스테스의 그리스도교 지형학(地形學)』(Christian Topography of Cosmas Indicopleustes)은 다음 시기인 6세기에 대규모로 발전한 인도 교역에 대한 분석을 가능하게 해 준다. 은퇴 이후 시나이(Sinai)의 한 수도원에서 지낸 알렉산드리아의 향료 무역상 코스마스[271]는 547~550년에 『코스마스 인디코플레우스테스의 그리스도교 지형학』을 썼다. 그는 인도양을 항해한 적은 없었지만 인도양 교역에 대해 정확히 알고 있었다.[272] 마르 아바(Mar Aba)[273]의 네스토리우스교도 제자였던 그는 니시비스 학교(school of Nisibis)의 페르시아 그리스도교 무리와 가깝게 지냈다.[274] 상당히 다른 목적을 가지고 있었던 그의 저작은 6세기 전반기에 인도양을 가로지르던 값비싼 상품의 흐름에 대한 종합적인 그림에 근접한 정보를 제공한다. 이러한 유통 상품 가운데 코스마스는 흥미로운 검토 대상일지도 모르는 비단을 언급하는데, 그가 언급한 상품들은 대개 해상 무역의 성격을 띠는

---

[271] (옮긴이) 6세기 알렉산드리아에서 활동한 이집트의 상인, 여행가, 신학자, 지리학자이다. 네스토리우스교파 그리스도교였던 것으로 보이는 그는 에티오피아와 아시아 간의 무역에 참여했다. 이후 수도사가 되어 여러 편의 지리서를 썼는데, 『코스마스 인디코플레우스테스의 그리스도교 지형학』에는 비잔티움 무역에 대한 중요한 정보가 담겨 있다.

[272] 코스마스에 대해서는 Pigulevskaja, 1951, pp. 129~56 참조. 또한 코스마스의 인도양 항해에 대해서는 *Christian Topography*, III, 65 참조.

[273] (옮긴이) 540년 사산 왕조 당시, 동방 교회의 총대주교였다. 페르시아 교회와 알렉산드리아 교회의 교류에 중요한 기여를 한 그는, 지구가 평평하다고 주장했다. 이를 토대로 코스마스 역시 『코스마스 인디코플레우스테스의 그리스도교 지형학』에서 지구가 평평하다고 했다.

[274] *Topographie Chrétienne*, vol. I: W. Wolska-Conus의 서문, pp. 39ff.

반면, 비단은 육상 무역에서도 거론되기 때문이다. 따라서 비단은 육로와 해상 장거리 교역의 흐름을 제각기 평가하는 잣대로 사용될 수 있다. 그렇기에 코스마스의 글은 분명 우리의 이해를 돕는다. 비단의 상업적 중요성은 값비싼 다른 상품이 많아졌어도 결코 감소하지 않았다.

> 하찮은 교역 수익을 위해 비단을 구하고자 세상 저 끝까지 가는 것도 주저하지 않는데, 하물며 낙원 그 자체의 풍광을 얻을 수 있는 곳에 어찌 가기를 망설이겠는가?[275]

비단은 다른 두 구절에서도 언급된다. 제2권에서 코스마스는 아시아에서 거리를 결정하는 맥락에 대해 다음과 같이 기술한다.

> 문제의 나라가 상당히 왼쪽으로 치우쳐 있기 때문에 육로를 통해 한 나라에서 다른 나라로 지나가는 많은 양의 비단이 상대적으로 짧은 시간에 페르시아에 도달한다. 반면, 바다로 페르시아에 이르는 길은 대단히 멀다. 페르시아만(灣)에서 페르시아까지는 상당히 먼 거리이기 때문에 치니차(Tzinitza, 중국)[276]로 향하는 사람은 페르시아만 입구에서 인도양까지, 그리고 인도양 전폭을 가로질러 상당한 거리를 항해한 이후에 타프로바네(Taprobanê)[277]에서 동쪽으로 멀리, 더 멀리 가야 한다. 따라서 육로로 치니차에서 페르시아로 오는 이는 여정의 길이를 상당 부분 줄이게 된다. 이것이 항상 페르시아에서 많은 양의 비단이 발견되는 이유이다.[278]

---

275 *Topographie Chrétienne*, II, 45, McCrindle의 번역, p. 137, 더 나은 판본에 기초한 Wolska-Conus', vol. I, p. 352.
276 (옮긴이) 중국을 가르키는 다양한 이름 중 코스마스가 지칭한 이름이다.
277 (옮긴이) 고대 그리스인들에게 알려진 인도양의 스리랑카 이름이다.
278 *Topographie Chrétienne*, II, 46, McCrindle의 번역, p. 138, Wolska-Conus', vol. I,

뒤에 나오는 실론에 대한 묘사에서 코스마스는 이 섬과의 교역 관계를 상품별로 설명하면서 다음과 같이 쓴다.

> 그리고 가장 먼 나라들에서, 즉 치니차(중국)나 다른 교역지에서 비단, 알로에, 정향, 백단유(白檀油) 등의 상품을 받은 후에 다시 후추가 자라는 말레(Malé) 같은 이쪽의 매매 시장이나 구리, 참나무, 옷을 만드는 데 필요한 천을 수출하는 칼리아나(Calliana)로 상품을 건넨다. 왜냐하면 이곳이 큰 영업 장소이기 때문이다. 또한 사향과 피마자, 안드로스타키스(androstachys)를 조달할 수 있는 신드(Sind)나 페르시아, 호메로스의 나라, 그리고 아둘레(Adulé)로도 보내진다.[279]

코스마스는 비단이 거래되는 두 노선, 즉 중앙아시아의 카라반 노선과 실론을 경유하는 해상로를 아주 정확하게 구분한다. 그리고 무엇보다 코스마스는 경로 간의 위계 관계를 상정한다. 비단에 관한 한 중앙아시아의 대상 노선이 주요 경로였다. 페르시아인들은 비단을 별개의 두 장소에서 구했다. 즉 중앙아시아인들이 그들에게 구해 주거나 그들이 구입하러 실론에 가거나 했다. 북서 인도와 박트리아의 상인들은 더 이상 먼 원산지의 비단을 자신들의 대항구에 정확하게 공급할 수 없었다. 왜냐하면 신드(Sind)는 비단을 박트라가 아니라 실론에서 구했기 때문이다.[280]

소그드 교역에 대한 이러한 정보는 매우 중요하다. 고대에는 — 박트

---

pp. 352~54.

[279] *Topographie Chrétienne*, XI, 15, McCrindle의 번역, p. 366, Wolska-Conus', vol. III, pp. 344~46.

[280] 다른 한편으로는 인도 상품에 대한 교역이 계속되었다. 인도 서부 해안 항구의 후배지는 상당수의 상품을 위해 없어서는 안 되었는데, 이들 후배지는 히말라야까지 뻗어 있었다. 이는 XI, 5-6, pp. 322~24에서 언급된 야크와 사향을 얻을 수 있는 동물뿐만 아니라 신드에서 수출되는 사향에 의해서도 입증된다.

리아와 북인도를 통과한 다음에 해로로 가는—단 하나밖에 없던 길이 뚜렷이 다른 두 노선으로 나뉘었는데, 그 가운데 하나가 소그드인들이 장악하고 있던 가장 중요한 비단 교역 노선이었다. 그러므로 주요 노선은 더 이상 파미르고원이나 박트라를 통과하는 남쪽으로 향하지 않았으며, 인도와 파르티아, 박트리아 상인들의 후손들도 자신들의 영토를 거쳐 지나가는 통행량의 주요 부분을 차지할 만큼 충분한 숫자가 중국에 가지 않았다. 이렇게 코스마스의 글은 이들 상인이 중국 자료에 부재하고 4세기 위기 이후 대체된 사실을 전적으로 뒷받침한다. 적어도 6세기 전반기부터는 중앙아시아를 거쳐 육로로 중국에서 운반되는 상품을 소그드인들이 장악했음을,[281] 그리고 파미르고원과 인더스강 산길 위로 지나가는 중국과 인도 사이의 옛 노선이 상대적으로 쇠락했음을 이야기해도 무방할 것이다.

쇠락?

인더스강 상류의 소그드어 명문 가운데 가장 최근에 만들어진 것으로 보이는 명문의 작성 시기로 앞에서 제시된 날짜는 5세기 후반과 6세기 초 인더스강 상류에서 남쪽으로 이어지는 노선에 자연 발생적으로 조성된 출구에 자리 잡은 간다라의 쇠락기로 관례적으로 지목하는 연대에 꽤 잘 부합하는 듯하다. 반면, 이 쇠락기를 새롭게 6세기 중반으로 상정한다면, 이러한 연대기적 유사성은 설정할 수 없을 것이다.[282] 더욱이 인더스강 상류의 인도어 명문들은 7세기 중반까지도 계속 쓰인다. 에프탈 제국(Hephtal)[283]이 인더스강 유역과 접한 노선들 바로 위에

---

[281] 이는 사실 우세의 문제이지, 독점의 문제는 아니다. 예를 들어 우리는 투하리스탄(Tukharistan) 상인들에 의해 유리가 중국으로 소개되었음을 알고 있다. Enoki, 1969, pp. 1, 3 참조.
[282] Kuwayama, 1987, pp. 718ff.; Kuwayama, 1989, pp. 90~97.

위치한 소그디아나 남쪽까지 팽창한 상황은 왜 샤티알에서 소그드어 명문이 사라졌는지를 아주 잘 해명해 준다.

아무리 그렇더라도 이들 소그드어 명문이 사라진 사실이 소그디아나와 인도 사이의 교류가 종식되었음을 의미하지는 않는다. 정반대로 6세기의 소그드 예술은 인도 도상학의 마지막 큰 물결의 영향을 받았다.[284] 동시에 메르브의 불교 공동체도 자체적으로 카슈미르와 접촉하고 있었다.[285] 인더스강 노선은 인도에서 소그디아나로 갈 수 있는 유일한 길이 결코 아니었다. 오히려 그것은 인도와 소그디아나, 중국 사이의 삼각무역에 특화된 우회로였다.

좀 더 서쪽에 위치한 바미얀(Bamiyan)[286]은 주로 힌두쿠시를 건너는 이들의 경유지로, 6세기에 빠르게 발전했다. 7세기 중엽 중국인 순례자 현장(玄奘, 602?~664)[287]은 인도에 가기 위해 중앙아시아 전역을 가로지른 이후, 절벽에 새겨진 두 개의 커다란 불상을 묘사했다.[288] 그는 불교와 상업이 그곳에서 담당한 중요한 역할을 지적했는데, 상인들이 신

---

283 (옮긴이) 5세기 중엽부터 약 100년 동안 중앙아시아 및 아프가니스탄을 중심으로 투르키스탄과 서북 인도에 세력을 떨친 이란계 유목 민족으로, 중국 문헌에서는 엽달(嚈噠), 읍달(悒怛), 활(滑), 인도 문헌에서는 후나(Huna)족으로 등장한다.

284 Maršak, 1981; Azarpay, 1981, p. 140. 하지만 이러한 영향은 다른 노선을 따라 더 서쪽으로 이동했을 수도 있다(Kuwayama, 1987, p. 724 참조). 소그드 예술가들이 7세기의 『비슈누다르모타라』(Viṣṇudharmottara) 같은 인도 대가의 글을 알고 있었다고 여기게 된 회화 기법의 사용(p. 31)에 대해서는 Lapierre, 1990, p. 34 참조.

285 Callieri, 1996.

286 (옮긴이) 아프가니스탄의 카불 북서부 힌두쿠시산맥의 소분지에 있으며, 3~5세기에 만들어진 높이 53미터의 석불과 35미터의 벽화로 유명하다. 2001년 무장단체 탈레반에 의해 석불이 파괴되었다.

287 (옮긴이) 당나라의 승려로, 또 다른 별칭인 '삼장법사'(三藏法師)로 잘 알려져 있다. 인도 전역을 유람하면서 불교 공부에 몰두했으며, 645년 장안(長安)에 도착해서는 태종의 후원 아래 불경 번역 작업에 매진했다. 신라의 승려로 국제적인 명성을 얻은 원측(圓測)이 그의 제자이며, 12권으로 된 인도 여행기 『대당서역기』(大唐西域記)를 남겼다.

288 이 위대한 순례에 대해서는 *Xuanzangs Leben und Werk*, 1992~96 참조.

도들의 압도적인 일부를 형성했던 것 같다.

장사를 위해 오가는 상인들은 길조와 흉조를 찾아 천신(天神)에게 문의하고 그들로부터 호의와 보호를 구하기 위해 기도하는 습성이 있다.[289]

7세기 초 인도와의 접촉은 아마도 소그드인이 많이 포함되었을 이들 상인에 의해, 그리고 메르브와 박트라 출신의 상인들에 의해서도 유지되었을 것이다. 그런데 그들은 이전 시기만큼 여전히 중요했을까? 인더스강 상류의 명문들 외에는 중세 초 소그디아나와 인도 사이의 상업적 교류에 대한 일군의 자료는 상당히 제한적이다.

6세기 이후에는 아모가바즈라(Amoghavajra)[290]의 중국어 전기인 불경을 인용할 수 있는데, 이에 따르면 그의 어머니는 소그드 가문(康) 출신이었고 아버지는 북인도 출신이었다.[291] 705년 실론에서 태어난 아모가바즈라는 중국으로 인도 후기 밀교를 소개했다. 아주 어릴 때 친삼촌과 함께 남쪽 바다를 항해한 적이 있었던 것으로 보아 그의 가문은 아마도 상인 출신이었을 것으로 짐작된다. 또 다른 증거는 훨씬 이후의 것으로 유명하다. 돈황에서 발견된 8, 9세기의 티베트 문서 『호탄불교사』(于寶佛教史, Li-yul-chos-kyi-lo-rgyus)에 실린 한 일화는 호탄(Li)에게 헌정된 것으로, 인도로 가는 길에 산중에서 길을 잃은 500명의 소그드(Sog-dag) 상인들을 소개한다.[292] 이 이야기는 불교 훈화(exempla)

---

289 玄奘, 『大唐西域記』, 中華書局, pp. 13~14. 다음 인용문은 물론이거니와 이 번역문도 트롬베의 검토를 받았으며, 이에 매우 감사하는 바이다.

290 (옮긴이) 중국식 이름은 불공(不空, 705~774)이다. 실론(일설에는 북인도)에서 태어나 인도와 당나라에서 주로 활동한 불교 승려이자 밀교(密教)의 제6대조이기도 하다. 『금강정경』(金剛頂經)을 비롯해 수많은 경전을 번역해 후대에 4대 번역가의 한 사람으로 평가받았다. 신라의 고승 혜초(慧超)도 그의 제자이다.

291 이 설명에 대해서는 Grenet, 1996a, pp. 67ff. 참조.

의 종교 장르에 속하는 것으로 역사와 관련되어 있지는 않다. 티베트인들에게 소그드인들은 여전히 인도에 이르는 인더스강 상류의 산길을 다니는 상인의 전형으로 여겨졌다. 그럼에도 불구하고 이 일화를 더 오래된 불교 자료에서 가져왔을 가능성도 있다. 마지막으로 신라 스님 혜초(慧超, 704~787)[293]가 726년 간다라를 거쳐 여행하면서—안타깝게도 매우 훼손된 한 구절에서—당시에 소그드인이었고 그곳에서 매우 성공한 중국 출신의 호인(漢地興胡, han di xing hu)에 대해 언급했다.[294]

이 교역에 대한 물리적인 흔적은 거의 남아 있지 않다. 아마도 일본 나라(奈良)에 보존된 두 조각의 백단유에 새겨진 소그드어 명문만이 해상 무역에 소그드인들이 계속 참여했음을 보여 주는 듯하다.[295] 다른 증거는 좀 모호하다. 중국 해안에서 소그드인들이 소유했던 물건들이 발견되었지만, 과연 물건의 주인들이 바다로 그곳까지 여행했는지를 연역적으로 확인할 수는 없다.[296] 게다가 7세기까지 거슬러 올라가

---

[292] 이 글은 Thomas, 1935, I, pp. 319~20에 번역되어 있다.

[293] (옮긴이) 신라 성덕왕 22년 당나라 광동(廣東)에서 인도 승려 금강지(金剛智)의 제자가 되었으며, 그의 권유로 인도 순례를 결심해 이후 바닷길로 동남아시아를 경유해 인도에 닿았다. 인도 순례 이후에는 중앙아시아와 페르시아 지역까지 거쳐 귀로에 올랐다. 그가 남긴 인도 기행문인 『왕오천축국전』(往五天竺國傳)이 1908년 프랑스의 동양학자 폴 펠리오(Paul Pelliot)에 의해 돈황 막고굴에서 발견되어 동서 문명 교류사의 중요 사료로 평가받고 있다.

[294] Yoshida, 1993b(N. Sims-Williams, *Sogdian and Other Iranian Inscriptions of the Upper Indus*, I에 대한 서평) 참조. 혜초에게 '호'(胡)는 이란어를 말하는 모든 민족을 이르는 포괄적인 명칭이었지만, '흥호'(興胡, xing hu)는 당시 대부분이 이란어를 쓰는 소그드 상인들을 칭하기 위해 타림분지에서 좀 더 명확하게 쓰이던 이름이다. 이는 그들이 중국에서 왔다는 사실에 완벽히 부응한다. 8세기 타림분지에서의 소그드인들의 역할에 대해서는 이 책 제5장 참조. Fuchs, 1938, p. 445에서 'yu(興)'는 'xing(興)'으로 수정되어야 한다.

[295] Yoshida, 1993b.

[296] 주목할 만한 사례에는 부하라 원주민이라고 생각되는, 중국 남부 계림(桂林)의 한 네스토리우스교도 비문뿐만 아니라 광동(廣東) 인근에서 발견된 차츠 출신의 소그드인 이름이 새겨진 은제 꽃병도 포함된다. Yoshida, 1993b에 인용된 예들이다.

는, 붓다의 숭배자들을 재현한—그들의 체형적 특성과 '프리기아' 모자는 그 지역에서는 낯설지만, 중국인들이 묘사한 소그드인들의 모습에는 매우 가깝다. 이는 소그디아나 출신의 상인들을 그린 것으로 보인다—시암(Siam)만(灣) 일대의 테라코타 부조에 대한 보고서도 발간되었다.[297] 그들이 사산 왕조의 상인들을 나타내는 것 같지는 않다. 소그드인들이 좋은 후보이기는 하지만, 이들은 어쩌면 좀 더 일반적으로 이란 동부에서 온 여행자들일지도 모른다. 따라서 확정적으로 말하기는 어렵다.

의정(義淨, 635~713)[298]은 695년 『대당서역구법고승전』(大唐西域求法高僧傳)을 쓰면서 7세기 후반 인도에 소그드인 불교 승려들이 존재했음을 언급했다. 하지만 그 증거는 양면적이다. 왜냐하면 이들은 중국에서 불교로 개종한 중국 노선에서 활동한 옛 상인들이었으며, 개종 이후에야 인도로 온 이들이기 때문이다.[299]

이러한 조사 결과는 대단하지 않은 듯 보인다. 왜냐하면 4~5세기에 인도의 험악한 산길을 넘나드는 소그드인들이 예전보다 많아졌지만 좀 더 장기적으로는 5세기 이후 증거들의 산발적인 성격으로 인해 새로이 전개된 사건 국면을 거의 감지할 수 없을뿐더러 인도의 소그드 상인들이 다른 많은 상인 가운데 한 무리에 지나지 않았을 수도 있기 때문이다. 특히 누군가는 소그드 상인들이 결코 세속적인 글—『카슈미르 왕들의 연대기』(*Chronicle of the Kings of Kaśmīr*)[300] 등 길드 또는 상인들의

---

297 Grenet, 1996a, pp. 69~73. 태국의 치장 벽토에 대해서는 Chowdhury, 1996, p. 99도 참조.
298 (옮긴이) 당나라 때의 고승으로 법현(法顯)과 현장의 행적을 흠모해 인도를 순례한 후에 산스크리트어로 된 불경 등을 얻어 695년 귀국, 불경 번역에 전념했다. 측천무후(則天武后)로부터 삼장(三藏)의 호를 하사받았으며, 그가 남긴 『남해기귀내법전』(南海寄歸內法傳)과 『대당서역구법고승전』은 당시의 인도 및 동남아시아를 상세히 묘사해 귀중한 사료로 평가받고 있다.
299 義淨, 『大唐西域求法高僧傳』(trans. Chavannes, 1894, pp. 37~38, 73~76).

헌정사 — 에는 등장하지 않는다는 사실에 주목했을 것이다. 6세기 이후에는 소그드 도상학에서 인도의 영향력이 지역적 모델에 밀려 쇠퇴한 듯 보인다.[301] 아마도 우리는 이와 같은 활력의 상대적인 소멸 — 적어도 이것이 자료 부족과 전적으로 관련되어 있는 것이 아니라면 — 을 현장이 증거를 제시한 6, 7세기 인도 북부의 경제적 후퇴 현상으로 이해해야 할 것이다. 하지만 이러한 쇠락은 그 자체로 이론의 여지가 있다.[302] 또 다른 상업 세력인 이란의 사산 왕조 상인들이 인도와 남쪽 바다에서 자신들의 존재를 과시했다. 즉 이 일대에서 페르시아 교역의 성장과 관련해 소그드 상인들은 부진할 수밖에 없었다.

고대에 소그드 교역은 기원후 2세기 쿠샨 제국의 신민이었던 인도인들과 박트리아인들이 수행했던 당대의 대교역에서 상대적으로 주변적인 요소였던 것 같다. 대체로 불교를 숭배하고 도시적이면서 상업적이었던 쿠샨 문화가 간다라와 남부 타림분지 도시의 지배적인 양식을 형성했으며, 소그드 상인들은 그들의 어휘와 문헌 자료들이 보여 주듯이 그 문화에 동화되었음이 틀림없다. 그들은 탁실라에서 누란에 이르는 일대에서 간다라 혹은 박트라 출신 상인들의 제자 또는 견습생이 되었고, 당시 극동 지역에서의 불교 확산에 큰 역할을 담당했다. 쿠샨 제국 전성기 이후에는 — 멀지 않아 이 사업을 인수하는 — 소그드인들이 인도인들과 함께 호탄에서 중국의 수도로 이어지는 노선을 확고하게 구축했다. 3세기에 그들의 공동체들은 하서회랑 전역에서 큰 영향력을 행사했다. 『고대 편지들』과 길기트 명문들, 불교 승려들의 전기들은 서

---

300 그럼에도 불구하고 몇몇 상인이 언급된다. 아우렐 스타인(Aurel Stein)의 번역문, 특히 라우히타카(Rauhītaka)라는 나라에서 온 노나(Noṇa)라는 이름의 상인을 언급한 IV. 11 참조. 투하리스탄의 주민들도 본문(IV, 246)에 소환된다.
301 Maršak, 1981.
302 특히 Chattopadhyaya, 1994의 논문 참조. 또한 Deyell, 1990도 참조.

로를 뒷받침하면서 쿠샨 제국의 지배 아래 구축된 첫 네트워크의 활력을 보여 준다. 4세기의 침략 덕분에 제자들은 스승을 능가할 수 있었다.

제2부

상업 제국

(350~750년)

도입

소그드 교역의 절정기는 6세기 초부터 8세기 중반까지 대략 2세기 반 동안 지속되었다. 이는 거의 알려진 바 없지만 중앙아시아의 정치적·경제적 풍경을 —특히 소그드인과 그 상인들에게 도움이 되는 쪽으로— 엄청나게 변화시킨, 한 세기 반 동안 지속된 고난과 유목민 침략의 시기에 이어 찾아왔다. 6세기 초 에프탈 제국에 소그디아나가 포함되면서부터, 그리고 무엇보다도 6세기 중반 첫 튀르크 제국에 의해 중앙아시아 전역이 정복되고 100년 후에는 중국 군대가 진출하면서 대대적인 육상 교역로에 대한 소그드 상인들의 우위가 명확해졌다. 사마르칸트에서 사천성(四川省)과 몽골까지 곳곳에 소그드인의 활동 무대가 많았기에 유용한 정보도 다른 어떤 시기보다 광범위하다.

우리는 투르판의 관세 전표와 중국어 및 소그드어로 쓰인 판매 계약서 같은 사업 문서를 가지고 있다. 따라서 다양한 정보가 서로를 어떻게 공명하는지 보여 주면서 수렴 지점을 지목하고, 동시에 소그드인들이 여행했던 각각의 지역을 묘사하는 지역 정보를 사용할 필요가 있다. 즉 역사에서 소그드 교역의 활력과 운치를 앗아갈 수도 있는 지나치게 동떨어진 설명 속에서 길을 잃지 않으면서 그 교역 구조를 비롯한 공통적 특징을 규명할 필요가 있다. 그러므로 소그드 교역 구조에 초점을 맞춘 장(章)을 서술하기 위해 모아둔 정보를 사용하기에 앞서 동쪽에 자리 잡은 대규모 소그드 상업 지역 각각을 우선 상세히 다루고자 한다.

제4장
교역의 주요 중심지, 소그디아나

　국제적 규모의 소그드 교역은 우선 지리적 범위의 관점에서 접근할 수 있는데, 아시아에서는 우세 지역과 약세 지역을 구분하는 것이 가능하다. 이를 위해 필요한 문헌은 소그디아나가 아니라 오히려 주변 민족들, 그 가운데에서도 주로 중국에서, 그리고 서쪽으로 더 멀리에 위치한 비잔티움에서도 찾아야 한다. 비옥하기는 하지만 종이나 양피지를 훼손하는 산성 황토로 이루어진 소그드의 토양이 이러한 결함의 주요 원인이다. 문서만을 이용해 소그디아나의 교역사를 쓰려는 시도는 불가능할 것이다. 고고학과 정치사가 우리가 놓친 소그디아나 교역사에 보편적인 경제적 뼈대를 제공한다. 4세기의 단절 이후에도 교역사는 놀라운 방식으로 계속되었다. 그리고 이 사실이 중요하다. 6세기에서 8세기까지 아시아 노선에서 소그드 상인들이 행한 압도적인 역할을 보여 주는 사건들이 소그디아나에서 발생했던 것이다.

1. 대대적인 침략

연대기적 문제들(350~450년)

4세기 후반부터 6세기 중반에 걸쳐 튀르크 제국이 처음 세워질 때까지 중앙아시아의 정치사는 알려진 바가 거의 없다. 개별적이나 확증적인 여러 문서가 4세기 후반에 동쪽 침략자들의 물결이 중앙아시아에 도달했음을 보여 준다. 『위서』(魏書)의 한 구절은 중앙아시아에 유목민 무리, 특히 360년경에 에프탈인들의 선조가 도달했음을 언급한다.

> 엽달국(嚈噠國), 대월지와 관계된 민족. 그들은 고차족(高車族)[1]의 또 다른 변종 집단이라고도 알려져 있다. 원래 그들은 북쪽 변방[塞北]에서 왔다. 남쪽을 향해 알타이를 떠난 그들은 호탄 서쪽에 정착했다. 그들의 수도는 장안에서는 1,100리(里), 옥수스강 남쪽으로는 200리 넘게 떨어진 곳에 있다.[2]

(대체로 보존되어 온) 『위서』의 원문을 따르는 『통전』(通典)은 알타이를 떠난 것이 후위(後魏, 452~465)의 문성제(文成帝)가 재위하기 전인 80~90년 사이였다고 덧붙인다.[3]

부분적으로나마 자신들의 대적(大敵), 즉 이란의 사산 제국의 군사적·외교적 상황을 묘사한 비잔티움 작가들의 글은 중앙아시아의 훈족

---

1 (옮긴이) 정령(丁零) 또는 철륵(鐵勒)이라고도 하며, 예니세이강 상류에 존재하던 북아시아의 민족이다. 5세기 초엽에 고차는 유연(柔然)의 지배 아래 있었는데, 5세기 말에 유연이 돌궐(突厥)에 멸망하자 돌궐에 속했다가 서쪽으로 이동해 고차국(高車國)을 세웠을 것으로 추정된다.

2 『魏書』 卷 102, 西域傳, 嚈噠國, pp. 2278~79.

3 『通典』 卷 193, 邊防 9, 西戎 5, 嚈噠, p. 1040.

이 도래한 시기를 350년경으로 추정케 한다. 사실상 암미아누스 마르켈리누스(Ammianus Marcellinus, 330?~395)[4]가 처음으로 자신의 이야기에 페르시아의 동쪽 적(敵)인 키온족(Chionites)에 대해 언급한 것도 바로 이때이다.[5] 'Huns'을 'Chion'으로 변형한 '-i-'라는 문자의 첨가는 아마도 이란 경전 『아베스타』(Avesta)[6]에서 발견되는 'Chions'에 훈족을 일치시킨 것과 관련성이 있어 보인다. 같은 방식으로 서양에서는 몽골 시기 타타르족(Tatars)의 이름을 그들이 왔을 법한 지하세계의 강에 동화시켜 타르타르족(Tartars)으로 변형했다. 훈족과 키온족의 정체성은 인도와 이란에서 발견되는 침략 민족에 관한 유사한 목록에 의해서도 확증된다. 인도인들은 그곳에 '하얀 훈족'과 '빨간 훈족'으로 썼고 페르시아인들은 '백(白) 키온'과 '적(赤) 키온'으로 표기했다.[7]

356년 샤푸르 2세(Shāpūr II)[8]는 동쪽에서 키온족과 맞서 싸웠으며,[9] 그 후에는 그들과 동맹을 체결했다.[10] 359년 키온족의 왕 그룸바테스(Grumbates)는 샤푸르 2세의 편에서 아미다[Amida, 디야르바크르Diyarbakr][11] 포위에 참여했고[12] 361년 무렵에는 이웃 도시인 에데

---

4 (옮긴이) 안티오크 출신의 고대 로마 역사가로, 로마 후기 시대의 역사 서술 기법을 채택해 훈족과 같은 민족학적 일화도 자주 소개했으며, 의식적으로 타키투스의 필체를 모방했다.

5 Ammianus Marcellinus, 1968, XVI, 3, 1, p. 67. 그는 356년 사건에 대한 묘사에서 그들의 이름만 제시한다.

6 (옮긴이) 조로아스터교의 경전으로 우주의 창조, 법, 전례, 예언자 조로아스터(자라투스트라)의 가르침이 기록되어 있다.

7 Grenet, 1996b, p. 388, n. 57.

8 (옮긴이) 사산 왕조 제10대 샤한샤(왕 중의 왕)로, 왕조의 기나긴 침체를 종식시키고 로마 제국으로부터 빼앗긴 영토를 되찾는 등 번영을 구가한 명군(名君)이다. 사후에 사산 왕조 샤한샤의 모범으로 각인되었으며, 역대 샤한샤들은 그의 후손임을 내세워 입지를 다지고자 했다.

9 Ammianus Marcellinus, XVI, 9, 3-4, pp. 163~64. Marquart, 1901, p. 36, n. 5 참조.

10 Ammianus Marcellinus, XVII, 5, 1, p. 52.

사(Edessa)에 맞서 훈족이 파병되었다.¹³ 아르메니아 자료들은 이어서 368년과 샤푸르 2세의 사망(379) 사이에 사산 왕조가 발흐를 통치하던 "쿠샨의 왕에 의해" 여러 차례 동쪽에서 약탈당했음을 보여 준다.¹⁴ 30년 동안 수차례 번복된 동맹으로 특징지어지는 이 연대표는 동부 이란에서의 군사적 상황이 극단적으로 어려웠음을 언뜻 보여 준다. 따라서 소그디아나에서 벌어진 침략에는 샤푸르의 작전 기지로 사용되었던 메르브와 유목 생활을 하던 박트리아 사이에 위치한 남쪽 지역에서 장기적으로 지속된 전쟁 참화가 반드시 추가되어야 한다. 당시 메르브에서 출토된 몇몇 주화에는 'mnyst'n šḥyky', 즉 샤푸르 '왕의 처소'라는 제명이 새겨져 있는데, 이는 동부 전선에 왕이 체류했다는 그리스의 정보를 완벽하게 뒷받침해 준다.¹⁵

이후 중앙아시아에서의 상황을 명확히 보여 주는 문서는 아직 발견되지 않았다. 더 남쪽 지역의 문헌 자료들도 대략 375년에서 425년까지 반세기 동안 사산인들과 유목민들 사이에 있었음직한 전쟁에 대해 침묵한다. 402년 파미르고원을 넘었던 중국인 순례자 법현(法顯)¹⁶은 어떤 문제도 언급하지 않는데, 어쨌든 그는 동쪽으로 더 멀리까지 여행을

---

11 (옮긴이) 티그리스강 상류에 있는 튀르키예의 고대 도시로, 옛 이름이 '아미다'이다.
12 Ammianus Marcellinus, XIX, 1, 7, pp. 122ff.
13 Altheim, 1959, II, p. 38. 오토 J. 멘첸-헬펜(Otto J. Mänchen-Helfen)은 이 일화가 시대착오적이며(Mänchen-Helfen, 1973, p. 52, n. 169), 가능하기는 하나 결코 믿을 만하지 않다고 생각했다.
14 Faustus of Byzantium, V, vii and V, xxxvii(trans. Garsoïan, 1989, pp. 187~98, 217~18). 첫 번째 에피소드는 368년에 발생했으며, 두 번째 에피소드는 374~378년에 있던 일화이다(Marquart, 1901, p. 50 참조).
15 Gignoux, 1990, pp. 197~98; Loginov and Nikitin, 1993, p. 250 참조.
16 (옮긴이) 인도를 순례한 최초의 중국 승려로, 399년에 중국을 떠나 402년 인도에 도착해 중국과 인도 교류의 기반을 닦았다. 그가 남긴 여행기 『불국기』(佛國記, 『법현전』이라고도 함)는 기원후 수백 년 동안의 인도 불교사에 대한 귀중한 정보를 담고 있다.

했다.[17] 하지만 화폐 연구에 따르면, 메르브에서의 사산 왕조의 영향력은 유지되었다. 샤푸르 3세(383~388),[18] 바흐람 4세(Vahrām IV, 388~399),[19] 야즈드기르드 1세(Yazdgird I, 399~420)[20]의 동화(銅貨)들이 그곳에서 발견되었다.[21] 메르브가 424년 네스토리우스교[22]의 주교 관구로 승격한 사건은 아마도 침묵의 시기에 영예를 안겨주었을 것이다.[23]

반면, 여러 자료는 메르브 인근에서 또는 바흐람 5세(재위 420~438, 고전 페르시아 문헌에 등장하는 전설적인 인물인 바흐람 고르[Vahrām Ghor])[24] 재위 후반부에 그곳에서 시작된 중요한 전쟁들에 대해 증언한다. 바흐람 고르에 관한 이슬람의 아랍 문서 — 사산 왕조 후기의 서사 단편시(romance)에 의해 오염되었을 수도 있다 — 가 얼마나 역사적으로 정확한 내용을 전달하는지 확신할 수 없기 때문에 이 분야에서 가장 확실한 자료는 역시 고전학에서 얻을 수 있다. 엄청난 양의 드라크마가 바흐람 5세의 재위 후반에 메르브에서 주조되었는데,[25] 이는 당시

---

17 『法顯傳』(trans. Beal, republished 1983, pp. 28~30).

18 (옮긴이) 샤푸르 2세의 아들로, 사산 왕조 제12대 샤이다.

19 (옮긴이) 샤푸르 3세의 아들로, 사산 왕조 제13대 샤이다.

20 (옮긴이) 사산 왕조 제14대 샤로, 사산인들이 남긴 역사 기록에는 폭군으로 묘사되어 있지만, 비잔티움 제국의 역사가 프로코피우스(Procopius, 490?~?) 등의 기록에는 훌륭한 군주로 묘사되어 있다. 조로아스터교 사제들의 반대에도 불구하고 그리스도교를 후원했다.

21 Loginov and Nikitin, 1993, p. 271.

22 (옮긴이) 그리스도의 신성과 인성의 독립성을 강조해 그리스도의 두 본성은 결합된 2개의 인격이라고 주장했다. '동방의 교회' 또는 '페르시아 교회'가 대표적인 네스토리우스교파이다.

23 Dauvilliers, 1948, pp. 280~81; Colless, 1986, p. 52 참조. 리본으로 장식된 십자가가 당시 메르브 주화 한가운데에서 보이기 시작했다. 이것들과 사산 왕조 시대의 그리스도교 인장 위의 십자가 사이에 유사점을 발견한 Loginov and Nikitin, 1993, p. 272 참조.

24 (옮긴이) 사산 왕조 제17대 샤이다. 인도 공주와 결혼해 신드(Sind의 데발(Debal) 항구를 지참금으로 받았다.

사산 왕조의 국방 정책에서 이 도시가 수행했던 주요한 역할을 방증해 준다. 그들은 군대에 직접 보수를 지불하곤 했을지도 모른다. 이슬람의 아랍 문헌들은 메르브에 왕이 머물면서 활동한 이유로 동쪽 또는 북쪽에서 온 유목 세력으로 보아야 하는, 시대착오적인 인물인 '튀르크 카간'의 대대적인 공격을 지목한다.[26] 새로운 고난의 시기가 시작되고 있었다.

소그디아나의 고고학적 데이터들

4세기의 침략은 소그드 유적지에 연소층을 남기지 않았다. 실은 고고학이 이 시기로 추정되는 층위에 도달하지 못했을 뿐이고, 도달했다 하더라도 극히 제한적인 부분만 다루고 있다는 것이 맞을 것이다. 그러나 훈족의 도래가 야기했음이 틀림없는 혼란과 논리적으로 연계 가능한 새로운 양상이 보인다.

예를 들어 오아시스 접경 지역에 정착한 정주민들과 지역 유목민들의 오래된 동거가 완전히 사라진 듯 보인다. 오아시스 주변의 유목민 분묘는 사라졌지만 그들에게 서서히 받은 영향은 무덤에서 발견된 정주민들의 수많은 도자기가 입증해 준다.[27] 도자기 양식의 발달은 특히 도움이 되었다. 왜냐하면 계속해서 생산되던 토착 양식과 비슷하게 주조된 도자기가 이 시기에 해당하는 고고학적 층위, 특히 부하라 오아시스와 카슈카 다리야(Kashka Darya)에서 출토되었기 때문이다.[28] 이전 시기에 주조되었으나 보기 좋게 다듬어지지 않은 이 새로운 양식의 도자기는

---

25 Loginov and Nikitin, 1993, p. 272.
26 Ṭabarī, I, 863(trans. eng. vol. 5, p. 94); Masʿūdī(trans. Pellat, I, p. 229).
27 Marshak and Raspopova, 1990a, p. 181.
28 요컨대, Nasaf/Erkurgan: Sulejmanov, 2000, p. 61.

삼각주 — 제티-아사르(Džety-asar) 문화 — 쪽인지 중도(中道) — 카운치(Kaunči) 문화 — 쪽인지를 불문하고, 시르다리야 지역의 특성이었다. 마치 시르다리야에서 온 주민들이 훈족의 압박 때문에 소그디아나에 피난처를 구해야 했거나 또는 시달리던 주민들이 일부 버렸던 경작지로 돌아오면서 도자기도 가지고 왔던 것과 같다.[29] 반대로 제티-아사르의 경작지는 광범위하게 유기되었고 시르다리야의 중도에 있는 도시 칸카는 표면적이 처음의 1/3로 축소되었다.

지역 주민들과 합쳐진 북쪽에서 도래한 사람들은 사라지지 않았다.[30] 시르다리야를 따라 이어지는 빈약한 농업 지대로 인해 스텝 지대와 분리된 소그디아나는, 침략이 소그디아나 자체에 야기한 참화가 무엇이었든 간에, 남쪽으로 퇴거한 이들이 기여한 숙련 노동력 덕분에 큰 이득을 보았다.[31]

박트리아에서

남쪽의 상황은 좀 더 어려웠던 것 같다. 우리가 주목하는 시기에 대한 대규모의 발굴이 남부 박트리아에서 부재한 가운데 — 발흐에서는 단지 시추만 이루어졌을 뿐이다 — 유용한 정보도 그저 파편적 성격을 띤다. 하지만 중요한 지반 조사는 도자기를 근간으로 동부 박트리아 주

---

29 Burjakov, 1991, pp. 198~99. 북쪽 사람들의 침투는 수세기에 걸쳐 이루어졌을 수도 있다. 하지만 5세기 소그디아나에 사람들이 다시 살 수 있도록 만든 대규모의 유입도 입증 가능하다.
30 Burjakov, Askarov, 1997. 2세기에서 7세기까지의 분묘에 대해서는 Obel'čenko, 1992, pp. 90~98 참조.
31 이 두 문화는 농경-목축 문화였다(Grošev, 1985). Marshak and Raspopova, 1990a, p. 181은 적어도 새로운 도자기 양식의 일부가 실제로 시르다리야에서 왔다는 사실을 인정하면서도 산악 거주민들이 빈 공간을 메우기 위해 도래했을 수도 있다는 가설 역시 감안했다.

민의 다양성을 평가하려는 시도를 촉발했다.³² 게다가 박트리아 북부는 소비에트의 발굴 덕분에 상대적으로 잘 알려져 있다. 유용한 자료는 모두 4세기 후반에서 6세기까지 이 지역에서 급격한 쇠락이 있었다는 추론을 뒷받침한다. 유적지들이 보여 주는 발전은 키온족 침략 이전의 쿠샨-사산 왕조 시기, 즉 4세기 전반에 속한다.³³ 반대로 5세기는 전반적으로 도시 지역이 쇠퇴하는 시기였다. 예를 들어 바크쉬(Wakhsh) 계곡에서는 관개망(灌漑網)이 일부 버려졌다.³⁴ 전소층들이 쿤두즈(Kunduz)³⁵ 지역의 유적지 대부분에서 관찰된다.³⁶ 쿤두즈에서 남남동쪽으로 11킬로미터 떨어진 요새화한 마을인 차칼라크-테페(Chaqalaq-tépé)에서는 이중 성곽의 건설이 동시에 있었음에도 불구하고, (4세기 말과 5세기 전반에 해당하는) 중간층에서 3중의 전소층이 보인다.³⁷ 발흐의 테페 자르가란에서의 시추 결과는 두 개의 연속된 사산 왕조 층위를 분리하는, 중요한 메마른 토양층을 보여 준다.³⁸ 좀 더 서쪽에 위치한 딜베르진 테페와 엠시 테페 지역은 5세기 중반 이후 방치되었다. 테르메즈와 딜베르진 테페에서는 4~5세기의 옛 도시터에서 많은 기(基)의 묘지가 발굴되었으며,³⁹ 테르메즈(카라테페) 인근의 불교 승원은 샤푸르

---

32 Lyonnet, 1997; Gardin, 1998.
33 5세기 북부 박트리아가 도시 생활이 유지된 (예를 들어 테르메즈 인근의 특정 지역의 경우 논란의 여지가 없다) 발전한 지역이었다고 주장하는 소비에트 자료들은 거의 한 세기가량 수정되어야 한다. 지금은 폐기된 쿠샨 제국에 대한 사산 왕조의 정복 연대표에 근거하고 있기 때문이다. 정복은 소비에트 발굴자들이 취한 연대기적 기준 날짜보다 140년 전인 233년에 발생했다(논쟁과 늦은 연대표에 대한 해명은 Sedov, 1987, pp. 96~106 참조). 이러한 추론은 273~276년에 박트라에서 사산 왕조의 바흐람 1세가 주조한 화폐가 최근 발견되면서 확증되었다(Nikitin, 1999, pp. 259~63).
34 Litvinskij and Solov'ev, 1985, pp. 135~36.
35 (옮긴이) 아프가니스탄 북부에 위치해 있으며, 서쪽으로 발흐와 접해 있다.
36 Lyonnet, 1997, p. 283.
37 Miguchi and Kuwayama, 1970, p. 26.
38 Gardin, 1957, p. 95.

2세[40]의 군대에 약탈당한 이후 버려져 무덤들로 뒤덮였다.[41]

박트리아 동부에서 출토된 도자기에 관한 포괄적인 연구는 우리가 주목하는 시기에 전통적인 거주 지역들이 유기되었음을 보여 준다.[42] 발흐 지역의 지반 조사는 그곳에서 이루어졌던 몇몇 시추 결과를 전적으로 확인해 주는 듯 보이며,[43] 쿠샨-사산 왕조 시기와 이슬람 정복 시기 사이에 이 지역 주민들에게 여러 차례의 불화가 발생했음을 보여 준다.[44] 아무다리야강 중류 지역뿐만 아니라 박트라 평원도 동쪽 지역들이 겪었던 것보다 더 큰 쇠락을 경험했던 것 같다.[45] 아무다리야강 중류 지역에서 튀르크 시기에 인구가 매우 밀집되어 있던 지역들(탈로칸 평원과 쿤두즈 평원)은 거의 방치되었다.[46] 튀르크 시기가 완전히 무르익을 때까지 아무다리야강 북쪽 지류들의 아래 계곡은 사람들이 드문드문 거주했던 것 같다.[47]

생생한 묘사는 전체적으로 논박의 여지가 없지만 고고학적 발굴과 탐사 결과는 단서를 달아야 한다. 630년경 북에서 남으로 이 일대를 횡단했던 중국 순례자 현장은 불교의 강력한 영향력, 특히 3,000명의 수

---

39 Rtveladze, 1989, pp. 54, 63; Grenet, 1996b, p. 371 참조.
40 적어도 그곳에서 발견된 사산인들의 낙서를 샤푸르 재위기에 작성된 것으로 추정한다면 그렇다. 이 점에 대해서는 Lukonin, 1969 참조.
41 Rtveladze, 1989, p. 54. 수르한 다리야(Surkhan Darya) 계곡에 대해서는 Leriche et alii, 2001에 정리된 기고글과 참고문헌 참조.
42 Lyonnet, 1997, pp. 268~84. 또한 Gardin, 1998도 참조. 장-클로드 가르댕(Jean-Claude Gardin)의 연대표 범위는 상세한 편이 아닌데, 이는 5세기의 유기 상황을 모호하게 만든다.
43 Gardin, 1957, p. 95는 테페 자르가란(Tépé Zargaran)에 사산 왕조 두 시기 사이에 어떤 점령에 의해서도 훼손되지 않은 층위가 있다고 설명하고 있다.
44 Lyonnet, 1997, p. 279, n. 604 and p. 283.
45 Lyonnet, 1997, p. 276.
46 Lyonnet, 1997, p. 274.
47 Lyonnet, 1997, p. 279.

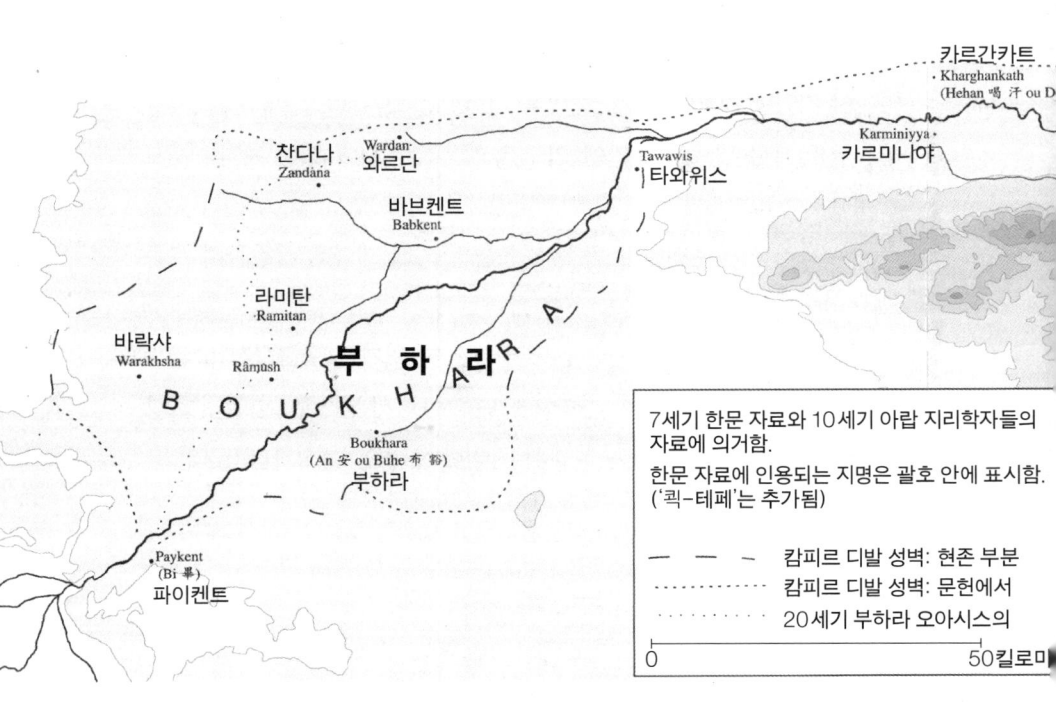

지도 5 자라프샨 계곡

도승 — 그들을 부양할 만큼 상당한 양의 지역 잉여 농산물이 있었음을 의미한다 — 이 있던 발흐에서의 불교의 존재감과 반쯤 버려진 도시에 대해 모두 묘사했다.

> 잘 요새화되었음에도 도시의 인구는 적다. 토양의 산물은 매우 다양하고 육지나 물 위에 핀 꽃들은 열거하기 힘들 정도이다. 그곳에는 대략 100개의 승원과 3,000명의 수도승이 있다.[48]

같은 문헌에서 '거주민이 매우 많은' 곳으로 묘사된 사마르칸트와는 대조를 이루고 있는 것이 분명하다. 박트리아에 대한 현장의 묘사를 주의 깊게 들여다보면 쇠퇴의 징후는 더 보인다. 전염병의 땅이었고 승원(僧院)의 장엄함도 지난 이야기일 뿐이었다. 발흐의 '새 승원'은 여러 차례 약탈당했고 그 지역 승려의 자질은 형편없었다.[49] 이러한 구절은 지역이 서서히 회복되어 가고 있음을 보여 준다. 발흐는 한참 후에야, 즉 이슬람 시기가 되어서야 다시 이 지역에서 주요 도시가 되었다. 643년부터 무슬림들이 그곳에 도래하기 시작했는데, 그들은 어떤 저항도 받지 않았다.[50] 우리가 다루고 있는 시기 내내 이 지역은 북쪽의 이웃인 소그디아나 — 이들은 아랍에 맞서 격렬하게 싸웠다 — 와 비교했을 때 상당한 쇠퇴기에 있었던 것 같다.

---

48 玄奘, 『大唐西域記』(trans. Beal, 1884, p. 44; 『大唐西域記』, 中華書局, p. 12, col. 4).
49 玄奘, 『大唐西域記』(trans. Beal, pp. 45~56).
50 Ṭabarī, I, 2683(trans. eng. vol. XIV, p. 54).

2. 5세기 소그드의 회복

소그디아나는 확실히 5세기와 6세기에 엄청난 농업적 팽창을 경험했다. 인구도 현격히 증가했다. 사마르칸트 남쪽에 위치한 유적지의 $\frac{3}{4}$ 이상이 이 시기의 것으로 추정되는데, 이들 가운데 상당수가 그 뒤에 버려졌다. 자라프샨 스텝 지대와 자라프샨 및 다르곰 운하 사이에 있는 131개의 인구 밀집 지역 가운데 115개가 이 시기에 조성되었는데, 그 가운데 52개만이 중세 말까지 남아 있었다.[51] 자라프샨 습지 계곡에서는 바로 이 시기에 사마르칸트 서쪽의 이슈티칸 지역에 100제곱킬로미터가 넘는 구역이 개발되어 사람들이 이주했다.[52] 상황은 카르시(Karshi) 오아시스(에르쿠르간, 예전의 나사프)에서도 비슷했다. 모든 시대의 460개 유적지 가운데 350개가 4~6세기 사이에 점령되었다.[53] 기원후 수백 년 동안 사막의 진격 이래 부하라 오아시스의 서쪽 주변부는 6세기 관개(灌漑)에 의해 22킬로미터 더 넓어졌다[지도 1 참조].[54]

농업 자산

소그디아나 전역에서 나온 일련의 지표들을 교차 점검해 얻은 이 일대 전반에 대한 이와 같은 성장 기록은 몇몇 특이점과 관련해서는 문제가 있다. 특히 오아시스 주변부에 있는 성벽이나 대운하 같은 큰 농업

---

51 신속한 조사 결과는 Burjakov and Askarov, 1997에서 찾아볼 수 있다. 이 연대표는 표층 도자기류를 근거로 만들어졌다.
52 Pugačenkova, 1983.
53 Sulejmanov, 2000, pp. 83~86.
54 사막의 경계가 오아시스 서쪽에 위치한 마을인 바락샤(Varaxša) 동쪽 12킬로미터에서 서쪽으로 10킬로미터 물러났다. Muxamedžanov, 1978, pp. 94~97 참조. 그는 Šiškin, 1963, pp. 19~31의 선구적인 연구에 기반해 자신의 작업을 했다.

시설 가운데 일부의 구축 시기를 확정하기란 매우 어렵다. 이러한 대대적인 공공 토목공사 — 이것의 효과는 무슬림 지리학자들에 의해 9, 10세기에 기록되었다 — 는 일반적으로 소그드 역사에서 두드러진 두 시기 — 아케메네스 왕조 이전 시기와 기원후 5, 6세기 — 덕분으로 여겨진다. 따라서 사마르칸트 지역의 주요 운하인 다르곰은 도시 건설 시기부터 적어도 초기 운하 규모의 일정 부분 이상이 존재했음이 틀림없다. 왜냐하면 그 지역의 지형이 도시로 물을 공급할 수 있는 다른 모든 수단을 배제하기 때문이다.[55] 하지만 이와 같은 지형적 기준이 결여된 다른 운하들은, 하다못해 논란의 여지가 없는 도자기류 연대표마저 부재한 가운데 연대 추정이 더욱 어렵다. 뚜렷한 인구 성장을 해결하기 위해 새로운 땅이 관개되고 새로운 운하가 굴착되었을 가능성은 있다.[56] 소그드 지방도 사막 모래의 접근을 막고 유목민의 침략에 맞서 싸우고자 기획된 거대한 성벽 건설로부터 혜택을 보았다.[57] 부하라 오아시스를 둘러싸고 있는, 그 둘레가 250킬로미터가 넘는 일대 거작인 대성벽은 5세기 말에 건설된 것으로 추정되지만,[58] 당시 지어진 유일한 성벽은 아니었다. 부하라에서 페르가나까지 소그디아나 북쪽을 가로질러 뻗어 있는 긴 장벽 또한 이 시기의 것으로 추정된다.[59]

150년 동안 소그디아나는 빈 공간이 없는 조밀한 세계였다. 따라서 그곳 주민들은 스텝 지대나 습지로부터 얻었거나 사막에서 탈환한 농지 정복에 나서야 했다. 이와 같이 절정에 이른 소그디아나의 농업은

---

55 Šiškina, 1987, p. 165.
56 Burjakov and Askarov, 1997, p. 73은 Barsh, Barmish, Bashmin의 연대를 인구 분포에 근거해 5세기로 추정한다.
57 Frye, 1965, pp. 10, 91.
58 Adylov, 1995는 장벽 주위 안팎에서 발견된 도자기류의 연대뿐만 아니라 건설 방식에 근거해 결론을 내렸다.
59 Shishkina, 1994, p. 93. 카타-쿠르간(Kata-kurgan)에서 드지자크(Džizak)까지의 구획 평면도는 Muzamedov, 1972, p. 133에서 찾을 수 있다.

도시를 희생하면서 이룩한 것이 아니었다. 왜냐하면 지방으로의 인구 이주를 포착할 수 없기 때문이다. 이와는 반대로 당시 소그디아나의 도시들은 상당한 성장기에 접어들고 있었다.

도시 팽창

도시 네트워크는 자라프샨 계곡에 신도시들 ─ 종종 옛 부지에 건설되었다 ─ 이 형성되면서 완전히 조정되었다. 부하라와 파이켄트, 판지켄트[60]는 히포다메이아(Hippodamian) 방식(직사각형의 성벽, 직각의 가로망) ─ 이러한 예들은 사산 왕조의 동부 이란에서도 발견된다 ─ 으로 빠르게 개발되었다.[61] 카르시 오아시스에서는 나사프(5세기 초에 의심할 여지 없이 소그디아나에서 가장 큰 도시이자 150헥타르에 이르는 면적을 가졌던, 에르쿠르간을 말한다.[62] 반면, 사마르칸트는 북쪽 일대로 축소되어 면적이 70헥타르로 줄어들었다)가 4세기부터 6세기까지 최고 전성기를 누렸다.[63] 6세기부터 시작되는 쇠락은 오아시스 내의 인구 재분배에 부합하는데, 다른 소그드 도시들의 성장에는 보상 이상의 것이 있었기 때문이다.

이러한 성장은 주로 사마르칸트의 사례에서 다루어졌지만 판지켄트의 경우는 한층 더 그러했다.[64] 5세기 중반 사마르칸트에서 동쪽으로

---

60 (옮긴이) 현재 타지키스탄 극서부의 소도시 가운데 한곳으로, 역사적으로 소그디아나의 영토였다. 훗날 이슬람 제국의 점령으로 이슬람화되었다.

61 Semënov, 1989; Grenet, 1996b.

62 Sulejmanov, 2000.

63 사마르칸트에 대해서는 네 권으로 구성된 *Afrasiab*, 1969~75 시리즈를 주로 참조. 우리는 최근의 프랑스-우즈베크 발굴 결과가 출판되기를 고대하고 있다.

64 중앙아시아 도시들에 대한 주요 참고문헌은 여전히 Belenickij, Bentovič and Bolšakov, 1973이다. 판지켄트(Panjikent)에 대해서는 특히 Belenickij, Maršak and Raspopova, 1981을, 나사프(Erkurgan)에 대해서는 Sulejmanov, 2000을, 판지켄트에서의 도시 생활의 발전에 대해서는 Raspopova, 1993 참조.

약 50킬로미터 떨어진 곳에 세워진 판지켄트는 빠르게 도시 구조물과 성벽들로 넘쳐났다.[65] 초기의 직사각형 설계에서 해방된 일련의 새로운 요새들이 교외 지역을 둘러싸며 5세기 말에 건설되었는데, 이는 도시의 표면적을 8헥타르에서 13.5헥타르로 확대했다. 도시는 비록 일정한 비율로는 아니지만 남쪽에 있던 장인들의 교외 지역처럼 7세기 말에 소규모 상점가가 북동쪽의 성벽 밖에 생기면서 지속적으로 성장했다. 사마르칸트는 5세기 후반 또는 말경에 세워진 높은 요새와 일련의 내부 성벽을 갖추고 있었는데, 이는 앞선 시기의 도시의 쇠퇴(부지의 북쪽 1/3 지점으로의 퇴각)와 강한 정부의 존재를 동시에 보여 준다. 한 세기 후 고원 전체는 이미 재점유되었고, 새로운 성벽들이 고대 그리스 성벽들이 있던 장소에 세워졌다.[66] 5킬로미터 길이의 성벽은 218헥타르의 면적을 아울렀다. 더 나아가 당시의 사마르칸트는 전체가 20제곱킬로미터인 오아시스의 일부를 보호하고 있던 큰 성벽으로부터도 혜택을 보았다.[67] 마지막으로 자라프샨 계곡의 한쪽 끝에 위치한 파이켄트의 정사각형 외벽(한 면이 330미터에 달했다)이 옛 요새 인근에 자리한 11헥타르 크기의 도시를 에워싸고 있었다[68][도판 VII-2 참조].

이처럼 대(大)침공 이후의 소그디아나의 경제적·인구학적 활력은 기정사실이다. 도시와 지방은 최고의 발전을 경험했다. 박트리아의 많은 지역이 영구적으로 버려진 반면, 그 뒤를 이은 소그디아나는 중앙아시아에서 농업 자산과 인구가 늘어난 주요 중심지가 되었다.

---

65 Semënov, 1989, p. 129.
66 Šiškina, 1963, p. 93. p. 92에는 연이은 일련의 성벽 도면이 실려 있다. Belenickij, Bentovic and Bolšakov, 1973, pp. 220ff.
67 Šiškina, 1987, p. 169에 표시. 이는 'Devori Qalimat'이다.
68 Semënov, 1989, p. 130.

3. 훈족에서 에프탈족까지 번영의 정치적 뿌리

그런데 이와 같은 소그드의 부흥 — 의심할 여지 없이 도시와 농업 분야 모두에서 체계화된 부흥이었다 — 뒤에는 무슨 힘이 작용했던 것일까? 훈족의 침략이 일련의 경제적·인구학적·정치적 재앙을 초래했다는 일반적인 주장과는 대조적으로 훈 시대, 즉 350년부터 5세기 후반까지 소그디아나는 침략 그 자체에도 불구하고 인구의 결정적인 기여와 3세대 동안의 일정한 정치적 안정 덕분에 빠르게 발전할 수 있었다.

소그디아나의 훈족과 키다라족(Kidarites)

처음에는 소그드인들과 시르다리야강에서 온 피난민들 사이에 융합이 이루어졌으며, 5세기 초 수십 년에 걸쳐 평온이 지속되면서 관개망(灌漑網)의 복구가 시작되었다. 새로운 공국들이 탄생했는데, 특히 마이무르그(Maymurgh)가 아마도 457년에 쓰여진 것 같은 중국 문헌에 등장한다.[69] 『위서』의 한 구절은 흉노에 의한 소그디아나의 장악과 457년 흉노 제3대 왕인 인예(忍倪)가 사마르칸트 왕좌에 올랐음을 언급한다.

> 속특(粟特)이라는 나라는 파미르고원 서쪽에 위치하는데, 고대 시대에는 엄채(奄蔡)라 했다. 또한 온나사(溫那沙)라고도 불린다. 광대한 늪 위에 놓여 있는 속특은 강거(康居) 북서쪽에 자리한다. 대(代)로부터 1만 6,000리 떨어져 있다. 예전에 흉노가 왕을 죽이고 나라를 차지했다. 인예 왕은 세 번째 통치자였다.[70]

---

[69] 도시 미밀(迷密, Mimi)(『魏書』 卷 102, 西域傳, 迷密國, p. 2269)이 『신당서』(新唐書, 卷 221 下, 西域傳下, 米, p. 6247)의 도시 미(米)라는 의견을 수용한다면 그렇다. 457년에 대해서는 Chavannes, 1903, p. 144; Ma Yong, 1989, pp. 146~47 참조. 고고학 자료는 Staviskij, 1959; Staviskij and Urmanova, 1958 참조.

이 흉노족은 키다라족일 수밖에 없다. 중앙아시아 역사에서 키다라족을 더 이른 시기, 즉 4세기 말에 위치시키고자 하는 열망이 종종 있어왔지만 모든 자료는 한결같이 420~440년경을 가리킨다. 주화(鑄貨)의 제명을 오독한 경우만이 일관성 있는 연대표 설정을 저해할 뿐이다.[71] 키다라족의 팽창은 메르브 인근에서 바흐람 5세가 저지하기 전인 420년대 말에 박트리아에서 시작되었다. 서쪽이 차단된 키다라(Kidara)는 남쪽으로 진군해 간다라를 접수했다. 아마도 440년 이후, 소그디아나를 장악하기 위해 북쪽으로 돌아오기 전에 간다라에 아들을 한 명 남겨 놓았다.[72] 실제로 'Kyδr'(키다라)라는 이름이 사마르칸트의 여러 '궁수 주화'(세 번째 그룹)에서 발견된다. 이 주화가 발행된 연대를 확정할 수는 없지만 네 번째 그룹은 5세기 후반과 6세기의 것인 듯하다.[73] 소그드 도시들은 441년까지 중국에 사절단을 보냈는데, 이때부터 457년까지는 사절단 파견이 중단되었다. 따라서 소그디아나에 키다라족은 그 후, 즉 440년과 에프탈족―456년부터 키다라족을 뒤에서

---

70 『魏書』 卷 102, 西域傳, 粟特國, p. 2270(trans. Enoki, 1955, p. 44). 여기서 제시된 연대표는 Enoki, 1955에 기반한 이 저작의 초판본에 적시된 것과는 다르다. 흉노가 3세대에 걸쳐 사마르칸트를 다스렸다고 서술한 한 토막의 정보는 『魏書』(卷 102, p. 2270)에 실려 있는데, 『통전』 卷 193, 邊防 9, 西戎 5, 奄蔡, p. 1039에 명확히 진술되어 있듯이 통치는 437년이 아니라 457년의 사절단부터 시작된다. "『위서』는 흉노가 [소그디아나]의 왕을 살해하고 나라를 점령했다고 서술한다. 문성제(文成帝, 재위 452~465)가 통치하는 동안 그들은 처음으로 조정에 사절을 통해 공물을 보냈다. 인예는 제3대 왕이다."

71 Grenet, 2002에 이어 Göbl(1967, pp. 17~18)과 Cribb(1990, pp. 179~81)도 Ghirshman(1948, pp. 73~75)에 의한 테페 마란잔(Tépé Maranjān)의 주화 판독을 계속해 비판했다. 라울 쿠리엘(Raoul Curiel)은 1953년 이 판독이 오류임을 보여 주었다(Curiel and Schlumberger, 1953, pp. 119~23).

72 Enoki, 1969, pp. 8~14는 불교승들의 증언에 따라 힌두쿠시의 남과 북으로 가는 육로의 일원화가 412년 전에는 이루어지지 않았음을 보여 주었다. 간다라에서 나온 키다라의 은화에 새겨진 왕관은 야즈드기르드 2세(재위 438~457)의 것을 모방한 것이다.

73 Zeimal', 1983, p. 251.

쳤다 — 의 세력이 성장한 시기 사이에 도래했다. 비잔티움의 작가 프리스쿠스(Priscus, 420?~472?)[74]가 소그디아나 서쪽에 자리한 스텝 지대의 키다라 훈족에 대해 언급한 것도 바로 이때이다.[75] 소그드의 명제법이 이름이나 성씨로 쓰이던 훈(xwn) — 인더스강 상류 명문(銘文)에서 발견된다 — 에 광범위하게 동화된 것도 이 기간인 듯하다.

440년대의 사산 왕조의 군사작전과 456년부터 시작된 투하리스탄[76]으로의 에프탈족의 팽창은 키다라 제국을 두 개로 쪼개, 하나는 남쪽으로 나머지 하나는 소그디아나로 나누었다. 이는 길기트에서 온 소그드 카라반이 갑자기 사라진 것도 설명해 준다. 이 노선을 다니던 소그드 대상단의 마지막 세대는 훈(xwn) 가문의 상인들이었지만, 이 가문의 자손들은 더 이상 그곳을 여행하지 않았다. 키다라족은 기술과 주민을 박트리아로부터 가져왔다. 그들은 판지켄트와 파이켄트, 부하라처럼 작고 계획적인 도시 공동체 덕분에 영토를 통합할 수 있었는데,[77] 이는 인구학적 팽창의 결과로서 이웃한 사산인들과 456년부터 박트리아 본거지에서 자신들을 쫓아낸 에프탈족 모두에 맞서 나라를 방어할 수 있도록 만들어주었다. 사마르칸트의 요새 구축이라는 큰 과업은 5세기 후반에 이 강력한 세력이 이룬 업적을 보여 주는 또 하나의 예시이다.[78] 440~470년까지 소그디아나에서는 도시들이 건설되고 성벽들

---

74 (옮긴이) 5세기 로마 제국의 외교관·역사가·수사학자로, 저서 『비잔티움의 역사』(Ἱστορία Βυζαντιακή)에서 훈족의 지도자 아틸라를 접견했던 순간과 훈족 사회에 대한 기록을 남겼다.

75 Blockley, 1983, pp. 337, 347, 349, 355, 361.

76 (옮긴이) 고대 그리스 자료에서 박트리아로 알려진 지역에 부여된 이름이다. 6세기에 투하리스탄은 돌궐의 지배를 받았고, 7세기와 8세기에는 당나라의 안서도호부(安西都護府)가 이 지역을 관할했다.

77 Semënov, 1989; Grenet, 1996b.

78 5세기에 새로운 요새가 세워진, 무거운 사각 흙벽돌로 쌓은 거대한 (4미터 두께의) 축대 아래에서 5세기 후반의 도자기들이 출토되었다. 한편, 흙벽돌의 맨 꼭대기 층에서 발견된 도자기들은 5세기 말의 것으로 추정된다. 이러한 정보는 이 유적지를 책임

이 세워졌는데, 이러한 발전은 새롭고 강력한 정치세력의 등장과 연계되어 있음이 틀림없다. 왜냐하면 강력한 세력만이 이와 같은 대업을 달성하는 데 필요한 주민을 동원할 수 있기 때문이다. 한편, 키다라 세력은 중국에 잡혀 있던 상인 포로들을 석방하기 위해 사절단도 꾸렸다.[79]

키다라족의 조력과 이와 같은 지속적인 안정 덕분에 소그디아나는 박트리아에 참화를 가져온 키다라족과 에프탈족, 사산 왕조 간의 전쟁과 거리를 둘 수 있었으며,[80] 종국적으로는 경쟁자인 박트리아 — 고대에는 중앙아시아에서 국제무역의 확고한 주요 중심지였다 — 에 대해 인구학적으로나 경제적으로나 우위를 점하게 되었다.

이러한 우위는 문화적·사회적 측면에서도 드러났다. 현장의 글귀가 보여 주듯이, 확실히 박트리아는 상당한 숫자의 불교 승원 — 여전히 강력했던 문화생활의 지표이다 — 을 보유하고 있었다. 이슬람 시기에 바르마크 가문(Barmakids)[81] — 발흐의 '새로운 승원'의 고대 스승들 — 이 담당한 역할은 박트리아의 엘리트와 불교승들이 통합되었음을 보여 준다. 게다가 비록 현장은 이 지역의 문자 문화를 소그디아나보다 뛰어나다고 생각하며,[82] 이에 대해 호의적으로 묘사했지만, 많은 지표는 박트리아와 소그디아나 사이에 실질적인 이동이 있었음을 암시한다. 모든 증거가 과거의 소그드 예술 문화가 매우 빈약했음을 보여 주

지고 있는 고고학자 올가 이네바트키나(Olga Inevatkina)가 친절하게도 내게 제공한 것이다.
79 이 책의 제2장 115쪽 참조.
80 유목민 세계와 접촉하고 있던 또 다른 지역인 페르가나도 비슷하게 발전했음에 주목해야 한다(Anarbaev and Mathabaev, 1993/94, p. 223).
81 (옮긴이) 호라산 발흐 출신의 불교 성직자 가문으로, 이슬람으로 개종한 후 8세기 초 아바스 왕조의 와지르로 명성을 얻었다. 이 가문은 문학과 철학, 과학을 장려하고 여러 종교와 철학의 문제에 대해 포용력 있는 태도를 취한 것으로도 유명하다. 바르마크 가문은 17년 동안 위세를 떨치다가 갑자기 몰락했다.
82 玄奘, 『大唐西域記』(trans. Beal, 1884, p. 38): "그들의 문예 기록은 넘쳐났으며, Suli[소그디아나] 사람들의 것을 넘어섰다."

지만, 소그디아나에서 도시가 팽창하던 시기는 예술이 꽃피던 때였으며 이 시기의 여러 특징은 4세기와 5세기 전반기 동안에 나타난 박트리아 예술의 특징과 연관되어 있다.[83] 최초의 판지켄트 벽화는 박트리아 딜베르진의 최신 회화와 매우 유사하다.[84] 건축과 도시 계획 역시 박트리아의 모델에 고무되어 모방했다.[85] 마지막으로 박트리아의 지명, 특히 부하라와 사마르칸트 사이에 있는 쿠샤니야(Kūšaniyya)라는 도시가 소그디아나에도 있었다. 이러한 영향은 박트리아의 피난민들이 존재했을 가능성이나 키다라족 세력 — 남쪽에서 축출되기 전에 두 지역을 한때 통합했다 — 에 의해 이루어진 장인들의 이송과 연결지을 수 있다. 당시에 소그디아나에서 결성된 도시 엘리트는 오래전 인도와 쿠샨 제국에서 발전해 쿠샨-사산 왕조 시기 동안 유지되어 온 세련된 취향과 삶의 방식을 이어받았다.

소그드 교역사에서 이와 같은 경제적·문화적 현상은 매우 중요하다. 자라프샨 계곡 — 중국 자료에서 '대상들의 강'이라고 불리기 시작했다 — 의 상인들은 이때부터 중앙아시아의 주요 소비 중심지 — 갈수록 도시의 수가 증가하고 도시의 엘리트도 많아졌다 — 를 마음대로 이용할 수 있게 되었고 자신들의 통제 아래 두었다. 이 무렵 소그드 교역은 이전 시기의 자료들에서 언뜻 보였던 외향적이고 대규모였던 교역의 주요 특징을 상실했다. 이제 소그드 교역은 단일한 지역 경제의 토대에 기대게 되었다.

---

83 Grenet, 1996b, pp. 367~68, 388~89.
84 Maršak, dans Azarpay, 1981, p. 50.
85 Grenet, 1996b. 판지켄트와 파이켄트의 성벽에 대한 체계적인 연구에 대해서는 Semënov, 1996 참조.

에프탈족의 은화(銀貨)

사산 왕조와 에프탈족에 의해 패배를 겪고, 470년대 이후 시들해진 키다라 왕조의 영토를 509년 에프탈족이 정복했다.[86] 문헌 자료는 이 정복을 언급하지 않았지만, 509년부터 중국 조정에서 소그드인들을 대체한 에프탈 사절단은 이를 강하게 암시한다. 왜냐하면 이는 실제로 한 무리가 다른 무리를 대체한 사례였기 때문이다. 소그드 사절단이 빈번하게 오가던 450~509년에는 어떤 에프탈 사절단도 파견되지 않았다. 그런데 소그드 사절단이 완전히 사라지고 많은 수의 에프탈 사절단이 갑자기 등장하면서 상황이 급변했다. 이 정복이 충돌을 동반하지 않은 것은 아니었지만 매우 제한적이었다. 이 문제가 검토된 유일한 현장인 판지켄트에서는 도시 성벽과 사원 II가 부분적으로 파괴되었지만 이내 복구되었으며, 영구적인 요새로 고안된 3층짜리 병영이 외벽에 부설되었다.[87] 50년 후에 발생한 튀르크 정복 또한 매우 빠르게 진행되었고 어떤 피해도 야기하지 않은 것 같다. 요컨대, 튀르크 정복이 있기 전 한 세기 동안에 우리가 접근할 수 있는 자료—이는 사실 매우 불완전하다—에 따르면 소그디아나에서 다년간의 전쟁은 거의 없었다.

에프탈족이 소그디아나에 자리 잡을 당시, 그들은 굉장히 부유했다. 여러 차례 사산 왕조의 군주를 패퇴시켰고 484년 전투에서는 페로즈 1세(Pērōz I)[88]를 살해했다. 그의 후계자 카바드 1세(Kawād I, 재위 484, 488~497, 499~531)[89]는 에프탈족의 도움으로 여러 차례 (쫓겨났던) 이

---

86 특히 그들은 468년 페로즈에게 패퇴당했다(Priscus, trans. Blockley, 1983, p. 361).
87 Marshak and Raspopova, 1990a, p. 182.
88 (옮긴이) 야즈드기르드 2세의 아들로, 사산 왕조의 샤이다. 그는 네스토리우스교파를 지지하고 칼케돈 공의회를 박해하기도 했는데, 역사가들로부터 두려움이 없는 군주라는 평가를 받았다.
89 (옮긴이) 페로즈 1세의 아들로, 사산 왕조의 샤이다. 에프탈족의 도움으로 권좌에 올

란의 왕좌로 돌아갈 수 있었다. 수십 년 동안 적어도 호스로 아누시르반(Khosrow Anushirvan, 531~579)[90]의 통치가 시작될 때까지 사산 왕조는 에프탈족에 막대한 공물을 바쳐야 했다. 한 번은 페로즈가 30마리의 노새에 실을 만큼의 엄청난 양의 은을 보내야 했는데, 이 은화가 여전히 오늘날에도 아프간 시장에서 수천 개씩이나 발견된다. 실제로 이는 당시 중앙아시아와 이란 동부로 향하는 사산 왕조 통화 공급량의 큰 부분을 차지했다. 소그드인들은 이와 같은 풍요로움으로부터 이득을 취했다. 사산 왕조의 종말론적 문서에는 이란을 약탈하는 자들 가운데 소그드 부대도 언급되어 있다.[91] 소그드 사절단이 에프탈 사절단으로 완전히 대체된 상황은 그저 주인을 바꾼 소그드인들이 중국에서 활동을 계속했음을 보여 준다. 에프탈 세력의 중심에 자리 잡은 그들은 520년 최전성기를 누리며, 메르브에서 투르판 및 간다라까지 중앙아시아의 전역을 명목상으로나마 통치했던 에프탈 제국 전역에 이 주화들을 퍼뜨렸다. 사산 왕조의 은화가 중앙아시아 전역과 하서회랑까지[92] 2세기 가깝게 통상적인 지불 수단이 된 것도 바로 이 시기였다. 소그드 상인들은 자신들에게 유용한 새로운 내수 시장에 덧붙여 에프탈족의

  랐기에 그들로부터 자유롭지 못했지만 위기에 처했던 페르시아 질서를 회복한 군주로 평가받는다.
90 (옮긴이) 사산 왕조 제25대 샤로, 사산 왕조 역사상 가장 위대한 군주로 평가받는다. 48년의 집권 기간 동안에 세제 개혁 및 농업 육성, 군사 개혁 등을 차질 없이 이루어 냈으며, 실크로드를 통한 동서양 무역 교류도 활성화해 막대한 부를 얻었다. 동로마 제국의 황제 유스티니아누스 1세가 529년 아카데미아를 폐쇄하고 그리스 철학을 억압하자 이에 많은 철학자가 사산 왕조로 망명했는데, 그는 이들을 융숭하게 대접하고 철학을 깊이 연구하도록 지원해 학문 진흥에도 힘썼다. '아누시르반'은 페르시아 출신 학자들이 존경의 의미로 붙인 별칭으로 '불사(不死)의 영혼을 가진 자'라는 뜻이다.
91 Grenet, 1996b, p. 388, n. 57은 이란의 적들이 나열되어 있는 *Zand i Wahman Yasn*(4.58)을 인용한다. "훈족(Hyōn), 튀르크족, 에프탈족, 사막과 산악의 거주민들, 중국인, 카불인, 소그드인, 비잔티움인, 적훈족, 백훈족."
92 『隋書』 卷 24, 食貨志, p. 691. Thierry, 1993; Skaff, 1998 참조.

은화에서 사업 규모를 키울 수 있는 자본 축적의 방법도 발견할 수 있었다.

4. 식민지 팽창

역동적인 소그드 경제 덕분에 북쪽으로 소그드 영역이 확장했다. 5, 6세기에 소그드의 식민화가 그때까지 정보가 완전히 또는 거의 부재한—이미 언급한 프톨레마이오스의 자료나 흉노와 강거 사이에 존재했던 조공 관계를 지적한 중국 문헌을 제외하고—지역들에서 일어났다.

차츠(Čāč)에서

5세기에 꽃을 피운 소그드 문화는 6세기에 차츠-일라크(Čāč-Ilaq) 지역에서 소그드 문화의 확산을 가져왔다. 치르치크(Čirčik)와 아한가란(Ahangaran, 앙그렌) 계곡으로 이루어진 이 지역은 톈산 서쪽 산기슭(타슈켄트 오아시스와 앙그렌 계곡)의 시르다리야강 중류 우안에 있는 오아시스를 구성한다.[93] 인구밀도가 높고 유목민과 정주민 사이의 접경 지역에 위치한 도시들은 그곳에서 오래전부터 존재해 왔다. 150헥타르의 거대한 지역인 칸카는 8세기까지 주요 도시였다.[94] 6, 7세기에 차츠는 문화적으로 소그드 세력권에 들어갔다. 이는 여러 유형의 자료에 의해 입증된다.

---

93 Filanovič, 1983; Burjakov, 1982와 Bernard and Grenet, 1991의 기고문 참조. 주화에 대한 연구는 Rtveladze, 1982, pp. 31~39; Rtveladze, 1997~98에서 찾을 수 있다. Burjakov, 1990, pp. 82~100은 도시 발전과 교역 사이의 연관성을 설명한다.

94 Burjakov(dir.), 1990, pp. 6~77, plan p. 6.

이들 지역 사이의 통화 거래는 상당했다. 따라서 차츠의 주화는 소그드의 주화가 차츠에서 발견되는 것처럼[95] 판지켄트에서 상당히 많이 발견된다.[96] 타슈켄트 오아시스에서 발견되는 주화들은 소그드어로 'xwβ', 즉 군주(lord)라고 사칭하는 수많은 지역 소(小)군주에 의해 발행되었다.[97] 그들의 제명은 투둔(tudun, tδwn)[98]이라는 튀르크어 직함이 새겨진 매우 드문 한 종의 화폐를 제외하고는 전적으로 소그드어로 되어 있다.[99] 도상 연구에 따르면, 소그드인과 튀르크인의 특징이 혼합되어 나타난다.[100] 정치적으로 파편화된 차츠는 소그드화된 수많은 귀족의 지배를 받았다. 귀족 저택들이 지어졌고 소그드식[101]으로 꾸며졌다. 반면, 주요 도로와 멀리 떨어진 농촌이나 현장들은 좀 더 고풍스러운 문화를 간직했다.[102] 마지막으로 차츠의 상인들은 다른 이들과 마찬가지로 7세기 중국인들에 의해 소그드 상인으로 여겨졌다.[103]

북서쪽의 오트라르(Otrar) 오아시스에서 6세기에 시행된 새로운 관개법은 소그디아나 또는 호라즘의 오래된 남쪽 농업 문명에서 그 기원을 찾아야 할 것 같다. 이러한 개선은 튀르크 제국 덕분이었는데, 이들이 이 일대를 통일하고 차츠를 책임지는 투둔을 오트라르에 임명함으로써

---

95 Burjakov, 1990, p. 97.
96 Smirnova, 1981, pp. 371~93.
97 고고학은 이러한 파편화가 사실임을 보여 준다. 유적지는 많지만 이 오아시스나 더 남쪽에 있는 칸카 오아시스에서 사마르칸트 같은 역할을 한 곳은 없었다. 가장 유명한 곳인 민구르주크(Mingurjuk)도 그 면적이 35헥타르에 지나지 않았다.
98 (옮긴이) 고대 불가르나 아바르, 돌궐 제국의 마을이나 거류지에 임명되어 행정과 외교를 맡던 총독을 말한다.
99 Rtveladze, 1982, p. 39.
100 Rtveladze, 1982.
101 5세기에서 7세기까지 차츠의 영주 성채에 끼친 소그드 및 지역 영향에 대한 연구는 Filanovič, 1991, p. 208; Burjakov, 1982, p. 137 참조.
102 Filanovič, 1991, p. 208.
103 玄奘,『大唐西域記』(trans. Beal, p. 26).

확산이 가능해졌기 때문이다.[104] 동시에 제국은 더 많은 식량을 생산할 필요가 생겼고, 이에 남쪽에서 들여온 기술을 이용해 관개 지역을 확장하고 인구 증가 및 도시화를 촉진하는 선순환을 만들어냈다.[105] 케데르(Keder, 오트라르 인근)에서 나온 조각판은 엘리트 문화가 완전히 소그드화되어 있었음을 보여 준다.

그러므로 지배적인 소그드적 문화 특징을 가진 연속 수역 — 지역적 유산의 일정 역할이 간과되어서는 안 되지만 — 은 6세기부터 소그드인들이 전통적으로 거주하던 지역 밖에서 형성되었고 북쪽으로 더 확장되었다.

세미레체(Semireč'e)에서

차츠에서 북동쪽으로 일곱 개의 강이 흐르는 지역에 위치한 세미레체는 소그드적인 인상을 한층 더 풍겼다. 탈라스 평원과 저 멀리 이식쿨 호수[106]까지 아우르는 키르기스스탄 알라타우 북쪽 산기슭 전역은 5, 6세기에 소그드인들 덕분에 처음으로 도시화를 경험했다.[107] 그 과정은 더 남쪽에 위치한 차츠나 오트라르의 경험과 매우 달랐다. 이곳에서는 실제로 식민화를 겪었고 북쪽으로 도시 정주 문화가 확장되었다.

---

104 Kljaštornyj, 1964, pp. 158, 219.
105 범람으로 갇히거나 익곡(溺谷) 또는 그러한 목적을 위해 판 강 유역에 자연스럽게 저장된 물을 사용하는 방식으로 만들어진 관개 방식으로부터 상당한 규모(상길-아리크는 그 길이가 20킬로미터에 달했다)의 운하에 기반하는 관개 방식으로의 변화를 뜻한다. Grošev, 1985, pp. 45ff., 118~24.
106 (옮긴이) 현재의 키르기스스탄 북동부에 위치해 있다. 키르기스어로 '따뜻한 호수'라는 뜻이며, 겨울에 월동하는 백조가 찾아와 '백조의 호수'라고도 한다. 면적은 이웃한 아랄해의 $\frac{1}{10}$ 크기이지만 수량은 아랄해의 두 배에 이른다.
107 Maršak and Raspopova, 1983; Ageeva and Pacevič, 1958; 특히 Bajpakov, 1986 참조.

몇몇 문헌 덕분에 이와 같이 발전한 유형의 윤곽을 그릴 수 있다. 알-니샤푸리(Al-Nishapurī)를 인용한 나르샤키(Narshakhī)는 타라즈 인근에 도시 자무카트(Jamūkath)가 설립된 정치적 이유를 설명하는데,[108] 통치자 아브루이(Abrūī)의 압제에 맞서 디칸(dihqān)[109]을 지지하던 부하라 주민 일부의 정치적 망명과 관련이 있었다.

얼마 동안의 시간이 지나고 아브루이가 강력해지면서 그는 지역 주민들이 참을 수 없을 정도로 압제를 행사했다. 이 지역에서 달아난 디칸과 부자들(상인들)이 투르키스탄과 타라즈로 가서 도시를 세웠다. 그들은 도시를 하무카트(Ḥamūkat)라고 불렀는데, 왜냐하면 도망친 무리의 우두머리였던 대(大)디칸이 하무크(Ḥamūk)로 불렸기 때문이다.[110]

소그드인에 의한 세미레체의 식민화는 아마도 디칸의 주도로 이루어졌을 것이다. 수야브/악-베쉼(Suyab/Ak-Bešim)과 나바케트/크라스나야 레츠카(Navaket/Krasnaja Rečka)의 발굴을 통해 고고학은 소그드 모델에 근거해 건설된 성 주변의 도시 시설을 보여 준다.[111]

소그드에 의한 식민화는 높이 500~1,000미터의 산기슭에서 동서 라인을 따라 이루어졌는데, 풍부한 수량 덕분에 밀, 포도, 과수 재배가 가능했던 회색 토양으로부터 혜택을 보았다. 평원과 고원에서는 스텝 지

---

108 6세기에 건설된 마이토베(Majtobe) 지역을 말한다. Bajpakov, 1986, pp. 28~29.
109 (옮긴이) 사산 왕조 및 이슬람 초기의 사회 계층의 하나로, 토지를 소유한 부호를 말한다.
110 Narshakhī, trans. Frye, p. 7. '하무크'(Ḥamūk)는 '자무크'(Jamūk)로 수정해야 한다.
111 악-베쉼에 대해서는 Semënov and Tašbaeva, 1997을, 크라스나야 레츠카에 대해서는 *Krasnaja Rečka I Burana*, 1989, pp. 71~72 참조. 수야브(Suyab)에 대한 중국 자료들은 Zuev, 1960에 수합되어 있다.

대 조건으로 인해 경작지가 감소해 축산업이 우위를 차지했다.[112] 이들 도시의 발전사는 여전히 거의 알려진 바가 없다. 나바케트의 도시는 (사마르칸트에서처럼) 20제곱킬로미터에 달하는 영토를 둘러싼 긴 장벽으로 유명한데, 그 안에는 100헥타르에 이르는 표층 곳곳을 덮고 있는 [113] 관개시설의 흔적과 도시의 폐허들이 남아 있다. 처음부터 주민들은 상업적이고 농업적이면서 군사적이었던 것 같다.

소그드의 세미레체 식민지들의 일반적 성향은 '실크로드'를 걸었던 많은 이가 그러했듯이, 휘청거리던 그들을 처음에는 보통 상업적인 이주민으로 보게 만들었다. 그럼에도 불구하고 이러한 가설이 분석을 막지는 못한다. 거대한 소그드 부지들이 12킬로미터도 채 안 되는 간격을 두고 촘촘히 위치하며,[114] 오늘날의 비슈케크(Biškek)와 이식쿨 호수 사이의 좁은 지역에 집중되어 있기 때문이다. 당시의 어느 상업 기술도 이처럼 좁은 간격을 두고 연속적으로 이어지는 여정을 해명하지 못한다. 부지의 선택은 이것이 처녀지에서 사유지를 창출하려는 디칸들이 가장 먼저 만든 농업 정착지였음을 보여 준다. 문헌들, 특히 나르샤키(Narshakhī)의 글은 처음부터 이들 도시에 우리가 상인들이라고 추정하는 부유한 개인이 존재했음을 입증하지만, 부유한 이 사람들이 정착지를 설립한 것은 아니었다. 소그드 식민지들은 스텝 지대나 톈산을 지향하는 교역 발전에 극히 적합한 도시 네트워크를 형성했지만, 본래 이와 같은 교역은 농업 발전보다 부차적이었다.

---

[112] Bajpakov, 1986, pp. 7~12.

[113] 중앙의 사분면(Sharistan 2)은 주변부에 별도의 성채들이 지어지던 바로 그 시기에 건설된, 도시의 가장 오래된 요새 중심지였을 것이다. 샤리스탄(Sharistan) 2의 발굴은 3단계 — 11~12세기, 8~10세기, 5~8세기 — 의 점령이 있었음을 보여 주었다. 마지막 단계는 소그드인들이 도래했을 시기와 상응한다. 7, 8세기의 도시의 성장은 샤리스탄 2와 요새 사이의 점유된 공간의 확장과 방어 시스템의 팽창에 비례해 관찰된다. 이 모든 문제에 대해서는 *Krasnaja Rečka i Burana*, 1989, pp. 69ff. 참조.

[114] Bajpakov, 1986, pp. 32~34.

그렇다고 이러한 사실이 소그드 교역사에 있어 이들 도시가 가지는 핵심적인 중요성을 훼손하지는 않는다. 현장은 630년경 이식쿨에서 사마르칸트까지 전 지역을 여행했다. 그는 중국에 돌아오자마자 다음과 같이 쓴다.

> 소엽(素葉, 수야브)성(城)에서부터 갈상나국(羯霜那國, 케시)까지의 땅은 솔리(窣利, 소그디아나)라고 불리며 그곳 사람들도 같은 이름으로 불린다. 문어와 구어도 마찬가지로 그렇게 불린다.[115]

이처럼 차츠와 세미레체는 현장이 보기에 소그디아나의 일부였다. 또한 그는 이 지역에 대거 상인들이 거주한다고 생각했다. 수야브[116]와 탈라스[117]에 대해 그는 다음과 같이 기록한다.

> 수야브. 그곳에는 각 지역에서 온 서역 상인들이 어울려 산다.
> 탈라스. 이 도시는 둘레가 8리에서 9리 정도 된다. 각국의 상인들이 그곳에서 함께 거주한다.[118]

그리고 수야브에서 온 전역의 소그드인들에 대해서도 계속해서 다음과 같이 기술한다.

---

115 진심으로 감사하게 생각하는 트롬베의 도움으로 玄奘, 『大唐西域記』, 中華書局, p. 8, col. 6(trans. Beal, p. 26)을 다음 인용문과 같이 정정했다.

116 (옮긴이) 현재의 키르기스스탄의 추(Chu)강 계곡에 있으며, 고대에는 실크로드 길목에 위치했던 도시이다.

117 (옮긴이) 현재의 키르기스스탄 서북부에 위치한 도시로, 고구려계 당나라 장군 고선지(高仙芝)가 751년 이슬람 세력과 전투를 벌였던 곳으로도 유명하다.

118 玄奘, 『大唐西域記』, 中華書局, p. 8, col. 4, 12.

그들은 대체로 교활하고 기만적이며 극히 탐욕스럽다. 부모와 아이 모두 부자가 되고자 계획을 세운다. 그리고 부자일수록 서로에게 존경심을 표한다. 하지만 부자와 빈자는 구분되지 않는다. 어마어마한 부자조차도 검소하게 먹고 입는다. 땅을 경작하는 사람과 이윤을 추구하는 사람이 거의 반반으로 나뉜다.[119]

소그드 상업 지역은 스텝 지대 쪽으로 팽창하면서 두 배로 커졌다. 소그드의 문화 공간을 북쪽으로 밀어붙인 끝에 소그드인들은 스텝 세계와 직접 교류할 수 있는 선구적인 도시 전선을 창출했다. 이란인들과 인도인들의 기여로 거듭 풍요로워진 세련된 도시 문화는 유목민 세계와 매우 가까이 있었고 그것과 융합될 터였다.

소그드인들의 이와 같은 부유함과 소그디아나에 유리하게 작용한 중앙아시아 서부의 인구 및 경제적 전환은 중세 초 소그드 상인들의 제패를 설명하는 주요 요인이다. 그 결과 지리적 위험이 광대한 히말라야 장벽 서쪽 끝과 스텝 변경에 도사리고 있던 이 땅은, 대대적인 침략과 남쪽의 유목민들에 맞선 사산 왕조의 격렬하고 파괴적인 저항 이후에 중앙아시아의 주요 시장이 되었다. 소그드 상인들이 영향력을 확장하고 조상들이 여행했던 옛 무역로—상술하면 무엇보다 중국 방향의 무역로—에서 배가된 에너지로 세력을 넓힐 수 있었던 것은 바로 이와 같은 토대 위에서였다.

---

119 玄奘, 『大唐西域記』, 中華書局, p. 8, col. 8(trans. Beal, p. 27).

제5장
중국에서

 소그드인들의 내측 상업 구역이 배가되고 침략으로 인해 남동부 지역 출신의 모든 경쟁자가 사라지면서 소그드인들은 저 멀리 중국까지 이어지는 동쪽 노선에서 우세한 지위를 점하게 되었다. 고대 네트워크는 쇠락한 것이 아니라 완전히 재건되어 이전 시기와는 비교할 수 없을 정도로 널리 확산되었다. 이러한 확장을 설명하는 자료는 사업 문서나 설화, 공문을 포함해 본질적으로 중국 자료들이다. 사실상 중국은 640년부터 중앙아시아 정복을 시작했는데, 692년부터는 이 지역에 대한 통제권을 강화했다. 중국 군대는 소그디아나까지 진군한 적도 없고 중국의 종주권도 순전히 명목적이었지만, 중국 문헌들에는 소그드인들에 대한 상당량의 정보가 실려 있다. 5세기와 8세기 사이의 소그드 상인들에 대한 중국 문서와 고고학적 자료는 그 자체만으로도 소그드인들에 관한 다른 모든 자료를 묶은 것만큼이나 많은 정보를 제공한다. 하지만 그 정보를 이용하기에 앞서 매우 단순한 듯 보이는 질문에 답할 필요가 있다.

1. 중국 자료 속의 소그드 상인들

중국 자료에서 소그드인을 어떻게 구별할 수 있을까? 살펴보았듯이, 6세기 이전이라면 답은 상대적으로 쉽다. 소그드인들은 고대에 소그디아나의 가장 큰 부분을 포함한 나라인 강거를 축약한 강(康)이라는 이름을 가지고 있었기 때문이다. 일반적으로 야만인의 의미가 있는 호(胡)라는 용어 — 하지만 점점 더 특별히 이란어를 쓰는 서역 출신의 야만인을 뜻하게 되었다 — 와 종종 연계된 사실뿐만 아니라 고대 중국의 명명학에 속하지 않았던 이름의 희귀성으로 인해 신원을 확인할 수 있다. 그런데 6세기 이후에는 상황이 달라졌다. 중국인들은 소그드인의 번역어가 될 'sute ren'(粟特人)이라는 표현을 거의 사용하지 않았다. 일반적으로 제시되는 가설에 따르면, 위(魏)나라에서 당나라 때까지 중국의 소그드인들은 독특한 이름을 가지고 있었다. 강(康) 외에도 안(安, An), 하(何, He), 조(曹, Cao), 석(石, Shi), 미(米, Mi)와 사(史, Shi)가 있었다. 이들 이름은 엄격한 의미에서 사마르칸트 출신의 소그드인(Kang), 부하라 지역에서 온 자(An), 자라프샨의 중간 계곡에서 온 자(쿠샤니야 지방, He), 자라프샨 북쪽 출신(이슈티칸과 우스트루샤나 같이 먼 카부단에서 온 자, Cao), 차츠에서 온 자(Shi 石), 자라프샨 남동쪽에서 온 자(마이무르그, 미(Mi)와 일정 기간은 판지켄트)[120] 그리고 카슈카 다리야 계곡에서 온 자(케시, Shi 史)를 분명하게 식별할 수 있게 해준다.

이러한 가정에서 벗어난 연구자는 거의 없는데, 확실히 연구를 단순화하는 이점이 있기 때문이다. 그러나 두 가지 이유로 실제 상황은 훨

---

[120] 중국 자료에 판지켄트가 부재한 문제는 결론에 이르지 못한 채 논쟁만 초래했다. '미'(米)라는 이름 아래 중국인들은 판지켄트를 포함해 사마르칸트 남동쪽까지 아우르는 지역 전체를 떠올렸을지도 모른다. Yosida, 1993b, p. 254 참조. '미'라는 나라의 수도인 발식덕(鉢息德, Boxide)은 당시 'Patsiktek'로 발음했는데, 내 생각에 이곳이 판지켄트인 것 같다(『新唐書』卷 221 下, 西域傳 下, p. 6247). 이 주제에 대해서는 Grenet and de la Vaissière, 2002, pp. 165~66 참조.

씬 복잡하다. 우선적으로 강(康) — 어쩌면 미(米)도[121] — 을 제외하고 이들 이름은 드물지만 소그드인이 아닌 이들도 사용했다. 한(漢) 왕조를 멸망시킨 조조(曹操)를 그 누구도 소그드인이라도 생각하지 않는데, 당연히 그럴 만하다. 두 번째 이유는 사회학적이다. 정상적인 통합 과정을 통해 세대에 걸쳐 순응한 사회에서 소그드인들의 신원을 확인하기 위해 성씨를 지나치게 엄밀히 사용하는 경우 문제가 발생할 수 있다. 어쩌면 그러한 소그드인들은 혼인을 통해 완전히 중국화가 되었을 수도 있기 때문이다.

예를 들어 중국 전역을 여행한 조(曹)라는 이름의 수많은 떠돌이 음악가는 습관적으로 북부 소그디아나의 원주민으로 간주되곤 하지만,[122] 그들은 쿠차인(Kuchean)일 가능성이 훨씬 더 크다. 단지 인도의 연주곡목 — 위나라 때부터 당나라 때까지 매우 인기가 많았다 — 을 중국으로 처음 소개한 쿠차 음악가들의 대가족 이름이었기 때문에 조라는 성을 갖게 되었을 뿐이다.[123] 소그드 음악이 실제로 중국에 현존했고 궁전의 공식 만찬에서 연주되었지만, 그럼에도 쿠차의 음악보다 위상이 낮았다. 조악한 산스크리트어로 노래하면서 중국 전역을 떠돌아다니던 조(曹) 음악가들은 소그디아나가 아니라 쿠차에서 온 이들이었다. 이와 같은 경우에 이름을 척도로 사용하는 것은 오해를 살 수 있다.

안(安) 가문의 경우도 비슷하게 이 문제의 복잡성을 보여 준다. 이 이름은 부하라 원주민을 지칭하는 데 사용하기 전에는 고대 중국에서 매우 드물었으나, 한 왕조 시기에는 다양한 파르티아계 왕조들의 신민을

---

121 Kuwabara, 1926. 이 참고문헌에 주목하도록 이끌어 준 요시다 유타카에게 감사를 드린다.
122 Schafer, 1963, p. 54.
123 Lévi, 1913, pp. 349~52. 이 가문은 인도의 연주 곡목을 수세대에 걸쳐 중국인 취향에 맞도록 개작(改作)하는 데 중요한 역할을 했다.

가리키게 되었다. 하지만 밖에서 중국으로 이주한 수많은 가문이 최초로 쇄도한 이 정착민들 — 확실히 중국에 후손들을 남겼을 것으로 추정할 수 있다 — 의 후손이라고 주장했다.[124] 그렇다면 우리는 중국의 소그드인 숫자에서 안(安)이라는 이름의 많은 사람을 일괄적으로 배제해야만 하는가?[125] 만약 안(安)이라는 이름을 가진 다수가 소그드인이 아니라 파르티아나 사산 왕조의 신민이라면, 우리는 돈황이나 투르판에서 발견된 문서들에서만큼이나 튀르크인들 사이에서도 6세기부터 소그드어가 수행한 역할을 거의 이해하지 못하게 될 것이다. 한편, 현용 언어이지만 전례용 언어는 아닌 파흘라비어와 파르티아어의 영향도 전혀 없었던 것처럼 보일 것이다. 뿐만 아니라 몇몇 안(安) 가문은 실제로 수세대 동안 소그디아나에서 온 이주민들에 의해 부양된 공동체 안에서 삶을 영위한 인도-파르티아 조상들의 후손이었다. 중국화되지 않은 이들은 소그드적 요소가 느는 만큼 빠르게 소그드화되었다.

여전히 이용 가능한 역사 문헌은 부분적으로 오류가 있는 가설에 기반해 있다. 이름이라는 척도가 실마리를 줄 수는 있지만 그것만으로 어떤 사람이 속한 종족을 확인할 수는 없다. 문서가 그들이 다른 종족 집단에 속해 있음을 명백하게 명시하고 있을 때는 더욱 그렇다.[126] 실제로

---

124 Li Baoyu 가족 사례 참조.

125 Forte, 1996. 안토니노 포르테는 이 저서에서 당나라 문헌에 등장하는 '안'(安)이라는 이름의 사람이 부하라 출신임을 확실히 거부하고 파르티아인으로 간주하고자 했다. 이는 경우에 따라서는 사실일 때도 있다. 하지만 포르테는 같은 성씨를 가진 매우 다른 두 이주 계층의 존재 — 이란의 아르사케스(Arsacid)라는 나라에서 부하라로 전해진 안국(安國)의 이름이 진화하는 과정을 보여 준다 — 를 고려하지 않았다. 더욱이 소그드 문헌들은 소그드인들 스스로가 안(安)이라는 중국 이름을 사용했음을 입증한다(이렇게 소그드어 불교 문헌의 간기(刊記)는 728년 낙양에서 다시 복사되었다).

126 예를 들어 정사(正史)에 실린 그의 전기가 명시하듯이, 하북(河北)의 절도사 사헌성(史憲誠)은 소그드 이름을 가지고 있음에도 해(奚)라는 종족 출신이었다. 이 정보는 사씨(史氏) 성(姓)이 종종 소그드인을 지칭한다는 사실에 우선한다(반대되는 견해로는 Rong, 2000, p. 145 참조).

신중하게 방대한 중국 문헌들을 재검토할 필요가 있다. 좀 더 신뢰할 만한 다른 척도가 적어도 그들의 출신에 대해서는 이러한 이름을 사용하는 이들이 정말로 소그드인이었음을 입증하는 것을 종종 가능케 한다. 그러한 척도로 이용되는 것 가운데 하나가 이름이다. 소그드어 이름, 즉 소그드어로 번역할 수 있는 이름을 중국어로 표기했다는 것은 적어도 이전 세대까지 그 가문은 자신들을 여전히 소그드인으로 생각했음을 보여 준다. 또 다른 척도는 혼인이다. 강(康)이라는 자가 사(史)나 안(安)과 결혼했다면, 두 사람은 모두 소그드 지역사회의 일원이었을 것이다. 세 번째 척도는 지리학적인 것이다. 이들 이름을 지닌 사람의 가문이 5세기나 그 후에 서역에서 왔다고 한다면 또는 그에게 호(胡)라는 이름이 추가적으로 주어졌다면, 혹은 이란어를 쓰는 서역과 연계된 사물이나 표현이 무덤에서 발견된다면, 우리가 소그드인을 다루고 있을 가능성이 크다. 타림분지와 중국에 정착한 이란어를 사용하는 이민자들의 문화에 제대로 된 이란의 영향이 부재한 사실 — 전례용 언어와 사산 왕조 상층 귀족 출신으로 장안(長安)에 자리 잡은 소규모 피난민을 제외하고 — 은 여기서 중요하다. 왜냐하면 이들의 출신지를 소그디아나로만 제한할 수 있기 때문이다. 마지막으로 일정 수의 용어는 사실상 당나라 문헌에서 소그드인들만을 위해 전용되었던 듯 보인다. 특히 8세기부터 등장하는 '9개 이름을 가진 호인'(九姓胡, hu jiu xing hu)처럼 말이다.[127]

이와 같은 필요조건을 감안했을 때, 축적된 문헌들은 여전히 매우 중요하다. 철저함을 표방하지 않더라도 — 책 한 권으로도 이러한 목적에 충분하지 않을 것이다 — 이러한 팽창의 역사적 몇몇 특징을 분석하기에 앞서 소그드의 상업적 팽창이 발생한 여러 지역을 분류해 지리적 접근을 시도할 수 있다.

---

[127] Pulleyblank, 1952, pp. 320~22.

2. 타림분지와 감숙

남쪽 노선

고대 네트워크를 위해 작성했던 소그드 거류지 지도는 타클라마칸 사막[128]이 남쪽으로 우회되었음을 명백히 보여 준다. 누란 왕국이 돈황 및 호탄과 더불어 이 노선에서 가장 중요한 지점이었음은 확실하다. 논란의 여지가 있지만 4세기 중반과 5세기 초 사이의 어느 시점에서인가 누란 왕국 지역은 아마도 로프노르(Lop Nor)호[129] 주변의 사막화가 진행하면서 버려졌던 것 같다.[130] 중국인들은 이를 선선(鄯善) 왕국[131]이라고 불렀다. 왕국은 산이 많은 남쪽의 산록 지대로 물러났고 사막화가 진행되면서 호탄과 돈황 사이의 남쪽 노선 일부분을 막아버렸다. 니야[132]나 카라동[133]처럼 이전 시기에는 사람이 거주했던 지역들이 버려졌다. 400년에 여행했던 법현(法顯)은 돈황과 선선 사이의 어마어마한 사막을 묘사한 이후에 빈곤해진 지역 상황을 설명했다.[134] 이는 의심할 여지 없이 중앙아시아 무역로들의 지형에 생긴 커다란 파열이었다. 5세기에 남쪽 노선은 인더스강 상류 고갯길에서 카슈가르, 악수(Aqsu),[135]

---

128 (옮긴이) 세계 최대의 모래사막 가운데 하나로, 중국 타림분지 중앙에 위치하고 있다. 북쪽의 톈산산맥, 남쪽의 쿤룬산맥, 서쪽의 파미르고원 등 높은 산맥들로 둘러싸여 있으며, 동쪽은 점차 습한 로브 노르호(湖)로 이어진다.

129 (옮긴이) 타클라마칸사막 동쪽 타림분지 안에 위치하며, 옛날에는 염호(鹽湖)였으나 오늘날에는 소금으로 뒤덮인 바닥만 남아 있다.

130 첫 번째 시기에 대해서는 Brough, 1965, p. 604를, 두 번째 시기를 지지하는 입장에 대해서는 중국 저작들을 활용한 Litvinskij(dir.), 1988, pp. 271~72 참조.

131 (옮긴이) 누란 왕국을 말한다. 선선 왕국이란 이름은 한나라 때 붙여졌다.

132 Vorob'eva-Desjatovskaja, 1988, p. 92.

133 Debaine-Francfort, Idriss and Wang, 1994; Debaine-Francfort, Idriss, 2001.

134 Trans. Beal, p. xxiv.

135 (옮긴이) 타림분지 북쪽 가장자리에 위치한 도시로, 튀르크어로 '백수'(white water)

쿠차를 경유해 타클라마칸 주변으로 이어지는 북쪽 노선에 자리를 내주었다.

그럼에도 불구하고 가장 잘 알려진 소그드의 식민화 과정은 선선 지역에 위치한 사막 지대 남쪽에서 발생했다.

> 정관의 치(貞觀之治, 627~649)[136] 시기에 강국(康國, 사마르칸트)의 위대한 지도자였던 강염전(康豔典)은 동부로 가 그 도시에서 살았다. 다른 호인(胡人)들도 그를 따랐으며, 그들은 전합성(典合城)이라고도 불리는 거류지를 형성했다. 이 도시의 사방은 모래사막으로 둘러싸여 있다. 상원(上元, 당[唐] 고종[高宗]) 2년(675)에 선선(鄯善)이라는 이름이 석성진(石城鎭)으로 바뀌었고 [요새화된 이 도시는] 사주(沙州)에 합쳐졌다. [······]
>
> 신성(新城): [이 도시의] 동쪽에 위치한 돌의 도시[석성진] 성채까지의 거리는 240리이다. 강염전이 선선에 정착했을 때, 그는 가장 먼저 이 도시를 건설했다. 이것이 신도시(New Town)라고 불리게 된 이유이다. 한나라는 그것을 누지(Nuzhi)의 도시(弩之城, Nuzhi cheng)라고 부른다. [······]
>
> 포도의 도시(蒲桃城): [이 도시의] 남쪽에 위치한 석성진까지의 거리는 4리이며, 그것을 세운 이는 강염전이다. 그는 도시 안에 포도를 심었다. 이것이 포도의 도시라고 불리게 된 이유이다.
>
> 마지막으로 사피(Sapi)의 도시(薩毗城, Sapi cheng): [이 도시의] 북쪽에 위치한 석성진까지의 거리는 480리이다. 이 도시를 건설한 이도 강염전이다. 이 도시는 사피 호수(Sapi ze 薩毗澤)와 가깝다. 험악한 산

를 뜻한다. 전한(前漢) 때부터 당나라 초까지 중국에서는 고묵(姑墨)이라 칭했다.

136 (옮긴이) 중국 당나라 태종 때의 태평성대를 이르는 말로, 태종의 연호가 '정관'인 데서 유래했다.

이 빽빽하게 늘어서 있다. 늘 그곳에는 지속적으로 오가는 토번(吐蕃, Tufan)과 토욕혼(吐谷渾)이 있다.[137]

이 구절은 『신당서』(新唐書) 「지리지」(地理志)가 좀 더 간명하게 시사한 바를 확인해 준다. 사막화의 정점에 소그드인들도 다른 이들처럼 그 지역을 떠났다고 추정할 수 있다. 그러므로 더 북쪽에 위치한, 『고대 편지들』에 나오는 누란의 옛 식민지와 이곳은 어떤 연속성도 없다. 세미레체처럼 이곳에서도 식민화는 디칸들에 의해 시작되었다. 북쪽에 산기슭이 있고 계절성 폭우가 내리는 지리적 환경도 비슷하다. 중국 문서는 이러한 정착을 좀 더 군사적 성격으로 해석하는 듯 보이지만 중국인들에게는 아마도 농경지의 재탈환이나 7세기에 다소 활기를 되찾은 무역로에 대한 감시와 같은 미지의 다른 목적과 연계된 주둔군으로부터 군사적 이득을 얻는 문제였음이 틀림없다. 사피 도시의 위치 또한 산악지대에서 이루어지던 유목민들과의 교역을 암시한다. 어떻든 간에 소그드인의 존재는 7세기 말에도 용인되었고 석성진 총독은 여전히 소그드어 이름을 가지고 있었다.[138] 석성진은 후에 차르클리크(Čarklik)가 되었다.[139]

남쪽 노선에서 다음으로 큰 무대는 당연히 호탄이었다. 이 도시나 그 주변에 소그드인들이 존재했음을 보여 주는 증거는 많고도 다양하

---

137 아우렐 스타인(Stein Chinese 917)이 돈황에서 가져온 885년 중국 협약문에서 발췌한 내용을 해설과 함께 번역했다. Pelliot, 1916.

138 Pelliot, 1916에는 총독 강불탐연(康拂耽延)과 그의 남동생 지사발(地舍發)의 이름이 언급되어 있다. 총독의 이름은 소그드어로 'prtmy'n 형태로 이해할 수 있다 (Henning apud Pulleyblank, 1952, p. 333, n. 1). 아마도 이 네 도시는 티베트 자료에서 언급된 듯한데, *Tibetan Chronicle of Dunhuang*에 따르면 티베트의 관료 가르 타 구(Mgar Sta gu)는 694년 속(Sog)에게 붙잡혔다(Li Fang-Kuei, 1958). 하지만 티베트어 'Sog'의 해석은 명확하지 않다.

139 Hamilton, 1977, p. 357.

다.[140] 소그드인들은 소그드어 이름을 언급한 중국 문서들뿐만 아니라 파편적인 소그드어 문서[141]와 'Farn', 즉 행운(Fortune)이라는 이름이 새겨진 도장으로도 알려져 있다. 상인을 칭하는 호탄어 'sūlye'가 사실상 소그드어에서 파생된 것이라면 일련의 증거는 두 배로 늘어날 것이다.[142] 호탄 도상학에 끼친 소그드의 영향력 또한 암시된다.[143]

이처럼 소그드인들은 남쪽 노선에서 활동했다. 그들의 무역 활동에 대해 알려진 바는 없지만, 다른 외국 상인들 — 특히 박트리아인들 — 도 문헌에 거의 등장하지 않는다. 비록 그렇다 할지라도 남쪽에서의 소그드인들의 존재감은 북쪽에서보다 훨씬 약했다. 소그드 네트워크 가운데 이 첫 번째 노선은 부차적이었는데, 기록 문서의 현황을 고려하면 4세기 이후로 그곳에 소그드인들이 계속해 존재했는지의 여부는 알 수 없다.

북쪽 노선에 대한 기록 문서

소그드 인구의 지속적인 이동이 6세기부터 8세기까지 세미레체와 감숙(甘肅) 사이에서 이루어졌다. 돈황과 투르판의 소그드 주민들에 대

---

140 요시다 유타카는 최근 수월한 방법으로 증거를 수집했다(Yoshida, 1997, pp. 568~69).

141 마자르 타그(Mazar Tagh) 지역에서 나온 문헌들은 빨라야 8세기의 것이다. Sims-Williams, 1976, nos. 12, 15, 16, 23, 27, 30, 33 참조. 첫 번째 문헌만이 상업과 관련이 있다. Sims-Williams and Hamilton, 1990, pp. 39~40에 실린 문서 D(상업과는 관련이 없다)와 특히 색깔이 다채로운 비단에 대해 언급하는 트링클러 컬렉션(Trinkler collection)의 미완의 유고(Sims-Williams, 1979, p. 337, n. 6)도 이 목록에 첨부되어야 한다.

142 철학자들은 이를 수용하는 것 같다. Sims-Williams, 1996c, p. 46과 Yoshida, 1997, p. 568이 제시한 참고문헌 참조. Rong Xinjiang, 1993은 이러한 의미로 수십 개의 호탄 문서를 해석했다.

143 Mode, 1991~92 참조.

해서는 소그디아나를 포함해 다른 어느 곳보다도 우리에게 잘 알려져 있다. 사실 이들 지역은 20세기 초 고고학자들(아우렐 스타인, 폴 펠리오, 알베르트 폰 르 코크[Albert von Le Coq], 스벤 헤딘, 오타니 고즈이[大谷光瑞, 1876~1948][144] 등)의 탐사로 광범위하게 검토되었으며, 반세기 동안 생산적인 중국의 수많은 발굴 덕도 보았다. 이 지역에서 교역 활동에 가담한 소그드인들에 대해 상세히 기술하기에 앞서 기록 문서에 대해 다소 시간을 할애할 필요가 있다.

이들 지역 중심부에 위치한 투르판 인근의 아스타나와 카라호자(Qarakhoja) 묘지는 사자(死者)를 위해 종이로 만든 의복을 준비하는 중국의 지역 관습 덕분에 많은 상업 문서를 제공한다. 이것들은 모래와 건조한 날씨 덕에 보존될 수 있었다. 1959~75년에 무덤들이 발굴되었는데, 그 가운데 118기에서 중국어로 된 1,600점의 문서—반은 행정, 반은 사적인 문서이다—를 재구성할 수 있는 파편들(2만 7,000점)이 나왔다. 5퍼센트는 502년 전의 것으로, 30퍼센트는 502~640년(고창국[高昌國])의 것으로, 65퍼센트는 당나라 때인 640~778년의 것으로 추정된다.[145]

11세기 초 벽으로 봉해진 막고굴(莫高窟) 제17굴에서 나온 돈황 문서들은 투르판 묘지에서 출토된 것들보다 더 후대의 것이다. 대체로 경제 관련 서류들은 9세기, 특히 10세기의 자료들이다. 유일하게 한 계약

---

144 (옮긴이) 일본의 승려이자 고고학자로, 일본으로 불교가 전래된 경로와 불교의 역사를 탐구하기 위해 중국 서역과 중앙아시아를 여러 차례 탐험했다.

145 거의 대부분의 문서는 10권의 연속 간행물(『吐魯番出土文書』, 1981~91)로 출간되었다. 1992~96년에는 복사본과 몇몇 단편을 실어 총 4권의 신판이 발간되었다. 유적지 전시에 대해서는 Lubo-Lesničenko, 1988, pp. 284~97 참조. 이들 문서와 관련해 우리는 총 281점의 계약서 가운데 43점의 상업 계약서(그 가운데 25점은 640년과 768년 사이에 작성되었다)와 59점의 대출, 그 외 본질적으로 노동(30점)이나 농사(110점)와 관계된 계약서에 주목했다. 계약서에 대해서는 Hansen, 1995, pp. 19~24; Scheil, 1995; Yamamoto and Ikeda, 1987, p. 10 참조.

서만이 더 이른 시기인 8세기 중반에 작성되었는데,[146] 소그드인이자 호인(胡人) 여성 노예[胡奴] 한 명을 소개한다. 돈황 문서들은 수많은 필사 습작과 산발적인 단편들로 구성되어 있다. 언어적으로 매우 다양한데, 특히 소그드어와 위구르어 문서들이 그러하며 일부는 교역을 다루고 있다.[147]

우리에게는 다른 대도시 유적지에 대한 정보가 전무하다. 예를 들어 중국 문헌에는 북정(北庭)으로, 소그드-아랍 문서에는 판지카트 (Panjikath)[148]로 표기되는 베슈발리크(Bešbalik)는 소그드어로 된 여행 허가증 형식의 물증과 조로아스터교의 납골당이 나왔음에도 불구하고 다른 유적지에서 출토된 사업 문서 속의 간접적인 언급을 통해서만 알려져 있다.[149] 중국 학자들의 조사에도 불구하고 쿠차 도시 내에서 출토된 문서는 없다. 반면, 우리는 쿠차 근교에서 나온 중국어 계약서,[150] 서부 쿠차어로 쓰인 카라반 여행 허가증[151] 같은 몇몇 문서 — 재를 넘는 카라반을 조사하는 임무를 맡고 있던 마을 북쪽의 감시탑에서 나왔다 — 와 승원(僧院) 및 둘두르 아쿠르(Duldur aqur)의 군 초소에서 나온 불교 문헌을 가지고 있다.[152] 펠리오가 발견한 상용문은 여전히

---

146 No. 256 in Yamamoto and Ikeda, 1987.

147 소그드어나 튀르크-소그드어 문서에 대해서는 Sims-Williams and Hamilton, 1990을, 위구르어 문서에 대해서는 Hamilton, 1986 참조. 중국의 경제 및 사회와 관련된 문서들은 투르판에서 발굴되지 않았다. 돈황의 작은 동굴들에서 출토된 문서들은 편리하게 3권으로 묶어 출판되었다. 제1권(Yamamoto, Ikeda and Okano, 1978)에는 법률 문서들을 모아 놓았으며, 제2권(Yamamoto and Dohi, 1985)은 주민 명부이다. 가장 흥미로운 제3권(Yamamoto and Ikeda, 1987)에는 531점의 계약서를 모아 놓았다. 돈황과 관련해서는 33점의 중국 상업 계약서((Yamamoto and Ikeda, p. 14)와 일군의 차용 문서들(Trombert, 1995에서 연구)이 알려져 있다.

148 『세계의 경계』(Ḥudūd al-'Ālam)의 중복된 지명에 대한 분석은 이 책의 제10장 460쪽 참조.

149 Kageyama, 1997.

150 Yamamoto and Ikeda, 1987, p. 12 참조.

151 Pinault, 1987.

발행되지 않았는데, 주로 불교 승원의 농업 및 목축 경제와 관련이 있어 보인다.[153] 그럼에도 불구하고 쿠차 오아시스에서 소그드인들이 활동했던 것은 확실하다.[154]

또한 아스타나 묘지에서 출토된 투르판 노예 매매 계약서[155]처럼 소그드어나 또는 다른 언어로 작성되었지만 소그드인에 대한 정보가 가득한, 수많은 고립된 문헌이나 서류도 존재한다. 따라서 툼슈크 오아시스에서 그들이 활동했다는 사실도 그들이 등장하는 몇몇 지역 문서 덕분에 확인할 수 있다.[156]

반면, 이렇게 풍부한 문서들을 보완하는 수단으로서 고고학은 그다지 큰 도움이 되지 않는다. 마니교 성소들은 알려진 반면,[157] 어떤 소그드 사원도 돈황에서 발견되지 않았다. 사원이 있던 자리는 물에 휩쓸려 떠내려갔음이 확실하다.[158] 그 수는 적지만 역사 문헌이 입증하고 화폐 연구 분야에서 활용할 수 있는 사산 왕조 은화 몇 개는 있다.[159]

---

152 Trombert, 2000a 참조. 수바치(Subači)에서 나온 문서도 이 판본에 포함되어 있다.

153 Pinault, 1998.

154 Trombert, 2000a에 실린 두 단편(no. 77, 220)은 Sims-Williams and Hamilton, 1990, pp. 40~41에 실린 네 편의 단편과 함께 묶어야 한다. 이 정보를 알려 준 요시다 유타카에게 진심으로 감사한다. 쿠차에서 활동하던 소그드인들의 존재에 관한 카게야마 에츠코(影山悦子)의 연구는 Etsuko Kageyama, "Sogdians in Kucha, a study from archaeological and iconographical material", de la Vaissière/ Trombert (eds.), Les Sogdiens en Chine, Paris, 2005, pp. 363~75 참조.

155 Yoshida and Moriyasu, 1988. 이 문서(69 TAM 135)는 제이비어 트렘블레이(Xavier Tremblay)와 유리 카레프(Yuri Karev), 그리고 내가 참여한 파리 고등연구원(École Pratique des Hautes Études) 세미나 과정(Frantz Grenet 진행)에서 번역되었다.

156 이 정보도 요시다 유타카에게서 얻었다. 특히 Henning, 1936, p. 13 참조. Tremblay, 2001, pp. 91~92에서 툼슈크에서의 소그드 영향력에 대한 설명도 참조.

157 Chao Huashan, 1996 참조.

158 Grenet and Zhang Guangda, 1996, p. 175.

159 그것들(아스타나 묘지에서 출토된 27점의 사산 왕조 주화와 카라호자에서 나온 31점의 주화)을 목록으로 작성한 Thierry, 1993 참조. 카슈가르 서쪽에서 발견해

그렇다고는 해도 이 문헌 모음집은 소그드 교역과 소그드인들이 톈산 동쪽을 식민화하는 과정을 보여 주는 현존하는 가장 완벽한 문서이다. 그것은 세미레체와 쿠차, 투르판, 감숙 사이를 소그드 상인들이 왕래했으며, 그 일대 전역에 정착했음을 보여 준다.

소그드 거류지들

모든 대(大)오아시스에 소그드 공동체들이 설립되었다. 이러한 결론을 뒷받침하는 문서들은 상당하다. 예를 들어 천교(祆教) 사원들 — 투르판, 하미(Hami),[160] 돈황에서 소그드 신들에게 경의를 표하기 위한 의례나 특별히 소그드적으로 변이된 조로아스터교에 봉헌된 사원이다 — 을 언급하는 종교 기록 문서[161]도 있다.

투르판 — 비록 이 도시의 하늘 숭배는 조로아스터교에 동화되지 않았지만[162] — 에서 출토된 여러 6세기의 문서는 이러한 신들과 연계해 포도주와 소, 곡물을 제물로 바쳤음을 보여 준다.[163] 훗날 소그드 그리

모아 놓은 울루그 아트(Ulugh Art) — 이것만도 중국에서 발견된 사산 왕조 및 아랍-사산 왕조 주화 전체 가운데 2/3 이상(1,430점 가운데 947점)을 차지한다 — 를 배제하면, 신장(新疆) 전역에서 총 65점만이 출토되었다.

160 (옮긴이) 감숙에서 중앙아시아와 서역으로 가는 길목에 있는 주요 오아시스 도시로, 고대 중국에는 이오(伊吾)로 알려졌다.

161 Grenet and Zhang Guangda, 1996이 발간되기 이전까지 돈황과 중국 내부에서의 이란 신학에 대해 가장 정확한 저작이었던 Waley, 1959 참조. 많은 다른 저작과 달리, 아서 웨일리(Arthur Waley)는 소그드의 종교 — 조로아스터교의 다신론적 변종 — 와 이란의 교화된 조로아스터교를 혼동하지 않았다. 이러한 혼동은 중국의 서부 종교들을 규명하는 데 있어 심각한 결과를 초래했는데, Leslie, 1981~83과 Forte, 1996이 이러한 실수를 했다는 것이 특히 유감이다.

162 '투르판의 주요 종교로 언급되는 하늘 숭배는 조로아스터교로 생각되어야 하는가?'라는 주제를 놓고 중국 저자들 사이에서 격렬한 논쟁이 벌어졌다. Lin Wushu, 1992와 함께 나는 그렇게 생각하지 않는다.

163 Grenet and Zhang Guangda, 1996, p. 183; Zhang Guangda, 2000, pp. 194~95.

스도교 수도원에 의해 점유되는 토유크(Toyuk) 부지는, 7세기에는 소그드 조로아스터교 사원이었던 것 같다.[164] 본문에 따르면, 돈황 도시 끝에 사원이 존재했다.

  천교(祆敎) 신전(神殿)은 주(州, 돈황) 동쪽으로 1리 거리에 있다. 건립된 사당에는 '영혼 안치'(Spirit-placing)의 성화가 있다. 20개의 벽감이 있고 뜰의 둘레는 100걸음이다.[165]

8세기 중반에 쓰인 것으로 추정되는 이 구절은 아마도 964년까지 이 사원에서 봉헌된 제물을 계속 묘사한 9, 10세기의 문서들뿐만 아니라 다른 필사본[166]에 의해서도 확증된다.[167] 카라샤르(Qarashahr)[168]에서 소그드 납골당의 발견이 보고되었는데, 소그드 명문이 새겨진 은 접시와 소그드어가 적힌 나무토막(꾸러미 딱지?) 두 개, 투르판에 살고 있는 소그드인들에 대한 언급이 적힌 문서들과 함께였다.[169] 마지막으로

  그럼에도 불구하고 언급된 모든 문서가 조로아스터교와 연관되어 있는지는 의심스럽다. 그 가운데 어떤 것은 풍백(風伯, Fengbo) 숭배처럼 대중적인 중국 종교와 관계가 있다.

164 Zhang Guangda, 2000, p. 193. 문서 Dx18937에서 문자 'xian'(祆)이 실제로 이 원문(하지만 출판된 Zhang Guangda의 글에서는 누락)에서 등장한다. 하지만 원문의 종횡이 완전한지는 확실하지 않다. 따라서 맥락을 명확히 하기가 힘들다(트롬베의 지적 덕분에 이러한 사실에 주목할 수 있었다).

165 Manuscript Pelliot Chinois 2005(*Topography of Shazhou*), trans. Grenet and Zhang Guangda, 1996, p. 175; Waley, 1956, pp. 124~25.

166 Grenet and Zhang Guangda, 1996, 1975; Pelliot 2680, 2748, 2983, 3870, 3929, 7043, 3571.

167 Grenet and Zhang Guangda, 1996, pp. 181~83; Pelliot 4640과 선과 악의 종교(Dēn)에 대한 그림(Pelliot 4518, 24)은 정확하게 이 본문과 일치한다. 또한 Pelliot 2629와 돈황에 보존된, 아마도 964년에 작성된 듯한 같은 글 일부에서도 언급된다.

168 (옮긴이) 오늘날 타림분지 내의 타클라마칸사막 북쪽에 위치하던 투하라인들의 도시국가로, 한나라 당시 주요 거점 지역이었다.

7세기 하미에 천교 사원이 있었음을 언급하는 문서도 있다.

> 천교 사당에는 주조해 그림을 그린 수많은 형상이 있다. 적반타(翟盤陀)라 불리는 천교 추종 집단의 지도자가 있었다. 그는 고창(高昌) 정복 이전에 중국 조정을 방문할 기회가 있었다.[170]

소그드 사원의 존재는 조직화된 수많은 소그드 공동체의 정착을 보여 주는 최고의 지표이다. 성직자는 이미 『고대 편지 I』에서 언급되었다. 그런데 우연히 그들의 존재를 가리키는 다른 문헌들이 조명되었고, 그 결과 당나라 정복 이전에 하미가 소그드인들에 의해 통치되었을 가능성도 제기되었다. 왜냐하면 천교 사원 외에도 역사 문헌이 그곳에 호상(胡商)들이 정착했음을 언급하고, 여러 지역의 고관들이 소그드어 이름이나 성씨를 가지고 있었기 때문이다. 적반타는 반다크(Vandak, 하인)라는 소그드어 이름을 가지고 있었는데, 튀르크 성씨로 보아 그는 튀르크-소그드인임이 틀림없다.[171] 돈황에서 출토된 8세기 중반의 희귀 문서 가운데 하나는 종화(從化) 관구의 안성(安城) 마을에 있던 소그드 사원에 대해 언급한다.[172] 하지만 가장 풍부한 기록은 투르판과 관련한 것이다. 이들 문헌 덕분에 다방면에서 소그드인들의 이주를 이해할 수

---

169 접시에 대해서는 Lin Meicun, 1997, 나무토막에 대해서는 Huang Wenbi, 1983, pl. XXVII의 글 참조. 이러한 정보와 납골당의 존재에 대해 알려 준 요시다 유타카에게 감사한다.

170 Manuscript Stein Chinese 367을 약간 수정한 Waley, 1956, p. 125; Yosida, 1994, p. 392도 참조. 신의 이름은 아람(阿攬, Alan), 즉 소그드어로 'rām' 또는 'rāman'—둘 다 잘 입증된 형태이다—이었다. 'Zhai'는 또한 'Di'로 발음된다.

171 당나라에 도시가 항복하도록 이끈 석만년(石萬年)의 경우도 언급할 수 있다. *Tongdian*, 191.3.b와 manuscript Stein Chinese 936을 인용한 Pulleyblank, 1952, pp. 350~54 참조.

172 Ikeda, 1981, pp. 77~78 참조. 본문은 Yamamoto and Dohi, 1985, II (A), pp. 120~23에서 편집.

있게 되었다.

농부, 장인

투르판의 모든 직종에서 소그드 성씨를 가진 사람들이 발견된다.[173] 그들은 농부이거나 가죽 세공인 또는 여관 주인, 현수막 도공, 포도 재배자, 청동 세공사, 돼지 도축업자, 장인, 무두장이, 관리, '낙타 발굽 관리사' 등이었다.[174] 그들이 종사하지 않았던 분야는 없는 듯 보인다. 소그드 공동체는 가족 사찰뿐만 아니라 자신들의 이름을 딴 도시 구역도 보유했다.[175] 따라서 이는 단순히 상인 공동체의 사안이 아니라 모든 사회 계층을 포괄하는 전반적인 이주 과정의 문제이다. 돈황이나 투르판의 소그드인들은 단순히 일을 그만둔 상인들의 빈곤한 후손들이 아니었다. 로프노르에 있는 네 곳의 소그드 도시에 대한 상기 문서와 세미레체의 식민화 과정은 이주가 처음부터 사회적으로 다양했음을 보여 준다.

사실, 우리는 이 지역의 소그드인들을 파악할 수 있게 되자마자 그들을 농부나 장인으로 간주했다.[176] 돈황에서 출토된 가장 오래된 세

---

173 Jiang Boqin, 1994, chap. 5, pp. 150~263은 투르판에서 출토된 문헌이 언급하고 있는 소그드인들에 관한 연구이다. 다음 자료의 주요 부분은 이 저작에 따랐다. 나에게 너무도 중요한 이 장을 번역해 준 트롬베에게 진심으로 감사한다.

174 Jiang Boqin, 1994: 농부, pp. 156~57: IV, p. 37 (i.e., *Tulufan chutu wenshu*, edition without facsimiles, vol. IV, p. 37); 가죽 세공인, p. 166: IV, p. 289; 여관 주인, pp. 158~59: IV, pp. 132~35; 현수막 도공, pp. 157~58: III, pp. 138~42; 포도 재배자, pp. 163~64; 청동 세공사, p. 165: VIII, p. 45; 돼지 도축업자, 장인, 무두장이, p. 166; 관리, p. 173: VII, p. 468; 낙타 발굽 관리사, p. 166: IV, p. 289. '낙타 발굽 관리사'는 오랜 행군으로 갈라진 낙타 발의 거친 피부를 봉합하거나 졸라매는 업무를 하는 전문가와 관련이 있다.

175 Jiang Boqin, 1994, pp. 159~61: VI, pp. 243~69.

176 다음 단락은 모두 트롬베의 연구에 신세를 졌다. 이에 매우 감사한다. de la Vaissière

금 명부 가운데 하나인 6세기 중반의 장부에서 매우 평범한 농부의 대략 15개의 이름 가운데 두 명의 소그드인 이름이 발견되었다.[177] 훗날, 751년도에 작성된 것으로 추정되는 돈황에서 강제 노역을 해야만 했던 사람들의 긴 명부는 종화 관구 주민의 대다수가 소그드인이었고 농부였음을 보여 준다.[178] 668년경의 것으로 추정되는 투르판의 한 문헌은 '이주자'라고 막 선언한 가족들에게 일전에 할당된 토지의 재분배에 대해 설명한다.[179] 이들 이주자 대부분은 소그드 성씨와 이름을 가지고 있었다. 여기서 우리는 꽤 큰 크기의 농장을 소유한 소그드인들을 볼 수 있다.[180]

한 소그드 정착민은 8세기 돈황에 정착한 맥주 양조업자 안호도분[安胡到芬, An Hudaofen/후다이파른(Khudayfarn), '찬란한 거장']처럼 반은 기능공이고 반은 무역업자였다. 그는 맥주와 술지게미를 생산해 지역 관리들에게 공급하는 동시에 이보다 많은 양을 시장에 내놓았다.[181] 이러한 사례는 얼마든지 찾을 수 있다.

상인

교역은 의심할 여지 없이 많은 소그드인의 생계 수단이었다. 이 주제

---

and Trombert, 2004에서 세부 사항 참조.
177 Manuscript S. 613.
178 '중국에 합병된' 이 관구(從化)는 그 지리학적 위치(돈황 도시만으로 구성된 구역과 접하고 있다)만큼이나 주민 수(300가구 또는 개개인 1,400명 정도로 추정된다)로도 지구의 13관구 가운데 눈에 띄었다. 주로 Ikeda, 1965(일본어) 참조. Ikeda, 1981도 참조.
179 TAM 42: 54 sq.
180 예를 들어 강오파문타(康烏破門陁, Kang Wupomentuo) 명부 가운데 가장 비옥한 땅의 일부를 소유했다. 전체 면적이 11묘(畝)(6,000제곱미터가 넘는다)인 8개 부지 가운데 6개가 1년에 두 차례 수확한다.
181 Manuscript P. 4979 V° 1.

와 관련해 돈황 및 투르판에서 나온 문서들은 아주 풍부하다.

거주민이자 중국의 주민 명부에 기재된 소그드인들은 'xing hu'(興胡, '공인된 호')[182] 및 'shang hu'(商胡, '상인 호')와는 구분할 필요가 있다. 흥호(興胡)는 상인일 수 있는데, 이 경우 그들은 투르판에서 출토된 문서에서 언급된 두 강씨처럼 나라에 '상업 부역'을 져야 했다.[183] 적은 액수와 관련한 수많은 중국 계약서에서는 여기서는 낙타를 팔고[184] 저기서는 노예나 말을 산다고 그들을 묘사한다.

개원(開元) 21년(733), 1월 5일에 서주(西州)의 평민 석염전(石染典)이 18필의 커다란 비단 두루마리로 지불했다.

이제 서주의 시장에서 그는 상기한 말을 강사례(康思禮)에게 샀다. 이들 말과 비단은 같은 날 교환되었다. 누군가 불만이 있다면 이는 말을 판매한 자와 거래 보증인에 대해서이지, 구매자와 관련해서는 아니다. 그리고 사람들이 신의를 잃지 않도록 수의계약이 체결되곤 한다. 양측 당사자가 동의하면 그 증거로 손가락을 그린다.

비단 소유자
말 소유자, 민병대장 강사례의 조수, 34세
보증인 흥호(興胡) 라야나(羅也那), 40세
보증인 흥호(興胡) 안달한(安達漢), 45세
보증인 투르판의 백성 석조한(石早寒), 50세[185]

---

182 아라카와 마사하루(荒川正晴)는 이들을 '객호'(客胡, '초대된/여행하는 호인') — 이 용어는 사절단과 동행하는 호인(胡人)를 지칭하는 것으로 정사(正史)에서 발견된다 — 와 구분할 필요가 있다고 나에게 알려 주었다.
183 Jiang Boqin, 1994, p. 158: III, p. 90.
184 Yamamoto and Ikeda, 1987, text 29, p. 13.
185 원문은 Yamamoto and Ikeda, 1987, text 32, p. 14에서 편집.

이 계약서에 언급된 사람들 모두 소그드어 이름을 가지고 있지만, 몇몇은 다른 이들보다 더 (그 사회에) 통합되어 있었다. 두 명의 소그드인은 투르판의 '백 가구'(百姓, 여기서는 '평민')에 속한다고 할 수 있는데 이들은 모두 공인된 자이며, 판매자의 신분이자 민병대장인 사람 역시 공인된 자라는 생각이 들게 한다. 중국 신민인 이들의 계약서는 중국어로 작성되었다. 신분상의 이러한 차이들은 639년에 쓰여진 것으로 추정되는, 현재 알려진 유일한 소그드 상업 계약서에서도 발견된다. 그것은 다음과 같이 명시한다.

그리고 이 노예 계약서는 그 사람이 떠돌이이든 정주민이든[186] 누구든지 간에, 그리고 왕과 그의 관료에게도 꽤 괜찮은 효력을 발휘할 것이고 누구를 막론하고 이 소녀의 계약서를 소유하고자 할 것이다.

여행하는 호인(胡人)은 중국인들의 눈에 외국인이었다. 그들은 순회하기 위해 허가를 받아야 했으며, 부역을 지지 않는 대신에 거래 시에는 상업세를 지불했다. 소그드 정주민들은 종종 중국어로 된 계약서의 보증인이나 증인으로 동원되었는데, 수많은 문서가 그들의 상업활동을 입증한다. 예를 들어 아스타나(Astana) 묘지에서 발견된 문서 가운데에는 소송과 관련된 문서로 만들어진 종이 샌들에서 뜯어낸 종이 조각도 있다.[187] 소송은 수도 출신의 중국 상인 이소근(李紹謹)을 상대로 두 소그드 상인인 조녹산(曹祿山)과 조필사(曹畢娑)가 제기한 것으

---

[186] 상투적인 중국어 문구와의 유사점은 명확한데(興胡/百姓), 마운트 무그(Mount Mugh) Nov. 3, verso, lines 9-10 (Livšic, 1962, pp. 23, 25~26)에서 발견된 유사(하지만 동일하지 않은) 문구 — 현재로서는 박트리아어와 유사점이 있다(Sims-Williams, 2000, p. 216) — 가 정확하게 같은 내용을 망라하고 있는지는 확실하지 않다. 이 주제에 대해 논평해 준 일리야 야쿠보비치(Ilya Yakubovich)에게 감사한다.

[187] Ikeda, 1981, p. 79; Lubo-Lesničenko, 1994, p. 259에서 그 내용을 볼 수 있다. 문서는 『吐魯番出土文書』 VI, pp. 470~78에 게재되었다.

로 비단 275필(疋)과 관련이 있었다. 이 소송은 665~673년에 쿠차에서 제기되었다. 루산(廬山, Lushan) — 녹산(Rox-shan)은 '어둠에서 빛나는'이라는 의미이다 — 이라는 이란어 이름에서 출신 민족을 확인할 수 있는 이들 소그드 상인은 톈산 북쪽에 있는 알말리크(Almalig)와 타림분지 사이를 낙타, 당나귀, 소로 이루어진 대상단과 함께 여행했다. 732~733년의 또 다른 사례는 두 명의 일꾼과 한 명의 노예, 한 명의 상인이 이끄는 열 마리 노새와 한 마리 말로 이루어진 소규모의 소그드 대상단을 보여 준다. 이들은 모두 소그드인이었는데, 투르판에 본거지를 두고 감숙(과주[瓜州], 주천[酒泉]) 경계지와 쿠차 사이를 왕래했다.[188] 이들 상인은 전 지역을 돌아다녔는데, 문서가 보존되지 않은 이들 지역(쿠차, 베슈발리크)에서의 소그드인들의 행적을 보여 준다. 특별한 한 문서를 통해서는 투르판에서 소그드 상인들이 행사한 고급 상품 교역의 통제 범위를 알 수 있다.

관세 대장

아스타나에서 나온 이 문서(11개의 단편으로 구성되어 있는 73 TAM 514:2)는 거의 1년 동안 2주일마다 작성된 목록으로 십중팔구 610~620년에 작성되었을 것이다.[189] 아래의 글은 첫 번째 달의 첫 보름 동안을 다룬 일부분이다.[190]

---

188 Ikeda, 1981, p. 78 참조.
189 언급된 사람 가운데 한 명인 'Ju Bulüduo'(車不呂多)는 619년의 한 문서에도 나온다. 『吐魯番出土文書』 III, p. 111.
190 이 원문은 Lubo-Lesničenko, 1994, p. 259에 실려 있다. 『吐魯番出土文書』 III, pp. 318~25에서 편집. 트롬베가 친절하게도 이 원문을 번역하고 논평해 주었다. Skaff, 1998, pp. 89f.도 참조.

첫째 달 1일부터 조가발(曹迦鉢)은 2파운드의 은(銀)을 하비시굴(何卑尸屈)에게 팔았다. 두 사람에게 동전 2닢을 거두었다. 같은 날 조이[파](曹昜[婆])는 (……) 2파운드 5온스의 은을 강염비(康炎毘)에게 팔았다. 두 사람에게 동전 2닢을 징수했다. 이튿날 적타두(翟陁頭)가 9½온스의 금을 (……) 현우(顯祐)에게 팔았다. 두 사람에게 (……)를 징수했다. 셋째 날에 하아릉차(何阿陵遮)는 5파운드 2온스의 은을 안파(安婆)에게 팔았다. 동전 5닢을 (……) (……). 같은 날에 적살반(翟薩畔)은 572파운드의 향수와 30-(……)의 놋쇠를 팔았다. 동전 (……) 닢을 (…). 5일째에는 강야건(康夜虔)이 (……) 144파운드의 약용식물을 영우희(寧祐喜)에게 팔았다. 두 사람에게 (……)을 [거두었다]. (……) 50파운드의 명주실과 10온스의 금을 강막비다(康莫毗多)에게 팔았다. 두 사람에게 징수한 동전이 7.5닢이다. (……) 5파운드를 (……)에게. [두 사람에게] 거둔 동전이 70닢이다. 8일째에는 (……) 두 사람에게 동전 42닢을 징수했다. 총 동전 147닢을 수금했다.

이 문서는 소그드인들이 교역을 거의 독점하고 있었음을 보여 주는데, 모두 35차례의 교역 활동을 인용하고 있다. 그 가운데 29건이 적어도 한 명의 소그드인과 관계가 있으며, 13건의 경우 구매자뿐만 아니라 판매자도 소그드인이다. 더욱이 백씨(白氏) 성을 가진 쿠차 출신자와 거씨(車氏) 성을 가진 투르판 출신자, 그리고 영씨(寧氏) 성을 가진 중국인과 습씨(習氏) 성을 가진 퇼뢰 튀르크인(鐵勒)[191]의 이름도 보인다. 소그드 성씨는 강(康), 하(何), 조(曹), 안(安), 석(石)이다. 교환된 상품들은 비단 외에 전형적으로 서쪽에서 생산되는 물품들이었다. 금, 은, 향수, 샤프란, 놋쇠, 약용식물, 암모니아, 석청(자당)으로 모두 고가(高價)였으며,

---

191 (옮긴이) 고대 중앙아시아에 존재하던 돌궐을 제외한 여러 튀르크 계열의 부족들을 통칭하는 말이다.

거래량도 때때로 상당했다. 여기에 붙는 세금은 가치가 작은 중국의 동화(銅貨)가 아니라 사산 왕조의 은화(銀貨)로 부과되었다.

이 문서의 중요성은 아무리 강조해도 지나치지 않다. 그것은 교역로에 대한 소그드인들의 절대적 지배가 역사 기록의 오류나 신기루가 아님을 명백히 보여 준다. 투르판은 소그디아나에서 1,500킬로미터도 더 떨어진 곳에 위치했지만, 고가의 물품 교역을 지배한 이들은 소그드인이었다. 북쪽 타림분지의 대도시인 쿠차의 주민은 단지 두 명만이 언급된다. 투르판과 소그디아나 사이에 있는 쿠차는 투르판에서 겨우 400킬로미터 떨어져 있을 뿐인 데도 말이다. 하지만 동시에 이 문서는 두 번째 이유로도 중요하다. 즉 역사 기록이 상정하고 있는 소그드인과 중국 자료의 강, 안, 미, 조, 석, 하 성씨 사이의 연관성이 적어도 타림분지에서는 실제로 사실이었음을 구체적인 사례로 보여 주기 때문이다. 일부는 부주의한 중국 필경사에 의해 잘못 전해지기도 했지만, 인용된 소그드인의 대다수는 소그드어 이름을 가지고 있다.[192] 그 가운데 일부는 특히 명백하다. 예를 들어 강파하반타(康婆何畔陁, Kang Pohepantuo)는 소그드어로 '신의 시종'이라는 뜻의 바기반다크(Vaghivandak)이며, 막지(莫至)는 소그드어로 '마크츠'(Makhč) — 마크(Makh)의 애칭으로 '달'이라는 의미이다 — 이다.

북쪽 노선을 따라 이동한 소그드인들의 이주는 이처럼 사회적으로 복잡하고 지리적으로 광범위하다. 모든 사회 계층이 일원이었고 전 지역이 포함되었다. 의심할 여지 없이 이동이 가장 자유로운 상인들은 이러한 무리의 일부일 뿐이었다. 그들은 세미레체에서 감숙(甘肅)까지 자주 여행했고 영구히 정착해 중국 당국에 의해 등록된 소그드 상인들

---

[192] 감사하게도 나에게 보내 준 여러 소논문(Yoshida, 1989, 1991, 1994, 1997)에서 요시다 유타카가 제시한 신원 증명과 내가 밝힌 신원 확인을 통합한 결과, 인용된 이름 가운데 15~20개 정도가 소그드어 — 우리가 온전한 형태로 가지고 있는 대부분의 이름이 그러했다 — 임을 입증하거나 그렇게 해석할 수 있었다.

가운데서 계속해 활동을 이어갈 준비를 했다. 그들은 대규모의 교역을 완전히 지배했다.

감숙의 공동체

우리가 마음껏 이용할 수 있는 감숙(甘肅)에 대한 중요한 정보는 장례 비문에서 얻을 수 있었다. 이 일대에서는 어떤 사업 문서도 나오지 않았다. 그럼에도 이 빈약한 자료들은 소그드 상인들이 이 좁은 회랑을 따라 곳곳에 산재한 대상 도시들에서 최고의 역할을 수행했다고 확증하기에 충분하다.

사실, 4세기의 위기 — 감숙은 약간은 이 위기를 비켜 갔다 — 이후 5세기와 그 후 수세기 동안에 감숙은 중요하고 조직화된 소그드 공동체의 피난처였다. 중국으로 들어가는 진입로로 선호하던 감숙은 종종 중국 중심부로 진출하려는 소그드 가문들의 전진 무대가 되곤 했다. 소그드어 이름을 가진 많은 사람은 그들의 조상이 이란어를 사용하는 지역 출신인 동시에 자신의 가문이 감숙의 다양한 도시에 정착했음을 보여 준다. 의심할 여지 없이 오래전 감숙에 정착한 인도-파르티아 가문의 후손도 있었으며,[193] 사실상 소그드인들의 자손도 있었다. 하지만 이주민 수가 이란어를 사용하는 다른 지역 출신의 가문보다 많아진 이후에는 이들 모두 문화적으로 소그드인이었다.

단 하나의 예를 들면, 6세기 중반에 외국 상인의 신분에서 북제(北齊, 550~577)의 재상 자리에 오른 안토근(安吐根)에게는, 『북사』(北史)[194]에 따르면,[195] 5세기 중반 서부 소그디아나(安息胡人)에서 감숙으로 와서

---

[193] Forte, 1996.

[194] (옮긴이) 북위·북제·북주·수나라의 역사를 기전체로 기록한 책으로, 이연수(李延壽)가 643년에 집필을 시작해 659년 완성했다.

[195] 『北史』 卷 92, 安吐根傳, p. 3047. 또한 Forte, 1996, p. 649도 참조. 안국(安國)과

주천(酒泉)에 정착한 증조부가 있었다.

감숙에서의 소그드인들의 활약은 고대 네트워크가 구축된 이래 계속되었다. 4세기 위기 이후 공동체들은 소그드 이주자들이 새로 도착하면서 활기를 되찾았다. 감숙 중심에 있는 양주(涼州) 같은 국제적 도시에서는 중국인들, 소그드인들, 인도인들 모두가 공존했다. 천수(天水)에서는 장례용 침상이 발견되었다.[196] 당시 감숙에서 온 공동체들은 수도에 정착함으로써 훗날 수백 년 동안 중요한 역할을 수행한 감숙 출신의 또 다른 가문의 예를 따랐다. 당나라 황제들은 400~421년에 돈황에서 감숙을 통치했던 서량(西凉)의 통치 가문의 후손이라고 주장했다. 이 가문은 위나라와 수나라의 영향 아래 눈부신 성공을 거두었고 618년 권력을 잡았다.[197]

사업 문서가 부재하다고 해서 더 멀리 서쪽에 위치한 지역들에 대한 논평과 같은 관측이 감숙과 관련해 불가능한 것은 아니다. 교역에서 수행한 소그드 상인들의 역할 — 사실상 그들에 대해 아는 바가 없음을 인정해야 하는 중국 상인들과 아마도 그곳에서도 이러한 역할을 공유했을 것이다 — 은 돈황이나 투르판에서만큼이나 중요했을 것이다. 소그드인들은 아주 오래전에 감숙에 정착했으며, (뒤에서 살펴볼) 튀르크

안식국(安息國)이라는 용어가 당나라 문서에서 세심하게 구분된다고 주장하는 포르테의 추론은 적어도 『북사』 이후 'An'과 'Anxi'가 명백하게 수렴되면서 상당히 힘이 빠진다(Chavannes, 1903, p. 136, n. 7에 번역된 『北史』 卷 97, 西域傳, 安國, p. 3224). 구분이 더 이상 되지 않기에 포르테가 비판한 구와바라 지쓰조(桑原隲藏)가 적어도 당나라 문서에서는 사실상 옳았던 것으로 보인다.

196 Marshak, 2002.
197 이 가계는 정사(正史)에서 당나라에 대한 권리를 노골적으로 주장하지만 이러한 주장은 허위일 수 있으며, 리(李) 가문에 대한 다른 계보 — 그들이 북서쪽으로 이동해 그곳의 비(非)중국인 귀족들과 끈끈한 혼인 관계를 맺기 전에는 중국 북동부의 선비(鮮卑)계 부족과 관련이 있었다는 주장 — 도 제안되고 있음에 주목해야 한다. Twitchett(ed.), 1979, pp. 150~51 참조.

스텝 지대의 새로운 교역 공간을 정복한 것도 바로 이곳에서였다. 적어도 6세기에는 하서회랑(河西回廊)이 서부의 은화 — 페로즈가 에프탈족에 공물로 바쳤던 은화이다 — 가 법정통화였던 중국의 유일한 지역이었다.[198]

3. 중국 중심부에서의 소그드 교역의 확산

동부로 팽창한 소그드 이주의 마지막 무대는 중국이었다. 7, 8세기의 문학작품이나 이야기, 역사 서사는 예상 가계도나 일화 중간중간에 상당히 빈번하게 호상(胡商)을 거론했는데, 이는 중국의 가장 동쪽 지역에서조차 그러했다. 소행상이나 마부, 군인, 관리, 곡예사, 대상인 등으로 등장하는 소그드인들은 대당(大唐) 시대의 글이나 도상학 속의 고전적인 인물이었다[도판 IV-1~3 참조].

우리는 수도에 정착한 이들과 튀르크 세계 및 감숙에 접해 있는 북서쪽의 정착민들, 중국 경제력의 핵심인 황하의 풍요로운 계곡 북동쪽에 자리 잡은 정착민들, 마지막으로 좀 더 주변부에 정착한 사천(四川) 사람들을 구분할 수 있다. 양주(揚州) — 대운하 끝에 있는, 남부에서 가장 부유한 도시였다[199] — 처럼 남쪽의 대도시들은 그들에게 거처를 제공했으며, 배를 이용해 양자강(揚子江)에서 교역한 안씨(安氏) 성을 가진 소그드인이었을지도 모르는 상인들에 대한 개별적인 자료들도 발견된다.[200] 하지만 일반적으로 소그드 상인들의 공동체가 발견되는 곳은 중국 북부에서였다. 남부 — 특히 대항구들 — 는 다른 이들에게 맡겨

---

198 Thierry, 1993, pp. 98, 133 참조. 『隋書』卷 24, 食貨志, p. 691에서 인용.
199 Leslie, 1981~83, p. 289; Schafer, 1963, pp. 17~19; 특히 Schafer, 1984.
200 Gernet, 1956, p. XI.

졌다. 8세기부터 남쪽에서 바다로 들어온 페르시아인들과 아랍인들의 영향력이 높았는데, 이들은 중국 남부의 해안 전역에 공동체를 세웠다. 당나라의 이야기들은 이와 같은 이중 양식의 정착 과정을 고스란히 보여 준다. 수많은 이야기가 늘 마법의 보석이나 진주를 찾는 부유한 호상이나 부자인 페르시아 상인들 또는 시장에서 라비올리(ravioli) 판매상으로 위장한 채 탐문 중인 왕자들을 등장시킨다.[201]

수도들

수도인 장안과 낙양에서는 궁전이 중심지였다. 658년 이래 명목상 중국의 종주권 아래 있던 소그드 도시들은 지속적으로 선물을 조정에 공물로 바쳤다. 중국의 연대기 작가들은 소그드 도시들에서 당나라 조정으로 파견된 사절들과 그들이 가져온 진기한 물품을 연보에 언급하는데, 이 사절단의 공무는 종종 왕실과의 위장된 형태의 교역으로 이해되곤 했다. 페르가나나 호라즘, 투하리스탄은 배제하고 엄격한 의미에서 소그드 도시들이 당나라에 제공한 외교적 선물만 고려하면 난쟁이, 음악가, 무용수, 말, 개, 사자, 표범, 샤프란, 석청, 사마르칸트의 황금 복숭아, 다양한 의료용 약재, 카펫, 견직물, 인디고, 검은 소금, 보석류, 석영, 홍옥수, 금, 놋쇠, 타조알 컵, 각종 보석으로 장식된 물건들, 쇠사슬 갑옷 등을 거론할 수 있다.[202] 이 놀라운 선물들은 독특한 상징을 만들

---

201 Schafer, 1951에는 이와 같은 여러 이야기의 번역문이나 요약문이 실려 있다. 대다수의 이야기는 현종(玄宗)의 황금 시대가 이미 다채로운 경이로움으로 물들기 시작한 때인 9세기의 것이다. 이 만년의 작품은 본문에서 페르시아 상인들이 점유하던 압도적인 비율과 해상 무역을 설명한다.

202 Schafer, 1963: 난쟁이 p. 48, 음악가와 무용수 pp. 50~57, 말 pp. 60~70, 222, 개 p. 77, 사자 p. 85, 표범 p. 87, 샤프란 p. 125, 석청 p. 153, 다양한 의료용 약재 pp. 183~84, 카펫 p. 198, 견직물 p. 202, 인디고 p. 212, 검은 소금 p. 217 (정확한 의미는 알려지지 않음) 보석류 p. 222, 석영 p. 227, 홍옥수 p. 228 (그리고 이 책의 제1장

어내며 시와 그림 속에서 삽화로 그려졌는데, 이 그림들 일부가 오늘날까지 전해진다. 그런데 엄밀하게 따지면, 이 상품 목록은 교역과의 연계성에 의문을 제기한다. 이와 같은 외교적 선물은 종종 중요한 형태의 교역으로 묘사되곤 한다. 하지만 선물의 양은 아주 적었고, 교환의 유일한 목적은 관련한 왕실 사이의 연락을 유지함으로써 교역을 용이하게 만들기 위한 것이었을 가능성이 크다.[203] 맥락은 여전히 외교적이다. 그럼에도 불구하고 특별한 선물이 중국 자료들에서 강조되고 있다는 사실은 한층 광범위한 현상을 반영한다. 이국 취향은 확실히 이역만리에서 온 정기적인 선물 외에도 좀 더 다양한 통로를 통해 함양되었다.

진짜 경제 현황 — 이에 대한 언급은 그저 징후일 뿐이다 — 은 중국 귀족 상류층 안에서 창출된 중앙아시아 상품 및 숙련공에 대한 실질적인 수요, 즉 북서 지방에서 왔다고 말해지는 이쪽 물품에 매우 개방적인 집권 세력의 발자취 속에서 발견된다. 7, 8세기에 상류 사회 여성들은 서부의 의상을 입었고, 그들의 동반자는 사냥[204]이나 중앙아시아에서 유래한 스포츠인 폴로를 할 때[205] 튀르크인 복장을 했다. 사슴가죽 부츠와 나팔 모양의 소매, 허리를 조이는 카프탄이 유행했다. 장례 예술품도 이를 입증하는데, 종종 귀족의 무덤 비품 가운데 서역, 즉 쿠차와 사마르칸트, 차츠 출신의 무용수나 가수, 음악인을 표상하는 작은 조각상들이 포함되어 있었다. 황제 현종(玄宗)과 그의 애첩 양귀비(楊貴妃)는 총애하는 장군 안녹산(安祿山, 703?~757)에게 빙글빙글 도는 소그

45~46쪽 참조), 금 p. 254, 놋쇠 pp. 256~57, 타조알 컵 p. 258, 각종 보석으로 장식된 물건 p. 259, 쇠사슬 갑옷 p. 261.
203 하지만 구체적인 사례 연구는 요시다 유타카가 나에게 알려 준 Dohi, 1988 참조.
204 Schafer, 1963, pp. 28~29.
205 황제는 폴로 경기가 자신의 품위를 떨어뜨린다고 생각하지 않았다. 『安祿山事迹』(Histoire de Ngan Lou-chan), trans. des Rotours, p. 87에서 언급하고 있는 에피소드 참조.

드 춤을 추게 했다.206 양귀비는 이 춤을 배웠고207 황제는 쿠차의 북(wether drum)을 연주할 줄 알았다.208 사마르칸트와 쿠차의 음악이 공식 의례에서 중국 음악과 함께 연주되었다. 그리고 각각의 이러한 행사를 위해 이국적인 상품에 특화된 상인과 서역 출신의 장인, 숙련공, 연주자들의 도움을 받아야 했다. 궁전이 유지하던 생활 양식은 서쪽에서 온 기술자들이 막후에서 활약했음을 의미한다[도판 III-1 참조].

부유한 귀족 가문들을 거느리던 수도에서의 이들 소그드인의 활약상에 대해서는 자세히 알려진 바가 거의 없다. 『고대 편지 II』에서 낙양의 소그드 공동체를 언급하고 있지만 이는 아주 오래전의 일이었다. 6세기에 신흥 부자가 된 소그드인들은 조각을 한 후에 칠과 도금으로 장식한 장례 침상이 안치된 화려한 무덤에 매장되었다. 이 시대 이후의 것으로 추정되는 장안의 무덤 2기가 알려져 있다.209 이들의 진출로 당나라 시기의 번영을 위한 길이 마련되었다. 당시 유행에 민감한 귀족들이 서역의 희귀 상품을 구하고자 찾던 주요 장소는 이 도시의 서쪽 시장이었다. 100헥타르의 공간으로 이루어진 이곳은 담으로 둘러싸여 있었고, 전문 분야에 따라 상인들을 분류해 격자형으로 편성했다. 여기서 소그드 고리대금업자들이 매우 중요한 역할을 해냈다.210 8세기 후반과 9세기 초 그들은 지역의 지배적인 대금업자가 되었으며, 정부는 중국인들이 그들에게 진 부채를 제한하는 조치를 취해야만 했다.211 장안에

206 『安祿山事迹』, trans. des Rotours, p. 49. 소그드 무용수에 대해서는 Ishida, 1932; Schafer, 1963, pp. 50~57 참조.
207 Schafer, 1963, p. 56.
208 Schafer, 1963, p. 52.
209 이 가운데 하나에 대해서는 Marshak, 2002를, 그리고 최근에 발견된 무덤에 대해서는 Yang Junkai, 2004 참조.
210 원문에서는 그들을 '위구르인들'로 칭하는데, 이렇듯 이른 시기에 이와 같은 묘사는 매우 놀라운 일이다. 우리는 "소그드인들이 위구르의 신민이었음"을 분명히 이해해야만 한다.

있는 소그드 천사(祆祠)²¹² 5곳 가운데 3곳이 서부 시장 바로 옆에 위치했는데, 네 번째 것은 도시의 동부 시장과 인접했다.²¹³ 통틀어 거주지가 알려진 장안의 소그드인들 가운데 거의 2/3가 서부 시장이나 동부 시장 인근에 살았다.²¹⁴ 멋진 이웃들과 가까이 있던 동부 시장은 술집과 유흥업소로 둘러싸여 있었으며, 그곳에서 고객들은 여러 시인이나 술에 취한 젊은 귀족이 찬양하던 우아한 젊은 호인(胡人)들의 접대를 받았다. 다음은 위대한 이백(李白, 701~761, 수야브 토박이다)이 쓴 시이다.

> 치터²¹⁵가 '용문의 푸른 오동나무'를 연주하고
> 비취 병에 담긴 훌륭한 포도주는 하늘처럼 맑군요.
> 현을 뜯고 단추들을 만지면서 나리와 함께 마실 것이오.
> 우리 얼굴이 붉어지기 시작하면 "주황색이 녹석영의 초록색처럼 보일 것이오".
> 꽃 같은 형상을 가진 저 서쪽의 후리(houri)²¹⁶
> 그녀는 포도주를 데우는 기구 옆에 서서 봄의 숨결로 웃는다오,
> 봄의 숨결을 지닌 웃음,
> 무명실로 짠 옷을 입고 추는 춤!
> "나리, 술에 취하기 전, 이제 어디로 가실는지요?"²¹⁷

---

211 Schafer, 1963, p. 20.
212 (옮긴이) 하늘에 제사 지내는 사당을 말한다.
213 Twitchett, 1967, pp. 209~11, 215. Rong, 2000, p. 141의 지도 참조.
214 Rong, 2000, pp. 140~41.
215 (옮긴이) 골무로 줄을 뜯어 음을 내는 현악기의 일종이다.
216 (옮긴이) 천국의 미녀를 말한다.
217 李白, trans. Schafer, 1963, p. 21. 소그드 술집 작부인 호희(胡姬)를 찬양하는 글의 또 다른 예는 Ishida, 1932/1961 참조. 이러한 젊은 여자들의 사회적 환경을 재구성하려 시도한 Lin Meicun, 1992도 참조. 투르판의 노예 매매 계약서가 이러한 맥락

수도의 유흥 생활 전 분야에서 활약한 서역인들의 존재에 매진한 연구가 여럿 있다. 심지어 요리에 대한 연구도 있는데 '서역풍'(西域風)의, 즉 후추를 뿌려 구운 양고기 같은 서역의 레시피도 6세기 이래 알려졌다.[218] 라비올리를 파는 서역인들은 당나라 이야기에서도 유명하다.[219] 왕실에서 시작된 유행에서 많은 서부 영향의 물결이 중국 문화에 유입되었다. 당나라의 새해 축제를 위해 전시되는 램프는 중앙아시아의 노브루즈(Novrūz)에서 상당 부분 기인했으며,[220] 중국의 천체력은 오늘날까지도 이어지는 소그드 점성술의 영향을 보여 준다.[221]

하지만 정도의 차이는 있어도 교역과 직접적으로 연계된 소그드인들이 장안에 있던 유일한 소그드인들은 결코 아니었다. 수도승과 성직자, 군인, 그리고 무엇보다도 그곳에 거주하던 소그드 외교 인사들도 있었다. 그들의 정확한 숫자를 알 수는 없지만, 785~787년에 수도에 살던 서역의 외교 인사들의 전체 숫자는 알 수 있다. 8세기 중반 중앙아시아로의 무역로가 단절되고 30년이 지난 후에도 그곳에는 여전히 공적 비용으로 유지되고 있던 4,000명의 외교 인사들이 있었다. 국가의 적자를 제한하기 위해 이필(李泌)[222]이 조치를 취한 가운데 이러한 사실이 언급된다. 행정부는 이들 피난민에 대한 지원을 중단했는데, 이는 매해 동전 5만 꾸러미를 아낄 수 있음을 의미했다.[223] 틀림없이 수백 명의 소

에서 사용될 수 있는지는 의문이다.
218 Yung-ho Ts'ao, 1982, p. 223.
219 Schafer, 1963, p. 29.
220 소그드 제전에 대한 묘사는 Scaglia, 1958 참조.
221 요일에 붙은 소그드어 별 이름은 오늘날에도 중국 연감에서 볼 수 있다. Chavannes and Pelliot, 1913, p. 158; Schafer, 1963, p. 276에는 미르(Mihr, 소그드어로 일요일)를 언급한 타이완(1960)의 연감이 인용되어 있다. 중개인 역할을 한 투르판에 대해서는 Grenet and Pinault, 1997 참조.
222 (옮긴이) 당나라 숙종 때의 정치가로 안사(安史)의 난 때, 숙종을 보필해 정국을 안정시키는 데 주력해 공신이 되었다.

그드인도 포함되었을 것이다.

비록 그 규모는 작았을지라도 이러한 상황은 낙양에서도 근본적으로 다르지 않았던 것 같다. 그곳에 정착한 소그드인들도 시장 인근에 모여 살았다. 낙양이 제1수도이고 측천무후(測天武后, 684~704) 지배 아래 불교와 중앙아시아를 지향할 당시 소그드인들의 존재감이 특히 컸던 것 같다. 흥미로운 헌사(獻詞)가 도시에서 멀지 않은 용문(龍門) 석굴에서 발견되었다. 689년 낙양의 향료조합(香行社)이 석굴 제1,410기를 봉헌했다. 협회장과 총무, 회원 세 명은 '소그드어' 이름이었는데,[224] 이는 결코 우연이 아니다. 이것은 소그드 교역에서 향수 제품 —『고대 편지들』의 머스크부터『투르판의 관세 장부』에서 언급된 향수에 이르기까지— 이 차지한 몫을 매우 잘 보여 준다.

중국 지방에서

지방에서도 소그드인들은 중국 북부의 대다수 대도시에 존재했다. 특히 유목민 세계로 이어지는 저 멀리 북쪽의 무역로에서뿐만 아니라 당나라의 경제 중심지, 즉 낙양 하류에 위치한 황하의 풍요로운 평원에서도 확실히 자리를 잡았다.[225] 소그드어 이름을 가진 개인의 존재는 이 일대의 크고 작은 수많은 도시에서 입증된다. 어쩌면 중국화되었을지도 모르는, 그저 소그드어 이름을 가진 한 사람이 아니라 그들이 속

---

223 『資治通鑑』卷 232, 唐紀, p. 7493(덕종[德宗] 치세 세 번째 연호인 정원[貞元] 3년 [787]) 일곱 번째 달)을 인용한 Rong, 2000, pp. 138~39 참조.

224 Rong, 2000, pp. 142~44; Wen, 1983, p. 67 참조. 협회 회원은 총 열아홉 명이었는데, 적어도 이 가운데 다섯 명이 소그드인이었다(한 사람의 이름은 판독 불가능하다). 편집된 헌사는 Liu Jinglong, Li Yukun, 1998, II, p. 424, no. 1800 참조.

225 룽신장(榮新江)의 논문(Rong, 2000)은 주로 제문(祭文)에서 얻은 자료들로 이 지역에 대한 문헌을 상당히 확장했다. 룽신장은 Rong, 2001에 소그드인들에게 매진한 자신의 연구 결과물들을 모아 놓았다.

한 공동체가 언급된 이들만 고려했음에도 소그드인들은 개봉(開封)²²⁶ 과 기메(Guimet) 박물관이 소장한 소그드 장례 침상이 발견된 안양(安陽, 고대의 상주[相州], 『고대 편지들』에서의 업[鄴])에 정착했다.

더욱이 몽골로 가는 무역로에 자리한 북부의 가장 큰 도시이자 당나라의 본거지인 태원(太原, 고대의 병주[幷州])²²⁷ ²²⁸에도 그들은 존재했다.²²⁹ 태원과 관련해서는 소그드 무덤 한 기(基)²³⁰와 지역 장례 의식에서 행해진 불교와 조로아스터교 사이의 융합에 대한 요약문,²³¹ 그리고 이 일대가 소그드 정착민들의 선호 지역처럼 보일 정도로 소그드인

---

226 (옮긴이) 황하 남쪽, 화북 평원 남부에 위치한 도시로, 본래 상업 대도시였던 최초의 중국 수도였다. 송나라 당시 동양에서 가장 중요한 무역 중심지였으며, 오랫동안 유대인 집단이 거주하기도 했다.

227 Waley, 1956, pp. 126~27.

228 (옮긴이) 춘추 시대부터 중국의 군사·교통의 요충지였다. 북방의 이민족이 중원으로 들어가려면 반드시 거쳐야 했기에 전쟁이 잦았다.

229 소그드어 이름을 가진 사람들이 위주(衛州), 위주(魏州), 형주(邢州), 정주(定州, 지금의 定縣), 항주(恒州), 영주(瀛州), 그리고 황하 계곡에 위치한 중간 규모의 모든 도시에서 추가로 언급된다. 또한 유주(幽州, 지금의 北京)와 태원(太原)에 있는 대주(代州), 그리고 울주(蔚州)에서도 발견된다. 고립된 개개인에 대한 이러한 언급은 주로 묘비명에서 찾았다.

230 Archaeological Institute of Shaanxi, 2001.

231 "태원(太原)에는 오래된 관습이 있다. 수도승과 그의 제자들은 주요 활동으로 선(禪)을 수행한다. 사망 후 매장하지 않고 사나운 맹수나 맹금류에게 먹히도록 인근 교외에[특정 장소에] 시신을 방치한다[티베트의 조장(鳥葬)과 비슷하다]. 이러한 관행은 수백 년 동안 지속되었고 그 나라 사람들은 이 장소를 '노란 도랑'(yellow ditch)이라 불렀다. 이곳에서 1,000마리가 넘는 개가 시신의 살점을 뜯어먹었다"(trans. Zhang Guangda, 1994). 원문은 『舊唐書』卷 112, 李暠傳, pp. 33~35에 실린 8세기 관료 이고(李暠)의 전기에서 가져온 것이다. 요시다 유타카는 친절하게도 소그드 관습과의 연계성은 논쟁 중이라고 지적했다(Cai Hongsheng, 1992, p. 14; 2002). 그렇기는 하지만 중국 내륙에서 유독 이곳에만 이러한 관습 — 특히 개가 이용되었다는 사실까지 포함했을 때 — 이 존재했음을 우연만으로 설명하기에는 여러모로 미심쩍다. 비바람에 시신을 유기하는 것은 정말이지 흔한 관습 — 현장(玄奘)의 증언에 따르면, 인도에서도 그러했다 — 이다. 그러나 정확한 장소에서 개를 이용하는 것은 분명 조로아스터적이다. 이는 특히 소그디아나에서 입증된다(Grenet, 1984, pp. 227~28).

들에 대해 수없이 언급한 자료가 있다. 이는 아마도 이곳 주민들이 오랫동안 종족적으로 섞였고 오르도스(Ordos)[232] 너머 중앙아시아로 이어지는 직선로가 그곳에 존재했기 때문이었을 것이다.

이들 도시 가운데 가장 큰 곳에서 소그드인들이 활동한 이유는 3세기부터 7세기까지의 중국의 복잡한 역사 속에서 수도로서 이 도시가 수행한 역할에 의해 설명된다. 반면, 실상은 소그드 교역과 연계되었겠지만 수많은 소도시에서의 정착은 다른 목적이 있었을지도 모른다. 황하의 충적토 평원은 당시 당나라 치하에서 비단을 생산하던 주요 지역이었다. 틀림없이 상인들은 생산 중심지에 좀 더 가까이 가서 수도의 중국 중개상들 —두 명의 소그드 상인인 조녹산(曹祿山)과 조필사(曹畢娑)가 수도의 중국 상인 이소근(李紹謹)을 상대로 제기한 소송에서 알 수 있듯이, 중국 중개상들과는 상충적인 관계였을지도 모른다— 을 건너뛰기를 원했을 것이다.

더 북쪽 지역에서는 상황이 달랐다. 사실 당나라는 변경의 군사 지역에 정착한 외국 상인 공동체에 대해 체계적인 정책을 시행했다. 특히 북동쪽에 위치한 평로(平盧)라는 변경 지방의 중국 주요 요새인 조양(朝陽/당대[唐代]의 영주[營州])의 경우가 그러했다. 『구당서』(舊唐書)는 도시가 717년 재건되었을 당시, 정부가 이란어를 쓰는 상인(商胡)들을 정착시켰다고 분명하게 명시하고 있다.[233] 대체로 정부는 중국 영내에서 그들의 행적과 이동을 좀 더 쉽게 추적하기 위해 중국인들에게 했던 방식대로 소그드인들에게도 주민대장에 가급적 등록하도록 했을 것이다.[234] 또한 정부는 이들 외국 상인이 시장에서 은화로 지불하는 것도

---

232 (옮긴이) 몽골고원으로 통하는 교통 요지로, 오늘날 내몽골자치주에 속한다. 고원과 사막, 구릉과 평원으로 이루어져 있으며, 전통적으로 반농반목(半農半牧) 지역을 이루었다. 이곳은 서역과 중국을 잇는 관문으로 고대에는 이 지역을 차지한 민족(대표적으로 흉노)이 동아시아 일대에서 큰 영향력을 발휘했다.

233 Pulleyblank, 1955, pp. 80, 159, n. 26: 『舊唐書』 卷 185 下, 宋慶札傳, p. 4814 참조.

승인해 주었다.[235] 중국 지방에서 소그드 교역이 확산되고 수도에서 교역의 특정 부분을 소그드인들이 통제하게 된 것은 외국 상인들이 교역에서 수행하는 역할을 증진하려는 당나라의 계획적인 정책의 산물이었다. 일반적으로 상업 종사자들에 대한 중국 식자층의 부정적인 태도가 8세기 후반 이후에야 사라졌다고 생각되지만 — 이러한 국면 덕분에 11세기 송나라 상업 문명이 발달하게 되었다 — 실제로는 선대 왕조인 수나라(581~618)의 태도가 확실히 좀 더 유보적이었다. 반면, 당나라는 권력을 장악한 이래 이들 외국 상인의 효율적인 서비스에 의지해 왔다. 활발한 교역이 이루어진 덕분에 이들 외딴 지역에 당나라 군대를 주둔시킴으로써 발생하는 과도한 비용을 줄일 수 있었다.

사천(四川)과 티베트의 소그드인들

사천성(四川省)의 성도(成都, 당대[唐代]의 익주[益州])에서 소그드 상인 가문이 중국 엘리트로 통합 — 그 결과 하타(何妥)와 그의 조카 하조(何稠)는 왕조 역사에서 주요 인물로 등장했다 — 된 사례 가운데 가장 잘 알려진 예가 출현했다.[236] 상인이었던 하타의 아버지는 아마도 540년쯤에 사천에 도착했던 것 같다. 그는 건강(建康, 지금의 남경[南京])의 양(梁) 왕족 일원의 수행단에 들어갔다. 금실로 비단을 짜는 전문가였던 그는 이 기술 — 로마 동부에서 왔다고 한다 — 덕분에 상당한 재

---

234 Arakawa, 1997. 이 일본 소논문을 접할 수 있게 해준 카게야마 에츠코에게 진심으로 감사를 드린다.
235 Twitchett, 1967, p. 213.
236 하타의 전기는 『北史』 卷 82, 何妥傳, pp. 2753~59; 『隋書』 卷 75, 何妥傳, pp. 1709~15에, 그리고 하조의 전기는 『隋書』 卷 68, 何稠傳, pp. 1596~98에 실려 있다. 상호 보완적인 정보는 『資治通鑑』 卷 178~81, 隋紀, 특히 pp. 5406, 5552, 5558, 5623; 『通志』 卷 174, 儒林傳, p. 54; 台北版, 『四庫全書』 卷 380, 史部·別史類, p. 329에서 찾을 수 있다.

산을 모을 수 있었으며, 그 덕분에 '서역의 대상(大商)'이라는 칭호를 갖게 되었다. 승계를 약속받은 듯한 그의 큰아들은 '보석 세공 전문가'가 되었다. 동생 하타는 수도의 명문 기관이었던 국자감(國子監)으로 유학을 보냈다. 외국 상인의 아들이었던 이 사람은 유교 학문에서 뛰어난 성취를 이루었으며, 북부 왕조들을 규합했다.

가정교육을 받던 하조는 아직 청소년일 때 하타가 장안으로 보냈다. 그는 우선 황실 보석을 책임지고 있는 부서에서 하급직으로 일했으며, 이후 섬세한 기술로 왕궁에 물건과 예술품을 공급하던 공방을 담당하게 되었다. 수나라가 세워지자, 그는 황실 의복 담당 수장인 태부승(太府丞)으로 승진했다. 실용적인 지식을 지닌 덕분에 그는 "페르시아 제국의 상례 공물이었던, 금실로 직조해 진주로 에워싼 메달로 장식한 이 양단 의복"이 자신이 소유한 작업장에서 생산되기를 바랐던 황제의 소망을 들어줄 수 있었다. 또한 그는 590년대 초 유리 제조에 필요한 화학 처리 과정을 재발견하는 공을 세웠는데, 이때는 중국이 오래전에 유리 생산을 중단하고 장인들도 서역에서 기원한 이 기술에 대한 관심을 잃어버릴 무렵이었다.[237] 새로운 수도 건설과 대운하 굴착 등의 대토목 공사를 수행한 것으로 유명한 수나라 제2대 황제 양제(煬帝, 재위 604~618) 통치기에 하조는 공부상서(工部尙書)로 임명되었다가 당나라가 들어선 이후 좌천되었다.

다양한 다른 자료도 성도(成都)에 소그드인 공동체가 존재했음을 보여 준다. 그곳에 있던 소그드 사원에 대한 증언이 남아 있다.[238] 더욱이 성도 지역을 지칭하는 소그드어 이름도 알 수 있다. 두 개의 페르시아

---

237 고대 중국에서 유리는 로마 동부의 특산물로 알려졌다. 중국에 이 기술을 재도입한 이들은 투하라인들이었다(『북사』 卷 97, 西域傳, 大月氏國, pp. 3226~27).
238 Leslie, 1981~83, p. 289.

문서 — 10세기 말에 작성된 『세계의 경계』(Ḥudūd al-'Ālam)와 11세기 중반쯤에 가르디지(Gardīzī)가 저술한 『역사의 미(美)』(Zainu 'l-Akhbār)는 모두 부하라의 대재상 자이하니(Jayhānī)가 전수한 10세기 초의 지리학적 정보들을 반복하고 있다 — 는 다중으로 요새화된 역참들 — 『세계의 경계』 편집자의 해석을 받아들인다면 장안에서 남쪽으로 저 멀리 양자강과 중요한 상업 도시인 바그슈르(Baghshūr)까지 뻗어 있었다 — 로 이루어진 무역로를 묘사한다. 바그슈르는 '염수로 된 연못'을 의미하는데, 이 지명은 메르브 인근에서 확인된다. 하지만 성도에서 멀지 않은 곳에서도 양자강 유역의 커다란 염수 우물이 발견된다.[239] 바그슈르와 성도를 같은 곳이라 주장하는 견해는 타당해 보이며,[240] 자이하니가 제공하는 자료들이 종종 그렇듯이 이 정보 역시 소그드어로 되어 있었을지도 모른다.

사천의 소그드 상인들은 아마도 감숙(甘肅)을 지나는 통상적인 노선이 아닌 다른 길로 중국에 들어갔을 것이다. 하서회랑(河西回廊)을 우회해 남쪽으로 가는 노선 가운데 하나는 호탄에서 카이담 유역으로 연결되는 티베트 영토를 통과한 다음, 청해 호수(青海, Kokonor)[241]에 이어 난주(蘭州)를 지난 후에 수도나 사천으로 곧장 향했다.[242] 우리는 적어도 이 노선을 따라간 상당 규모의 카라반 사례 — 아마도 소그드인이

---

239 성도(成都) 지역은 소금을 공급하는, 중국 내륙에서 매우 드문 장소 가운데 하나이다.

240 블라디미르 미노르스키(Vladimir Minorsky)는 Ḥudūd의 해설서(1970, p. 230)에서 두 지역이 같다는 주장을 옹호했다. 매우 다른 견해를 제시하는 Hamilton, 1958, pp. 130~32도 참조.

241 (옮긴이) 중국에서 가장 큰 호수이며 염호(鹽湖)이다. 면적은 4,317제곱미터로 평균 깊이는 21미터, 최대 깊이는 25미터에 이른다. 주변 고산 지대에서 흘러내리는 융빙수와 융설수가 주요 수원이다.

242 Lubo-Lesničenko, 1994, pp. 217~29는 이 노선에 대한 방대한 양의 정보를 수집했다. 하타의 아버지가 처음에 정착했던 비현(郫縣, Pixian)은 성도(成都) 이후 만나는 이 무역로의 첫 역참(驛站)이었다.

었을 것이다 — 하나를 알고 있다. 200명의 호상과 600마리의 낙타 및 노새가 6세기에 청해 일대에서 중국인들의 습격을 받고 붙잡혔다.[243] 또한 『고대 편지 V』에 돈황에서 도시와 카이담을 나누는 아이금산(阿爾金山, Altun shan)으로 향하는 원정대가 이미 언급되어 있음에도 유념해야 한다.[244] 선선(鄯善) 쪽으로 향하는, 카이담을 가로지르는 교역로 가운데 하나에 위치한 도란(都蘭, Dulan)의 티베트 무덤 속에서 사산 왕조의 황실 비단 — 티라즈(tirāz) — 조각이 발견되었다. 황실 공방에서 온전히 생산된 이 천조각에는 파흘라비어로 자수가 놓여 있었다.[245] 티베트어로 '의사'(醫)에 해당하는 단어가 소그드어에서 기원했을 것으로 추정된다[246](bitsi 〈 소그드어 βyč, 단어 자체는 인도어에서 기원했다).[247] 티베트에 의학을 소개한 사람들 가운데 몇몇은 소그드인이었을 가능성이 있다.

소그드인과 티베트인 사이에 존재했을 두 개의 다른 접점이 있다. 호탄을 경유해 일정 수의 종교적·도상학적 영향이 티베트 영토로 확산되었을 것이다. 그 결과 티베트의 위대한 영웅 페하르(Pehar)[248]는 소그드의 신(神)인 파른(Farn) 고유의 모든 특성을 가지고 있으며, 그의 이름

---

243 『周書』卷 50, 異域傳下, 吐谷渾, p. 913. Schafer, 1950, pp. 180~81에 인용.

244 15행: "가우투스(Ghāwtus)가 산맥을 따라(?) 갔기 때문에."

245 Lin Meicun, 1995, p. 21의 사본 참조. 자수는 데이비드 닐 맥켄지(David Neil Mackenzie)가 해독했다. 왕의 이름은 안타깝게도 남아 있지 않았다.

246 Beckwith, 1979, pp. 300f. 첫 번째 티베트 제국의 역사에서 가장 중요한 의사는 산스크리트어 이름을 가지고 있었는데, 서쪽 출신('로마')으로 중국어를 알았다. 또한 그는 "그들의 언어로 'biji'라 불렸는데", 이는 적어도 그의 태생이 혼종임을 보여 준다. 'Halaśanti'라는 이름의 또 다른 사람은 *Sogpo śa stag-can-gyi rgyud*라고 불리는 작품을 번역했다. 'Sogpo'를 사카족 또는 소그드인 가운데 어느 것의 표기로 읽느냐에 따라 이 작품은 호탄어와 소그드어 가운데 어느 하나로 쓰인 글이 될 것이다. 이에 대해서는 Hoffman, 1971, p. 454 참조.

247 Sims-Williams, 1983.

248 (옮긴이) 티베트 왕국 초기 삼예(Samye) 대사원의 지주신으로, 불교의 가르침을 수호하겠다는 맹세를 하기 전에는 악마들의 우두머리였다.

도 호탄어를 매개(Phārra)로 전해졌다.[249] 또 다른 접점은 티베트 제국이 극서부까지 팽창한 사실과 관계가 있다. 8세기 전반 내내 중국과 싸웠던 인더스강 상류 너머에서 티베트인들은 소그디아나의 남쪽 변경 지대인 파미르고원과 투하리스탄에서 9세기 초까지 군사작전을 펼쳤다.[250] 제3장에서 언급했던 8세기 또는 9세기의 티베트 불교 훈화(訓話, exemplum)가 바로 이 일대를 배경으로 하고 있다. 산속에서 길을 잃은 500명의 소그드 상인(Sog-dag)으로 구성된 대상단이 인도에 도착하면 인간 제물을 바치겠다고 맹세했다는 이야기이다.[251]

소그드 교역 지대는 사마르칸트에서 중국 북부로 뻗어 있는 중앙 노선 주변에 조직되었다. 이전 시기에 형성된 고대 네트워크를 기반으로 본향과 더불어 세미레체나 타림분지에 세운 새로운 거주지에서 소그드인들이 보여 준 활력 덕분에 유례 없는 교역로의 발전이 이루어졌다. 당나라는 그들의 상업적 재능을 활용해 저 멀리 한반도 국경까지 교역을 확장했으며, 소그드인들은 점점 중국 북부 도시 경제의 중요한 일부가 되었다. 하지만 이러한 교역의 지리적 팽창과 관련 지역에 대한 통제 정도를 설명했다고 해서 우리의 분석이 끝난 것은 아니다. 공동체 구조가 이러한 팽창을 통제했기 때문이다.

4. 공동체 구조

이미 인용한 일정 수의 문서는 일찍이 소그드 공동체들이 스스로 조직을 갖추었음을 증언한다. 227년 중국에 정착한 소그드인들에 대해

---

249 Grenet, 1995~96, p. 288.
250 Beckwith, 1987은 이 문제를 상세히 다루고 있다.
251 원문이 Thomas, 1935, I, pp. 319~20에 번역되어 있다.

최초로 명확하게 거론한 문서에는 감숙(甘肅)의 중심지인 양주(涼州) 지역의 영주에 대해서도 언급되어 있다(월지와 강거의 호인(胡人) 영주들).²⁵² 이러한 언급이 타당성이 있으려면 이들 호인(胡人)이 단순히 고립된 상인들의 집합체가 아니라 계서적 질서를 가진 공동체를 조직했을 때이다. 쿠샨 제국 — 월지(月氏) — 의 상인들도 이렇게 조직되었다.

이들 공동체에서 나온 문서들은 이러한 정황을 확증해 준다. 『고대 편지 I』과 『고대 편지 III』은 돈황의 소그드 공동체의 실력자('yps'r)와 세금 징수관(β'zkr'm)²⁵³을 언급한다. 앞에서 인용한 투르판의 노예 매매 계약서 본문에 따르면, "이 노예 계약서는 그 사람(people)이 떠돌이든 정주민이든 누구든지 간에, 그리고 왕과 그의 관료에게도 꽤 괜찮은 효력을 발휘할 것이고" "이 노예 계약서는 서기장 파타우르(Patāwr)의 요구로 그의 아들 옥스완(Ōxwān)이 작성했다." 왕과 그의 관료들은 중국인이었지만 사람들(n'β)은 확실히 투르판의 소그드 공동체를 의미했다. n'β(nāf)는 가족 집단에서부터 대도시의 모든 시민에 이르기까지 다양한 수준의 공동체를 의미한다.²⁵⁴ 투르판의 공동체 역시 계약서의 유효성을 보장하는 서기장(書記長)을 두고 있었다.

다른 소그드 문서들은 공동체 내에서의 일상생활이 어떻게 조직되었는지를 명시하지 않는다. 기껏해야 중국의 소그드인 무덤들에서 발견된 도상이 공동체의 수많은 일원을 화합시키는 집단 의례와 장례 연회, 기

252　『三國志』 卷 33, 蜀書, 後主傳, p. 895.

253　'yps'r letter III, ll. 8 and 12, β'zkr'm letter I, l. 4. Sims-Williams, 2004의 새로운 번역 참조. 더욱이 'yps'r는 인더스강 상류에서 발견된 소그드어로 된 낙서 가운데서도 고유명사로 등장한다(Sims-Williams, 1992, p. 45). β'zkr'm에 대해서도 유사한 경우가 마운트 무그(Mount Mugh) A13, 1에서 나온 문서에서 발견된다. 판지켄트의 β'zkr'm을 위해 전송된 납부 명령서인 1 문서도 이 의미를 확인해 주는 듯 보인다. Grenet and de la Vaissière, 2002, p. 187, n. 33 참조. 다르게는 Sims-Williams, 2005 참조.

254　앞에서 인용한 납부 명령서 전송은 바로 판지켄트의 n'β의 명의로 이루어졌으며, 차츠에서 주조된 일부 주화들도 n'β의 이름으로 주조되었다.

념 행사를 강조하고 있음을 알 수 있을 뿐이다. 호화로운 무덤은 사자(死者)가 중요한 인물이었음을 보여 주며, 따라서 비문 내용이 사실임을 확증해 준다.[255]

공동체 구조와 관련해 남아 있는 문서들은 중국어로 쓰였는데, 주로 외국 공동체들을 책임지고 있는 관리, 즉 살보(薩寶, sabao)가 관료 계급 조직 내에서 어떻게 존재했는지에 대한 내용이다.

살보(薩寶)

살보라는 직함의 정확한 의미는 논쟁 중에 있다. 자료에 당나라 행정부에서 살보가 행한 종교적 역할에 대한 증거만 남아 있는 것이 근본적인 이유이다.[256] 『통전』(通典, 801년 완성)에서 두우(杜佑, 735~812)[257]는 살보 부서에 대해 설명한다. 그에 따르면, 살보 자신이 부서의 책임자이자 천교(祆教)의 수장[祆正]인 듯 보인다. 이 부서가 좀 더 포괄적인 업무를 수행했음은 확실하다. 왜냐하면 조직 구조에서 언급되지 않은 하급직을 세지 않고도 고위급 관료만 세 명 — [천] 제례의 발원자(祓祝, 천축[祆祝]을 하던 이가 틀림없다. 아마도 제례 수장의 보조자, 즉 제례 의식을 행하던 실질적인 사제일 것이다), 사령관(率), 서기 겸 기록 보관

---

255 현재 6세기에 조성된 무덤 9기 또는 장례 침상 — 소그드인의 것이든 소그드의 영향을 받은 것이든 간에 — 이 중국에서 발견된 것으로 알려져 있다. 이 가운데 5기에 대해서는 Marshak, 2002, pp. 227~64, 다른 2기에 대해서는 Martha Carter, 2002, 최근의 발견에 대해서는 Yang Junkai, 2004 참조. 또 다른 발견에 대해서는 *Lit de pierre, sommeil barbare*, 2004와 Riboud의 근간 도서에서 묘사하고 있다. 엄밀한 도상학적 주제로 이들 발견을 하나로 묶어 다룬 Riboud, 2003 참조.

256 Pelliot, 1903a. 나는 다음 정보의 일부를 트롬베 덕분에 얻을 수 있었다. 좀 더 상세한 설명에 대해서는 de la Vaissière and Trombert, 2004 참조.

257 (옮긴이) 중국 최초로 역대 제도와 문물을 기록한 전서 『통전』(通典)을 저술한 당나라의 역사가이다. 헌종에게 중용되어 재상이었던 양염(楊炎)을 보좌해 양세법 시행에 힘썼다.

인(史)—을 두고 있었기 때문이다.²⁵⁸ 이들 직함이 가지고 있던 대체적인 종교적 특성—이는 살보가 본질적으로 외래 종교의 제례 관리를 책임지고 있다는 잘못된 결론에 이르게 했을 것이다—에도 불구하고 이들 관료에게 할당된 의무의 범위는 처음부터 더 넓었다.

중국의 법률 문서에서 살보(薩甫, safu)(같은 단어의 또 다른 표기이다)의 기능은 북제(北齊, 550~577) 아래에서 외무 및 해외 무역 부서의 역할을 수행하던 기관인 홍려시(鴻臚寺) 내에서 발달하기 시작했다. 살보는 도읍에 두 명, 제국 내의 각 관구에 한 명씩 두었다.²⁵⁹ 수대(隋代, 581~618)에 이르러 장안(長安)에 거주하는 한 명 또는 여러 명의 살보 외에도 "제국 내 전(全) 행정구역에서 200호 이상으로 이루어진 호인의 (공동체를 이끄는) 살보"가 기재되었는데, 후자의 품계는 상당히 낮아 30계(階) 중 밑바닥에 있었다.²⁶⁰ 당나라(618~907)는 이 조직을 부분적으로 유지했다.

투르판의 사업 문서 가운데 살보를 언급한 두 개의 출전이 있는데, 음력설 행사 때 지낼 종교의식에 대해 고창국(高昌國)의 조정이 549~550년 발표한 일련의 훈령이 그 하나이다.²⁶¹ 이 문서에서 살보(여기에서는 sabo, 즉 '薩薄'로 쓰여 있다)는 모두가 비종교인이자 중국인으로 제례 담당 관료로 여겨진다. 다시 말해 살보라는 직업은 어떤 특정한 종교적 기능이 아니라 단지 하나의 관료직을 의미할 뿐이다. 이 단어가

---

258 『通典』卷 40, 職官, pp. 573, 575. 『통전』만큼 완벽하지 않지만 『舊唐書』卷 42, 職官志, p. 1803도 참조.

259 『隋書』卷 27, 百官志, p. 756. 드물지만 지역 소그드 공동체를 이끄는 관직을 맡고 있던 살보(薩甫)에 대해 알려진 특정 사례들이 있다. 중국 북동부 정주(定州)의 한 사원에 보존된 6세기 말의 명문에는 소그드어 성씨를 가진 하영강(何永康)이라는 상인—살보의 비서—을 언급하고 있다. Rong, 2000, p. 149 참조.

260 『隋書』卷 28, 百官志, pp. 790~91.

261 Zhang Guangda, 2000, p. 195의 『吐魯番出土文書』II, pp. 40~47에 편집된 TAM 524, 32/1-1, 2, 32/2-1, 2 참조.

두 번째로 등장한 것은 619년에 쓰여진 것으로 추정되는 곡물 배분에 대한 일련의 결정문에서이다.[262] 그곳에서 우리는 상인인 거불여다(車不呂多)를 위해 행정부가 방출한 상당량의 수수를 안전하게 운송하는 일을 맡은 살보를 마주하게 된다. 이 살보는 임무를 수행하는 과정에서 상인 공동체와 밀접한 관계를 유지했다. 위나라의 기관을 본받은 고창국에서 살보라는 관직이 존재했다는 사실은 이러한 직위가 이미 위 왕조에도 있었을 것으로 추정케 하는데, 일부 비문들이 암시하는 바가 사실임을 증명한다.[263]

이렇게 중국 행정부는 자신들의 영토에 사는 소그드 공동체를 이끌 사람으로 고위 관료를 임명했다. 이러한 사례는 유례가 없지 않다. 중국 남부의 아랍-페르시아 공동체들도 9세기에 같은 제도를 따라야 했다. 한 페르시아 상인의 증언에 따르면,

> 상인 술라이만(Sulaymân)은 다음과 같이 보고한다. 상인들의 만남 장소인 한푸(Hânfû, 廣東)에서 중국의 군주는 이 나라에 온 무슬림 신자 가운데 한 명에게 법 집행권을 부여했다.[264]

중국 북부의 호인(胡人) 공동체의 경우, 모든 지표에 따르면 그곳의 살보 또한 공동체의 일원 가운데 모집되었다. 중국의 많은 소그드 가문은 그들의 선조 중에서 5~6세기 또는 7세기에 감숙에서 살보를 지낸 이들을 열거했다. 이미 이포옥(李抱玉) 가문 — 그들의 조상은 감숙 중심지인 무위(武威)에서 6세기에 3대에 걸쳐 살보를 지냈다 — 의 사례를 언급한 바 있다.[265] 또한 현재의 서안(西安)에서 새로운 소그드인 묘

---

262 『吐魯番出土文書』 III, pp. 110~15, TAM 331: 12/1~8.
263 안만통(安万通)의 묘비에는 그가 북위(北魏)의 태조(太祖, 재위 386~408) 때 마가살보(摩訶薩寶, mohe sabao)를 지낸 선조를 두었다고 쓰여 있다. Forte, 1995, p. 11.
264 Abū Zayd, trans. Ferrand, 1922, p. 38.

지가 발견되었다. 그곳에 묻힌 고인은 자신의 직함을 두 가지 언어, 즉 소그드어와 중국어로 무위의 살보라고 밝혔다.266 더욱이 소그드의 사르타파오(sartapao) 일부 가문이 변변찮은 대상단의 수장이었던 자신들의 조상을 관료로 탈바꿈시키기 위해 하나의 직함이 된 살보의 모호성을 이용했을 수도 있다.267

단어의 기원

살보(薩寶)라는 직함은 소그드 단어의 표기이다. 이 용어는 사실 별개의 두 통로를 통해 중국에 유입되었다.268 인도어로 사르타바하(sārthavāhā)는 대상단의 수장, 즉 목적지까지 대상단을 안내하고 이끄는 사람이었다. 더 나아가서는 상인 길드의 우두머리를 지칭하기도 했다.269 이 단어는 박트리아어를 거쳐 중앙아시아의 언어들, 특히 소그드어에 유입되었다.270 『고대 편지 V』의 수신인은 바로 사르타파오였다. 'D βγ[w] xwt'w s'rtp'w 'sp'nδ[']tw, 즉 "제1상인 에스판다트(Espandhāt) 나리께." 인도어 역시 살박(薩薄, sabo)의 형태로 중국어에 유입되었는데, 이미 그리고 무엇보다 불교 문헌에서 인용된 투르판의 필사본에서도 발견된다.271 그곳에서 살보는 보디사트바스(Bodhisattvas) — 길을 보여주는 스승들(導師, daoshi) — 를 지칭했다.272 하지만 살보 직이 일단 고

---

265 수많은 사례가 Rong, 2000, pp. 130~36에 실려 있다.
266 Yoshida, 2005, 근간.
267 좋은 사례 분석을 위해서는 Rong, 2000, p. 132 참조.
268 Arakawwa, 1998; Luo Feng, 2000 참조.
269 Renou, 1981, pp. 143, 153.
270 (일본어로 쓴) Yosida, 1988, pp. 168~71은 『고대 편지들』에서 이 직함을 주목한 최초의 논문이다.
271 Liu Xinru, 1988, p. 114. 또한 Dien, 1962, p. 336, n. 5, p. 337, p. 343, n. 66도 참조.
272 불교에서 마니교로 넘어간 이 단어는 같은 의미에서 마니(Mani)에게 적용되었다.

위 관료 조직에 통합되자, 이 직함은 소그드인들 — 외국 공동체 사이에서 다수를 형성했다 — 의 발음에 따라 살보로 변형되었다. 더욱이 중국의 역사지리에서 살보수(薩寶水)는 자라프샨을 의미한다.

이렇게 중국 조정은 호인 공동체들의 수장을 지배층에 통합했다. 상인 전통의 계승자였던 그들의 공동체 구조 안에서 이들은 대상단 수장, 즉 사르타파오라는 직함을 가지게 되었다. 각각의 나프(nāf)는 사르타파오의 관할권 아래 있었는데, 그들은 또한 제례를 주재하거나 적어도 감독했으며 공동체 내의 지배층을 좌지우지할 수 있었다. 중국 행정 목록에 언급된 품계는 소그드어 문헌에서 이용할 수 있는 귀한 정보일 가능성이 매우 높다. 중국어 원문에 등장하는 '천 제례의 수장'과 '제례의 발원자'는 『고대 편지 I』 10행[273]에서 이미 언급한 소그드 사제가 틀림없으며, 조로아스터교 의례는 사실상 두 명의 사제 — zōt(제1사제)와 raspīg(제2사제) — 의 존재를 필요로 한다는 사실에 주목해야 한다.[274] 투르판 계약서의 말미에 언급된 필경사들은 중국어로 서기-기록 보관 담당자로 언급되는 바로 그들일지도 모른다. 고위 관료 계급 조직은 있는 그대로의 호인 공동체 조직을 반영했다.

살보가 관료 명단에 포함된 것은 정치적·행정적 의미에서의 공동체 수장으로서였다. 하지만 최소 200가구로 이루어진 모든 호인 공동체 — 큰 마을에 상응한다 — 에 고위급 대표가 있어야 했다는 사실은 매우 이례적이다. 중국에서 중앙권력의 대리인을 수장으로 두고 있는 가장 작은 지역 단위가 보통은 현(縣)이었다. 군구의 지도자들, 더구나 마을과 거리의 우두머리는 지역의 유명 인사 가운데 선출되었는데, 그들은 고위급 관리가 아니었다. 그러므로 살보는 이 지위를 가져서는 안

---

273 Sims-Williams, 1996c, pp. 48~49.
274 Duchesne-Guillemin, 1962, pp. 71~76. 프란츠 그르네(Frantz Grenet) 덕분에 이를 참조할 수 있었다.

된다. 그들이 외국인 공동체를 책임지고 있었다는 유일한 사실만이 이러한 특별한 대우를 설명해 주는데, 이는 구성원의 숫자와는 어울리지 않는 소그드 공동체의 경제적 중요성을 입증한다.

5. 중국의 소그드 공동체의 진화

살보에서 군구의 신민으로

소그드 공동체들을 중국의 정치 구조로 통합하는 이 특별한 방식 — 공동체의 내부 조직은 그대로 놓아둔 채 외국의 중요 인사에게 행정을 맡기는 형태 — 은 7세기 후반에 사라진 듯하다. 이전에는 그 숫자가 적지 않았는데, 비문 전체에서 살보를 더 이상 발견할 수 없다. 내가 아는 바로는, 우리에게 알려진 마지막 살보는 646년 이전에 임무를 수행한 용윤(龍潤)이다.[275] 8세기에 들어서자 투르판과 돈황에서 중국 관리직에 통합된 살보 유형의 소그드 공동체 조직의 흔적을 전혀 찾을 수 없다. 대신 다른 시스템이 보급되었는데, 종화(從化)와 숭화(崇化) 두 군구는 다수의 소그드인을 한데 모았다. 이것은 주민들과 중국의 지역 행정부 사이의 합의의 산물로 형성된 것임을 추정할 수 있다. 왜냐하면 숭화뿐만 아니라 종화도 (중국과 그 제국, 그리고 중국 문명을 위해) '결집' — 오늘날의 말로 상응하는 개념은 귀화이다 — 했음을 보여 주기 때문이다. 이들 군구의 주민들은 그 지역의 중국 주민들과 동일한 의무를 지니고 동일한 권리를 부여받은 제국의 온전한 신민이었다.[276] 공동체 개개인에 의한 통치에서 국가에 의한 직접 통치로 넘어간 것이

---

275 Rong, 2001b.
276 투르판의 종화에 대해서는 특히 Skaff, 2003 참조.

다.²⁷⁷ 이러한 조직화는 그곳 도읍 구역 내에도 숭화라고 불리는 작은 마을 —742년 미살보(米薩寶)²⁷⁸처럼 소그드인이 거주했던 곳이다— 이 존재했으므로 중국의 중앙아시아에만 국한되지 않았다.

이렇게 결집한 군구들이 지역 수준에서 고위 관료인 사르타파오의 지시 아래 운영되던 자치 공동체 시스템을 대체했다. 게다가 호인(胡人) 200가구를 책임지던 살보가 당나라 법전에서도 사라졌다. 중앙 부서만은 8세기 전반기에도 유지되었으나 그 기능은 달라졌을 것이다. 당시 이란의 종교들은 세심히 관리되었는데, 그 결과 후대 문헌에서 살보의 직무에 대한 주요 기억도 종교적 역할로 한정되었다. 아마도 이것이 8세기의 실제 상황이었을 것이다. 살보는 공동체의 행정 관리 직무에서 분리되었다.²⁷⁹

중국화 과정: 이름, 결혼

돈황의 종화 관구에서 중국화 과정을 가늠할 수 있는 자료들이 확보되었다.²⁸⁰ 주민들의 이름이 나이와 함께 기입되어 있어 군구의 소그드 주민들 가운데 소그드어와 중국어 이름을 가진 주민의 비율을 구하는 것이 가능하다(확인 가능한 이름의 비율은 100대 90이다). 연령군별로 이름을 조사한 결과, 꾸준하고도 매우 빠르게 중국화 과정이 나타난다. 60세 이상에서는 소그드어 이름이 확실히 우세하다(13명 가운데 10명). 젊은 연령군에서 상황이 완전히 역전될 때까지 이 비율은 10년 단위로 구분한 각 연령군에서 꾸준히 감소한다. 17~20세 연령대에 속한 그 누

277　Arakawa Masaharu, 1998, pp. 177~80 참조.
278　Rong, 2000, p. 141. 살보는 직함이 아니라 이름이다.
279　Arakawa Masaharu, 1998.
280　상기한 이케다 온(池田温)이 꼼꼼히 연구한 751년의 등기부 덕분이다. Ikeda, 1965.

구도 엄밀한 의미의, 즉 분명히 인지 가능한 소그드어 이름을 가지고 있지 않다. 또 다른 관찰에 따르면, 이러한 현상을 다음과 같이 설명한다. 소그드어 이름을 가진 아버지의 대다수가 아들들에게 중국어 이름을 지어주었으며(11 대[對] 3), 이미 중국어 이름을 가진 이들은 체계적으로 이러한 이름을 아이들에게 지어주었다. 따라서 소그드어 이름에서 중국어 이름으로의 이동이 한 세대 내에서 종종 이루어졌다. 하지만 일부 형제들 가운데서는 두 종류의 이름이 공존한 사례처럼 이러한 과정이 드물지 않게 두 세대 내에서 이루어지기도 했다.

어렵게 구한 쓸모 있는 소그드의 기록 문서에서 우연히 유사한 과정을 추적할 수 있었는데, 그 과정에서 소그드인들은 중국인들이 그들에게 부여한 '9개의 소그드어 이름'을 채택했다.[281] 『고대 편지들』이나 인더스강의 낙서에서처럼 소그드 명명학은 이름 소지자의 출신지를 드러내는 이름을 거의 밝혀내지 못했다. 앞에서 언급한 투르판의 소그드 판매 계약서가 놀라운 것은 모든 증인이 자신들의 출신지를 명시했다는 사실이다. "마이무르그 출신의 추나크(Čūnākk)의 아들 티슈라트(Tišrāt), 사마르칸트의 쉬타우츠(Xūtāwč)의 아들 남다르(Nāmdār), 누츠칸트(Nūčkand)의 카르즈(Karz)의 아들 피사크(Pīsāk), 쿠샤니야(Kūšaniyya)의 나나이쿠츠(Nanaykūč)의 아들 니자트(Nīzāt)가 참여." 한 세기 이후 낙양에서는 한걸음 더 나아갔다. 차트파라트사란(Čatfārātsarān)이라는 한 소그드인이 자신의 모국어로 경전을 재필사했으며, 책 표지 도안에 부하라 출신자들에게 부여된 이름인 중국어 안(An)의 표기인 ˀn 가문 출신이라고 역시 소그드어로 적었다. 마찬가지로 돈황에서 필사된 'Pelliot Sogdien 8'이라는 필사본 표지 도안에도 기증자의 이름이 xˀn kwtrˀy cwrˀkk, 즉 강(康) 가문의 추라크(Čurrak)라는 형태로 적혀 있다.

---

281 Sims-Williams, 1996c.

이름보다도 결혼이 일반적으로 훨씬 더 강한 공동체의 연결 정도를 보여 준다. 이 분야에서 이름과 관련해 쓸 만한 정확한 정보는 없지만 580년과 650년 사이에 중국 내륙에서 배우자가 알려진 21쌍의 소그드인의 결혼에 대한 연구 결과, 19건의 사례에서 결혼이 호인 공동체 안에서 이루어졌음을 알 수 있었다. 두 건의 예외는 현저히 (중국 사회에) 통합된 한 소그드인 — 그의 아버지는 이미 북주(北周, 557~581) 치하에서 일하던 관료였다 — 과 한 소그드인 홀아비 — 첫 배우자는 소그드인이었고, 두 번째 배우자는 중국인이었다 — 와 관련이 있었다.[282] 이러한 제한된 자료를 근거로 일반화하기는 어렵다. 경우에 따라 이름과 결혼에 관련된 쓸 만한 정보를 결합해 이용할 수는 있지만, 불행하게도 종화 군구의 경우에 이는 불가능하다.

중국화 과정: 살보에서 관료로

우리는 가족 일원이 서역에서 출발해 감숙(甘肅)에서 살보의 직책을 수행하다가 이후 중국 내륙에서 관료가 된 상대적으로 순차적인 가족의 궤적에 대한 여러 사례를 알고 있다. 중앙아시아의 살보가 처한 환경은 행정, 그리고 무엇보다도 당나라 군대를 위한 모집이 이루어지던 지역을 배경으로 했다. 이러한 현상에 대해서는 경제적 이유를 상정할 수 있다. 640년대부터 중국 군대는 중앙아시아로 진출했는데, 이를 위해 중국 조정은 식량과 장비, 급여 배분을 위한 회선을 설정했다. 하지만 급여는 직물, 특히 비단으로 지불되었다. 조정은 막대한 양의 비단을 서역으로 보냈는데,[283] 이는 결과적으로 중앙아시아와 중국 내륙에 흘

---

282 Rong, 2001, pp. 132~35. 더욱이 어떤 결혼도 같은 성씨를 가진 사람들끼리 이루어지지 않았음을 지적해야 하는데, 이는 중국의 결혼 풍습을 지배하던 족외혼 원칙을 고려했음을 보여 주는 듯하다. 물론, 미(米) 가문과 결혼한 미계분(米繼芬, 714~805)이라는 반증 사례가 있기는 하지만 말이다.

어져 있던 소그드 대상의 생계를 위협했다. 비록 매우 궁핍해진 대상들이 8세기에 다시 한번 더 운송을 담당하기 위해 군대에 의해 동원되었던 듯 보이지만 말이다.[284] 행정 경력은 소그드 대상 가족들에게 피난처가 되었을 텐데, 오히려 당나라가 막 정복한 서역과 관련해 이들 전문가가 자신들의 대열에 합류하는 것을 기꺼이 환영했을 것이기 때문이다.[285] 마찬가지로 사회적 이유도 상상해 볼 수 있다. 당나라는 체계화된 공동체들의 해체보다 통합 과정을 선호했을 수도 있다.

낙양에서 발견된 강파(康婆, 573~647)의 비석처럼 이러한 사례는 많다.[286] 이 비석은 647년의 것으로 추정되는데, 강파는 강국(康國) 왕의 후손일지도 모른다. 그는 (하북[河北]의) 정주(定州)에서 왔다고 전해진다. 495년 북위(北魏)는 수도를 낙양으로 천도했는데, 그때 그의 고조부 강라(康羅)도 낙양에 정착했다. 그의 증조부에 대해서는 알려진 것이 거의 없다. 그의 조부 강타(康陀)는 북제(北齊) 치하에서 한 대공 가문에 고용되었다. 그의 아버지 강화(康和)는 수대(隋代)에 처음으로 정주(定州)의 살보가 되었고 그 후 황실 가문의 부서 책임자로 승진했다. 아버지의 직함을 계승한 때부터 강파는 큰 재산을 모았는데, 당나라가 들어서자 대공 영지의 농업 업무를 감독하게 되었다.

또 다른 사례는 강원경(康元敬)의 비석에서 찾을 수 있다. 이 역시 낙양에서 출토되었는데, 673년에 제작되었다.[287] 그는 파이켄트(畢國, Paykent) 출신의 소그드인 후손이다. 그 자신은 안양(安陽, 옛이름은 업

---

283 Manuscript Pelliot 3348 V 2 B, Trombert, 2000b, pp. 107~20.
284 Arakawa Masaharu, 2001, p. 13.
285 따라서 우리는 전대(前代) 왕조에서 그들이 그래왔던 것처럼 당대(唐代)에도 서역으로 또는 유목민들 가운데로 파견된 사절단으로 일한 호인(胡人)의 다양한 사례를 알고 있다.
286 Rong, 2001, p. 104.
287 Rong, 2000, p. 148.

[鄴])에서 왔다고 전해진다. 그의 조부는 북위(北魏)의 장군이었는데, 남쪽으로 이동할 때 같이 동행했다. 그의 아버지는 '전중(全中) 대(大)살보'였으며, 후에는 '용(龍)의 고귀한 문장을 지닌 장군'이 되었다. 강원경은 대두하던 당나라를 추종해 대공(大公)이 되었다. 두 경우 모두 왕조 교체 시에 호감을 산 외국인의 사회적 지위 상승을 보여 준다.

이 가운데 어느 것도 수량화할 수는 없다. 우리는 기껏해야 개인 또는 가족의 사례들을 알 수 있을 뿐이다. 전체적으로 확실히 많은 이란인이 7세기 자신들의 공동체를 떠나 행정 경력 덕분에 (중국 사회에) 통합되었던 것 같지만, 이러한 현상이 이전 왕조보다 당나라 치하에서 더욱 두드러졌는지는 알 수 없다. 모든 영역에서 정보가 당나라 때 더욱 풍성해졌듯이, 어쩌면 규모의 효과가 여기에서 작용했을지도 모른다. 게다가 전혀 통합되지 않았거나 행정 경력을 통해 통합되지 않은, 중국 내륙의 일부 소그드 주민은 전혀 파악할 수 없다.

이러한 비석들이 제공하는 사회적 자료들은 신뢰성과 관련해 심각한 문제를 제기한다. 대부분의 경우 단 하나의 묘비만이 이러한 정보를 제공하는데, 이는 어떤 별개의 확증도 용납하지 않는다. 조상들에게 주어진 직함을 지어냈을 수도 있는데, 우리는 바로 이러한 경우를 보여 주는 정확한 사례를 알고 있다. 안가(安伽, 518~579)의 무덤이 장안(長安)에서 발견되었는데, 그는 감숙의 무위(武威) 출신으로 문화적으로는 소그드인이었다. 그의 장례 침상을 장식하고 있는 부조의 도상이 이를 분명히 보여 준다.[288] 그는 자신의 아버지가 관군(冠軍)의 장군이었고 북위(北魏)의 지배를 받지 않던 지역인 사천(四川)에서 남쪽으로 멀리 떨어진 현(縣)인 미주(眉州)[289]의 자사(刺史)[290]였다고 전한다. 그러므로

---

288 Marshak, 2002; Riboud, 2003; Archaeological Institute of Shaanxi, 2001.

289 (옮긴이) 사천성의 성도.

290 (옮긴이) 중국 한나라 때, 지방의 군(郡)과 국(國)을 감독하기 위해 각 주(州)에 상주하던 감찰관을 말한다. 당·송 때에도 이어지다가 명(明)나라 때 폐지되었다.

이 직함은 아마도 지어냈거나, 그의 부인과 아들이 모두 무위에서 왔다고 했듯이 기껏해야 순전히 경칭에 지나지 않았을 것이다. 안가(安伽)는 북주(北周) 치하에서 장안을 구성하던 지역 가운데 하나인 통주(通州)의 살보였고 이후에 대도독으로 승진했다.

이러한 예들 말고도 행정 및 군 지배층에 있는 소그드인들에 대한 수많은 언급과 더불어 공동체의 운영 체계의 변화는 공동체보다는 환경이라는 측면에서 당나라 때 중국 북부에 존재했던 소그드인들을 분석하는 것이 필요함을 시사하는지도 모른다. 즉 통합되지 않고 서로 간에 결혼을 계속하면서 장인이 되었든 상인이 되었든 간에, 소그드인들의 전통적인 활동을 추구하는 가족 집단과 수세대에 걸쳐 아직 통합되지는 않았지만 통합 과정 중에 있는 개인이나 가족 사이에 연계를 유지할 수 있도록 만드는, 상대적으로 유동적인 사회구조로서 말이다. 유대감은 유지되었을 수도 유지되지 않았을 수도 있지만, 그들은 자신들이 호인임을 알고 있었다. 그들은 비록 소급해서 선조들에게 중국 직함을 부여하기도 했지만 자신들을 호인으로 묘사했다. 이와 같은 새로운 '구조'는 소그드 영향력의 쇠퇴를 의미하지 않았으며 오히려 정반대였다. 왜냐하면 이 구조가 그들이 공동체 집단 거주지를 떠날 수 있도록 도왔기 때문이다.

다양한 형태로, 그리고 장기간에 걸쳐 중국 북부에 존재했던 소그드인들은 7세기 내내 주요한 발전을 경험했다. 확실히 튀르크인들보다 그 정도는 덜 했지만 주목할 만한 방식으로 당나라의 설계에 통합되었던 수많은 소그드 공동체의 일원들은 중대하고 지속적인 2세기 동안의 이주를 통해 부상하면서 상업 및 행정 활동에 참여했다. 중국에서의 소그드 상인 네트워크는 사회적으로 한층 다양한 소그드 환경에 의존했다. 돈황과 감숙에서뿐만 아니라 서역의 새로운 영토에서도 존재했지만, 상당히 많은 숫자는 중국 북부의 대도시에서 활동했다. 그리고 이들 소그드인은 매우 좁은 활동 분야—상업, 수공예, 그리고 당나라 황금시대의 원동력이었던 군과 외교—에서 발견된다. 이 모든 것을 끝장내 버린 이가 소그드인 가운데 한 명이었던 녹산(祿山)이라는 자였다.

제6장
구조

 책의 중간쯤 위치하면서도 다음 장(章)에서 제공할 정보를 기대하게 만드는 제6장에는 주요 목표가 있다. 지적했듯이 소그드인들의 대규모 교역에 대한 전적인 외재적 탐구가 충분하면서도 적법한 역사적 연구가 되기 위해서는 이러한 상업적 팽창의 핵심을 구성하는 사회적·경제적 구조에 대한 분석이 가능한 한 많이 이루어져야 한다. 따라서 나는 상인회 그 자체(예를 들어 대상인과 소상인 간의 사회적 차이, 영리 기업체 내의 가족 조직의 문제 등)뿐만 아니라 소그디아나와 국외 거주 공동체의 사회적 구조를 포함해 소그드 무역의 내적 구조의 윤곽을 그릴 수 있도록 도와줄 소그드를 비롯해 외부 자료들 곳곳에 흩어져 있는 정보를 모아 정리했다. 나는 환수지, 화폐, 상법, 대·소 규모의 교역 사이의 상호 연결이라는 측면에서 경제적 구조를 논의할 것이며, 또한 수송 및 소그드인들이 직면했던 상당한 거리 문제와 관련해 지리적 구조도 논할 것이다.

1. 사회적 구조

 중세 초 중동의 소그드 사회는 가장 잘 알려진 집단 가운데 하나이다. 중요한 고고학적 발굴 덕분에 대도시들의 전체 구역뿐만 아니라 성곽과 시골 마을들도 발굴되어 소그디아나에서의 연구 현황은 이란의 전반적인 상황 — 예를 들어 도시, 특히 사산 왕조 시대의 도시에 대한 발굴은 거의 이루어지지 않았다 — 과는 현저히 다르다. 이러한 고고학적 자료에 확실히 파편적이기는 하지만 중국어, 이슬람 이전의 소그드어, 정복 이후에 쓰인 이슬람-아랍어 자료를 포함해 다양한 기원의 문헌 자료도 추가할 수 있다. 이와 같은 정보의 종합은 우리에게 일종의 이상형을 제공하면서 소그드 사회가 아랍 정복 바로 이전의 전성기에 어떻게 기능했는지를 보여 준다.

상인 계층의 중요성

첫 번째 임무는 소그디아나와 국외 거주 소그드 공동체의 상인 계층의 특징을 묘사하는 것이다. 이러한 목적에서 외부 자료의 증언은 일관적인 만큼이나 명확하다.

가장 오래된 문헌은 중국 문서들이다. 630년 톈산 북쪽에 자리하고 있던 소그드 거주지들을 지나간 순례자 현장(玄奘)은 다음과 같이 썼다.

> 부모와 아이는 모두 어떻게 부자가 될지 계획을 세운다. 그들은 부(富)를 쌓으면 쌓을수록 서로를 더욱 존경한다. …… 건장한 이들은 땅을 경작하고 나머지[반]는 돈을 버는 [사업]에 종사한다.

그러고는 사마르칸트에 대해서는 다음과 같이 썼다.

> 많은 외국의 비싼 상품이 이곳에 비축되어 있다.[291]

본질적으로 당나라의 정사(正史)는 현장의 증언을 되풀이하지만, 톈산 북쪽에 있는 도시들에 대해 이야기할 때에는 이들 마을에 호상(胡商)들 — 일반적으로 소그드인 신민을 지칭한다 — 이 거주한다고 특정한다.

그들은 상업에 능통하며 이익을 쫓는다. 20세가 되면 그들은 곧바로 이웃 왕국으로 떠난다. 돈을 벌 수 있는 곳이라면 어디든 간다.[292]

이러한 증언은 소그드인들에 대한 다른 외부 관찰에 의해서도 확인할 수 있다. 아르메니아의 지리학자 시라크의 아나니아스(Ananias of Širak, 595?~670?)[293]는 『지리학』에서 다음과 같이 썼다.[294]

소그드인들은 투르키스탄(Turkestan)과 아리아나(Ariana) 땅 사이에 사는 부유하고 근면한 상인들이다.[295]

놀랍게도 이는 당대의 중국 자료들의 증언과 매우 유사하다. 150년 후에 칼리프 알-마흐디(al-Mahdī, 재위 775~785)[296]는 자신의 바그다드 궁전에서 투하리스탄 출신의 시인 바슈샤르(Bashshar, 714~784)[297]

---

291 玄奘, 『大唐西域記』(trans. Beal, pp. 27, 32), 中華書局, p. 8, col. 8, p. 9, col. 9, 10.
292 Chavannes, 1903, pp. 120~21, 134~35. 『新唐書』 卷 221, pp. 6233, 6244.
293 (옮긴이) 7세기 아르메니아의 박식가이자 자연철학자로, 수학·천문학·지리학 등에 많은 업적을 남겼다.
294 Ananias of Širak, *Geography*(trans. Hewsen, 1992, pp. 32~35). 프톨레마이오스의 『지리학』을 7세기에 개서(改書)한 것이다.
295 Ananias of Širak, *Geography*, p. 74A.
296 (옮긴이) 아바스 왕조의 제3대 칼리프로, 시아파와의 화해를 도모해 바그다드의 번영을 구가했으며, 동로마 제국과의 전쟁에서 우세한 위치를 차지했다.
297 714년경 바스라(Baṣra)에서 태어난 그는 사실 투하리스탄 출신 포로의 손자였다.

와 다음과 같은 토론을 했다.

> 알-마흐디가 나에게 묻길,
> 너는 어느 민족 출신이냐?
> 내가 답하길,
> 적들에게 가혹하며 대부분이 기사(騎士)인 투하리스탄 민족 출신입니다.
> 그가 말하길,
> 소그드인들은 용맹하다고 하더군.
> 내가 답하길,
> 아닙니다, 소그드인들은 상인입니다.
> 알-마흐디는 반박하지 않았다.[298]

별개의 이 세 자료가 보여 주는 완벽한 유사성은 그 자체로 역사적 사실을 구성하는데, 즉 동떨어진 관찰자에게 중요한 인상을 남길 만큼 충분히 중요하고 구조화된 대상인(大商人) 계층의 존재를 보여 준다. 아랍 정복 당시 정복자들은 상인들을 특별히 호의로 대했다. 722년 이슬람 군대는 후잔트(Khujand)[299]에서 소그드 반란자들을 포로로 잡았다. 귀족들과 상인들은 두 개의 다른 그룹으로 분리되었는데, 첫 번째 무리에 있던 자들만이 죽임을 당했다.[300] 그러므로 소그디아나에 있었던 강력한 상인 계층의 존재는 논란의 여지가 없다.

독자적인 이러한 증언들의 수렴은 대규모 소그드 교역에 대한 이 연

---

298 Al-Isfahanī, *Kitāb al-Aghānī*, III, p. 132, Spuler, 1952, p. 400에 인용.
299 (옮긴이) 시르다리야강의 페르가나 분지 입구에 위치해 있으며, 실크로드가 지나가는 주요 거점이기도 했다. 고대 그리스인들은 이곳을 '키루스의 도시'라는 뜻의 '키로폴리스'라고 불렀다.
300 Ṭabarī, II, 1444~45(trans. eng. vol. XXIV, pp. 175~76).

구를 정당화해 주는 주요 이유 가운데 하나이다. 『고대 편지 II』가 네트워크의 존재를 입증하고 역사적 분석을 가능하게 했듯이, 아시아의 양 끝에서 나온 자료들의 이러한 반향은 사회학적 분석의 타당함을 보여 주는, 상인들로 이루어진 사회적 계층이 존재했음을 실증한다.

그렇다면 외국인들 ─ 이웃 투하리스탄의 주민들을 포함해 ─ 이 소그드 사회에서 상인들이 큰 역할을 했다는 점에 주목하는 사이 소그드인들 자신은 무엇이라 했을까? 8세기 소그디아나에서 작성된 쓸 만한 주요 소그드 문서 더미 ─ 마운트 무그(Mount Mugh)[301]에서 나온 문서들이다 ─ 가 1933년 타지키스탄에서 발견되었다. 이들 문서는 아랍인들에게 저항했던 위대한 소그드 귀족 가운데 한 명인 판지켄트의 통치자이자 자칭 소그디아나 왕이었던 데바슈티치(Dēwāštič, 706~722)의 공문서로 구성되어 있다. 이것은 주로 아랍에 맞선 투쟁과 농업 분야의 관리를 다룬 편지들로 구성되어 있지만, 또한 (결혼, 장지, 기타 등에 관한) 몇몇 계약서도 포함하고 있다. 이들 문서에서 '상인'(γw'kr ─ xwākar)이라는 용어는 (소그드의 우스트루샤나와 페르가나 경계에 있는) 도시 후잔트에 포위된 소그드인들과 연계해 단지 한 차례 등장한다.[302] 문서 A 9는 데바슈티치에게 보낸 보고서인데, 동쪽의 정치적 상황과 도시의 항복을 묘사하고 있다. 본문은 다음과 같이 명시한다.

> 소식은 다음과 같다. 후잔트가 망하자 전(全) 주민이 아미르를 믿고 떠났다. 귀족이든 상인이든 노동자든 간에, 1만 4,000명 (모두가) 대피했다.[303]

---

301 (옮긴이) 7~8세기 판지켄트에 있던 지배자의 피난처였으며, 이곳에서 소그드어 문서가 발견되었다.

302 Livšic, 1962, pp. 94~95, 100. 블라디미르 리브시크는 이 본문을 '쿠차'라는 도시와 관련한 것으로 잘못 해석했다.

303 Trans. Grenet and de la Vaissière, 2002, p. 172.

이 글은 구조화된 사회 계층으로서의 상인의 존재가 외부 시각이 만들어낸 단순한 결과물이 아님을 보여 준다.[304]

상인의 사회적 위상

도상 연구는 또 다른 정보의 원천이다. 구체적으로 말하면, 소그드 사회가 제시하고자 한 자아상의 윤곽을 그리는 데 도움이 된다. 풍성한 정보를 제공하는 수많은 벽화가 특히 판지켄트에서 발견되었다. 하지만 이들 그림은 외부인이 묘사한 소그드 사회의 현실과 그 사회가 제시하고자 했던 자신에 대한 이미지 사이에 존재하는 커다란 격차를 전면에 드러낸다. 사실 도상 ─ 전설적인 전투 장면, 말 등에 올라탄 무장한 영웅, 연회 동안에도 장검을 차고 다니는 사람들 ─ 에 명백하게 표현된 모습은 상인 문화가 아니라 귀족 문화였다. 종교적·정치적 도상 ─ 판지켄트 성채에서 발견된 아랍인들에 의해 사마르칸트가 함락되는 장면을 재현한 그림이나 세계 군주들에 대한 주제를 포함한다 ─ 과 함께 귀족적 도상이 대세였으며, 정제된 문화를 인도 설화와 로스탐(Rostam) 서사시, 그 외에도 많은 이야기와 통합했다. 따라서 우리는 세부 사항은 고사하고 교역과 관계된 내용은 아무것도 찾을 수 없다. 판지켄트(XVI 부문, 10번 방)에서 발견된 그림에서는 귀족 연회 참석자가 관례적으로 착용하던 검이 허리에 부착하는 검은색 지갑으로 대체되어 있다.[305] 고고학자들은 참석자들[도판 V-1과 도판 VI-1 참조]의 의상이 보여 주는 이례적인 화려함을 지적하면서 이를 상인들의 연회로 해석한다.

종교적 주제도 정보를 제공한다. 소그디아나에서 주화뿐만 아니라 그

304　Belenitski and Marshak, 1971, p. 18.
305　Belenitski and Marshak, 1971, p. 18; Grenet, 2005.

림에서도 가장 자주 재현되는 신 가운데 하나는 낙타 앞모습을 한 왕좌에 앉은 '낙타를 탄 신'이다.[306] 이 신이 대상(隊商)을 위한 부(富)의 신이었다는 데에는 의견이 일치한다.[307]

다음은 비록 후대의 글이지만 흥미로운 정보 한 조각을 제공한다.

> 부하라에는 카슈카탄(Kashkathān)이라 불리는 한 씨족이 있다. 그들은 권력과 위엄을 갖춘 명예로운 집단으로, 부하라 사람들에게 큰 존경을 받았다. 그들은 (원래) 디칸(dihqān)이 아니라 외국인이었다. 하지만 명문가 출신으로, 교역업자였으며 부유했다.[308]

이 글은 10세기에 쓰여졌지만 8세기 초와 관련이 있다. 사회에서 높은 자리를 차지하고 있으나 아직 귀족들에게 동화되지 않은 상인들의 사회적 위상을 상당히 정확하게 정의하고 있는 듯 보이기 때문이다.

가끔은 상인과 귀족 가문 사이의 차이가 매우 경미해 보인다. 판지켄트——정황상 어쩔 수 없이 이러한 연구가 이루어진 유일한 도시이다——에서 귀족들은 처음부터 독립적인 상점을 저택 외벽에 부속하여 지은 후 장인이나 점주에게 임대했다.[309] 소그드 귀족들은 땅에서 소출

---

[306] Smirnova, 1987. 하지만 박트리아 낙타가 부하라에서도 왕실의 상징이었으며, 흔히 낙타가 중앙아시아에서는 군사적이고 남성적인 힘의 상징이었음을 주목하라. 예를 들어 11세기 카라한 왕조는 두 개의 씨족——'사자'와 '(숫)낙타'——으로 나뉘었다. 8세기부터 시작해 우스트루샤나의 군주는 '검은 (숫)낙타'(Qarabughra)라는 이름을 가졌다.

[307] 한편, 그의 이름은 논쟁거리이다. 그르네는 그를 행운의 신인 'Farn'으로 보았던(Grenet, 1995~96, p. 279) 반면, 보리스 마르샤크(Boris Maršak)와 발렌티나 라스포포바(Valentina Raspopova)는 그를 승리의 신이자 여행자들의 신인 'Wašaghn'이라고 주장한다(Maršak and Raspopova, 1990, pp. 141~42).

[308] Narshakhī(trans. Frye, p. 30).

[309] Raspopova, 1993, p. 26. 그녀의 유형 분류 체계는 위치와 식장의 장엄함에 따른 도시 주택의 통계 계열 분포에 근거한 것이다.

하는 수입만으로 생계를 유지하는 순수한 지주 귀족이 아니었다. 그들은 부와 거래가 집중된 도시의 일상에 성공적으로 참여했지만, 시골 지역은 이러한 일상에서 차단된 듯 보인다.[310] 그런데 판지켄트에서 상인의 집으로 볼 수 있는 유일한 주택 ― 상인 연회에 대한 그림이 발견된 곳이다 ― 은 귀족 저택의 특징도 보여 준다. 도시 시장 가운데 하나가 그 가까이에 있었는데, 이는 처음부터 저택 설계도에 포함되어 있었다[도판 VI-1 참조].[311] 그렇지만 자라프샨 계곡 깊숙이 위치한 판지켄트는 그 지역 일대 제일의 상업도시가 아니었다. 따라서 이러한 사회적 자료들이 여느 곳보다 대규모 교역과 덜 관련된 지역에서 기원했음을 유념해야 한다.

로브 노르(Lob Nor) 인근뿐만 아니라 세미레체에서도 귀족들은 소그드 거주지들을 만들었다. 이러한 거주지들은 배타적으로나 심지어는 본래도 상업적이지 않았는데, 처음에는 농업 식민화를 목적으로 건설되었다. 우리는 특별히 상업 분야에서 소그드 귀족층이 지역의 상업 발전에 참여했는지의 여부를 확정할 만한 유용한 사실을 알지 못한다. 귀족들이 도시로 가져온 농업적 부가 확실히 상인들의 사치품[312]에 대한 중요한 시장을 창출했지만, 토지 수입은 또한 상인들의 장거리 교역 사업에 자금을 대는 데도 도움이 되었을 것이다. 귀족들이 직접 대규모 교역에 나섰는지도 알 수 없다. 부분적인 답을 제공하는 유일한 문서마저도 모호하다. 『고대 편지 II』에는 '사마르칸트에서 온 100명의 자유인'(100 "ztpyδrk sm'rknδc)이라는 언급이 19~20행에 실려 있다. 여기서 '자유인'으로 옮긴 용어는 어원학적으로 '귀족 자제'를 의미한다. 확실

---

310 평원과 산악 지대의 경제에 대해서는 주로 Jakubov, 1988 and 1979 참조. 도시 인구에 대해서는 Belenickij, Maršak and Raspopova, 1979 참조.
311 Raspopova, 1971, p. 72.
312 지역의 공예 산업을 활성화하는 데 있어 이 귀족적 시장이 수행한 역할에 대해서는 Raspopova, 1980, pp. 53~54, 107, 130~31 참조.

하지는 않지만 이미 원래의 의미를 상실했을 가능성도 있다. 이 문서는 '카나크(Kānakk) [가문의] 나나이-트바르(Nanai-thvār)의 아들 바르자크(Varzakk) 나리'에게 보낸 것이다. 하지만 카나크는 고유명사[313]만큼이나 자주 직함[314]으로도 쓰인 듯 보인다. 이 경우 이름이 직함이나 문중 이름으로 기능했는지를 단언하기는 어렵다. 현재 유용한 문서를 고려해 볼 때, 소그드 귀족이 상인 이주 시에 행했을 수도 있는 정확한 역할도, 소그디아나의 사회적 위계에서 상인의 정확한 위치에 대해서도 알려진 바가 없다.

활동 범위와 상인 간의 사회적 위계

대부분의 소그드 상인들은 아마도 대략 수백 킬로미터가 넘는 서너 개 도시 사이의 노선을 순회하는 소상인이었을 것이다. 648년 베슈발리크(당대[唐代]의 정주[庭州])의 미순지(米巡眥, Mi Xunzhi)가 교역 허가증을 요구했다. 그는 서른한 살이었는데 두 명의 노예(15세의 소년과 12세의 소녀)와 8년 된 튀르크 낙타 한 마리, 열다섯 마리의 양을 이끌고 투르판의 시장에 가고자 했다.[315] 732~733년 투르판에 거주하던 소그드인 석염전(石染典)은 중국 당국에 도시에서 도시로 여행할 수 있는 통행증을 요구했다. 그는 투르판과 하미, 돈황 사이를 여행했다.[316] 『고대 편지들』이 쓰인 시대에 이미 몇몇 상인은 감숙-누란 노선을 여행하

---

313 Sims-Williams, 1992b, p. 53; Grenet, 2000.
314 Yoshida, 1991, p. 242. Recto: "나리 Kānak Tarqan eskātač에게." Verso: "eskātač Kānak Tarqan 나리에게." 직함은 'Kānak Tarqan'인 듯 보이고 이름이 'eskātač'인 것 같다. 왜냐하면 그렇지 않을 경우에 두 구(句) 사이의 자리바꿈을 이해하기 힘들기 때문이다.
315 Jiang Boqin, 1994, p. 187.
316 Ikeda, 1981, p. 78.

는 데 노련했다.

그런데 거리가 더 먼 여행을 계획하는 사람들도 있었다. 알타이에서 비잔티움까지의 원정에 올랐던, 그리고 다음에 자세하게 살펴볼 마니아크(Maniakh)[317]의 경우를 언급하지 않더라도,[318] 고장(姑臧, 지금의 무위[武威])에서 사마르칸트에 편지를 썼던 나나이-반타크의 사례를 떠올리고 장안의 이씨(李氏) 성을 가진 중국 상인을 상대로 조(曹) 가문이 벌인 소송과 비교해 보는 것만으로도 충분하다. 이 경우 활동 범위는 톈산 북쪽에 있는 이리하(伊犁河, Ili) 계곡의 알말리크(Almalig, Almalik)[319]에서 장안까지였는데, 이는 결코 근거리가 아니다! 더욱이 거래는 비단 275필, 즉 대략 15킬로그램의 순은(純銀)에 상응하는 상당한 양과 관련되었다.[320] 투르판의 문서들은 때때로 소그디아나에서 직접 온 소그드인들이 거래에 참여했음을 보여 준다.

> 함형(咸亨) 4년(673), 12월 12일에 서주(西州)의 전(前) 정부(庭府)의 수장 두(杜)는 …… 완성된 비단 14필을 강국(康國)의 흥생호(興生胡), 강오파연(康烏破延)에게 지불하면서 10년 된 누르스름한 괜찮은 낙타 한 마리도 샀다.[321]

게다가 소그드어로 중국 문서에 서명을 하는 상인들도 있었다.[322] 끝

---

317 (옮긴이) 서(西)돌궐에서 비잔티움에 사절단으로 파견된 소그드 출신 상인으로, 마니아크가 이끄는 사절단은 중앙아시아에서 동로마 제국으로 역사상 처음 파견된 공식 사절단이었다. 이는 페르시아를 거치지 않고 직접 비잔티움과 교역하려는 목적으로 파견되었다.

318 이 책의 제8장 334~35쪽 참조.

319 (옮긴이) 현재의 우즈베키스탄 타슈켄트주(州)에 있는 도시로, 우즈베크어로 '사과나무 동산'이라는 뜻이다.

320 비단 한 필의 가격을 은으로 계산하는 법에 대해서는 이 책 394쪽 참조.

321 Yamamoto and Ikeda, 1987, text 29, p. 13.

으로 소그드 상인들을 언급한 아랍 문헌들은 중국 여행에서 돌아오고 있는 그들을 보여 준다.[323] 이에 의거해 비록 중국 내륙까지는 아니라도 최소한 소그드인들이 "중국인의 도시"(Čīnānčkath)라 불렸던 투르판을 이해해야 한다.

모든 문제는 7세기와 8세기 소그드 교역에서 식별 가능한 다른 사회적 계층 사이의 상호작용에서 기인한다. 대상인들은 십중팔구 『고대 편지들』의 시대 이후에 소그드 교역 회사들을 조직하고 통제했을 테지만, 사업 문서에서 관찰되는 소매상과 연계된 그들의 정확한 역할을 평가할 수 있는 자료는 부족하다.[324] 하나의 문서만이 서류들 대다수에서 묘사되는 소그드 소상인들과는 거리가 먼, 어마어마한 대상인들이 소그디아나에도 존재했음을 보여 준다. 706년(이슬람력 88년)에 아랍 군대가 파이켄트를 정복할 당시, 한 포로가 중국의 생사 5,000필을 몸값으로 제시했다.[325] 이 포로는 상업 도시의 저항 운동을 조직하고 도움을 구하기 위해 튀르크인들과 접촉했다. 그는 중국과의 교역에 전문화된 상업 공화국의 주요 상인이었음이 틀림없다.

이 문서 말고는 외부 자료에서 이와 같이 명백히 소그드 대상인으로 지목할 수 있는 이는 아직 확인되지 않는다. 활동 반경이 매우 넓고 때때로 상당량의 돈을 운용하는 순회 소매상들도 관찰되지만 대개는 도시를 오가는 소상인들이 대부분이었다. 주요 사회 계층을 이루던 소그드 상인들이 우리에게 포착되지 않고 있는 것이 틀림없다.[326]

---

322 Gernet, 1957, pp. 357~60; Yamamoto and Ikeda, 1987, no 33, pp. 207, 27 참조.
323 예를 들어 Narshakhī(trans. Frye, pp. 44~45), Ṭabarī, II, 1444~45(trans. eng. vol. XXIV, pp. 175~76).
324 Maljavkin, 1988의 주장에 반하는 견해이다. 그럼에도 이슬람 세계에 대해서는 Udovitch, 1970; Goitein, 1967, pp. 149~67 참조.
325 Ṭabarī, II, 1188~89(trans. eng. vol. XXIII, pp. 136~37) 참조.
326 인더스강 상류에서 발견된 비문에 적힌 'γ'tk'(여성형 γ'th)를 '대상인'을 의미하는 단어로 봐야 한다는 주장(Sims-Williams, 1992b, p. 52)이 제기되지만, 언급된 유사

교역 회사들은 아마도 가족을 근간으로 운영되었을 것이다. 소그드 교역에서 가족 집단이 수행한 역할에 대한 증거는 여럿 있다.『고대 편지들』에서 입증된 가족 유대 말고도 인더스강 상류의 비문들 역시 가족이 무리를 지어 여행하는 소그드인들—3대가 모인 5인 가족, 아버지와 아들, 두 명의 형제, 그리고 아버지와 그의 두 명의 아들로 이루어진 가족 집단—을 넌지시 언급한다.[327] 서부 소그드 교역의 창시자인 마니아크의 아들도 아버지의 뒤를 이었다. 한참 후에 소그드 상인들을 언급한 마지막 문서 가운데 하나는 당시 작동하고 있던 소규모 소그드-위구르 가족 관계망을 보여 준다.[328]

이렇게 소그드 교역의 사회적 구조에 대한 우리의 탐구는 황금기의 있을 법한 소그드 상사(商社)의 구조, 특히 다양한 국외 공동체 사이의 관계뿐만 아니라 대·소 상인들 간의 관계를 이해하는 데 도움이 될 만한 문서의 부족으로 인해 비교적 급작스럽게 끝난다.

2. 법적·정치적 구조

소그드의 과두제

아시아에서 소그드의 정치적 구조는 오히려 예외적이었다. 이는 많은 면에서 중세 말기 중상주의를 지향하던 이탈리아 공화국들을 연상케 한다. 소그디아나는 통일되어 있지 않았고 여러 소그드 도시국가들이 자라프샨과 인근 계곡을 공유했다. 사마르칸트는 확실히 주요 정치 세

점은 오히려 'ztpyδrk'처럼 '가장'(家長), '자유민'이라는 개념과 연결된다.
327 Fussman, 1997, p. 76, n. 16.
328 이 책의 제10장 469~70쪽 '소그드인과 위구르인' 참조.

력이었다. 그들은 종종 일부 작은 도시들에 대한 통제권을 어떻게 해서든 확보했으며,[329] 왕은 '소그디아나의 왕, 사마르칸트의 군주'(sywδy'nk MLK' sm'rknδc MR'γ)라고 참칭했다. 각 도시에는 특정 귀족 계층이 있었으며, 귀족들의 성채는 주민들이 에워싼 수많은 요새화된 도시로 소그드 시골 지역을 가득차게 만들었다. 귀족들은 토지에서 막대한 수입을 올렸는데, 도시와 지방 모두에서 부동산을 보유했다.

각국 내에서 왕은 '동등한 사람들 가운데 제1인자'의 지위를 누릴 뿐이었다. 왕정 체제가 적어도 7세기 말과 8세기 초—쓸 만한 자료가 있는 시기이다—에는 소그디아나에서 결코 대세가 아니었다. 알려진 판지켄트의 세 명의 군주 가운데 부자 승계는 없었으며, 사마르칸트에서는 두 차례의 부자 승계, 민중에 의한 한 차례의 폐위, 두 차례의 선출이 있었다.[330] 상권(商圈)에 소그드 왕이 직접적으로 개입한 사례가 적어도 한 차례 있었다. 650~655년에 하나라(何國, 쿠샤니야)의 왕이 서부에 파견된 중국 군대에 곡물을 제공하겠다고 중국 당국에 제안했다.[331]

도시 공동체, 즉 나프(n'β—nāf)는 소그디아나에서 독자적인 권리가 있었다. 이는 법률 문서에 명시되어 있었는데, 도시는 공동체의 이름으로 판지켄트 다리처럼 일부 자산을 임대할 수 있었다. 이 다리 통행료의 수취 업무를 위탁받은 두 사람이 연간 기대 수입에 대한 대가로 150드라크마 은화를 선납한다는 조건이었다.

판지켄트 세무서 및 공동체에서 타르칸(Tarkhān)과 바기파른

---

[329] 예컨대, 731년 마이무르그와 카부단(Kabūdan)을 장악했다. Chavannes, 1903, *Notes additionnelles*, p. 53 참조. 또한 페르시아어로 쓰인 『칸디야』(*Qandiyya*)에는 부하라인들이 사마르칸트에 바친 공납에 대한 마지막 기억이 실려 있다. Vjatkin, 1906, p. 247의 번역 참조.

[330] Maršak, 1990, p. 287.

[331] Chavannes, 1903, p. 145. 『新唐書』 卷 221 下, 西域傳下, 何國, p. 6247.

(Vaghifarn)에게. 이 공고문을 수령하면 차크(Chak) 다리의 매출액을 매해 사전에 계산해 150드라크마를 지불해야(문자 그대로 '주어야') 한다. 증거로 이 공고문을 보관하라. 판치의 군주(khūv of Panch), 데바슈티치 14년, 후르야즈니치 달에. 점토 인장으로 봉인.[332]

법률적 관점에서 보면, 도시는 왕과 상관없이 전권을 가지고 행동하는 도덕적 인격체 같다. 왕이 체결한 계약서에서 그는 다른 이들과 마찬가지로 규칙을 따라야 하는 그저 한 개인으로 등장한다.[333] 심지어 공동체의 이름으로 주화를 주조한 지역도 있었던 것 같다.[334]

어떤 문서에서도 강력한 상인 계층의 존재와 소그드 정치 구조 사이의 직접적인 연관성을 찾을 수 없다. 비록 증명할 수는 없지만, 그럼에도 불구하고 이러한 연관성에 대한 가설은 매혹적이다. 실제로 소그드 사회 수뇌부는 과두제 집권층이 점유했는데, 그들의 정확한 사회적 성격을 알아내기 위해 우리는 분투해야 한다. 집권층이 시외에 자산을 가진 상류층의 디칸 가문과 상인 가문의 결합을 통해 형성되었다고 추정할 수 있기 때문이다. 어쨌든 아랍인들이 부하라를 점령할 당시 카슈카타이라는 상인 가문은 이슬람화를 거부하는 세력 선두에 있었다.[335] 마찬가지로 아랍 자료에서 탁월한 '상인의 도시'라 칭해졌던 파이켄트에서도 군주의 이름은 전혀 확인되지 않지만 상인들은 집단 행동을 보

---

[332] Document from Mount Mugh A 13, trans. Livšic, 1962, p. 69; Henning, 1965, p. 249. Grenet and de la Vaissière, 2002, p. 187, n. 33 참조. 이 원문을 그르네와 나는 파리 고등연구원에서 개최한 세미나에서 다시 번역했다. 친절하게도 요시다 유타카는 이에 대해 우리와 상세히 논의해 주었다.

[333] 예를 들어 Livšic, 1962, pp. 53ff.처럼 마운트 무그에서 나온 원문 참조.

[334] 차츠에서 나온 주화들에 대한 판독 자료를 나와 공유해 준 요시다 유타카에게 진심으로 감사한다. Rtveladze, 1997~98, p. 327에 게재된 주화 일부는 의심할 여지 없이 나프(nāf)의 이름으로 주조되었다.

[335] Narshakhī(trans. Frye, p. 30).

였던 것 같다. 투르판의 공동체(나프)는 고창/투르판의 중국인 왕과 함께 인용된다.

소그드법

소그드 계약서는 전부 네 개가 있다. 그것은 소그드 사회의 법률적 측면을 잘 설명해 준다. 첫 세 문서는 마운트 무그의 판지켄트 왕 문서고에서 발견되었다. 710년 3월 25일자의 결혼 계약서와 (7세기 말 또는 8세기 초에 작성된) 장지(葬地) 구입 계약서, 그리고 (710년경의) 방앗간 부지 구입 계약서가 그것이다.[336] 네 번째 문서는 639년 작성된 투르판 출신의 노예 매매 계약서이다.[337] 이 계약서 본문은 다음과 같다.

그해는 고창(高昌)의 [통치자], 연수(延壽)[라는 이름의] 신성하고 위대한 일테베르-왕(Ilteber-king) 16년이었는데, 중국[력]으로 다섯 번째 달로 소그드어로는 흐슘사피츠(Khshumsafich) 달로 불리며, 돼지해 27[일]이었다. 고창 시장 사람들 앞에서 얀시얀(Yānsyān)[이라는 이름의] 오타(Ōtā)의 아들이자 찬(Čān) 가문 출신인 수도승이 투르키스탄에서 태어난 추야크(Čwyākk) 가문 출신의 오파카(Ōpāča)라는 이름의 여자 노예를 사마르칸트 출신의 투다크(Tudākk)의 아들 와후슈비르트(Wakhushuvirt)에게 구입했다. [사산 왕조] 페르시아에서 주조된 순[은] 120드라크마를 [치렀다.] 수도승 얀시얀은 빚도 재산(?)도

---

[336] 이들 계약서는 블라디미르 리브시츠(Vladimir Livšic)의 논평과 함께 러시아어로 편집·번역되었다. Livšic, 1962, pp. 17~45, 45~53, 53~63. 장지에 대해서는 Gershevitch, 1975의 좀 더 향상된 번역 참조.

[337] Yoshida and Moriyasu, 1988. Hansen, 2003에서 요시다 유타카의 영어 번역문은 한 가지 점에서 수정되었다. 요시다는 '돌아다니고 거주하는'을 '설득력 있고(?) 효율적이며 권위가 있는'으로 번역했는데, 앞에서 인용한(이 책의 제5장 199쪽 주 186) 박트리아어로 된 유사한 문장 때문이었다.

없는 상환 불가능한 [노예]로 우파츠라는 여자 노예를 구매했다. 이렇게 [그녀는] 어떤 침해도 비난도 받지 않는 그의 아들과 손자, [더 나아가] 가문과 후손들의 영구적 소유물이 되었다. 따라서 수도승 얀시얀 자신과 그의 아들, 손자, 가족, 그리고 후손들은 마음대로 그녀를 때리고, 욕하고, 묶어두고, 팔 수 있으며, 그녀를 저당잡히거나 선물로 제공할 수도 있으며, [그녀에게 하고] 싶은 일은 무엇이든 할 수 있다. [그들은] 아버지나 할아버지로부터 상속한 여자 노예로 [그녀를 취급할 권리가 있고] 자신들의 가옥이나 곁, 또는 집에서 태어난 여자 노예처럼 혹은 돈으로 치른 영구적 소유물처럼 그녀를 다루어도 된다. [그러므로] 우파츠[라는 이름의] 이 여자 노예에 대해 와후슈비르트는 아무 관계가 없으며, [그녀에 대한 옛 권리들은] 모두 포기하며 그녀에게 강제력 행사도 할 수 없다. 이 여자 노예 계약서는 떠돌이이든 정주민이든 간에, 모든 사람에게 그리고 왕과 대신 모두에게도 효력을 가진다. 이 여자 노예 계약서를 가져오거나 보유하고 있는 사람은 누구든지 우파츠[라는 이름의] 여자 노예를 수령하거나 데려갈 수 있으며, 자신의 여자 노예로 잡아둘 수 있다. 이 여자 노예 계약서에 쓰인 조건 아래 말이다. [이 사람들은] [증인으로] 참석한 이들이다. 마이무르그 출신의 추나크(Čūnākk)의 아들 티슈라트, 사마르칸트 출신의 쉬타우츠(Xūtāwč)의 아들 남다르(Namdār), 누츠칸트(Nučkand) 출신의 카르즈(Karz)의 아들 피사크(Pīsāk), 쿠샤니야(Kūšaniyya) 출신의 나나이쿠츠(Nanaykūč)의 아들 니자트(Nīzāt). 이 여자 노예 계약서는 와후슈비르트의 명령으로 제1서기관 파토르(Patāwr)의 허가를 받아 우파츠의 동의 아래 파타우르의 아들 옥스완(Ōxwān)이 작성했다.

고창 제1서기관, 파타우르, 서명(?)

수도승 얀시얀의 [여자 노예] 계약서

이 글은—아케메네스 법정에 의해 계승되고 바빌로니아법까지 거슬러 올라가는—이란 전통과 중국법 사이 중간의 특징적 양상을 띤다. 계약서의 전반적 구조와 정형화된 방식은 과거의 유산이다.[338] 하지만 문서는 또한 중국어로 명시된 몇몇 조건을 포함하고 있는데, 특히 우파츠의 동의에 대한 언급이 그렇다. 사실, 노예 매매는 중국에서 매우 면밀하게 감시하고 있었기에 정확하고 규제된 틀에서만 이루어져야 했다. 바로 이러한 상황으로 인해 투르판 왕과 소그드 공동체 양측 모두에게 실제로 유효하도록 소그드 계약서 형식을 수정한 것이다. 판지켄트의 다리 임대계약은 비교적 복잡한 법적·상업적 절차가 당대 소그디아나에서 준수되었음을 잘 보여 준다.

마지막으로 서민들을 '떠돌이'와 '정주민'으로 구분짓는 표현이 마운트 무그에서 나온 결혼 계약서에서도 또다시 등장한다.[339] 이처럼 소그드법은 소그드인들의 이동성을 지표 삼아 기록한 것인지도 모른다.

그러나 소그드 법조문은 알 수가 없다. 사마르칸트의 거대한 그림에 그려진 명문 속의 언급에서 그 존재를 알게는 되었지만 우리에게 전해지는 것은 아무것도 없다.[340] 남쪽에서 나온 시리아어 문서에 단편적이나마 사산 제국의 상업 규정이 남아 있어 그나마 발달한 상업 구조를 알 수 있다. 상세한 판결 기록은 파산할 경우에 보상의 원칙에 따라 장거리 교역의 위험(난파, 화재, 몰수 또는 약탈)을 감안했고 동업자와 결별할 경우를 대비해 상품의 공동 소유와 지분의 분배를 체계화했으며, 신용을 쌓고 상환을 위해 판매 수익에 의존하는 상인들에게는 고정 금리

---

338 사산 왕조의 계약서 형식과 비교하기 위해서는 Choksy, 1988 참조. 박트리아 계약서 번역문은 Sims-Williams, 2000 참조.
339 Livšic, 1962, pp. 23, 25~26: document Nov. 4, verso, lines 9~10, 이 표현 방식에 대한 논의는 이 책의 제5장 199쪽 참조.
340 Al'baum, 1975, p. 52, fig 15, pp. 54~56. Maršak, 1994와 대조해 Mode, 1993 참조.

를 제시했다.[341] 우리는 소그드인들 사이에서도 이러한 원칙들이 있었을 것으로 추정할 뿐, 증거는 부족하다.

3. 소그드 교역의 자본 환경

돈

그리스 시대의 일련의 화폐는 5세기까지 사용되었지만,[342] 이후 소그디아나에서 주조된 주화는 완전히 다른 형태였다. 부하라 오아시스에서는 "부하르 후다"(Bukhar Khuda)라 불리는 일련의 화폐가 사산 왕조의 모델에 기반해 주조되기 시작해 오랫동안 사용되었으며, 13세기까지 사용될 바흐람 5세(Vahrām V, 재위 420~438)[343]의 주화는 메르브의 조폐국에서 주조되었다. 정확한 발행일을 밝히는 작업은 한층 까다로운 문제이다. 두 차례, 즉 5세기 말[344]이나 6세기[345]에 발행되었을 것으로 추정된다. 사마르칸트의 화폐는 드라크마를 위조한 화폐는 물론이고 에프탈족에 패하고 페로즈가 지불한 동전도 널리 확산되어 있었기 때문에 이란의 영향을 받았으며, 7세기에는 가운데 구멍이 나 있는 중국식 동전뿐만 아니라 부하라 후다 화폐[346]의 영향도 깊이 받았다.

---

341 8세기 이쇼보흐트(Ishoboht)가 엮은 판결 기록들, 특히 상당 부분이 상업에 할애된 제5권을 이용한 Peegulevskaya(Pigulevskaja), 1956 참조.
342 이 책의 제2장 96쪽에서 이미 언급한 바 있는, 5세기 말까지도 계속 쓰였던 궁수 유형을 예로 들 수 있다. Zeimal', 1994, p. 249 참조.
343 (옮긴이) 사산 왕조의 통치자로, 야즈드기르드 1세의 아들이다. 조로아스터교 신전을 여럿 세웠으며, 페르시아 문학과 시(詩)에 관심이 많아 후원을 했다.
344 Loginov and Nikitin, 1985.
345 Zeimal', 1994, p. 246.
346 Zeimal', 1994, p. 249.

사산 왕조 양식의 침투는 페로즈의 패배 이후에 사산 왕조가 보낸 공물과 관련된 주화가 많았다는 사실만으로는 설명할 수 없다. 부하르 후다 계열의 화폐가 주조되어 사산 왕조의 침략 가능한 범위를 넘어선 곳까지 확산되었다는 사실은 군사적 성격보다는 경제적 특성이 더 심오한 영향을 끼쳤음을 보여 준다. 침략 시기에 일시적으로 6세기 동안에 통용되었던 지역 화폐의 특징이 사라지고 이웃한 이란 및 중국 화폐 체계의 사용을 선호하게 된 것이다. 7세기에 여러 도시가 부하르 후다를 여럿 찍어낸 것처럼 중국 동전의 모조품을 찍어냈다. 군주들에게는 발행 독점권이 없었다. 판지켄트에서는 나나(Nana) 여신의 이름으로 주화가 만들어졌는데, 이는 도시의 대사원에 의해 발행되었음을 암시한다.[347] 나프의 이름으로 발행된 주화에 대해서는 이미 언급한 바 있다.

그런데 지역 주화의 특징 가운데 하나는 지속되었는데, 주화가 빠르게 그 가치의 대부분을 상실했기 때문에[348] 발행국 내에 안착해 효력이 발생하면 주화의 유통은 강제되었다. 품질이 아니라 유효성을 입증함으로써 주화는 겹쳐찍기(overstrike)의 대상이 되었다.[349] 한 문서는 대(大)무역업자였던 소그드인들이 상인들의 짐보따리에 실려 화폐가 지역을 이탈하는 것을 방지하기 위해 가치 없는 통화의 필요성을 완벽하

---

347 그르네 덕분에 이러한 힌트를 얻게 되었다.

348 7세기에 이미 부하르 후다는 은(銀) 함량의 20~30퍼센트를 상실했으며, 이후에 은 성분은 더 줄어들었다. 사마르칸트 궁수 유형의 마지막 화폐 계열은 5세기에 0.2~0.3그램의 은을 함유했다. 소그디아나에서의 화폐 유통에 대해서는 Belenickij, Maršak and Raspopova, 1980 참조.

349 주화의 이름 또한 같은 생각이 반영된 결과일 수 있다. 마운트 무그 문서에서 'δrγmyh δyn'kknh', 즉 '종교 [유형의] 드라크마'라는 용어가 발견된다(Livšic, 1962, document Nov. 3, recto l. 20, p. 21; Nov. 4, recto l. 20, p. 22; V 8, l. 12, p. 47. 리브시크는 'δrγmyh δdyn'rk'h'로 읽었지만, 이들 문서에 대해 새로운 판본을 준비하고 있는 야쿠보비치가 'δrγmyh δyn'kknh'로 수정했다). 이 용어는 아마도 7세기에 주조된 사산 왕조 양식의 동전을 지칭하는 듯한데, 제국의 몰락 이후에도 한동안 이런 양식의 동전은 상당히 가변적인 양의 은을 함유하고 있었지만 모든 동전의 뒷면에는 조로아스터교의 상징인 배화단이 새겨져 있었다.

게 인지하고 있었음을 분명히 보여 준다.

> 주화는 반드시 누군가가 우리나 도시에서 그것을 가져갈 수 없도록 (그렇게) 해야 한다. 그래야 (이) 돈을 우리끼리의 거래에 계속 사용할 수 있다.[350]

소그드 주화는 정치권력이 약한 도시-국가들이 발행한, 계산을 위해 쓰이는 간단한 대용 주화였다. 그것은 가치가 장기간에 걸쳐 거의 정확하게 유지되고 왕조의 위신을 측정하는 도구였던 사산 왕조 주화와는 대조적으로 소그디아나에서 순전히 경제적 교환을 위해서만 사용되었다. 소량으로 주조된 소그드 주화는 대규모 교역에서 아주 소소한 역할만 수행했고 중국에는 알려지지도 않았다.

6, 7세기 소그드인들이 대규모 교역 활동에 사용한 통화는 사산 왕조의 드라크마였다. 중국에서 발견된 중요한 사산 왕조 주화 무더기의 사례는 다음과 같은 흥미로운 사실을 보여 준다. 울루그 아트(Ulugh Art)가 소장한 주화 무더기에는 947개의 사산 왕조 및 아랍-사산 왕조 동전이 포함되어 있는데, 그 가운데 567개는 호스로 2세(Khosrow II, 재위 591~628)[351] 시기의 동전이었고 281개는 호스로 2세 유형의 아랍-사산 왕조 동전이었다. 그 가운데에는 13개의 골드바도 포함되어 있었다. 알라이(Alaï)의 높은 계곡을 거쳐 페르가나 및 타림분지 인근의 산길 바로 초입에 있는 바위 틈새에 서둘러 숨겨진 이 주화 무더기는 7세기 중앙아시아에서 중국으로 온 상인이나 난민이 소지했던 것으로 보인다.

---

350 Narshakhī(trans. Frye, p. 36).
351 (옮긴이) 사산 왕조 말기의 샤로, 치세 중 사산 제국을 최대로 확장했다. 그러나 비잔티움과의 전쟁에서 패한 이후 왕실 내부에서 발생한 반란으로 폐위되어 처형당했다. 그의 재임 기간 중에 은세공과 카펫 직조가 최고 수준에 달했다.

639년 투르판에서 노예를 판 한 소그드인은 '매우 순도가 높고 [사산 왕조] 페르시아에서 주조된 드라크마[은화]'로 값을 치를 것을 요구했다. 죽은 자의 입속에 있던 이들 은화는 [저승으로 안내하는 뱃사공] 카론(Charon)에게 바쳐진 고대 그리스의 은화(obol)를 생각나게 하는 관례에 따른 것이었다.[352]

비록 중국에서는 사산 왕조의 은화가 제한적으로 발견되지만, 소그드 상업활동의 결과 방대한 지역에서 이 은화가 유통되었음은 의심할 여지가 없다. 이는 문헌 자료에서도 입증된다. 문헌에서는 결코 또는 거의 언급되지 않을 만큼 페르시아나 박트리아 상인들은 부족했기에, 이들 주화를 육로로 수송한 이들은 다름 아닌 소그드인들이었다.

사산 왕조의 드라크마는 은(銀)의 무게 때문에 단독으로 유통되지 않았다. 그것은 때때로 중국에서 통화 수단으로도 이용될 수 있었는데,[353] 6세기 말 하서회랑 지대 — 광동(廣東) 및 통킹과 함께 드라크마가 법정통화로 통용된 중국의 유일한 지역이었다 — 에서는 법정통화로 통용되었다.[354] 한편, 당나라 치하에서 사산 왕조의 드라크마는 그것들이 유통되었던 수도의 시장을 통제할 책임이 있던 당국에 어려운 문제를 제기하기도 했다.[355] 당나라 재정 법규의 한 자락은 흥미로운 세부사항을 보여 준다. 제국에 정착한 서역인들은 처음에는 은화로 세금을 내야 했고, 2년이 지나고 나서야 현물 지급으로 바뀌었다.[356]

---

352 Thierry, 1993, pp. 100~02 참조.

353 Zeimal', 1991~92, p. 171의 반대 이유를 참조. Thierry, 1993, p. 134는 강력한 호인 공동체들의 존재 덕분에 하서(河西)에서 은화의 유통이 있었다고 인정했다.

354 한편, 이는 고고학적 발견에서 역사로 넘어가는 체계적 과정에서 만나게 되는 어려움을 보여 주는 좋은 사례 가운데 하나이다. 왜냐하면 6세기 하서(河西)에서 나온 통화 관련 발굴품 가운데 그 어느 것도 페르시아 주화를 포함하고 있지 않기 때문이다. Thierry, 1993, pp. 98~99, 133;『隋書』卷 24, 食貨志, p. 691 참조.

355 Twitchett, 1967, p. 213 참조.

356 Twitchett, 1963, p. 142(*statuts des taxes*, Art. 6, 624와 719)에서.

전체적으로 소그드 대교역은 자신만의 화폐가 없이도 너무나 잘 이루어졌다. 대규모의 물물교환 경제 — 세계적 수요가 있는 몇몇 사치품, 즉 귀금속, 비단, 향료, 향수로 구성된 — 가 아시아 한끝에서 다른 끝까지 가동되었다. 하지만 서역인들의 관점에서는 물물교환처럼 보이던 것이 중국인들의 관점에서는 사실 통화 거래였다는 점에 주목해야 한다. 비단이 사실상 화폐였던 중국에서 비단 두루마리를 구매하기 위해 소그드 상품이 지불되었기 때문이다.

소그드 상품들

매일 중국 노선을 따라 소그드인들이 어떤 상품들을 거래했는지를 정확하게 알 수 있게 해준 주요 문서는 당연히 앞 장에서 언급한『투르판의 관세 장부』이다. 단편적이지만 이 문서는 몇 달간 이루어진 상업 활동에 대해 상세한 내용을 우리에게 제공한다.

교환된 상품들 — 금, 은, 황동, 암모니아, 샤프란(또는 강황), 견사, 약용식물, '석청', 향수 — 은 소그드 교역이라는 보편적인 틀에 맞춤하게 들어맞는다. 비단만이 동쪽에서 왔다. 다른 상품들은 중국으로 온 전형적인 서역의 물건들이었다. 이들 상품은 모두 희소하고 귀했는데, 페르시아에서 생산된 황동조차도 그랬다.[357] 소그드인들은 차츠에 중요한 은광을 소유하고 있었다.[358] 샤프란은 풍성하게 그것을 생산하던 이웃의 투하리스탄에서 왔을 수도 있다.[359]

---

357 이들 상품 각각에 대해서는 Laufer, 1919; Schafer, 1963 참조.
358 Burjakov, 1974, pp. 102~07은 차츠 광산에서의 생산 활동이 이슬람 이전부터 시작되었으며, 7세기에 더 활발해졌다고 지적한다.
359 Ibn Ḥawqal(trans. Kramers and Wiet, p. 459). "바슈지르드(Washjird)와 슈만(Shuman)에서 카바디얀(Quwadhiyan)까지 엄청난 양의 샤프란이 발견되며, 수많은 지역과 나라로 수출된다."

이 명단에는 소그드인들이 『고대 편지들』이 작성된 시기부터 교역했던, 그리고 10세기 초 아부 자이드(Abū Zayd)[360]가 쓴 글에서 중국의 한 소그드 상인이 가져온 상품으로 또다시 언급한 머스크도 반드시 덧붙여져야 한다.

또한 노예들도 포함되어야 한다. 투르판에서 나온 유일한 소그드 판매 계약서는 투르키스탄 출신의 어린 소녀의 매매와 관련이 있다. 소그드 노예들은 투르판에서 나온 문서에서 여러 차례 언급된다. 무엇보다도 중국 수도에서 소그드인들은 상류층 인사들이 드나드는 장안(長安) 구역을 즐겁게 해주는 어린 여자 시녀나 음악가, 가수, 무용수를 들여오는 일에 특화된 이들이었다.

서쪽에서는 한 비잔티움 문서가 기록했듯이, 소그드 상인들이 이끈 사업 가운데 비단 교역이 주요 위치를 차지했다. 고고학적 발굴 역시 소그드 및 사산 왕조의 은제(銀製) 식기 수출이 소그드 교역에서 수행한 역할을 보여 준다. 볼가강 상류의 숲 가장자리에서 이러한 물건들이 발트해의 호박과 모피, 노예와 교환되었다.[361] 이러한 식기류는 중국에서도 발견된다.

이와 같은 목록은 소그드 교역이 전문적이지 않았음을 시사한다. 오히려 소그드인들은 내륙 아시아에서 가치가 나갈 만한 모든 것을 거래했다. 사실은 특정 시기에 이들 다양한 상품이 주로 비단과 교환되었다는 것이다.

---

360 (옮긴이) 페르시아 항구 도시 시라프(Siraf)에서 바스라로 이주한 선원 출신으로, 『중국 및 인도에 대한 이야기』(*Account of China and India*)를 남겼다.
361 이 책의 제8장 365~70쪽 참조.

소그드 교역에서 비단이 차지한 위상

소그드 교역에서 비단의 독특한 역할은 중국에서 화폐로 기능한 역할과 연관이 있다. 사실, 중국에서의 화폐 유통은 서역에서 만연했던 것과는 매우 다른 모델에 따라 이루어졌다. 본질적인 가치는 없으면서도 경제생활의 필요를 충족하기에는 만성적으로 턱없이 부족한 양의 금속 통화와 함께 비단 두루마리와 곡식 가마니가 의당 화폐 수단으로 기능했다.[362]

서역으로 비단이 계속 공급된 데에는 두 가지 요인이 있었다. 첫 번째 요인은 유목민에 맞선 중국 외교에서 기인한다. 이미 이 책 제1장에서 기원전 2세기 중앙아시아에서 장거리 교역이 탄생하는 데 있어 이것이 담당한 추동적인 역할에 대해 언급한 적이 있다. 두 번째 요인도 첫 번째 요인과 마찬가지로 상업적이지 않다. 한나라 이후 7세기와 8세기 전반기는 육로를 통해 서역으로 비단이 이동하던 제2의 전성기였다. 당시 당나라는 예산의 상당 부분을 제국이 서쪽으로 팽창하는 데 필요한 자금으로 썼다. 750년경에 국가 수입금의 35퍼센트를 곡물로, 9퍼센트를 주화로 받은 반면, 비단과 삼베는 55퍼센트를 차지했다. 8세기 전반기에는 당국이 직물로 받은 수령액의 20퍼센트를 서부 지역을 관리하는 데 썼는데, 이는 매해 500만 조각 이상의 천을 쓴 것과 같았다.[363]

이것이 바로 돈황에서 수야브에 이르는 모든 도시에 배치된 중국 병사들과 행정 담당자들의 급여 및 경비 형태로 상당한 양의 비단이 타림분지에 도달하게 된 정황이다. 돈황의 한 중국 고위 군 관료의 사례(필사본 Pelliot 3348 V 2 B)는 745년 상반기에 군대가 곡식 120담(擔),[364]

---

362 Thierry, 1993, pp. 132~34.

363 Trombert, 2000b, pp. 108~09.

364 (옮긴이) 중국 및 태국의 중량 단위로, 약 60.48킬로그램에 해당한다.

즉 8톤이 넘는 곡식을 그에게 빚졌으며, 주화로 계산된 총액은 비단으로 지불되었음을 보여 준다. 만약 주화로 지급되었다면, 군은 160킬로그램의 청동을 돈황으로 보내야 했을 테고 한 명의 관료에게 급여를 주기 위해서만도 ……. [365] 이 현상은 소그드 상인들에게 두 가지 영향을 끼쳤다. 그 가운데 하나는 긍정적이었는데, 전반부는 중국 조정이 재정을 부담하고 소그드인들은 타림분지에서 소그디아나와 그 너머까지의 여정 후반부만 책임을 져 비단 운송료가 반으로 줄어들었기 때문이다. 또 다른 영향은 오히려 부정적이었다. 소그드 대상(隊商)은 행정 당국이 수도에서 타림분지까지의 비단 운송을 책임지면서부터 가장 오래된 정착지 가운데 하나인 감숙의 소도시들에서 가장 중요한 상품인 비단에 대한 통제권을 상실하고 틀림없이 상당한 고난을 겪었을 것이다. 중국 행정부에 통합된 소그드 가문들이 자신들의 활동 범위를 바꾼 감숙의 살보계 출신이었다는 것은 과연 우연이었을까?

그러므로 동(東)투르키스탄에 값싸고 풍부한 비단이 있었는지 또는 부족했는지에 따라 소그드 교역의 역사 시기를 구별하는 것이 필요하다. 서역 상인들이 중국 영토에 정착해 그곳에서 자신들의 네트워크를 구축할 수 있었던 것은 수세기 동안 한(漢) 제국이 안정되었던 덕분이다. 3세기부터 5세기까지 비단은 여전히 유통되었다. — 이는 3세기 후반 중국에서 온 비단 상인들에 대해 제2장에서 인용한 니야의 문서가 입증한다. — 하지만 이 교역은 비용이 증가한 한층 어려운 상황에서 이루어졌으며, 정말이지 문서에 실린 대로 결핍의 시기였다.[366] 혼란의 시기인 4세기 이후, 소그드인들은 만족스러운 방식으로 자신들의 네트워크를 재구축하는 데 성공했는데, 왜냐하면 코스마스 인디코플레우스테

---

365 Trombert, 2000b, p. 109.

366 "현재 중국 상인은 아무도 없으며, 그 결과 비단 채무 상태는 당장 조사할 수 없다. …… 상인들이 중국에서 도착하면 비단 채무도 조사할 예정이다." Trans. Burrow, 1940, p. 9, document 35.

도판 I 소그드 교역과 관계된 문서들

도판 I-1 『고대 편지 II』의 리넨 봉투
(영국 국립 도서관 위원회 제공)

I-2 인더스강 상류의 소그드어 명문
(Jettmar, 1989)

I-3 케르치(Kerch) 해협에서 출토된
소그드어 도편(© V. Livshic)

도판 II 스텝 지대의 상인들과 대사들/ 중국 장례식 부조 속의 소그드인들

II-1 미호(Miho) 부조에 새겨진 대상
(© Miho Museum)

II-2 대사 안 지아(An Jia)
(© CNRS, Fr. Ory)

도판 III 중국 지역사회에서의 일상

III-1 연회(ⓒ Miho Museum)

도판 IV 소그드인들을 재현한 중국의 조각품들

IV-1 대상(© Musée Cernuschi)

IV-2 보부상(© Musée Guimet)

IV-3 마부(© Musée Cernuschi)

도판 V 상인들의 초상화

V-1 판지켄트에서 연회에 참석한 상인들
(© Hermitage Museum)

도판 VI 판지켄트

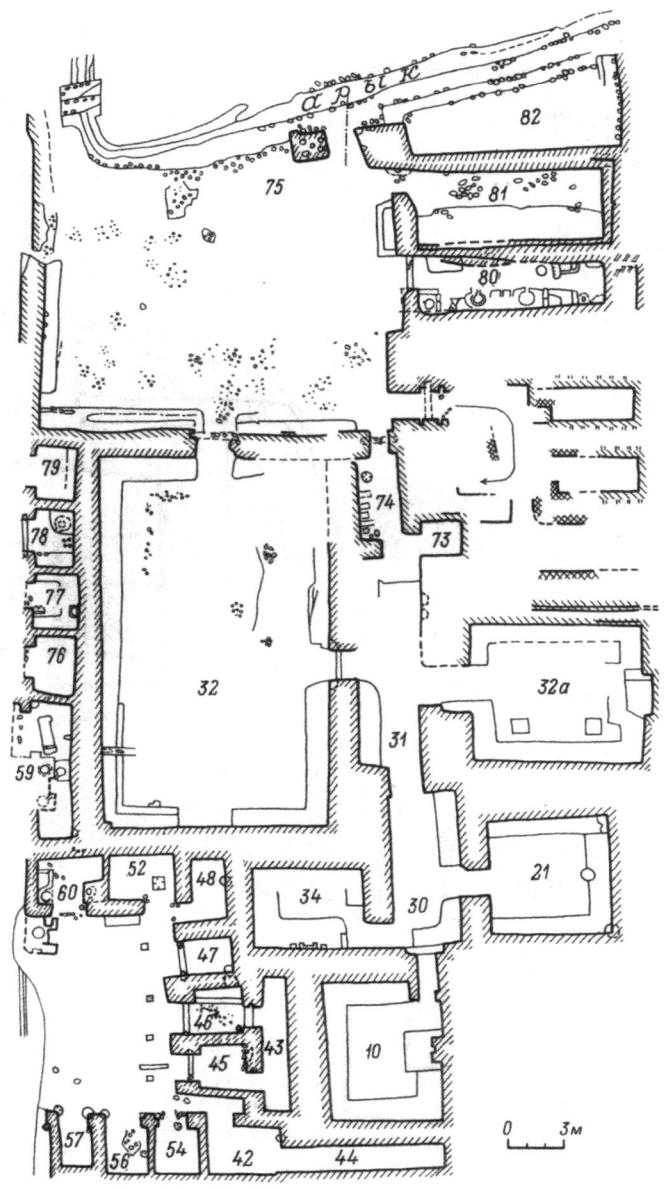

VI-1 건물 도면에 통합되어 있는 시장
(Raspopova, 1990)

도판 VII 파이켄트

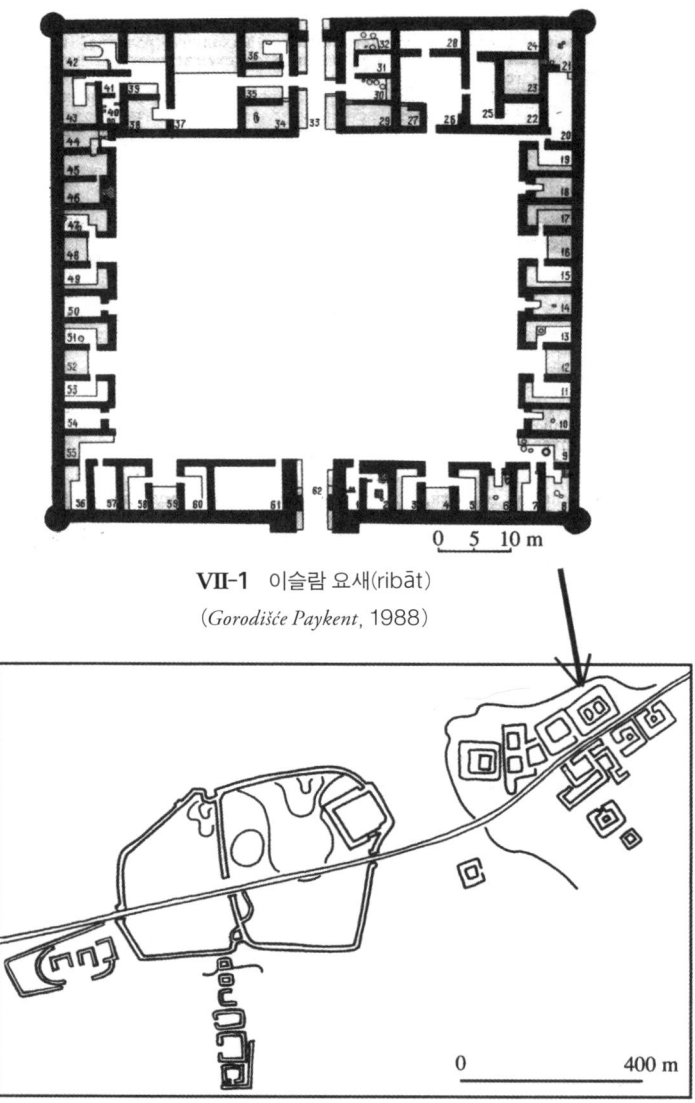

VII-1 이슬람 요새(ribāt)
(*Gorodišće Paykent*, 1988)

VII-2 도시와 도시 요새 평면도
(ⓒ CNRS, Fr. Ory, Semënov, 2002)

도판 VIII 소그드인들이 만들거나 판매한 은 제품들

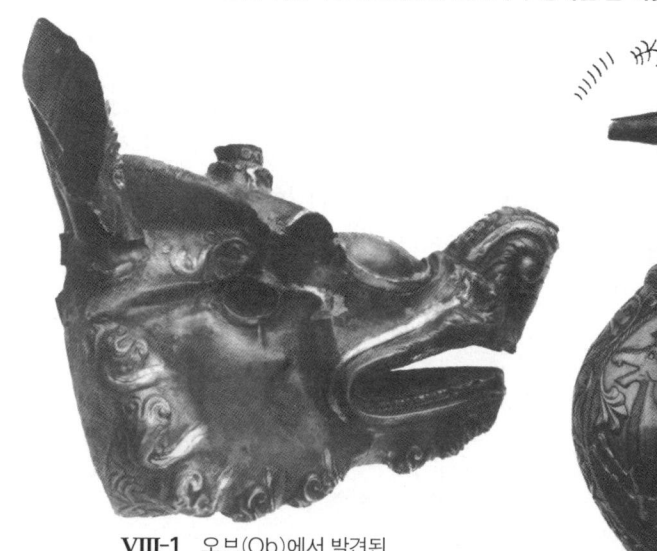

VIII-1 오브(Ob)에서 발견된
시무르그(Simurgh)의 머리
(Marshak and Kramarovskij, 1996)

VIII-2 호라즘 제사가 적힌
소그드 항아리
(Smirnov, 1909)

VIII-3 소그드어 이름이 새겨 있고
무게가 나가는 사산 왕조 접시
(Smirnov, 1909)

스에 따르면, 6세기 초 상당한 양의 비단이 육로로 유통되었기 때문이다. 중국 조정이 중앙아시아에 부재했기에 이 경우의 성공은 완전히 상업적이었다. 튀르크 제국의 탄생은 550년대 초 새로운 유목민 세력에게 중국 북부의 나라들이 외교적 동기에서 보낸 비단을 대거 시장에 진출시켰다. 그리고 640년부터 당나라가 타림분지를 정복하면서부터 결국 행정적 이유로 비단이 유통되기 시작했다. 그 후 소그드인들은 앞에서 언급한 이국적이고 값비싼 모든 상품을 760년대 — 이때 이 지역에 대한 중국의 통제권은 완전히 붕괴되었다 — 까지 급여로 군인들에게 지급된 비단을 받고 중국군에 팔았다. 중국 조정은 중앙아시아 영토에 대한 장악력을 유지하기 위해 소그드인들이 필요했는데, 이 시기에 그들이 얻은 혜택은 상당했다. 8세기 초 비단 가격이 돈황과 사마르칸트 사이에서 정확히 두 배로 올랐음을 알 수 있다.[367] 이는 상인들 사이 또는 국가 사이의 교역 문제가 아니라 중국 조정의 필요와 소그드 상인들의 욕구 사이의 균형 문제였다.

그 후에는 여유 있는 비단만이 지역적으로 생산되거나 840년까지 당나라에 의해 몽골의 위구르인들에게 발송되었다. 그 사이 매우 중요한 경제적 사건이 발생했다. 코스마스 인디코플레우스테스의 시대와 9세기 사이에 해상로가 무역량에 있어서나 무역적 가치라는 측면에서나 육로를 대체한 것이다. 소그드인들이 중국의 대규모 교역에서 자신들의 입지를 지킬 수 있었던 것은 550~760년까지 비상업적인 이유로 유통되던 방대한 양의 비단을 중국 조정이 서역으로 계속 수송한 덕분이었을 것이다. 그러나 755년을 시작으로 중국 북부를 전란에 빠트린 튀르크-소그드 장군인 안녹산의 난(안사의 난) 이후에 페르시아 교역이 활개를 쳤다.

---

367 이에 대한 입증은 이 책의 제9장 394쪽 참조.

4. 소그드인과 그들의 경쟁자들

나는 전적으로 소그드 상인들에 대한 연구에만 전념하고자 한다. 하지만 내가 인용한 문서들에는 다른 상인들도 언급되어 있기에, 이렇게 다양한 공동체가 어떻게 서로 공존하고 경쟁했는지 궁금할 수도 있을 것 같다. 어떤 민족은 모든 범위의 상업 노선에서 소그드인들과 경쟁했던 반면, 또 다른 민족은 좀 더 지역적 경쟁에 참여하거나 명확한 특정 상품을 두고 경쟁을 벌였다.

타림분지 사회

보다 지역적인 다양한 경쟁자 중에는 우선 호탄의 상인들이 있었다. 그들은 정말이지 상업적인 틈새 ─ 그들의 경우는 보석이었다 ─ 와 지리적인 틈새 모두를 향유한 좋은 사례이다. 옥(玉)이 그들의 영토에서 생산되었는데, 호탄은 석류석과 청금석이 출토되는 바다흐샨과 중국 영토를 잇는 노선 위에 자리한 아주 큰 도시였다. 따라서 소그드인들과 함께 호탄인들은 당(唐)나라에서 보석을 취급하는 대상인들이었다.[368] 그들은 또한 티베트에서도 우세한 상인들이었을 것이다.[369] 더욱이 모피 시장도 호탄에서 주요 시장이었다.[370] 그러므로 적어도 4세기 이후[371]

---

368   Schafer, 1963, pp. 224ff. 소그드인들은 다른 보석 중에서 홍옥수와 수정(석영)을 수출했다.

369   그럼에도 불구하고 호탄은 종종 읽히는 것과는 반대로 아랍 지리학자들의 '티베트의 도시'(madīna al-Tubbat)가 아니었다. 예를 들어 이드리시(Idrīsī)의 저작(trans. de la Vaissière, 2000, 3rd climate, section 9)에서처럼 말이다. Rubinacci, 1974는 그렇게 지명된 도시가 다름 아닌 카슈가르였음을 보여 준다.

370   Bailey, 1982, p. 38. 티베트에서 수출된 모피 목록에 대해서는 *Ḥudūd al-'Ālam*(trans. Minorsky, p. 92) 참조.

371   앞서 인용한(이 책 100쪽) Endere Kh. 661의 문서 ─ 연대 추정 불가 ─ 참조.

도시에서 소그드 상인들이 오랫동안 체류했다는 사실이, 비록 소그드인들의 교역 범위를 포괄하지는 못했을지라도 호탄의 중요한 교역 발전을 결코 저해하지 않았다. 어떤 문서도 두 상인 그룹 사이의 관계를 설명하지 않지만,[372] 그들 사이에 충돌이 발생했다면 호탄인들은 오래전 독립한 자신들의 도시에서 소그드인들을 쫓아낼 정치적 수단을 확실히 가지고 있었을 것으로 추정된다. 따라서 그들은 일종의 협력 관계였을 것이다. 소그드인으로 추정되는 미량(米亮)이라는 남자는 8세기 후반 호탄산(産) 옥(玉)을 장안(長安)에 팔았다.[373]

소그드인들이 차지하고 있던 우위는 북부 노선에서 더욱 분명해 보이는데, 다른 상인들의 존재를 보여 주는 문서가 거의 없다. 다만 7세기 초 투르판의 관세 (장부)에 한 명의 쿠차인을 포함한 두 건의 거래가 소그드인들을 포함한 스물아홉 건의 거래에 대비되어 언급되어 있다. 쿠차의 경제 문서는 주로 목축업적인 성격을 띤다.[374] 사카(Saka)족과 체결된 몇몇 상업 계약서도 카슈가르 동쪽에 위치한 마랄바쉬(Maralbaši)에서 발견되었다.[375]

그런데 가장 놀라운 사실은 중국 상인들의 부재이다. 그들은 자료에 아주 가끔 등장할 뿐이다. 이미 언급된 소송이 소그드인 가문과 중국 상인 한 명에게 이의를 제기한 것은 맞지만 이 문서는 예외적이다. 당나라 초, 즉 755년까지 정확한 상인들의 역할에 대해서는 알려진 바가 거의 없다. 영토의 가장 먼 북동쪽까지 경제생활과 교역을 촉진하고자 했던 중국 조정은 서역 상인들에게 도움을 청했다. (자신들의 본거지와 단절된 채 안녹산의 난과 매우 밀접하게 연계된) 외국 상인들의 역할이 미미

---

372 Vorobyova-Desyatovskaya, 1992에 인용된 문서는 마을과 시골 지역 권역에 해당하는 듯 보인다.
373 Xiong, 2000, p. 182.
374 Pinault, 1998 참조.
375 Henning, 1936, p. 11.

해진 당나라 후반기가 되어서야 문헌에 중국 상인들이 등장한다.[376] 미량은 중국 대상인의 지휘 아래 장안에서 옥을 팔았다.

서쪽의 이웃들

소그드의 극성기에는 고대 박트리아의 정복자들 가운데 꽤 약한 후계자들만이 남아 있었다. 투하리스탄 상인들은 때때로 중국 문헌에서 언급되곤 하는데, 그들이 분명 다르게 취급된 사실은 그들에 대한 아주 사소한 표현에도 주목케 한다. 장안에서 상등품의 유리 생산(과 수입?)은 그들의 전문 분야였던 것 같다.[377] 극히 적은 수의 박트리아 문서들이 타림분지에서 발견되었다. 반면, 몇몇 박트리아인은 중국 문헌에서 언급된다. 투르판에서 850명 이상의 소그드어 이름을 찾은 반면, 토화라(吐火羅, Tuhuoluo)는 두 명이 전부이다(라성[羅姓]을 포함한다면 스물여섯 명인데, 그 가운데 열 명 정도만이 사실 투하라인이었다). 이는 특히 소그드인들의 숫자와 비교하면 매우 적은 숫자이다.

그럼에도 불구하고 이러한 참고자료 가운데 일부는 우리의 주제에 유용하다. 열 명가량의 루오(Luo) 가운데 적어도 네 명은 분명히 상업적인 맥락에서 등장한다. 한 문서는 특히 언급할 만한 가치가 있는데, 중국 당국이 발행한 여행 허가증인 685년의 과소(過所)에 따르면, 투하라인들이 소그드 상인들과 함께 여행한 것으로 보인다. 마색다(磨色多)라는 이름의 서른다섯 살의 투하라인은 남자 노예 한 명과 여자 노예 두 명, 그리고 두 마리 낙타와 다섯 마리 노새를 이끌고 여정 중이었다. 또 다른 서른 살의 투하라인 불연(拂廷, pʰut jian[부처의 은혜?])은 두 명의 노예, 세 마리의 노새와 함께였다. 그들은 소그드인 강미의라

---

376 Twitchett, 1968.
377 Enoki, 1969, p. 1.『北史』卷 97, 西域傳, 大月氏國, pp. 3226~27에서 인용.

시(康尾義羅施, Kang Weiyiluoshi)가 이끄는 무리에 속해 있었는데, 여기에는 또 다른 두 명의 소그드인도 포함되어 있었다. 그들 가운데 누구도 중국어를 알지 못했기에 투르판 너머로 갈 수 있는 통행권을 얻기 위해 통역사인 나니판(那你潘 또는 니나판[你那潘])의 도움을 기다려야만 했다. 그들은 지역 도시—투르판, 베슈발리크, 하미, 쿠물, 카라샤르(Qarashahr)—출신의 다섯 명의 시민—아마도 현지에 정착한 대상이었을 것이며, 그 가운데 네 명은 소그드어 이름을 가지고 있었다—에게서 보증을 받았다. 그들은 서역에서 왔고 수도 장안을 향해 동쪽으로 이동하고자 했다.[378] 투하라인 라야나(羅也那)를 언급한 또 다른 상업 문서는 733년 투르판에서 한 소그드인을 위해 작성된 말 매매 계약서이다. 부유한 호인[興胡]이라 불렸던 투하라인은 다른 소그드인들과 함께 매매의 증인을 섰다.[379] 마지막으로 같은 해에 작성된 여행 허가증에는 한 소그드인이 고용한 노동자인 라복해(羅伏解)가 함께 등록되어 있다.[380] 지속적으로 소그드인들과 관계를 맺었던 이들 박트리아 상인은 거의 자율성이 없었던 것 같다.

박트리아와 한층 가까운 길기트에서는 12개의 박트리아어 명문만이 알려져 있다. 6세기와 7세기 튀르크 지배 아래 있던 북동쪽 투하리스탄의 주화에는 그 지역에 대한 소그드의 경제적 통제를 암시하는 듯한 소그드 부가 각인(countermark)이 찍혀 있었다.[381]

나는 이 책 후반부에서 서부 스텝 지대에 확실히 존재했지만 동부에서는 거의 발전하지 못한 호라즘의 장거리 교역을 분석할 것이다.[382]

---

378   64 TAM 29: 107, vol. VII, pp. 88ff. V. Hansen, "The Impact of the Silk Road Trade on a Local Community: The Turfan Oasis, 500-800" 참조.
379   73 TAM 509: 8/10, vol. IX, pp. 48~49.
380   73 TAM 509: 8/21a, vol. IX, p. 68.
381   Rtveladze, 1987, p. 127.
382   이 책의 제8장 373~77쪽 참조.

8세기에 호라즘의 상업활동은 소그드 교역로 안에서 이루어졌다. 8세기 중반 호라즘의 은화에는 소그드 제명이 새겨지기 시작했다. 반면, 동화(銅貨)는 전적으로 지역적인 제명을 계속해서 가지고 있었다. 어떤 정치적 이유도 이러한 신제품을 해명하지 못한다. 호라즘이 소그드 경제 영역에, 특히 상업 분야에 포함되었다는 설명만이 가능하다. 이와 같은 사실은 대규모 무역을 위한 은화와 동화 사이의 대비도 설명해 줄 것이다.

엄청난 경쟁자: 페르시아인

두 민족이 자신들의 영역 전반에서 소그드인들과 경쟁하고자 도전했다. 바로 페르시아인들과 유대인 이주민들이다.

소그드 상인들과 사산 제국을 연계한 외교적 국면은 앞으로 더 상세하게 분석할 것이다.[383] 5세기부터 페르시아인들이 9세기 중국과의 교역에서 정점에 이를 해상 무역 네트워크를 조직했음은 확실하다. 수많은 고고학적 정보와 몇몇 문헌이 소그드인들의 상업활동의 중요성과 힘을 보여 준다. 소그드의 상업적 확장과 동시에 페르시아도 상업적으로 팽창했으며, 소그드 교역의 역사 내내 페르시아 네트워크는 경쟁자 역할을 했다.[384] 상업적인 지정학 측면에서 당대 주요 국가 가운데 하나였던 나라의 지원을 받는 상인 계층이 소그디아나 남서쪽에 형성된 결과, 특히 소그드 영역으로 여겨지던 육로는 큰 영향을 받을 수밖에 없었다.

인더스강 상류의 소그드어 명문에서는 한층 먼 지역의 시리아 상인의 이름뿐만 아니라 사산 왕조 상인의 몇몇 이름도 발견된다.[385] 이는

---

383 이 책의 제8장 333~43쪽 참조.
384 Kervran, 1994; Piacentini, 1992; Hall, 1992; Pigulevskaja, 1951.

적어도 어느 정도는 호혜적인 관계였을 것으로 짐작할 수 있는 협력이 존재했음을 보여 준다. 제3장에서 인용한 코스마스의 글귀는 6세기 전반기 아시아에서 두 개의 네트워크의 영향권이 부분적으로 분리되었음을 보여 주는 동시에, 중국의 비단이 소그디아나에서 페르시아 제국으로 이동할 수 있게 된 이후로 생긴 접점을 시사한다.[386] 지리적으로 메르브와 부하라는 이러한 접촉에 필요한 중심지였다. 소그디아나와의 연계의 중요성을 보여 주는 물품이 메르브에서 발견되었다. 실제로 여러 소그드 도편(陶片, ostraka)이 도시(에르크 칼라)의 사산인 구역에서 발견되었다. 5~6세기 동안 발전한 지역에 지어진 대주택의 쓰레기 더미에서는 소그드어와 박트리아어, 중세 페르시아어 습작들이 발견되었다.[387] 고고학자들이 어학원이 그곳에 존재했으며, 이는 메르브와 중앙아시아의 연계를 보여 주는 증거라고 충분히 생각할 만했다. 십자가 제작에 필요한 거푸집도 발견되었는데, 이 역시 중앙아시아에서 네스토리우스교 확산을 위한 발판으로서 메르브가 수행한 역할을 보여 주는 흔적이다.[388]

이와 같은 고고학적 증거 외에도 메르브가 중앙아시아 방면에서 사산 왕조의 영향력 있는 근거지였음을 보여 주는 문서들도 있다. 화폐적 관점에서 사산 왕조의 모델이 소그디아나에 도달해 정착하게 된 것도 메르브를 거쳐서였음을 우리는 이미 살펴보았다.

페르시아와 소그드 상인들 사이의 중요한 접점이 메르브에 있었다고 믿을 만한 근거는 충분하다. 이러한 사실은 실제로 일부 문서에서 확인된다. 따라서 앞에서 언급한 간접 증거보다 이들 문헌이 우선되어

---

385 Sims-Williams, 1997, pp. 65, 71.
386 Frye, 1993 참조.
387 Herrmann and Kurbansakhatov, 1994, p. 69; 1995, p. 37 참조. 또한 Frejman, 1939도 참조.
388 Herrmann and Kurbansakhatov, 1994, p. 68.

야 할 것이다. 그런데 이들 문서는 모두 7세기 말에 있었던 사건을 종종 설명하곤 하지만 빨라야 10세기에 작성되었다. 그래서 이들 자료 역시 이 연구 후반부에서 상세하게 다룰 예정이다.[389] 여기에서는 그 가운데 가장 중요한 것만을 살펴보겠다. 10세기 초의 역사학자 알-타바리(al-Ṭabarī)[390]는 699년 부하라에 맞서기 위해 메르브에서 출정한 원정대 가운데 한 부대의 상황을 상세하게 설명하면서, 당시 소그드인들이 메르브 시장의 주요 대금업자였음을 내비친다. 물론, 우리는 이러한 상황이 시간상 얼마나 과거로까지 거슬러 올라가는지 확정할 수 없다.[391] 한편, 이슬람 시대의 문서들은 소그디아나에 끼친 페르시아의 상업적 영향력에 대한 증거도 제공한다.[392]

내가 알고 있는 바로는 육로로 중국에 도착한 페르시아 상인들을 언급한 중국 문헌은 없다. 반면, 아랍어 문서는 8세기 후반에 중국으로 여정을 떠났던 이란 동부 출신의 한 상인에 대해 이야기한다.[393] 그러므로 페르시아인들이 중국으로 향하는 소그드 대상단에 합류했을 가능성은 상당하다. 더 나아가 8세기 중반의 한 문서는 아랍 제국에서 온 투르판의 한 상인에 대해 거론한다.[394] 페르시아와 아랍의 상당한 영향력에 대해서는 특히 8세기부터 남중국에 널리 알려져 있었다. 하지만 사산 제국의 몰락 이후 중국 왕실로 도망쳐온 페르시아의 정치적 망명자들이 육로로 왔던 페르시아 상인들보다 더 많았을 것이다.

---

389 이 책의 제9장 397~400쪽 참조.
390 (옮긴이) 초기 이슬람 역사와 『쿠란』 주석서에 대한 방대한 해설서를 남겼으며, 수니파 사상이 강화하는 데 지대한 공헌을 했다.
391 Ṭabarī, II, 1022(trans. eng. vol. XXII, pp. 165~66).
392 701년 케시(Kesh)와 아무다리야강 사이에 있던 튀르크인 일행을 지나간 몇몇 아랍인과 페르시아인은 상인으로 추정되었다(Ṭabarī, II, 1078, trans. eng. vol. XXIII, p. 27 참조).
393 Sadighi, 1938, p. 118.
394 이 문서에 관심을 갖도록 해준 트롬베에게 감사한다.

이처럼 페르시아인들과 소그드인들 사이의 관계는 각자의 영향권 — 접촉은 특정 구역에서 이루어졌다 — 이 상대적으로 분리된 상태에 기반한 듯하다. 568년 페르시아 상업 구역에 자리 잡은 소그드인들이 자신들에게 유리하도록 균형을 깨고자 했을 때 — 제8장에서 다룰 것이다 — 사산 왕조는 확고하게 그들의 도전을 물리치고 이전 상태를 재건했다. 이와 같은 질서는 페르시아 네트워크와 소그드 네트워크의 중심지가 같은 정치적 공간, 즉 이슬람 칼리프 제국으로 통합되는 8세기 전반기까지 사실상 유지되었다.

소그드인들과 라다니트(Rādhānites)

라다니트 유대 상인들은 확실히 중세 초 근동 역사 기록에 등장하는 대상인 가운데 가장 유명하다. 유일하게 문서 하나가 알려져 있는데,[395] 역전 관리관(驛傳管理官) 이븐 후르다드비흐(Ibn Khurdādhbih, 820?~913)[396]가 9세기 중반에 집필한 『도로와 왕국들에 대한 서(書)』 (Kitāb al-Masālik wa'l-Mamālik)의 한 구절이 바로 그것이다. 여기에는 활동 범위가 에스파냐에서 중국에 이르는 이들 유대 상인의 놀라운 육상 및 해상 여행 일정이 묘사되어 있다. 육로 가운데 하나는 마그레브, 이집트, 바그다드, 파르스(Fārs), 인도, 중국을 지나간다. 두 번째 육로는 한층 더 흥미롭다.

> 때때로 그들은 로마 너머로 경로를 잡고 슬라브족 땅을 건너 하자르인들의 수도 캄리지(Khamlydj)까지 여행한다. 그들은 조르잔

---

[395] 이븐 알-파키 알-하마다니(Ibn al-Faqīh al-Hamadānī)가 쓴 또 다른 문서는 이븐 후르다드비흐가 제공한 정보를 미완의 방식으로 되풀이하고 있을 뿐이다.

[396] (옮긴이) 아바스 왕조 당시의 지리학자로, 그가 남긴 『도로와 왕국들에 대한 서(書)』는 오늘날 남아 있는 최고의 지리서로 평가받고 있다.

(Djordjân)[카스피해]에서 출발해 발흐에 다다르면 그곳에서 트란스옥시아나로 간다. 그리고 계속해서 토고즈고르(Toghozghor)[위구르인]의 우르트(Urt/Yurt)로, 이어 중국까지 여행한다.[397]

이 글이 사실임을 입증해 줄 문헌은 극소수이다. 중국에 유대인들이 있었음을 보여 주는 두 편의 산발적인 토막글이 있을 뿐이다. (9세기) 돈황에서 나온 히브리어 필사본[398]과 (8세기) 단단-윌리크(Dandān-Uiliq)[399]에서 나온 소그드어와 혼용된 유대-페르시아어 조각글[400]이 알려진 가장 오래된 증거 자료이다. 첫 번째 것은 부적으로 사용되었으며, 두 번째 문서는 8세기 후반에 쓰여진 것으로 호탄 인근에서 발견되었다. 가축과 아마도 노예 및 의복으로 추정되는 물품 거래에 대한 편지글이다. 몇몇 단어는 소그드어('노예'와 '하프'를 의미하는 단어)로 보인다. 이들 자료는 중세 초를 보여 주는 유일한 문헌이다. 어떤 소그드어 문헌도 아랍 침공 이전에 트란스옥시나아에서 유대인이 활동했음을 보여 주지 않지만, 페르시아어로 쓰인 『칸디야』가 중국에서 온 유대인들이 이슬람 이전의 사마르칸트에서 중요한 역할을 수행했음을 알려 준다. 안타깝게도 이 정보에는 날짜가 기입되어 있지 않다.[401] 페르시아에서는 유대인 묘지가 적어도 6세기 이후 메르브에 있었으며,[402] 호라

---

397 Ibn Khurdādhbih(trans. de Goege, p. 116). 아랍어 원문의 p. 153.
398 Wu, Chi-yu, 1996 참조. *Sérinde*, 1995, p. 78에 전재.
399 (옮긴이) '상아가 있는 집'을 뜻하며, 타클라마칸사막에 위치해 있었다. 불교 유적지로 유명했지만 지금은 잊혀지고 모래 속에 묻혀 있다. '서역의 모나리자'라는 유명한 벽화가 출토된 지역을 처음 발굴한(1896) 학자는 스벤 헤딘이다.
400 Utas, 1968.
401 Vjatkin, 1906, pp. 247~49의 번역본 참조. 고도로 복합적인 판본은 러시아어 번역본이 유일하다.
402 Klevan, 1979; Rtveladze, 1997 참조. 메르브의 유대인 공동체는 파르티아 시대부터 존재했던 것 같다.

산[403]의 여러 도시에도 강력한 유대인 공동체가 존재했다(예를 들어 발흐 인근의 니샤푸르와 마이마나[404]). 인도 지역에서의 유대인들의 영향력은 인더스강 산길에서 발견된 몇몇 낙서[405]와 특히 비루니가 쓴 한 글귀[406]에 의해 입증된다. 마지막으로 하자르 제국(Khazar Empire)[407] — 8세기 말부터 코카서스와 크림반도의 북쪽 스텝 전역을 지배했다 — 의 도시들은 강력한 유대인 공동체에 거처를 제공했다.[408]

이처럼 남쪽에서 온 다양한 공동체가 동서 네트워크를 구성했을 가능성은 다분하다. 비록 상당한 불신을 받기도 하지만, 이븐 후르다드비흐의 글은 9세기 중반에 있었던 역사적 현실을 묘사했을 것이다.[409] 제

---

403 (옮긴이) 중앙아시아와 중동을 잇는 지역으로 아무다리야강 남부에 위치하고 있으며, 고대 페르시아어로 '해가 뜨는 곳'이란 뜻이다. 광의의 개념에서 아무다리야강 너머의 중앙아시아 동서 교역의 중심지인 트란스옥시아나, 호라즘, 페르가나 등을 포함하기도 한다. 실크로드 무역으로 번영했으며, 전통적인 중심 도시는 메르브와 니샤푸르이다.

404 Rtveladze, 1997.

405 Jettmar, 1987a. 동부 식의 네모진 히브리어 문자로 쓰인 이 명문은 부하라의 고문서 847과 매우 유사한 고문서적 특징을 가지고 있다. 이것은 이미 언급한 소그드어 명문과 같은 지역에 위치했다. 한 소그드어 명문이 같은 장소(캄프시테)에서 발견되기도 했다.

406 al-Bīrūnī, *Indica*(trans. Sachau, p. 206). 카슈미르의 주민들은 침략자들에 대한 공포로 유대인 상인에게만 자신들의 영토에 들어올 수 있도록 허락해 주었다. 이 구절과 앞에서 언급한 명문을 근거로 카를 제트마르(Karl Jettmar)는 소그드 상인들이 8세기에 유대 상인들에 의해 대체되었다는 가설을 세웠다. 이는 가능하지만 매우 단편적인 몇몇 증거로는 입증 불가능한 주장이다. 소그드 명문들이 5세기 이후의 것이 아닐 수 있음에도 주목해야 한다. 그렇기에 6~8세기의 문제는 미결 상태이다.

407 (옮긴이) 7세기부터 10세기까지 카프카스산맥 북부와 러시아 남부 우크라이나, 볼가강 하류 지역에서 튀르크계 주민들이 세운 유목국가이지만 특이하게도 9세기에 중반을 기점으로 유대교를 국교로 받아들였다.

408 트무토로칸(T'mutorokan), 파나고리아(Phanagoria), 케르츠(Kerč)와 코카서스 북쪽에 끼친 중요한 영향력을 보여 주는 증거에 대해서는 Golb and Pritsak, 1982, p. 35 참조.

409 Cahen, 1972.

시할 수 있는 일반적인 역사적 해석은 다음과 같다. 이 라다니트 네트워크는 사산 왕조의 수도인 크테시폰[410] 바로 인근에 있는 지역에서 그 이름을 가져왔을지도 모른다는 것이다.[411] 이로부터 추론할 수 있는 사실은 이 네트워크는 유대인들이 페르시아의 상업활동을 복제한 것이며, 라다니야(rādhāniyya)는 그저 이라크 디아스포라 네트워크의 고대 이름일 뿐이라는 것이다. 이러한 체제 속에서 잘 알려진 사산 왕조 네트워크와 겸해 고찰하면, 이와 같은 유대인 네트워크의 실체를 의심할 이유는 전혀 없다.[412]

소그드인들과 라다니트 상인들 사이의 관계가 어떠했는지는 알려진 바가 없다. 라다니트 네트워크의 명성은 전적으로 이븐 후르다드비흐의 글 — 이라크에 중심지를 둔 정부의 역전 관리관으로서의 그의 직무 덕분에 특별히 이들 상인을 언급할 수 있었다 — 을 통해 알려졌다. 비록 아랍어와 페르시아어로 쓰인 자료 가운데 그들에 대한 문서로 이에 필적할 만한 것은 없지만, 소그드인들이 대부분의 라다니트 네트워크 영역을 지배했음은 확실하다. 9세기 초까지 육로로 이루어진 대규모 교역은 소그드인들이 주도했다. 반면, 일부 지역에서는 앞서 수백 년 동안 유대 상인들의 종교적 중립성과 하자르족의 유대교로의 개종 덕분에 이득을 본 유대인 네트워크 — 지중해와 인도양에서 10, 11세기에 이 네트워크가 얼마나 중요했는지는 카이로 게니자(Geniza)[413]의 문헌 덕분에 알려졌다[414] — 로 대체되었을 가능성도 있다.

---

410 (옮긴이) 현재 이라크의 수도 바그다드에서 남동쪽으로 약 32킬로미터 떨어진 지점에 위치했던 도시로, 아케메네스 왕조와 사산 왕조 때 수도 역할을 했다. '크테시폰'의 표기법은 고전 그리스어 식을 따른 것이다.

411 Gil, 1974, p. 320.

412 7세기 초에 비잔티움 역사가 테오필락투스 시모카타(Theophylactus Simocatta)는 홍해 쪽에서 활동하면서 사산 제국의 지원을 받던 중요한 유대인 교역에 대해 썼다 (V 7.6, trans. Whitby).

413 (옮긴이) 대형 문서 보관소를 말한다.

모든 것을 고려하면 중세 초 유라시아는 네트워크들이 전 대륙을 망라할 수 있도록 도와준 종속과 협력, 접속, 연결 관계로 통합된 상업 네트워크가 놀라울 정도로 조직된 공간이었던 것 같다. 아시아에서는 소그드와 페르시아, 그리고 분명히 시리아와 인도 네트워크가 눈에 띄지만, 이들 대상인 무리는 종교적·지역적으로 소규모 상인 집단에도 의존했다. 이들 상인이 메르브, 장안 시장, 크림반도, 볼가강 상류, 몽골 북부 지역이 소그드 상인들에게 그러했던 것처럼 대규모 네트워크들 사이의 접점들을 지켰음이 틀림없다.

5. 거리를 터득하기

대상 무역

소그드인들은 상인이기도 했지만 수송업자이기도 했다. 그들의 공동체에서 살보(薩寶)가 수행한 역할과 고위 관료의 지위까지 올라간 공동체 관리를 명명하는 데 있어 중국인들이 살보라는 단어를 선택했다는 사실, 그리고 투르판의 중국 문헌뿐만 아니라 『고대 편지들』 등은 모두 상품 운송에서 소그드인들이 차지한 중요성을 잘 보여 준다. 중국에서 그들은 북동쪽으로뿐만 아니라 북서쪽으로도 확장하던 군대의 지원군으로서 매우 중요한 역할을 수행했던 것 같다.[415] 하지만 수송과 관련해 소그드인들의 구체적 상황에 대해 알려진 바는 거의 없다.

중앙아시아에서의 대표적인 교역 이미지는 낙타로 구성된 대규모 대

---

414 셀로모 도프 고이테인(Shelomo Dov Goitein)의 저작 참조. Goitein, 1967(더욱이 여기에는 사마르칸트 출신의 유대인이 언급되어 있다. p. 400, n. 2); 1973.
415 군대로 배송될 상품이 중앙아시아로 운송되는 데 있어 중국과 소그드 상인들의 역할에 대해서는 특히 Arakawa, 1992 참조.

상(隊商)을 중심으로 조직된 대상 무역이다. 그러나 기록 문서가 기술하는 현실은 훨씬 더 복잡하다.

이 영역에서는 사업 문서와 다른 문서 사이에 뚜렷한 차이가 보인다. 사업 문서는 당나귀나 노새, 말뿐만 아니라 기껏해야 마흔 명쯤으로 구성되거나 때로는 훨씬 더 적은 인원으로 이루어진 소규모 대상에 대해 알려 준다. 반면, 중국어로 쓰였든 아랍어로 쓰였든 간에, 좀 더 문학적인 글은 수백 명의 여행자로 이루어진 대규모의 낙타 대상을 떠올리게 한다. 쿠차 대상의 여행 허가증은 7세기 중반 쿠차 북쪽 지역의 일간(日刊) 교통량에 대해 좋은 예를 알려 준다. 펠리오는 악수(Aqsu)로 가는 산길에 위치한, 쿠차에서 북서쪽으로 6킬로미터 떨어진 협곡 입구에 있던 오래된 감시탑 발치에서 목간(木簡) 더미를 발견했다.[416] 이 탑은 대상의 교통량을 추적하고 관찰하기 위해 일정한 간격으로 설치한 일군의 감시탑이었다. 대상들은 자신들의 조직(대상 우두머리의 이름, 개개인과 짐을 나르는 가축의 숫자, 날짜, 출발한 역참과 도착할 역참)에 대해 정확하게 기재한 여행 허가증을 가지고 역참에서 역참으로 여행했다. 조사 대상이 된 여행 허가증은 641~644년에 작성되었다. 몇몇 예를 보면 다음과 같다. 한 대상은 스무 명의 사람과 세 마리의 당나귀, 한 마리 말로 구성되었다. 또 다른 대상은 여섯 명의 남자와 열 명의 여자, 네 마리의 당나귀로 이루어졌다. 세 번째 대상은 서른두 명의 남성과 네 마리의 말로 구성되었다. 소규모의 지역 교역과 관계된 쿠차 자료들은 희귀하지만 유효한 소그드 자료들에 의해 충분히 입증된다. 예를 들어 732~733년에 석염전(石染典)의 대상은 한 명의 일꾼과 두 명의 노예, 석염전 자신과 열 마리의 노새를 포함해 네 명의 소그드인으로 구성되었으며, 733년에는 한 마리의 말이 추가되었다.[417]

---

416 Pinault, 1987, pp. 67~68.
417 Ikeda, 1981, p. 78.

그런데 『고대 편지들』에는 엄청나게 방대한 무리의 여행가들(『고대 편지 V』, 13~14행. "많은 소그드인이 떠날 준비를 마쳤지만 떠날 수 없었다")이 언급되어 있으며, 『고대 편지 I』과 『고대 편지 II』에서 거론된 돈황에서 누란으로 가던 대상도 혼자 여행하는 여성의 보호를 보장할 만큼 충분히 대규모였던 것 같다.[418] 같은 시기에 작성된 호탄의 한 문서는 비단 4,326필(疋)을 실어 나르는 319마리의 가축을 묘사하고 있다.[419] 이후에는 모든 출처의 문서가 수백 명의 상인으로 구성된 대상에 대해 이야기한다. 이미 인용한 티베트 불교 문헌 — 여기에서 등장하는 500명의 소그드 상인은 객관적인 현실을 반영하기보다는 일종의 도덕적 일화(exemplum)의 표현법에 해당한다 — 을 거듭 살피지 않더라도, 우리는 청해(靑海) 지역에서 중국인들에게 붙잡힌 240명의 호상과 600마리의 낙타 및 노새로 이루어진 대상이나[420] 921년에 자신을 호라즘에서 볼가강 상류로 데려간 거대한 대상에 대한 아랍 여행가 이븐 파들란(Ibn Faḍlān)[421]의 언급을 참작할 수 있다.[422] 역사가 알-타바리는 722년 중국에서 무리를 지어 돌아온 소그드 상인들에 대해 말했는데,[423] 나르샤키(Narshakhī, 899~959) 또한 『부하라의 역사』(Tarikh-i Bukhara)에서 같은 이야기를 꺼냈다.[424]

두 가지 주요 방식의 여행이 존재했다는 것은 이상할 것이 없다. 'caravan'이라는 단어의 어원 자체가 인도의 제도에 대한 최초의 언급

---

418 Reichelt, 1931, pp. 8~9, 22~25.
419 Lubo-Lesničenko, 1994, p. 237.
420 Schafer, 1950, pp. 180~81.
421 (옮긴이) 아바스 왕조 당시의 볼가강 유역에 거주한 불가르인들에게 사절로 파견되었던 인물로, 그가 쓴 기행문은 10세기 바이킹의 생활상에 대한 중요한 증언으로 남아 있다.
422 Ibn Faḍlān(trans. Charles-Dominique, p. 38).
423 Ṭabarī, II, 1444~45(trans. eng. vol. XXIV, p. 176).
424 Trans. Frye, pp. 44~45.

처럼 보안을 이유로 무리를 지어 돌아다니는 군 호송대 개념을 지칭한다. 소그드 상인들은 안전한 지역에서는 작은 무리를 지어서 또는 개인적으로 이동했지만, 지형의 특성상(돈황과 남쪽 노선, 즉 카이담 사이의 사막) 혹은 정치적 상황(아랍 군대가 주둔하던 때의 소그디아나, 곧 구즈족[Ghuzz]의 영토) 때문에 곤란한 지역을 가로지를 때에는 다시 무리를 지었을 것으로 추정할 수 있다.

자료들에서 언급되는 모든 종류의 역축(役畜)도 같은 실용적인 맥락에서 설명할 수 있다. 여행에는 낙타가 쓰였는데, 『고대 편지 I』과 『고대 편지 III』을 작성한 돈황에서 온 소그드 여인에게 한 사제는 그녀가 대상에 합류해 누란으로의 여정을 떠날 수 있도록 낙타 한 마리를 제공하겠다고 약속했다.[425] 게다가 여러 중국 문헌은 이 사막 지역에서 낙타가 얼마나 우수한 동물인지에 대해 역설한다.

> 차말(且末) 북서쪽에는 수백 리나 되는 유사(流砂, shifting sand)가 있다. 여름에는 여행가들에게 재앙인 뜨거운 바람이 분다. 이러한 바람이 막 불어오려 할 때, 미리 알아챈 나이 든 낙타들은 즉각 으르렁거리며 밀착해 주둥이를 모래 속에 파묻는다. 사람들은 언제나 이를 사전 경고로 인지하고 그들 역시 담요로 코와 입을 감싼다. 바람은 재빠르게 순식간에 지나가지만 자신을 보호하지 못한 이들은 죽음의 위험에 처하게 된다.[426]

당대(唐代)의 도상(圖像)에서는 낙타를 타고 중국의 도시에 도착하는 서역인들을 많이 재현하고 있다. 작은 테라코타 조각상 가운데 일부는 상인이 아니라 음악가, 특히 낙타나 말을 중국에 데리고 온 마부를

---

425 Trans. Reichelt, pp. 8~9, line 11.
426 『北史』卷 97, 西域傳, 且末國, p. 3209. Schafer, 1950, p. 181에 인용.

재현[도판 IV-3 참조]하고 있지만, 그럼에도 대개는 특유의 의상[도판 IV-2 참조]을 입고 짐꾸러미를 가득 실은[도판 IV-1 참조] 낙타 등에 올라탄 소그드 상인들을 선명하게 재현한다.[427] 북부 소그디아나에서는 낙타를 길렀는데, 중국인들이 751년 차츠를 습격할 당시에 대량으로 낙타를 포획했다.[428] 게다가 박트리아의 반(半)야생 낙타들은 여전히 우즈베크 스텝 지대에서 흔히 볼 수 있다. 튀르크 장군 토뉘쿠크(Toñuquq, 646~726)는 소그디아나를 습격해 다시 찾아온 낙타들을 자랑했다.[429] 어느 소그드인은 673년 투르판에서 한 중국인에게 10년 된 낙타를 팔았다.[430]

하지만 어떤 경우에도 낙타가 유일한 수송 수단이었던 적은 없다. 앞에서 언급한 투르판의 문서뿐만 아니라 쿠차의 문헌에서도 대상에게는 말과 당나귀, 노새가 있었음을 내비친다. 인더스강 상류의 산길 같은 일부 지역에서는 낙타를 이용한 수송이 불가능했다. 그곳에서는 야크만이 다닐 수 있었다. 어쨌든 이 황량한 지역에서 충분한 목초지를 찾을 수 있는 대규모 대상은 없었을 것이다. 때때로 상품들은 절벽 쪽에 설치된 말뚝에 널빤지를 매달아 만든 '현수로'— 이는 인도로 여행하는 중국 순례자들에게 깊은 인상을 주었다[431] — 처럼 사람의 등에 실려 수송되어야 했다.

---

427 Mahler, 1959에서 확인된 매우 비현실적인 신원을 신뢰해서는 안 된다.
428 Schafer, 1963, p. 71.
429 Baïn-Tsokto 명문, 48행. Trans. Giraud, 1960, p. 64. "노란 황금, 하얀 은, 처녀들과 여자들, 혹이 달린 낙타들, 비단을 많이 가져왔다."
430 Yamamoto and Ikeda, 1987, text 29, p. 13.
431 Jettmar, 1987b.

소그드의 윤리와 대상 숙소 정신

수세기에 걸쳐 대규모 대상 교역의 대가였던 소그드인들은 이러한 종류의 교역이 직면한 주요 문제 가운데 하나, 즉 도시 안이나 도시 사이에 일일 간이역 설치라는 문제를 해결해야 했다. 우리는 이슬람 세계가 오랜 시간 적용했던 해법을 안다. 대상 숙소의 네트워크가 이란, 튀르키예, 아랍 세계의 주요 상업 고속도로 위에 줄지어 서 있었다. 이슬람 대상 숙소의 기원은 동방의 역사적 건조물에서 가장 논란이 되는 문제 가운데 하나이며, 오늘날까지도 여전히 해결되지 않고 있다. 수많은 가설이 제기되었지만,[432] 사산 제국의 육상 무역의 실체적 조직에 대한 자료가 거의 부재한 탓에 이 기원의 재구성은 쉽지 않다.[433] 그렇기에 소그드 교역 연구라는 맥락에서 소그드적 기원이나 영향의 가능성에 대해 의문을 제기하는 것은 너무도 당연하다.

같은 방식으로 건설된, 소그디아나에서 알려진 대상 숙소나 건물 가운데 그 어느 것도 이슬람 이전 시기의 것으로 확정할 수는 없다. 예를 들어 대상 숙소로서 그 기능이 입증되었다고 상정할지라도, 상업 도시 파이켄트 초입에 지어진 리바트(ribāt)[434]는 기껏해야 8세기 말 처녀지에 세워진 건축물일 뿐이다[435] [도판 VII-1과 VII-12 참조]. 사마르

---

[432] Kervran, 1999.

[433] 현재로서는 사산 왕조의 해상 저장 창고가 잘 알려져 있다. 이와 같은 여러 현장에 대한 분석은 Kervran, 1994 참조.

[434] (옮긴이) 원래 군사적 목적으로 세워진 요새를 말하지만 나중에는 대상로(隊商路)를 보호하는 역할을 수행했으며, 고립된 무슬림 공동체의 중심지이자 신앙의 장소로도 사용되었다.

[435] 친절하게도 파이켄트의 리바트 발굴에 참여할 수 있도록 허락해 준 자말 미르자크메도프(Djamal Mirzaaxmedov)와 바로 그 현장에서 소그드 교역에 대해 긴 대화를 나누어 준 그레고리 세메노프(Gregori Semenov)에게 이 자리를 빌려 감사를 표하고 싶다. 파이켄트의 리바트에 대해서는 *Gorodišče Pajkent*, pp. 113ff. 참조.

칸트와 시르다리야강 삼각주 사이에 대상을 위해 지어진 숙박지, 즉 키질쿰사막(Kyzyl kum)[436]에서 이루어진 발굴은 8~9세기 전환기에 간이 야영지가 영구적인 시설로 발전하는 과정을 잘 보여 준다.[437] 한편, 차츠 남쪽의 칸카(Kanka)에서 작업한 발굴팀은 카라한의 대상 숙소 아래에서 소그드 시기에 같은 방식으로 지어진 건물 잔해의 정확한 위치를 확실하게 찾아냈는데, 이들 역시 대상 숙소였다는 가설을 세웠다.[438] 하지만 발굴은 이러한 정보가 신뢰할 만하다고 생각할 만큼 충분히 진척되지 않은 상태이다. 현재로서는 고고학이 소그디아나에서의 이슬람 이전 대상 숙소에 대한 정보를 제공할 수 있는 상황이 아니다.[439] 언어학적 관점에서 소그드어로 '여인숙', '호텔'— 대상 숙소라는 개념에 필적하는 유일한 단어이다 — 을 의미하는 단어가 중국어[tym, 중국어로 dian(店)]에서 차용한 것임에 반드시 주목해야 한다.[440] 그러므로 이 시설은 지역에 한정된 것이 아니었다. 하지만 중국의 여인숙과 대상 숙소를 연결할 만한 근거는 없다. 『베산타라 자타카』(*Vessantara Jātaka*)를 소그드어로 옮긴 사람이 도시 인근에 왕의 자선 기금으로 설립한 여행자들을 위한 무료 숙박소의 인도식 개념을 전달하고자 했을 때, 마땅한 용어를 찾을 수 없어 반은 소그드어이고 반은 인도어인 단어

---

436 (옮긴이) 현재의 우즈베키스탄과 카자흐스탄 사이에 걸쳐 있는 사막이다. 아랄해 남동쪽 시르다리야강과 아무다리야강 사이에 약 30만 제곱킬로미터의 면적을 차지하고 있으며, 몇 개의 소규모 오아시스 거주지가 형성되어 있다.

437 Manylov, 1996, pp. 122~23.

438 발굴자인 M. G. 보고몰로프(M. G. Bogomolov)에게 개인적으로 연락받은 내용이다. Burjakov, 1989, pp. 27~31 참조.

439 악테페 칠란자르(Aktepe Čilanzar)의 건물은 발굴자들에 의해 사원으로 판단되지만, 그럼에도 전형적인 대상 숙소의 특색을 띠고 있다. 하지만 이 현장의 연대 결정 — 7세기 혹은 8세기 — 은 이슬람 이전이라고 확신할 만큼 충분히 정확하지 않다. Filanovič, 1989, p. 47 참조.

440 더욱이 그것은 소그드어에서 '대상 숙소'라는 의미를 가진 페르시아어로 넘어갔다(Henning, 1939).

'pwny'nkt'k'('공덕의 집')를 만들어내야 했다.[441]

이처럼 소그드 대상 숙소는 존재하지 않는다. 그러나 역설적이게도 대상 숙소라는 이슬람 시설은 동부 이란, 좀 더 구체적으로는 소그드적인 기원을 가졌을 것으로 보인다. 이븐 하우칼(Ibn Ḥawqal)[442]은 여행가들이 이 일대에서 숙박하는 방식에 대해 다음과 같이 길게 설명한다.

> 트란스옥시아나 전역에서 마음대로 이용할 수 있는 사유지나 농장을 가진 사람 가운데 밤낮으로 이러한 관례를 실천하고자 애쓰지 않는 이는 없다. 그들은 서로 이를 실천하고자 경쟁을 벌이는데, 부(富)의 탕진이나 파산으로 이어지기도 한다. 한편, 다른 이들보다 더 많은 부를 축적하려는 사람들은 대개 자신들의 자산을 자랑하고 재산을 늘리고자 큰 수고를 무릅쓴다. 나는 수그드(Sughd)에서 거주지의 잔해물을 유심히 살펴보았는데, 그곳의 입구는 기둥으로 차단되어 있었다.[443] 이 문은 100년, 심지어는 그보다 더 오랫동안 닫힌 적이 없었으며, 누구도 그곳에 머물 수 있었음이 확실해 보였다. 때때로 숙소에는 예기치 않게 어떤 채비도 없이 가축 및 하인들과 더불어 100명, 200명 또는 그 이상의 사람들이 머물렀다. 그들은 가축 사료와 자신들을 위한 음식, 본인의 담요를 사용하지 않을 수 있을 정도로 충분한 침구를 제공받았다. …… 이슬람 땅에서는 부의 대부분이 개인적 여흥을 위해 지출될 뿐임을 덧붙여야 한다. …… 반면, 트란스옥시아나의 주민들은 숙박소(ribāṭāt) 건축이나 도로 보수, 성전을 위한 와크프

---

441 *Vessantara Jātaka*(trans. Benveniste, 1946, p. 4, l. 43).

442 (옮긴이) 10세기 아바스 왕조 때의 지리학자로, 생애 마지막 30년을 아시아와 아프리카 지역을 여행하며 보냈다.

443 여기서는 번역자의 오역에 주목해야 한다. 그 문은 (열린 채) 기둥으로 차단되어 있었다. BGA(*Bibliotheca Geographorum Arabicorum*) II, p. 466 참조.

[종교 기부금] 설립, 자선 사업, 석교(石橋) 건설에 재산을 쓴다는 사실이 눈에 띈다. 이러한 활동을 꺼리는 시시한 사람은 정말이지 드물다. 그곳에 머물고자 밀려드는 여행자들을 위한 방이 여유롭게 갖추어진 무료 숙박소가 없는 집결지나 북적이는 급수장, 마을은 없다.[444]

여기서 제시한 대상 숙소에 대한 설명은 트란스옥시아나 고유의 윤리 의식에 뿌리를 둔, 따라서 아마도 이슬람 이전 소그드 문화에서 기원한 개념일 것이다. 이븐 하우칼이 이들 리바트의 건축적 형식을 특정한 것은 아니지만, 건축학적 자료에 기반해 내린 결론은 전적으로 유효하다. 이슬람 대상 숙소는 이와 같은 이슬람 이전의 가치 체계를 새로운 건축 양식, 즉 이슬람 통치 세력이 9세기 불신자들과 직면한 변경 지역을 따라 산재한 정사각형의 이슬람 요새(ribāt) 형태로 개조하면서 아마도 9세기나 10세기에 등장했을 것이다.

이 시기 이전의 상황에 대해 소비에트 연구자들이 제시한 개념, 즉 소그드 성채의 엄청나게 큰 뜰이 무역로를 따라 숙소로 기능했을 것이라는 주장이 내게는 매우 견실하게 다가왔다. 특히 자아민(Zaamin)[445]에서의 사례를 연구했는데, 이곳은 두 개의 큰 소그드 교역로가 분기되는 곳으로 하나는 차츠, 다른 하나는 페르가나로 향했다. 한 면의 길이가 100미터인 큰 담으로 둘러싸인 이곳 — 여기서 출토된 도자기는 7세기의 것이다 — 은 이븐 하우칼의 글에 잘 부합한다.[446] 내가 보기에 영지의 삶의 방식을 설명한 그의 글은 이러한 견해를 전적으로 확증해 준

---

444 Ibn Ḥawqal(trans. Kramers and Wiet, II, pp. 448~49, 아랍어 원문은 BGA, II, pp. 466~67).
445 (옮긴이) 현재 우즈베키스탄 남동쪽에 위치한 도시로, 타슈켄트와 두샨베 중간쯤에 있다.
446 Drevnij Zaamin, ill. 2, pp. 96~97, pp. 22~25. 차츠의 몇몇 성채는 커다란 담으로 둘러싸여 있었던 것 같다(Filanovič, 1989, p. 40; Filanovič, 1991, fig. 2, 3, 4).

다. 소그디아나를 전적으로 지배하던 특권층의 삶의 방식이 상업 분야에서 호사스러울 정도로 후한 자선 사업과 숙박 시설의 양태로 표출된 듯하기 때문이다. 판지켄트의 소그드 귀족들이 이와 같은 유일한 목적을 위해 고안한 멋들어지게 꾸며진 홀—이는 귀족 저택의 중요한 일부를 구성했다—에서 열리는 환영 및 축하 연회에 관심을 가졌던 이유도 이해할 수 있다.[447] 기저에 깔린 윤리는 같다. 귀족에게는 세상에 나와 자신의 집을 방문한 손님들에게 편의를 제공할 의무가 있었다. 이처럼 경제적 필요와 귀족의 삶의 방식이 연계되어 있었기에, 상인과 대상은 성채의 뜰—소그디아나에는 그 수가 매우 많았다—로 모여들어 숙박을 청할 수 있었다.

영지와 대상 숙소 사이의 관련성은 종종 추정되는 것처럼 반드시 건축적이었던 것은 아니었다.[448] 그것은 오히려 기능적이었는데, 여행자들에게 숙소를 제공하기 위한 목적으로 연이어 지어졌다. 충분히 강력한 사회적 의무가 상업을 귀족 문화에 통합한 덕분에 소그드인들은 굳이 자신들의 땅에 대상 숙소를 지을 필요가 없었다.

반면, 주민의 수가 적었던 지역에서 대상들은 텐트를 사용했다. 세미레체와 북부 몽골 사이의 튀르크 역참 체계를 다룬 글—연이어 등장한 다양한 튀르크 제국의 관료만큼이나 상인들도 자주 여행했던 오래된 여정이 담긴 글이다—은 파발꾼과 여행자에게 숙소를 제공하기 위해 스텝 지대에 세워진 텐트에 대해 분명히 언급한다.[449] 영구적인 건물은 세워지지 않았다. 마찬가지로 이븐 파들란이 921년 참여한 사절단도 소그드와 호라즘의 수많은 상인이 이전 세기에 그랬던 것처럼 볼가강 상류의 불가리아 땅에 도달하기 위해 우스트-유르트고원(Ust-Yurt

---

447 Raspopova, 1990.
448 Hillenbrand, 1994, p. 341.
449 821년 위구르에 파견된 대사 타민 이븐 바흐르(Tamīn Ibn Baḥr)의 이야기(trans. Minorsky, 1948) 참조.

plateau)⁴⁵⁰을 가로질렀지만, 그 무역로는 14세기가 되어서야 일련의 대상 숙소를 갖추게 되었다⁴⁵¹[지도 8 참조].

개괄적으로 말해 기술적 관점에서 소그드인들은 교역을 목적으로 크게 도로를 개척했던 것 같지는 않다. 한 가지 사례가 특히 놀랍다. 사마르칸트 북쪽으로 우스트루샤나와 차츠 사이에 위치한 '굶주린 스텝지대'(Steppe of Hunger)는 너무 건조해 상당한 지장을 초래했다. 그 결과 여행자들은 저 멀리 자아민까지 투르키스탄산맥 북쪽의 산록 지대를 거쳐 가능한 한 빨리 페르가나나 시르다리야강에 도달한 이후에 톈산의 서쪽 산기슭을 지나 최종적으로 차츠에 이르러야만 했다. 곧장 갈 수 있는, 즉 사마르칸트에서 타슈켄트로 가는 직선 노선도 가능했다. 이 노선은 9세기부터 이틀 만에 여정을 마칠 수 있도록 도와주는 일련의 저수지를 갖추고 있었다.⁴⁵² 하지만 이것이 가능해진 때는 이슬람 시기였다. 고고학에 따르면 이 땅은 개발되지 않은 처녀지였다.⁴⁵³ 그렇기에 소그드인들은 극도로 분주한 네트워크 구간에 필요한 개발을 단행하지 않은 것이다. 두 번째 사례도 첫 번째 사례를 뒷받침한다. 메르브와 부하라를 연결하면서 이란과 관계된 모든 수송이 반드시 지나가야 하는 노선 — 아바스 치하에서는 이슬람 세계의 주요 고속도로 가운데 하나였다 — 에 대한 수많은 개발도 빨라야 9세기부터 보편적으로 이루어졌다. 아주 적은 수의 우물만이 — 다른 대안적 노선이 가능하지 않았기 때문에 없어서는 안 되었다 — 이 시기 이전에 존재했다.⁴⁵⁴

---

450 (옮긴이) 현재의 카자흐스탄, 우즈베키스탄, 투르크메니스탄의 국경에 걸친 사막형 대지(臺地)이다.

451 Manylov, 1982.

452 *Drevnij Zaamin*, ill. 1, pp. 96~97.

453 발굴자 M. 그리시나(M. Gricina)에게 개인적으로 전해받은 정보이다. Burjakov, 1990, p. 91; Masson, 1935 참조.

454 Masson, 1966. 여기서 제시된 교역 노선에 대해 단계적으로 이루어진 주목할 만한 고고학적 연구 결과는 수정할 필요가 있다. 왜냐하면 이 연구는 표면 물질에 기반

우리 자료에서 유추할 수 있는 몇몇 소그드 교역의 내부적 특징에 대한 이러한 분석은 8세기부터 계속되어 온 이 교역이 아마도 오래전부터 띠고 있었을 성격에 의문을 제기한다. 상업적 요청에 따른 지역 조직의 결여는 특히 그러한 측면에서 놀랍다. 또한 좀 더 남쪽에 위치한 사산 왕조의 법에서 볼 수 있는 복잡성과는 대조되는 소그디아나에서 증명된 상업 조직 형태—가족에 기반한다—의 단순성에도 주목해야 한다. 이러한 비교는 자료의 부재로 왜곡될 수도 있다. 적어도 다리 임대에 대한 계약서는 소그디아나에도 정교한 사법적 양식이 존재했음을 보여 준다. 더욱이 소그드인들은 자신들의 영토에서 전개되는 대상 교역 문제에 대한 해결책도 찾아냈다. 그럼에도 550년부터 750년까지 엄청난 양의 중국 비단이 서역으로 수송된 사건이 대표하는 뜻밖의 횡재로 인해, 엄밀하게 상업적이기보다는 좀 더 정치적 원칙에 근간한 소그드 교역의 황금기를 맞았을지도 모른다고 추정할 수 있다.

해 연대 추정이 이루어졌기 때문이다. 연구는 노선이 충분한 시간이 지나고도 완전히 안정적이지 않았음을 보여 준다. 사막을 가로지르는 과정은 (예를 들어) 우물의 고갈에 좌우되었다.

제3부

교역과 외교

(550~750년)

도입

소그드 인구의 중심지들은 사마르칸트에서 세미레체까지, 텐산에서 로브 노르까지, 그리고 감숙(甘肅)에서 중국의 대도시들까지 늘어서 있었다. 오아시스와 산맥, 사막으로 이루어진 이들 지역을 따라 소그드 상인들은 바로 이웃하는 유목민 세계와 항시적인 접촉을 유지했다. 소그드 네트워크의 중심축은 사실상 스텝 지대 유목민들과의 연속적인 남북 연결에 의해 늘어나고 확장되었다. 이전의 유목민 제국에 대해서는 거의 알려진 바가 없는 반면, 튀르크 제국에서의 소그드인들의 역할에 대해서는 훨씬 알고 있는 것이 많다. 이 지역이 튀르크인들에 의해 중국에서 비잔티움까지 통합된 6세기에, 소그드인들은 자연스럽게 새로운 정복자들에게 제국을 경영할 수 있는 정치, 종교, 특히 경제적 수단을 제공하는 최고의 적임자가 되어 있었다. 일부 주요 문서 덕분에 소그드인들이 튀르크의 정치적 득세를 어떻게 상업적으로 이용했는지 알 수 있다. 튀르크-소그드적 환경은 중국 북서 경계선에서 형성되었고 이 지역의 경제사에서 큰 역할을 했다. 안녹산의 난으로 그들은 결국 주요 정치 세력을 형성하게 되었다. 따라서 제7장은 이와 같은 튀르크-소그드적 환경에서 직조된 정치와 교역 사이의 관련성에 할애하고자 한다. 소그드 네트워크가 최대의 지리적 범위 — 그 범위가 비잔티움에 이르렀다 — 에 도달한 것도 스텝 지대를 통해서였다. 그런즉 서부 스텝 지대에서 전개된 소그드의 상업적 팽창의 근간에는 튀르크-소그드적 환경이 있었고, 이것이 제7장에서 다룰 주제이다.

제7장
튀르크-소그드적 환경

중국인들에게 소그드인들은 튀르크 스텝 지대의 주요 상인이었다. 유목민들에게 자문가 역할을 해주었던 그들은 6세기 중반부터 8세기 중반까지 연이어 등장해 몽골에서 스텝 지대를 통치한 튀르크 카간들의 경제 및 정치 생활에 강력한 기반을 두고 있었다. 어떤 조건 아래에서 이렇게 확실히 자리를 잡을 수 있었던 것일까? 차츠에서 감숙까지, 즉 정주민과 유목민 영토 사이의 접촉 구역 도처에 소그드인들이 존재했다는 사실은 여러 가설을 시사한다. 소그드인들은 소그디아나에서 스텝 세계로 진입했을 수도 있다. 이는 가장 평범하고 논리적으로도 가장 그럴듯한 가설이다. 그러나 소그드인들과 튀르크인들 사이의 최초 접촉은 아마도 좀 더 동쪽에서 일어났으며, 그리고 소그드인들이 감숙의 상업 본부를 기지 삼아 튀르크어를 사용하는 사람들 사이에 발판을 마련했음을 알 수 있다. 6세기에서 10세기까지 확인한 튀르크-소그드의 문화적 융합은 긴 원사(原史) 시대를 거친 후 이루어졌기에, 이 시대에 대한 조사는 튀르크인들 사이에서 소그드인들이 상업적 독점을 누리게 된 상황을 설명해 준다.

1. 튀르크-소그드적 환경의 탄생

튀르크 제국

튀르크 제국은 540년대 말 유목민 세계에 만연해 있던 유동적인 상황에서 갑자기 등장했다.[1] 아시나(Ashina) 씨족의 부민 카간(Bumin Qaghan, ?~552)은 당시 스텝 지대에서 우세했던 종족인 유연(柔然)[2]을 지지했는데, 552년에는 그들에 맞서 반란을 일으켜 그들을 몰락시켰다. 그를 이은 후임자 무칸 카간(Muqan Qaghan, 재위 553~572)은 중국 북쪽의 스텝 지대 전역을 정복했으며, 그의 삼촌 이스테미[Ištemi, 비잔티움 자료의 시자불(Sizabul), 552~575/76]는 서부 스텝 지대를 장악했다. 아울러 이스테미는 560년에 사산 제국의 통치자 호스로 아누시르반과 합의해 에프탈족을 쳐부수고 소그디아나를 점령했다. 570년대 말 서(西)튀르크인들은 크림반도까지 전 스텝 지대를 장악했다.

다음 반세기는 한층 더 혼란스러웠다. 서(西)카간국은 583년 정치적으로 독립했는데, 경쟁 왕조들이 등장해 한편으로는 중국에 의해, 다른 한편으로는 지배를 받고 있던 부족들에 이용당했다. 이스테미의 아들 타르두(Tardu, 재위 576~603)는 7세기 초 잠시 제국 전체를 재통일했다. 처음에는 수나라로부터, 그다음에는 당나라로부터 압박을 받던 동쪽의 카간국은 630년 이후에 무너져 사라졌다. 서쪽의 상황은 반란에도 불구하고 좀 더 안정적이었으나, 630년 이후 카간국은 중앙아시아의 온 오크(On Oq)와 서쪽의 불가르(Bulgar)와 함께 여러 부족 연합체로 해체되었다. 659년 이후 중앙아시아는 공식적으로 중국의 통

---

1 정치적·경제적·문화적 측면에서 튀르크인들의 민족 집단 형성 및 역사에 대한 최근의 유용한 새로운 리뷰는 Golden, 1992, pp. 115~54에서 찾아볼 수 있다.
2 (옮긴이) 4세기 중엽부터 5세기 중엽까지 몽골 지역을 통치했던 종족으로, 수렵과 유목에 주로 종사했다.

제 아래 있었다. 하자르인들은 알타이에서 이주해 670년대부터 코카서스 북쪽 스텝 지대를 점령했다. 동쪽에서는 두 번째 튀르크 카간국이 쿠틀루그(Qutlugh, 재위 682~691)와 그를 이은 카파간(Qapaghan, 재위 691~716)과 빌게(Bilge, 재위 716~734)의 치하에서 형성되었다. 이 카간국은 766년 이후 위구르 카간국으로 대체되었다. 715~740년에 튀르게슈(Türgesh)가 서쪽을 지배했지만 소그디아나를 아랍군에게 잃었으며, 그 후에는 중국에 독립마저 빼앗겼다. 755년 중국의 붕괴는 세미레체의 카를루크(Qarluq)[3]에게 길을 열어주었다. 8세기에서 10세기까지 동쪽으로 저 멀리 호라즘에 이르는 서부 스텝 지대의 지배 세력으로 부상한 하자르인들은 유대교로 개종했다.[4] 그들의 제국은 당시 동유럽의 대규모 교역의 중심지였다.[5]

560년 에프탈인들과 싸워 튀르크 군대가 소그디아나를 정복하면서 진정한 소그드-튀르크 융합이 이루어졌다. 다양한 사례가 이를 입증한다. 예를 들어 7세기 말에 판지켄트의 왕이었던 차킨 추르-빌가(Čakin Čur-Bil'ga)는 튀르크인이었으며, 그의 후계자 데바슈티치는 이란어 이름을 가지고 있었지만 『니샤푸르의 역사』(Tarikh-i Nishapur)에서 관련한 그의 계보에 따르면 그 자신도 튀르크 후손이었다.[6] 또한 보존된 유일한 소그드 결혼 계약서에 의하면, 튀르크인과 소그드 귀족 여성이 결혼했다.[7] 소그드 식민지나 차츠에서 이루어진 융합은 더욱 확연하다. 그 결과 크라스나야 레츠카(Krasnaja Rečka) 공동묘지에서 부부와 말들이 튀르크 관행에 따라 함께 매장된 사례를 확인할 수 있었다. 이러한 융합은 도상에서도 뚜렷하게 보인다. 나무로 된 쿠즈루크-토베

---

3 (옮긴이) 7~12세기에 중앙아시아 지역에서 활약한 옛 튀르크 계열의 민족을 말한다.
4 개종의 범위뿐만 아니라 연대도 논란의 여지가 많다. Zuckerman, 1995 참조.
5 De La Vaissière, 2000. 주요 참고문헌은 Dunlop, 1954에 있다.
6 Livšic, 1979.
7 Livšic, 1962, pp. 17ff.

(Kujruk-tobe)의 프리즈에서 묘사하고 있는 사람들은 튀르크 식의 의상과 머리 모양을 했으며 몽골식 특색을 띠고 있다.[8] 아프라시아브(사마르칸트)의 거대한 그림은 왕이나 사라진 신의 발 아래 둥글게 앉아 있는 튀르크 전사들을 보여 주는 반면, 중국 사신들과 소그드 귀족들은 열을 지어 다가가고 있다. 이러한 사례는 얼마든지 많이 있다. 커다란 소그드 도심지들은 시골 지역처럼 확실히 이란어를 계속해 사용했지만, 외진 지역들은 비록 문화적으로는 소그드의 지배 아래 있었음에도 (튀르크 지배 아래 있던 투하리스탄의 주화는 소그드어로 겹쳐찍기가 되어 있다.)[9] 튀르크적 요소가 (차츠의 산악 지대와 투하리스탄, 세미레체에서처럼) 종족적으로 중요해지기 시작했다. 6, 7세기에 적어도 지배 계층 내에서는 혼합 문명이 창출된 사례를 실제로 목격할 수 있다.

튀르크 제국에 대한 소그드인들의 기여는 중요하다. 그 가운데 최고는 의심할 여지 없이 문자였다. 사실, 계속해서 튀르크 음운 체계에 맞도록 개조한 소그드어 알파벳은 8세기 초반 엘리트 계층 내에서 전국적인 외국인 혐오 반작용이 있던 상당히 짧은 시기―이 동안에는 룬 문자를 사용했다[10]―를 제외하고는 튀르크어 문서를 쓰는 데 튀르크 제국과 그 뒤를 이은 위구르 제국 역사 내내 사용되었다. 오늘날에도 마찬가지로 몽골과 만주 문자는 소그드 문자에서 유래했다. 더욱이 가장 초기의 튀르크 제국 문서는 6세기 말부터 소그드어로 쓰였다. 가장 오래된 것으로 알려진 부구트(Bugut) 명문이 바로 그것이다.[11] 튀르크 카간국 초기에 『주서』(周書)는 "그들의 글이 호인의 것을 닮았다"(其書字類胡)라고 서술한다.[12] 소그드어는 튀르크 총리대신 관저의 언어였다.

---

8 Bajpakov, 1986, p. 95.

9 Rtveladze, 1987.

10 Giraud, 1960, pp. 17~19. 룬 문자의 아람어 기원에 대해서는 Giraud, 1960; Kljaštornyj, 1964, pp. 44~50; Róna-Tas, 1987; Kyzlasov, 1991 참조.

11 Kljaštornyj and Livšic, 1971, 1972. 또한 Bazin, 1975도 참조.

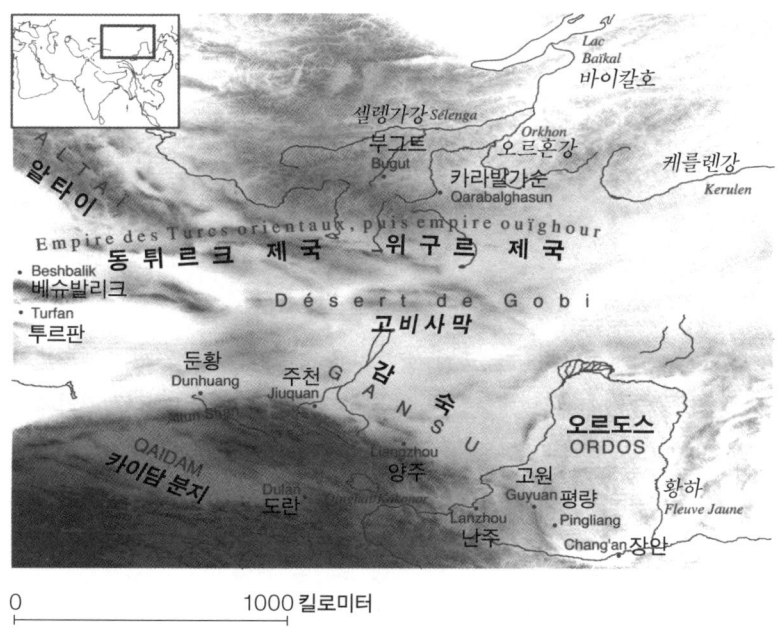

지도 6 튀르크-소그드 세계

568년 콘스탄티노폴리스를 튀르크 사절이 방문했을 때, '스키타이 문자'로 쓴 편지를 소그드 대사인 마니아크가 전달했다.[13] 틀림없이 이 스키타이 문자는 소그드 문자였을 것이다.

문자와 함께 소그드인들은 불교도 들여왔다. 가장 오래된 계열의 튀르크 불교는 소그드와 중국의 영향을 받았다.[14] 부구트 명문은 불교가 초기 군주 시대에 이미 제국에 존재했음을 보여 준다.[15] 콘스탄티노폴리스 주재 튀르크 대사였던 마니아크는 법명도 있었으며,[16] 그곳에서 성장한 아들에게 젊은 나이에 두 번째 튀르크 사절단의 2인자 자리가 주어진 것으로 보아 그의 가족은 시자불 조정에 자리를 잘 잡았던 것 같다. 이처럼 모든 것은 이 소그드 가문이 튀르크 지배 체제—비록 튀르크 제국이 막 탄생했음에도 불구하고 이 가문은 그 안에서 높은 지위와 세습 작위를 보유했다—속으로 강력하게 통합되었음을 보여 준다.

소그드인들이 신생 튀르크 제국의 정치적 일상에서 행한 주된 역할에 대한 또 다른 사례가 있는데, 이러한 예들은 제국의 서쪽 지역에만 국한되지 않는다.[17] 7세기 초 대신 배구(裴矩, 547~627)[18]는 중국 황제에게 다음과 같이 선언했다.

---

12 Liu Mau-tsai, 1958, p. 10, 『周書』 卷 50, 異域傳下, 突厥, p. 910.
13 Ménandre, fragment 10(trans. Blockley, p. 115). 이 책의 제7장 308~09쪽과 제8장 334쪽 참조.
14 Asmussen, 1965와 특히 Laut, 1986 참조. 그런데 소그드어 기원의 튀르크 불교 어휘에서 7, 8세기의 마니교적인 소그드어에서 온 차용어를 찾은 Moriyasu, 1990도 참조.
15 Moriyasu and Ochir, 1999, p. 123에 실린 요시다 유타카의 새로운 번역문과 Tremblay, 2001, p. 66, n. 110의 발언 참조.
16 Lieu, 1985, p. 185.
17 이와 관련해 요시다 유타카는 내게 M. Mori(1967)의 논문에 대한 정보를 주었다.
18 (옮긴이) 수나라의 정치가로, 수나라 제일의 서역통으로 알려져 있다. 서역 각국의 정치·경제·문화 등을 다룬 『서역도기』(西域圖記)를 집필해 양제(煬帝)에게 바쳤다.

돌궐인(突厥人)은 정직하고 소박한 심성을 가지고 있어 누군가가 그들 가운데 불화의 씨를 뿌릴 수도 있다. 하지만 그들 가운데 살고 있는 많은 호인(胡人) — 모두가 가장 잔혹하고 명민하다 — 이 그들을 가르치고 안내한다.[19]

더욱이 또 다른 중국 문서는 노골적으로 630년 동(東)카간국의 몰락에 대한 책임을 소그드인과 다른 호인 탓으로 돌리고 있다.

카간(可汗) 힐리(頡利, 재위 620~630)는 다양한 호인에게 모든 것을 위탁했고 자신의 사람들은 멀리 두었다. 호인은 욕심이 많고 주제넘으며 타고나기를 불확실하고 변덕스럽다. 따라서 해마다 법은 배가되었고 군(軍)도 동원되었다. 백성(즉 튀르크인들)은 이에 분노했고 무리가 군을 이탈했다.[20]

우리는 튀르크 제국에서 중요한 인물이었던 소그드인들의 이름을 여럿 알고 있다. 또한 6세기 말에 카간의 중국인 부인의 연인이자 문헌에서 호 렌(hu ren, '서부 이란어를 말하는 자')으로 묘사되던 안수가(安遂迦)를 언급할 수도 있다.[21] 총리대신 관저의 언어로 소그드어가 사용되었고 그것이 구(舊)튀르크어에 영향을 끼쳤다는 사실은, 이들 호인 대부분이 실제로는 소그드인이었음을 확인해 준다.

튀르크 제국에서 소그드인들의 역할은 국가 수뇌부에만 한정되지 않았다. 수많은 소그드인이 몽골이 중심인 동튀르크 제국 내에도 살았다. 호(胡)라는 부족(胡部)은 제국의 다른 부족과 동급으로 여겨졌다.[22] 소

---

19 『隋書』 卷 67, p. 1582에 실린 배구(裵矩)의 전기에서 가져온 Liu Mau-tsai, 1958, p. 87 참조.
20 『舊唐書』 194 A, p. 5159; 『通典』 197.5.a, Pulleyblank, 1952, p. 323의 번역문.
21 Pulleyblank, 1952, p. 318; 『北史』 卷 22, 晟傳, p. 820.

그드 공동체는 튀르크 제국의 중심지인 저 멀리 북서쪽에도 존재했던 것 같지만 그들의 이름만이 전해질 뿐이다.[23]

많은 소그드인이 행정부와 군대, 외교부에 있었지만 순전히 상업활동에만 종사한 이들도 있었다. 튀르크 제국은 앞 장에서도 설명한 그런 류의 팽창을 소그드인들이 감행한 지역이었으며, 이는 제국 동부의 투르판과 감숙에서만큼이나 서부의 세미레체에 위치한 소그드 거주지들로부터도 전개되었다.

행상인과 정복자

중국 정사(正史)에서는 '突厥'(돌궐)이라고 전사(轉寫)된 튀르크인들에 대한 첫 언급에서 곧바로 핵심적인 튀르크-소그드 교역 문제를 소개하고 있다.

> [투주에(돌궐족)]는 비단과 푼사(silk floss)를 사러 중국 국경에 처음 왔다. 그들은 중국과 관계를 맺고자 했다. [서위(西魏)] 대통(大統) 11년(545)에 북주(北周)의 황제 태조(太祖)는 주천(酒泉) 출신의 호인(胡人) 안낙반타(安諾槃陀)[24]를 사절로 투주에에 보냈다. 그곳에서 투주에는 서로를 축하했고 다음과 같이 말했다. "오늘 대제국의 사절이 도착했으니 우리나라는 번영할 것이다." 대통 12년(546)에 토문(土門)은 마침내 자신의 땅에서 난 산물을 가져갈 사절을 파견했다.[25]

---

22 Pulleyblank, 1952, p. 323; 『新唐書』卷 215, 突厥傳上, p. 6038.
23 예를 들어 귀위크 칸(Güyük Khan, 1206~48)이 1248년 사망한, 사마르칸트는 베슈발리크 북쪽으로 7일 동안 가야 한다(주베이니의 주장을 따르는 Bartold, 1964, p. 466 참조). 하지만 이 이름은 일부 필사본에서만 입증되기에 펠리오는 이 견해를 받아들이지 않았다(Pelliot, 1931, p. 460).
24 마지막 문자는 '陀'의 변형이다.

당시 중국어로 낙반다(Nakbanda)로 발음되는 안낙반타²⁶는 의심의 여지 없이 소그드인이었다. 비록 우리가 다루고 있는 당대인들은 메르브의 주민 또는 인도-파르티아 사람일지도 모르지만 가문 이름 안(安)이라는 성씨는 이미 이를 암시한다. 또한 그 안에서 '아나히타(Anāhitā)의 시종'이라는 뜻의 소그드어 이름 아나히타-반다(Anāhitā-banda)를 인지할—소그드 명명학이 확인해 준—수 있듯이 표기도 이를 드러낸다.²⁷ 주천은 감숙에 위치하는데,『고대 편지 II』, 1.5에서 아르마트-사치(Armat-sāch)가 거주하던 곳도 바로 이곳이다. 역사적으로 튀르크인들을 최초로 언급한 문서가 소그드인들과 비단 교역도 거론한 것이다.

이 이야기는 5세기 유목민 부족들 사이에 벌어진 싸움에서도 전례를 찾을 수 있다. 가오주(Gaoju, 高車) 부족의 카간이 수도 베슈발리크에서 당시 스텝 지대를 지배하던 공공의 적(敵)인 유연(柔然)에 맞서 490년 북위(北魏) 왕실과 협정을 체결하고자 했을 때 한 호상(胡商)의 도움을 받았다.

> 태화(太和) 14년(490)에 아복지라(阿伏至羅)는 월자(越者)라는 호상을 수도로 파견했다.²⁸

월자(Yuezhe)는 마찬가지로 소그드어 이름인 'Wātč'('미풍')의 표기이다.²⁹

---

25 『周書』卷 50, p. 908: trans. Liu Mau-tsai, 1958, pp. 6~7.
26 Pulleyblank, 1991b, p. 228, no 149:9, p. 231, no 75:10, p. 314, no 170:5.
27 Sims-Williams, 1992b, p. 41; Yoshida, 1994 참조.
28 원문에 Thierry, 1993, p. 113이 주석을 달았다.『魏書』卷 103, 高車傳, p. 2310.
29 Pulleyblank, 1991b, p. 388, no. 156:5, p. 400, no. 125:4. 요시다 유타카는 이 이름을 'Warč'('기적')이라고 읽는 것도 가능하다고 알려 주었다.

그런즉 소그드인들과 튀르크인들 사이의 연계는 처음부터 존재했다. 비단 교역은 튀르크인들이 중국인들과 접촉할 수밖에 없게 만들었는데, 이때 사절로 일했던 이들이 소그드인이었다. 유력한 세력이었던 아시나 씨족의 기원은 이 초기의 접촉을 부분적으로나마 설명해 준다.

> 돌궐의 조상들은 평량(平涼) 지역 출신의 잡호(雜胡, 호인)였다. 그들의 가문 이름은 아사나(阿史那)였다. 후위(後魏)의 황제 태무제(太武帝, 재위 423~452)가 저거(沮渠) 씨족을 격파했을 때, 아사나 가문은 500명의 식솔을 이끌고 유연(柔然)의 여여(茹茹)로 도망을 갔다. 그들은 수세대에 걸쳐 금산(金山, 알타이산)에 살았고 철물 제작에 종사했다.[30]

평량은 감숙과 장안 사이에 위치한다. 게다가 초기 튀르크 카간들의 이름은 모두 튀르크어가 아니었다.[31] 튀르크 황실 문중은 한결같이 다양한 종족으로 이루어진 환경, 즉 원주민들과 흉노, 이란인들, 인도인들, 중국인들이 수백 년 동안 섞여 살던 북서 중국의 변경 지역 출신이었다. '잡호'에 대해『수서』(隋書) 본문은 더 이상 아무것도 말해 주지 않는다. 이러한 조건 속에서 튀르크인들 사이에서 소그드인들이 행한 초기 역할을 이해해야 한다.

이 정보는 소그드-튀르크 접촉의 기원을 이해하는 데 매우 중요하다. 이는 세미레체에 소그드 식민지가 세워지고 소그디아나를 튀르크가 정복하기 훨씬 전에 이러한 접촉이 이루어졌음을 보여 준다. 소그드 상인들은 튀르크인들이 도착하기 전부터, 즉 최소한 5세기부터 스텝 지대에 진출하기 시작했다고 여겨진다. 튀르크인들은 감숙에 기반을 둔

---

30 Liu Mau-tsai, 1958, p. 40.『隋書』卷 84, 北狄傳, 突厥, p. 1863에서 인용.
31 Golden, 1992, pp. 121~22 참조.

소그드인들의 본거지에서 비롯된 소그드인들과 유목민들 사이의 오래된 관계를 상속한 이들이었다. 처음부터 상업적 관계였다.

다시 말해 다음과 같은 가설을 세울 수 있다. 6세기부터 8세기까지의 소그드-튀르크 융합은 튀르크인들과 제휴한 가운데, 그리고 수많은 문헌 자료에 의해 조명된 맥락에서 소그드인들과 유목민들 사이에 상당히 오랫동안 유지된 관계—이는 자료들에 흔적으로만 남아 있다—를 그저 갱신했을 뿐이다. 교역은 적어도 5세기 이후의 관계에서 아주 큰 역할을 했을 가능성이 있다. 나는 기꺼이 이것이 강거 왕국 시절부터 그러했을 가능성에 대해 고려할 것이며, 이로써 우리는 박트리아 노선으로부터 상당히 북쪽에 (그리고 특히 타림분지 북쪽 산맥에) 위치한 지역에 대해 어떻게 프톨레마이오스가 그토록 박식한 지식을 갖게 되었는지도 설명할 수 있게 될 것이다. 이 경우 『고대 편지들』에서 묘사한 교역과 유사하게 소그드 교역이 이미 부분적으로나마 스텝 지대—아마도 중국 비단을 충분히 공급받고 있던 흉노 쪽으로—를 지향하고 있었다고 생각해도 무방할 것이다. 하지만 이 지역에 대한 상업 문서가 전무하기에 그 가능성은 그저 가설일 뿐이다.[32] 그럼에도 불구하고 5, 6세기부터 유효한 정보를 다시 출발점으로 삼는다면, 소그드인들에 의해 통제되고 감숙에서 운영되던 교역지가 스텝 지대에 존재했음은 기정사실이다. 이는 희귀한 고고학적 증거에 의해 확인된 사실이다.

몽골의 호흐호트(Hohhot, Huhehot)[33] 인근에서 한 상인의 유기된 시신이 발견되었는데, 비잔티움과 사산 왕조 은잔들로 구성된 물품을 온전히 지닌 채였다.[34] 그의 여정은 레오 1세(Leo I, 재위 457~474)[35]의 금

---

[32] Pullyblank, 1991a에 인용된 군사 자료는 신뢰할 수 없다. '속특강'(粟特康, Sute Kang), 즉 소그드인 강은 실제로 5호16국 전투에 참여했지만(『晉書』 卷 107, 載記 7, 石李龍下, p. 2795), '석륵'(石勒, Shi Le)이라는 이름이 소그디아나와 어떤 연계가 있는지는 확실하지 않다(Honey, 1990, p. 193 참조).

[33] (옮긴이) 몽골어로 '푸른 도시'를 뜻하며, 현재 내몽골 자치주의 주도(州都)이다.

화를 통해 내륙 아시아를 통과하는 5세기 후반에 이루어졌음을 추정할 수 있다. 물론, 그가 소그드인이었음을 입증할 만한 증거는 없다. 하지만 그가 지니고 있던 장비와 온전히 서역에서 온 물품들, 그리고 앞서 묘사한 감숙에 소그드인들이 진출해 있었음을 고려할 때, 그가 확실히 이 지역을 거쳐왔을 것이라는 믿음을 강하게 뒷받침한다. 그의 물건들이 없어지지 않고 그대로 있었다는 것은 이 상인이 강도를 당한 것이 아니라 혼자 여행하다 외롭게 죽음을 맞이했음을 보여 주기에, 이 사례는 매우 흥미롭다. 다시 말해 우리는 소(小)행상이지만 귀중품을 나르는 상인을 마주한 것이다. 이 남자는 우리가 스텝 지대의 소그드 상인이라면 그러했을 것이라고 예상하는 전형을 보여 주는 좋은 예시일지 모른다. 아마도 막 시작했을 그의 여정 ─ 비록 우리는 최후 시점을 알고 있을 뿐이지만 ─ 은 문서들에 의해 확정된 역사 구조에 잘 들어맞는다. 사산 왕조의 주화들도 이 일대에서 발견되었다. 카바드(Kawād, 재위년 41, 즉 525년)와 호스로 1세(재위년 14와 41, 즉 545년과 572년) 치하에서 주조된 이들 주화는 아마도 튀르크 시대 초에 땅에 묻혔을 것이다.[36] 마지막으로 훨씬 더 동쪽에 위치한, 오늘날 북경(北京) 남서쪽으로 150킬로미터 떨어진 정현(定縣)에 481년 지어진 스투파에서 발견된 종교 제물에는 41점의 사산 왕조 주화도 포함되어 있었다. 그 가운데 4점은 야즈드기르드 2세(재위 438~457), 37점은 페로즈(재위 457/459~484) 때의 것이었으며, 제일 늦은 시기의 주화는 보관물이 묻히기 9년 전에 주조된 것이었다.[37] 튀르크인들이 다른 많은 단어 가운데 '빛'(borč 〈 소

---

34 Lieu, 1985, p. 181의 인용.
35 (옮긴이) 동로마 제국의 황제로, 로마 제국 황제 최초로 콘스탄티노폴리스 총대주교에게서 황제관을 받아 대관식을 거행했으며, 정통 그리스도교인으로서 굵직한 종교적 업적을 남겼다.
36 Thierry, 1993, p. 94.
37 Thierry, 1993, p. 103.

그드어 pwrc)과 '주화'(위구르어 stir 〈소그드어 styr)를 지시하는 단어를 소그드인들에게서 차용한 것은 과연 우연일까?[38]

소그드인들은 외교로 유목민들에게 접근할 필요가 생기자, 자신들을 필수불가결의 존재로 만들어준 유목민들에 대한 상세한 지식과 소규모의 위풍재(威風財) 교역 덕분에 톈산 북쪽과 동쪽에서 상업 분야를 개척할 수 있었다. 중국인들도 티베트고원의 유목민들에게 둘러싸인 더 먼 남쪽 지역에서 그들을 고용했다.[39] 그런데 튀르크 제국의 탄생으로 지금까지 조심스러운 태도를 보였던 이들이 불현듯 정치판의 최전선으로 나서게 되었다.

이 시기 이후 튀르크인들 가운데서 소그드인들이 상업적 우위를 누린 상황을 좀 더 상세하게 알려 주는 고고학적 자료는 물론이고 튀르크 사업 문서들도 부재함에 주목해야 한다. 소그드 정착민들이 남긴 고고학적 유적지가 바이칼호에서 멀지 않은 튀르크 제국 바로 북쪽 지역에서 발견되었지만, 이는 아마도 후대의 위구르의 것일 가능성이 훨씬 큰 것으로 보인다.[40]

그러나 중국에서 최근 발견된 도상은 소그드-튀르크 교역의 역사적 실체를 보여 준다. 실제로 일련의 여러 장례 부조가 최근에 발견되었다.[41] 소그드인 무덤에서 출토된 이들 부조는 중국에서 소그드인들이 활동한 환경을 재현한다. 몇몇 화판은 유목민들과 교역하는 장면을 보여 주고 나머지는 소그드 대사의 역할을 나타내고 있다[42] [도판 II-1과

---

38 Livšic, 1981; von Gabain, 1983, p. 624.

39 Molè, 1970, pp. 13, 103. 이 일화는 470년 이후에 발생한 것이다.

40 바이칼호(Unga River)에 대해서는 Okladnikov, 1963, 1976, pp. 42, 327 참조.

41 Lerner, 1995 참조.

42 Archaeological Institute of Shaanxi, 2001a, ill. 26, 27, 28, 31; Marshak, 2002. 북주(北周)의 살보(薩保)였던 안가(安伽)는 579년에 세상을 떠났는데, 분명하게 자신을 외교관이라고 소개했다.

II-2 그리고 도판 III 참조].

교역을 장려한 튀르크 정책에 대한 여러 증거가 남아 있다. 튀르크인들은 7세기 전반기 동안에 고창(투르판) 왕국에 교역을 감독하고 과세를 책임질 관료들을 두었다.[43] 카간 빌게는 8세기에 튀르크인들에게 다음과 같이 연설했다.

> 만약 외튀켄(Ötüken) 숲에 거주하는 당신들이 대상과 호송대를 파견할지라도 불운을 전혀 겪지 않을 것이오.[44]

튀르크 비단과 소그드 교역

그러나 이와 같은 전통적인 중·소 규모의 교역이 주(主)는 아니었다. 소그드인들은 중국인들과 튀르크인들 사이에서 한층 큰 규모의 상업활동에 뛰어들었다. 이들 사이에서 이루어지던 교역은 유목민들과 정주민들이 만나는 긴 접촉선의 일부였다.[45] 당시 경제생활은 극히 가변적인 정치적 상황과 불가분의 관계에 있었다. 하지만 소그드 교역 팽창의 모든 면을 이해하고자 한다면 반드시 군사적 힘의 균형에서 기인한 경제적 교환을 검토해야 한다. 두 시기로 나눌 필요가 있는데, 550~580년까지 통일 튀르크 제국의 생성기에 해당하는 첫 번째 시기와 경제적 관계가 안정되고 소그드인들의 역할이 증진되는 두 번째 시기가 그것이다.

한 문서는 튀르크 제국 내에서도 소그드인들이 교역을 장악했음을 보여 준다. 나는 이미 콘스탄티노폴리스로 파견된 마니아크 사절에 대

---

43 Thierry, 1993.
44 Giraud, 1960, p. 57.
45 6세기 중국인들과 튀르크인들 사이의 상업적 측면의 관계에 대한 철저한 분석을 위해서는 Ecsedy, 1968 참조.

한 이 이야기를 수호자 메난드로스(Menandros Protector)[46]의 『역사』에서 발췌해 언급한 바 있다.[47] 이 작품은 10세기 선집에 실린 단편 형태로 전해지는데, 특히 우리를 흥미롭게 하는 대목은 『외교사절 초록』(Excerpta de Legationibus)에 나온다. 우리는 메난드로스가 살아남기 위해 『역사』를 쓰기로 작정하기 — 아가티아스(Agathias, 536?~582?)[48]의 경우를 따르고자 한 것이었다 — 전에 불행한 어린 시절을 보냈다는 사실 말고는 그에 대해 아는 바가 거의 없다. 그 후 그는 외교관으로 활동했던 것 같다. 그의 『역사』는 아마도 557~582년 시기를 다루고 있는 듯한데, 제10편에는 다음과 같은 대목이 실려 있다.

> 튀르크인들의 힘이 커짐에 따라 이전에는 에프탈족의 신민이었지만 지금은 튀르크족의 신민이 된 소그드인들은 왕에게 페르시아로 사절을 보내, 소그드인들이 그곳을 여행하고 메디아에 생사를 팔 수 있도록 요청해 줄 것을 청했다. 시자불은 이에 동의해 소그드 사절단 — 그들의 수장은 마니아크였다 — 을 파견했다.[49]

이 일화에 드러나 있는 서역과의 밀접한 관계는 다음 장에서 분석할 것이다. 우선 이 사절단의 명확한 튀르크적 측면을 이해하는 것이 필요하다. 무칸(Muqan) 통치 아래, 그리고 그 후 15년 동안 튀르크인들은 중국 북부에 대한 통제권을 두고 다투던 북주(北周)와 북제(北齊) 간 전

---

46 (옮긴이) 6세기 중반 콘스탄티노폴리스 태생의 비잔티움 역사가로, 지리학적·민족지학적 문제에 있어 가장 권위 있는 저자 가운데 한 명으로 평가받는다.

47 Trans. Blockley, 1985, pp. 1~32 참조.

48 (옮긴이) 동로마 제국의 시인이자 역사가로, 565년 유스티니아누스 1세가 세상을 떠난 뒤에 당대의 역사를 집필했다. 이 역사서는 552~558년의 역사를 기록한 주요 문헌으로 인정받고 있다.

49 Trans. Blockley, p. 111. 메난드로스의 글을 옮긴 번역문 전체를 수정해 준 콘스탄틴 주커만(Constantin Zuckerman)에게 진심으로 감사를 드린다.

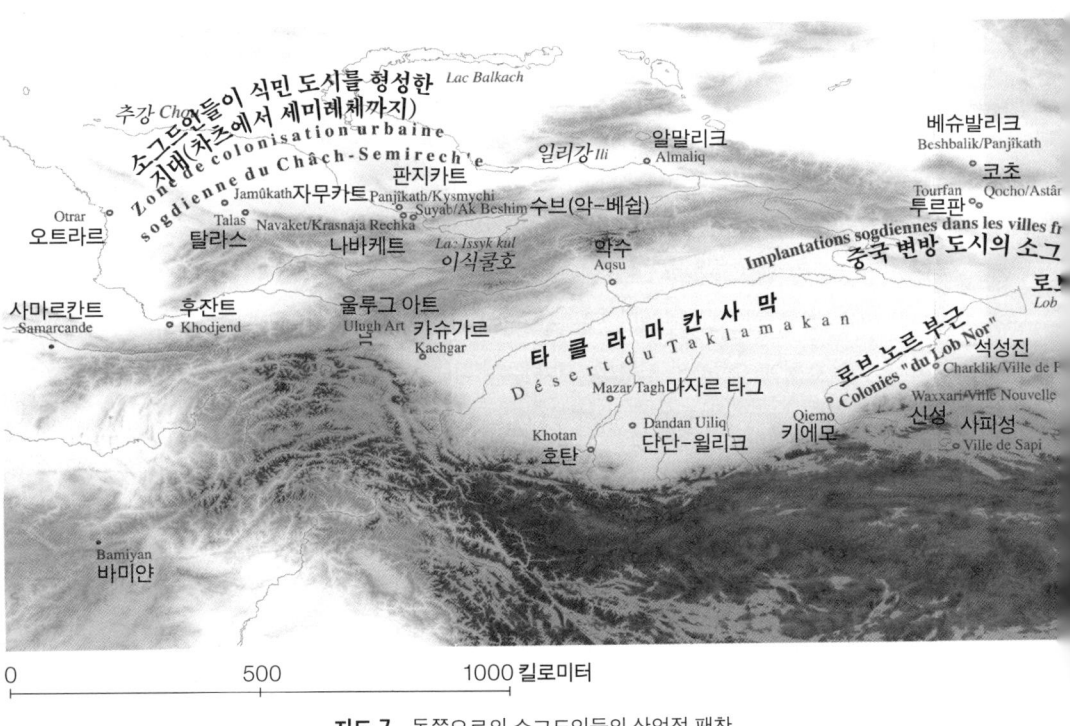

지도 7 동쪽으로의 소그드인들의 상업적 팽창

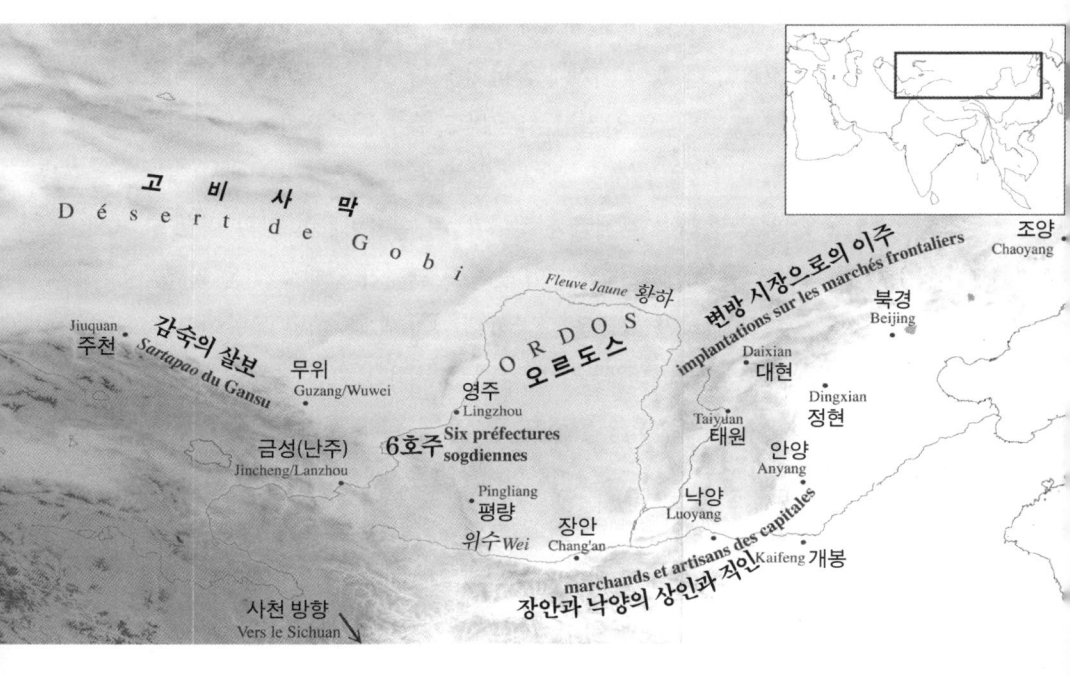

쟁에 참여했다. 그들은 자신들을 매우 부유하게 만들어준 "토끼와 함께 달리고 사냥개와 함께 사냥하는" 정책을 시행했다. 북주와 북제는 각각 중립을 지키거나 경쟁 왕조에 맞서 가능한 서비스를 제공한다는 조건으로 매해 비단 10만 필을 튀르크인들에게 제공했다.[50] 이렇게 두 왕조는 튀르크인들의 호감과 병력을 얻어내기 위해 자신들의 금고를 탈탈 털었다. 마니아크와 그와 동행한 소그드인들이 페르시아 제국에 팔자고 카간에게 제안한 비단(이러한 시도가 실패한 후에는 비잔티움 제국에 팔자고 했다)은 정확히 바로 이 시기에 중국이 대량으로 지급한 그 비단이었다. 제국의 소그드인들은 사실상 튀르크 군주에게 중국이 보낸 엄청난 양의 비단에서 나오는 미사용 잉여금을 이용해 중국의 속전에서 얻는 이익을 두 배로 올리자고 제안한 것이다. 이 어마어마한 양의 비단 수송은 — 비록 과도하게 대략적인 이 숫자를 액면가 그대로 믿을 필요는 없지만 — 수(隋)나라가 그들을 몰락시킬 때까지 약 30년 동안이나 지속되었다.[51] 메난드로스의 글은 앞 장에서 분석한 고전적인 소그드 교역의 맥락이 아니라 오히려 튀르크 군사력에 의해 소그드인들이 중국 비단에 접근할 수 있었음을 고려하면서 소그드 상업 및 정치 엘리트가 튀르크 지배층에 통합된 맥락 속에서 이해되어야 한다. 서부에서의 소그드 네트워크의 전반적인 발전은 이렇게 획득한 튀르크 비단과 금전적 비용, 부담 없이 저 멀리 중앙아시아 북부까지 진출한 소그드 군사 및 교역 엘리트로 대변되는, 엄청난 경제적 횡재에서 기인했다.

튀르크 제국이 7세기에 적대적인 세력으로 양분되면서 중국 비단을 서쪽으로 보급하는 일을 하던 튀르크-소그드 환경의 조건도 달라졌다. 이 시기 네트워크의 또 다른 끝에서 무슨 일이 벌어졌는지를 이해

---

50 『周書』卷 50, p. 91을 인용한 Liu Mau-tsai, 1958, p. 13 참조.
51 Liu Mau-tsai, 1958, p. 395 참조. 588년 튀르크인들을 위한 국경 시장의 설립은 정책 변화를 보여 준다.

하는 데 도움을 줄 만한 비잔티움 문서가 더 이상 우리에게는 없다. 중국의 공물은 사라지지 않았지만 카간을 자칭하던 자들 사이에서 분배됨에 따라 한층 분산되었다. 서(西)튀르크인들도 자신들의 몫을 챙겼다. 그사이 소그드인들은 다른 수익원을 찾을 수 있었다.

2. 오르도스(Ordos)의 말(馬)들

병력 및 모피—642년 서(西)튀르크족의 지도자 가운데 한 명이 왕실에 담비 생가죽 3만 8,000장을 보냈다[52]—거래와 함께 튀르크인들이 종사하던 다른 대규모 교역은 말(馬) 무역이었다. 그것은 제국이 탄생한 시기부터 존재했는데, 553년에는 5만 마리의 말이 서위(西魏)로 보내졌다.[53] 중국이 6세기부터 8세기까지 군에 필요한 말을 공급받은 곳도 튀르크인들로부터였다. 중국의 약화로 6세기 튀르크인들이 유난히 부유해진 이래, 말 무역은 7, 8세기 중국과 튀르크 관계의 표준 양식이 되었다. 당나라는 그들의 전임자인 수나라가 결여하고 있던 대규모의 기병—튀르크인들로 충원했다—을 구축했다.[54] 왕조가 건국된 618년에 5,000필이었던 말은 7세기 중반에 70만 필 이상으로 증가했다.[55] 또한 643년에는 타르두슈(Tarduš)가 다른 동물들과 함께 당나라에 5만 필의 말을 보냈다.[56]

하지만 왕실 역사에 기록된 공식적 형태의 교역 말고도 말 교역은

52　Trans. Chavannes, 1903, *Notes additionnelles*, p. 8.
53　『周書』卷 50, p. 909를 인용한 Liu Mau-tsai, 1958, pp. 7~8 참조.
54　Schafer, 1963, p. 63.
55　Schafer, 1963, p. 58.
56　Sir-Tarduš in Schafer, 1963, p. 59. '시르'(Sir)와 '타르두슈' 사이의 차이에 대해서는 Boodberg, 1951 참조.

중·소 규모로 부단히 이루어졌다. 특히 한 지역이 말 교역으로 유명했는데, 만리장성 남쪽 스텝 지대에서 풀이 많은 유일한 지역으로 황하의 대만곡부에 위치한 오르도스가 바로 그곳이다.

사(史) 가문: 살보이자 통역가, 그리고 말(馬) 사육자

당나라 치하에서 원주(原州)라 불리던 고원(固原, Guyaun)은 위수(渭水)와 난주(蘭州)의 협곡을 우회해 감숙에서 평원을 거쳐 수도까지 갈 수 있는 무역로에 위치했다. 만리장성 일부분에 가려진 목초지의 많은 부분과 당군(唐軍)의 종마(種馬) 사육장들이 그 주변에 집중되어 있었다. 1982~87년 두 소그드 가문의 일원들이 묻힌 7기의 무덤이 중국 고고학자들에 의해 발굴되었다. 이는 현재까지 중앙아시아 무덤 가운데 가족 집단 묘지의 최초이자 유일한 사례이다. 과학적 발굴의 대상이 된 이 묘지는 중국의 소그드 이민자 가족의 역사를 재구성할 수 있도록 해준다.57

발견된 무덤의 주인들 가운데 한 명—사사물(史射勿)—의 조상 이름과 직업이 그의 비석에 새겨져 있다. 그의 가문은 원래 서쪽 땅에서 왔다. 그의 증조부 사묘니(史妙尼)와 조부 사파파익(史波波匿)은 모두 '자신들의 고향에서 관료'(並在本國)이자 살보를 지냈다. 그의 아버지인 사인수(史認愁)는 직업이 명시되지는 않았지만 인생의 고점과 저점을 지나는 파란만장한 삶을 살았다고 한다. 사사물 자신은 수나라 군직(軍職)에 복무했고 610년에 세상을 떠났다. 그의 아들 사하탐(史訶耽)은 당나라 조정에서 통역관으로 일했는데, 그는 왕과 관련해 우리에게 알려진 최초의 사람이다. 그는 원주로 은퇴해 여든여섯 살의 나이로 669년에 세상을 떠났다. 마지막으로 그의 조카 사철봉(史鐵棒)은 원

57　Luo Feng, 1996.

주 인근의 대규모 황실 종마 사육장의 책임자로 일하다가 666년 세상을 떠났다. 아마도 사(史) 가계와 관련이 있는 듯한 또 다른 일원인 사도덕(史道德)도 같은 장소에 묻혔는데, 그 역시 같은 관직에 복무했고 678년 세상을 떠났다. 한편, 사도덕의 삼촌인 사색암(史索巖)의 비석도 있는데, 그는 왕궁과 원주에서 군 경력을 쌓았다. 사하탐 부인의 이름은 강(康)이고 사도덕 부인의 이름은 안(安)이다. 마찬가지로 아직 무덤이 발견되지는 않았지만 수많은 이 가문 사람의 이름도 알려져 있다. 비록 여러 기의 무덤이 마구잡이로 도굴되었지만 몇몇 고고학적 자료, 특히 사자(死者)의 입에 넣어진 사산 왕조 은화와 비잔티움 금화 모조품이 무덤에서 나왔다. 팔라비 인장도 사하탐의 무덤에서 발견되었다.

사(史)는 사마르칸트 남쪽에 위치한 도시인 케시(Kesh) — 오늘날의 샤흐리 사브즈(Shahr-i Sabz) — 의 중국명이다. 더욱이 사사물의 비석은 이 가문이 서부 출신임을 말해 준다. 이들 이름은 비중국어 이름을 옮겨 적은 것이다. [그 당시 세우(Shewu)는 'žiaʰ-mut', 즉 잘 검증된 소그드어 이름인 'Žimat'로 발음되었다.] 다음 세대에 이름은 일반적으로 중국어로 지어졌지만 좀 더 오래된 분가인 사하탐과 그의 아들 사호라(史護羅)는 5, 6세대임에도 중국어로 보이지 않는 이름을 여전히 가지고 있었다. 중국에서는 5세대가 지난 이후에도 결혼이 소그드 환경 내에서 이루어졌다. 사묘니의 고손자 사하탐이 강과 결혼한 것도 그래서였다. 주화와 인장은 서역의 종교[58] 및 상업과의 교류, 즉 6세대를 대표하는 사철봉을 포함해 관계가 계속 유지되었음을 보여 준다. 조상의 직업 — 대상 몰이꾼 — 과 후손의 직업 — 궁전의 공식 통역관 — 도 그들이 소그드 환경에 속해 있었음을 가리킨다. 우리는 상인 출신을 짓누르던 공인된 온갖 금기에도 불구하고 오랫동안 자신들의 원래 정체성

---

[58] 사자(死者)의 입에 동전을 넣는 관습은 소그디아나에서 발견된다(Grenet, 1984, p. 219 참조). 이는 타림분지와 특히 아스타나(Astana)에서 잘 알려진 관습이다. 서역에서 기원한 이 관행은 중국의 관습이 아니다(Thierry, 1993).

을 존속시킨 교역을 통해 부유해진 가문들이 조정의 대신 자리에 뛰어든 전형적인 사례, 다시 말해 소그드 가문들이 중국 사회에 통합되는 과정의 목전에 와 있는 것이다. 이 사례는 『고대 편지들』의 증언을 뒷받침하기 위해, 그리고 감숙의 살보와 관련지어 여러 차례 언급한 이포옥(李抱玉) 가문의 경우와 실로 유사하지만, 이번에는 고위 대신 가문이라면 응당 자양분이 되었을 전설적인 싸움이 부재하다. 중앙아시아의 살보 직군은 당나라 당국, 특히 군대가 모집한 집단이었다. 오르도스 남쪽에 위치한 정착지의 지리적 위치뿐만 아니라 이 가문의 사람들이 여럿 종사했던 군 종마 사육장의 관리인이라는 직업도, 이 가문 역시 앞에서 언급한 튀르크인들과 중국인들 사이를 잇는 접점에 있었음을 보여 주는 지표이다. 그들은 튀르크 제국의 소그드인들처럼 중국에 고용된 소그드인인 듯 보인다. 그러나 튀르크화된 소그드인들과 중국화된 소그드인들 사이에 이른바 상인 직종과 군 직종 간에 굳이 분명한 대립 구도를 만들 필요는 없다. 사 가문은 적어도 7세기에는 상황이 매우 유동적이었으며, 중국에서 튀르크-중국 관계의 지리적·사회적 교차점과 꼭 같은 환경에 모두가 대체로 속해 있었음을 보여 준다.

6개의 호(胡) 자치주

사(史) 가문이 정착했던 남쪽의 고원(固原)과 황하의 대만곡으로 삼면이 둘러싸인 북쪽의 횡산(橫山)과 영무(靈武) 사이 일대는 7, 8세기 중국인들에 의해 '호의 정원'(胡苑)이라고 불렸다. 중국 당국에 의해 '6개의 호 자치주'(六胡州)로 679년 조성된 이곳에 여러 소그드-튀르크 가문이 응집력이 강한 거류지를 마련했다.[59]

이 거류지의 기원은 630년 이후 튀르크 제국에서 높은 지위를 누렸

---

59 Pulleyblank, 1952에 따른 설명이다.

던 수많은 소그드인이 항복한 데에서 찾아야 한다. 예를 들어 강소밀(康蘇密, Kang Sumi)(《 소그드어 *Sumit 〈 중세 인도-아리아어 Sumitta)은 튀르크인들에게 피신해 있던 수나라의 마지막 왕손을 데리고 630년 당나라에 항복했다. 그는 오르도스의 북안도독부(北安都督府)의 도독으로 임명되었다. 같은 시기에 안비한(安毗汗)은 5,000명의 남자와 함께 항복해 유(維, Wei) 자치주의 자사(刺史)로 임명되었다. 이 일대의 정치 및 행정의 역사는 중국인들과 튀르크인들의 내왕으로 복잡해졌다. 이 시기 내내 소그드어 이름을 가진 사람들이 등장하는데, 6개의 자치주가 721년 반란을 일으켰을 때 모든 지도자는 '소그드어' 이름을 가지고 있었다. (강대빈[康待賓]/안모용[安慕容]/하흑노[何黑奴]/석신노[石神奴]/강철두[康鐵頭], 그리고 몇몇 이름도 소그드어로 해석할 수 있는데, 특히 'Bagavandé'('신의 종')의 번역어인 'Shennu'가 그렇다.) 이들 소그드인은 고도로 튀르크화되었고 중국화되었지만, 자신들의 본래 정체성도 가지고 있었다. 중국의 군대에서 경력을 쌓은 또 다른 소그드인들은 반란을 진압하고 반역자들을 복종하게끔 길들이는 일을 책임졌다. 더욱이 중국 문헌에는 주기적으로 호인과 지역의 다른 주민에 대한 비교가 등장한다.[60] 무엇보다도 튀르크 문서들은 같은 지역을 '6개 구역의 소그드인들'(alty čub sogdak)[61]이라는 이름으로 지칭했는데, 이는 8세기 호인들과 소그드인들 사이에 존재했음이 틀림없는 연계를 보여 주는 놀라운 사례이다.

말의 사육과 훈련은 오르도스에 이들 소그드인의 거류지가 있었던 이유이다. 6개 자치주 지역의 유일한 천연자원인 방대한 목초지는 당나라 군대에 말을 제공했다. 예를 들어 714년에 조정은 6개 호 자치주에

---

60 Pulleyblank, 1955, pp. 336~37 참조. 'Shennu'에 대한 해석은 발터 B. 헤닝을 참조했다.
61 Kljaštornyj, 1964, pp. 78~101은 두 번째 튀르크 제국의 명문에 쓰인 표현의 중요성을 장황하게 분석하면서 'čub'는 중국의 자치주(州, zhou)와 같다고 결론지었다.

서 대량의 말을 구매하기 위한 준비를 했다.[62] 727년에는 말 공급을 위한 전반적인 시장 조직이 오르도스에 구축되었다.[63] 매해 열리는 이 거대한 말 거래 시장에서는 수십만 필의 비단 거래도 이루어졌다.[64] 이들 튀르크-소그드인이 장악한 말 교역에 대한 통제권은 도상에서도 종종 드러난다. 실제로 당나라의 수많은 작은 조각상은 낙타나 말을 탄 채 수도에 입성하는 사람들을 소그드 양식의 옷을 입은 모습으로 표현했는데, 종종 상인들을 재현한 것으로 해석된다. 때로는 오르도스에서 온 소그드인 마부들을 표현하기도 했는데, 그들은 그리 멀지 않은 당나라 수도에서는 매우 친숙한 사람들이었다[도판 IV-3 참조].

유목적 기원의 이 튀르크-소그드 거류지는 고원(固原)의 사(史) 가문이 형성한 순수한 소그드 정착지와 근본적으로 다르지 않았다. 두 경우 모두 중국과 튀르크 사이에 위치한 수익이 가장 좋은 교통 중심지에 정착하고자 했다. 말 교역에 가담한 소그드인의 또 다른 사례도 있다. 투르판에서 출토된 728년의 한 문서에 따르면, 미진타(米眞陀)라는 소그드인이 하서(河西) 시장에서 군(軍)을 위해 말을 구매하는 일을 담당했다.[65] 앞 장에서 이미 언급한 투르판에서 나온 여러 판매 계약서는 한 마리 이상의 짐 운반용 동물을 소규모로 구매하는 일과 관련이 있었다. 사회의 한편에서는 당 태종(太宗, 재위 626~649)이 왕조 건설 당시 전장에서 그에게 큰 도움을 준 여섯 마리의 훌륭한 말을 조각하고 노래로 칭송할 것을 명령했다. 이들 말(馬)은 '셰르파드'(Cherpādh, 네 발 달린 짐승)라는 소그드어 이름을 가지고 있었다.[66] 왕위를 계승한 현종(玄宗)은 8세기 중반 페르가나에서 여섯 마리의 말을 더 받았는데, 그

---

62 Pulleyblank, 1952, p. 331.
63 Schafer, 1963, p. 65.
64 Twitchett, 1967, p. 223.
65 Ikeda, 1981, p. 79.
66 Schafer, 1963, p. 69.

말들도 같은 이름이었다.

3. 루산(Lushan)에서 위구르로

안녹산(安祿山)의 난은 중국 북부에서 튀르크-소그드 환경이 끼친 영향력의 정도를 보여 준다.

반란의 역사

안녹산은 소그드인 아버지와 튀르크인 어머니 사이에서 703년 태어났다.[67] 아버지 안연언(安延偃)은 튀르크군에서 장교로 복무한 소그드인이었다. 어머니는 주요 튀르크 씨족인 아시데(阿史德, Ashide)에 속했다. '녹산'은 소그드어 '록샨'(Roxšan) — '빛을 발하는' — 의 음역인데, 중국에 거주하면서 그러한 이름을 가진 소그드인의 다른 사례도 있다. 그의 가족은 아마도 716년 퀼-테긴(Kül-tegin, 685~731)이 권력을 잡은 이후 중국에서 피난처를 구했던 것 같다. 숙부 안파주(安波注)의 양자로 들어간 녹산은 중국 북동 지역에 있는 군사 도시의 시장에서 일했는데, 상업 통역가로 근무했다고 한다. 그가 실제로 그러한 일을 했는지는 중요하지 않다.[68] 중국인들이 변경 지역의 시장에서 일하는 통역가라는 직업이 소그드인들에게 안성맞춤이라고 생각했다는 점 자체가 흥미롭다. 그나저나 여러 자료가 안녹산의 어학 지식에 주목한다. 그 후 그는 거란(契丹)에 맞선 전쟁에 군인으로 참전했으며, 거기서 명성을

---

67 안녹산의 출생과 어린 시절에 대한 이야기는 E. 폴리블랭크가 재구성한 것인데, 나 역시 그의 설명을 따랐다(Pulleyblank, 1955, pp. 7~23).

68 폴리블랭크는 너무 전형적으로 소그드적이라는 이유로 전기의 이러한 측면을 거부하는데, 다소 부당해 보인다. Pulleyblanck, 1955, p. 19.

얻어 742년에는 한반도와 거란의 변경 지역인 평로(平盧) 관구의 절도사가 되었다.[69] 그는 자신의 위신을 떨어뜨릴 성싶은 중국 귀족보다 이방인 장군들을 선호했던 독재자 이임보(李林甫)[70]의 영향 아래 출세했다.[71] 그의 이름이 붙은 반란이 시작되기 전에 안녹산은 중국 북동부 지역의 모든 군을 장악했으며, 이들은 그가 세상을 떠난 이후에도 오랫동안 그를 계속해서 추종했다.[72]

안녹산은 755년 12월에 반란을 일으켰는데, 756년 7월에는 수도인 장안(長安)을 점령했다. 그는 아들 안경서(安慶緒)의 손에 암살당했으며, 아들이 757년 1월에 자리를 물려받았다. 감숙의 제국 군대가 11월에 위구르의 도움으로 수도 장안을, 12월에는 낙양을 재장악했다. 낙양은 안녹산의 장군 가운데 한 명이었던 사사명(史思明, ?~761)[73]에 의해 759년 10월 재차 점령되었는데, 그는 안경서를 살해한 후 자신을 황제로 선포했다. 반란은 763년 1월에서야 확실하게 진압되었다. 7년간의 반란으로 당나라는 황폐해졌다. 왕조는 중앙집권화된 국가를 다시 구축하는 데 결코 성공하지 못했으며, 관구의 절도사들은 자치권을 손에 넣었다. 가장 먼 관구들, 특히 타림분지와 투르키스탄은 통제에서 완전히 벗어났다. 그들의 군대는 반란에 맞서 싸울 것을 명령받았지만, 오히려 남쪽의 티베트와 북쪽의 위구르는 옛 제국의 영토를 자기들끼리 나누어 가졌다.

---

69 Pulleyblank, 1955, p. 83.
70 (옮긴이) 당나라 현종 때의 정치가로, '구밀복검'(口蜜腹劍)이라는 고사성어를 낳았을 정도로 중국 역사상 최악의 간신으로 꼽히는 인물이다.
71 왕궁에서 안녹산이 출세하게 된 정치적 맥락은 Pulleyblank, 1955, pp. 82~103 참조.
72 Pulleyblank, 1955, p. 17.
73 (옮긴이) 안녹산과 함께 난을 이끌었던 주모자 가운데 한 명으로 '사명'이란 이름은 현종이 내려주었다고 한다. 761년 자신의 아들인 사조의(史朝義)에 의해 살해되었으며, 사조의의 군대는 763년 당군에 의해 격파당해 안녹산의 난도 끝이 났다.

튀르크-소그드 환경과 제국 질서

안녹산의 난은 수도의 정치 무대에서 대거 튀르크화된 북부의 전문 직업군이 급증했음을 확연히 보여 준다. 장교 가운데 여럿이 이란-튀르크 또는 튀르크-이란인 사이의 결혼으로 탄생한 혼혈 출신의 호인(胡人)이었다. 안녹산과 그의 가족 외에도 우리는 그의 주요 후계자였던 사사명에게 특별히 주목해야 한다.[74]

소그드인들의 존재는 상업 분야에서도 두각을 드러냈다. 안녹산과 사사명의 어린 시절을 목격한 도시 영주[營州, 오늘날의 조양(朝陽)]는 불안한 한반도 변경 지역의 중국 주요 거점이자, 이미 인용한 명시적 증거에 따르면 717년 재건되었을 당시 중국 조정이 서역 상인들(商胡)을 정착시킨 도시이기도 했다.[75] 이 지역에 안녹산이 존재했던 것은 결코 우연이 아니다.[76]

이처럼 8세기 전반기에 소그드인들은 중국 북부의 변경 시장 곳곳에 존재했다. 물론, 이러한 역할을 한 이들이 소그드인들뿐이었을 것이라고 생각할 이유는 없다. 하지만 스텝 지대 남쪽 전역에서 그렇게 활발하게 활동한 사람들은 없었다.

반란의 경제적 배경은 직업 군인에 의해 비롯된 것이지, 어떤 경우에도 농민들의 배후 사정으로 인해 일어난 것이 아니었음을 지적해야 한다. 그러나 소그드인들이 그곳에서 수행했을지도 모르는 상업적 역할에 대해서는 현재까지 알려진 바가 없다. 반란은 잡다한 사람들로 이루어진 이란-튀르크 환경에서 시작되었고 아주 특정한 군사-상업적 배경을 가지고 있었다.

---

74 Pulleyblank, 1955, pp. 16~17. 당나라 군대에서 출세한 소그드인들의 사례는 많다. Pulleyblank, 1952, pp. 336~37의 참고문헌 참조.

75 Pulleyblank, 1955, p. 80, p. 159, n. 26: 『舊唐書』 卷 185 下, 宋慶禮傳, p. 4814.

76 Pulleyblank, 1955, p. 75의 주장과는 배치된다.

따라서 안녹산의 난의 군사적 배경이 유례없는 경우는 아니었다고 설정할 수 있다. 문서들은 이러한 배경이 중국 북부 전역의 소그드 상인들의 환경과 계속 교류하고 있었음을 보여 준다. 이와 같은 정황은 북동부 쪽에만 국한된 것이 아니라 반란을 준비하기 위해 소그드 상인 네트워크를 활용했다. 반란이 종료되고 대략 50년 후에 작성된 『안녹산의 역사』(History of An Lushan)에서 가장 중요한 내용은 다음과 같다.

> 서역 상인들은 비밀리에 다양한 구역에 매매 [시장을] 세웠다. 매년 그들은 이국(異國)의 귀한 상품 — 그 총가치는 백만으로 추정된다 — 을 구매했다. 상인들이 도착할 때마다 호인 복장을 한 [안]녹산은 향이 [그의 앞에서] 타고, 귀한 물건들이 배열되는 동안 2인용 침대 (?)에 앉아 있었다. 그는 자신의 오른쪽과 왼쪽에 서 있으라고 호인들에게 명령했다. 그러면 호인 무리가 [안녹산]을 에워쌌고 그의 발 앞에 엎드려 하늘의 축복을 간구했다. [안]녹산은 동물을 준비시켜 제물을 마련했다. 여자 무당들이 북을 치고 춤을 추면서 노래를 불렀다. 저녁이 되면 그들은 해산했다. 이후 그는 호인 무리에게 다양한 구역으로 [가서] 붉은 비단이나 보라 비단으로 만든 예복뿐만 아니라 거즈 또는 비단 조각들, 물고기 형태의 휘장이 들어 있는 금이나 은으로 장식된 지갑, 허리에 두르는 벨트 및 다른 물건을 수백 개씩 비밀리에 팔라고 명령했는데, 이는 반란을 일으킬 셈으로 비자금을 마련하기 위함이었다. 그는 8년 또는 9년 동안 이러한 방식으로 행동했다.[77]

따라서 이 반란은 군사 도시만이 아니라 북동부의 소그드 상인들의 환경에도 영향을 끼쳤다. 이 대목은 매우 중요한 사실을 알려 준다. 소그드-튀르크의 군사적 배경과 소그드 상인들의 환경 사이에 연계

---

77 Trans. des Rotours, pp. 108~09를 다소 수정했다.

가 깨지지 않았으며, 오히려 이 이야기는 그들 사이에 진정한 결속이 있었음을 증명해 준다. 두 번째 글은 혼혈 태생의 또 다른 호인—이 경우에 강력한 절도사였던 호탄-튀르크인 가서한(哥舒翰, ?~757)[78]을 말한다—을 자기편으로 끌어들이기 위해 안녹산이 시도한 도전을 보여 준다.

당시(753년 2월) [안녹산]은 다음과 같이 가서한에게 무뚝뚝하게 말을 걸었다. "나의 아버지는 호인이고 어머니는 튀르크 여성이다. 당신의 아버지는 튀르크인이고 어머니는 호인이다. 따라서 [나의 가족]이 바로 당신의 가족이다. 어떻게 우리가 서로에게 우정의 감정을 갖지 않을 수 있겠는가?"[79]

이렇게 안녹산은 돈을 마련하기 위해 상인 네트워크에 의존했던 것과 마찬가지로 중국의 소수민족인 호인 사이의 연대감도 명백하게 이용하고자 했다. 그가 장악하지 않았던 지역에서도 안녹산을 향한 지지나 그를 위해 시도된 봉기를 보여 주는 지표가 있다. 예를 들어 756년 6개의 호 자치주의 소그드인들은 협서성(陝西省)을 장악하고자 했으며, 다음 해 낙양에서 피신할 때에는 바로 이 오르도스의 6개 소그드 자치주의 호인들이 안녹산의 아들과 동행했다. 또한 우리는 반란이 안문물(安門物)이라는 사람의 지휘 아래 757년 양주(涼州)에서 발생했다는 것도 안다.[80]

또 다른 정보 역시 흥미롭다. 안녹산 군대의 병사 중에는 소그드어로 차카르(chākar)라는 직책을 가지고 있는 사람도 있었다. 『신당서』(新

---

78 (옮긴이) 당나라 현종 때의 무장으로, 안녹산의 난 당시 반군에 맞서 싸웠으나 패해 포로로 잡혀 죽임을 당했다.
79 Trans. des Rotours, p. 120.
80 Pulleyblank, 1952, p. 322.

唐書)에 나오는 반란군이 755~756년 진군할 때 발생한 일화에 따르면, 관군(官軍)의 장군 봉상청(封常淸, ?~756)[81]이 "그들을 격퇴하기 위해 용감무쌍한 기병을 보냈다. 그들은 척갈(拓羯)[82]을 1,000명까지도 죽였다."[83] 1년 후 반란군이 장악한 영토가 황하(黃河) 남쪽까지 확대되자, 일련의 군대가 수양(睢陽)[84]이라는 도시 ― 충신 장순(張巡)이 지키고 있었다 ― 를 포위했다. 포위 중 한때 "갑옷으로 무장한 거물급 지휘관이 1,000명에 이르는 기병 척갈의 일부를 이끌고 깃발과 현수막을 휘날리며 성벽 앞에서 말에 올라 장순을 도발했다."[85]

앞에서 제시한 의견을 입증하는 놀라운 증거가 최근에 발견된 안녹산의 두 번째 계승자이자 그의 오른팔이었던 사사명의 무덤에서 나왔다. 이는 그가 중국 황제의 직함에 소그드 왕실의 경칭을 덧붙여 소무 황제(昭武皇帝), 즉 황제 자묵(Jamūk, '보석')이라는 혼용된 직함을 참칭하면서 자신을 중국의 황제이자 소그드 귀족으로 선포했음을 보여 준다.[86]

이처럼 안녹산과 그의 장군들이 일으킨 반란은 아주 확실한 문화적 정체성을 가지고 있었다. 중국 북부에는 구조화된 소그드-튀르크 환경이 분명히 존재했다. 고위급 장군뿐만 아니라 수도의 대·소 상인들, 투르판의 소그드인들, 감숙의 살보(薩寶), 오르도스의 소그드 말 사육

---

81 (옮긴이) 당나라 명장으로, 고선지(高仙芝, ?~756) 밑에서 활동하면서 서역의 강역을 넓혔다. 이후 안녹산의 난이 일어나 반란 진압에 참여했으나 환관 변영성(邊令誠)의 모함으로 처형당했다.
82 (옮긴이) 중국 서북 지역의 이민족 전사를 칭하는 말이다.
83 『新唐書』卷 135, 封常淸傳, p. 4581.
84 (옮긴이) 춘추시대 송나라에 있던 도시.
85 『新唐書』卷 150, 張巡傳, p. 5537.
86 Rong, 2000, p. 150. 중국인들이 소그드 군주에게 부여했으나 설명할 수 없었던 의문의 칭호인 '소무'(昭武)가 규명된 것은 Smirnova(1970, pp. 24~38) 덕분이었다. 그는 'Jamūk'이라는 직책과 소그드 귀족들을 분명하게 연계하는 10세기 아랍어 문헌을 참조해 'Jamūk'을 '보석'(Frye, 1951 참조)으로 번역했다. Yoshida, 2003 참조.

자도 모두 자신들이 중국 북부의 호인들이 공유하고 있던 지역사회에 속해 있음을 알았다.

당나라 조정은 위구르인들의 도움을 받아 서부 지역의 상황을 지속적으로 통제할 수 있었다. 권력이 정점에 있을 때에도 안녹산은 국토 전역의 1/3만을 지배했다. 소그드 공동체 가운데 매우 부유했던 서역은 그의 정복을 모면했는데, 안녹산은 이 일에 거의 관여하지 않았다.[87] 황태자가 타림분지에서 소환한 군대로 재정복을 준비한 곳은 감숙이었다. 당 황실의 오래된 가족 관계—자신들이 감숙의 양(凉) 가문의 후손이라고 주장했다—는 황제의 피난처를 정할 필요가 있을 때면 한층 더 분명하게 언급되곤 했다.[88] 당 황실이 유목민 출신이라는 점은 종종 지적되었다. 예를 들어 당 태종(재위 626~649)이 천상의 카간을 자처했고 중국인들과 유목민들이 평등한 제국을 다스리기를 꿈꾸었다는 것은 잘 알려진 사실이다. 그리고 당나라가 의존했던 군 자체도 대거 튀르크화되어 있었다.[89]

중국인들의 반응은 잔혹했다. 황제의 군대가 진군해 도시들을 재점령하자, 그들은 안녹산이 의지했던 바로 그 호인들의 학살을 명령했다. 특히 북경(北京)의 경우가 그러했다.

그때 도시 안에서 호인을 죽인 자들은 높은 보상을 받을 것이라는 지시령을 고국인(高鞠仁)이 내렸다. 그러자 갈호(羯胡)는 완전히 절멸되었다. 어린아이들은 공중에 던져진 후 창끝에 꽂혔다. 호인들을 닮은 커다란 코를 가진 자들과 [이 때문에] 실수로 죽임을 당한 자들도 무수히 많았다.[90]

87　Rong, 2000, pp. 288~89.
88　Rong, 2000, pp. 271~72; Yihong, 1992, pp. 63~64, Twitchett, 1973, pp. 50~51.
89　이 점에 대해서는 Skaff, 2000 참조.

일반적으로 엘리트의 태도도 극적인 변화를 경험했는데, 이는 당시(唐詩)에 강렬하게 반영되어 있다. 즉 반란 이전에 이방인들을 좋아했다면, 반란 이후에는 그들을 크게 혐오했다.[91]

호인에 대한 이와 같은 새로운 태도는 반란 이후 당나라 후기 내내 중국에서 소그드인들이 동화되는 과정에 직접적인 변화를 초래했다.

동화(同化)와 은폐

호인(胡人)들은 자신의 출생을 숨기기 시작했다. 이는 모든 수준에서 그리고 다양한 형식으로 발견되는 주요 현상이지만 여러 단계에 걸쳐 발생했다. 반란 이전에도 자신들이 서역 출신임을 굳이 숨기지 않으면서 소그드 가문들은 최후의 수단으로 자신들의 조상을 가공의 중국인 망명자, 즉 서역으로 떠난 초대 황제의 아들과 연계시켰더랬다. 이는 그 무렵 인도에서 노자(老子)의 설교 결과물로 불교를 그렸던 것과 유사한 과정으로, 순전히 계보를 이용한 일종의 농락이었다. 그러나 반란이 시작되자 내포된 위험 정도가 완전히 달랐다. 옳든 그르든 간에, 소그드 성씨로 인해 반란과 연계되는 것은 매우 위험했다. 호인 출신으로 정부 고위직에 있던 사람들조차 비록 ─ 안녹산의 친척처럼 ─ 그들이 당나라에 신의를 지켰다고 할지라도 그저 고발만으로도 학살당했다.[92] 다른 이들도 이와 같은 운명을 피하기 위해 과도한 애국주의에 순응하기로 했다. 이포옥(李抱玉) 가문이 안(安)에서 이(李)로 가문의 성(姓)을 바꾼 것도 756년 바로 이때였다. 내세운 이유는 분명했다. 안녹산과 '같

---

90 Trans. de Rotours, p. 346. 갈호는 당나라 때 호인에게 붙여진 오래된 호칭이었다. 확실히 소그드인으로 알려진 안녹산 자신도 갈호로 불렸다(trans. des Rotours, p. 254).
91 많은 시(詩) 번역문과 함께 이러한 현상에 대한 상세한 연구는 Hu-Sterk, 2000 참조.
92 Trans. des Rotours, p. 122.

은 성씨'를 갖거나 그와 '공통의 조상'을 공유하는 것이 수치스러웠기 때문이다. 이러한 조치는 4대에 걸쳐 소급되어 이루어졌다. 예를 들어 가문의 선조 안흥귀(安興貴) 또한 이씨가 되었다.

권력에 가까운 이들의 방식을 따라 자신들의 이름을 바꿀 만큼 영향력이 없었던 다른 소그드인들은 이때부터 민감한 지역인 북서부 쪽으로부터 매우 먼 거리에 있는 중국 지역과 자신들의 이름을 연결하기 위해 갖은 노력을 했다. 그 결과 반란 이후에 회계(會稽) 출신이라고 주장하는 소그드인들의 사례가 여럿 생겼다. 당대(唐代)에 회계는 부유한 과거의 문화유산으로 유명한 중국 남부의 도시였다. 그러나 돈황 인근 하서회랑(河西回廊) 서쪽 끝에 위치한 지역의 거의 잊힌 고대 지명 ─ 당시 지명은 상락(常樂, Changle)이었는데, 일부 자료들은 안녹산의 조상이 그곳 출신이라고 생각했다 ─ 이기도 했다. 상락보다는 회계 출신이라고 주장함으로써 소그드인들은 두 장소의 동음이의어를 이용해 자신들이 서역 출신임을 숨기고자 했다.

안녹산의 난 이후에 이런 방식으로 작성된 강희선(康希銑, 646~716)의 조상은, 그의 묘비명에 따르면 고대 주(周) 왕조(기원전 1121~기원전 771)의 창시자 무왕(武王)의 후손인 강(康)씨 일족과 연결되었다.[92] 강희선의 조상들은 한 나라를 섬겼고 그 후에는 서진(西晉)을 위해 일했다. 이후에 그들은 남경(南京)에 수도를 둔 동진(東晉)의 건국자인 사마예(司馬乂, 재위 317~323)와 함께 '장강(長江)을 건너' 북쪽 지역을 떠나 결국 더 남쪽에 위치한 회계 지역의 산음(山陰)에 정착했다. 문헌은 어떤 소그드적 연계도 언급하지 않으면서 하나보다는 두 가지 예방책이 더 낫기에 고인에게 오래된 중국적 뿌리와 먼 남부에 정착한 집안 내력을 부여했다.

또 다른 사례는 다음과 같다. 하홍경(何弘敬, 805~865)은 아버지에 이

---

93 Rong, 2001, p. 62.

어 하북(河北)의 절도사가 되었다.⁹⁴ 그의 어머니는 강(康) 모씨였으며, 하홍경은 무위(武威) 출신의 안(安) 모씨와 결혼했다. 이는 의심할 여지 없이 그가 자신의 태생에 대한 기억을 간직한 소그드인이었음을 짐작케 한다. 그럼에도 불구하고 그는 자신의 비문에 출신을 숨기고자 애썼다. 그의 아버지는 자신이 7세기 6개의 소그드 자치주가 있었던 오르도스 지역 출신임을 인정했지만, 하홍경은 남경 남서쪽에 있는 노강(盧江) 출신임을 주장했다. 줄곧 9세기까지 이 가문은 출신을 숨기려 하면서도 소그드 배경을 가진 이들과 계속 결혼했다.

한편, 공로에 대한 기록이 의심할 여지가 없는 가문 가운데에서도 반례(反例)가 발견되기도 한다. 예를 들어 장안 인근에서 비석이 발견된 하문철(何文哲, 764~830)은 자신이 '하(何)나라의 왕인 비(조)의 5대손'이며, 그의 조상은 7세기 중반 왕실 인질로 중국에 보내졌다고 명시했다. 그는 잇따라 두 명의 강씨 자매와 결혼했는데, 반란 이전에 중국의 소그드 이주민의 고전적인 모든 특징을 보여 준다. 하지만 그의 아버지 하유선(何游仙)은 '반역자 강도 녹산'에 맞서 당나라를 도와 762년에 '보응원종공신'(宝應元從功臣)이라는 직함을 받았으며, 아마도 반란으로 피난 가 있는 동안에도 황태자 숙종(肅宗)에게 지지를 보낸 결과로 영주대도독부(靈州大都督府) 장사(長史)⁹⁵로 지명되었다.⁹⁶

이와 같은 은폐 행위의 결과는 관찰자에게 매우 중요한데, 그 이유는 빠르게 소그드인들이 자료에서 사라졌기 때문이다. 8세기 이후 중국 북부에서 소그드 환경이 어떻게 발전했는지에 대해서는 알려진 바가 거의 없다. 하지만 소그드 가문들이 그들을 짓누르는 의혹 때문에 빠

---

94 Rong, 2001, p. 92.
95 (옮긴이) 고대 중국의 관직명으로, 자사(刺史) 휘하에 배속되었다. 종5품에 해당하는 관직으로 별가(別駕)라고도 불렀다.
96 이 두 인물에 대한 상세한 내용은 de la Vaissière and Trombert, 2004에서 찾아볼 수 있다.

른 속도로 중국 사회에 통합되었어야만 했다고 생각하는 데에는 그럴 만한 이유가 있다.

위구르인들의 개종과 엘리트의 융합

안녹산의 난은 중국 북부에 대한 막강한 위구르의 패권을 대가로 치르고서야 진압되었다. 수비대들의 송환과 티베트의 침략 이후 감숙의 동쪽 영토로 한정된 중국의 외교 정책은 중원(中原, Central China)으로의 급습과 장안(長安) — 이때부터 국경 가까이에 위치하게 되었다 — 의 상실을 피하기 위해 티베트인들과 위구르인들 사이의 갈등을 이용할 수밖에 없었다. 반란의 실패와 이어서 발생한 티베트의 침략은 노쇠한 당나라의 소그드 상인들의 환경에 큰 충격을 주었다. 적어도 반란이 발생하고 얼마 되지 않아서는 조정도 반(反)외국인 정서에 호의를 보였다. 이러한 맥락에서 소그드인들의 중재를 통한 위구르인들의 마니교로의 개종은, 강력한 보호자가 필요했던 궁지에 몰린 공동체의 최후의 발악으로서 필사적이지만 성과가 있었던 시도로 보인다.

세 개의 언어로 쓰인 카라발가순(Qarabalghasun)[96]의 비문은 그의 신원에 대해서는 논쟁 중인 위구르 카간의 명령으로 810년대경에 작성되었다.[98] 보존 상태가 양호한 중국어 본문 옆에 쓰인 소그드어와 튀르크어 설명은 좀 더 파편적이다.[99] 본문은 특히 762~763년 낙양에서 카간이 마니교로 개종한 일에 대해 이야기한다.[100] 소그드인들과 마니교 사이의 유대감은 마니교가 때때로 중국 호인의 공식 종교처럼 보일 정

---

97 (옮긴이) 몽골 오르혼강 상류 왼쪽 기슭에 있는 유적지로, 위구르 제국의 수도가 있던 곳이기도 하다.
98 Mackerras, 1972, pp. 184~87 참조.
99 Moriyasu and Ochir, 1999, pp. 209~24.
100 Chavannes and Pelliot, 1913, pp. 177ff. 참조.

도로 매우 강했다.[101] 마니교는 네스토리우스교처럼 적어도 5~6세기 이후에 소그디아나에 자리 잡았고, 그 후 모든 소그드 이주민 사회에 확산되었다. 그 사이 불교는 전반적으로 소그드 이주민 사회에 겨우 다다른 상태였다. 중국 북부의 주요 군사 세력으로부터 같은 종교를 믿는 신도와 동포를 위해 보호를 청한 이들이 바로 마니교 소그드인들이었는데, 이는 이제 막 출현하기 시작한 반(反)외국인 정책을 즉각 중단하도록 중국 조정이 나서게 만들었다. 이때부터 위구르인들은 중국의 호인들을 보호하는 역할을 했다. 그들의 힘이 시들해지자마자 840년에 박해는 재개되었다.

중국 북부의 튀르크-소그드 주민들이 자신들을 위구르 보호 아래 두는 것이 왜 중요했는지 충분히 이해가 되는 반면, 누군가는 카간이 이들 주민을 돕도록 강제한 것이 무엇인지 의아해할 수도 있다. 소그드 교역에 관한 긴 역사를 여기서 언급할 수도 있겠지만, 당시 위구르인들은 중앙아시아 현장에서 상대적으로 신진 세력이었다. 오래된 가계(家系)에도 불구하고[102] 그들이 200년 만에 처음으로 동부 스텝 지대에서 튀르크인들을 대체하는 데 성공한 것은 744년이었다. 자배력이 일단 공고해지자 그들은 새로운 힘을 조직할 모델을 반드시 찾아야만 했다. 종속의 부담이 과도한 중국 모델 외에 유효한 유일한 문화적 모델은 소그드 모형 — 지적한 바와 같이, 옛 튀르크 조정에서뿐만 아니라 유목민들과 좀 더 남쪽에 위치한 정주 지역 사이의 접촉 지대 전역에서도 단단히 뿌리를 내린 견본이었다 — 이었다.

따라서 카간의 개종은 위구르와 소그드 식민 엘리트 사이의 융합으로 이끈 좀 더 광범위한 움직임의 첫 단계에 불과했다. 이러한 융합은 종교적 영역을 초월했다. 위구르인들은 국외에 거주하는 소그드인들의

---

101 Lieu, 1985; Tremblay, 2001 참조.
102 Golden, 1992, pp. 155ff. 참조.

종교를 취했을 뿐만 아니라 그들 어휘의 상당 부분과 도시 형태는 물론 최초의 튀르크 제국의 예를 따라 그들의 서법도 채택했다.[103] 위구르에 끼친 소그드의 영향력은 튀르크인들에게 끼친 것보다 훨씬 컸다.

이와 같은 융합은 정방향으로 이루어지지 않았다. 두 번째 튀르크 제국의 치하에서처럼 튀르크 전통에는 우호적이나 외국인의 관여는 꺼리는 적대적인 파당이 조정에 존재했다. 779~789년에 이 파당이 돈막하달간(頓莫賀達干, Dun mohe dagan) 치하에서 권력을 잡았는데, 전대(前代) 카간 모우(牟羽, Mouyu)를 수많은 소그드인, 즉 '9개의 이름을 가진 호인들'과 함께 살해했다.

> 더욱이 위구르 제국의 통상적인 부분을 형성했던 소그드인들은 [카간]에게 어떻게 중국이 그 자신에게 유용하고 득이 되는지를 설명해 그를 꾀하고자 했다. 그러자 곧 카간은 우리 조정의 애도를 틈타 백성을 동원해 남쪽으로 내려가려 했다. 하지만 재상 돈막하달간이 그에게 충고했다. …… 카간은 그의 말을 들으려 하지 않았다. 이에 돈막하달간은 몇몇 다른 사람의 바람에 편승해 그를 공격해 살해했으며, 동시에 그의 친척과 친구, 그가 중국을 침공하도록 유도한 소그드인들도 모두 죽였다. 그 수가 모두 합해 2,000명에 이르렀다.[104]

그러나 그 후 소그드인들과 마니교도들의 상황은 840년 키르기스인들의 공격으로 첫 위구르 제국이 사라지기 전에 회복되었다.[105] 그들은

---

103 시네 우수(Šine Usu) 비문에는 바얀 쵸르(Bayan Čor)가 "소그드인들과 중국인들에게 셀렝가(Selenga)강에 바이 발리크(Bay Baliq)를 건설하도록 명령했다"라고 기록되어 있다. Trans. Golden, 1992, pp. 158, 171~76; Moriyasu and Ochir, 1999, pp. 177~95 참조.

104 Mackerras, 1972, pp. 10, 88 참조. 『舊唐書』 卷 195, p. 5208에서 인용.

105 Mackerras, 1972, p. 12.

당대의 대규모 교역, 즉 위구르와 중국 제국 사이에서 비단과 말을 거래하는 필수불가결한 일을 담당하고 있었다.[106]

극에 달한 소그드 교역은 특정 정치사와 불가분의 관계였다. 아시나에서 위구르에 이르기까지 연속적인 튀르크 제국의 탄생과 발전은 중국 국경에서 갈수록 눈에 띄는 소그드와 튀르크 주민들 사이의 통합을 수반했다. 이 튀르크-소그드 환경은 중국과 그 유목민 이웃을 연결하는 모든 교역에서 중요한 역할을 수행했지만, 정치 활동 영역에서도 같은 역할을 했다. 상업과 정치는 근본적으로 구분되지 않았으며, 튀르크-소그드 환경은 의문의 여지 없이 소그드 대교역의 필수적인 일부를 형성하는 상업적 요소를 갖추고 있었다. 이러한 환경이 수세기에 걸쳐 성장하는 동안에 안녹산의 난은 확실히 그 정점을 찍었지만, 또한 갑작스러운 몰락의 시작을 알리기도 했다. 그럼에도 불구하고 그들은 위구르 카간이 마니교로 개종한 덕분에 이를 지연시킬 수 있었다. 그러나 이러한 환경이 동쪽에서만 소그드 대교역에 기여를 한 것은 아니었다. 그것은 또한 서역 쪽에서도 소그드 교역의 광범위한 발전을 가능하게 만들었다.

---

106 이 책의 제10장 446~47쪽 참조.

제8장
대사와 상인: 서역로들

　제1장에서 나는 중앙아시아의 대규모 교역이 십중팔구 중국의 외교적 결단으로 발전했음을 보여 주었다. 당시에는 중국 같은 나라만이 엄청난 교역 거리를 감당하거나 그러한 시도를 고려라도 할 수 있는 물질적(특히 재정과 군사)·문화적(외교 정책과 엘리트 형성) 수단을 가지고 있었다. 중앙아시아 상인들이 그들로부터 인계받아 오래된 외교적 교환에 기반해 자신들의 활동을 전개한 것은 훨씬 이후의 일이었다. 유사한 과정이 6세기에 발생했는데, 이는 중앙아시아와 소비 중심지를 가르는 광활한 서부 스텝 지대와의 가교 역할로 이어졌다. 비잔티움의 역사학자인 메난드로스는 소그드인들이 상업적 목적을 위해 튀르크 국가 내에서 어떻게 영향력을 행사했는지를 설명한다. 중앙아시아 서부에 자리 잡은 소그드 교역의 또 다른 측면은 외교와 대규모 교역 사이의 관계라는 맥락에서 먼저 분석되어야 한다. 그다음에야 우리는 이쪽의 교역 발전을 특징지을 수 있는 좀 더 배타적인 상업 주도권을 검토할 수 있다.

1. 소그드인, 튀르크인 그리고 사산조 시장들

6세기—5세기 말의 재앙 이후부터 7세기 재앙 이전까지—에 사산 제국은 최고 정점에 있었다. 제국에는 강력한 상인 계층이 있었는데, 그들은 대침공 직후부터 내내 소그드인들의 진정한 경쟁자였다. 한 문서를 통해 사산 제국의 중심부에 안착하고자 한 소그드인들의 정치적 노력의 구체적인 결과를 알 수 있다. 이는 우리에게 이란을 향한 소그드 교역의 확장에 대해 귀중한 실마리를 제공한다.

사산 제국의 상업 정책

소그드인들과 사산인들 사이의 교역 관계는 앞에서도 언급한 비잔티움의 역사학자, 수호자 메난드로스의 글을 통해 주로 알려져 있다. 제10편[107]은 소그드 교역의 역사에서 특히 중요하다. 소그드 상인들이 페르시아에서 비단을 팔 수 있도록 도와달라면서 튀르크 국가의 지원을 요청한 후에[108] 이야기는 다음과 같이 이어진다.

> 그들은 페르시아 왕을 만나게 되자, 어떤 방해도 받지 않고 그곳에서 생사를 팔 수 있도록 허락해 줄 수 있는지를 물었다. 그들의 요구가 전혀 달갑지 않은 페르시아 왕은 이 남자들에게 페르시아 영토에 자유롭게 접근할 수 있는 권한을 향후 줄지에 대해 망설이면서 다음 날까지 답을 미루었고 계속해 기한을 연기했다. 답을 계속 미루자 소그드인들은 고집스럽게 답을 달라고 압박했는데, 이에 호스로는 이 문제를 논하기 위해 회의를 소집했다. 에프탈인 카톨프(Katulph)는 ……

---

107 Trans. Blockley, pp. 111~27.
108 이 책의 제7장 309쪽 인용문 참조.

페르시아 왕에게 비단을 돌려주지 말고 그것을 정당한 값을 치르고 사서 사절단의 눈앞에서 태워 버리라고 충고했다. 그러면 그는 불의를 저지르지 않으면서도 튀르크인들로부터 원사를 구하고 싶지 않다는 의사를 분명히 전달하게 될 터였다. 그래서 비단은 불태워졌고 소그드인들은 이 일에 기분이 상해 고향으로 돌아갔다. …… 소그드인들의 지도자 마니아크는 이 기회를 이용해 시자불에게 로마인들은 다른 민족보다 비단을 더 많이 애용하기 때문에 그들과 교우 관계를 쌓고, 그들에게 판매용으로 생사를 보내는 것이 튀르크인들에게 더 좋을 것이라고 조언했다.[109]

중국 자료에서조차 교역과 정치의 교차 지점에서 소그드인들이 수행한 활동에 대한 좀 더 확실하고 포괄적인 그림을 찾기는 어렵다. 튀르크 세력에 기대어 그들은 상업적으로 사산 제국의 중심부로 밀고 들어갔고 아시아에서는 대륙적 규모의 상업 전략을 전개했다.

관련 상품인 비단은, 육로를 통해 페르시아에 도달한 비단 화물을 언급한 코스마스 인디코플레우스테스의 정보와 완벽하게 일치한다. 사산 왕조의 반응은 거칠었지만 확대 해석할 필요까지는 없다. 실제로 일부 사람들은 사산 왕조와 소그드인들 사이의 실질적인 봉쇄를 의미하는 무역 전쟁의 증거로 이를 이해하고자 했다.[110] 정확하게 같은 시기인 568년에 예멘을 장악한 사산인들이 해상로에 대한 통제권을 획득함으로써, 비잔티움 제국을 완벽하게 봉쇄하고 가격 인상을 강제할 수 있었기 때문에 아마도 이러한 추론이 도출된 듯하다. 이때부터 소그드인들은 페르시아를 우회해 카스피해 북쪽으로 가고자 했는데, 이 설명은 앞에서 인용한 메난드로스의 글귀에도 잘 부합한다. 하지만 이

---

109 콘스탄틴 주커만이 개정한 Trans. Blockley, pp. 111~15 참조.
110 Haussig, 1983, pp. 165~66 참조. Grenet, 1996a, p. 75도 그의 견해를 따르고 있다.

와 같은 분석은 상세함이 결여된 연대표에 기댄 결과물이다. 예멘의 정복은 중앙아시아에서의 사건 이후에 일어났다. 비잔티움의 테오파네스(Theophanes, 760~817)[111]의 글 — 이 사건을 전하는 비잔티움의 주요 자료이다 — 은 아라비아 남부의 정복은 중앙아시아에 파견한 비잔티움 사절단에 대한 페르시아의 대응이었지, 그 반대가 아니었음을 분명히 보여 준다. 테오파네스는 먼저 이 사절단을 설명한 이후, 다음 구절("호스로를 결심시킨 것이 바로 이것이다"[112])을 통해 아라비아에서의 페르시아 정복에 대한 설명으로 넘어간다. 그러고 나서 그는 비잔티움이 지원했던 571년 아르메니아 반란을 서술한다. 이 사건들의 조합은 572년 전쟁의 발발로 이어졌다.[113] 이처럼 메난드로스의 글은 모든 교역로의 봉쇄로 해명될 수 없다. 육로에 관한 한, 이와 같은 봉쇄가 무엇보다도 사산 제국 자신을 주요 희생자로 만들었을 것임을 코스마스의 글은 보여 준다. 비잔티움과 이란 사이의 무역 전쟁이 오래된 것은 확실하다. 파르티아 시기에 중국 문헌에는 상인들의 활동을 규제하던 이란의 고의적인 정책이 실려 있다.[114] 여러 비잔티움 문헌은 6세기 페르시아의 독점을 피하려는 비잔티움의 시도를 묘사하고 있다. 그러나 이 전쟁은 종종 사산 왕조의 기획이라기보다는 비잔티움이 주도한 것처럼 보이기도 한다. 비잔티움에서의 비단 가격 인상의 경우, 유스티니아누스(Justinianus, 482~565)[115] 측의 위험한 묘책의 결과였던 것 같다.[116] 한

---

111 (옮긴이) 9세기 비잔티움 제국의 수도사이자 역사가.

112 Bibliothèque de Photius, vol. 1(trans. Henry, p. 78)에 실린 프랑스어 번역문과 그리스어 원문 참조.

113 이 주제와 관련해서는 Shahid, 1995, pp. 297~301 참조.

114 Chavannes, 1907, p. 185.

115 (옮긴이) 마케도니아의 빈농 집안 출신으로, 군인으로 승승장구해 종국에는 동로마 제국의 황제가 되었다. 서로마를 상실한 이후 침체되어 가던 동로마 제국의 기틀을 정비하고 기존의 로마법을 집대성해 유스티니아누스 법전을 편찬하기도 했다. 이웃한 사산 왕조와 화평 정책을 취하고 벨리사리우스(Belisarius, 505~565) 등 유능한

편, 교역이 위험에 처하자 이란 제국이 그리스인들에 대한 상인들의 비단 판매 독점권을 유지하기 위해 가용한 모든 일을 했음은 확실하다. 이것이 예멘에서의 역공이 가지는 의미이다.

메난드로스의 글을 면밀히 보면, 이러한 분석이 한층 확실해진다. 메난드로스는 샤(shah)가 "향후 페르시아 영토에 대한 자유로운 접근권을 이 사람들에게 부여하기"를 꺼려했다고 쓰고 있다. 이러한 표현은 사산 제국의 교역 정책에 대해 우리가 알고 있는 것과 정확히 일치한다. 비잔티움과 사산 왕조 사이의 모든 조약은 관세 목적뿐만 아니라 전략적 이유로도 변경에 정확한 거래 장소를 지정하고자 했다. 상인들은 또한 전령이자 대사였고 첩자였다.[117] 따라서 그들의 행동을 제한하고 통제해 제국 중심부에 들어오지 못하도록 할 필요가 있었다.[118] 하지만 반복적으로 체결된 비잔티움-사산 왕조 조약은 이러한 정책이 실패했음을 보여 준다. 프로코피우스[119]는 제국 중심부인 크테시폰의 궁전에서까지 비잔티움을 위해 첩보 활동을 하는 거짓 상인들의 존재에 대해

장군을 등용해 고토(古土) 수복에도 힘써 영토를 확장했다. 하기아 소피아 성당을 축성하기도 했다.

116 Procopius, *Secret History*, XXV 13~22(trans. Dewing, pp. 297~301).
117 상업과 첩자 행위 사이의 연관성에 대해서는 Lee, 1993, p. 175 참조.
118 이들 조약에서 언급된 장소들은 전부는 아니어도 주로 비잔티움 측에 있었다. 예를 들어 서로마 제국 초대 황제 호노리우스(Honorius, 재위 395~423)와 동로마 제국 제2대 황제 테오도시우스 2세(Theodosius II, 재위 408~450)의 칙서에서 칼리니콘(Callinicon) 및 아르타사타(Artaxata)와 함께 410년에 언급된 니시비스(Nisibis)는 당시 페르시아 영토에 있었다(로마는 그곳을 368년 완전히 상실했다). 뿐만 아니라 칙서의 표현은 이 점에서 페르시아와 로마 사이의 호혜성을 강조한다. 이는 문서에 등장하는 로마와 페르시아 도시의 존재를 매우 타당하게 만든다. 비잔티움과 사산인들은 첩자 행위의 가능성을 제한하고자 상호 협정을 체결했다(Christensen, 1944, pp. 126~28).
119 (옮긴이) 6세기 동로마 제국의 역사가로, 유스티니아누스 1세의 전쟁에서 활약한 명장 벨리사리우스의 원정에 동행했으며, 『황제 유스티니아누스의 전쟁』과 『비사』(祕史, *Historia Arcana*) 등을 집필했다.

언급한다.[120] 시리아와 그리스의 상인들도 메소포타미아에 존재했으며, 인도인들도 그곳에 정착했다고 알려져 있다. 샤가 튀르크 신민인 소그드인들에게 주지 않는 것은 제국 전역에 접근할 권리였다. 더 남쪽에서는 이슬람 예언자 무함마드(Muhammad)에게 반기를 든 것으로 유명한 메카 사람 아부 수피안(Abū Sufyān, 567?~653?)이 이와 같은 정책에 끌려 7세기 초에 이라크로 가는 도중 다음과 같이 선언했다.

> 자신에게 접근할 권한을 주지 않은 전제군주에게 다가가는 한, 우리는 이 길에서 위험할 수밖에 없다. 그의 땅은 우리에게 교역 장소가 아니기 때문이다.[121]

마지막으로 이븐 후르다드비흐가 쓴 한 글귀도 의심할 여지 없이 외교적 맥락에서 이를 시사한다.

> 외국인들은 키스라(Kisrā) 궁전에 마음대로 접근할 수 없다. 튀르크인들의 땅, 즉 홀완(Holwân)에서 온 이들을 위한 …… 5개의 대기실이 있었다.[122]

이렇게 각각의 자료는 국경 대도시들에서의 교역 허가증 발행을 통해 사산 제국이 국경 통제, 좀 더 정확히 말해 국경 교역을 통제하려 했음을 보여 준다. 사산 제국에는 강력한 상인 계층이 있었다. 따라서 샤(shah)가 소그드와 시리아 또는 그리스 상인들 사이의 **직접적인 접촉**을 거부한 것은 당연하다. 왜냐하면 이는 중개자로서 페르시아가 가

---

120 Procopius, *Secret History*, XXX 12(trans. Dewing, p. 351).
121 Simon, 1970, p. 228이 인용해 번역한 *Kītāb al-Aghānī*, XIII, p. 207. Crone, 1987, p. 130도 참조.
122 이븐 후르다드비흐의 아랍어 원문, p. 173의 번역문(de Goeje, 1889, p. 135)을 각색.

지고 있던 힘의 종말과 육상 교역에서 자신의 신민을 몰아냄을 의미했기 때문이다. 이러한 정책은 왕국에 상인 계층이 필요했고 독점적 페르시아 교역 지대를 유지함으로써 상인들에게 호의를 베푼 왕의 견고한 상업 정책에 지나지 않았다. 그러니 이 정책은 페르시아 상인들을 후원한 사산 왕조의 해양 정책과도 완전히 일치했다. 동쪽에서는 상쇄해야 하는 거리—와 사막—만이 그에게 무기가 되어 주었다. 소그드인들의 활동 범위는 메르브에 국한되었음이 틀림없다. 혹은 적어도 홀완으로 가는 옛 왕도로부터 멀리 갈 수는 없었을 것이다.

당시 왕은 대신 회의에서 비단에 대해 어찌할지를 결정해야만 했다. 그렇다고 다음 일화에서—특히 "튀르크인들로부터 생사를 구하고 싶지 않다는 의사를 분명히 전달하게 될 것이다"라는 글귀에서—튀르크 통치 아래 있는 지역에서 시작된 교역을 전면적으로 금지하려는 의도를 읽어낼 수 있을까? 오히려 우리는 상업 영역을 뒤로하고 대(大)정치 무대로 들어선 것 같다. 즉 페르시아 제국의 태도는 소그드인들이 아니라 튀르크 군주들과 관련되어 유발된 것이다. 문서 후반부에 따르면, 튀르크인들은 두 번째 사절단을 파견했다.

> 두 번째 튀르크 사절단이 도착하자, 왕은 페르시아의 고관을 비롯해 카툴프와 논의한 후에 스키타이인들의 신뢰할 수 없는 성정 탓에 튀르크인들과 우호적인 관계를 맺는 것은 페르시아의 이해관계에 완전히 반하는 것이라고 결정했다.[123]

이처럼 앞에서 언급한 상업적 이유에 눈에 띄게 냉각된 튀르크와 페르시아 간의 관계와 연계된 두 번째 부류의 정치적 이유가 덧붙여졌다. 페르시아 교역을 보호하기 위해 비단은 소그드인들에 의해 서부 국경

---

123 Trans. Blockley, p. 113.

에서 판매될 수 없었다. 또한 몰수된 것이라도 호스로 아누시르반의 궁정에서는 사용될 수 없었다. 왜냐하면 그것은 새로운 적(敵), 즉 튀르크인들의 부와 힘을 상징했기 때문이다. 튀르크인들의 이 생사는 실제로 튀르크의 승리 이후에 중국이 바친 공물과 직접적으로 연관이 있었다. 즉 튀르크 승리의 산물이자 상징이었다. 따라서 페르시아 조정은 에프탈인들에 맞서 거둔 공동의 승리 이후에 침탈의 명분[124]은 주지 않으면서도 튀르크 팽창의 가장 상징적인 열매 사용을 당당하게 거부함으로써 어떻게든 그들의 팽창을 저지하기로 마음먹었다.

정치적으로 매우 논리적인 이러한 태도는 사실 소그드인들이 제국의 동부 지역에서 교역을 계속할 수 있어야만 경제적으로도 이해 가능한 사고방식이다. 사산 제국은 6세기 전반기 내내 물자 공급을 위해 육로에 절대적으로 의존하고 있었다.[125] 코스마스 인디코플레우스테스의 증언을 무효로 만들 만큼 충분히 해상로가 발전했음을 보여 주는 지표는 없다. 더 이상 비단을 넉넉하게 확보할 수 없었을 것이기에 사산 제국이 모든 경제적 접촉을 중단했을 리는 만무하다. 제국의 경제 중심지에서 발생할 소그드-튀르크 쿠데타가 비록 실패했지만, 이러한 시도는 소그드 상인들이 좀 더 서쪽으로의 팽창을 고려할 수 있을 만큼 호라산 노선에서 충분한 힘을 발휘할 수 있었음을 보여 준다.

부언하자면 이와 같은 역행은 아주 짧은 기간에만 영향을 주었을 뿐이다. 극적인 이러한 조치의 근간에 있던 정치적 동기는 빠르게 사라졌다. 사산인들과 튀르크인들 사이의 동맹 정책에 대해서는 576년 발렌티누스(Valentinus)가 이끈 사절단 이후 메난드로스 자신이 증언한다.[126] 그러나 튀르크인들과의 관계가 나아진 이후에도 사산 제국의 서

---

124 훗날 칭기스칸(Gengis Khan)과 호라즘 사이에서도 그랬던 것처럼 이는 아시아 역사에서 전쟁의 명분으로 종종 쓰였다.
125 이 책의 제3장 138쪽에서 인용한 코스마스 인디코플레우스테스의 글귀가 명백하게 보여 준다(*Christian Topography* II, 46).

부 지역에 대거 소그드인들이 있었다고는 생각되지 않는다. 어떤 자료를 통해서도 사산 왕조 시대의 이 문제를 사실상 확정지을 수 없지만, 군주가 보호하는 상인 계층의 존재 자체가 그 경쟁자들에게 큰 자유를 부여하는 정책과는 상충하기 때문이다. 반면, 동부 이란 아니면 최소한 메르브에 관한 한, 가설일지라도 소그드인의 존재를 배제할 수 없다.[127] 어쨌든 6세기 초 사마르칸트뿐만 아니라 메르브에서도 에프탈인들의 존재 개연성은 이러한 정착을 정치적으로 가능하게 만들었을 것이다.[128]

선행 사건들

메난드로스의 글은 상당히 정치적 성격을 띤 한 일화를 소개하는데, 그것을 경제적으로 해석하기 위해서는 좀 더 장기적인 고찰이 필요하다.

중앙아시아를 이란과 메소포타미아에 연결하는 호라산 노선은 아주 오래되었다. 아케메네스 왕조가 건설한 '왕의 길'은 아바스 시대에도 여전히 이슬람 동부의 주요 고속도로였다. 기원전 3000년 전부터 그곳에서 교역이 이루어졌으며,[129] 기원후 1~2세기에 첫 정점에 도달한 이후에 곧 중국과 로마 제국에서의 정쟁과 연관되어 쇠퇴로 이어졌던 것 같다. 다른 자료는 5세기에 빈번하게 오가는 이들이 있었음을 보여 준다. 이 시점에서 미틸레네의 자카리아스(Zacharias of Mitylene,

---

126 Fragment 19, 1-2(trans. Blockley, pp. 171~79).
127 Litvinskij, 1998, p. 146이 어디서 예언자 무함마드가 아라비아에서 소그드 갑옷을 가지고 있었다는 사실을 읽었는지는 모르겠다. 그의 갑옷 목록은 알려져 있는데, 그 가운데 하나가 사드(Sa'd)의 것이라고 한다. 이것이 혼동이 될 수 있을까?
128 카바드 치하 사산 왕조 주화는 대략 20년 동안 메르브에서 일시적으로 사라졌다. Callieri, 1996 참조.
129 Majizadeh, 1982, pp. 59~69; Briant, 1984, pp. 19~21 참조.

465?~536)¹³⁰의 저작으로 여겨지는 『교회사』(Ecclesiastical History)의 한 대목, 즉 484년 에프탈인들에게 당한 사산 왕조의 왕 페로즈의 패배에 대해 생각해 보자.¹³¹

훈족은 페르시아인들이 지키고 있던 성문과 그곳 산악 지대에서 쏟아져 나와 페르시아의 영토를 침략했다. 이에 당황한 페로즈는 군을 모아 그들과 대적했다. 그들에게 태세를 갖추어 자신의 나라를 침공한 이유를 묻자, 그에게 답하기를 "페르시아 왕국이 공물로 우리에게 바친 것이 우리 야만인들에게는 충분치 않고 …… 로마의 왕이 대사를 통해 우리가 당신들 페르시아와 우호 관계를 끊으면 언제든지 공물의 두 배를 주겠다고 약속했기 때문이다." …… 그리고 훈족 지도자 400명이 모여 그들과 동행한 아파메아(Apamea)¹³²의 상인인 현자 유스타스(Eustace)의 조언을 들었다. …… 하지만 상인 유스타스는 훈족에게 비록 그들의 수가 훨씬 적을지라도 당황해서는 안 된다며 용기를 불어넣어 주었다.¹³³

이 문서는 570~590년대에 소그드-튀르크인과 비잔티움이 사절을 교환하기 훨씬 전에 비잔티움과 중앙아시아의 에프탈인들 사이에

---

130 (옮긴이) 가자(Gaza) 근처의 그리스도교 가정에서 태어나 알렉산드리아, 베이루트 등지에서 철학과 법학 등을 공부했으며, 콘스탄티노폴리스에서는 오랫동안 변호사로 활동하기도 했다. 그리스어로 여러 작품을 집필했는데, 그 가운데 5세기 말에 완성된 것으로 추정되는 『교회사』가 있다.
131 이 글귀는 자카리아스가 쓴 것이 아닌, 아마도 아미다(Amida, Diyarbakir)에서 551~569년에 쓰인 듯하다. Hamilton and Brooks, 1899, pp. 2~5 참조.
132 (옮긴이) 시리아 중북부의 옛 도시. 하마에서 서북쪽으로 35킬로미터 떨어진 오론테스강 동안의 평야 지대에 위치하고 있다.
133 Hamilton and Brooks, 1899의 번역문 가운데 Book VII, chap. 3, pp. 151~52 참조. Hannestad, 1957, p. 440 덕분에 이 중요한 문헌에 주목하게 되었다.

접촉이 있었음을 보여 준다. 동맹 환승은 유스티누스 2세(Justinus II, 520~578)[134]나 튀르크인 또는 소그드인의 작품이 아니라 중동 외교의 꽤나 오래된 특징이었다.[135]

게다가 두 경우 모두 상인은 유사한 역할을 담당했는데, 유스타스도 마니아크처럼 사건을 주도하는 실질적인 수장인 듯 보인다. 유스타스는 아마도 에프탈인들 사이에서 언급되던 비잔티움 대사들 축에 끼었을 것이다. 그는 확실히 그렇게 행동했다.[136] 그러나 페로즈가 세상을 떠난 484년과 마니아크의 사절이 파견된 시점 사이에 주도권은 한 진영에서 다른 진영으로 넘어갔다. 더 이상 시리아 상인들이 아닌 소그드인들이 주역이 되었다.

따라서 메난드로스의 글은 이중(二重) 역사 — 매우 단기적 변동으로 구성된 정치사[137]와 아마도 고난의 시기 가운데 가장 최악이었던 때(370~400년과 470~500년?) 말고는 지속적으로 왕래가 있던 교역로에 관한 경제사 — 라는 더 큰 맥락 속에서 파악되어야 한다. 시리아 상인들은 1세기 때와 마찬가지로 5세기에도 교역로를 그대로 이용했으며, 이후 소그드인들이 뒤를 이었다. 에프탈인 치하에서 이미 역전된 정치적 동맹으로 특정 시기에 중앙아시아 상인들은 이란으로 침투할 수 있었을 것이다. 그렇기에 메난드로스의 글은 튀르크인들에 의해 에프탈인들이 패퇴한 직후의 결실 없는 접촉 재개를 묘사하고 있을 뿐이다.

---

134 (옮긴이) 동로마 제국의 황제로 565~578년까지 제국을 통치하면서 사산 왕조와 아바르 칸, 랑고바르드족 등 외세의 침략으로 많은 영토를 잃어 '실지(失地) 황제'라는 별칭이 붙었다.

135 이는 프로코피우스에 의해 간접적으로 확인된다. 동로마 제국 황제 제노(Zeno)가 페로즈가 소유한 커다란 진주를 에프탈인들에게 사고자 했다고 언급했다. *History of the Wars* I, 4, 16(trans. Dewing, p. 27). Hannestad, 1957, pp. 440~41 참조.

136 또는 적어도 순회 상인들 가운데 널리 잠입해 있던 첩자처럼 활동했다. Lee, 1993, p. 175 참조.

137 에프탈인에 맞서던 페로즈가 세상을 떠난 직후에 카바드의 동맹 정책이 시행되었다.

2. 비잔티움에의 접근

메난드로스의 글

메난드로스의 글은 비잔티움 제국에 공동으로 접근하고자 했던 소그드 상인들과 튀르크 정치 세력 사이의 관계에 대한 연구에도 도움이 된다. 다음 구절은 내가 이미 살폈던 글귀의 결론에서 서사를 재개한다. 이 이야기는 페르시아인들에게 보낸 마니아크의 교역 사절단이 실패한 이후에 발생한 일과 관련이 있다.

> 소그드인들의 지도자 마니아크는 이 기회를 이용해 시자불에게 튀르크인들이 로마와 우호 관계를 맺고 다른 민족보다도 비단을 더 많이 애용하는 로마인들에게 판매용 생사를 보내는 것이 더 나을 것이라고 충고했다. 마니아크는 튀르크인들이 파견한 사절단과 기꺼이 동행할 생각이며 이렇게 로마와 튀르크는 친구가 될 것이라고 말했다. 시자불은 이러한 제안에 동의했으며, 마니아크와 몇몇 다른 이를 안부 인사와 함께 매우 값진 생사 선물 및 편지를 들려 로마 황제에게 사절로 보냈다. (편지 발췌록에서 찾아보라.) 이 서한을 들고 마니아크는 여정을 떠났다. 그는 수많은 길을 지났다. 코카서스를 거쳐 구름과 맞닿은 거대한 산맥을 넘어 여러 나라를 횡단했다. 그리하여 마침내 비잔티움에 도달했다.[138]

황제 유스티누스 2세를 접견한 후, 마니아크는 비잔티움 대사 제마르코스(Zemarchos)와 함께 출발했다. 그들이 튀르크 조정에 도착했을 때에는 단지 외교 관련 사항에 대해서만 협상이 시작되었다. 그리고 글은

---

138 Ménandre, fragment 10(trans. Blockley, p. 115).

다음과 같이 이어진다.

> 이후 그(시자불)는 제마르코스와 동료들을 모아 놓고 로마인들을 향한 우호 관계를 재차 확인했으며 그들을 고국으로 돌려보냈다. 그는 그들과 함께 또 다른 사절을 파견했는데, 전임자였던 마니아크가 세상을 떠났기 때문이다. 후임자의 이름은 타그마(Tagma)였고 그의 직함은 타르칸(Tarkhan)이었다. 그렇게 시자불은 그를 로마 사절로 파견했는데, 고인이 된 마니아크의 아들도 동행했다. 아직 청년이었음에도 불구하고 그에게 그의 아버지의 직함을 부여했으며, 서열은 타르칸 타그마 바로 다음이었다. 내 생각에 그 소년은 마니아크가 시자불에게 매우 우호적이었고 충실했기에 그 직함을 받은 듯하다. …… 로마 사절단이 왔다가 튀르크 대사와 함께 비잔티움으로 돌아갔다는 소식이 튀르크 땅 전역을 거쳐 인근 부족들에까지 퍼지자, 이들 부족의 수장들은 로마 제국을 자신들도 볼 수 있도록 파견을 허락해 달라고 간청했다. 시자불은 동의했지만 다른 부족 지도자들도 같은 청탁을 하자, 콜리아타이(Kholiatai) 지도자의 요청 외에는 그 누구의 청도 들어주지 않았다. 로마인들은 오에크(Oekh)강을 건너 그를 맞이했는데, 장거리를 여행한 끝에 드디어 거대하고 넓은 호수에 이르렀다.[139]

이야기는 귀로(歸路) — 여기서 우리는 우연히 그가 상당한 양의 비단(그는 자신을 예의주시하는 페르시아군을 따돌리기 위한 미끼로 비단을 사용했다)을 가지고 여행했다는 사실을 알 수 있다 — 중 겪은 제마르코스의 모험담으로 이어진다.[140] 전혀 다른 한 문서는 이 협상이 성공했고 생산적인 비단 거래가 이루어졌음을 직접적으로 확인해 준다. 그레

---

139 Ménandre, fragment 10 (trans. Blockley, pp. 124~25).
140 Ménandre, fragment 10 (trans. Blockley, p. 127).

고리우스 투로넨시스(Gregorius Turonensis, 538~594)[141]는 571년 발생한 대대적인 아르메니아 반란의 시기에 콘스탄티노폴리스로 파견된 사절단의 바르단 마미코니안(Vardan Mamikonian)이 코카서스를 거쳐 이루어진 교환의 열매인 엄청난 양의 견사[142]를 가져왔음을 명기한다.

또 다른 메난드로스의 글 한 토막(제19편)은 비잔티움과 튀르크 제국 사이에 외교적 관계가 575~576년에도 계속되었음을 묘사한다.

앞에서 말한 호스로의 거래가 있기 바로 직전인 티베리우스 카이사르(Tiberius Caesar)의 재위 2년에 또 다른 사절단이 로마에서 튀르크 제국으로 파견되었다. 통솔자는 황실 친위대 소속의 발렌티누스(Valentinus)였다. 임무를 받은 그는 자신의 수행원들에 더해 106명의 튀르크인들과 함께 여정에 나섰다. 그 당시 여러 차례 다양한 부족에 의해 파견된 튀르크인들이 오랫동안 비잔티움에 머물고 있었다. 일부는 아난카스트(Anankhast)가 사절로 비잔티움에 오면서 데려왔으며, 또 일부는 에우티키우스(Eutychius)와 함께 수도에 왔다. 그곳에 머물던 다른 이들은 더 이전에 발렌티누스와 함께 온 이들이거나(왜냐하면 그는 사절로 튀르크 제국에 두 차례 파견되었다), 헤로디아노스(Herodian)와 사도 바울(Paul the Cilician)과 같이 온 사람들이었다. 이 모든 사절단에서 튀르크라고 불린 사람 가운데 106명의 스키타이인이 비잔티움에서 뽑혔는데, 발렌티누스는 그들을 모두 데리고 수도를 출발했다. 빠른 상선을 타고 그는 시노페(Sinope)와 [크림반도] 서

---

141 (옮긴이) 메로빙거 왕조 시기 투르의 주교이자 역사가로, '프랑스 역사의 아버지'로 일컬어지기도 한다.

142 『프랑크 역사』(History of the Franks)라는 이름으로 부정확하게 알려진, 그레고리우스 투로넨시스의 『역사 10권』(Ten Books of Histories)에서 "사산조 아르메니아인들은 우호 관계를 위해 많은 양의 짜지 않은 비단을 가지고 황제를 방문했다 ……." Manandjan, 1962, p. 110. Trans. Thorpe, p. 235 참조.

안에 위치한 헤르손(Cherson)을 거쳐 이동했다.[143]

당시 정황은 시자불이 세상을 떠난 이후 튀르크와 비잔티움 사이의 정치적 관계가 분명히 악화된 상태였다. 특히 크림반도에서는 튀르크의 실질적인 위협이 있었고 발칸반도에서도 튀르크의 구두 협박이 가해지고 있었다.[144] 사실에 기반한 정치적 틀은 매우 명백하다. 튀르크인들이 페르시아를 위해 동맹을 파기한 것이다. 소그드인들이 기획한 관계는 바로 얼마 전 페르시아에서 실패한 것처럼 외교 세계의 불확실성 때문에 확립될 수 없었다. 그러나 이러한 정치적 틀을 통해 소그드 상인들의 대응을 조금은 확인할 수 있다.

마니아크 가문은 앞 장에서 그 특징을 묘사한 소그드-튀르크 환경에 전적으로 속해 있었다. 따라서 이러한 사실은 저 멀리 비잔티움의 성문 앞까지 발달해 있던 튀르크인들의 상업적 외교와 중국에서의 역할을 이미 살펴본 지배적인 소그드-튀르크 환경과의 연계를 가능케 한다. 이는 소그드 교역이 단순히 대담하고 진취적인 개인의 집합적 산물이 아니라 극도로 발달하고 사회적으로 통일된 조직을 보유했음을 보여 준다.

소그드 교역 프로젝트의 전략적 명료성은 정말이지 감동적이다. 수천 킬로미터 떨어진 곳에서도 마니아크는 그리스(비잔티움) 제국이 서구 소비의 주요 중심지임을 알아보았으며, 이 먼 거리를 운송하는 고생을 무릅쓸 만한 상품 가운데 하나로 비단을 포착했다. 중국이 튀르크 제국에 공물을 바치기 시작한 것은 최근이었지만, 마니아크는 이미 대륙 저쪽 끝에 막대한 여분을 보내자고 제안하고 있었던 것이다.

소그드인들과 튀르크인들, 그리고 비잔티움인들 사이에 강렬한 외교

143　Ménandre, fragment 19(trans. Blockley, pp. 171~73).
144　Ménandre, fragment 19(trans. Blockley, pp. 175~76).

적 교환이 이루어지던 이 시기 이후에 대해서는 알려진 바가 거의 없다. 소그드인들의 상업적 외교는 실패로 끝난 듯 보이지만, 이것은 무엇보다도 비잔티움과 튀르크 사이에 외교적 접촉 — 중단되지 않았음은 확실하다 — 이 계속되었음을 보여 주는 문헌 자료가 부족하기 때문임을 강조해야 한다. 소그드인들에게 유용했던 비잔티움으로 가는 두 무역로가 마니아크의 시도 이후에도 한참 동안 그들에 의해 이용되었음은 증명 가능하다.

코카서스의 문제들

불가피하게 사산 제국을 우회할 수밖에 없는 상황으로 인해 비잔티움 제국이 이용할 수 있는 노선은 두 개뿐이었다. 서부 코카서스로 가든지 또는 크림반도를 거치든지 말이다. 마니아크의 첫 사절단과 제마르코스 사절단이 돌아오면서 이용한 길이 모두 서부 코카서스를 거쳤다고 서술한 메난드로스의 글은 중앙아시아와 코카서스 사이를 잇는 상업적 연계의 가능성을 생각케 한다.

모슈체바야 발카(Moščevaja Balka)[145]의 공동묘지에서 발견한 물품들은 학자들이 중앙아시아 출신 상인들의 통행 증거를 고고학적 성과와 아르메니아 및 조지아 문서 속에서 찾도록 만든 단순한 지리학적 추론을 뒷받침한다. 쿠반(Kuban)의 왼쪽 기슭을 흐르는 지류인, 볼샤야 라바(Great Laba)강의 상류 — 고도가 1,000미터나 된다 — 에 위치한 이 유적지는 서부 코카서스의 중요한 고갯길인 체게르커(Tsegerker) — 이를 통해 곧장 남쪽으로 수후미(Sukhumi)와 흑해로 내려갈 수 있다 — 로 가는 길 위에 있다.[145] 이곳은 산악 기후 덕분에 보존된 견직물을 주

---

145 (옮긴이) 실크로드의 북코카서스 경로를 따라 오늘날 러시아의 자치공화국인 카라차이-체르케시야(Karachay-Cherkessia)의 볼샤야 라바강 옆 폰토스-카스피 스텝 지대에 위치해 있다.

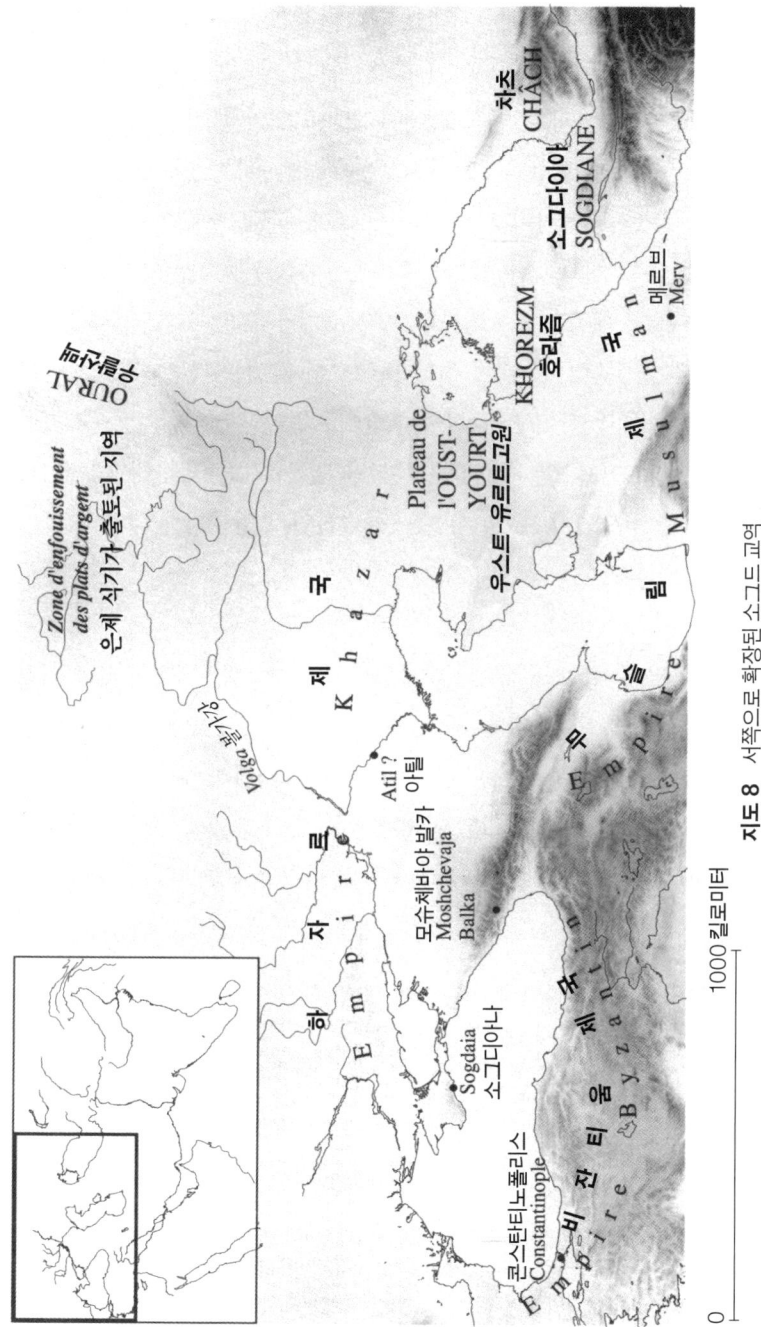

지도 8 서쪽으로 확장된 소그드 교역

로 생산하던 지역이었다. 이 가운데 잔다니지(Zandanījī)라고 불리는 직물이 있었는데, 이는 소그디아나 또는 타림분지에서 생산된 것이었다. 이것은 중앙아시아와의 연계 속에서 코카서스의 산길을 거쳐 이동한 대규모 교역이 존재했음을 보여 준다.[147]

역사 기록 속의 잔다니지 직물의 명성은 규명된 고대 직물 가운데 희귀한 종류라는 사실에서 기인한다. (벨기에의) 위이 노트르담(Notre-Dame de Huy) 대성당에는 커다란 조각(1.9미터×1.2미터)의 비단이 실제로 보존되어 있는데, 그 뒤에 적힌 소그드어 글귀는 다음과 같다. 알려지지 않은 마지막 단어(y'sδh)와 함께 "61폭 길이의 잔다니치(Zandanīči)는 ……."[148] 잔다나(Zandana)는 부하라 인근 마을이었는데, 10세기에 그곳에서는 비단인지 또는 (십중팔구) 면화인지 알려지지 않은 고가의 직물이 양산되었다.

이곳의 특산물은 잔다나에서 양산된 옷감의 한 종류(karbās)인 잔다니지이다. 질 좋은 옷감으로 상당한 양이 생산된다. 이 옷감의 대부분은 부하라의 다른 마을에서 직조되지만 이 마을에서 처음 등장했기 때문에 잔다니지라고 불린다. 이 옷감은 이라크, 파르스, 케르만(Kirmān), 힌두스탄(Hindūstān) 등의 나라로 수출된다. 귀족과 통치

---

146 Ierusalimskaja, 1996, p. 17; Ierusalimskaja, 1967a, 1967b.

147 Ierusalimskaja, 1996, pp. 115~32. 모슈체바야 발카 지역이 중세 초부터 비단을 제공하던 유일한 곳은 아니다. 니즈니 아르치즈(Nižnij Arxyz)에서 발견된 것에 대해서는 Voskresenskij *et alii*, 1996 참조. Kuznecov and Runič, 1974, p. 200도 참조. 한편, 코카서스에서 발견된 호라즘 주화의 사례가 적어도 하나는 존재한다 (Afanasev, 1975, p. 60; Noonan, 1985b, pp. 245~48 참조). 또한 여러 점의 소그드 은 제품도 그곳에서 발견되었다.

148 Shepherd and Henning, 1959. 문제를 복잡하게 만들 위험을 무릅쓰더라도 잔다니지 직물을 언급한 나르샤키의 글이 다른 부하라산(産) 고급 제품으로 야즈디(Yazdī) 직물도 언급하고 있음을 지적해야 한다. 제문의 마지막 미지의 단어인 'y'sδh'를 이것으로 읽어야 하는 것은 아닐까?

자 모두 이 옷감으로 의복을 만들고 양단(dībā)과 같은 값을 치르고 구매한다.[149]

이러한 발견에 기초해 위이(Huy)의 비단과 같은 공예적 특징을 가진 직물들은 하나로 분류되었으며, 두 부류의 잔다니지 직물이 있다고 결론을 내렸다. 하나는 7세기 또는 8세기의 것이다. 모슈체바야 발카에서 온 일부 직물들은 8세기 또는 9세기에 속하는 두 번째 부류에 포함되어야 한다.[150]

이와 같은 결론이 도출되자 잔다니지 직물은 확실히 중세 동부 직물의 역사에서 가장 논란의 중심에 있는 문제가 되었다. 이 논쟁은 오늘날에도 계속되고 있는데, 최근에는 잔다니지 부류의 속성이 소그디아나에서 기인한 것이 맞는지, 이란의 표본을 중국이 복제한 것일 수도 있는지,[151] 뿐만 아니라 이 부류의 통일성에 대해서도 의문이 제기되고 있는 형국이다. 내게는 매우 기술적인 이들 문제를 해결할 뾰족한 방법이 없다. 다양한 정도의 재질을 가진 견직물의 생산(또는 비생산)은 실제로 소그드 교역사에서 중요한 경제적 문제이다. 특히 소그디아나에서 상인과 장인 환경 사이의 연계성을 이해하기 위해서는 말이다. 그러나 제8장에서는 잔다니지 직물이 사마르칸트에서 왔는지, 아니면 좀 더 동쪽 지역에서 왔는지는 중요하지 않다. 여기서는 단지 그것들이 중앙아시아를 거쳐왔는지가 중요하다. 직물의 귀속 문제와 상관없이 일대에서 중국어 단편이 발견된 것은 모슈체바야 발카의 중앙아시아적 흔적을 보강해 준다. 단편 모음집에는 종이에 중국어로 쓴 송장의 잔해와 문자가 포함된 종이 반죽, 금언의 발췌 구절, 불교 성화의 일부가 실려

---

149 Narshakhī(trans. Frye, pp. 15~16).
150 Shepherd, 1980; Muthesius, 1997, pp. 94~98.
151 Lubo-Lesničenko, 1993; Sheng, 1998.

있다.[152]

 이 비단 또는 종이 파편으로 그것을 운반한 상인들의 종족적 정체성을 알 수는 없다. 하지만 한 문서가 이 서부 산길 위에서 자신들의 존재감을 드러내고 있는 이들이 실제로 중앙아시아의 상인들이지 아닌지 (예를 들어 비잔티움이나 코카서스 상인들인지)를 단언케 해준다. 비록 상대적으로 그 양은 많지만 코카서스의 자료들은 대부분 교역과는 무관하다. 희귀한 참고 자료들은 대개 흑해 교역[153]이나 사산 제국의 몰락 이전의 코카서스 남쪽의 동서 교역에 대한 것들이다.[154] 그러나 시라크의 아나니아스의 저작으로 여겨지는 7세기의 『지리학』[155]은 경제와 상업 정보에 보여 준 호기심으로 그 명성이 자자하다. 저자에 의해 알려진 지역, 특히 스텝 지대와 코카서스, 이란에 대한 정보는 7세기의 것이다. 아랍인들에 대한 주제가 덧붙여졌을 수는 있지만 책의 어떤 정보도 8세기 말 이후의 것은 없다.[156] 시라크의 아나니아스는 자신이 설명한 각각의 나라에서 찾을 수 있는 귀한 상품에 대해 언급한다.[157] 『지리학』의 두 판본 가운데 하나에는 다음과 같이 쓰여 있다.

 스키티아에는 산과 건조하고 물이 없는 평원이 있다. 5개의 나라

---

152 Ierusalimskaja, 1996, p. 128.
153 흑해 교역은 Procopius, *History of the Wars* II, 15, 4-5(trans. Dewing, p. 387)에서도 언급하고 있는데, 이 책에서 그는 라지카(Lazica)와 비잔티움 변경 사이의 해상 교통을 인용한다. 본질적으로 식량(소금과 밀) 거래였다.
154 Manandjan, 1962. 저자는 7세기와 8세기에 아르메니아의 경제적 상황이 매우 어려웠음을 지적한다. 북부와의 거래는 8세기 말에서야 시작되었다. pp. 189ff. 참조.
155 Ananias of Širak, *Geography*, pp. 32~35.
156 이 문헌은 두 가지 판본이 있다. 하나는 단 하나뿐인 필사본으로 알려진 긴 판본이고, 다른 하나는 다수의 복사본이 존재하는 짧은 판본이다. 긴 판본이 약간 더 오래된 것임에 틀림없다. 짧은 것은 사산 제국 붕괴 이후에 최신판으로 만드는 과정에서 요약한 판본일 것이다.
157 예를 들어 아르메니아에 대해서는 pp. 59~60, 소아시아에 대해서는 pp. 52~54.

가 있는데 그 가운데에는 소그디아나, 즉 사가스탄(Sagastan)과 사케(Sakē)가 있다. [더불어] 이 두 나라에는 투르키스탄과 이메온산(Imaeus Moutains) 옆의 아리아나(Ariana) 사이에 정착한 15개의 부유하고 부지런한 상업 민족이 살고 있다. …… 15개 민족 가운데 …… 북동쪽에 [거주하는] 상인들이 호라즘인들이다.[158]

그리고 축약된 판본에는 다음과 같이 서술되어 있다.

소그드인들은 투르키스탄과 아리아나 지역 사이에 사는 부유하고 부지런한 상인들이다.[159]

이 문헌에 등장하는 소그드와 호라즘 상인들에 대한 언급은 코카서스 북쪽 바로 옆에 정착한 민족이 남긴 교역 흔적이 전혀 없는 것을 고려했을 때 특히 주목할 만하다. 이들은 아르메니아 북쪽과 북동쪽에서 아나니아스가 알고 있던 유일한 상인들이었다. 소그드인과 호라즘인을 구별할 수 있는 지표가 아무것도 없음에 주목하라. 한 집단이 다른 집단만큼이나 모슈체바야 발카에 비단이 있게 된 데에 책임이 있을 수 있다.

또 다른 문서는 곤란한 문제를 제기한다. 알-발라두리(al-Balādhurī, 892년 사망)[160]는 사산 제국의 위대한 왕 호스로 아누시르반의 건설에 대해 다음과 같이 썼다.

---

158 Ananias of Širak, *Geography*(trans. Hewsen, 1992, pp. 74~75). 소그디아나를 'Sagastan'으로 해설한 것은 오류이다. 왜냐하면 'Sagastan'은 'Siestan'을 의미하기 때문이다. 이 문헌에서 설명하는 동부 상황에 대해서는 Cardonna, 1969 참조.

159 Ananias of Širak, *Géography*, p. 74A.

160 (옮긴이) 9세기 활동했던 무슬림 역사가로, 대표작으로『국가 정복의 서(書)』(*Kitāb Futūḥ al-Buldān*)가 있다.

그는 조지아(Jurzān) 땅에 수그다빌(Sughdabil)이라는 도시를 세웠는데, 그곳에 소그드인들과 페르시아인들을 정착시켰고 도시를 요새화했다.[161]

소그드인들의 군사적 역할과 로브 노르의 식민지들에 대해 알고 있는 바를 비교하고픈 유혹은 매우 크다. 하지만 발라두리는 아마도 그 일대의 조지아 지명, 즉 'Sagodeb-eli'('통탄의 장소')를 잘못 이해해 민간 어원에 따라 자신이 알고 있던 소그디아나라는 지명으로 인지하고자 했던 것 같다.[162]

비잔티움 제국으로 접근하는 또 다른 거대한 노선인 크림반도는 한층 더 명확하게 소그드적인 성격을 보여 준다.

크림반도의 소그다이아

메난드로스의 글과 코카서스의 발견품이 소그드 교역이 비잔티움 시장으로 확장된 사실을 보여 주는 자료의 전부는 아니다. 아직 이러한 목적으로 이용되지 않은 비잔티움 문서도 자료에 추가할 수 있기 때문이다.

중세 시대처럼 고대에도 크림반도는 스텝 지대를 경유하는 교역의 종착 지점이었다. 그곳은 튀르크 제국의 서쪽 끝을 의미했다. 6세기 중반에 주교 요르다네스(Jordanes)는 '수익을 얻으려는 상인들이 아시아의 상품을 가져오는 헤르손'에 대해 이야기하면서 이목을 끄는 방식으로 이곳의 교통량에 대해 넌지시 언급했다.[163] 9세기 초, 그리고 그 후로도

---

161 Balādhurī, *Kitāb Futūḥ al-Buldān*(trans. Hitti and Murgotten, I, p. 306).
162 Minorsky, 1930, p. 59.
163 Jordanes(trans. Devillers, 1995, p. 16).

한참 동안 소그다이아(Sogdaia) — 오늘날의 수다크(Sudak) — 라는 도시는 이러한 교역 활동을 구성하는 데 있어 대단히 중요한 역할을 수행했다. 마르코 폴로의 아버지와 삼촌도 그곳을 자신들의 발판으로 삼았다. 이 상업 도시의 이름과 소그디아나(Sogdiana)라는 지명의 유사성이 눈에 띈다. 그렇다면 소그다이아 건설과 소그드 교역 사이에는 관련성이 있을까?

이 도시의 기원은 20세기 초 이래 문헌학자가 양산한 수많은 작품의 주제를 이루었다. 여전히 진행 중인 고고학적 발굴은 이 문제를 좀 더 조명할 수 있게 해준다.[164] 이 질문에 대한 답은 소그드 문명의 중요성과 그 교역 범위에 대해 알려진 바가 없었을 때에는 대체로 부정적이었다. 관련 거리가 또 다른 설명이 필요하다고 생각될 만큼 방대했기 때문이다. 소그다이아는 'suɣda'라는 어근과 관련지어 확실히 이란어 지명 — 사실은 알란어(Alan)[165] — 이라고 생각되었다. 이러한 어원은 가능해 보이지만[166] 그 의미('경건한 도시'? 어떻게 경건한가?)와 그리고 무엇보다도 지명이 꽤 늦게 출현했다는 사실과 충돌한다. 7세기 전의 크림반도는 비잔티움 자료들을 통해 잘 알려져 있는데, 이들 자료에서 그 이름이 발견되지 않는다는 사실에도 반드시 주목해야 한다. 게다가 고고학적으로도 7세기 이전의 그 무엇도 발견되지 않았다.[167] 그러므로

---

164 Frondžulo, 1974; Baranov, 1987; Šandrovskaja, 1993, 1995.

165 Marquart, 1903, pp. 190~91; Vasmer, 1923, pp. 71~72는 오세트어(Ossetian) 'sugdāg'('신성한'에 근거해 추론했다. 야노스 하르마타(János Harmatta)처럼 중앙아시아학 전문가조차 이러한 해석해 동의했다는 사실은 주목할 만하다(Harmatta, 1979a, pp. 153~56).

166 그럼에도 불구하고 Szemerenyi 참조. 1980. 하지만 그가 이러한 해석을 지지하도록 만든 중국 문헌은 잘못 해석된 것임에 주의하라. Enoki, 1955 참조.

167 알란어 어원 연구에 도움을 주고자 종종 원용되는 212년 도시 건설 날짜는 순전히 환상이다. 이는 어떤 역사적 가치도 없는 수다크(Sudak)의 성 스테파노(St. Stephen)의 일생에 대한 16세기 자료를 그 출처로 하는 정보일 뿐이다.

이제 소그드어 가설을 재고할 필요가 있다.

중세 동방과 서방 그리스도교 전통 모두에는 사도와 예수 제자들의 명단인 『사도들의 색인』(Indices Apostolorum)이 존재한다. 여기에는 사도들의 긴 여행과 순교가 요약되어 있는데, 특히 사도 안드레(Andrew)[168]가 흑해 연안을 따라 한 여행이 진술되어 있다. 가장 오래된 명단은 5세기에 작성되었는데, 이들 필사본은 모두 키프로스의 에피파니우스(Epiphanius of Cyprus, 310/320?~403)[169]가 집필한 것으로 보인다.[170] 흑해 연안 지역에서 안드레가 개종시킨 사람들 가운데 스키타이인, 소그드인, 사카족이 첫 번째 판본이라고 알려진 이 문서[171]에 거명되어 있다.[172] 이 판본에는 프톨레마이오스의 『지리학』에 근거해 동쪽 세계가 분할되어 있다. 예를 들어 바돌로매[173]에게는 인도인이, 도마에게는 파르티아인, 메디아인, 히르카니아인(Hyrcanians), 케르만인(Kirmanians), 마르지아인(Margians), 박트리아인이, 안드레에게는 스키타이인, 소그드인, 사카인이 할당되어 있다. 이 개념은 카이사레이아의 유세비우스(Eusebius of Caesarea, 260?~339?)[174]의 『교회사』(Ecclesiastical History)(3,

---

168 (옮긴이) 예수 그리스도의 12사도 가운데 한 명으로, 베드로의 형제이다. 그리스어에서 유래한 이름으로 '용기' 또는 '사내다움'을 뜻한다. 러시아에 최초로 복음을 전파했다고 한다.

169 (옮긴이) 4세기 말 키프로스 살라미스의 주교였으며, 동방 정교회와 가톨릭 교회 모두로부터 성인이자 교회의 아버지로 간주되었다. 초기 그리스도교 역사에서 이단이라고 판단한 신조에 대해 강력히 반대했다.

170 Dolbeau, 1992.

171 Verona LI (49) - Vat. gr. 1506 fol. 78a와 비교.

172 Dvornik, 1958, pp. 197~99.

173 (옮긴이) 예수 그리스도의 12사도 가운데 한 명이다.

174 (옮긴이) 로마 제국의 신학자이자 역사가로, 오리게네스를 추종했으며 교회사의 아버지로 알려져 있다. 그의 대표작 『교회사』(Historia Ecclesiastica)는 그리스도교 초기부터 콘스탄티누스가 동방과 서방 세계의 유일한 황제로 있었던 324년까지의 교회의 발전 과정을 다루고 있다. 이단으로 정죄된 아리우스파를 지지해 안티오크 공의회에서 파문당하기도 했으나 325년 니케아 공의회에서 복권되었다.

1)에 오리게네스(Origenes, 185?~254?)[175]에게서 차용한 초기 형태로 이미 등장한 바 있다.

이 최초의 명단은 6세기 또는 7세기에 수정, 더 정확하게는 갱신되었다. 언급된 세 민족 가운데 스키타이인과 소그드인은 그대로 남아 있었지만 사카인은 조지아인으로 대체되었다.[176] 고대 이름이 아니라 중세 이름인 이베리아인(Iberians)으로 표기된 조지아인이 사카인을 대체한 것은 여기서 다루고 있는 명단이 갱신되었음을 보여 준다. 사카라는 이름은 더 이상 그 어떤 것도 연상시키지 않았기에, 당대의 중요한 다른 민족, 즉 조지아인이 그들을 대체하게 된 것이다. 스키타이인과 소그드인이 이 맥락에서 남게 된 이유는 무엇일까? '스키타이'라는 이름이 존치된 것은 지극히 당연한데, 왜냐하면 이 용어는 비잔티움 문헌 곳곳에서 북방의 모든 유목민을 지칭하는 데 쓰였기 때문이다. 계속해서 소그드인을 언급한 것은 더 놀라운데, 갱신된 문서가 보여 주는 이러한 정황은 중앙아시아에서 실제 소그드인들과의 교류가 있었다는 전제를 통해서만 설명할 수 있기 때문이다. 이와 같은 접촉은 확실하게 자료들을 통해 확인 가능하다. 570년 마니아크의 사절에 의해 시작된 일련의 사절단이 바로 그것이다.

안드레가 강연한 사람들과 장소 명단은 흑해 주변 지역에만 한정되어 있다. 이 두 번째 판본인 명단에서 소그드인들은 그저 멀리 있는 민족일 뿐이었다. 세계 분할에 대한 모든 개념 — 이와 같은 개념이 본원적인 것이었음에도 불구하고 — 은 이후로 무시되었다. 그런데 여기서도

---

[175] (옮긴이) 초대교회 알렉산드리아 학파의 대표적인 신학자로, 성서 신학을 탄생시킨 인물이다. 대표작으로 『구약성서』의 6가지 판본을 병기해 놓은 『헥사플라』(Hexapla)가 있다. 엄격한 금욕 생활을 했으며, 그의 신학 사상의 근본은 그리스도교와 그리스 철학을 조화롭게 융합하는 데 있었다.

[176] Dvornik, 1958, p. 178에 실린 번역문. Schermann, 1907, p. 108에 실린 그리스어 원문.

메난드로스의 글은 답의 일부를 제시한다. 제마르코스의 사절단이 튀르크 통치자들과 재회하기 위해 크림반도를 거쳐 이동했던 것처럼 크림반도는 튀르크-소그드 세계로 접근할 수 있는 길을 제공했으며, 이는 이 명단에 소그드인이 있게 된 경위를 충분히 설명해 준다.

이 문서의 진화 자체만으로는 중앙아시아의 소그드인들과 소그다이아 간의 연계성 유무를 보여 주기에 충분하지 않을 수도 있다. 하지만 『사도들의 색인』의 전통은 칼리스트라투스 수도원의 수도사 에피파니오스에 의해 9세기에도 이어졌는데, 그는 명시적으로 『사도들의 색인』을 인용했고[177] 사도가 따라갔던 길을 여행하면서 재건하고자 했다. 830년대에 쓰인 『성인 안드레의 삶』(Life of Saint Andrew)에서 그는 다음과 같이 그 길을 묘사한다.

> 대(大)세바스토폴(Sebastopol the Great)에 도착해 그들은 신이라는 단어를 가르쳤다. 안드레는 그곳에 시몬(Simon)을 남겨 놓고 자신은 제자들과 함께 지키아(Zichia)로 출발했다. 그곳에 그들을 남겨 놓고 그는 상(上)'수그다이'(Upper 'Sougdai') 한가운데로 갔다. 이들은 쉽게 납득하고 말씀을 기쁨으로 받아들이는 온화한 이들이다.[178]

이 시점부터 지리적 위치는 케르치(보스포루스) 해협 인근의 흑해 연안으로 명료해졌다. 그리고 에피파니오스의 박식한 글솜씨로 묘사된 '수그다이'도 실재한 민족인 것처럼 보인다. 원래 명단에 거론되었던 이들 가운데 소그드인들만이 남았다. 스키타이인들도 사라져버렸다.[179]

---

177 에피파니오스는 조지아인이 언급되지 않은 옛 판본의 『사도들의 색인』을 사용했다.
178 Migne, *Patrologie Grecque*, 120, p. 243에 실린 그리스어 원문.
179 에피파니오스가 쓴 글의 정확성은 매우 흥미롭다. 사실, 에피파니오스는 'Sogdianous'가 아닌 'Sougdaious tous ano'라는 단어를 사용했다. 그는 글에서는 읽었지만 여행 과정에서는 들어보지 못한 'Sogdianous'라는 단어를 두 개로,

마지막으로 이 오래된 문헌 전통의 네 번째 단계는 비잔티움의 저술가 파플라고니아의 니케타스(Nicetas of Paphlagonia, 9세기)[180] — 그는 상(上)수그디아(Upper Sougdia)라고 불리는 땅에 지금은 누구도 살지 않는다고 썼다 — 가 칼리스트라투스의 에피파니오스의 원문에 근거해 성(聖) 안드레에게 헌정한 『찬미』(*Laudatio*)와 그의 여행기를 통해 접할 수 있다.[181] 이 문서에서는 민족의 이름이 지리적 영역의 이름이 되었다. 이 문서도 그 일부를 구성하는 문헌 전통의 지속성 덕분에 '수그다이아'라는 지명이 실제로 흑해 연안에 소그드인들의 거류지가 존재했던 사실과 관련이 있음을 단언할 수 있게 되었다. 칼리스트라투스의 에피파니오스의 글이 니케타스의 저작으로 이어진 것은 이를 입증하기에 충분하다. 다른 이들과 달리, 소그드인들은 9세기에 쓰인 이 글들에서도 여전히 등장한다.

이로써 문제는 전환된다. 유일무이한 자료에서 시작해 새로운 역사적 상황에 따라 정기적으로 갱신된 이 오래된 문헌 전통을 검토함으로써 나는 문제가 지명에 대한 설명에 국한되어 있지 않음을 보여 주었다. 이 문제에는 민족 이름도 포함된다. 더구나 중앙아시아의 소그드인들과 연결하지 않는다면, 어떤 문헌에 의해서도 이 민족 이름은 설명되지 않는다.

'수그드인들'(Sougds)은 다른 문서에서도 언급된다. 종교 분야에서 남(南)슬라브족의 전도사인 성(聖) 키릴로스(Cyril)로 알려진 철학자 콘스

즉 'Sougdaios'와 'tous ano'('상, upper')로 쪼갠 것이라고 주커만은 주장했다. 그러나 이런 식으로 원문을 수정하면서 그는 자연스럽게 'Sogdai'로 그리스어화되어 'Sogdē'로 발음되는, 소그드인들을 지칭하던 중세 초의 설명을 쓸 수밖에 없었다. 다시 말해 에피파니오스는 알렉산드로스 대왕의 정복 때부터 내려온 낡은 명칭인 'Sogdianous'를 그 이름의 중세식 발음에 맞도록 수정한 것이다.

180 (옮긴이) 그리스도교를 주제로 다작한 작가로, 50여 권의 성인전을 비롯해 「시편」에 대한 주석 등을 남겼다.
181 Ed. Bonnet, 1894, pp. 309~52, 특히 p. 334 참조.

탄티노스(Constantinos, 827~869)[182]가 쓴 글이 바로 그것이다. 그는 자신이 861년 크림반도를 거쳐 하자르(Khazar)로 안내한 사절단에게서 정보를 얻었을 것이다. 성서를 토착어로 번역하는 문제를 두고 빈(Wien)의 성직자들과 나눈 유명한 논쟁 중에 그는 다음과 같이 분명히 말했다.

> 당신들은 오직 세 언어만 제정하고 [그 결과] 모든 다른 민족과 나라는 눈과 귀가 먼 채로 있게 만든 것이 부끄럽지 않습니까? [이를] 할 수 없는 무능한 이로, 아니면 [이를] 바라지 않는 질투심 강한 이로 신을 만들 것인지 제게 말해 주십시오. 우리는 자신들의 언어로 성서를 이해하고 신을 찬양하는 수많은 민족을 압니다. 즉 아르메니아어, 페르시아어, 아브하즈어, 이베리아어, 수그드어(Sougds), 고트어, 아바르어, 튀르크어, 하자르어, 아랍어, 이집트어, 시리아어, 그 외에도 수많은 언어로 말입니다.[183]

『콘스탄티노스의 생애』(*Life of Constantine*)에 등장하는 'Sougds'가 이내 소그드인들임을 입증하는 것은 매우 간단하다. 사실, 'Sougds'는 성서를 이해하고 자신들의 언어로 신에게 기도하는 이들로 특징지어졌을 뿐이다. '튀르크인'처럼 'Sougds'도 그리스도교화된 흑해 연안의 민족이고 자신들의 전례용 언어를 소유한 이들이라고 주장했다.[184] 그런데 특이하게도 다른 문헌은 그들을 언급하지 않는다. 반대로 그리스도교는 8세기에 소그디아나에 잘 자리 잡았음이 확실하다. 이에 대해 우리에

---

182 (옮긴이) 동로마 제국의 그리스도교 수사이자 신학자, 선교사, 언어학자이다. 슬라브족에 대한 선교 사업에 나서 슬라브족을 그리스도교화하는 데 큰 기여를 했다. 로마 가톨릭 교회, 동방정교회, 성공회에서 모두 성인으로 추대되어 성 키릴로스라고도 한다.
183 *Life of Constantine*, Dvornik, 1933, p. 375의 프랑스어 번역문.
184 Dvornik, 1933, p. 208.

게는 고고학적·문헌적 증거가 모두 있다. 게다가 돈황과 소그디아나에서 발견된 문헌이 입증하듯이, 그리스도교 문헌은 실제로 소그드어로 번역되었다. 마지막으로 소그드인들은 이 그리스도교를 튀르크인들 — 정체불명의 '튀르크인들'— 에게 전파했다. 네스토리우스파 그리스도교가 동쪽으로 전파된 것은 바로 이 소그드 네트워크를 통해서였다.[185]

『콘스탄티노스의 생애』에는 의심할 여지 없이 소그드인들이 언급되어 있다. 그러나 이것이 흑해에 그들이 존재했다는 증거는 아니다. 콘스탄티노스가 언급한 그리스도교도 수그드인들과 튀르크인들은 중앙아시아에도 있었다. 콘스탄티노스가 하자르 조정으로 사절 임무를 띠고 가면서 그들에 대해 그저 들었을지도 모른다. 이는 하자르인들과의 교역 관계를 고려하면 그리 놀라운 일도 아니다. 그는 페르시아인들과 아랍인들을 언급하듯이, 글에 통달하고 자신들만의 전례 언어를 보유한 그리스도교화된 민족들 가운데 그들을 거론한다. 그 결과『콘스탄티노스의 생애』의 본문은 전혀 알려진 바 없는 보완적인 문자 체계 및 전례 언어를 날조하지 않고도 완벽하게 이해 가능하다. 한편, 이는 소그드인들이 9세기 말의 문헌에서도 여전히 자신들의 이름으로 알려져 있었음을 보여 준다. 이러한 논거는 이내 소그드 가설을 보강한다.

그러나 계속되는 (문헌) 전통이 6세기 또는 7세기부터 흑해 북부 연안에 있던 소그드인들을 언급함에도 불구하고, 그리고 알란어의 어원 연구 결과, 7세기부터 시작된 정착을 언급하기가 더욱 난감해졌음에도 불구하고 소그다이아와 소그드인들의 이름이 완벽하게 일치한다는 가설은 개략적으로나마 가능하다. 그러나 이러한 가설을 약화시키는 마지막 요소가 하나 있다. 소그드어가 적힌 도편(Ostrakon)[186]이 사도 안드

---

185 Klein, 2000 참조.
186 공표되지 않은 이 도편에 주목하게 만들어준 마르샤크와 내게 사진과 해설서를 보내 주고 이 문서를 출판할 수 있도록 허락해 준 리브시크에게 진심으로 감사를 드린다. 이 도편은 Ju. M. 데샤아트치코프(Ju. M. Desjatčikov) 교수의 유고집 일부로,

레가 상(上)소그드인의 땅에서 보스포루스(케르치)로 넘어가면서 지나갔던 바로 그 지역인 타만(Taman)반도 끝자락에서 발견되었다. 이 도편은 용기의 손잡이인데, 거기에는 소그드인 소유자 이름인 'Šʼβnwšk', 즉 '불멸을 믿는다' ─ 이러한 글귀는 널리 알려진 현상으로 특히 소그디아나에서 그러했다 ─ 라는 의미의 'Šāfnōšak'가 적혀 있었다[187] [도판 I-3 참조]. 이는 사치품이나 수출용이 아니었으며, 그 값어치 때문에 이 손에서 저 손으로 옮아다녔을 것이다. 소그드인들을 묘사한 중국의 조각상들은 그들의 허리띠에 매달려 있는 이 여행용 술병을 잘 보여 준다. 따라서 그 위에 새겨진 이름의 소유자는 타만반도를 거쳐 여행했을 것이다. 고문서학적 기준에 따르면, 이 글귀는 8세기 후반 또는 9세기에 쓰여진 것으로 추정된다. 이러한 발견은 독자적으로 문헌들이 시사하는 가설을 뒷받침한다. 더불어 연대와 지형에 따라 분류도 가능하다. 흑해 연안에 소그드인들이 존재했다는 가설만이 우리가 이렇게 모은 자료들을 해석할 수 있게 해준다.

 기원전 7세기와 4세기 사이에 소그드 문명은 알렉산드로스 대왕과 그 뒤를 이은 그리스와 라틴 후계자들의 역사가를 통해 잘 알려진 주요 도시들과 강력한 귀족층을 보유한 땅에 자리했다. 그렇기에 초기의 성인전(聖人傳) 작가는 성(聖) 안드레 덕분에 북방 민족을 개종시키는 중요한 소임을 다할 수 있었다고 생각하면서 자연스럽게 프톨레마이오스처럼 스키타이인들을 비롯해 사카족과 함께 소그드인들을 거명했다. 그런데 이 최초의 참고문헌은 아주 오래전 소그드인들이 번영했던 첫 번째 시기인 아케메네스 제국과 그 이전 시대와 관련이 있다. 하지만 지중해 세계로부터 단절되어 있던 소그드 문명은 기원후 5세기부

 쿠추그리(Kučugry), 자포로츠코이(Zaporožskoj), 골루크카야(Goluckaja) 지역을 발굴하던 1980년대 말에 발견했다.

187 Livšic, 1981 참조.

터 제2의 대대적인 발전 국면을 맞았다. 바로 이 시기에 소그드-튀르크 사절단이 그리스 세계와 중앙아시아 사이의 연계를 복구했고 다시 한번 눈부신 문명을 일구었다. 이러한 쇄신은 성인전 작가들이 성(聖) 안드레가 개종시킨 민족들의 전통적인 명단에 매우 동시대적인 의미를 부여하던 마침 바로 그 시기에 일어났다. 당대 세계관과 일맥상통하도록 이 명단은 더 이상 프톨레마이오스의 전통이 아니라 당시 소그드인들의 명성에 따라 사도의 명망을 드높일 개종 대상 민족 가운데 소그드인들의 자리를 마련했다. 반면, 사라진 사카족과 스키타이인들은 서서히 잊혀갔다. 세련된 문명을 보유한 소그드인들은 뛰어나고 명망 있는 집단을 이루었다. 이와 같은 전설이 9세기에 재작동하면서 새로이 전개된 국면, 특히 흑해—비잔티움 사람들의 추앙을 받던 '아시아 상품' 가운데 가장 값비싼 것을 가진 민족의 이름에서 유래한 소그다이아로 현지인들에 의해 명명된 지역—에 있던 소그드인들의 거류지에 또 다시 주목하게 만들었다. 칼리스트라투스의 에피파니오스가 '쉽게 납득하는' 주민이라고 규정한 특성은, 만약 그것이 순전히 날조된 것이라면 성인 전기학적으로는 역효과를 낳겠지만 자신들의 정치적·상업적 이해관계에 따라 소그드인들이—조로아스터교도, 불교도, 네스토리우스교도, 마니교도, 이슬람교도들도 마찬가지로—종교적 융통성을 보였다고 하는 사실에는 완벽하게 부응한다.

　이처럼 장기간에 걸쳐 흑해 북쪽 연안에 소그드인들의 거류지가 형성되었다. 이 정보는 소그드 교역사에서 중요하다. 하지만 역사적 관점에서는 전혀 놀랍지 않다. 상당히 먼 다른 지역들도 소그드인들의 존재를 알고 있었다. 메난드로스의 글이 앞서 보여 주었듯이, 흑해와 부유하면서도 인접한 비잔티움 시장은 소그드 상인들을 유인할 만한 모든 요소를 갖추고 있었다. 콘스탄티노폴리스 창고에서 나온 직인과 소그다이아 지역에서 발견된 비잔티움 세관원(commerciarii)의 직인은 도시의 건립 연대를 늦어도 7세기 말로 추정케 하며 도시의 상업적 특성도

입증해 준다.[188]

연대기적 공백이 메난드로스가 언급한 시도와 소그디아이아에 대한 최초의 고고학적 흔적 사이에 존재함에도 불구하고, 이 지역에 소그드인들이 계속 존재했다는 추정은 매우 구미가 당긴다. 소그디아아와 소그드인 사이의 연계성의 발견은 마니아크가 시도했으나 전체적으로 성과 없이 끝난 기획 — '튀르크라고 불리던 사람 가운데 스키타이인' 모두가 콘스탄티노폴리스에서 쫓겨나는 것으로 끝났다 — 이 적어도 재개되었음을 보여 준다. 아마도 비잔티움 제국을 특징짓던 엄격한 상업 통제라는 맥락에서 정치적 이유 못지않게 상업적 이유로 제국에서 쫓겨난 소그드 상인들은 국경선이 달라진 이후에 튀르크 — 당시에는 하자르 — 영토 맨 끝자락에 자리를 잡았을 것으로 추정된다. 크림반도 남부는 비잔티움의 통치를, 반면 북부는 하자르의 통치를 받으면서 7세기 말에 국경선이 한층 확고히 정해졌을 때, 소그드인들이 정착한 곳은 다름 아닌 비잔티움의 국경 북쪽 바로 옆에 위치한 가장 중요한 항구 지역이었다.[189] 소그디아아는 소그드-튀르크인들과 중국인들이 만났던 스텝 지대의 또 다른 끝에 위치했던 오르도스와 마찬가지로 일종의 국경 시장이었다. 소그드인들은 비잔티움 제국이 행사하는 비단 교역에 대한 엄격한 통제에 구속받지 않으면서도 교역 범위 내에 있는 튀르크 영토 — 당시의 하자르 — 에 정착했던 것이다.

---

188 콘스탄티노폴리스 창고(apothèkè)의 'génikos logothétès' 직인에 대해서는 Šandrovakaja, 1995 참조. 이 지역에서 발견된 레오 3세(Leo III, 717~741) 때의 여러 세관원 직인에 대해서는 Šandrovakaja, 1993 참조. 이들 직인은 콘스탄티노폴리스에서 비롯된 교역을 시사한다. Baranov, 1991도 참조.

189 Ménandre, fragment 19(trans. Blockley, 1985, p. 176) 참조.

3. 하자르 제국에서의 교역

코카서스와 볼가강 사이, 비잔티움 제국으로의 접근을 허용하는 두 노선 ― 크림반도와 코카서스의 산길 ― 에서 강 상류 쪽으로 올라가면 마주하게 되는 서(西)튀르크 제국의 폐허 위에 하자르 칸국이 7세기 후반에 건립되었다. 8세기 내내 팽창하는 가운데 자행한 수많은 약탈로 부유해진 하자르 제국은 코카서스에서 아랍 군대와 충돌했다. 어떤 노선을 선택했더라도 비잔티움으로 가려는 호라즘과 소그드 상인들은 예전부터 9, 10세기 국제 교역의 진정한 허브였던 하자르 제국을 반드시 가로질러 갔을 것이다. 그렇기에 하자르 사회 내에 중앙아시아에서 온 상업 세력이 존재했다고 추정할 수 있다. 물론, 입증할 일이 남아 있지만 말이다.

은 제품(식기, 주화) 확산에 대한 연구

하자르 제국 북쪽 측면의 볼가강과 우랄산맥 사이의 카마(Kama) 유역[190] ― 오랫동안 막대한 양의 고급 모피를 수출했던 지역이다 ― 에서 이란산(産) 또는 비잔티움산의 은 접시와 화병, 물병들이 무더기로 출토되었다. 동부의 은 접시는 7, 8세기에 이 일대에서 가장 유명한 내구재로 여겨졌다. 수많은 은 제품이 발견되었는데, 25년간의 진전으로 우랄산맥 서쪽의 삼림 지대에서 발견된 은 접시에 대한 대차대조표 ― 제품의 원산지에 따라 작성되었다 ― 를 그리기가 가능해졌다.[191]
8세기 말 이전 풍(風)의 중앙아시아산(産) 또는 이란산의 값비싼 접

---

190 (옮긴이) 우랄산맥과 시베리아를 연결하는 요충지에 위치해 있다.
191 이를 위해 Darkevič, 1976; Marschak, 1986; Lukonin and Trever, 1987; Noonan, 1985b, annex II에서 도출한 자료를 취합했다. 상세한 사항에 대해서는 de la Vaissière, 2000 참조.

시 82점 전부가 우랄산맥 서쪽 삼림 지대에서 발견되었다. 이들 82점의 접시 가운데 36점은 사산 왕조, 23점은 소그드, 10점은 호라즘, 8점은 튀르크 또는 소그드-튀르크의 것이며, 2점은 투하리스탄, 2점은 아프가니스탄이나 북서 인도, 1점은 카불리스탄(Kabulistan)의 것이다. 그러므로 46점의 접시가 중앙아시아의 교역 지대에서 기원한 것이다. 게다가 35점의 사산 왕조 접시 가운데 5점은 소그드어와 호라즘어로 쓰여진 글귀로 보아 소그드와 호라즘 상인의 소유였을 것이다. 도합해 이 82점의 접시 가운데 31점만이 중앙아시아 상인들의 손에서 벗어났던 것 같으며, 51점은 여정 중 어딘가에서 소그드인들이나 호라즘인들에 의해 거래되었다.

700년까지 제조된 접시들로 연구 분야를 제한한다면, 다음과 같은 결과를 얻을 수 있다. 전체 41점의 접시 가운데 27점은 사산 왕조, 6점은 호라즘, 4점은 소그드, 2점은 아프가니스탄 또는 북서 인도, 2점은 투하리스탄산(產)이다. 27점의 사산 왕조 접시 가운데 5점에는 중앙아시아어로 글귀가 새겨져 있다. 아마도 22점과는 달리 19점의 접시가 중앙아시아 상인들의 상점을 거쳤을 것이다. 8세기에는 접시의 3/4(32점 대 9점)이 그러했다.

이와 같은 은 접시 연구는 그 자체로 중앙아시아 상인들이 북동 러시아 삼림 지대 방향의 교역에서 강한 영향력을 가졌음을 보여 준다. 적어도 카마에서 발견된, 700년 이전에 주조된 동부 접시 가운데 45퍼센트는 그들의 손을 거쳤으며, 이 비율은 8세기에 만들어진 접시의 경우 75퍼센트까지 증가한다[도판 VIII-2와 VIII-3 참조].

이와 같이 값비싼 상품은 더욱 멀리 이동했을 것이다. 스웨덴 연안의 섬 가운데 중세 초기 대규모 교역의 중심지였던 헬괴(Helgö)[192]의 한

---

192 (옮긴이) 스웨덴 스톡홀름 서쪽 멜라렌(Mälaren)섬에 위치한 곳으로, '성스러운 섬'이라는 뜻이다. 인도 불상을 비롯해 이집트의 콥트(그리스도교 일파)교도가 사용한 세례용 국자, 아일랜드의 주교 지팡이, 동로마 제국의 금화 등이 대량 출토되어 그리

주택 유적에서 작은 불상이 발견되었다. 고고학적 맥락에서 보면 약간 훼손된 상태이지만 인근에서 발견된 아랍 주화들은 742~833년까지 수년 동안 유통된 것으로 보인다. 처음에는 5세기 중국 투르키스탄에서 제작된 불상이라고 발표되었지만, 양식적으로는 7세기 카슈미르 모델에 더 가깝다.[193] 이 불상이 8세기나 9세기 초에 중앙아시아를 거쳐 왔다고 완전히 확신할 수는 없지만 그래도 이것이 가장 가능성 있는 경로로 보인다.

카마 유역에서 발견된 또 다른 고고학적 표지자인 은화는 사산 왕조 주화와 그것을 모방한 중앙아시아 주화 사이의 차이를 분명하게 명시한 최근의 작업 — 대부분의 은도금 제품을 재귀속시키는 데 도움이 되는 구별 과정이 화폐 연구 분야에서 계속되고 있다 — 덕분에 더 잘 활용되고 있다.[194]

결과는 유익하다. 71점의 사산 왕조 또는 중앙아시아 주화 가운데[195] 호라즘 주화 6점, 사산 왕조 드라크마를 흉내 낸 부하라 주화 4점, 중앙아시아의 드라크마를 흉내 낸, 아마도 중앙아시아의 것으로 보이는 모조품 9점이 있으며, 마지막 한 점의 사산 왕조 드라크마에는 부하라의 인장(tamga)이 새겨져 있다. 모두 합쳐 최소한 20점의 주화, 즉 28퍼센트가 중앙아시아 — 그곳에서 생산되었든(호라즘 주화와 사산 왕조 주화의 모조품) 그 지역을 거쳐 왔든(겹쳐찍은 부하라 주화) 간에 — 에서 온 것이었다. 다른 주화가 택한 경로는 알려져 있지 않지만, 사산 제국이 매우 가까웠음에도 불구하고 코카서스 북쪽을 주화들이 경유했다는 증거는 없다. 그곳에서 발견된 사산 왕조 주화는 매우 드물다.[195]

스도교 이전 이교(異教) 문화와 무역 거래의 주요 도시였음을 알 수 있다.
193 스칸디나비아 동부 수입품에 대한 개관은 Zav'jalov, 1995; Jansson, 1988 참조.
194 Goldina and Nikitin, 1997.
195 총 78점의 주화 가운데 2점은 비잔티움, 2점은 아랍-사산 왕조, 1점는 우마이야, 2점은 아바스 주화이다.

사산 왕조 주화 표지(標識) 연구로는 제국의 경제 중심지까지는 아니라 하더라도 정확한 지역과 주화들을 연계할 수 없다.[197] 역으로 소그디아나는 에프탈족에 맞선 페로즈의 패배(484) 이후, 특히 공물과 연계된 수많은 사산 왕조 주화 — 카마의 발견물 가운데 상당한 부분을 차지하고 있는 주화들(10점의 주화와 4점의 모조품) — 를 제공한다.[198]

좋지 않은 품질의,[199] 그리고 상대적으로 중앙아시아에서조차 드문[200] 호라즘 및 소그드 주화가 사산 왕조 주화와 섞여 있었는데, 이는 통상 방향을 잘 보여 준다. 호라즘 주화에 대한 다른 발견도 자료에 추가할 수 있다.[201]

이들 주화 — 그 가운데 대다수가 구멍이 나 있었기 때문에 보석으로도 기능했다 — 와 은도금 제품들은 대규모 교역에서 거래되던 상품이었다. 이들 물건에 새겨진 글귀들은 상인들의 솜씨였다. 은(銀)은 카

---

196 Noonan, 1982b, p. 272.
197 8점의 주화와 4점의 모조품이 출토된 수사(Susa) 지역에 해당되는 에란-크와라-샤브흐르(Ērān-xvarrah-Shabuhr) 공방의 강력한 영향력에 주목하라. 그러나 메르브(2점), 아물(Āmul, 2점), 사카스탄(Sakastan/Seistan, 2점)처럼 아주 먼 지역에서 온 주화들도 발견된다. 대체로 표본의 산발적인 성격이 지배적이다. 또한 아제르바이잔(Ādurbādagān/Azerbaidjān)이 단 한 점의 주화에 의해 대표되었음에도 주목하라. 사산 왕조 주화들이 주조된 장소들을 확인하기 위해서는 Göbl, 1971; Gyselen, 1979; Nikitin, 1995 참조. 위치에 대해서는 Gyselen, 1989의 지도 참조. Nikitin, 1995이 쓴 논문은 사산 왕조의 주화를 흉내 낸 코카서스의 모조품이 매우 다른 형태임을 특별히 보여 준다.
198 Livšic and Lukonin, 1964, p. 175. 소그디아나에서 출토된 부가 각인(countermark)된 페로즈의 다른 주화들 — 출처는 명시되지 않은 채 에르미타주 박물관에 보존되어 있다 — 의 존재에 주목하라.
199 Vajnberg, 1977, table XIV. 아즈카츠바르 2세(Azkatsvar II)의 최신 호라즘 주화들의 무게는 대략 2.4그램과 1.7그램 사이이다.
200 Noonan, 1985b, p. 245. Vajnberg, 1997은 1,417점과 500개 파편만을 목록으로 작성했다.
201 Mažitov, 1990, pp. 261~66; Muxamadiev, 1990, pp. 37~38; Tolstov, 1938, p. 121. 아울러 좀 더 상세한 것은 de la Vaissière, 2000 참조.

마 지역에서 아마도 부(富)의 외적 표지(標識)이거나 종교적 중요성을 띠고 있었던 것 같은데, 수요가 생기면서 상품이 유통되었다. 그렇지 않았다면 유럽 쪽 러시아[동유럽 지역] 북동부에 제품이 집중되어 있는 현상을 결코 설명할 수 없다. 지금 우리가 다루고 있는 것은 소규모로 물물교환이 이루어지는 단순한 보급 문제가 아니다. 또한 중앙아시아 상인들이 저 멀리 카마까지 여행했는지를 확인하는 문제가 아님도 확실하다. 이도 그럴듯해 보이지만, 북부의 다른 민족이 중앙아시아와 모피를 생산하는 지역을 연결하는 무역로를 따라 이루어지던 운송을 어느 순간에 중앙아시아인들로부터 인계받았을지도 모른다. 그럼에도 불구하고 주화와 은 접시들은 중앙아시아 상인들이 이 교역에 참여했음을 보여 준다.

수출된 이들 은 접시와 주화는 무엇과 교환되었을까? 9, 10세기에 이 일대는 이슬람 문헌들에서 모피와 꿀, 호박, 노예의 수출지로 묘사된다. 이 또한 과거에는 사실이었던 것으로 추정된다. 적어도 모피에 대해서는 자료가 확실하다. 『후한서』(後漢書)에 따르면, 이들 지역은 기원후 2세기에 이미 모피로 공물을 바치고 있었다.

> 엄채(奄蔡) 북쪽에 있는 엄국(嚴國)은 강거의 속국이다. 그곳은 담비 가죽을 생산해 강거에 공물로 바쳤다.[202]

이들 상품 가운데 호박만이 (비록 드물지만) 중앙아시아에 보존되어

---

202 Trans. Chavannes, 1907, p. 195, 『後漢書』 卷 88, 西域傳, 嚴國, p. 2922. 고고학적으로 삼림 지역에 모피 동물의 뼈가 광범위하게 존재하고(Kazanski, 1992, p. 95) 먼 지역(중부 유럽, 드네프르강 유역)에서 온 다른 물건들이 2세기부터 5세기까지, 즉 카마 지역에 동부의 물건들이 도달하기 전까지 삼림 지역에 집중되어 있다는 사실에 유념해야 한다(Kazanski, 1992, pp. 90~91, 111, 114). 이슬람 세계에서의 모피 교역에 대해서는 Lombard, 1969 참조. 비잔티움 세계에 대해서는 Howard-Johnston, 1998 참조.

있다. 최근의 분석은 소그디아나와 호라즘이 의심할 여지 없이 당시 발트해 호박이 유통되는 독점적인 영역에 속했음을 보여 준다.²⁰³ 그것은 확실히 소그드인들에 의해 거래되었다. 예를 들어 사마르칸트와 판지켄트에 있는 '사원 II'의 보물창고 안에서 발견되었지만, 일본 나라(奈良)²⁰⁴의 정창원(正倉院, Shoshoin) 보물창고에서도 — 각각의 경우 8세기의 것으로 추정된다 — 나왔다. 동아시아와의 교류에서 소그드인들이 명백한 우위를 차지하고 있었다는 사실은 호박을 일본으로 보급한 이들이 소그드인이었을 것으로 추정케 한다. 호박은 중앙아시아에서 세공되었을 수도 있다. 왜냐하면 작은 명판 형태로 발견되기도 하기 때문이다.²⁰⁵

하자르 제국에서

하자르 제국 내에서 발견된 값비싼 접시의 밀도가 낮아서 유효한 통계의 사용도 까다로워졌다. 제국 내에 위치한 6곳 — 다게스탄, 그로즈니(Groznyj), 아조프, 리마로프카(Limarovka), 파블로프카(Pavlovka), 페레셰체피노(Pereščepino) — 의 매장품(埋藏品) 가운데 4곳이 중앙아시아에서 기원하거나 중앙아시아 상인들의 손을 거친 물건들이 일부 또는 전부를 구성하고 있음을 기억하자. 예를 들어 아조프해(돈강 어귀)의 매장품 중에는 8세기 당시의 소그드 항아리가 있고, 다게스탄에서는 7세기의 호라즘 은잔이 발견되었다. 아조프해 북쪽으로 대략 100킬로미터 떨어진 리마로프카에서 발견된 사산 왕조 은(銀) 화병에는 소그드 명문이 새겨져 있다.²⁰⁵ 마지막으로 페레셰체피노에 있는 불가리아

---

203   Bubnova and Polovnikova, 1986, 1991, 1997 참조.
204   이 정보를 준 마르샤크에게 매우 감사하는 바이다. 분석에 따르면, 이 호박은 버마산(産)이 아니라 발트해산이다.
205   Mrs. Bubnova, 1997년 8월 판지켄트 심포지엄에 제출된 논문.

왕 쿠브라트(Kuvrat, 606~665, 재위 632?~665)의 무덤에서는 사산 왕조의 금 접시와 7세기의 소그드-튀르크 접시, 소그드 명문이 새겨진 가운데 샤푸르 2세를 묘사한 접시가 발견되었다. 이는 중앙아시아의 상업적 우위를 확인해 준다. 이들 물건의 존재나 새겨진 명문은 하자르가 코카서스를 약탈했다는 사실만으로는 설명할 수 없기 때문이다.

급변하는 발굴 상황에 노출되어 있는 다른 물건도 9세기 초반 중앙아시아와 하자르 제국 사이의 상업적 연계를 보여 준다. 이 하자르 요새의 초창기(830년경) 지층이 발견된 사르켈(Sarkel)에서 발굴가들은 당시 사마르칸트에서 생산된 종잇조각을 발견하는 한편, 7세기 소그드의 체스 말도 발견했다. 제티-아사르(시르다리야강의 삼각주)산(産) 도자기들도 그곳에서 출토되었다.[207] 838년(최신 동전의 주조 날짜)이 조금 지나 매장된 돈강의 데비차(Devitsa) 매장품 중에서는 사마르칸트와 좀 더 개괄적으로 트란스옥시아나에서 주조된 높은 함량의 주화들이 나왔다. 최신, 즉 830년 이후 주조된 주화 가운데 중앙아시아와 동부 이란산(産)이 전체의 90퍼센트를 차지한다.[208] 그것들은 카마 지역에서 더 북쪽으로 떨어진 곳에서 발견된 매장품 — 이 자체가 코카서스 너머 지역과 이라크와의 연계를 입증한다 — 과는 근원적으로 달랐다.[209]

불운하게도 볼가강과 코카서스 사이에 위치한 제국의 중앙 지역에 대한 정보는 분산되어 있지만, 상업적 관점에서 이 방대한 공간이 외국 출신 상인들에 의해 통제된 것은 확실하다. 나는 어딘가 다른 곳에서 이용 가능한 하자르인 관련 문헌이 제대로 된 의미의 하자르 대교역이라는 가설을 배제함을 보여 준 바 있다.[209]

---

206 Darkevič, 1976, pp. 56, 145. Lukonin and Trever, 1987, p. 127 and no 19, pp. 112~13; Marschak, 1986, pp. 325~29; Maršak, 1996.
207 Pletneva, 1996, pp. 12, 43~44.
208 Noonan, 1982a.
209 이 책의 제10장 424~25쪽 참조.

앞에서 언급한 노선들은 중앙아시아 상인들이 하자르 제국의 변두리를 따라가도록 만든 만큼이나 제국 중심부도 지나가도록 만들었다. 따라서 하자르인들은 팽창주의적 정책과 비잔티움을 비롯한 사산 왕조 영토의 약탈, 제국 북쪽에 있는 사람들의 복종 덕분에 막대한 부를 손에 넣었지만 동시에 자국 영토에 지대한 영향을 끼치는 외국 상인들도 두고 있었다. 이들 상인은 아마도 자신들의 최고 전문 분야인 대규모 교역 체계 안에서 동부와 북부의 희귀한 물자와 이들 상품을 교환하는 일을 책임졌을 것이다.

이러한 해석은 비잔티움의 접시 두 점이 제공하는 지표에 의해서도 확증된다. 하나는 소그드 서체를 변형한 부하라 문자로 쓰인 명문이 적힌 6세기의 것이며, 다른 하나는 호라즘 명문이 적힌 7세기의 것이다.[211] 일반적으로 해석되듯이, 이들 명문은 비잔티움 – 중앙아시아 – 카마 노선이 아니라 남부 러시아와 카스피해 스텝 지대에 있던 소그드와 호라즘 상인들의 존재와 관련이 있다. 이 가정 덕분에 우리는 이들 물건을 위한 과도한 우회로를 생각하지 않아도 된다. 마찬가지로 유사한 명문들이 적힌 사산 왕조 접시도 하자르 제국의 소그드인들이나 호라즘인들의 손에 있었을지도 모른다.

이와 같은 상황은 어쩌면 앞 장에서 언급한 튀르크 제국에서의 분업으로까지 거슬러 올라갈 수도 있다. 571년 수호자 메난드로스가 묘사한 서쪽 지역과의 소그드 대교역은 튀르크 제국이 몰락한 이후에도 지속되었다. 소그디아나와 호라즘은 당시 대립이 두드러졌던 지역인 코카서스보다 유목민들과 정주민들 사이의 접촉과 융합이 훨씬 더 많이 이루어졌다. 동서 교역은 튀르크 부족들과 하자르인들 가운데 상인들이 영구적으로 정착하도록 만들었다. 이들 상인은 카마의 모피 및 다른 생

---

210 de la Vaissière, 2000.
211 Livšic and Lukonin, 1964, pp. 165~66; Noonan, 1982b, p. 289.

산품을 소그디아나산(産)이거나 사산 왕조 붕괴 이후에는 아랍 정복자들로부터 구입한 은 제품으로 교환하는 데 있어 최적의 위치에 있었다.

4. 호라즘과 소그드인들

앞선 논의에서 나는 호라즘인들과 소그드인들을 구별하지 않았다. 중앙아시아인 가운데 그들은 모두 서부 스텝 지대의 교역을 지배하는 위치에 있었다. 게다가 호라즘인들은 좀 더 서쪽에 자리 잡은 덕분에 지리적 이점도 누렸다.

호라즘의 대교역

호라즘인들이 스텝 지대를 경유하는 장거리 교역에 종사했음은 확실하다. 앞에서 인용한 시라크의 아나니아스의 글은 이러한 사실을 입증해 준다. 그가 소그드인들보다 더 많이 언급한 이들이 호라즘 상인들이다. 570년 콜리아타이(Kholiatai) ― 호라즘인 ― 의 왕만이 메난드로스가 묘사한 첫 사절이 파견될 당시, 콘스탄티노폴리스로 되돌아가는 비잔티움 대사들 및 소그드인들과 동행할 권한이 있었다.[212] 그들은 여행을 떠날 때 그리고 돌아올 때 모두 호라즘을 거쳤다. 그들의 정치적 연계성 때문에 주도적인 역할을 했던 소그드인들과 이득이 남는 이와 같은 상업적 교환에 참여함으로써 상황을 최대한 이용했던 호라즘인들 사이에는 협력이 이루어졌던 것 같다. 이후 8세기에 하자르와 호라즘 사이의 교류는 두 나라가 서로 국경을 맞대면서 한층 중요해졌다. 그 뒤 호라즘인들은 하자르 제국에서 큰 역할을 맡았다. 여기서 활용한 주

---

212   Ed. and trans. Blockley, 1985, fr. 10.4, pp. 124~25.

요 출처는 어떻게 아르시야(Arsiyya)가 골칫거리 때문에 7세기 또는 8세기에 호라즘 인근을 떠나 하자르 왕을 위해 일하게 되었는지를 설명한 알-마수디(al-Mas'ūdī, 896~956)[213]이다. 그들은 엘리트 부대를 구성했고 왕의 대신으로 일했다.[214] 아랄해 주변을 서쪽으로 도는 아무다리야 강 삼각주에 있는 주요 호라즘 중심지에서 하자르 스텝 지대로 이어지는 우스트-유르트 노선은 뒤늦게 대상 숙소 네트워크를 갖추었다.[215]

『신당서』(新唐書)에서는 호라즘에 대해 다음과 같이 언급한다.

화심(火尋) 땅은 화리습이(貨利習彌/하리즘[Khārizm]) 또는 과리(過利)라고도 불린다. 그곳은 조호(鳥滸/옥수스강) 북쪽에 있다. 남동쪽으로 600리 떨어진 곳에 술지(戌地)가 있다. 남서쪽으로는 파사(波斯/페르시아)와 경계를 이룬다. 북서쪽으로는 돌궐갈살(突厥曷薩/하자르 튀르크)에 접해 있다. 그곳은 강거(康居)에게 [의존하고 있는] 소왕인 오건(奧鞬) 도시의 옛 영토이다. 이 땅의 왕은 급다구차(急多颶遮)라는 도시를 수도로 삼았다. 모든 호인 가운데 이 민족이 소를 짐마차에 맨 유일한 사람들이다. 상인들은 다양한 왕국을 여행하기 위해 [이 탈것을] 이용한다. 천보(天寶) 10년(751)에 이 땅의 군주 초시분(稍施芬, Shaoshifan)은 조정에 경의를 표하고 흑염(black salt)을 바치기 위해 사절을 보냈다.[216]

---

213 (옮긴이) '아랍의 헤로도토스'로 일컬어지는 아랍의 여행가이자 역사가로, 아랍인으로는 처음으로 역사와 지리학을 결합해 대작 『황금 초원과 보석 광산에 대한 서(書)』(Kitāb Murūj al-Dhahab wa-Ma'ādin al-Jawhar)를 남겼다. 그가 여행한 지역은 시리아, 이란, 아르메니아, 카스피 해안, 인더스 유역, 실론, 오만, 아프리카 동부 해안, 그리고 마다가스카르까지였다.
214 Trans. Pellat, 1962, I, p. 162, § 450.
215 이 네트워크에 대한 연구는 Manylov, 1982 참조.
216 Chavannes, 1903, pp. 145~46, 『新唐書』 卷 221, p. 6247 and Schafer, 1963, p. 217.

하지만 중국은 호라즘인들이 소를 이용해 짐마차를 사용했다는 사실 말고는 호라즘과 그들의 교역[217]에 대해 아는 바가 거의 없었다. 호라즘 교역은 의심할 여지 없이 서부 스텝 지대에서 중요했다. 하지만 소그드 교역의 동쪽 네트워크에 상응할 만한 것을 갖추지는 못했다.

소그드 교역 분야에서

늦어도 8세기부터 소그드 교역 분야에 호라즘이 포함되었을 가능성을 추정하도록 만드는 요소가 있다.

가장 분명한 지표는 통화(通貨)이다. (앞에서 751년 초시분[稍施芬]이라는 이름으로 『신당서』에 인용된) 사와슈판(Sāwašfan, Shaoshifan)의 통치기에, 그리고 8세기 후반 내내 호라즘어와 소그드어가 함께 주화에 상용된 것이 관찰된다.[218] 8세기 말 아랍어가 종종 추가되어 세 개의 언어가 같이 상용되곤 했다.[219] 소그드 명문들은 은화에서만 보이고[220] 같은 왕에 의해 발행되던 청동 동전에서는 보이지 않는다. 그러므로 이중 언어가 상용된 동전들은 오로지 중요한 거래, 특히 국제 교역을 위해 고안된 것이다. 뿐만 아니라 소그드 알파벳의 차용을 설명할 만한 정치적 이유도 없다. 이와 같은 화폐적 범례는 그것을 유통시킨 상인들의 정체를 짐작게 한다. 소그드인들은 8세기 중반 호라즘에서 국제 교역을 장악했으며, 이는 최소한 반세기 동안 지속되었다.[221]

---

217 Schafer, 1963에서 언급한 호라즘에 대한 내용은 거의 대부분 이슬람 자료에서 인용한 것이다. 사실, 사슴 가죽과 석청(얼음사탕), 흑염(?)만이 중국 자료에 실려 있다.
218 Vajnberg, 1977, pp. 81, 152~54, 159~61의 분류에서 Types G-V와 G-VI.
219 Vajnberg, 1977, p. 161, no. 1167.
220 딱 한번의 예외가 있는데, 이는 모조품으로 보인다. Vajnberg, 1977, p. 154, no. 1060.
221 고고학적 자료를 기초로 이웃과 호라즘 사이의 관계를 최근 간략하게 개관한 Vajnberg, 1991 참조.

8세기에 그리스도교가 호라즘에서 확립되었다. 토칼라(Tokkala)에서 멀지 않은 미즈다칸(Mizdaxkan)에서 발견된, 7세기 말 또는 8세기 전반기부터 십자가를 전시한 납골당이 알려져 있다.[222] 이 그리스도교는 소그드인에게서 유래했다. 베네치아에서 성(聖) 키릴로스는 그리스도교 전례용 언어들을 적은 긴 목록에서 소그드어는 언급했지만 호라즘어는 거론하지 않았다. 또한 호라즘에서는 멜키트 신도가 14세기까지 전례용 언어로 소그드어를 사용했는데, 그들은 '솔다인'(Soldains)이라고 불렸다고 한다.[223] 마지막으로 그리스도교 교회가 전파된 이들 중앙아시아 중심지는 8세기 이래 소그디아나에 위치했다. 멜키트 교회의 총주교는 762년 또는 766년부터 타슈켄트에, 네스토리우스교 수석 대주교는 늦어도 728년경이면 사마르칸트에 주재했다.[224] 이처럼 그리스도교 문헌들은 호라즘에서 성장하던 소그드인들의 패권을 개별적으로 확인해 준다.

튀르크 제국에서 우세했던 소그드적 환경은 소그드 상인들에게 서부 스텝 지대의 노선을 열어주었다. 하지만 이 초기 단계를 빠르게 뛰어넘은 소그드인들은 곧 방대한 교환망을 조직했다. 소그디아의 설립, 시라크의 아나니아스의 『지리학』에 등장하는 그들에 대한 언급, 소그디아나에서 생산되었거나 소그디아나를 경유해 북부 삼림 지대로 운송된 은 접시의 발굴은 바로 이러한 사실을 보여 준다. 이 지역에서 확실히 큰 역할을 했다고 할 수 있는 유일한 경쟁자는 호라즘인들 —『신당

---

[222] Grenet, 1984, pp. 141~47.

[223] 역사학자 헤튬(Het'um)이 1307년 자신의 저서 『동방 역사의 꽃』(*Flower of the Histories of the Land of the Orient*)에 인용. Pelliot, 1973, p. 117의 본문 참조. 그에 따르면, "호라즘의 이 솔다인 그리스도교도들은 자신들의 언어와 글을 가지고 있는데, 소그드어를 쓰는 그리스도교도들이 바로 이들이다." 호라즘 멜키트 신도에게 끼친 서역의 영향에 대해서는 Tolstov, 1946 참조.

[224] Pelliot, 1973, pp. 11, 119~20.

서』(新唐書)에서뿐만 아니라 아나니아스도 그들을 인용했다 ─ 이다. 그러나 지리적 장애를 극복하고 경쟁자를 무릎 꿇게 할 수 있었던 초기의 외교적 성공 덕분에 소그드인들은 우위를 차지할 수 있었다. 아울러 튀르크 및 중국의 부의 원천과 접촉할 수 있는 특권을 누린 그들은 더욱 강력해졌으며, 이는 필연적으로 8세기에 소그드 교역 영역으로 호라즘이 합류하는 것으로 귀결되었다. 소그드 교역의 서쪽 부분은 확실히 가장 늦게 자리 잡았다. 그것은 소그디아나가 반세기 동안 이슬람군의 지배 아래 있는 사이에 정점에 이르렀다.

제4부

네트워크의 해체

(700~1000년)

도입

　대규모 소그드 교역의 정치적 차원이 단순한 사치품 교역과는 비교할 수 없는 역할을 부여했다. 그러나 이와 같은 정치적 차원은 힘을 실어주기도 했지만 동시에 취약함의 원인이 되기도 했다. 8세기 전반기에 군사력의 균형이 수십 년에 걸쳐 아랍의 중앙아시아 정복과 티베트 및 위구르의 팽창, 중국의 후퇴로 인해 붕괴했다. 새로운 시대는 소그드 상인들에게 재앙이 될 터였다. 또한 우리의 문서화 작업에도 파행을 초래했다. 이슬람 세계, 심지어는 소그디아나에서만큼이나 중국에서도 여러 문서가 발행되면서 대략 760년까지는 풍부한 자료를 활용할 수 있다. 반면, 760년 이후 거의 150년 동안은 관련 정보를 거의 찾을 수 없다. 10세기에 다시 정보는 풍부해졌으나, 지역적으로 이슬람 서부 투르키스탄에 대해 우리가 알고 있는 정보와 동부에 대한 주요 자료 출처인 투르판 및 돈황의 문헌을 연계하기가 힘들어졌다.

　향후의 분석은 이와 같은 문서적 맥락에서 정리했다. 아랍어 및 페르시아어 자료들을 활용한 제9장은 8세기를 다루는 가운데 9세기에 소그디아나가 이슬람 제국의 경제적·사회적 네트워크로 통합되었을 가능성을 살펴본다. 9세기의 문서적 공백 이후, 제10장은 소그디아나와 그 옛 상업 제국 사이의 연계성이 10세기에도 유지되었는지, 그리고 사만인들의 교역이 소그드 교역을 직접적으로 계승했는지를 탐구한다.

제9장
이슬람 세계의 소그드인들

 이슬람의 도래로 나의 분석 토대는 완전히 뒤집힌다. 8, 9세기에 소그드 사회는 모든 분야에서 중요한 발전을 경험했다. 이러한 변화에 대한 설명을 제공할 목적으로 쓰인 이슬람 아랍 자료들은 엄청나게 많다. 하지만 오늘날까지도 쓰이고 있는 중국 자료와 사업 문서가 소그드 팽창 지역에서 나왔던 반면, 이들 문서는 숫자는 많지만 소그드의 상업적 영향력이 약한 지역이라고 지적한 곳, 즉 이란에서 발행된 자료로 불현듯 대체된다. 이로써 관점이 지리적으로나 질적으로나 완전히 달라진다.
 이들 자료 가운데 가장 중요한 것은 아부 자파르 무함마드 이븐 자리르 알-타바리(Abū Jaʿfar Muḥammad ibn Jarīr al-Ṭabarī, 839~923)[1]의 『예언자와 왕들의 역사』(Taʾrīkh al-rusul wa al-mulūk)이다. 이는 만국사(萬國史)로 915년까지의 사건을 개괄한다. 이 저서는 이슬람 이전의 이란 역사뿐만 아니라 이슬람의 도래 및 팽창에 대한 주요 역사 자료이다. 중앙아시아에 대해 알-타바리는 전적으로 알-마다이니(al-Madāʾinī, 752~840?)에게 의존하고 있는데, 그는 호라산 정복과 그곳에서 특히 8세기 전반기에 연임한 총독들에 대한 여러 저작 — 전해지고

---

1 (옮긴이) 이슬람 초기 이란 출신 역사학자이자 『쿠란』 해설가로서, 아랍어에도 능통했다고 한다. 9~10세기 역사를 집대성한 『예언자와 왕들의 역사』가 대표작이다.

있지는 않다 — 의 저자이기도 하다.[2] 다른 자료들 또한 흥미로운 정보를 제공하는데, 특히 발라미(Balʿamī)가 페르시아어로 각색한 알-타바리의 『예언자와 왕들의 역사』가 그렇다.[3] 이 책은 오늘날까지 전해지면서 아랍 문헌에서는 사라진 이란과 중앙아시아에 대한 상세한 정보를 간간이 제공한다. 아랍 정복에 대한 또 다른 위대한 작품인 알-발라두리의 『국가 정복에 대한 서(書)』— 이는 독립적인 전승을 대표한다 — 를 언급할 필요가 있다.[4] 이들 저자는 알-발라두리(892년, 이슬람력 279년 사망)를 제외하고는 모두 10세기에 활약했다. 경제사, 좀 더 정확하게 소그드 교역사에 대한 자료는 매우 부족하다.

우리에게는 정말이지, 예를 들어 7~8세기 중국 투르키스탄에 대한 정보보다 8세기 중반 이후 이슬람 시기에 대한 정보가 더 부족하다.[5] 게다가 8세기 후반부터 9세기 내내 결코 메우기 힘든 커다란 공백이 기록 자료에 생겼다. 정복 시대 이후 위대한 역사서들은 중앙아시아에 흥미를 잃었으며, 방대한 필치로 정치적 전개 상황을 스케치하는 데 만족했다. 이븐 후르다드비흐(Ibn Khurdādhbih)나 야쿠비(Yaʿqūbī, ?~898?)[6] 같은 초기의 지리학자들도 9세기와 관련해 일부만 벌충한다. 이처럼 자료 부족에 직면한 가운데 역사 기술 — 호라산이나 트란스옥시아나는 특히 아바스 칼리프 제국의 창건과 발전에 있어 이들 지역이 담당한 군사적 역할 때문에 풍성하게 논했다 — 은 경제적 상황에 대해 극도로

---

2 이 저작은 아랍어 원문에 대한 언급 이후 라이덴(Leiden) 판본에 따라 쪽수에 이어 영어 번역본(dir. E. Yar-Shater)의 권수로 인용될 것이다.
3 헤르만 초텐베르크(Hermann Zotenberg)의 번역본이 여전히 유용하다고 생각하는 Daniel, 1990 참조.
4 Trans. Hitti and Murgotten. 발라두리는 아부 우바이다(Abū ʿUbayda)의 독립적인 전승을 대표한다.
5 이슬람 초기에 대한 자료 부족은 자주 강조되어 왔다. 예를 들어 Lewis, 1977 참조.
6 (옮긴이) 이슬람 초기 지리학자로, 인도·이집트·마그레브 등 다양한 지역을 여행했으며, 자연·인간·경제·지리뿐만 아니라 문화·역사·지형 정보도 책에 기록했다.

간략한 설명만으로 만족해야 했다. 교역 분야에서 과연 결과에 도달할 수 있을지조차 불확실하지만 온전히 마무리해야 할 일이 남아 있다. 이러한 상황에서 특정 민족의 상업적 역할에 대한 조사는 까다로운 문제이기에 우리가 쓸 수 있는 모든 수단을 동원할 필요가 있다.

각각의 조사 계획은 이전의 분석과 비슷하다. 침략과 그로 인한 무질서는 소그드 교역의 유연한 작동을 방해했을 수도 있다. 그렇기에 그것이 야기한 경제적 폐해를 평가하기 위해서는 정복 서사를 연구 대상으로 삼을 필요가 있다. 역으로 거대한 제국에 소그디아나가 편입되었기 때문에 당연히 이라크 방향으로 소그드 교역 노선이 팽창했을 가능성도 조사해야 한다.

그러나 아랍 이슬람 자료들의 특이성과 초기 교역 분야에 대한 극도의 자료 부족은 다른 각도에서의 공격도 고려하게 한다. 도시 반란에 대한 분석이든 엘리트 구성에 대한 것이든 간에, 도시 사회사는 확실히 아랍 자료에 가장 적합한 분야 가운데 하나이다. 제6장에서 보여 주었듯이, 상인들은 사회적 무리를 이루고 중요한 시장 가운데 하나를 형성한 소그드 도시 환경에서 큰 역할을 수행했다. 이에 나는 이와 같은 각도를 이용해 직접적인 접근이 불가능한 소그드 상인들이 가담한 환경에 대한 정보를 캐보고자 한다. 지방사와 관련한 자료들은 도시 엘리트 문제에 접근하기 위해 활용할 수 있다. 이처럼 혼합된 장르에는 (예를 들어 사마르칸트나 니샤푸르 같은) 문제의 도시에서 살았거나 자주 방문했던 수많은 종교 엘리트의 전기 작품들 —『역사』라는 이름 뒤에 숨겨진 채— 뿐만 아니라 10세기 나르샤키(Narshakhī, 899?~959)[7]가 집필한 『부하라의 역사』처럼[8] 우리가 이른바 도시사라고 부르는 것에 매우 가

---

7 (옮긴이) 부하라 오아시스 출신의 소그드인 학자로, 중앙아시아 최초의 역사가로 알려져 있다. 대표작인『부하라의 역사』는 아랍어로 작성되어 부하라에 대한 중요한 정보를 제공한다.

8 Riḍawī의 페르시아어 판, 1351(trans. Frye, 1954).

까운 글들도 포함된다.[9]

1. 8세기의 문제들

연대표

베두인 아랍 군대는 두 나라 모두 수십 년 동안 거의 끊임없이 계속된 전쟁으로 지쳐 있을 무렵, 비잔티움 때와 마찬가지로 사산 제국을 기습했다. 카디시야(Qādisiyya) 전투(637)[10] 및 네하웬트(Nehawend) 전투(642)[11] 이후 사산 왕조의 마지막 통치자 야즈드기르드 3세는 합동 작전에서 한번도 성공을 거두지 못한 채 이란의 동부 국경에서 항전해야만 했다. 이러한 항전도 메르브 인근에서 651년 그가 세상을 떠나면서 끝이 났다.

이후 이란에서는 아랍 군대의 여러 사령관의 손에 권력이 분산되고

---

9 *History of Nishapur*: Frye, 1965(복사본). 최신의 두 문서 목록이 실려 있다(Jaouiche, 1984). 사마르칸트에 대해서는 아랍어로 된 *Kitāb al-Qand*(ed. al-Fāryābī)와 페르시아어로 쓰인 『칸디야』(이 자료에 대해서는 유리 카레프[Yuri Karev]가 판본을 준비하고 있기는 하지만, 아직은 필사본과 러시아어 번역본[Vjatkin, 1906]만이 존재한다) 참조. 아랍어와 페르시아어 문헌 사이의 관계에 대한 의문은 Paul, 1993과 Weinberger, 1986 참조. 그들은 각각이 별개라는 결론을 내렸다. 다른 유사한 문헌도 여기저기에서 이용되었다. 특히 al-Khatīb al-Bagdādhī, *Topographical introduction to the History of Baghdad*(trans. Salmon, 1904); Sam'ānī, *Kītāb al-Ansāb*(Kamaliddinov의 도움으로), 1993이 있다.

10 (옮긴이) 정통 칼리파 휘하의 이슬람 군대와 사산 왕조 페르시아 군대의 결전으로, 이 전투에서 패배한 사산 왕조는 결정적인 타격을 받아 얼마 후 수도인 크테시폰과 이라크 일대를 무슬림들에게 내주었다.

11 (옮긴이) 이슬람 군대와 사산 왕조 페르시아 군대가 벌인 전투로, 이 결전에서 참패한 사산 왕조는 결국 몰락의 길을 걷게 되었으며, 이란이 이슬람화하는 역사적 전환점이 되었다.

지역화되는 시기가 이어졌다. 우마이야의 다마스쿠스 칼리프들은 최선을 다해 그들을 통제하려 애썼다. 소그디아나에 대한 아랍인들의 첫 급습은 의심할 여지 없이 654년에 이미 일어났지만,[12] 아랍 총독이 트란스옥시아나에서 군대와 함께 겨울을 난 것은 681년이 되고 나서였다. 그전에는 몇몇 제한적인 약탈 공격이 있었을 뿐이었다. 칼리프 제국을 분열시킨 문제들이 30년 정도 소그디아나의 정복을 지체시켰으며, 사산 왕조의 왕위를 노리는 여러 사람이 비록 성공은 못했지만 동부 이란에서 세력을 구축하기 위해 이러한 시대적 상황에 편승하고자 했다.

소그디아나와 호라즘, 차츠 및 페르가나와 같이 먼 곳의 영토까지 쿠타이바 이븐 무슬림(Qutayba Ibn Muslim, ?~715)[13]이 705~715년에 정복했다. 사마르칸트는 712년 속임수를 써서 탈취했다. 그 후 아랍 총독들은 자신들의 성과를 공고히 하고 튀르게슈 튀르크족(Türgesh Türks) — 아랍군은 이들의 손에 지역 전체를 잃었고 심지어 옥수스강을 넘어 박트리아까지 전쟁이 확장되었다 — 과 연합한 소그드 귀족들의 반격에 맞서는 데만 30년이 넘게 걸렸다. 우마이야의 마지막 총독인 나스르 이븐 사야르(Naṣr Ibn Sayyār, 663~748)[14] 치하에서 최전선이, 더 북쪽에 있는 나라들의 명목상 항복으로 결국 사마르칸트와 우스트루샤나 사이에서 안정되었다.

---

12 『新唐書』卷 221下, 西域傳下, 米, pp. 6247ff.(trans. Chavannes, p. 144). "미(米)나라는 미말(彌末) 또는 미말하(彌抹賀)라고도 불렀다. …… 왕은 발식덕(鉢息德)이라는 도시를 수도로 삼았다. …… 영휘(永徽) 연간(650~655)에 그는 대식(大食/아랍인들)에게 패배했다." 그는 발흐를 정복하고 나서 호라즘에 맞선 침략을 선도했는데, 그 후 소그디아나에서 발생한 알-아흐나프(al-Aḥnaf)의 급습이 발라두리(trans. Murgotten, p. 167)에 의해 언급되었다.

13 (옮긴이) 칼리프 아브드 알 말리크와 아브드 알 왈리드 1세 때 아프가니스탄과 중앙아시아 일대를 정복해 우마이야 왕조의 전성기를 이끈 장군이다.

14 (옮긴이) 738~748년 호라산의 우마이야 왕조 마지막 총독을 지냈으며, 임기 동안 트란스옥시아나에 대한 우마이야 왕조의 지배를 공고히 했다. 그러나 내전과 아바스 혁명으로 자리에서 쫓겨나 페르시아로 피신해 그곳에서 세상을 떠났다.

메르브에서 시작된 아바스 혁명은 새로운 왕조와 함께 수많은 이란인에게 권력을 부여했지만, 트란스옥시아나에는 미미한 영향을 끼쳤을 뿐이다. 그럼에도 불구하고 왕실의 주요 투사였던 아부 무슬림(Abū Muslim)은 반란 귀족의 일부를 학살하고 관저를 사마르칸트 위쪽에 건설함으로써 훗날 소그디아나에서 자신의 권력을 확고히 했다.[15] 755년부터 중국에서 일어난 안녹산의 난으로 1,000년 동안 지속되었던 중국의 영향력이 종식되자 튀르크와 소그드, 아랍 군대는 서로를 마주하게 되었다. 중국의 퇴각 원인으로 개론서에서 종종 언급되곤 하는, 중국과 아랍 사이의 751년 탈라스 전투는 결코 이러한 역할을 한 적이 없다. 패배로 중국인들은 비통했겠지만, 2년 후 그들은 이 일대로 복귀했다. 8세기 후반에 전개된 여러 복합적인 반란 — 시아파와 조로아스터교 사이의 중도 입장의 — 이 입증하듯이, 이슬람화가 소그디아나 남쪽(케시, 부하라)에서만큼이나 호라산 북쪽에서도 진전되었다.

사마르칸트에서 806년 발생한 라피 이븐 라이스(Rāfi' Ibn Layth)[16]의 반란 — 처음에는 재정 문제에서 시작되었지만 소그디아나 전체를 화염에 휩싸이게 한 반란은 알-마문(al-Ma'mūn, 재위 813~833)[17] 치세 때 메르브에서 어렵게 진압되었다 — 은 소그디아나의 이슬람 제국으로의 동화가 극단적으로 느렸음을 보여 준다. 소그드 귀족들은 하룬 알-라시드(Hārūn al-Rashīd, 재위 785~809)[18]의 아들인 알-마문이 동생에

---

15 Karev, 2000.
16 (옮긴이) 나스르 이븐 사야르의 손자로, 806~809년에 걸쳐 아바스 왕조에 맞서 대규모 반란을 일으켰다.
17 (옮긴이) 아바스 왕조 제7대 칼리프로, 아버지 하룬 알-라시드와 함께 왕조의 황금기를 이끌었다. 수도 바그다드에 '지혜의 집'을 세워 당대 최대의 도서관과 학술 연구 기관을 운영해 학문 발전에 힘쓰기도 했다.
18 (옮긴이) 아바스 왕조 제5대 칼리프로, 제국 초창기부터 막강한 권력을 행사하던 바르마크 가문을 누르고 칼리프권을 강화했다. 학자와 문인을 우대하는 등 문화 부흥 정책을 펼쳐 그의 치세에 이슬람 문화가 크게 발전해 아바스 왕조 최고의 황금기를

맞서 바그다드에서 확실히 자리를 잡은 이후, 그의 군대 조직의 중요한 일부를 형성했다. 하지만 이러한 역할에서 그들은 빠르게 튀르크인들로 대체되었다. 이들 튀르크인은 서서히 북쪽으로 물러나 종국에는 차츠와 페르가나까지 아우르게 된 최전방에서 구입해 온 이들이었다.

타히르 왕조[19]의 지배 아래 있던 니샤푸르의 준(準)독립적인 총독과 사만인들, 그리고 819년부터 사마르칸트를 통치했던 테르메즈 지역의 소귀족들은 조심스럽게 상승세를 타기 시작했으며, 이스마일 이븐 아흐마드(Isma'il Ibn Aḥmad, 재위 892~907)[20]의 강인한 성격 덕에 874년부터는 실질적으로 완전히 독립하기에 이르렀다. 그는 892년 수도를 부하라로 옮겼고 모든 이란 동부와 트란스옥시아나를 장악했다. 사만 왕조의 황금기인 10세기 전반기에 이 지역은 확실히 이슬람 세계에서 가장 번영한 곳이었다. 적어도 이것은 그곳을 여행했던 아랍 지리학자들의 감탄 섞인 증언을 통해서도 암시된다. 역으로 10세기 후반에는 통치자들의 튀르크 근위대가 한층 깊이 개입한 왕실 다툼으로 상황이 어려워졌다. 왕조는 999년 카라한인들에게 쓰러졌다. 카라한 왕조는 톈산 양쪽에 제국을 재건설했고, 사만 국경 너머의 튀르크 민족들 사이에서 10세기에 발생한 광범위한 이슬람화 운동의 최고 대변자가 되었다.[21]

여기서 우리는 아랍 정복 이후 소그디아나의 정치적 진보의 주요 특

구가했다.

19 (옮긴이) 호라산 지역에 세워진 이슬람 왕조로, 821년부터 873년까지 존속했다. 바그다드의 아바스 왕조에 명목상 충성을 맹세했지만 사실상 독립을 누렸다. 타히르의 후계자들은 후대에 영토를 인도 접경까지 확장하기도 했다.
20 (옮긴이) 조로아스터교에서 이슬람교로 개종한 사만 호다의 자손이며, 중앙아시아 타지크족의 선조로, 사만 왕조의 지배자(아미르)였다. 수도로 삼은 부하라가 이슬람 세력권 내에서 가장 영광스러운 도시로 평가받을 만큼 정성을 쏟았는데, 이는 자연스레 학자와 문인이 모여들게 했다. 페르시아어로 번역된 최초의 『쿠란』도 이때 완성되었다.
21 카라한인들에 대해서는 Études Karakhanides, 2001에 수합한 기고글 참조.

징을 대략적으로나마 알 수 있다. 이러한 특징은 그 하나하나가 오랜 역사학계의 논쟁 대상이다. 하지만 여기서 그것을 설명하는 것은 이 책의 목적에서 벗어난다. 왜냐하면 이 책에서 나의 주요 관심사는 경제적 발전이기 때문이다.[22]

지리학적 용어가 아랍 정복과 함께 나란히 발달했다. 제한적인 의미로 호라산은 옥수스강 아래 옛 사산 제국의 북동부 지역에 상응했지만, 이슬람 시대에는 넓은 의미에서 때로는 옥수스강 너머 이슬람의 모든 지역 — 이 가운데는 소그디아나와 호라즘도 있다 — 을 포괄하기도 했다. 이슬람 자료에서 이들 지역은 트란스옥시아나(Māwarā'a al-Nahr, '강 너머의 땅')로 불린다. 이 용어는 제한적인 의미(자라프샨의 중부 계곡과 카슈카 다리야에서 고대 소그디아나뿐만 아니라 옛 박트리아 북부(히사르 산맥과 남쪽의 옥수스강 사이)와 더불어 더 북쪽 지역들(우스투르샤나, 차츠, 페르가나, 심지어 세미레체)도 포함한다. 따라서 옛 박트리아 북부 지역과 호라즘, 페르가나를 빼고 아랍어로 '마 와라아 알-나흐르'(Māwarā'a al-Nahr)는 현장(玄奘)이 넓은 의미에서 이식쿨에서 케시까지를 아울러 소그디아나(窣利)라고 불렀던 지역과 꼭 들어맞는다. 반대로 아랍 자료에서 소그디아나의 의미는 꾸준히 사마르칸트 서쪽에 위치한 농업 지구로 제한되었다.

정복에 대한 다양한 설명은 경제사에 적합한 자료는 아니다.[23] 그럼에도 불구하고 그 자료로부터 일정 정도의 교역 정보를 얻을 수 있다. 그것은 이들 지역에 대한 중요하면서도 주로 소비에트에서 이루어진 고

---

22 Gibb, 1923뿐만 아니라 핵심을 찌르는 Barthold, 1900(1968)의 글도 참조. 8세기에 대해서는 Karev, 2000 참조. 최근 논의되었던 문제는 이론의 여지 없이 아바스 혁명을 대체로 아랍 혁명으로 잘못 생각하게 만든 Shaban, 1970의 책에 이어 아바스 혁명에서 페르시아인들이 수행한 역할에 대한 것이다. Daniel, 1979; Kennedy, 1981; Sharon, 1983; Daniel, 1997; Agha, 1999; Pourshariati, 1998 참조.
23 중세 초의 동부 경제사를 명료하게 설명하려는 시도에 대해서는 Spuler, 1977 참조. 거기에 실린 교역 정보는 매우 간략하다.

고학적 성과와 비견할 수 있다. 유효한 자료의 정치적·군사적 성격을 고려하면서 두 가지 주요 문제에 접근할 수 있다. 소그드 경제에 약탈이 끼친 정확한 영향과 이와 같은 불안정한 상황에서 상인들이 수행한 정치적 역할이 바로 그것이다.

정복과 경제사, 그리고 교역

정복에 대한 여러 일화는 소그드 도시들 — 사마르칸트나 파이켄트, 케시, 판지켄트 — 을 무대에 등장시킨다. 이들 도시는 약탈을 피하기 위해 몸값을 치러야 했거나 때로는 그 운명에서 벗어날 수 없었다. 소그드 도시들은 교역이 도시가 부유해지는 데 어떤 역할을 했는지 살펴볼 기회를 제공한다.

아랍의 약탈은 적어도 약탈자들에게는 확실히 중요한 경제적 요인으로 여겨졌다. 소그드 도시들의 부(富)는 분명히 정복자들을 매혹했다. 706년(이슬람력 88년) 파이켄트의 정복 당시에, 한 포로가 중국 비단 5,000필로 몸값을 치르겠다고 제안했는데 그 가격은 100만 디르함(dirham)[24]에 이르렀다. 다시 말해 비단 한 필의 가격이 200디르함이었고, 양단 의복 값어치의 두 배나 되는 엄청난 가격이었다.[25] 쿠타이바 이븐 무슬림은 그를 죽이라고 명령했다. 도시에서 발견한 금과 은 제품을 녹여 5만(또는 15만) 미스칼(mithqal)[26](즉 220~660킬로그램)의 귀금속[27]을 생산했다. 그리고 역사학자는 다음과 같이 결론을 내렸다.

---

24 (옮긴이) 본래 은의 무게를 달 때 사용하는 단위로, 어원은 고대 그리스 드라크마에서 비롯되었다. 이후 물건의 무게를 측정하는 단위로 바뀌었으며, 오늘날에는 미터법 사용으로 대부분 사라졌다.

25 Ṭabarī, II, 1188~89(trans. eng. vol. XXIII, pp. 136~38) 참조. 여기서 우리가 다루고 있는 것은 중국 생사(Ḥarīra ṣīniyya)이다.

26 (옮긴이) 4.25그램에 해당하는 질량 단위로, 주로 금과 같은 귀금속이나 샤프란 같은 상품을 측정하는 데 사용했다.

그들은 파이켄트에서 많은 것을 얻었다. 파이켄트에서 무슬림들의 손에 들어간 [전리품]은 호라산에서 결코 획득할 수 없는 것이었다.[28]

이 문서는 여러 논평을 요구한다. 우선 이것을 호라산의 부(富)와 비교해 소그드 도시들이 더 부유했음을 보여 주는 증거로 볼 필요는 없다. 파이켄트 함락은 도시가 아랍 수비대를 학살한 이후 전면적인 약탈로 이어졌지만, 전체적으로 평화 조약으로 혜택을 본 호라산의 대도시에서는 이와 같은 약탈이 일어나지 않았다. 게다가 파이켄트 함락에 참여한 아랍 군대는 소도시 정복에 전혀 가담하지 않았다. 왜냐하면 그들은 칼리프 제국의 내부 문제에 작게나마 전적으로 열중해 있었기 때문이다. 더욱이 쿠타이바 이븐 무슬림이 715년 반란을 일으켜 병사들로부터 대의명분에 대한 지지를 얻고자 했을 때, 그는 늘 소그디아나에 대한 공격을 시작하기 전 자신들이 얼마나 가난한지를 상기시키곤 했다.[29] 한편, 소그디아나와 관련해 이 문서는 의문의 여지 없이 파이켄트가 엄청나게 발전한 도시였음을 입증한다. 모든 것을 고려했을 때, 파이켄트는 중간 규모의 그다지 농업적이지 않은 도시였다. 아랍 및 페르시아 자료가 지적하듯이, 이 도시의 부는 순전히 상업에 의존했다. 그렇다면 소그드 경제에서 이 약탈은 어떤 중요성을 가질까? 나르샤키는 다음과 같이 쓰면서 답에 대한 힌트를 준다.

[쿠타이바 이븐 무슬림]은 투하리스탄 정복을 끝내고 706년(이슬람력 88년) 옥수스강을 건넜다. 파이켄트의 주민들은 이를 듣고 도시를

---

27 알-타바리는 두 개의 수치를 제공한다. Narshakhī, p. 45; Balʿamī(trans. Zotenberg, pp. 141~42)는 두 번째 수치만 제시한다. 발라미는 그것이 금이었다고 명시한다.

28 Ṭabarī, II, 1189(trans. eng. vol. XXIII, p. 137).

29 Ṭabarī, II, 1287~88(trans. eng. vol. XXIV, pp. 10~12); Balʿamī(trans. Zotenberg, p. 180).

요새화했다. [······정복당한 도시는 쿠타이바가 떠난 후 반란을 일으켰는데, 그는 그곳을 재점령해 파괴했다. ······] 파이켄트의 대다수 주민들은 상인이었는데, 그들 다수가 중국이나 그 외 지역으로 교역 원정을 떠난 상태였다. 그들은 돌아와 아이와 여성, 친척을 찾아 나섰고 아랍인들에게 몸값을 지불한 후에 이전처럼 파이켄트를 재건했다. 파이켄트처럼 완전히 파괴되어 아무것도 남아 있지 않은 도시 중에서 원주민들의 손으로 그토록 빨리 재건된 도시는 없었다고 한다.[30]

소그디아나 남쪽 변경에서의 전쟁이 소그드 주민들이 벌인 성과 있는 작전을 위한 기회였음은 확실하다. 사산 제국의 공방(工房)에서 만들어졌으나 우랄산맥의 서부 산록 지대에서 발견된 은 접시와 항아리 가운데, 앞서 보았듯이 몇몇은 소그드 명문이 새겨져 있었고 모두 중앙아시아 공방에서 생산된 물건과 함께 뒤섞여 있었다. 따라서 사산 왕조의 붕괴로부터 이득을 본 소그드인들은 아랍의 전리품 가운데 일부, 특히 매우 가치가 큰 이와 같은 물건을 되샀던 듯 보인다. 페르시아 귀족 자체도 소그드 상인들로부터 안전하지 않았다. 쿠타이바 이븐 무슬림은 마지막 사산 왕조의 왕인 야즈드기르드 3세의 손녀를 소그디아나에서 — 아마도 파이켄트 약탈 당시 — 사서 이라크로 보냈다. 그녀는 칼리프 알-왈리드(al-Walīd, 674~715)[31]의 아내가 되어[32] 칼리프 야지드 이븐 알-왈리드(Yazīd Ibn al-Walīd, 701~744)[33]를 낳았다(744).[34]

이러한 측면에서 파이켄트 약탈에 대한 문서는 유쾌하다. 알-타바리는 무슬림과 나라들이 갑작스럽게 부유해졌다고 계속 언급한다.

30　Narshakhī(trans. Frye, pp. 44~45).

31　우마이야 왕조 제6대 칼리프로, 왕조의 전성기를 이끌었다.

32　Ṭabarī, II, 1247(trans. eng. vol. XXIII, p. 195).

33　우마이야 왕조 제12대 칼리프이다.

34　Ṭabarī, II, 1874(trans. eng. vol. XXVI, p. 243).

그들은 무기와 말을 샀고 승마용 동물을 조달했다. 또한 값비싼 의복과 장비를 구하기 위해 서로 경쟁했는데, 창[가격]이 70[디르함에] 이를 때까지 비싼 가격에 무기를 샀다.[35]

승리를 거둔 군대 주변으로 모여드는 순회 장터에서 벌어진 현장 가격의 갑작스러운 폭등을 이처럼 인지했다는 사실은 지역 주민들이 적어도 돈은 잃지 않았음을 보여 준다. 북위 60도의 오브(Ob) 중도에서 1939년에 발견된 은 2킬로그램짜리의 멋진 시무르그(Simurgh)[36] 두상은 확실히 많은 것을 말해 준다. 8세기 초에 소그드인들이 만든 이 두상은 소그디아나의 한 사원을 약탈하면서 조각상을 부순 아랍 군대의 전리품이었다. 그 후 그것은 북쪽에서 이 두상을 팔았던 소그드인들에게 다시 팔렸다[37][도판 VIII-1 참조].

약탈에 대한 이와 같은 여러 사례 외에도 전체적으로 소그드 도시들은 항복과 공물에 대한 재정적 조건을 정한 항복 조약으로부터 이득을 봤다. 712년 사마르칸트 항복 조약의 원문이 이븐 아삼 알-쿠피(Ibn A'tham al-Kūfī) ― 잘 알려지지는 않았지만 8세기의 박식한 작가이다 ― 에 의해 원본 그대로, 그리고 발라미에 의해 페르시아어 번역본 형태로 보존되어 전해지고 있다.[38] 항복은 즉각 지불될 200만 디르함[39]과 너무 어리지도 너무 늙지도 않은 3,000명의 노예를 바치는 대

---

35 Ṭabarī, II, 1189(trans. eng. vol. XXIII, p. 137). Narshakhī(trans. Frye, p. 46)에는 매우 다른 이야기가 실려 있다. 무기 부족으로 가격이 올랐다고 한다.
36 (옮긴이) 고대 페르시아의 신화에 등장하는 상상의 동물이다. 어원적으로 'Saena' ― 천(天), 지(地), 수(水)의 3요소 ― 와 'Murgo'(큰새)가 합성된 것으로 우주를 상징한다.
37 Maršak and Kramarovskij, 1996, p. 71.
38 본문과 러시아어 번역본, 주석 비교를 위해서는 Smirnova, 1960 참조.
39 발라미는 1,000만 디르함이라고 썼지만, 이는 의심의 여지 없이 페르시아어에서 쉽게 일어나곤 하는 2와 10을 혼동한 탓이다.

가로 수용되었다. 연공(年貢)은 20만 디르함으로 고정되었다. 흥미로운 환산율이 후에 제시되었다. 노예 한 명은 200디르함의 가치가 있었으며, 큰 의복(아마도 양단) 한 벌은 100디르함,[40] 작은 의복 한 벌은 60디르함, 비단[41] 한 필(또는 가늘고 긴 조각)[42]은 28디르함이었다. 끝으로 금 1미스칼(4.4그램)은 20디르함의 값어치와 상응했다. 이러한 수치를 통해 여러 정보를 알 수 있다. 비단 가격에 대한 유용한 자료는 생사(生絲) 한 필이 750년경 돈황에서 동화(銅貨) 460개의 가치가 있었으며,[43] 동화 32개는 은화(銀貨) 1개와 같음을 보여 준다. 간단히 계산해 보면, 돈황에서 생사 한 필은 은화 14.3개였음을 알 수 있다. 하지만 항복 조약에서 언급한 생사 조각은 폭보다 길이가 더 긴 온전한 중국 비단 한 필을 의미한 것임이 틀림없다.[44] 그러므로 비단 가격은 돈황과 사마르칸트 사이에서 두 배가 되어 14디르함에서 28디르함으로 뛰었다. 앞에서 언급한 파이켄트의 부유한 남자는 수중에 5,000필의 비단, 즉 14만 디르함을 가지고 있었고, 이는 이 한 사람에게만 사마르칸트가 즉시 지불해야 하는 총액의 1/14이 있었음을 의미한다. 우리는 이로부터 사마르칸트의 소그드인들이 이러한 액수를 모으는 데 큰 어려움을 겪지 않아도 되었음을 알 수 있다.

당시 소그드 경제는 완전히 중국 경제 영역에 통합되어 있었다. 비단은 고액을 지급하는 데 쓰이는 주요 매체였다. 알-타바리의 다른 일화가 증언하듯이, 비단은 지천으로 넘쳐났다. 소그디아나에서 작전을 수

---

40 발라미는 여기서 'Jāme dībā'(양단 의복)라는 용어를 사용했으나, 이븐 아삼 알-쿠피는 'Thawb'(의복)라고만 이야기했다. Smirnova, p. 73은 천조각을 '[kusok] tkani'로 번역했는데, 이는 부정확한 번역이다.

41 이븐 아삼 알-쿠피는 생사에 'Ḥarīr'라는 용어를 썼다.

42 아랍어 용어는 'Shuqqa'인데, 이는 일반적으로 한 조각의 천을 의미하나 긴 천조각을 뜻하기도 한다.

43 Trombert, 2000b, p. 118, n. 2.

44 한 필의 규격은 가로 12미터, 세로 0.55미터이다.

행했던(738~739년, 이슬람력 121년) 튀르크 장군 쿠르술(Kūrşūl)은 병사들에게 급료로 비단을 지불했으며,⁴⁵ 751~752년(이슬람력 134년) 케시를 약탈하는 사이 비단은 약탈품의 주요 부분을 구성했다.⁴⁶

파이켄트의 빠른 회복과 상대적으로 적정한 양의 공물 요구는 판지켄트에서 출토된 고고학적 자료와 비교되어야 한다. 정복 당시의 이 도시의 운명은 연결된 세 가지 자료를 통해 잘 알려져 있다. 정복 관련 이야기들 덕분에 아랍인들에 맞선 소그드 귀족들의 저항 속에서 통치자 데바슈티치가 한 역할을 우리는 오래전부터 알고 있었다.⁴⁷ 또한 마운트 무그에서 발견된 문서들—데바슈티치 문서고—로 인해 710년 이후 10년 동안 판지켄트와 그 주변의 외교적·정치적·경제적 일상에 대한 우리의 정보도 풍요로워졌다.⁴⁸ 마침내 이 도시는 중앙아시아에서 지속적인 발굴이 가장 많이 진척된 장소가 되었으며, 그 결과 마운트 무그에서 출토된 문서들과 양산된 정보를 결합할 수 있게 되었다.

판지켄트에서 피난처를 구한 사마르칸트의 귀족 일부가 데바슈티치의 정치적 활동을 지원했는데, 이는 그가 721~722년 소그디아나의 왕을 참칭하도록 만들었다. 이와 같은 인구 유입은 귀족을 위한 전용 구역의 건설로 이어졌다. 판지켄트는 722년 통치자의 사망 이후에 아랍인들에 의해 완전히 파괴되었다.⁴⁹ 고고학적 결과물은 이 장소가 대략 740년—이때 복구와 재건설의 중요 작업이 이루어졌다—까지 15년 동안 방치되었음을 보여 준다. 전통적인 식장과 이교도적인 장식으로

---

45 Ṭabarī, II, 1689(trans. eng. vol. XXVI, p. 25).
46 Ṭabarī, III, 79~80(trans. eng. vol. XXVII, p. 202).
47 Ṭabarī, II, 1441, 1447~48(trans. eng. vol. XXIV, pp. 171, 177~78).
48 Trans. Frejman, 1962, Livšic, 1962, Bogoljubov and Smirnova, 1963; Grenet, 1989.
49 아랍군에 맞선 소그드인들의 저항의 종말에 대해서는 Grenet and de la Vaissière, 2002 참조.

꾸며진 대저택들이 다시 지어졌다. 궁전 가운데 하나도 재건되었지만, 그 벽은 소기의 장식으로 꾸며지지 않았다. 웅장한 양식의 저택 비율은 총 42퍼센트에서 24퍼센트로 떨어졌다.[50] 그 결과 740년 이후 짧은 시간 동안에 이곳에서는 중요하지만 위신이 예전 같지 않은 사교 생활이 재개되었다.

760~770년 식장과 대저택이 버려졌고 폐허로 변한 옛 궁전을 낮은 사회 계층인 하층민들이 점유하게 되었다.[51] 따라서 재건은 느리게 진행되었는데, 그나마 정치적 안정기 덕분에 이루어졌음이 확실하다. 이는 반드시 740년대의 사건과 호라산이 나스르 이븐 사야르의 능숙한 통치기에 누렸던 대번영 — 이는 모든 연대기 사가(史家)에 의해 지적되었다 — 과 연계되어야 한다.[52] 소그드인들의 모든 조건을 수용한 이 총독은 특히 그들과 화친하는 데 성공했는데,[53] 우리는 이 맥락이 판지켄트의 재건을 가능하게 했을 수도 있음을 쉽게 이해할 수 있다. 그럼에도 불구하고 사실 이 재건은 매우 느리고 항구적이지 않았다. 나는 기꺼이 판지켄트와 파이켄트를 대조하는 구조 안에서 이 사실을 해석하고자 한다. 모든 병력이 지나가는 길에 위치했음에도 불구하고 파이켄트는 상업 수익 덕분에 빠르게 재건되었다. 나르샤키는 이 점을 분명히 밝혔다. 판지켄트는 농업은 번창했으나 주요 상업적 고리가 없는 계곡에 고립되어 있었다. 그 결과 지역 귀족들은 재건에 필요한 기금을 모으는 데 한 세대나 걸렸으며, 760년대에 도시를 떠날 수밖에 없었다.

약탈에 직면한 판지켄트와 파이켄트의 대조적인 운명은 소그디아나에서 상업이 가지는 경제적 중요성을 분명히 보여 준다. 정복에 대한 문

---

50 Raspopova, 1993, p. 24; Raspopova, 1990, p. 189.
51 Raspopova, 1990, p. 174; Raspopova, 1993, pp. 24~25.
52 Ṭabarī, II, 1664~65(trans. eng. vol. XXV, pp. 192~94); II, 1718(trans. eng. vol. XXVI, p. 58).
53 Ṭabarī, II, 1717~18(trans. eng. vol. XXVI, pp. 56~57).

헌 자료들은 중국 자료들이 묘사한 이미지를 그대로 반영하는 소그드 교역을 보여 준다. 게다가 아랍-무슬림 이야기를 통해 상인들 자체에 대한 몇몇 세부 사항도 얻을 수 있다.

아랍 군대의 물주, 소그드인들

사산 제국의 사회 기반 시설이 파괴되고 극단적으로 느슨한 이슬람 종주권 아래, 지방이 해체된 상황은 앞에서 언급한 사산 왕조의 보호주의 정책 결과를 그토록 피하고자 했던 만큼 소그드 상인들에게 이로웠을지도 모른다. 하지만 역으로 군사작전이 상업활동에 제동을 걸었을 수도 있다. 우리에게는 이를 상세하게 입증할 방법이 없다. 그러나 정복에 관련된 이야기 덕분에 상황을 간략하게 들여다볼 수는 있다. 이들 이야기는 중앙아시아의 크고 오래된 사산 왕조 요새 도시인 메르브에서 소그드인들의 상당한 영향력이 확립되었음을 일별하게 해준다.

중요한 한 구절은 아랍의 정복 계획의 핵심에 있었던 소그드인들의 역할을 보여 준다. 알-타바리는 『예언자와 왕들의 역사』에서 699년 부하라에 맞서 메르브에서 동원된 원정에 대해 다음과 같이 상세히 이야기한다.

> 압드 알-말리크('Abd al-Malik)의 호라산 총독인 우마이야 이븐 압달라(Umayyah Ibn 'Abdallāh)는 부카이르(Bukayr)에게 트란스옥시아나 전투를 맡겼다. …… 그는 말과 무기에 막대한 돈을 쓰고 소그드인들과 그 상인들에게 빚을 지며 다시 준비에 들어갔다. …… 아탑 알-리크와 알-구다니(Attāb al-Liqwah al-Ghudānī)는 부카이르와 동행하기 위해 빚을 지었는데, 그가 갚지 않자 채무자들은 그를 붙잡아 감옥에 가두었다. 부카이르가 진 빚을 갚고 나서야 그는 풀려났다.[54]

7세기 말 소그드인들은 이 정도로 메르브 시장에서 큰 대금업자였다. 채무를 이유로 원정대의 부(副)총사령관을 감히 투옥할 수 있을 정도로 말이다. 그들은 아탑 알-리크와에게 자금을 대고 약탈품으로 변제받기를 기대했다. 그런데 마지막 순간에 그는 전쟁터로 떠나지 않았고, 그렇게 계약이 깨지자 그들은 그를 투옥했다. 자본가로서의 소그드 상인들의 역할을 보여 주는 매우 드문 문헌에서도 우리는 확실히 이윤이 남기는 하지만 소그디아나를 겨냥한 군사 행동에 그들이 호의를 가졌음을 알 수 있다. 메르브의 소그드인들은 부하라가 아닌 사마르칸트에서 왔을 수도 있다. 왜냐하면 두 도시 주민들 사이의 적대심을 보여 주는 다른 예들이 있기 때문이다.

이 일화로부터 7세기 전환기와 8세기에 소그디아나 남부에서 발생한 사건에 대한 전면적인 상업적 읽기가 제안된다.[55] 메르브의 소그드 상인들은 징세 때문에 소그디아나 정복에 자금을 댔을 수도 있다.[56] 다시 말해 무역세를 10퍼센트 — 적지(dār al-harb) 출신의 상인들이 지불하는 세율 — 에서 5퍼센트 — 정복된 영토 출신의 상인들이 지불하는 세율 — 로 낮추려는 목표에서 말이다. 이는 비록 이 국경 일대에 대한 아랍 권력의 실질적인 통제력에 대해 약간은 낙관적으로 평가한 듯 보이지만 상당히 있음직한 상황이다. 하지만 어떤 문헌도 이를 확인해 주지는 않는다.

소그드인들이 사산 왕조의 몰락 이전에 메르브에 확고히 자리 잡았다고 단언할 수도 없다. 마지막 통치자의 사망 이후 부카이르의 원정까지 반세기가 지체되었기에 소그드인들이 대거 정착하기에 충분한 시간이 주어졌을 수도 있기 때문이다. 그럼에도 불구하고 메르브에 정착

---

54 Ṭabarī, II, 1022(trans. eng. vol. XXII, pp. 165~66).

55 Shaban, 1970.

56 Shaban, 1970, p. 48.

한 수많은 다른 공동체와 비교해 그들의 지위가 유독 유력해 보이는 것은 사실이다. 이는 그들이 예상보다 일찍 정착했음을 보여 주는 논거이다.[57]

후자(Khuzāʻa)의 의뢰인이자 알-타바리에 의해 그들의 사업이 언급된 두 형제 타비트 이븐 쿠트바(Thābit Ibn Quṭba)와 후라이스 이븐 쿠트바(Ḥurayth Ibn Quṭba)는 7세기 말 메르브에서 소그드 공동체를 이끌었다고 전해진다.[58] 이 두 사람은 자신들에게 막중한 군사적 책무를 위임한 메르브의 아랍인들만큼이나[59] 자신들의 편으로 삼을 수 있는 소그드 군주들과도 잘 연계되어 있었다.[60] 상업적 이해관계도 있었을 것이다. 알-타바리는 타비트의 입으로 다음과 같은 말을 전했다. "우리는 발흐에서 온 [몇몇] 상인을 데리고 있다."[61]

그러나 'Inna linā tujjārān kharajū min Balkh'라는 아랍어 표현은 매우 모호해 정확한 결론을 내리기는 힘들다.[62] 게다가 이들 형제가 소그드인이고 메르브 공동체의 지도자였는지를 입증해 줄 그 무엇도 없

---

57 파이켄트 상인들과 관련해 앞서 인용한 글은 비록 좀 모호하기는 하지만 이러한 측면에서도 사용할 수 있다. 도시 주민들이 원정에 대한 경고를 받은 이후, 메르브와 파이켄트 간에 접촉이 있었다. 하지만 파이켄트 상인들이 주로 메르브와 교역했던 것 같지는 않다. 그보다는 차라리 대체로 동부, 즉 중국과 교역했던 것 같다. 이는 메르브에 정착한 동부 소그디아나 출신의 상인들에 대한 알-타바리의 글에 대해 내가 제시한 분석에 힘을 실어 준다. 그러나 이는 단순한 경제적 의문의 문제일 수도 있다. 즉 중국 원정에서 남은 이득이 재소자의 몸값과 도시 건설을 가능케 했는지의 문제 말이다.

58 Ṭabarī, II, 1023, 1026, 1080에 근거한 Shaban, 1970, pp. 58~60의 해석을 Beckwith, 1987, p. 67가 열정적으로 이어받았다. 여기서 타비트와 후라이스는 '두 명의 소그드 호상(胡商)'이 되었다.

59 Ṭabarī, II, 1023~26(trans. eng. vol. XXIII, pp. 166~70).

60 Ṭabarī, II, 1080~82, 1152(trans. eng. vol. XXIII, pp. 28~31).

61 Ṭabarī, II, 1157(trans. eng. vol. XXIII, pp. 101~02).

62 소사(小辭) 'li'는 단순 목적만큼이나 소유 관계를 지시할 수도 있다. 따라서 "우리는 발흐에서 온 상인들을 데리고 있기 때문이다"와 "상인들이 발흐에서 우리에게로 오고 있기 때문이다" — 이 또한 매우 그럴듯하다 — 사이에서 주저하게 된다.

다.[63] 문서에서 여러 차례 언급된 그들 가족 일원은 아랍어 이름을 가지고 있는데, 이는 만약 그들이 아직 아랍 군대와 이슬람화에 영향을 받지 않은 소그디아나에서 왔다면 문제가 있어 보인다는 사실에 역으로 주목케 한다. 이들 형제가 반란을 일으키자, 메르브의 총독은 그들의 자산과 가족을 체포하라고 명령했다. 이처럼 그들의 자산은 소그디아나가 아니라 호라산에 있었으며, 그들 가족도 옥수스강 너머로 물러나지 않았다. 그들이 군사적 의무만큼이나 지역 귀족들과 대등한 관계를 유지하고자 했다는 세평(世評)은 그들이 상인 출신이기보다는 귀족 태생이었음을 뒷받침한다.

바그다드에서 재상을 지냈던, 좀 더 유명한 바르마크 가문(Barmakids)은 비록 정복자들의 관료가 되었지만, 그들보다 우위를 점할 수 있었던 호라산의 귀족 집단의 또 다른 사례로 다룰 수 있을 것이다. 타비트의 사망 이후에 그의 사촌이자 아랍 군대에서 복무하던 한 장군은 이란인들은 살려둔 반면, 복수를 위해 테르메즈의 아랍인들은 전원 처형했다.[64]

소그드 상인들의 정치적 역할

비록 드문드문 흩어져 있기는 하지만 이들 자료는 소그드 사회 내에, 특히 상인 집단 안에 친(親)아랍적인 일당의 존재 가능성을 묻게 한다. 가설이 종종 제안되곤 한다.[65] 소그드인들의 변덕스러운 정치적 태도는 중국과의 교역에 전문화된 상인들과 메르브와 교역하던 상인들 사이의

---

63 특히 M. A. 샤반(M. A. Shaban)의 해석과는 반대로 그 어디에서도 그들이 채무로 소그드인들에 의해 투옥된 부카이르(Bukayr)의 부사령관을 석방했다는 언급이 없다. Ṭabarī, II, 1026.

64 Ṭabarī, II, 1163(trans. eng. vol. XXIII, p. 107).

65 Gibb, 1923, p. 67; Shaban, 1970, p. 98.

충돌과 연관되었을 수도 있다는 것이다. 메르브의 소그드 대금업자가 소그디아나에서의 아랍 군사작전에 자금을 댔던 사례는 확실히 이러한 발상에 끌리게 만든다. 하지만 이를 입증하기 위해서는 여러 문헌 조사가 이루어져야 한다.

알-타바리 글의 한 구절은 어떻게 사마르칸트의 주민들이 719~720년(이슬람력 101년) 이후로 아랍인들과 좋은 관계를 향유하는 문제 — 이는 이러한 일파가 존재했음을 반영하는 것일 수도 있다 — 에 강하게 반대했는지를 묘사한다. 이 일화에서 독실한 칼리프 우마르 2세('Umar II, 재위 717~720)[66]는 사마르칸트 주민('ahl Samarqand) 대표단의 요청으로 사마르칸트 정복 — 이는 배반을 통해 이루어졌다 — 의 여파를 해결하고자 했다. 그런데 쿠타이바 이븐 무슬림은 조인된 조약과는 달리 도시를 떠나길 거부했고, 오히려 주민들을 쫓아냈다. 칼리프의 명령에 따르고자 총독은 재판관에게 만일 두 군대가 직접적인 전투를 벌였다면, 아랍인들이 도시를 떠나야 하는지, 그리고 소그드인들은 자신들의 주택에 대한 소유권을 주장할 수 있는지를 판단케 했다. 승자의 의향에 따라 새로운 조약이 체결될 수도, 사마르칸트가 강제로 점령된 도시로 선포될 수도 있을 터였다. 소그디아나 주민들[67]은 충돌의 위험을 무릅쓰기보다는 이전의 상태(statu quo ante)를 선호했으며, 자신들의 선택을 정당화하기 위해 아랍과 소그드 주민들 사이의 우호적인

---

66 (옮긴이) 우마이야 왕조의 제8대 칼리프이다. 그는 종교적 측면과 본래의 이슬람 원리로의 복귀를 강조해 우마이야 왕조를 완전무결하게 유지하려 했다. 우마이야 가문의 일원으로서는 유일하게 후대의 아바스 왕조로부터도 존경을 받았다. 아울러 예언자 무함마드의 사위 알리를 추종하는 종파인 시아파로부터도 높은 평가를 받았다.

67 Ṭabarī, II, 1364-65. D. S. Powers, eng. trans. vol. XXIV, p. 94의 번역문은 오해의 소지가 있다. 그는 이전에는 'ahl를 '주민'으로 해석했지만, 여기서는 'ahl al-Sughd'를 'al-Sughd'의 군대'로 번역했는데, 그 결과 아랍어 본문에서는 바로 찾을 수 없는 도시/군대 사이의 대립을 암시하게 되었다. 이 일화를 소개한 발라두리는 두 경우 모두 사마르칸트의 주민들을 지칭했다. Trans. Murgotten, p. 189.

관계를 제안했다. 이 일화는 사회적 맥락 이상으로 정치적 맥락 속에서 이해해야 한다. 만약 사마르칸트가 강제로 점령되었다면, 주민들은 파이켄트와 같은 운명 ─ 판지켄트도 얼마 후 이를 경험하게 될 터였다 ─ 으로 고통받을 각오를 해야 한다. 반면, 조약으로 접수한 도시는 더 나은 보호를 받게 된다. 판돈을 크게 건 총독이 놓은 정치적 덫에 걸린 소그드인들은 서둘러 퇴각 나팔을 불고 단순한 핑계를 대면서 뒤로 숨었다. 그들이 다른 대안이 아닌 아랍인들의 우정과 신의를 선택했다는 것은 그 자체로 흥미롭지만, 그렇다고 우마르 2세에게 그 이전에 했던 항의와 관련해 과도하게 해석할 필요는 없다. 대립이 있었다면 추방 당시 모든 것을 잃었던 급진파 ─ 말하자면 도시 거주민들 ─ 와 무력 사용과 그 최종 결과 사이의 연관성을 좀 더 의식한 온건파 ─ 아마도 지방(al-Sughd)에 자산을 둔 귀족이어서 이 사안에서 잃을 것이 덜한 이들이었을 것이다 ─ 사이에 벌어진 대립이 유일했을 것이다. 여기서는 어떤 친(親)아랍 일당도 상상할 수 없으며, 더욱이 도시에는 결코 존재하지 않았다. 즉 소그디아나에 대립하던 두 상인 일파 ─ 하나는 친(親)중국파, 다른 하나는 친(親)아랍파이다 ─ 가 있었다는 증거는 어디에도 없다.[68]

한 세대가 지난, 즉 아바스 혁명이 일어난 바로 직후에 부하라는 아부 무슬림에 맞서 반란을 일으켰다.[69] 나르샤키는 부라하 주민들의 지지를 받았으나 아부 무슬림의 군대가 부하르 후다(Bukhar Khuda) 및 이웃 귀족들과 동맹을 맺은 덕에 진압할 수 있었던, 알리('Alī) 후손들을 위해 일으킨 반란을 설명했다. 도시와 지방 상류층 사람들 사이의 대립이 분명함에도 근본적인 사안을 이해하기가 어렵다 보니 정말 다양한 해석이 이 문제를 둘러싸고 제시되어 왔다. 이는 결코 친(親)우마

---

68 Shaban, 1970, pp. 98~99.
69 주요 출처는 Narshakhī(trans. Frye, pp. 62~64)이다. 알-타바리는 이 일화를 간략하게 언급했다(Ṭabarī, III, 74[trans. eng. vol. XXVII, p. 197]).

이야적인 반란과 관련한 문제가 아니다. 반란을 주도한 샤리크 이븐 샤이크 알-마흐리(Sharīk Ibn Shaykh al-Mahrī)는 우마이야와 아바스를 모두 피해야 할 질병에 비유했다.[70] 부하라에서 아랍인들과 소그드인들 사이의 융합이 이루어지고 있던 것은 확실하지만, 그것이 명백히 가지고 있던 상업적 측면을 따로 떼어낼 수는 없다.

모든 것을 고려해 볼 때, 상인들의 명백한 역할을 강조하는 두 일화만 인용해도 될 듯하다. 아랍 군대가 페르가나에 있던 소그드 망명자들을 붙잡아 학살할 당시, 그들은 어떻게해서든 상인들을 살리려 애썼다.[71] 알-타바리는 중국 상품 교역과 연계된, 그들이 가지고 있던 엄청난 부(富)를 언급한다. 사람들은 두 해석 ─ 이 부가 환기된 이유가 아랍 군인들이 원했던 몸값을 거론하기 위해서인지, 아니면 좀 더 정치적으로 상인들을 보존하려는 아랍 정책을 언급하기 위해서인지 ─ 사이에서 주저한다. 어떻든 우리가 여기서 마주하게 되는 이들은 친아랍적인 상인 무리가 아니라 기껏해야 친상업적인 아랍 일파들이다.[72] 두 번째 일화는 나르샤키의 글에 실려 있다. 쿠타이바 이븐 무슬림이 부하라를 장악했을 당시, 그는 주민들 가운데 반을 추방했는데 그들 가운데 카슈카탄(Kashkathān) 일족도 있었다. 나르샤키는 다음과 같이 논한다.

부하라에는 카슈카탄이라고 불리는 씨족이 있다. 그들은 권력과 위엄을 갖춘 명예로운 집단이었고 부하라 사람들 사이에서 큰 존경을 받았다. 그들은 (원래) 디칸(dihqan)이 아니라 외국인이었다. 하지만 명문가 출신으로, 교역업자였으며 부유했다. 쿠타이바가 그들의 집과 자산 분배를 원했을 때, 그들은 가진 모든 집과 자산을 아랍인들에게 내

---

70 반대 견해는 Daniel, 1979, p. 86f. 참조.
71 Ṭabarī, II, 1444~45(trans. eng. vol. XXIV, p. 176).
72 이것이 Shaban, 1970, p. 102가 이 구절에 부여한 의미이다.

주었다. 그러고 나서 도시 밖에 700채의 저택을 건설했다.[73]

계속되는 이 일화는 대(大)상인 무리와 이슬람 세력 사이에 존재했던 공공연한 적대심을 확실히 보여 준다. 그들의 거주지는 오랫동안 도시에서 이교도 신앙의 중심지였으며, 그들은 이슬람으로 개종한 이들 — 그들은 어느 날 저택의 대문을 대사원에 설치하기 위해 전리품으로 포획해 갔다. 이들 대문은 나르샤키 시대에도 대사원에서 외관이 벗겨진 채 여전히 발견되곤 했다 — 에게 대놓고 증오심을 보였다.[74]

소그디아나의 한 상인 가문 — 그래도 메르브와 교역할 만큼 부하라에서 좋은 입지를 가지고 있었다 — 의 정치적 태도를 분명하게 보여 준 이 일화는, 자연스럽게 이 경우 이슬람 아랍 세력을 향한 크고 오래된 적대심이 있었다는 결론을 내리게 한다. 메르브의 소그드인들은 대개 소그디아나에서 충분한 지지를 받았던 것 같지는 않다.[75]

비록 정복과 관련한 자료에서 특별히 특징적이고 눈에 띄는 정치적 역할을 수행하지 않았다 할지라도, 적극적이고 부유한 상인들은 소그드 도시들이 부를 축적하는 데 매우 큰 기여를 했다. 농업 자산과 더불어 그들의 활동 덕분에 소그디아나는 확실히 8세기 전반기 동안에 중앙아시아에서 가장 부유한 지역이 되었다. 그런데 아랍 자료들은 중국 자료만큼이나 대상인들에 대한 정보를 제공하지 않는다. 타비트와 후

---

73 Narshakhī(trans. Frye, p. 30).
74 Narshakhī(trans. Frye, pp. 31, 49). 예를 들어 이는 조로아스터교의 중앙아시아적 변주와 관련된 문제이다.
75 게다가 샤반은 나스르 이븐 사야르가 전투력 때문이 아니라 상인 신분 때문에 740년 소그드 망명자들을 사면했다고 주장하면서 알-타바리의 명백한 주장을 무시했음이 틀림없다(Shaban, 1970, p. 131; Ṭabarī, II, 1717~18[trans. eng. vol. XXVI, p. 57] 참조). 누군가는 이러한 비판이 독특한 소그드적 환경에 맞지 않는다고 지적할 수도 있다. 메르브의 아랍 아즈드(Azd) 부족에 대해 허버트 매슨(Herbert Masson)이 쓴 이른바 상업적 역할에 대한 소논문(Masson, 1967, pp. 198~99)에는 그가 주장하는 바를 뒷받침하는 어떤 증거도 제시되어 있지 않다.

라이스 이븐 쿠트바 형제는 그 정도의 상인은 아니었던 것이다. 어쨌든 파이켄트 출신의 엄청나게 부유한 상인의 사례는 대상인들의 존재를 우리가 입증할 수 있게 해준다.

2. 이슬람 영토에 있던 중앙아시아 출신의 상인들

사산 제국의 패퇴와 아랍 침공은 이란 군주의 보호주의 정책에 의해 세워진 장벽을 부분적으로 와해시켰다. 7세기 후반부터 소그드인들은 이러한 상황으로 인해 이득을 볼 수 있었고, 자신들의 교역 노선을 남쪽으로 밀어붙였다. 무엇보다 아랍 제국에 소그디아나가 포함되면서 국경 문제는 더 이상 존재하지 않게 되었다. 그러므로 아무다리야강 남쪽 지역에서 소그드인들에 대한 언급을 찾을 수 있을 것으로 예상된다.

아무다리야강 남쪽의 소그드인들

때때로 문헌 자료에 소그디아나 출신의 사람들이 등장한다. 다른 경우라면 알려지지 않았을 사람들에 대한 짧은 단평에서, 정복 이후 소그디아나에서 태어나거나 성장하고 알-수그디(al-sughdī)라는 지리학적 또는 종족적 니스바(nisba)[76]를 가진 아랍인들이나 페르시아인들로부터 소그드인들을 이른바 제대로 구분하기란 종종 불가능함을 처음부터 인정하자. 더욱이 문제의 사람의 출신지를 결정하는 니스바를 활용하는 데에는 몇몇 제약이 따른다. 소그드인이 아닌 이주민일지라도 소그디아나에서 태어난 사람일 가능성이 있으며, 더불어 출신지 — 그

---

76 (옮긴이) 아랍어 이름의 구성 요소 가운데 출신지나 혈통, 부족 등을 나타내는 형용사이다.

럼에도 이것이 가장 흔한 경우이다—에 따르지 않고 그들의 인생 가운데 눈에 띄는 사실에 근거해 니스바를 그 사람에게 부여할 수도 있다. 예를 들어 먼 여정의 경우에 여행자는 고향에 돌아오자마자 그가 방문했던 나라의 이름에서 취한 니스바로 칭해질 수도 있었다. 따라서 이집트 자료에서 수그디(sughdī)는 소그디아나로 여행한 사람일 수도 있지만 반드시 소그드인일 필요는 없었다.[77]

초기의 한 일화는 이라크와 교역하기 위해 사산 제국의 붕괴를 이용한 진짜 소그드인을 보여 준다. 이븐 알-사마니(Ibn al-Samʿānī, 1113~66)[78]가 쓴 글은 소그드 상인들의 활동이 매우 빠르게 서쪽으로 방향 전환했음을 묘사하고 있다. 니스바에 대한 그의 책 『계보의 서(書)』(Kitāb al-Ansāb)에서 알-아즈라크야니(al-Azrakyānī)라는 이름 아래, 사마니는 다음과 같이 썼다.

> 이 니스바는 부하라 사람의 조로아스터교도(majūsī) 이름인 아즈라크얀(Azrakyūn)에서 유래한다. 이 사람은 중국과 교역하기 위해 부하라를 떠나 바스라로 간 상인이었다.

그는 당시 자신을 개종시킨 알리(ʿAlī)를 만났는데,[79] 알리는 661년에 사망했으므로 이 일화의 연대를 추정할 수 있다. 예언자의 사위에 대한 언급은 이 증언에 의구심을 갖게 한다. 어쩌면 오랜 시간이 지난 뒤 한

---

77 이 문제에 대해서는 Sublet, 1991, pp. 104~14 참조.

78 (옮긴이) 메르브 출신으로 전기, 역사, 하디스, 샤피이 법학 및 경전 주석 분야에서 뛰어난 업적을 남긴 무슬림 학자이다. 당대에 두 번째로 위대한 하디스 학자로 평가받았다. 평생 배움을 찾아 여행한 그가 남긴 저술은 50여 권에 달하지만 대부분 유실되었으며, 그의 대표작인 『계보의 서』는 1만 개 이상의 항목이 실려 있는 방대한 학자 전기 사전이다.

79 Samʿānī, 1962, p. 187. 빌헬름 바르톨트(Wilhelm Barthold)는 종종 그랬던 것처럼 이미 이 구절을 지적한 바 있다. Barthold, 1900(1968), p. 255.

가문이 스스로 초기에 이루어진 명망 있는 개종 이야기를 날조했을지도 모른다. 그럼에도 불구하고 7세기에 이라크로 떠난 상인이었던 조상 이야기를 지어낸 것이 얼토당토 않은 발상은 아니었다. 그렇기에 이 구절을 완전히 배제하는 것은 불가능하다.

7세기에 신생 아랍 이슬람 제국의 중심부에서 소그드인들이 활약했음을 보여 주는 또 다른 사례가 있다. 중국 자료에 따르면, 소그드인들의 또 다른 전문 분야로 보이는 군직(軍職)과 관련한 사람들이 여럿 보인다. 예를 들어 자료들은 하나같이 바스라에 꽤 많은 부하라인,[80] 즉 초기의 부하라 포위작전 이후 포로가 되어 아랍 총독에 의해 강제 추방된 궁수(弓手)들이 정착했음을 언급한다.

소그드인들은 712년 사마르칸트 포위작전으로 전쟁의 동력을 처음 발견한 듯 보이지만, 도상 연구에서 알 수 있듯이[81] 그들은 노포(弩砲)와 투석기 전문가로 문서에 여러 차례 등장한다. 이를테면 813년(이슬람력 197년) 극적이었던 바그다드 포위 당시에 한 사마르칸트인이 특별한 수훈을 세웠는데, 결국 그는 자신의 희생양이 되었던 바그다드 주민들에 의해 십자가형에 처해졌다.[82] 한 부하라 동료는 이미 745~746년(이슬람력 128년)에 아바스 혁명과 관련한 전투가 벌어지는 동안 메르브에서 투석기를 책임지고 있었다.[83]

널리 흩어져 있던 소그드인들에 관한 또 다른 몇몇 언급이 발견되곤 한다. 예를 들어 네 개의 이슬람 법학파 가운데 하나를 창립한 8세기

---

80 Ibn al-Faqīh al-Hamadhānī(trans. Massé, p. 191)는 우바이드 알라 이븐 지야드(Ubaid Allāh Ibn Ziyād, 673~683)에 의해 부하라 거리(sikka bukhāriyya)에 4,000명의 부하라인이 정착했다고 말한다. Narshakhī(trans. Frye, p. 37)는 그들의 최후를 명시하지 않고 그저 부하라를 떠났다고만 이야기한다.
81 Chuvin(dir.), 1999, p. 128의 도해 참조.
82 Ṭabarī, III, 871, 936~37(trans. eng. vol. XXXI, pp. 137, 209~10).
83 Ṭabarī, II, 1931(trans. eng. vol. XXVII, p. 42).

의 위대한 신학자이자 법학자인 아부 하니파(Abū Ḥanīfa, 699~767)[84]의 수행단 가운데,[85] 또는 메디나로 소그드 귀족 포로들을 데리고 왔던 메르브의 옛 총독 가운데 한 명과 함께 소그드인이 등장한다. 농노의 처지로 전락한 귀족들은 반란을 일으켜 자살을 시도하기 전에 그를 죽여버렸다.[86] 하지만 여기서도 상업적 측면에서 해석할 수 있는 부분은 전혀 없다.[87]

알-타바리의 글에서는 751~752년(이슬람력 134년) 오만에 나타난 한 소그드인이 군사 자문을 제공한다. 하지만 진주 생산 때문에 황량한 곳임에도 불구하고 수많은 상인을 끌어들인 이 지역에서 그가 무엇을 했는지에 대한 언급은 없다.[88] 소그드의 사치품 가운데 보석과 진주가 차지한 중요성을 생각해 보면 소그드 진주 상인은 놀랍지도 않다. 여기서 파이켄트 상인들에 대해 쓴 나르샤키의 글귀 한 소절을 소환할 가치가 있을 것 같다.

> 파이켄트 사람들은 모두 상인이다. 그들은 중국 및 해상 교역을 통해 부유해졌다.[89]

---

84 (옮긴이) 8세기의 수니파 신학자. 이슬람 법학 교의를 체계화해 이슬람교의 4대 법학파 가운데 하나를 이루었으며, 대부분의 이슬람 왕조가 이 학파의 교의를 채용했을 만큼 권위가 있었다. 오늘날까지도 인도, 파키스탄, 튀르키예, 중국, 중앙아시아, 아랍 국가 등이 널리 따르고 있다.

85 Mandelung, 1982, p. 39.

86 Balādhurī(trans. Murgotten, p. 175); Narshakhī(trans. Frye, p. 41); Ṭabarī, II, 179(trans. eng. vol. XVIII, p. 190) 참조.

87 아부 하니파가 비단 상인이자 원래는 카불 출신의 가문 일원이었음에도 말이다. 또한 바스라 출신이 페르가나와 교역했다는 별도의 언급도 있지만(Ibn al-Faqīh al-Hamadhānī[trans. Massé, p. 191 참조]), 페르가나가 그저 이슬람 세계에서 가장 먼 곳임을 보여 주기 위해 언급한 것일 수도 있다.

88 Ṭabarī, III, 79(trans. eng. vol. XXVII, p. 202).

89 Narshakhī(trans. Frye, p. 18).

이것이 인도양에 대한 언급이라면 소그드 상인들이 사산 제국의 통치권 상실에 편승해 해상 통제력을 강화했다고 가정할 수 있을 것이다. 앞에서 언급한 오만의 소그드인도 이러한 상황에 꼭 들어맞는다.

독특한 원전 전통 덕분에 9세기 이라크의 한 소그드 상인의 사례를 제시할 수 있게 되었음을 언급할 필요가 있다. 아부 자이드(Abū Zayd)는 10세기 초(대략 916년?)에 작성한『중국 및 인도에 대한 이야기』(*Account of China and India*) — 때때로 상인 술라이만(Sulayman)의 저작으로 여겨지기도 한다 — 의 연장선에서 상품을 가득 싣고 고향을 떠나 이라크로 향한, 그리고 그곳에서 중국으로 출항한 호라산 출신의 한 남자의 예에 주목한다.[90] 그러나 이 이야기는 호라산 출신의 이 남자가 사마르칸트에서 왔다고 명시한 마수디를 통해서도 우리에게 알려져 있다.

> 트란스옥시아나에 있는 도시인 사마르칸트에서 온 한 상인은 화물을 가득 싣고 고향을 떠나 이라크로 왔고, 그곳에서 지역 상품을 가지고 바스라로 내려가 오만으로 출항했는데, 그 후에는 바다로 케다(Kedah)에 갔다고 한다. …… 그리고 이 상인은 케다에서 광동(廣東)이라는 도시로 가기 위해 중국 배에 승선했다.[91]

아부 자이드와 마수디 글 모두에 등장하는 이 일화는 광동 약탈과 외국 공동체에 대한 학살이 있었던 878년 이전의 이야기임이 확실하다.[92]

사산 제국이라는 장애물은 정말로 사라졌으며, 형성되고 있던 이슬

90　Abū Zayd(trans. Ferrand, 1922, p. 104).

91　Mas'ūdī(trans. Pellat, I, p. 127).

92　Mas'ūdī(trans. Pellat, I, pp. 124~25).

람 제국 내에서는 지역 보호주의 정책이 복권되지 않았던 듯 보인다. 그렇다고 해서 이 증거만으로는, 여러 소그드 상인이 이따금 확인되기는 하지만 메르브 너머 이라크로 가는 무역로에서 제한적인 영향력 이상의 활약을 했다고 해석하기에는 불충분하다. 반면, 메르브의 소그드인 거류지는 약화되지 않았다. 745~746년의 난국 중에도 메르브의 부하르 후다(Bukhar Khuda) 궁전과 소그드인 거리, 부하라 구역에 대한 언급이 발견된다.[93]

이러한 조사 결과는 다른 흔적들, 특히 중앙아시아와 메소포타미아를 연결하는 대(大)무역로의 또 다른 끝에 위치한 바그다드에 대한 지명 조사로 연결된다.

바그다드의 중앙아시아 상인들

762년 알-만수르(al-Manṣūr, 재위 754~775)[94]가 세운 바그다드라는 도시는 그 구역과 거리, 구조에 대한 수많은 언급이 아랍어 문헌에 등장하는 덕분에 상대적으로 잘 알려져 있다. 게다가 아바스 왕조가 승리를 거두는 데 있어 호라산 군대가 수행한 역할로 인해 그들은 이 도시에 정착하게 되었다.[95] 소그드인들은 어떻게 되었을까? 내가 알기로는 유일하게 한 문서만이 우리가 상업적이라고 상정할 수 있는 그들의 활약에 대해 언급한다. 야쿠비는 889년에 『제국(諸國)에 대한 서(書)』(*Kitāb al-Buldān*)에서 다음과 같이 썼다.

---

93 Ṭabarī, II, 1921~22, 1987(trans. eng. vol. XXVII, pp. 32~33, 95). *Kitāb al-Ansāb*에서 사마니는 메르브의 작은 소그드 시장 거리를 언급한다(Kamallidinov, 1993, p. 25 참조).

94 (옮긴이) 아바스 왕조의 제2대 칼리프이지만 실질적인 창립자라 할 수 있으며, 수도를 바그다드에 세웠다.

95 그러나 도시 내 원형 설계에 끼쳤을지도 모르는 불교의 영향에 대한 Beckwith, 1984b의 견해는 그다지 신뢰가 가지 않는다.

시리아 성문 시장은 모든 종류의 상품과 식량이 팔리는 상당한 규모의 장터들이 모인 곳이다. 시장 좌우에는 풍족하게 상품을 갖춘 분점이 펼쳐져 있었고 대로와 거리, 건물이 늘어서 있었다. 거리 곳곳에 살고 있던 사람들이 본래 속한 종족의 이름이 붙은 긴 거리가 교차하는 어마어마한 대로에 시장이 자리하고 있다. 가령, 하르브 이븐 압드-알라 발히(Harb Ibn 'Abd-Allah Balkhī) 교외에 이르기까지 시장이 도처에 있었다. 오늘날 바그다드에서 이보다 더 넓고 더 중요하며 거리와 시장들이 더 잘 정비된 교외 지역은 없다. 그곳에는 발흐, 메르브, 쿠탈(Khuttal), 부하라, 아스비샤브(Asbīshāb), 이슈타칸즈(Ishtākhandj), 카불-샤, 호라즘에서 온 사람들이 거주한다. 각 지역 집단은 군(軍) 또는 민간 지도자를 두고 있다.[96]

더 나아가 그는 '수그드(Ṣughd) 거류지와 하르파쉬 수그디(Kharfāsh Ṣughdī) 주택'도 언급한다.[97] 야쿠비의 묘사는 늦어도 786년의 상황에 들어맞는데,[98] 이 구역은 762년부터 존재했다. 초기에는 알-만수르가 호라산 전사들에게 하사한 군 거류지들이 모여 형성되었다. 야쿠비의 설명은 군인들의 정착이 대(大)호라산 영토, 특히 소그디아나(부하라, 이스피자브, 이슈티칸)에서 온 상업 이민자[99]를 위한 길을 열어주었음을 분명히 보여 준다. 여기서 말하는 소그디아나는 그 지명의 전통적인 의미에서 서쪽의 부하라부터 동북쪽의 차츠까지를 이른다. 이슈티칸은 쿠타이바 이븐 무슬림이 712년 모략으로 도시를 장악하고 주민들을 추방

---

96 Ya'qūbī(trans. Wiet, 1937, p. 30).
97 Ya'qūbī(trans. Wiet, 1937, p. 31).
98 Lassner, 1970, p. 28.
99 흔한 현상이었다. "신도들의 왕의 예속자, 라비(Rabi')의 거류지. 그는 카르크(Karkh) 지역의 거류지를 시장과 가게들로 발전시켰다. ……." Ya'qūbī(trans. Wiet, 1937, p. 37) 참조.

한 후에 사마르칸트의 지배자들에 의해 대체 수도로 선택된 덕분에 크게 발전할 수 있었다. 이와 같은 상업 거류지에 있던 중간 크기의 소그드 도시들이 메르브처럼 호라산의 대도시들과 같은 동렬로 취급되었다는 사실은 매우 흥미롭다.

알-카티브 알-바그다디(al-Khatīb al-Bagdadhī, 1002~71)[100][101]는 11세기 중반에 도시 역사에 대한 '지형학적 개론'을 작성하면서[102] 당대의 소그드인들에 대해서는 한마디도 하지 않았다. 야쿠비 이후로는 다른 문헌도 바그다드에서 보여 준 그들의 상업적 영향력에 대한 정보를 주지 않는다.[103] 반면, 호라산의 다른 도시들이 바그다드에서 행사한 상업적 영향력은 한층 입증하기 수월하다. 유독 소그드의 군사적 존재감이 잘 알려져 있는데, 특히 알-마문(811~833, 이슬람력 195~213년) 시대에 소스드가 행사한 군사적 영향력이 그러하다. 야쿠비는 호라산의 비(非)소그드 도시들의 상업적 영향력과 바그다드 및 사마라에서의 소그드의 군사적 존재감 모두를 언급할 뿐만 아니라 소그드의 군사적 영향력이 상업적이지 않았음은 물론이고 정말이지 교역과는 양립할 수 없었다고 강조한다.[104]

---

100 Lassner, 1970; trans. Salmon, 1904.
101 (옮긴이) 당대 최고의 하디스 학자이자 역사가로, 수니파 무슬림이었다.
102 사실, 이것은 종교 엘리트 일원의 전기 모음집이다.
103 그럼에도 불구하고 파이켄트와 관계된 나르샤키의 한 글귀를 언급할 수 있다. "파이켄트는 대도시로 여겨진다. 그래서 파이켄트의 주민들은 그곳을 마을이라고 부르는 이를 좋아하지 않는다. 파이켄트의 한 시민이 바그다드에서 어디에서 왔냐고 질문을 받으면, 그는 부하라가 아닌 파이켄트에서 왔다고 대답한다." Trans. Frye, p. 18. 하지만 파이켄트가 이슬람 문헌에서 뛰어난 상업 도시로 묘사될지라도 바그다드로의 여정이 무슨 목적에서 이루어졌는지는 알 수 없다.
104 페르가나와 우스트루샤나 출신의 군인 및 사마라의 튀르크 병사들의 구역은 다른 구역과 세심하게 분리되어 있었으며, 이들 병사에게는 모든 불필요한 교역 활동이 금지되어 있었다. Ya'qūbī(trans. Wiet, pp. 50, 55) 참조.

3. 전환점: 9세기

사회적 분열: 귀족 사회

아랍 정복은 서서히 진행되었기 때문에 소그드 사회에 즉각적인 충격을 주지 않았다. 대체로 소그드의 전통 엘리트는 9세기 초에 여전히 제자리를 지켰고 반란도 계속 일으켰다. 소그드의 귀족 계층은 의심의 여지 없이 알-마문과 그의 후계자 알-무타심(al-Muʻtaṣim, 재위 833~842, 이슬람력 218~227년)[105] 치하에서 군사적 정점에 올랐다. 메르브에 머물던 알-마문이 칼리프 자리에 오르자, 소그드의 군사 엘리트는 군주의 근위대인 차카르(Čākar)의 소그드적 모델에 기반해 바그다드에서 군사 조직의 중요한 일부를 형성했다.[106] 835~837년(이슬람력 220~223년)에 바바크(Bābak)에 맞선 대원정 동안 칼리프 군대의 총사령관은 우스트루샤나의 왕위 계승자인 알-아프신(al-Afshīn)[107]이었다. 그는 자신의 수하로 트란스옥시아나의 군대를 통솔하던 부하라 통치자의 후손인 부하르 후다(Bukhar Khuda)[108]를 두었다.[109] 사마르칸트에서는 소그드 왕 구라크(Ghūrak)[110]의 후손이 9세기 초 잠시 총독직

---

105 (옮긴이) 하룬 알-라시드의 작은아들로, 형인 알-마문의 뒤를 이어 833년 아바스 왕조의 제8대 칼리프로 등극했다.

106 9세기 칼리프 군대의 구성에 대해서는 Shaban, 1976, pp. 63~66; Sharon, 1986, pp. 139~40; Bosworth(Ṭabarī[trans. eng. vol. XXXIII, p. 49의 주석) 참조. 주커만은 같은 시기 비잔티움 황제가 아바스 모델에 기반해 페르가나에서 근위대를 모았다고 주장했다. Čākar에 대해서는 de la Vaissière, 2005(근간) 참조.

107 (옮긴이) 아바스 왕조 치하의 동부 이란 소그드계 장군으로, 아바스 왕조에 맞서 싸운 바바크 코람딘(Babak Khorramdin)의 반란을 제압했다.

108 (옮긴이) 부하르(Bukhar)는 부하라(Bukhara)를, 후다(Khuda)는 군주(lord)를 의미한다. 따라서 부하르 후다는 '부하라의 군주'를 뜻한다.

109 Balʻamī(trans. Zotenberg, p. 189)는 그가 트란스옥시아나의 군대 맨 앞에 있었다고 명확하게 말한다. Ṭabarī, III, 1197(trans. eng. vol. XXXIII, p. 49) 참조.

을 수행했다. 사마라(Samarra)에서 야쿠비는 튀르크족과 하자르족의 곁에 소그드인들이 정착했음을 묘사했으며,[111] 한 세기 후에는 이스타크리(Iṣṭakhrī, ?~957)[112]와 이븐 하우칼(Ibn Ḥawqal, ?~988)[113]이 군인들은 보통 튀르크인이었지만 장교는 소그드인이었다고 강조했다.[114] 아프신의 사례로 판단하건대, 이슬람화는 여전히 피상적이었다. 그가 세상을 떠난 이후에 우상과 이교(異敎) 서적이 이라크의 그의 궁전에서 발견되었다.[115] 이 영광스러운 시기 직후인 9세기 후반은 아마도 중앙아시아의 대소 귀족 지주들, 즉 디칸에게는 사회적 쇠락의 시간이었을 것이다. 몇몇 가문만이 권력을 보존하는 데 성공했다. 사만인들의 경우에는 세력을 확장하는 데 성공했다. 더욱이 사만인들은 이란 귀족들 — 그들은 그저 평범한 귀족에 불과했다 — 처럼 자신들의 능력 때문이 아니라 트란스옥시아나에서 칼리프의 대표로 기능했기 때문에 세력을 확장할 수 있었다. 이 시기를 살아남은 옛 가문 가운데, 거론하기에는 13세기까지 여전히 영향력을 행사한 소그디아나 및 박트리아 국경의 차가니얀(Chaghāniyān)[116] 통치자만 한 이가 없다.[117] 알-마문 치하에서 강력했던 다른 가문들은 바그다드와 사마라로 이주하면서 자신들의 주요 동

---

110 (옮긴이) 무슬림이 트란스옥시아나를 정복할 당시 중앙아시아의 소그드의 왕이었다. 710년 즉위해 737/38년 세상을 떠날 때까지 사마르칸트를 준독립 상태로 유지했다.

111 Yaʿqūbī(trans. Wiet, pp. 54~55).

112 (옮긴이) 10세기에 활동한 여행가이자 지리학자로, 아바스 왕조 당시 여행한 많은 이슬람 영토에 대해 아랍어로 귀중한 자료를 남겼다.

113 (옮긴이) 10세기에 활동한 지리학자이자 연대기 작가로, 977년 저술한 『지구의 얼굴』(Ṣūrat al-'Arḍ)이 대표작이다.

114 Ibn Ḥawqal(trans. Kramers and Wiet, pp. 450~51). 이들 귀족의 역할에 대해서는 Paul, 1994 참조.

115 Ṭabarī, III, 1318(trans. eng. vol. XXXIII, p. 200). 클리퍼드 E. 보스워스(Clifford E. Bosworth)의 해설과는 달리, 이것이 불상이었는지는 확실하지 않다.

116 (옮긴이) 사마르칸트 남쪽의 옥수스강 우안에 위치한 공국.

117 Bosworth, 1981 참조.

력을 소진했다. 알-무타심은 트란스옥시아나에서 산 튀르크 노예들을 그들보다 분명히 선호했고 아프신은 처형되었다(좀 더 정확히 말하면 굶겨 죽였다).[118] 우스트루샤나 왕조는 893년 종식되었다.[119] 부하라 왕과 귀족들은 874년에 권력을 잃었는데,[120] 수년 후에는 영토도 잃었다.[121] 10세기 초 오래된 소그드 귀족 사회는 소멸했거나 소멸해 가는 중이었다. 디칸은 소작농, 농부라는 새로운 의미의 페르시아어가 되었다.

새로운 종교 엘리트의 형성

사료에 등장하는 또 다른 사회집단은 종교 엘리트이다. 물론, 이들 가운데에서 비(非)무슬림 엘리트는 지체 없이 배제해야 한다. 이슬람 이전의 소그드인 성직자들에 대해서도, 정복 이후 그들의 운명에 대해서도 우리는 거의 아는 바가 없다.[122] 그런데 소그디아나에서 무슬림 엘리트가 성장했다는 것은 그 자체로 흥미로운 사건이다. 그 속도는 사회의 진화를 일별할 수 있게 해준다. 현지 자료와 타지의 자료 모두 유효하다. 이란 동부 지역의 독특한 지리적 특성은 거대한 카비르사막(Dasht-e Kavir)[123]의 존재이다. 사막이 가능한 무역로의 수를 제한했고 신도들이 메카로 순례할 의무가 있었다는 사실은, 소그디아나의 모든 무슬림 종교 엘리트가 메소포타미아와 이슬람 제국의 아랍 심장부로 가기 위

---

118 Ṭabarī, III, 1317(trans. eng. vol. XXXIII, p. 199).
119 Barthold, 1968, p. 211.
120 Narshakhī(trans. Frye, p. 82) 참조.
121 Narshakhī(trans. Frye, pp. 11~12) 참조.
122 호라즘 성직자들에 대해서도 몇몇 사실 이외에는 거의 알려진 것이 없다. 오히려 쿠타이바가 자행한 그들에 대한 학살은 알고 있다. Bīrūnī, *Chronology*, trans. Sachau, p. 41 참조.
123 (옮긴이) 현재의 이란 중부에 있는 너비 약 390킬로미터의 소금 사막으로, 비가 거의 내리지 않고 지표면의 심한 증발 작용으로 염습지 위에 소금층이 덮여 있다.

해서는 니샤푸르를 통과해야 했음을 의미했다. 이 도시에 대해서는 무함마드 이븐 압달라 알-하킴 알-니사부리 이븐 알-바이(Muhammad Ibn ʿAbdallāh al-Hākim al-Nīsābūrī Ibn al-Bayyiʿ, 933~1014)[124]가 쓴 위대한 『니샤푸르의 역사』에서 파생해 다양한 제목으로 발행된 세 권의 필사본이 있다.[125] 이들 문서에는 니샤푸르 도시의 명성을 드높인 그곳에 살았거나 그저 경유한 경건한 사람들의 이름을 나열한 긴 명단이 있다. 소그디아나의 무슬림 엘리트가 만약 메카나 바그다드에 갔었다면, 반드시 거기에 이름이 등재되었을 것이기에 이 필사본을 통한 통계 조사가 가능하다. 게다가 선행 연구도 이미 부분적으로 수행되었다.[126] 니샤푸르에 대한 자료는 780년대부터 10세기 전반기까지 정량적인 분석이 가능하다. 원(原)자료부터 시작해 알-나사피(al-Nasafi), 알-부하리(al-Bukhārī), 알-사마르칸디(al-Samarqandī) 같이 트란스옥시아나의 니스바를 이용한 소그드인들을 찾는 것이 필요하다.

780년대부터 9세기 전반기까지 교육을 받고 815~883년(이슬람력 200~270년)에 사망한 사람들[127] 가운데 사마르칸트라는 니스바를 사용한 이는 드물다(109명 가운데 3명이 사용했는데, 부하라인의 경우는 8명이었다). 이 무렵 부하라는 무슬림 집단에 훨씬 더 잘 통합되었던 것 같

---

124 (옮긴이) 이란의 수니파 학자이자 당대의 선도적인 전통주의자로, 하디스 비평 분야에서 전문 지식을 갖추었으며, 『니샤푸르의 역사』를 비롯해 많은 저술을 남겼다.
125 지금은 소실된 이 문헌과 세 필사본, 즉 요약집과 증보판, 요약집의 요약본을 통합하는 연결 고리에 대해서는 Frye, 1965, p. 10 참조.
126 Bulliet, 1970. 리처드 불리엇(Richard Bulliet)의 연구는 편리한 출발점을 제공하지만, 나는 불리엇이 '메르브 및 부하라 노선'이라는 명칭 아래 묶어놓은 것과 그의 소논문에서 제공된 자료로는 추론할 수 없는 사실을 명확히 하기 위해 트란스옥시아나의 다양한 니스바를 찾아 다시 필사본을 읽으면서 재조사했다.
127 예언자 시대부터 수세대가 지났음을 보여 주는 연대기적 순서로 정렬된 사망 날짜 분류에 따른 시기 구분은 자료 성격상 도입된 것이다. 따라서 교육 연령과 사망 연령 사이의 간격을 임의적으로 정할 필요가 있었다. 여기서 교육 연령은 15세, 사망 연령은 50세로 정했는데, 이는 확실히 비판의 여지가 있다.

다. 이는 8세기 전반기 이후 이루어진 생산적인 정치적 협력과 관련이 있음이 틀림없다. 870~900년에 교육받은 엘리트에게 상응하는 다음 시기에는 (95명 가운데 27명의 메르브인, 5명의 부하라인, 4명의 테르메즈인, 4명의 차츠인이 있는 반면) 4명의 사마르칸트인을 만날 수 있다. 트란스옥시아나의 모든 도시는 메르브와 비교했을 때 낮은 수준에서 이 교류에 참여했다. 교류가 중단된 것은 이후였다. 부하라의 통합은 초기의 평범한 수준에서 꾸준히 상승했는데, 이는 870~900년에 그곳에서 교육받은 엘리트의 숫자가 입증해 준다—51명의 장거리 여행자 가운데 7명이 부하라인, 3명이 차츠인, 1명이 우스트루샤나인, 1명이 잠인(Zammi)인 것에 비해 사마르칸트인은 단 1명이다. 당시 부하라는 10세기 전반에 수많은 엘리트를 양성했는데, 내가 조사한 대략 250명의 종교인 니스바 가운데 사마르칸트 주민은 단 1명도 없었던 반면에 부하라인은 12명이나 있었다. 교류 중단 이후 사마르칸트는 새로운 무슬림 엘리트에게 아무런 보탬이 되지 못했다.[128]

그러므로 이들 기록을 통해 우리는 중요한 사실을 확정할 수 있다. 즉 10세기에 사마르칸트는 이슬람 종교 엘리트 계층에 매우 느슨하게 통합되어 있었다. 새로운 이슬람 환경에 적응하지 못하고 당시 이란 도시에 정착하던 새로운 종교 엘리트를 양산해 내지 못한 무능력 때문에, 상당히 오랜 시간 동안 이러한 사회적 퇴행이 진행되었음이 틀림없다.[129] 이처럼 니샤푸르 역사에 대한 자료들은 주요 활동 무대에서 종말

---

[128] 두말할 필요도 없이 이 통계는 사실일 뿐 진행 중인 이슬람화를 결코 부정하는 것이 아니다. 오히려 이들 수치를 통해 이 과정의 변화를 감지할 수 있다. 게다가 향후 셀주크가 이슬람 세계 전역으로 확산한 하나피 학파를 사마르칸트 현지에 설립한 알-마투리디(al-Māturīdī, 966년 사망)처럼 추세에 반하는 뛰어난 예외도 있다. 또한 10세기 전반기에 태어난 아부 알-라이스 알-사마르칸디(Abū al-Layth al-Samarqandī) 같은 전형적인 예도 있다(Mandelung, 1990 참조). 여기서는 간단하게 전통주의자 가운데 가장 유명한 알-부하리(al-Bukhārī, 810~870)를 사례로 부하라가 훨씬 빨리 발전했음을 강조해 두자. 알-마투리디의 명성은 그가 세상을 떠난 후에도 오랜 시간 계속 이어졌다.

을 맞이한 옛 소그드 사회와 개종의 어려움을 보여 준다. 이러한 측면에서 부하라의 진화는 호라산 도시들의 경우에 더 가깝다. 우리는 여기서 부하라가 소그드 역사라는 맥락에서 봤을 때, 최근에야 설립된 도시 — 오랫동안 자라프샨 저지대의 습지였던 곳에 겨우 5세기가 되어서야 세워졌다 — 라는 사실을 기억해 내야 한다. 부하라에서 소그드 도시 사회가 해체되고 이슬람 모델로 빠르게 대체된 것은 어쩌면 소그드 유산의 무게가 덜 했던 역사 — 사마르칸트에서는 그렇지 않았다 — 를 반영하는 것인지도 모른다.

『사마르칸트 학자들을 기리는 감미로운 서(書)』(*Kitāb al-Qand fi dhikr 'ulama' Samarqand*)에 실린 이들처럼 사마르칸트 출신의 유명 인사들의 전기에 대한 빠른 조사는 이러한 결론을 확인해 준다. 매우 늦게, 그것도 상당히 다르게 정리된 이 문헌은 미완성인 데다가 역사적 내용에서도 약점을 가지고 있어 이용하는 데 많은 어려움이 따른다. 이 책에는 거의 날짜가 표기되어 있지 않은데, 여기서 우리가 관심을 갖고 있는 시기에는 더욱더 그렇다. 문서는 기본적으로 전승 계보와 예언자의 말씀, 즉 하디스(Hadith)로 구성되어 있다. 전체적으로 초기에 인용된 사람들은 대개 사마르칸트에서 온 이들이 아니었고 그곳에서 가르친 적도 없었음이 분명한 것 같다. 하지만 이러한 견해는 비록 나는 수행하지 못했지만 체계적인 통계 분석을 통해 확인되어야 한다. 전기 모음집에 도시와는 관련성이 꽤 먼 일정 수의 사람이 포함된 것은 분명 애향심과 통계적 이유 때문이었다. 알-나사피(al-Nasafi), 알-부하리(al-Bukhārī), 알-발히(al-Balkhī)와 같이 지배적이었던 니스바들은 두 번째 단계에서 알-사마르칸디로 변화했을 뿐이다. 소유하지 못한 이슬람의 과거를 스스로 만들어내기 위해 10세기 사마르칸트는 자체에 메르

---

129 Frye, 1975, pp. 215~18 참조. 874년이면 이미 사만 왕조를 도우면서 정치적 역할을 수행하던 주요 종교 엘리트 일원이 부하라에 있었다(Narshakhī[trans. Frye, pp. 78~79]).

브에서 사망한 예언자의 사촌인 쿠삼 이븐 아바스(Qutham Ibn ʿAbbās, 624?~677)[130]의 전설을 부여했다.[131] 이슬람 이전의 제례 장소에 세워진 그의 무덤—쿠삼 숭배는 이러한 종교 집단의 몇몇 특징들을 유지했다—은 여전히 이 도시의 가장 신성한 기념비적인 건축물이다.

소그드 문화

소그드 문화는 9세기에 위기를 맞이했다. 10세기에 새로운 페르시아 문화 및 언어가 사만 왕실에서 발달하는 동안에도 정황상 장려되었을 소그드 유산의 영향은 상당히 한정적이었던 것으로 보인다. 예를 들어 어휘 영역에서 소그드어는 거의 보이지 않는다. 제한된 숫자의 단어만이 소그드어에서 페르시아어로 전해졌다.[132] 중국인들은 소그드인들의 전문 분야인 대출이 쾌락, 특히 육체적 쾌락에 속한다고 생각했던 것 같다. 누군가는 페르시아어와 소그드어 모두에서 동일하게 쓰이는 'rēž'(욕망)에서 'rabūkhe'(소그드어 'arpūx'에서 온 '쾌락'), 어쩌면 'ēfude'(소그드어 āyaβdē[불륜의]에서 온 '경박한')를 생각해 낼지도 모른다. 심지어 이들 단어 가운데 몇몇은 페르시아어에서도 잘 쓰이지 않는다.

소그드어가 엘리트에 의해 더 이상 쓰이지 않게 된 시기를 추정할 수 있다. 알-무카다시(al-Muqaddasī, 945?~1000?)[133]는 실제로 트란스옥

---

130 (옮긴이) 메디나 태생의 무슬림 정치가이자 예언자 무함마드의 사촌으로 중앙아시아 정복에 참여해 이슬람 선교에 힘썼다.

131 Narshakhī(trans. Frye, p. 40).

132 소그드어에서 차용한 단어의 수는 박트리아어 연구—Henning, 1939에서 제시된 명단의 대대적인 수정을 요구한다—가 진척되면서 제한되었다.

133 (옮긴이) 아랍의 여행가이자 지리학자로, 이슬람의 다양한 주민의 인구, 예절, 경제생활에 대한 개인적 관찰을 바탕으로 985년 『지역 정보를 위한 최고의 분류』(Aḥsan at-Taqāsīm fī Maʿrifat al-Aqālīm)를 저술했다.

시아나의 언어를 연구하면서 다음과 같은 흥미로운 정보를 제공한다.

> 호라즘의 언어는 이해가 불가능하다. 부하라 사람들의 언어에는 반복이 있다. …… 이는 가장 순수하고 명망 있는 방언인 다리야(darriyya)이다. …… 어원은 궁정에서 쓰이는 언어라는 사실과 관련이 있는 다르(dar)에서 왔다. …… 소그드 언어는 독특한데, 부하라 지방의 언어들 — 매우 다양하지만 그들 사이에서는 이해가 가능하다 — 과 가깝다. 그리고 나는 덕망 있는 이맘(Imam)인 무함마드 이븐 알-파들(Muḥammad Ibn al-Fadhl)이 종종 그것을 말하는 것을 목격했다.[134]

이처럼 10세기 말까지도 사회 상류층에는 이중 언어를 쓰는 소그드인들이 있었지만 흔치 않은 현상이었던 것 같다. 아마도 우리는 소그드어를 사용한 마지막 세대의 도시민의 탄생이 10세기 초반에 있었던 것으로 보아야 할 듯하다.[135] 물론, 지방에서는 소그드어가 수백 년 동안 계속 사용되었음이 틀림없는데, 소그드어의 가까운 동족어인 야그노비어(Yaghnobi)는 오늘날에도 타지키스탄 계곡에서 여전히 쓰이고 있다(비록 급격히 퇴조했고 하나의 언어만 사용하는 사람은 없었지만 말이다). 또한 판지켄트의 회화와 타지크인들의 농사 의례 사이에는 밀접한 관련이 있다.[136] 소그드 문화는 지방에서 계속되었다. 그러나 엘리트 문화

---

134 Muqaddasī(trans. Collins, p. 296). 아랍어 원문은 BGA, III, pp. 335~36.
135 그럼에도 불구하고 11세기 초반에 글을 쓴 알-비루니(al-Bīrūnī)는 자신이 소그드어를 알았던 것이 아니라면 소그드어를 읽을 수 있는 지식인을 만났음이 틀림없다. 왜냐하면 저작들에서 소그디아나의 사제들(magi)에 대한 책들을 수차례, 심지어는 여러 소그드 단어(예를 들어 그가 쓴 *India*[trans. Sachau, I, pp. 260~61])를 거론했기 때문이다. 소그드어로 쓴 글은 13세기 초반에 고대 풍습의 문제로 파크루딘 무바라크 샤(Fakhruddīn Mubarak Shāh)에 의해 또다시 언급된다. Gauthiot and Ross, 1913 참조.

는 특별히 소그드적인 것보다는 당시 공유되던 동부 이란의 주제들(로스탐, 알렉산드로스 ……)에 의탁했던 것 같다. 나르샤키가 943년 이슬람적 정서가 거의 느껴지지 않는 『부하라의 역사』를 집필한 것은 어쩌면 우연이 아닐 수도 있다. 소그드인 도시민들의 지난날에 대한 제대로 된 지식이 사라지고 있는 가운데, 나르샤키는 마지막 목격자가 사라지기 전에 그 기억을 보존하기 위해 책을 집필했을지도 모른다.

요컨대, 소그드 교역의 강화 및 발전을 가능케 했을지도 모르는 이슬람 정복은 소그디아나에서는 그런 기회가 되지 못했다. 760년대 소그드인들은 바그다드에 정착했지만, 그렇다고 이 정착 이후에 소그드 상인들이 수도에서 명성을 누렸다고 결론 내릴 수도 없다. 오히려 반대로 그들은 바그다드로 이어지는 무역로에서 활동한 자신들의 이란 동료들과 비교했을 때 보조적인 역할을 했던 것 같다. 그나마 소그드인들이 9세기에 그곳에 있었던 것도 알-마문이 감행한 군사적 모험을 따르기 위함이었던 듯 보인다. 부하라가 성공적으로 무슬림 엘리트 세계로 통합되는 동안에 9세기 후반 사마르칸트는 도시의 엘리트가 쇠퇴하는 모습을 목격했고 새로운 엘리트 형성을 위해 분투했다. 소그드 도시 사회의 지리적·사회적 평형은 급진적인 변화를 겪었다. 그 사회는 동부 이란 모델의 메르브나 니샤푸르에 맞추어 조정되었고 특유의 소그드적 특징은 버렸다. 자료의 부재로 인해 상인 계층의 활력을 직접적으로 조사할 수는 없지만, 전반적인 발전이 — 귀족의 감소를 고려해 볼 때 — 숨통을 조이면서 교역 노선 및 무역 수지뿐만 아니라 시장에도 틀림없이 영향을 끼쳤을 것으로 추정할 수 있다. 수많은 10세기 자료는 이러한 가설들을 뒷받침한다.

---

136 Maršak and Raspopova, 1987; 1990b.

제10장
파열과 동화

 이러한 사회적 동요에 직면한 대규모의 소그드 교역은 과연 어떻게 되었을까? 9세기의 기록 단절 이후에 자료들은 다시 풍성해졌다. 8세기와 관련된 이슬람 아랍어 문헌은 교역 그 자체에 대해서는 거의 언급하지 않는다. 하지만 9세기 말부터 11세기 초까지 아랍과 페르시아의 지리학자들은[137] 비록 상인들의 정확한 신원을 명시하는 경우는 매우 드물지만, 트란스옥시아나의 무역로와 교역품에 대해 완벽하게 개관했다. 이들 문서를 서로 결합해 읽으면 여기서 살펴보고자 하는 시기가 끝나갈 무렵 대규모 교역에 대해 비록 정량적으로는 아닐지라도 실질적인 그림은 그릴 수 있다. 비록 이들 문서는 수없이 조명되기는 했지만 여전히 특정 민족의 교역사를 쓰는 데 사용된 적은 없었기에, 나는 다시 한 번 이들 자료를 살펴보고자 한다.[138] 고고학과 화폐 연구를 결합한 결

---

137 Miquel, 1967~68; Lewicki, 1979의 논평 참조.
138 이들 문헌은 다음과 같이 번역되었다. Ibn Khurdādhbih(*Kitāb al-Masālik wa'l-Mamālik*, ed. and trans. De Goege, 1889), Ya'qūbī(*Kitāb al-Buldān*, trans. G. Wiet), Ibn Ḥawqal(*Kitāb Ṣūrat al-Arḍ*, trans. J. H. Kramers and G. Wiet), Muqadassī(*Kitāb Ahsan al-Taqāsīm fī ma'rifāt al-Aqālīm*, trans. Collins), 익명의 *Ḥudūd al-'Ālam*(trans. Minorsky), Ibn al-Faqīh al-Hamadhānī(*Kitāb al-Buldān*, trans. H. Massé, ed. al-Hādī, 좀 더 온전한 필사본에서 옮김), Ibn Rusta(*Kitāb al-'Alāq al-Nāfisa*, trans. Wiet), Idrīsī(*Kitāb Nuzhat al-muštāq fī-*

과도 중요한데, 10세기 동부에서 사만 왕조의 은화가 행한 역할로 인해 교역로와 무역수지에 대한 매우 가치 있는 정보를 얻을 수 있기 때문이다.

이들 문헌과 고고학적 발견은 이슬람 세계에서 가장 명성이 높은 트란스옥시아나의 대규모 교역의 존재를 명백히 보여 준다. 사산 제국의 상인들은 수십만 개의 은화를 10세기 내내 북서쪽으로 수출했다. 사산 제국의 이들 상인은 그저 이슬람화된 소그드 상인이었을까? 이 대교역의 특징을 이슬람 이전 소그드 시대에서 유래한 직접적인 유산 안에서 찾는 것은 불가능할까?

문헌들은 동부 및 타림분지와의, 특히 소그드 거류지와의 관련성도 조망하게 해준다. 그러나 동-서 연결의 중요성을 정립하기 원한다면 그것이 제공하는 정보는 반드시 동(東)투르키스탄의 자료와 결합되어야 한다. 이들 자료는 돈황[139]에 보존된 사업 문서라는 측면에서는 경제적이지만, 위구르[140] 및 티베트[141] 제국의 확장과 관련해서는 정치적이다. 또한 서역에서 기원한 여러 공동체가 동투르키스탄에서 오래전부터 살

---

khtirāq al-āfāq, trans. de la Vaissière, 나폴리 판 이후). 이스타크리의 *Kitāb al-Masālik wa'l-Mamālik*은 번역되지 않았지만, 이븐 하우칼은 이들 지역을 다루면서 대체로 단어 하나하나까지 이스타크리의 글을 따랐다. 물론, 이븐 하우칼의 글과 이스타크리의 글 사이에 발생한 사소한 왜곡은 상당히 중요할 수도 있다. 지리학 문헌들은 (달리 언급이 없다면) 모두 *Bibliotheca Geographorum Arabicorum* of De Goege(BGA로 인용, 뒤에 권호와 쪽수를 적었다)에서 찾아볼 수 있다. 이븐 하우칼에 대해서는 제2판을 참조했다. 지리학자들의 작품에는 적절성을 위해 참조한 다양한 종류의 작품 모음집 — 참고문헌을 제시할 것이다 — 을 첨부할 필요가 있다.

[139] 돈황에서 나온 위구르 문헌에 대해서는 Hamilton, 1986 참조. 튀르크-소그드 문서에 대해서는 Sims-Williams and Hamilton, 1990 참조. 중국어 계약서에 대해서는 Trombert, 1995를, 모든 경제적·사회적 문서 출판에 대해서는 Yamamoto and Ikeda, 1987 참조.

[140] Mackerras, 1972는 중국어 문헌들을 모아 놓았다. Moriatsu, 1981도 참조.

[141] 정치적 관점에서 서부 국가들과의 관계를 다룬 이 제국의 최근 역사에 대해서는 Beckwith, 1987 참조.

왔고, 20세기 초 과학 조사단에 의해 발견된 문서들이 반드시 해석되어야 하는 교류를 보여 준다는 측면에서는 종교적이기도 하다.

1. 서부에서의 소그드 교역의 종식

10세기 서부의 교역

호라즘 및 소그드 상인들이 두드러졌던 8세기가 지나고 9세기에는 고고학적으로 가장 적게 밝혀진 볼가분지와 중앙아시아 사이가 연결되었음이 확실하다. 하자르와 아랍 사이의 전쟁이 종식되면서부터, 즉 770년부터 꾸준히 그리고 특히 9세기에 코카서스는 스텝 지대와 이슬람 세계를 통합하는 대로(大路)였다. 모피 생산 지역에서 발견된 동전 꾸러미들 모두는 이슬람 세계에서 온 것이다. 이는 주화들 대부분이 이라크와 북아프리카, 지발(Jibal)[142][143]에서 왔다는 사실이 증명하듯이, 중앙아시아가 아닌 근동의 화폐 유통 체계를 반영한다. 새로운 동전들이 무더기로 공개된다면 훗날 그림이 달라질 수도 있겠지만, 현재 활용 가능한 자료는 코카서스 노선이 800년부터 870년대까지 다방면으로 압도적이었다는[144] 결론에 이르게 한다.[145]

---

[142] Noonan, 1980, 1984.

[143] (옮긴이) 우마이야 왕조와 아바스 왕조 시기에 이란 서부에 위치한 지역과 지방에 아랍인들이 붙인 지명으로, 의미상 '산'(mountain)을 뜻한다.

[144] 그럼에도 제8장에서 지적했듯이, 적어도 이 시기 전반기 동안은 중앙아시아 상인이 여전히 활약했다. 그러나 (838년 직후 파묻힌 데비차[Devitsa] 보물과 853년에 보관된 상스[Sens]의 비단을 고려하면) 840년대부터 30년가량 코카서스 노선은 거의 독점적인 우위를 점했다.

[145] 화폐 연구 자료에서 얻은 범(汎)코카서스 교역 종식에 대한 분석에 대해서는 Noonan, 1985a, pp. 182ff. 참조. 근동의 화폐 공방들은 10세기에도 계속해 수많은

우리는 교역량에 대한 몇몇 지표를 가지고 있다. 8세기 말 코카서스를 경유한 교역은 미약한 수준에서 시작했지만, 그 후 860년대까지 증가하다가 쇠퇴했다.[146] 이 시기의 디르함은 근동에서 제작된 것으로 보인다. 9세기 말 중앙아시아에서부터 재개된 교역[147]은 940~950년에 최고 정점에 이르렀지만 그 후 감소하다가 1015년경에 중단되었다.[148] 10세기의 교역량은 9세기 근동보다 두 배 또는 세 배가 컸다. 러시아와 북유럽의 여러 주화 더미에서 발견된 총 100만 개 이상의 은화는 이러한 교환으로 유통된 상당한 액수의 극히 일부분만을 대변할 뿐이다.

볼가 유역과 중앙아시아 사이의 관계가 재개되었음을 보여 주는 최초의 징조는, 볼가 불가르인들이 9세기 말에 그들 사이에 자리 잡은 이슬람으로 개종한 사건이었다. 이븐 루스타(Ibn Rusta)[149]는 다소 오래된 자료를 지지하면서 912년 그들의 이슬람화에 대해 처음으로 언급했다.[150] 이 이슬람은 중앙아시아에서 기원한 것이었다. 921년 사절단과 함께 동행했고 부하라와 볼가강 사이의 여행을 정확하게 묘사한 이븐 파들란의 증언은 아잔(adhān)이 중앙아시아에 확산되어 있던 하나피[151]

화폐를 주조했지만, 이들 화폐는 더 이상 러시아까지 도달하지 못했다.

146　Noonan, 1992는 동유럽과 스웨덴에서 발견된 다수의 디르함 꾸러미, 즉 15만 개 이상의 주화를 계산에 넣었다. Lewicki, 1974는 종합한 정보와 폴란드에 대한 참고 문헌을 제공하는데, 이는 토머스 S. 누넌(Thomas S. Noonan)이 쓴 최근의 소논문에서 취합한 정보로 보완 가능할 것이다.

147　9세기 초부터 클루코비츠(Klukowicz)의 폴란드 동전 꾸러미들은 거의 대부분이 사만 왕조의 주화(890년대와 900년대)로 이루어져 있다. Noonan, 1985a, pp. 185, 198.

148　Noonan, 1992, p. 249.

149　(옮긴이) 10세기 아바스 왕조 당시의 무슬림 여행가이자 지리학자로, 특히 이스파한 지역의 역사에 대한 방대한 기록을 남겼으며, 대표적인 지리서로 『귀중한 기록의 서(書)』(Kitāb al-A'lāq al-Nafīsa)를 썼다.

150　Ibn Rusta(trans. Wiet, p. 159). Hrbek, 1975, p. 1347 참조.

151　(옮긴이) 8세기 이슬람 학자였던 아부 하니파(699~767)가 결성한 수니파 법학파의 한 갈래이다. 역사가 가장 긴 학파로 이슬람 권역에서 영향력도 가장 크다. 페르시아

형식이었지, 이라크에서 우위를 점하고 있던 그리고 이븐 파들란이 정립하고자 했으나 성공하지 못했던 샤피이[152] 형식이 아니었음을 보여 준다.[153] 그러므로 이슬람이 그들에게 전해진 경로는 코카서스가 아니라 실제로 중앙아시아였던 것이다.

910년부터 사만인들은 바그다드의 칼리프에게 상당한 양의 모피를 제공할 수 있었다.[154] 이븐 파들란은 겨울이 끝나갈 무렵에 호라즘에서 출발해 불가르인들의 땅으로 향하는 대규모의 대상단과 함께 여행했다. 다른 아랍 여행가 또는 지리학자들도 호라즘을 가로질러 이슬람 세계 나머지 지역으로 수출되던 삼림 지대의 상품 목록을 우리에게 제공한다.

알-무카다시는 985~986년에 다음과 같은 목록을 제시한다.

> 호라즘에서: 흑담비, 다람쥐, 하얀 족제비, 아프리카 여우와 그 모피, 여우, 비버, 다양한 색상의 토끼 생가죽, 염소 가죽, 밀랍, 화살, 코르크; 고깔(쓰개), 아교, 물고기 뼈, [비버의] 해리향 오일, 호박, 알-카이마크트(Al-kaymakht)[라고 불리는 가죽], 꿀, 헤이즐넛, 매, 검, 갑옷, 할란즈(khalanj) 나무, 슬라브족 출신의 노예들, 양과 소 — 이 모든 것은 불가르 영토에서 온 것들이다.[155]

그리고 호라즘인들에 대해 이븐 하우칼은 다음과 같이 지적했다.

어 권역을 중심으로 널리 퍼졌다.
152 (옮긴이) 8세기 말 무함마드 이븐 이드리스 앗 샤피이(Muhammad Ibn Idrīs al-Shafi'i)의 가르침에서 유래했으며 이슬람 4대 수니파 법학파 가운데 하나이다. 주로 동부 아프리카와 아라비아 일부, 인도네시아에 퍼져 있다.
153 Hrbek, 1975, p. 1347. Trans. Charles-Dominique, p. 47.
154 Shaban, 1976, p. 148, Ibn al-Athīr, VIII, p. 67에서 인용.
155 Trans. Collins, p. 264. Text BGA, III, pp. 324~25.

주민들은 튀르크인들과의 교역과 가축 사육에서 돈을 번다. 그들은 노예를 튀르크인들뿐만 아니라 슬라브, 하자르, 이웃 지역에서도 구한다. 아프리카 여우, 흑담비, 여우, 토끼 같은 모피나 다른 가죽들을 저장하고 노예들에게는 지낼 곳을 마련해 준다. 이들 상인은 비버 가죽과 모피를 얻고자 곡(Gog)과 마곡(Magog)의 땅으로 들어간다.[156]

소그드인에서 호라즘인으로

10세기 교역이 북서쪽에서 전례가 없는 규모로 재개되었지만 이들 노선과 관련해 언급된 유일한 상인은 호라즘인들이었다. 북서쪽에서 이루어지던 소그드 교역의 마지막 시기인 800~830년과 9세기 말 사이에 호라즘인들은 소그드인들을 대체하면서 이 교역로를 통제했는데, 이는 의심의 여지 없이 9세기 중엽 발생한 쇠퇴 — 가장 유리한 지리적 위치를 차지하고 있던 사람들에게 공백을 남겨 주었다 — 로 인한 것이었다.

알-이스타크리의 한 글귀는 중요한 정보를 제공한다. 910년과 930년 사이에 수집된 정보로 이 작가는 늦어도 933년에 집필한, 이슬람 동부 지역에 대한 지리학 저서 가운데 가장 완벽한 저작을 제공했다. 969년 트란스옥시아나를 방문한 이븐 하우칼은 동부와 관련한 대부분의 장(章)에서도 되풀이하기는 했지만, 이 저작에 서역에 대한 정보를 덧붙이려는 야망이 있었다.[157] 예를 들어 알-이스타크리와 그를 베낀 이븐 하우칼은 다음과 같이 서술한다.

호라산의 주민들 가운데 거의 사방팔방으로 가장 빈번하게 이주하

---

156 Trans. Kramers and Wiet, p. 463.
157 Miquel, 1967, pp. 292~309 참조.

고 여행을 많이 하는 이들은 바로 그들[호라즘 주민들]이었다. 호라즘 출신 사람들 대다수가 정착하지 않은 호라산의 도시는 거의 없다. 그들은 독특한 말투를 썼는데, 호라산 언어 가운데 어느 것과도 비슷하지 않다. 주민들은 짧은 튜닉을 걸쳤고 전통적인 양식에 따라 만들어진 옷깃이 달린 모자를 쓴다. 호라산 사람들에 따르면, 그들의 성격은 별나다.[158]

수세기 동안 소그드인들의 특징 — 심지어는 모자조차도 — 으로 여겨진 요소가 이후로 아랍 지리학자들에 의해 호라즘인들에게 부여되었다. 내가 정복의 시대 이후 중국과 무관한 맥락에서 소그드 상인들에게 특별히 집중한 아랍어로 된 이슬람 문헌을 찾느라 피나는 노력을 하는 사이에, 여기서는 이러한 특징들이 서부 노선에서 의심의 여지 없이 오랫동안 그들의 보조자였던 이들에게 적용되었다. 이 글귀의 함의는 모피 교역에만 국한되지 않았던 것 같다.

알-이스타크리의 글은 상인들의 신원에 대한 특정 정보를 제공하는 유일한 이슬람 지리학 문서이다. 그렇다고 해서 호라산 및 트란스옥시아나 교역 전체를 호라즘인들이 통제했다고 추론해야 하는가? 호라즘인들이 사만 제국의 교역 활동 가운데 가장 극적인 부분을 지배한 것은 확실하다. 이는 화폐 연구와 텍스트 증거를 상호 교차적으로 확인한 덕분에 잘 알려진 사실이기도 하다. 이러한 지배력으로 인해 그들은 호라산으로 유통되는 상품의 일부를 확보할 수 있었으며, 알-이스타크리는 매우 기이한 옷을 입고 이해할 수 없는 언어를 쓰지만 모두가 무슬림인 이들 이방인의 존재에 주목했다. 그렇다고 지리학자들, 특히 트란스옥시아나의 지리학자들 저작에 실린 상인들에 대한 수많은 언급을

---

158 Ibn Ḥawqal(trans. Kramers and Wiet, p. 463). 이스타크리의 아랍어 원문은 BGA, I, p. 304 참조.

망각해서는 안 된다. 이들 상인이 호라즘인들과 달리, 종족적으로 규명되지 않는다고 해서 이들이 존재하지 않았다는 결론을 내릴 수는 없다. 유독 호라즘인들이 기동성 있고 이국적인 사람들이었기에,[159] 다른 이들의 종족적 신원은 굳이 말할 필요가 없었던 것이다.

서부 교역과 경제 수지

호라즘 노선의 개화와 9세기 말에 소그디아나에서 발생한 사회적 동요는 힘과 부(富)의 지리학이라는 측면에서 즉각적인 영향을 끼쳤다. 나는 귀족 및 종교 엘리트와 문화 모두의 발전이 9세기 후반 트란스옥시아나에 사회적·문화적 진보의 전환점을 가져왔음을 보여 주고자 했다. 이렇게 소그디아나는 부하라에서는 더 빠르고 쉽게, 반면 사마르칸트에서는 훨씬 어렵게 그저 '강 너머의 무슬림 땅', 즉 마 와라아 알-나흐르(Mā warā'a al-Nahr)가 되었다. 이러한 사회적·문화적 발전은 사마르칸트를 잃고 사만 왕조의 수도를 부하라로 이전(892년 공식화)하면서 빠르게 정치적 영역으로 변환되었다. 종종 왕조 창립자로 역사학자들에 의해 간주 — 비록 9세기 초 이후에 트란스옥시아나에 수립되었음에도 불구하고 — 되는 이스마일 사마니(Ismaʻil Samani, 849~907, 재위 892~907)[160]라는 상징적인 인물 뒤로 지역 균형에 발생한 심오한 변화는 은폐된다.

소그드 도시 네트워크의 기반이었던 일정 수의 중간 규모 도시들의 쇠퇴가 8세기에 이미 목격되었다. 여럿 가운데서 중국 자료들이 소왕국으로 언급한 마이무르그, 카부단(Kabūdan),[161] 카르간카트

---

159 9세기부터 12세기까지 이란 도시에 있던 상인 집단에 대해서는 Beradze, 1980 참조.
160 (옮긴이) 사만 왕조의 아미르로, 이스마일 이븐 아흐마드라고도 한다.
161 (옮긴이) 혜초의 『왕오천축국전』에는 조국(曹國)이라고 표기되어 있으며, 대식국(아

(Kharghankath)¹⁶²는, 10세기 아랍의 묘사에 따르면 겨우 시골 지역에 불과했다. 그러나 9세기에는 더 큰 폭의 극적인 변화가 있었는데, 이는 자라프샨 계곡 전체에 영향을 끼쳤다. 당시 부하라의 도시 성장은 매우 빨랐다.¹⁶³ 사마르칸트의 쇠퇴는 절대적이지 않았다. 그 표면적은 전체적으로 커졌으나 위축의 시기도 경험했다.¹⁶⁴ 아랍 정복의 결과로 도시 위쪽에 여러 궁전이 세워진 이후에 도시는 8세기 말 어려운 시기를 보냈는데, 이는 부유한 소그드인 주택들을 대체한 건물들의 썩 좋지 않은 품질에 의해서도 입증된다. 9세기 내내 도시의 성장은, 이슬람 이전과 9세기 말에는 인구가 희박했던 아프라시아브고원 남쪽 지역에서 밀도 있게 진행되었다. 회복기가 끝나자 세 번째 성벽 너머의 남쪽 지역에 도공(陶工) 구역이 자리 잡았다. 10세기에도 이곳은 여전히 트란스옥시아나에서 가장 인구밀도가 높은 도시였지만¹⁶⁵ 역동적이지는 않았다.

사마르칸트의 총독직을 맡게 된 사만인들은 좀 더 서쪽 지역에 정착할 첫 번째 기회를 접했다. 칼리프가 875년에서야 부하라에 대한 통제

랍) 동쪽의 여러 호국(胡國) 가운데 하나라고 했다. 혜초는 조국에 왕이 존재하기는 했지만 나라가 협소하고 군사도 적어 스스로 나라를 지키지 못한다고 언급했다.

162 (옮긴이) 현장의 『대당서역기』에는 갈한국(喝捍國)이라고 표기되어 있다.

163 Belenickij, Bentovič and Bolšakov, 1973, pp. 232ff. 참조. 그들은 도시 표면적이 8세기 초와 9세기 중반 사이에 5개의 요인에 의해 증가했고(p. 239), 이러한 성장은 9세기 말에 다시 강화되었다고 추정했다(pp. 240ff.). Šiškin, 1963에서 부하라의 오아시스 지도 참조.

164 Belenickij, Bentovič and Bolšakov, 1973, pp. 219ff.; Grenet and Rapin, 1998 참조. Shishkina and Pavchinskaja, 1992a and 1992b; Šiškina, 1973, pp. 117~20. 마찬가지로 사마르칸트 지역과 구조에 대한 이븐 알-파키 알-하마다니(Ibn al-Faqīh al-Hamadānī)의 마슈하드(Mashhad) 필사본의 번역본에 대해서는 Tskitishvili, 1971 참조.

165 메트로폴리스 개념에 대해서는 무카다시의 분석(trans. Collins, p. 242, BGA, III, p. 270) 참조. 또한 부하라가 트란스옥시아나에서 인구밀도가 가장 높다는 사실을 언급한 이븐 하우칼의 언급도 참조. 그는 다음과 같은 주석을 달았다. "면적을 고려했을 때 더 북적거리는"(trans. Kramers and Wiet, p. 464, BGA, I, p. 483) 곳 가운데 최고는 사마르칸트이다.

권을 그들에게 주었고 수도는 몇 년 지나지 않아 이전되었다. 부하라에서 그들은 동부 호라산 전역을 통치했고 메르브의 재물과 엘리트는 고갈되었다.[166] 그러나 무엇보다도 수도 이전으로 사만 왕조는 가장 유망한 지역 중심부에 자리 잡을 수 있었다. 이스마일과 타히르 왕조의 마지막 통치자인 후사인 이븐 타히르(Ḥusayn Ibn Ṭāhir) ― 메르브와 호라즘에서 작전을 펴면서 부하라를 정복하고자 수차례 시도했다 ― 사이에는 부하라를 두고 분명한 경쟁이 벌어졌다.[167] 사만인들은 옛 메르브-사마르칸트 노선의 교차로에 수도와 새로운 주요 통상로, 즉 호라즘-부하라-니샤푸르를 잇는 길을 건설했다.

화폐 연구 분야도 대규모의 상업 정책을 실행하려는 이와 같은 의식적인 목적을 잘 보여 준다. 부하라에 도착하자마자 이스마일은 좋은 재질의 은화 디르함을 다량으로 주조하기로 결정했다. 그러나 나르샤키와 무카다시에 의하면, 중앙아시아에서 이러한 동전은 수출을 위한 것이었다. 부하라인들은 9세기 초에 소그드 화폐를 모델로 한, 실질적 가치는 없는 화폐를 필요로 했다.[168] 이스마일은 사산인들이 사용했던 고급 은화 ― 이러한 목적에서 전력을 기울여 차츠 광산을 운영해 도움을 받았다 ― 를 채택했다.[169] 곧 북서쪽으로 은화가 유출되는 결과가 초래되었다. 이는 이내 그곳에서 소그드인들이 아니라 왕실이 구조화한 새로운 경제 관행이 되었다.[170]

그럼에도 바로 이와 같은 관행은 호라즘 노선의 번영과 수도 이전에

---

166 반면, 동부 호라산은 비록 정치적으로는 아닐지라도 경제적·사회적으로는 그들의 지배를 모면했고 스스로 니샤푸르 주변에서 조직화했다. 이렇게 메르브의 옛 영역은 극과 극으로 분할되었다.
167 Narshakhī(trans. Frye, pp. 78~82).
168 이 책의 제6장 247쪽 참조. Muqaddasī, BGA, III, p. 286에는 호라즘에 대해서도 같은 생각이 표현되어 있다.
169 Burjakov and Dudakov, 1994; Burjakov, 1974, 특히 pp. 102~11 참조.
170 Davidovic, 1996은 사만 제국 내에서의 화폐 유통의 특징을 상세하게 분석했다.

도 불구하고 사마르칸트가 트란스옥시아나 경제에서 가장 중요한 도시로 여전히 남아 있었음을 보여 준다. 실제로 이들 은화는 초기에 사마르칸트와 차츠의 은광에서만 주조되었다. 훗날에서야 부하라의 조폐창이 추가되었다. 933년 이전의 것으로 추정되는 알-이스타크리의 글과 이븐 하우칼(전체적으로 동부에 대해서는 알-이스타크리의 글을 베꼈고 969년에 집필했다)의 글을 비교해 보면 흥미롭다.[171] 이븐 하우칼은 알-이스타크리가 트란스옥시아나에는 두 개의 조폐창만이 있었다고 말한 부분에 부하라를 추가했다. 러시아에서 발견된 주화 더미에서 부하라의 동전들은 940년대 이후에야 등장했는데, 양적으로 차츠와 사마르칸트에 이어 세 번째로 많았다.[172]

10세기 초반에도 여전히 주목할 만했던 사마르칸트의 경제적 지배력은 그 이후로 줄어들었다. 부하라에서 조폐창이 등장한 것은 이를 보여 주는 초창기 조짐이었는데, 이븐 하우칼의 글은 또 다른 징후도 보여 준다. 알-이스타크리는 사마르칸트에 대해 다음과 같이 썼다.

> 그곳은 트란스옥시아나의 창고이자 상인들의 집합 장소이다. 트란스옥시아나 상품의 대부분이 사마르칸트로 보내졌고 그 후 모든 지역으로 유포되었다.[173]

반면, 이븐 하우칼은 두 번째 문장은 넣지 않고 그의 글을 베꼈다. 두 사람 모두 도시 부(富)의 일부는 과거에 속했음을 강조한다.

---

171 al-Iṣṭakhrī, BGA, I, p. 333과 Ibn Ḥawqal(trans. Kramers and Wiet, p. 487, BGA, II, p. 510)을 비교.

172 나를 위해 이들 문제를 명확하게 짚어 준 친절한 누넌, 보리스 코츠네프(Boris Kočnev), 안바르 아타조츠다예프(Anvar Ataxoždajev) 교수에게 진심으로 감사하는 바이다. Davidovič, 1966, p. 112도 참조.

173 Iṣṭakhrī, BGA, I, p. 318.

주민들은 훌륭한 자질을 갖추고 있다. 예전에는 기사다운 용기를 가졌음을 자랑스러워했고 어떤 희생도 꺼리지 않았으며, 호라산의 대부분의 주민보다 더 사업상의 모험에 관여했다. 그 결과 그들의 자산은 대폭 줄어들었다.[174]

부하라의 성장에 직면해서조차 의심할 여지 없이 옛 대도시는 우위를 점하고 있었다. 그러나 지역의 경제적 균형 속에서 동부 소그디아나의 상대적인 쇠락은 부정할 수 없다. 이러한 전체적인 틀 속에서 우리는 반드시 트란스옥시아나의 교역에 대한 지리학자들의 설명을 이해해야 한다. 서부 쪽에서 경제적·지리적 균형의 변화가 발생했다. 사만 왕조의 교역은 부하라를 그 주요 중심지로 삼았다. 이는 좋은 양질의 은화에 기반했는데, 그 주요 방향은 북서쪽이었다. 이 모든 것이 8세기 소그드 상인의 교역과 분명하게 다른 특징이었다.

2. 트란스옥시아나의 상업경제

지리적 묘사

여러 문헌이 트란스옥시아나의 상업적 지리와 그 수출에 대해 상당히 정확한 개념을 우리에게 전달한다.

트란스옥시아나 교역에 대해 지리학자들이 제공한 정보를 비교하는 작업은 상호 대차로 인해 매우 복잡하다. 누가 무엇을 보았는지를 알기가 어려운데, 왜냐하면 이 학문 분야의 기반이 되는 저작들이 전해지

---

174 Ibn Ḥawqal(trans. Kramers and Wiet, p. 474, text BGA, II, p. 494). 몇몇 필사본이 증명하듯이, 사라진 과거라는 맥락에서 현재를 과거로 정정할 필요가 있다. 이스타크리의 원문(BGA, I, p. 318)도 거의 같다.

지 않거나(알-발히, 자이하니) 요약된 형태로만 현존하기(이븐 후르다드비흐, 이스타크리) 때문이다. 다시 말해 익명의 『세계의 경계』에 등장하는 설명은 사실 알-이스타크리 — 그 자신은 알-발히나 자이하니에게서 빌려왔을 수도 있고, 또 그들은 어쩌면 이븐 후르다드비흐가 쓴 온전한 글에 의존했을지도 모른다 — 의 사라진 글귀에서 빌려온 것일 수도 있다. 사슬의 한쪽 끝의 정보는 982년의 것으로, 그 반대쪽 끝의 정보는 846년으로 것으로 추정된다.

『세계의 경계』에서 묘사된 사마르칸트의 사례는 이러한 어려움을 잘 보여 준다.

> 크고 번영한 사마르칸트는 매우 유쾌한 도시이다. 그곳은 세계 전역에서 온 상인들의 의지처이다. …… 사마르칸트에는 니구샤크(nighūshāk)라 불리는 마니교도들의 수도원이 있다. 사마르칸트는 세계 전역으로 수출되는 종이와 삼노끈을 생산한다.[175]

예를 들어 사마르칸트에 자주 들락거리는 전 세계에서 온 상인의 정보는 알-이스타크리에게서 얻은 것이며,[176] 마니교 수도원에 대한 언급처럼 어떤 정보는 10세기 후반의 것이다.

전반적으로 두 개의 다른 지리학적 전승이 있는데, 그것을 대조·검토해 보면 트란스옥시아나의 상업경제에 대한 개략적인 그림을 그릴 수 있다. 첫 번째는 발히(유실)-이스타크리(불완전)-이븐 하우칼-『세계의 경계』 계열에 의해 대변된다. 두 번째는 그 자신 또한 발히를 참조했으나 개인적인 관찰로 발히의 글을 상당 부분 보완하고 좀 더 상세하게 트란스옥시아나와 호라산의 생산품 목록을 제시한 무카다시로 구성

---

175 *Ḥudūd*(trans. Minorsky, p. 113), p. 352의 주석 참조.
176 Iṣṭakhrī, BGA, I, pp. 317~18.

된다.

발히-이스타크리-이븐 하우칼-『세계의 경계』라는 전승에 따르면, 부하라 지역의 주요 수출품은 면직물과 모직 카펫이었던 것 같다.[177] 이븐 하우칼은 알-이스타크리보다 그에 대해 좀 더 상세한 목록을 제시한다. 『세계의 경계』는 모직 상품과 초석을 언급한다.[178] 이븐 하우칼은 부하라의 여러 시장 가운데 노예시장의 존재를 지적한다.

성벽 너머로 시장들이 계속 이어진다. 매달 특정 시간에 열리는 장마당이 있는데, 그곳에 모여드는 고객 수가 상당하다. 그곳에서는 주민들이 상습적으로 구입하는 가축, 천, 노예, 모든 종류의 놋쇠 제품, 꽃병, 다양한 그릇을 판다. 부하라와 그 인근에서는 이라크 및 다른 나라로 수출하는 다양한 제품, 이른바 부하라 직물, 두꺼운 실로 단단하게 짜서 아랍인들에게 귀히 여겨지는 무거운 면직물, 아니면 카펫, 진짜 아름다운 장식용 모직 벽걸이, 쿠션, 미흐랍 무늬를 가진 기도용 깔개를 제조한다.[179]

그는 또한 타와위스(Tawāwīs) 장터에 대해서도 언급한다. 케시에서는 호라산 전역으로 수출되는 소금과 노새가 확인된다. 사마르칸트 인근의 위다르(Widhar)는 양질의 경량 면직물 — 호라산의 모든 명사(名士)가 즐겨 입었다 — 을 생산하던 대(大)중심지였다. 이븐 하우칼은 사마르칸트와 관련해 노예무역은 언급했지만 종이(반면, 그는 트란스옥시아나를 칭송하면서 종이를 인용했다)에 대해서는 아무것도 말하지 않았으며,[180] 『세계의 경계』는 삼노끈과 함께 종이가 사마르칸트에서 생산된다

---

177 Ibn Ḥawqal(trans. Kramers and Wiet, p. 470, BGA, II, p. 490).

178 *Ḥudūd*(trans. Minorsky, p. 112).

179 Ibn Ḥawqal(trans. Kramers and Wiet, p. 470, BGA, II, p. 490).

고 분명히 밝혔다.[181]

우스트루샤나에 대해서는 부탐(Buttam)의 산에서 나오는 암모니아 — 세계 전역으로 수출되었다 — 와 마르스만다(Marsmanda)의 철기(鐵器) — 이라크처럼 먼 곳에서도 발견되었고 중요한 장마당의 제품이었다 — 를 언급했다.[182] 페르가나는 황산, 암모니아, 타라곤(씨앗이 수출되었다)뿐만 아니라 여러 광물(금, 은, 수은 등)도 생산했다. 『세계의 경계』와 이븐 하우칼은 수많은 상인이 모이는 큰 교역 장소의 지위를 차츠에 부여하는 데 동의했지만, 전자도 후자도 모두 그곳의 교환 상품에 대해서는 특정하지 않았다.[183]

적어도 트란스옥시아나에 대한 글귀 앞머리에 인용된 사향의 일부가 그 일대를 거쳐 지역으로 유입되었음을 추정할 수 있다. 왜냐하면 트란스옥시아나가 제공하는 상품 가운데 키르기즈 사향이 발견되었기 때문이다. 모피도 그곳을 통과해 지나갔다. 그것들은 북쪽과 차츠 동쪽의 튀르크 민족들의 생산품 가운데 자주 언급되곤 한다.[184]

알-무카다시는 체계적으로 물품과 생산품의 긴 목록을 제공한다.

부하라에서는 고급 의복, 대추야자, 러그, 여관용 카펫, 청동색의 나뭇가지 모형의 촛대, 벽걸이, 감옥에서 직조된 말 뱃대끈, 알-아슈무

---

180 Ibn Ḥawqal(trans. Kramers and Wiet), Tawāwīs: p. 469, BGA, II, p. 489; Kesh: pp. 480~81, BGA, II, p. 502; Widhār: p. 497, BGA, II, p. 520; Samarkand: p. 474, BGA, II, p. 494; praise, p. 447, BGA, II, p. 464.

181 Ḥudūd(trans. Minorsky, p. 113).

182 Ibn Ḥawqal(trans. Kramers and Wiet, pp. 483~85, BGA, II, pp. 505~07). Ḥudūd(p. 115)는 거래 수치로 10만 디르함을 제시했으며, 마찬가지로 암모니아도 언급했다. Ferghana: Ibn Ḥawqal, trans. Kramers and Wiet, pp. 492~93, BGA, II, p. 515.

183 예외적으로 Ḥudūd(trans. Minorsky, p. 118)에서 활이 언급된다.

184 Ḥudūd(trans. Minorsky, pp. 94~100).

나인(al-Ashmūnayn)[에서 만들어진 형태의] 의복, 수지와 양가죽, 연고가 수출되고, 카르미니야(Karmīniya)에서는 머릿수건이, 다부시야(Dabūsiya)와 위다르(Widhar)에서는 위다리야(Wīdhāriyya) 직물 — 단색의 직물로 바그다드의 통치자가 '호라산(Khorasan) 실크 브로케이드'라고 부른다고 들었다 — 이 수출된다. 라빈잔(Rabinjan)에서는 빨간 펠트로 된 겨울용 숄과 대추야자, 은과 납 합금으로 만든 둥근 술잔, 가죽, 대마 밧줄(삼노), 유황이, …… 사마르칸트에서는 은색 천, 사마르칸디라 불리는 직물, 큰 구리 팬, 아름다운 긴 목의 병, 통, 등자, 쌍계주, 뱃대끈 등이 수출된다. 디자크(Dīzak)에서는 최고급 펠트와 펠트로 된 아크비야(aqbiya)[단수형 카바(qabāʻ) - 긴 소매의 외투]가, 비나카트(Binākath)에서는 투르키스탄 의복이 수출된다. 샤슈(Shāsh)에서는 뛰어난 재질의 알-카이마크트(al-kaymakht)[라고 불리는 가죽]로 만든 안장, 화살통, 통, 튀르크인들로부터 구입해 염색한 생가죽, 숄, 대추야자, 가죽 망토, 면실[유], 고급 화살, 저급의 바늘, 목화와 가위도 튀르크인들에게 팔린다. 사마르칸트산(産) 실크 브로케이드도 튀르크인들에게 팔리고 무마르잘(mumarjal)이라는 빨간 천과 시니즈(Sīnīz)에서 만들어진 천, 비단과 그것으로 만든 의복, 헤이즐넛, 호두 등도 팔린다. 파르가나(Fargānā)와 이스피자브(Isfijāb)에서는 튀르크족 출신의 노예, 흰 천, 전쟁 기기, 검, 구리, 철들이, 타라즈에서는 염소 가죽이, 쉴지(Shiljī)에서는 은이 팔린다. 투르키스탄에서는 이곳들로 말과 노새가 수출된다.[185]

그는 페르가나와 일라크의 광산에 대해 좀 더 언급한다. 이 긴 목록은 교차 검토를 통해 각각이 다른 수준의 지역, 역내, 장거리 교역에 대해 한층 정확한 개념을 얻을 수 있는 점을 고려하면 매우 흥미롭다. 고

---

[185] Al-Muqaddasī, trans. Collins, pp. 286~87, BGA, III, p. 325.

고학은 주어진 정보의 일부가 사실임을 확인해 준다. 예를 들어 유리가 10세기 사마르칸트의 이슬람 시대 지층에서 대거 출토되었다. 부하라의 멜론 역시 오늘날의 우즈베키스탄에서 지금도 발견되고 있다. 앞에서 인용한 대다수의 상품은 역내 교역, 즉 트란스옥시아나와 차츠, 호라산 내에서 거래된 것이다. 이는 특히 암모니아로 보이는 것을 제외하고는 광물뿐만 아니라 다수의 직물과 수공예품의 경우에도 그러하다. 무카다시가 언급한 사마르칸트의 비단은 북쪽의 튀르크인들과의 일부 거래를 상쇄하는 데 분명 도움이 되었다. 그것이 지역에서 생산된 것인지조차 확실하지 않다. 더구나 면직물은 트란스옥시아나의 대표적인 생산물이고 옥수스강 너머에는 메르브 및 니샤푸르 견직물에 견줄 만한 것이 없기 때문이다. 나는 잔다니지의 문제와 『부하라의 역사』에서 그것이 언급되었음을 이미 다룬 바 있는데, 이 직물은 이러한 맥락에 딱 들어맞는다.[186] 일부 역내 생산품은 공급이 필요한 시장이 있는 저 멀리 이라크까지 보내졌을 수도 있지만, 문헌에는 개연성 있는 이와 같은 상황이 실려 있지 않다. 원래는 장거리 교역 영역에 속하는 상품들이 직물과 노예를 제외하면 수적으로 훨씬 적다. 이에 대해서는 이라크의 작가들이 우리에게 남긴 문헌과 앞서 언급한 문헌을 비교하는 것으로 충분하다.

소그드 상품의 유포

중앙아시아에서 멀리 떨어진 곳에서 작성된 아랍어 및 페르시아어 자료에는 늘 특별히 소그드 물건으로 간주되는 상품들이 있다.

첫 번째 가장 확실한 제품은 종이이다. 탈라스 전투(751)에서 포로로 잡힌 중국인이 사마르칸트에서 그 제조 비법을 알려 주었을지도 모른

---

186 이 책의 제8장 350~51쪽 참조.

다. 사실, 종이는 극히 이례적인 것으로 남아 있지만 사산 왕조 이란에도 알려져 있었다.[187] 아랍어 및 페르시아 자료에서 종이는 정말로 탁월한 사마르칸트 제품으로 여겨졌다. 그리하여 자칭 자히즈(Jāḥiz)[188]라는 사람도 9세기 바그다드에서 발견 가능한 사치품의 상세한 목록을 작성했는데, 그 가운데 사마르칸트 종이를 언급했다.[189] 10세기에 종이는 이슬람 세계 전역에서 파피루스를 대체했다.[190] 그러나 종이가 사마르칸트의 장인들이 만든 것으로 여겨짐에도 불구하고 그것을 유통한 상인들이 소그드인인지는 확신할 수 없다. 그럴듯하기는 하지만 문서의 부재로 인해 확인이 불가능하다.

또 다른 상품은 좀 더 확실한 결론에 이르게 한다. 사향은 칼리프 궁전에서 자주 쓰이던 상품이었다. 9세기에 쓰인 것으로 추정되는 자신의 저작을 통해 사향에 기반한 향수 제조법을 여럿 제공하고 이러한 상품의 출처와 다른 품종의 상대적인 품질에 대한 설명에 책 전반을 할애한 야쿠비는 특별히 흥미로운 작가이다.

사향 가운데 최고는 티베트 사향이다. 그다음으로는 소그드 사향, 그 뒤로는 중국 사향(그리고 나서 그는 중국 사향의 해상 항로를 설명한다)이 온다. 소그드 사향은 호라산 상인들이 티베트에서 구매한다. 사람의 등에 실려 호라산으로 운반된 후 그곳에서 세계 곳곳으로 수출

---

187 Laufer, 1919, pp. 557~59 참조.
188 자히즈(869년 사망)의 작품으로 여겨지는 이 문헌, 즉 『교역에 대한 통찰의 서(書)』(*Kītāb at-tabaṣṣur bi-t-tijāra*)는 샤를 펠라(Charles Pellat)에 의해 번역·편집되었는데(Pellat, 1954), 그는 이러한 귀속성을 강하게 의심했다. 그럼에도 11세기 초 탈리비(Thaʿālibī)가 이 문헌을 자히즈의 글로 *Laṭāʾif*(trans. Bosworth, 1968, p. 142)에서 언급했음을 기억해야 한다. 이 문헌의 다양한 요소는 이 글을 9세기에 쓰여진 것으로 추정케 한다.
189 Pellat, 1954, p. 159.
190 Thaʿālibī(trans. Bosworth, p. 140).

된다.[191]

『고대 편지들』이 작성된 시기부터 사향은 소그드인들에 의해 거래되던 상품이었다. 비록 소그디아나에는 사향을 가진 사슴이 없었지만, 자신들의 이름을 붙인 다양한 사향이 거래되었고, 이러한 형태의 교역에서 소그드인들은 충분히 중요한 자리를 점했다. 이와 같은 사실은 아마도 소그드인들이 사향 시장을 확보했음을 보여 주는 듯싶다. 이븐 하우칼은 이 교역이 10세기에도 소그디아나에서 계속 되었음을 보여 준다. 아부 자이드의 한 글귀도 비록 중국 무역로와 관련해서이지만 한 소그드 상인과 그의 사향 자루를 상기시킨다.[192] 사향에 대한 사마르칸트의 통제권은 한동안 지속되었다. 투델라의 벤자민(Benjamin de Tudela, 1130~73)[193]은 12세기에도 소그디아나에서 사향의 땅인 티베트로 가는 교역로에 대해 언급한다.[194] 사향은 무게 대비 가격 비율이 높았기에 그 자체로 장거리 운송에 완벽하게 들어맞는 제품이었다. 생산지와 가까운 투르판에서 사향 1그램은 금 1.7그램의 가치가 있었다. 바그다드에서 그 가격은 훨씬 높았다.

세 번째 교역 물품은 소그드 상인들의 활약을 보여 줄지도 모른다. 야쿠비는 이내 다음과 같이 썼다.

이것은 자파르 쿠슈샤키(Dja'far Khushshakī)가 나에게 했던 설명이다. "무타심이 마문 통치기에 사마르칸트와 누 이븐 아사드(Nūḥ Ibn Asad)로 튀르크인들을 사오라고 나를 보냈다. 나는 매년 일정 수의 노

---

191 Ya'qūbī(trans. Wiet, 1937, p. 235).
192 Abū Zayd(trans. Ferrand, p. 109), 후술하는 458쪽의 인용문 참조.
193 (옮긴이) 12세기에 유럽과 아시아 및 아프리카를 방문한 유대인 여행가로, 서아시아에 대한 그의 생생한 묘사는 마르코 폴로보다 100년이나 앞섰다.
194 Tardieu, 1996; Signer-Asher, 1987의 번역문 참조.

예를 그에게 대령했는데, 마문 통치기에 이미 대략 3,000명가량의 시동(侍童)을 선발했다. 칼리프권을 계승한 후에도 그는 이러한 모집을 지속적으로 시행했다."[195]

사마르칸트의 노예상 사이에서 이와 같은 모집이 이렇게 처음으로 정기화되었다는 사실은 후기 이슬람 역사에서 매우 중요하다.[196] 『판드나메』(Pand-name) — 아마도 11세기에 동부 이란을 지배하고 북부 인도를 정복한 가즈니 왕조의 창립자 세뷕테긴(Sebüktegin, ?~997) 본인이 작성한 것 같다 — 는 그 기원에 대해 여러 정보를 제공한다. 이식쿨 호수 인근인 바르스칸(Barskhān)에서 태어난 세뷕테긴은 툭시(Tukhsī) 튀르크인들에 의해 납치되어 어린 시절 차츠의 노예상에게 팔렸다. 그 후 남부 소그디아나의 큰 도시인 나사프에서 시동(侍童)으로 교육받은 그는[197] 알프테긴에게 고용되어 가즈니 왕조의 권력을 계승했다. 노예무역에 대한 자료가 부족하지만 적어도 세뷕테긴의 사례는 아이일 때 납치되어 소그드-튀르크 마을이나 세미레체, 차츠 도시에 이주한 상인에게 팔려갔다가 아바스, 사만, 가즈니 군주들에게 고용된 수많은 튀르크 전사의 운명이 어떠했을지를 보여 준다. 결과적으로 이 사례는 노예 무역이 아마도 소그드인들의 마지막 활동 가운데 하나였을 것으로 짐작케 한다.

이러한 교역이 트란스옥시아나에서 큰 역할을 했음은 확실하다. 이는 10세기 내내 지속되었는데, 이븐 하우칼은 특히 다음과 같이 지적했다.

---

195 Ya'qūbī(trans. Wiet, 1937, p. 45).
196 이슬람 지역에서 튀르크 병사의 문제는 많은 논쟁을 야기한다. 이 제도의 중앙아시아적 기원에 정통한 관점에 대해서는 Beckwith, 1984a 참조. 더 이전의 참고문헌도 찾을 수 있다. de la Vaissière, 2005(근간) 참조.
197 Bosworth, 1963, pp. 39~41; Bosworth, 1998, pp. 125~26 참조.

노예들이 지역[트란스옥시아나]을 에워싸고 있는 튀르크인들 사이에서 모집되었다. 주민들은 그들이 원하는 것보다 더 많은 노예를 보유하고 있기에 다른 나라로 그들을 재수출한다. 이들은 동방에서 찾을 수 있는 가장 날렵하고 아름다운 최고의 노예이고 또한 가장 비싸다.[198]

그러나 사만 영토에서 거두는 세금에 대한 정보를 제공한 무카다시는 자신의 입장에서 다음과 같이 명시한다.

관세는 낮은 편이다. 하지만 자이훈(Jayhūn) 강둑에서 노예에 대한 관세는 무겁다. 통치자의 허가증 없이는 남자 노예(ghūlam)를 너머로 보내지 않을 것이고, 허가증이 있다면 100에서 70을 뗄 것이다. 마찬가지로 여자 노예의 경우에 허가증이 없고 그들이 튀르크인이라면, 관세는 여자 한 명당 20~30디르함이 부과된다. 낙타의 경우 2디르함이다.[199]

이로부터 사만인들이 노예무역을 엄격하게 통제했을 뿐만 아니라 이를 통해 상당한 세수도 올렸음을 알 수 있다. 그러나 사마르칸트는 이 시장을 계속해서 지배했다.

사마르칸트는 트란스옥시아나 노예들의 집결지이며, 최고의 노예는 사마르칸트에서 교육받은 이들이다.[200]

198　Ibn Ḥawqal(trans. Kramers and Wiet, p. 447).
199　Muqaddasī(trans. Colins, p. 300, BGA, III, p. 340).
200　Ibn Ḥawqal(trans. Kramers and Wiet, p. 474).

역설적이게도 오래된 소그드 문화에 사마르칸트가 보낸 한층 강한 지지는 도시가 새로운 엘리트의 호의뿐만 아니라 문화적·정치적 우위도 상실하도록 만들었지만, 이 분야에서는 오히려 도시에 더 이로웠던 것 같다. 젊은 노예들에게 주어진 교육은 그들이 전사이든 궁전을 즐겁게 하거나 매료시킬 운명이든 간에, 의심의 여지 없이 호전적이고 세련된 소그디아나의 옛 귀족 문화에 매우 가까웠다. 다시 말하면 튀르크 노예에게는 뛰어난 피크(fiqh)[201] 전문가가 아니라 차라리 아프신(Afshīn)의 자질, 즉 소그드어에서 차용한 드문 페르시아어로 묘사되는 약간은 어두운 특질을 물려받았기를 기대했다.

전체적으로 지리학자들의 풍부한 설명을 뒤로하고 일단 호라즘 교역품을 고려하지 않는다면, 넓은 범위의 소그드 교역은 개수가 줄어든 상품으로 한정된다. 바그다드에서 보면 무카다시의 긴 목록도 줄어든다. 사실, 남아 있는 여러 제품은 소그드인들이 직접 바그다드와 다른 제국의 도시들에서 팔았다고 생각할 수도 있다. 소그드인들은 혼자 힘으로 약간의 틈새시장을 지킬 수 있었다. 그러나 이에 대한 문헌적 증거는 부족하다.

이것을 언급한 단 하나의 사례에서 비단이 튀르크인들과의 거래 균형을 맞추는 역할을 했다. 비단은 더 이상 중국에서 오지 않았고 반대로 서쪽에서 왔다. 이때부터 거래되는 제품들은 소그드 시기에 비해 제한적인 지역에서 왔다. 튀르크 후배지에서는 노예가, 호탄에서는 사향이 하나하나 충분하게 공급되었다. 그렇다면 동부 소그드 공동체와의 연고 가운데 무엇이 남았을까?

---

[201] (옮긴이) 『쿠란』과 하디스를 바탕으로 이슬람 율법을 이해하고 해설하는 행위를 말한다.

3. 투르키스탄의 후배지

이들 생산품, 특히 사향과 노예에 대한 반복적인 언급은 옛 소그드 배후지의 일부가 여전히 10세기에도 존재했음을 보여 준다. 8세기의 재앙 이후 일부 교류가 재개된 것이다.

소그드 교역, 위구르 교역

제4장에서 설명했듯이, 760년대부터 소그드 통상로의 중심부 대부분이 직간접적으로 티베트의 통제—장안(長安)과 타림분지 사이—와 좀 더 변동이 심한 위구르의 통제—타림분지와 때때로 세미레체에서—아래 있었다. 중국 북부에서 소그드 환경이 763년 이후 위구르 제국의 보호를 필요로 하던 때와 바로 같은 시기에 발생한 이와 같은 갑작스러운 정치적 파편화는 소그드 교역사에서 주요 사건으로 고려해야 한다. 실제로 여러 사실은 티베트의 약탈 때문에 전통적이고 명확한 감숙 노선 대신에 좀 더 긴 위구르 노선이 선택되었다는 생각을 뒷받침한다.

우리는 이전 시기의 당나라 경제를 경제생활의 주요 참여자인 중앙집권화된 국가에 이익이 되도록 중국 북부의 곡물과 비단 잉여물의 재분배에 초점이 맞추어진 경제—이는 북서쪽으로의 군사 팽창을 지향하고 외국 상인들이 큰 역할을 수행하도록 허용했다—로 요약할 수 있었다. 이러한 개요의 모든 조건이 8세기 후반에 뒤바뀌었다. 북서쪽의 식민 제국에 더해 정부는 중국 북부의 방대한 지역, 특히 하북(河北), 산동(山東), 하남(河南)—이들은 공물을 보내는 것을 중단했다—같은 광대한 비단 생산지에 대한 통제력을 완전히 상실했다. 유일하게 남쪽 지역만이 통제 아래 남았는데, 덕분에 남부는 페르시아인들의 해상 통상과 함께 이전에는 지역 경제생활에서 차지할 수 없었던 위상을 차지했다. 비단과 구리 동전은 남부에서 개인 은세공업자에 의해 주조된 은화에 밀려 통화 매체로서의 지위를 상실했다. 중국 상인들은 성장하는 가운데 점점 용인되어 가던 사회적 역할—이는 11세기 송나라의 상업 문명으로 이어졌다—을 수행함으로써 사회적 평가 기준의 와해로부터 이득을 봤다.[202] 이렇듯 소그드 교역의 경제 수지가 2세기 동안 기반으로 삼았던 토대는 완전히 붕괴되었다.

760년대 이후 감숙(甘肅)과 남부 타림분지에 있던 주요 교역로의 핵심 부분에 세워진 중국 요새들은 잇따라 티베트의 손에 넘어갔다. 756~786년까지 30년 동안 조정은 톈산의 마지막 중국 요새의 운명을 전혀 인지하지 못했다.[203] 몇 년 안에 돈황은 또다시 물물교환을 근간으로 하는 경제로 돌아갔다. 현금이 계약에서 사라졌다.[204] 8세기 후반 소그드 유형의 교역 경제는 확실히 매우 어려운 시기를 맞았다. 당시 대교역이 적어도 한두 세대 동안은 틀림없이 상당 부분 감소했을 것으로 생각하는 것도 무리가 아니다.

이는 소그드 교역과 위구르 정책 사이에 수립된 연계성을 이해하는 것이 필요한 맥락이다. 여러 문헌이 그 중요성을 입증한다.

> 무엇보다도 위구르인들은 중심 국가를 이루었을 때면 언제나 항상 몇몇 소그드인—그들은 종종 수도에 잔류했다—과 함께였다. 시간이 흐르면서 그 숫자는 1,000명에 가까워졌다. 그들은 [계속해서] 그곳에 살았고 자산은 번창했으며 막대한 양의 자본을 축적했다.[205]

202　세금에 대해서는 Twitchett, 1963, pp. 34ff., 주화에 대해서는 pp. 76f., 행정적인 측면에 대해서는 pp. 109ff. 참조. 마찬가지로 상인들에 대한 논의는 Twitchett, 1968, 특히 pp. 74~78 참조.
203　Mackerras, 1972, p. 103, 『新唐書』 卷 217A, p. 6124에서 인용.
204　Trombert, 1995, pp. 26~27.
205　『新唐書』 卷 217A, p. 6121(trans. Mackerras, 1972, p. 89).

780년 한 무리의 위구르 관리들이 중국에 들어왔다. 그들이 끌고온 수천 마리의 짐 운반용 가축(낙타와 말) 위에는 위구르인들과 소그드인들(9개의 이름을 가진 호인[胡人]), 그리고 그들의 중국인 소실이 타고 있었다. 그들은 10만 필이 넘는 비단을 보유하고 있었다.[206] 한 중국 관료는 그들을 살해하자고 제안하면서 다음과 같이 말했다.

> 위구르인들은 근본적으로 강하지 않지만 소그드인들의 도움을 받고 있다.[207]

게다가 이 시기 전후로 중국에 있었던 위구르 제국 출신의 고관들과 대사들은 소그드어 이름을 가지고 있었다.[208] 수많은 마니교 신자가 807년부터 대사로 일했고 장안(長安)에서 거리낌 없이 교역에 종사했다.[209] 이처럼 위구르 제국의 소그드인들은 첫 튀르크 제국에서 수행했던 것과 유사한 역할을 담당했다.[210] 그러나 튀르크 시대보다 더 오랫동안 위구르인들은 동맹을 바꾸겠다는 위협으로[211] 중국이 고가에(예전에는 말 한 마리당 비단 25필을 지불했으나 이제는 38~40필을 지불해야 했다)[212] 엄청난 수의 말을 구입하게 하여 상당한 양의 비단 공물로부터

---

206 『新唐書』卷 217A, p. 6121(trans. Mackerras, 1972, pp. 89~91).
207 『新唐書』卷 217A, p. 6121(trans. Mackerras, 1972, p. 91).
208 Mackerras, 1972, pp. 151~52, n. 145; p. 166, n. 212.
209 Mackerras, 1972, p. 109, 『新唐書』卷 217A, p. 6126에서 인용.
210 누군가는 여기서 우리가 이미 튀르크인들에 대해 언급했던 바를 위구르인들에게도 그대로 반복하는 식의, 즉 선입견에 배인 중국 역사의 서술 방식으로 다루고 있는 데에 이의를 제기할지도 모른다. 이미 언급한 카라발가순 및 시네 우수(Šine Usu)의 비문뿐만 아니라 위구르어에 나타나는 소그드어 어휘들은 적어도 이러한 반복이 매우 현실적인 근거가 있음을 보여 준다.
211 교역 형태로 위장한 이 공물에 대한 연구는 잘 되어 있다. 문서에 대해서는 Mackerras, 1969를, 경제적 영향에 대해서는 Beckwith, 1991 참조.
212 Beckwith, 1991, p. 187.

이득을 보았다. 중국의 국가 체제 붕괴에도 불구하고 말 교역 덕분에 상당한 양의 비단이 위구르 수도로 향할 수 있었다. 이전 시기보다 문헌이 체계적이지는 않지만, 수십 년 동안 위구르인들은 정기적으로 수천 마리의 말을 평균가 비단 38필에 수도로 보냈다.[213] 당나라는 평균적으로 위구르인들에게 매해 7,500마리의 말—30만 필의 생사에 상응한다—을 구입했다. 황제들은 말 구입을 줄여 이러한 부의 흐름을 제한하고자 필사적으로 노력했지만 거의 매번 실패했다. 중국 자료는 갈취가 틀림없다고 생각한 이 행태에 대한 애통으로 가득하다.[214]

이 책의 주제와 관련해 핵심적인 질문은 다음과 같다. 말 교역에서 나온 비단이 정치적 분쟁 때문에 파괴된 전통적인 연고를 과연 상쇄할 수 있었을까? 누군가는 실제로 카라발가순과 톈산 북쪽 노선을 경유하는 평행한 소그드 순환로가 568년 사건을 모델로 하여 소그디아나 또는 더 먼 지점에서 이 비단의 재분배를 책임졌다고 생각할 수도 있다. 비단 양이 많지는 않았지만 완전한 호환이 가능했기 때문이다.

동부 거류지의 소그드인들이 이와 같은 거대한 경제적 교환 덕분에 대규모 교역에서 중요한 자리를 다시 차지할 수 있었다는 추정은 매우 솔깃한 생각이다. 하지만 어떤 상업적 문서도 서쪽에서 재분배가 있었다고 확언하거나 위구르 제국과 소그디아나 사이의 연고를 분석할 수 있도록 허락하지 않는다. 유용한 유일한 문서는 외교나 군사적 성격을 띠고 있다. 중국 작가들은 서쪽에서 무슨 일이 일어나고 있는지 거의 알지 못했고, 아랍 작가들은 8세기 후반 중앙아시아에 대해 사실상 침묵하고 있다. 한편, 소그드인들이 마음대로 처분할 수 있을 만큼의 비단을 가지고 있었다 할지라도 자신들이 활동하던 8세기 말 이전의 교역 노선을 재구축할 수 있었을 것 같지는 않다. 실제로 780~790년 위

---

213 Mackerras, 1969, pp. 238~39; Beckwith, 1991, p. 192.
214 Beckwith, 1991, p. 188.

구르인들에 대해 그들이 점하고 있던 우위는 저지당했다.²¹⁵ 그들이 사업에 복귀한 향후 10년 동안 북부 타림분지의 오아시스에 대한 통제권을 두고 티베트와 위구르 사이에 큰 전투가 벌어졌다. 특히 투르판과 쿠차 지역에서 두 세력 사이의 다툼이 심각했는데, 종국에는 상황이 위구르인들에게 유리하게 돌아갔던 것 같다.²¹⁶

9세기: 정치적 교류

9세기는 달랐다. 여러 문서가 동부와 소그디아나 사이에 접촉이 재개되었음을 보여 준다. 문서 가운데 일부는 외교적이며, 나머지는 종교적이다. 그 어느 것도 상업적이지는 않다.

탕체(Tankse)²¹⁷ 인근의 라다크(Ladakh) 바위 더미에서 네스토리우스교 십자가와 함께 일련의 소그드어 명문이 발견되었다. 이들 명문 가운데 가장 긴 글이 새겨진 것이 특히 흥미로운데, 9세기 또는 10세기에 작성된 것이고 210년이라는 날짜가 적혀 있기 때문이다. 이 문서는 여전히 해독하는 데 심각한 어려움을 안겨주고 있다.²¹⁸ 단지 다음과 같은 요소만이 확실하다.

> 210년 한 해 동안 …… 사마르칸트에서 온 남자 …… 노슈 파른

---

215 이 책의 제7장 331~32쪽 참조.
216 Moriatsu, 1981.
217 (옮긴이) 북부 인도에 위치하며, 투르키스탄과 티베트 사이의 주요 무역로상에 있다.
218 Sims-Williams, 1993. 니컬러스 심스-윌리엄스(Nicholas Sims-Williams)는 한편으로 '사마르칸트에서 온 남자' 앞에 붙은 산스크리트어 이름(C'ytr')을, 다른 한편으로는 '노슈파른'(Nōsh-farn) 앞의 '불교 수도승'(šmny)을 읽어냄으로써 이 문서에 불교적 해석을 부여했다. 그러나 다른 명문에 대한 조심스러운 조사 결과는 'šmny'를 확신을 가지고 읽을 수 없게 한다(더욱이 리브시크는 극도로 읽기 힘든 이 작은 무리의 글자들을 완전히 다른 방식으로 읽었다).

...... 티베트 카간에게 파견된 전령.

시대는 특정되지 않았지만 야즈드기르드 3세 때일 가능성이 있으며, 이는 841~842년을 상정한다. 여러 소그드어 명문, 특히 키르기즈에서 발견된 명문도 이와 같은 방식으로 연대가 추정된 것으로 알려져 있다. 또 다른 가능성은 이슬람 시대 소그디아나에서 사용되었던 이슬람력일지도 모른다는 것이다. 그렇다면 이는 825~826년에 해당한다.

같은 바위 더미에서 법명과 마니교 이름인 pr βgy n'm(소그드어로 정확하게 비스밀라[bismillah][219]와 동의어이지만 그리스도교 문구에도 상응한다)[220]이라는 문구가 적힌 마니교 또는 그리스도교, 이슬람교 명문, 그리고 네스토리우스교 십자가가 발견되었다.

이 바위 더미의 위치는 전령 또는 전령들이 서쪽에서 왔으며, 티베트 중심부로 향하고 있었다고 추정케 만든다. 왜냐하면 명문들이 길기트로 가는 긴 계곡 끝에 위치했기 때문이다. 선택된 노선은 10세기 이슬람 지리학 문서에서 발견되는 티베트 노선과 완전히 일치한다.

이들 정보에 대해 매우 다양한 해석이 제시되었다. 일반적으로 학자들은 그 안에서 위구르 카간에게서 티베트 카간에게로 가는 사절단을 보기를 원한다. 그러나 역사적으로 이러한 가설은 거의 수용하기 힘들 듯하다. 왜냐하면 841~842년에는 위구르 카간이 더 이상 존재하지 않았으며, 키르기즈에 카간국이 파괴되기 전에 도움을 요청하는 책임을 맡은 전령은 감숙에서 티베트는 위구르와 인접해 있는 이웃이었기 때문에 이렇게 우회하는 길을 채택하지 않았을 것이 확실하기 때문이다. 반면, 여러 단서는 사마르칸트에서 보낸 외교 사절단을 가리킨다. 선택된 노선에 덧붙여 전령 가운데 한 명의 출생지로 이 도시에 대한 언급

---

219 (옮긴이) 알라의 이름으로.
220 Sims-Williams and Hamilton, 1990, pp. 39~40.

이 그들이 서쪽에서 왔다고 생각하게 만들기 때문이다. 이 경우에 이슬람력으로 연대를 추정하는 것도 가능하다. 같은 시기에 우스트루샤나나 차츠, 페르가나에는 이슬람 이전의 중앙아시아 종교가 여전히 남아 있었다. 예를 들어 알-아프신(al-Afshīn)의 재판은 이를 보여 주는 명확한 증거이다. 불교는 10세기까지 세미레체에서 살아남았다.[221] 이처럼 사마르칸트나 어쩌면 북부에 인접한 지역 출신의 소그드인들이 825~850년까지 티베트 카간에게 파견된 대사로 일했다. 같은 시기 동부와 서부 사이에 파견된 사절단에 대해 더 널리 알려진 또 하나의 설명이 있다.

이 글귀는 821년(?) 타민 이븐 바흐르(Tamīn Ibn Baḥr)가 위구르의 수도 카라발가순으로 이끌고 간 사절단을 설명한다.[222] 사절단이 꾸려진 정치적 이유는 불분명하다. 적어도 이 이야기는 접촉이 존재했으며, 당시 위구르인들이 차츠 저 멀리까지 톈산 북쪽 스텝 지대 전역을 통제했을 뿐만 아니라 무엇보다도 그곳에 역참 우편 제도를 정착시켰음을 보여 준다.[223]

800~825년에 서부 중앙아시아에 위구르 카간국이 연루되었음을 보여 주는 여러 다른 정보가 있다. 821년에도 위구르 군대는 사마르칸트에서 며칠이면 닿는 우스트루샤나에 주둔해 있었다.[224] 13년 전 라피

---

221 심스-윌리엄스의 불교적 독해를 수용할지라도 서부적 기원은 배제되지 않는다.
222 Minorsky, 1948에 실린 이 이야기에 대한 가장 완벽한 설명의 번역본 참조. 노선과 그 변형들에 대해 상세하게 언급하고 있다.
223 Minorsky, 1948, p. 283과 pp. 292~94의 주석도 참조.
224 Ṭabarī, III, 1044, eng. trans. vol. XXXII, p. 107. 클리퍼드 E. 보스워스가 붙인 주석(n. 340) — 그는 여기서 바르톨트의 해석(Barthold, 1968, p. 201)에 따라 'Toghuz-Oghuz'를 아랄해의 'Ghuzz'로 해석했다 — 은 틀렸다. 사실, 이들은 당시 빠르게 팽창하고 있던 위구르인들이었다. 모리야스 타카오(森安孝夫)는 카라발가순 비문의 본문 — 시르다리야강까지의 원정을 언급했다(중국어 본문 17열) — 은 여기서 사용할 수 없다고 내게 짚어 주었다. 이 침략은 수년 전, 즉 라피 이븐 라이스의 반란 시기로 배치되어야 한다.

이븐 라이스(Rāfi' Ibn Layth)의 대반란—이는 저 멀리 호라즘과 투하리스탄 일부까지 트란스옥시아나 전체를 불타오르게 했다[225]—동안에 위구르인들은 라피에게 군대를 제공한 동맹 가운데 하나로 언급된다.[226] 동시에 형에 맞서 반란을 일으킨 알-마문은 위구르 카간에게 의탁할까도 생각했다.[227] 서부에 위구르가 강력하게 관여했던 이 시기는, 위구르 대사들 가운데 마니교도들이 수행한 역할이 입증하듯이, 카간국 내에서 소그드인들의 영향력이 가장 컸던 때이다. 이는 또한 소그드 독립의 마지막 격변기로 아부 무슬림 치하에서 소그드 엘리트가 대량학살을 당하고 반세기가 지난 후였다. 이들 세 사건 사이에 어떤 연계성이 있는지 명확한 증거는 없지만, 소그드 엘리트가—동쪽에서 티베트에 대해 위구르가 거둔 승리와 칼리프 제국 내에서의 문제를 고려해 볼 때—어쩌면 소그디아나가 동(東)투르키스탄에 순응하면 황금시대가 돌아올지도 모른다고 믿었을 것으로 생각해 보고 싶게 만든다. 만약 연관이 있었다면 경제적 동기도 있었을까? 간접적인 다른 징표는 이렇게 재개된 접촉이 정치적인 것만은 아니었음을 보여 준다.

외교 및 종교와 관련한 여행자들

이를 보여 주기 위해서는 다시 한번 아랍어와 페르시아어 작가들의 글의 내부적 관계에 대한 복잡한 연구 속으로 파고들 필요가 있다. 단 이번에는 중국에 대한 그들의 다양한 설명과 연계해서 보자.

---

225 Yaʿqūbī, *Tārikh*, II, p. 465.

226 Yaʿqūbī, *Tārikh*, II, p. 465.

227 Ṭabarī, III, 815의 원문('튀르크의 왕, 카간과 함께')을 '티베트의 왕, 카간과 함께'로 변형한 것(Beckwith, 1987, p. 159)은 정당성이 전혀 없는 그저 가설에 지나지 않는다. 위구르인들은 당시 트란스옥시아나의 북쪽에 있던 카를루크(Qarluq)를 평정하는 중이었으며, 충분히 왕족 망명자를 수용할 능력이 있었다.

다음과 같은 생각이 종종 역사 기술에서 보인다. 지속적인 상업 접촉이 아랍과 페르시아 지리학자들이 동투르키스탄에 대한 좀 더 정확한 개념을 가질 수 있도록 해주었다. 하지만 실제로는 네 명의 저자만이 부분적으로나마 이슬람 변경 너머에 위치한 지역을 묘사한다. 11세기의 이븐 후르다드비흐와 익명의 『세계의 경계』의 저자, 마르바지(Marvazī), 가르디지(Gardīzī)가 그들이다. 이븐 후르다드비흐가 위구르인과 키막족(Kimaks)에 대한 정보를 타민 이븐 바흐르의 사절단 덕분에 얻은[228] 반면, 『세계의 경계』와 마르바지, 가르디지는 주로 10세기 초 여행가들의 진술로 구성된 자이하니(Jayhānī)[229]에게서 정보를 얻었다.[230] 또한 마르바지와 가르디지는 1027년 가즈니의 마흐무드의 궁정으로 파견된 거란(契丹) 사절단의 이야기 덕분에 자이하니의 글을 확장할 수 있었다.[231]

이처럼 9세기와 10세기 초와 관련해서는 이븐 후르다드비흐의 글 — 타민 이븐 바흐르가 전한 정보에 국한되어 있다 — 과 자이하니의 유실된 글만 있을 뿐이다. 여행가들을 통해 알려진 자이하니의 글은 10세기 초에 교류가 있었고, 따라서 이러한 접촉이 8세기 재앙 이후 재개되었음을 보여 준다. 이렇게 연결의 재개 시기를 추정해 본다면 9세기 초 위구르 제국의 팽창기가 확실히 가장 적절해 보인다. 그러나 좀 더 나

---

[228] Minorsky, 1948 참조. 이븐 알-파키의 『마슈하드』 필사본에서 발견되는 타민 이븐 바흐르의 글을 좀 더 온전하게 발췌한 덕분에 이를 보여 주는 것이 가능해졌다.

[229] (옮긴이) 914~922년 사만 왕조 때 고위 관료를 지냈으며, 그의 잃어버린 지리학 연구 성과물(후대 작가들의 책에 보존되어 있다)은 중앙아시아와 동유럽의 9세기 역사에 대한 중요한 원천 사료이다.

[230] Minorsky, 1970, p. li. 그의 교차 검토는 정확하다. 원문을 대조해 찾은 그 글귀의 정보원으로 자이하니가 여러 차례 인용된다. 마르바지의 글에서 미노르스키는 중국과 튀르크, 인도에 대한 구절을 편집해 번역했다(Minorsky, 1942). 자이하니의 영향력에 대해서는 pp. 6~9, 61ff. 참조. 미노르스키는 『세계의 경계』와 가르디지의 글의 유사점을 분석했다. 가르디지의 번역본은 Martinez, 1982 참조.

[231] Minorsky, 1942, pp. 5, 76ff.

아가는 것도 가능하다. 자이하니의 글에서 발췌한 구절에서 840년보다 더 이후일 수 없는 — 왜냐하면 이 설명에 담긴 마니교도 및 티베트인들에게 귀속된 역할 때문에 — 감숙과 타림분지 도시의 정치적·상업적 상황을 엿볼 수 있기 때문이다. 이러한 이야기는 중국에 대해 거의 몰랐던 타민 이븐 바흐르의 설명에 따른 것이 아니다. 그러므로 자이하니는 상업적인 세부 내용을 언급하고 9세기 전반기로 그 작성 시기가 추정되는 자료를 사용했다.[232] 이 자료가 아니었다면 그는 상업적 기원에 대해 전혀 알 수 없었을 것이다. 상업적 접촉의 재개에 대한 가설은 비록 그 교류 시기를 더욱 구체화하는 것은 불가능하지만 이처럼 사실로 확인된다.

다른 문서 모음집도 이러한 의문을 품게 하는 데 일조한다. 투르판의 마니교에 대한 여러 상세한 내용은 8~9세기부터 알려져 있었다. 20세기 초 탐사대에 의해 복구된 마니교 문서들은 그 공동체의 구조와 일상에 대한 예비적인 생각을 형성했다. 유용한 문서들은 9세기까지 서역과의 연줄이 유지되었음을 보여 준다.

특히 단편적인 두 통의 마니교도 편지가 바로 이러한 사례이다.[233] '시리아인들'을 향한 비난과 마니교 교회 내에서 벌어진 미흐리야[Mihrīya/미클라시야(Miqlāṣīya)] 분립에 대한 언급 — 이 분립은 8세

---

232 미노르스키는 정확한 의견을 명확히 밝히지는 않았다. 『세계의 경계』에 대한 논평에서(p. 227) 그는 감숙(甘肅)에 대한 정보 일부가 9세기 전반기의 것임을 특정했으며, 서론(p. li)에서는 주저하면서 타민 이븐 바흐르를 참조했을지도 모른다고 주장했다. 사실, 이 가설은 비판받기 쉬운데, 왜냐하면 타민 이븐 바흐르의 이야기로 알려진 어떤 판본도 감숙에 대한 정보를 제공하지 않기 때문이다. 즉 소그디아나에서 카라발가순으로 가는 노선에 대해서도, 카라발가순에서 중국으로 향하는 노선에 대해서도 어떤 정보도 주지 않는다.

233 Henning, 1936 참조. Sundermann, 1984는 그 편지들을 편집·번역해 주석을 달았다. p. 300에 날짜가 제시되어 있다. 이는 9세기의 전(全) 시기로 확대된다(심지어는 8세기 말까지도[Sundermann, 1992]). 이들 편지의 출처가 투르판(코초)인 것에 대해서는 Sundermann, 1991, pp. 285~86 참조.

기 전반기부터 대략 880년까지 계속되었다 — 은 이들 편지가 분명히 9세기에 작성된 것이며, 서부 시리아(또는 바빌로니아) 마니교 공동체와의 연계가 이 시기 내내 존재했음을 보여 준다.

게다가 마니교 문자로 쓰인 두 개의 시(詩) 일부가 투르판에서 발견되었다. 중세 페르시아어에 매우 가까운 페르시아어로 작성된 시의 출처는 서부 이란이며, 여러 아랍어 단어를 포함하고 있는 것으로 보아 작성 시기는 9세기 말 또는 10세기로 추정된다.[234]

10세기 바그다드에서 이용 가능했던 저작들을 모아 놓은 대목록인 『알-피흐리스트』(al-Fihrist)에서 알-나딤(al-Nadīm, 932?~995?)[235]은 마니교도와 관련해 다음과 같은 일화를 소개한다.

> 대략 500명의 남자가 사마르칸트에 모였다. 그런데 그들의 움직임이 알려지자 호라산의 통치자는 그들을 죽이려고 했다. 그때 중국의 왕 — 나는 토구즈 오구즈(Toghuz Oghuz)[236]의 지배자라고 추정한다 — 이 호라산의 통치자에게 다음과 같은 말을 전했다. "당신 영토에 살고 있는, 나와 같은 신앙을 가진 사람들보다 내 나라에 무슬림이 더 많다." 또한 그에게 맹세하기를 "그[호라산의 통치자]가 그들[마니교도] 가운데 한 명이라도 죽인다면 자신[중국의 왕]은 자신의 땅에 살고 있는 [이슬람] 전 공동체를 학살할 것이며, 또한 사원을 파괴하고 그들을 죽이기 위해 나라 전역의 무슬림 가운데 첩자를 선임할 것이다." 그러자 호라산의 통치자는 그들에게 공물을 요구하는 것 외에는 그대로 내버려두었다.[237]

---

234   Henning, 1962 참조.
235   (옮긴이) 바그다드에서 활동했던 제본공이자 서지 및 전기 작가였다.
236   (옮긴이) 중세 초기 내륙 아시아에 있던 9개의 튀르크계 부족의 정치적 동맹체로, 후에 돌궐 제국에 통합되었다. 하지만 돌궐 제국 해체 이후에도 남아 있었다.
237   Trans. Dodge, 1970, pp. 802~03.

이 사건이 발생한 날짜는 적혀 있지 않지만, 사만인이 확실한 호라산 통치자에 대한 언급에 덧붙여 10세기 초 알-무크타디르(al-Muqtadir, 재위 908~932)[238]가 저지른 박해를 몇 줄 앞에서 거론한 것은 이 이야기가 같은 시기에 속한다는 것을 해명해 주는 듯하다. 『세계의 경계』도 10세기 말 사마르칸트에 여전히 마니교 수도원이 존재했음을 지적한다.

네스토리우스교 영역과 관련해 희귀하지만 유용한 정보는 10세기까지도 서부와 타림분지 공동체 사이에 종교적 유대가 유지되었음을 보여 준다. 투르판 인근 불라이크(Bulayïq)에 자리한 수도원 폐허에서 발견된 그리스도교 단편 가운데 이중 언어로 쓰인 시리아-페르시아어 시편이 있다. 토요크(Toyoq)의 또 다른 수도원에서는 페르시아어이지만 시리아 문자로 쓰인 약리학적 성격의 문서 파편이 발견되었다.[239] 마니교와 마찬가지로 비록 드물지만 페르시아어로 된 문서의 존재는 10세기 초 수십 년이 서역과의 마지막 접촉 시기였음을 보여 준다.

메소포타미아의 네스토리우스파 교회가 발행한 문서에 따르면, 10세기 이후 이 지역과의 교류에 대한 어떤 흔적도 찾을 수 없다.[240] 총대주교 테오도시우스 1세(재위 853~858)가 멀리 있는 관구의 대주교에게 4년마다 수좌교구에 오는 것을 면제해 주었던 사건은 아마도 의미심장한 일이었을 것이다. 이때부터 6년마다 보내는 편지 한 통이면 충분하다고 생각되었다.[241] 세기말인 987년에 총대주교가 중국 공동체와의 중단된 관계를 재개하기를 원했을 때, 그가 뱃길로 순회를 보낸 수도자들은 타림분지 공동체의 운명에 대해 전혀 알지 못했다.[242]

---

238 (옮긴이) 아바스 왕조 제18대 칼리프로 모친과 대신들, 그리고 튀르크 군부에 휘둘려 24년 동안 실권을 누리지 못했다. 튀르크 권신 무니스(Mu'nis)를 몰아내려다 전사했다.
239 Sims-Williams, 1992a, p. 51.
240 Dauvillier, 1948, pp. 285ff. 참조.
241 Dauvillier, 1948, pp. 271~72 참조.

그럼에도 한 문서는 늦은 시기에도 서역 — 심지어는 저 먼 비잔티움까지 — 과의 교류가 유지되었음을 뒷받침하는 데 가끔 인용되곤 한다.[243] 투르판(불라이크)에서 한 시리아어 편지가 확인되었는데,[244] 비잔티움 제국의 한 고관에게 쓴 것이다. 이 편지는 10세기 또는 11세기 비잔티움 제국의 공식적인 시리아어 편지에서 흔히 쓰이던 전형을 따르고 있다. 그러므로 이와 같은 교류가 유지되었음을 보여 주는 놀라운 증거일지도 모른다. 그러나 좀 더 세심한 조사에 따르면 이 편지 — 발신인의 이름은 시리아어로 'Mr. X'를 의미하고 편지 뒤쪽에는 속담이 옮겨 적혀 있었다 — 는 부쳐지지 않았고 견본으로 이용하기 위함이었음을 보여 준다. 사실 이 편지는 속담의 예 또한 실려 있는 선집의 일부였다. 중세에 흔했던 일이지만 실질적이고 구체적인 편지는 식문집(式文集)에 다시 옮겨 적곤 했다. 따라서 비잔티움과 투르판 사이의 편지 왕래를 굳이 상상할 이유는 없다. 하지만 서간문과 문학 견본을 포함하고 있는 시리아어 책 한 권 정도가 10세기 초에 유입되었다고는 얼마든지 상상해 볼 수 있다.

앞에서 인용한 『알-피흐리스트』의 글귀는 9세기 초가 아니라 10세기 초와 관련이 있지만, 동(東)투르키스탄의 모스크와 무슬림에 대해 이야기한다. 적어도 당시 저 멀리 동부에서 설교하던 수피 무슬림인 알-하자즈(al-Hajjāj)에 대한 하나의 사례가 알려져 있다. 아버지의 긴 여정에 대해 짧게 요약하면서 알-하자즈의 아들은 다음과 같이 언명했다.

그는 떠났고 나는 그가 무엇을 했는지 안다. 그는 인도에 갔고 그

242　Al-Nadīm(trans. Dodge, p. 837).
243　Sims-Williams, 1992a, p. 47, n. 15.
244　판본과 번역문, 주석은 Maróth, 1985 참조.

후 재차 호라산에 갔다. 그는 마와랄나흐르(Mâwarâlnahr)와 투르키스탄, 마 신(Mâ Sîn)까지 들어가 그곳 사람들을 신 앞에 불러냈으며, 나에게 전달되지 않은 작품을 그들을 위해 썼다.[245]

이 여행은 898년경 이루어졌다. 투르키스탄은 발라사군 일대와 베슈발리크의 마 신 지역을 칭한다.[246]

이렇듯 종교 문헌을 통해 10세기 초까지도 유지되었던 교류의 증거를 알 수 있다.

자이하니에 대하여: 10세기

몇몇 다른 아랍어 이슬람 문서 또한 이와 같은 증거를 보여 줄 뿐만 아니라 일부는 교역과 관계가 있다. 우리는 앞 장(章)에서 아부 자이드와 더불어 마수디가 이라크와 오만, 그리고 바다를 거쳐 중국까지 여행한 사마르칸트 주민에 대해 언급한 것을 살펴보았다. 문서는 계속해서 어떻게 이 상인이 자신을 부당하게 대한 관료에 맞서 정의를 구하고자 중국의 수도에 있는 황제를 알현하러 일말의 주저함도 없이 그 먼 길을 나섰는지를 이야기한다. 이 일화가 사마르칸트 출신의 상인 — 그는 가족력 때문에 중국의 관습 및 보상 방법과 친숙했음이 틀림없다 — 을 소개하는 것은 결코 우연이 아닐 것이다.

그런데 아부 자이드도 마찬가지로 이번에는 육로로 여행한 사마르칸트 주민을 소개하는 두 번째 일화를 이야기한다.

245　Trans. Massignon, 1975, p. 51.

246　Massignon, 1975, pp. 227~34. 또한 이면에 양단을 댄 중국 종이가 알-하자즈의 신봉자들 사이에서 발견되었는데, 사실 이것은 뱃길로 이동했을지도 모른다 (Massignon, 1975, p. 230). 더 나아가 루이 마시뇽(Louis Massignon)은 중앙아시아의 튀르크인들이 알-하자즈에게 바치는 헌신적인 사랑에 대해서도 지적한다.

호라산에 대해 말하자면, 그곳은 중국과 국경을 접한다. 소그디아나에서 중국까지는 석 달의 여정이 걸린다. 두 영토는 급수지도, 강(江)도, 사람도 찾을 수 없는 사막과 모래—사막이 모래가 되고 모래가 사막이 되어 도저히 통행이 불가능하다—에 의해 서로 분리되어 있다. 중국을 호라산 주민들의 공격으로부터 보호해 주는 것이 바로 이 자연 방어물이다. …… 우리는 중국으로 여행을 떠난 이들 가운데 한 명을 만났다. 그는 우리에게 가죽에 담긴 사향을 등에 지고 옮기는 사람을 보았다고 말했다. 사마르칸트를 출발한 그는 걸어서 이곳저곳으로 이동했으며, 중국의 도시들을 경유해 시라프(Sīrāf) 출신 상인들이 모이는 항구인 칸푸(Khānfū)까지 여행했다.[247]

마수디의 경우, 930년대에 다음과 같이 썼다.

그가 말한 노선을 따라가면 호라산에서 중국까지는 대략 40일 동안의 여정이 필요한데, 경작지와 부드럽고 모래가 섞인 토양의 사막을 번갈아가면서 지역을 횡단해야 한다. 운송용 가축들이 접근할 수 있는 또 다른 노선이 있는데, 넉 달 정도가 걸리지만 여행가들은 여러 튀르크 부족의 보호를 받을 수 있다. 나는 발흐에서 심성만큼이나 판단력에 있어서도 눈에 띄는 멋진 노인을 만났는데, 그는 해상로를 이용하지 않고도 수차례 중국으로 여행을 했다고 한다. 또한 나는 호라산에서 암모니아 산악 지대를 경유해 소그디아나에서 티베트와 중국으로 여행한 여러 사람도 알게 되었다.[248]

그러므로 소그드인 행상들은 10세기 초에도 여전히 존재했다. 『고대

---

247 Abū Zayd, trans. Ferrand, p. 109[도판 IV-3 참조].
248 Mas'ūdī(trans. Pellat, I, p. 142).

편지 II』에서처럼 비싸지만 가벼운 사향은 여전히 선호되던 상품이었다. 육로로 다니던 이들 소그드 상인은 해상으로 중국에 왔던 무슬림 상인들의 눈에는 분명 흔치 않은 인물이었다. 노년에 자신이 목격한 것에 대한 마수디의 주장이 어쩌면 단지 객관성을 보장하기 위한 상습적인 수단에 지나지 않을 수도 있겠지만,[249] 중국으로의 이러한 여행이 가지고 있던 과거의 특징을 보여 주기 위한 방법이었을지도 모른다. 해상 교역은 그 후로 표준이 되었지만 육로 교역은 예외로 취급되었다. 향료 무역상인 코스마스의 시대 이후로 상황은 그가 살던 시대에 널리 확산되어 있던 양상의 정반대가 되었다.

10세기와 11세기에 중국으로 가는 육로에 대해 무슬림들의 지식이 정교화되는 두 단계의 과정을 우리는 알고 있다. 10세기 초 자이하니가 수집한 정보만이 어느 정도 상업적이다. 이후의 저작들은 거란 사절단 이전의 정보에 무엇인가를 보태지 않는다. 따라서 10세기에 대규모의 교역이 있었다는 견해를 방어하기 위해 이슬람 작가들의 지리학적 지식으로부터 결론을 도출하는 것은 정말로 잘못된 일이다. 앞에서 언급한 마수디의 저작 같은 문헌은 자이하니가 실제로 상인들의 이야기를 수집하고 있던 때인 10세기 초에 중국 저 멀리까지 여행하던 상인들의 존재를 보여 주지만, 그 이후의 시기에 대해서는 이슬람 지리학서로부터 추론할 수 있는 것은 아무것도 없다. 그리고 아부 둘라프(Abū Dulaf)의 『리살라』(Risāla) 같은 저작은 문학적인 상상의 산물이다.[250]

반면, 자이하니에게서 도출한 10세기 초와 관련된 정보는 정말 중요

---

249 이 점을 내게 제의해 준 프랑수아즈 미쇼(Françoise Micheau)에게 감사를 드린다.
250 그의 여행 서사는 알려지거나 심지어 가능한 여행 일정표에 전혀 들어맞지 않는다. 그는 튀르크인들의 안내문을 병치하고 그것을 여행 일정표 형태로 집어넣었다. 이 일의 구실이 되었던 중국 사절단은 아마도 939년경 결성되었을 것이다. Abū Dulaf(trans. Ferrand, 1913, pp. 208ff.); Marquart, 1903, pp. 74~95; Bosworth, 1969, p. 8 참조.

한데, 거기에서는 소그드인들이 언급되고 사용된 지명도 소그드어이다. 『세계의 경계』는 위구르 영토에 대해 다음과 같이 서술한다.

> 베크-테긴(Bek-Tegin)의 마을은 소그드인들에게 속한 5개의 마을로 구성되어 있다. 그곳에는 그리스도교도(tarsāyān), 조로아스터교도(gabrakān), 이교도들(? ṣābiyān)이 산다.[251]

본문 초입에서 코초(Qočo)는 소그드어 이름인 치난츠카트(Čīnānčkath, '중국인 마을')로, 베슈발리크(Bešbalik, '5개 마을')는 소그드어로 번역해 판지카트(Panjikath)로 칭한다.[252] 더 나아가 투크시(Tukhsī)의 땅(발카슈호[Lake Balkash]와 이식쿨 호수 사이)이라는 맥락에서 'Bīglīligh' 지명은 다음과 같이 언급된다.

> 큰 마을인 'Bīglīligh'는 소그드어로 S.m.k.nā라고 불린다.[253]

예들은 얼마든지 들 수 있다.[254] 자이하니의 저작과 그것에 기반한 글은 광범위하게 튀르크어 지명이 쓰인 후기 소그드 지리학 논문이 어떠했을지에 대해 한층 명확한 그림을 제공한다. 톈산과 타림분지 서쪽 끝에 자리한 동떨어진 공동체들과의 교류는 10세기 초반에도 유지되었을 뿐만 아니라 문화적으로도 여전히 소그드적이었다.

---

251 Trans. Minorsky, p. 95.
252 Trans. Minorsky, p. 94와 p. 271의 주석 참조.
253 Trans. Minorsky, p. 99.
254 예를 들어 파미르고원의 사마르칸다크(Samarqandaq) 마을(p. 121) 또는 중국의 나비즈카트 읍(p. 86: 다리야[daryā], 즉 강 — 이 경우에는 타림분지 — 에 부여된 의미에 대해서는 미노르스키의 주석(pp. 234~35) 참조), 또는 일부 카를루크 마을에 쓰인 '-kath'라는 소그드어 지명(p. 98).

우리는 자이하니가 사용한 자료들에 대한 좀 더 상세한 분석 덕분에 매우 중요한 현상을 이해할 수 있게 되었다. 자이하니에게서 도출한 베슈발리크 및 투르판(코초)의 위구르 왕국에 대한 문헌 정보가 정확하고 10세기 초에 작성되었음도 알게 되었다. 반면, 감숙에 대한 정보는 혼란스럽고 9세기 초반부터 이미 잘 알려진 진술과 자이하니 시대의 발언이 섞여 있다. 예를 들어 10세기 초 위구르인들이 오래전에 이미 티베트인과 중국인들을 대체했지만, 『세계의 경계』에서는 이 두 경쟁자가 여전히 패권을 두고 다투고 있다.[255] 반대로 송나라의 단명했던 서경(西京)의 이름인 낙양(洛陽) — 907~923년에는 영주(永州)라고 불렸는데, 이를 마르바지와 자이하니는 'Y.njūr'라고 옮겼다 — 이 마르바지의 글에서 발견된다. 다시 말해 소그드적 배경을 가지고 있던 코초는 무역로의 옆 무대인 하서회랑과의 접점으로서의 전통적인 역할을 부분적으로만 수행하고 있었다. 자이하니가 인터뷰한 사마르칸트의 상인들은 자신들의 모든 지식을 최신 정보로 갱신하지 못했다. 자이하니는 중국을 목격한 단 한 명을 인용할 수 있었을 뿐,[256] 나머지는 이븐 후르다드비흐에게 의존해야 했다. 더구나 마수디가 같은 목격자를 활용했을 가능성도 있다. 왜냐하면 '심성만큼이나 판단력에 있어서도 특출났던 멋진 노인'은 흥미롭게도 자이하니와 마르바지가 묘사한 '영리한 사람' — 마수디가 그를 인터뷰했을 당시(930년대)에는 몇 살 더 나이가 들었다 — 을 연상시키기 때문이다. 10세기 초반에 중국과의 교류는 깨지려는 참이었으며, 내가 소그드 교역의 중핵이라고 제시했던 것만이 살아남았다.

---

255 Minorsky, 1970, p. II와 본문 p. 85 참조.
256 "나는 중국에서 중국인들과 상품 교역을 하는 영리한 한 남자를 만났다. 그는 그들의 수도가 'Y. njūr'라고 불린다고 말했다." Marvazī, trans. Minorsky, 1942, p. 15.

고고학적 표지자들

발굴의 결과는 이러한 전개가 전부 사실임을 보여 준다. 이 연구 과정에서 수차례 지적했듯이, 대규모 교역의 과정을 보여 주는 고고학적 표지자들은 거의 구할 수가 없다. 그러나 중국 도자기 — 자기(磁器)는 더욱더 그러하다 — 의 독특성 때문에 중국과의 교역은 고고학적 분석이 가능하다. 여러 연구 덕분에 교역로들을 따라 널리 퍼진 중국 도자기와 자기의 분포를 살펴볼 수 있다. 사마르칸트에서의 발굴은 10세기 중반 이전에는 자기 조각의 존재를 보여 주지 않는다. 심지어 10세기 중반에 파편 한 조각이 발견되었을 뿐이다.[257]

해로와 접해 있던 지역의 상황은 매우 다르다. 사산 제국 말기부터 중국의 돌 항아리들이 오만 해안의 수하르(Ṣuḥār)에서 수입되었다.[258] 좀 더 일반적으로 말해 발견된 수천 개의 파편이 입증하듯이, 아바스 시기에 중국 자기는 중요한 근동 해안 지역 곳곳에서 널리 유통되었다.[259]

한편, 적어도 10세기에 관한 한 우리에게는 사만 제국의 주화라는,

---

257 Šiškina, 1979, p. 63; Sokolovskaia and Rougeulle, 1992, p. 95.
258 Kervran, 1994, p. 335.
259 특히 Rougeulle, 1991 참조. 이집트에 대해서는 Mikami, 1988; Gyllensvärd, 1973; Whitehouse, 1988 참조. 알-타바리의 완본으로 작업했음이 틀림없는 역사가 바이하키(Bayhaqī, 995년에 태어나 1077년에 세상을 떠난 가즈니 왕조의 외교부 관료이다. Bosworth, 1963, p. 10 참조)는 라이(Rayy)로 칼리프가 여행하는 동안에 805년(이슬람력 189년) 호라산의 총독 알리 이븐 이사(Alī Ibn ʿĪsā)가 하룬 알-라시드에게 진상한 선물 가운데 자기와 진주를 언급했다. "300만 개의 진주와 200개의 큰 접시, 중국에서 온 자기 잔(盞) [······] 그리고 2,000개의 다른 컵과 자기로 된 큰 성배들"(Bayhaqī, ed. Ganī and Fyāḍ, p. 417). 이는 반례(反例)일 수도 있다. 하지만 초기의 이들 진상품만으로는 10세기에 소그드 교역이 존재했다고 결론내릴 수 없다. 기껏해야 이 일화는, 적어도 알리 이븐 이사가 소그드인들의 도움을 받고 있었다면, 그리고 문제의 도자기가 진주와 함께 바다로 오지 않았다면, 소그드 상인들이 9세기 초에도 여전히 재고를 많이 가지고 있었을 가능성을 보여 줄 뿐이다.

역방향으로의 유용한 표지자가 있다. 북서쪽의 사만 제국 노선(부하라-호라즘-볼가강)과 옛 소그드 노선(사마르칸트-세미레체-감숙) 사이의 대비가 눈에 띈다. 사만 제국의 주화들은 오늘날 중국 영토에서는 전혀 발견되지 않는다. 발굴 결과 아무것도 출토되지 않았으며,[260] 위구르 문서, 특히 돈황에서 나온 사업 문서도 주화를 언급하지 않는다. 거래는 타림분지의 동쪽(투르판-돈황-서부 감숙 지역)에서 무역 수지를 맞추기 위해 날것이든 붉게 염색한 것이든 간에, 양모 직물(raγzi)뿐만 아니라 면직물을 이용한 물물교환 형태로 이루어졌다.[261] 돈황의 경우 8세기 후반부터 10세기 초까지 중국과의 계약은 곡물로 이루어졌으며,[262] 이후에는 모직과 비단, 즉 직물로 거래되는 계약으로 대체되었다.[263]

이러한 사실을 모두 종합해 보면, 유효한 사실은 다음과 같은 상황을 시사한다. 소그드 교역은 8세기 후반 극심한 위기를 맞았다. 팽창과 더불어 위구르 제국의 방대한 부(富)는 9세기 초반에 교류의 재개를 가능케 했다. 이 시기의 외교적·종교적·상업적 연계들이 입증되었다. 그러나 840년 위구르 제국이 최후를 맞고 위구르인들 덕분에 가능했던 방대한 말 교역이 종식되면서 이 시기의 정확한 상업적 영향력은 알 수

---

260 이렇게 소중한 정보를 전달해 준 프랑수아 티에리(François Thierry)에게 진심으로 감사한다.

261 9, 10세기 돈황에서 나온 위구르와 소그드-위구르 문서에 대해서는 Hamilton, 1986, pp. 79, 167~68, 174; Sims-Williams and Hamilton, 1990, pp. 24~25, 42, 77 참조.

262 Trombert, 1995, p. 25 and chap. II.

263 Trombert, 1995, p. 108 참조. 모직물의 역할이 pp. 114~15에 상세하게 서술되어 있다. 트롬베는 돈황에서는 대교역 도시인 투르판과 비교해 상대적으로 화폐 유통이 제한적이었다는 생각에 동의한다. 반면, 8세기 이후 투르판에 대한 문서는 부족하다. 투르판에서 나온 알려진 계약서는 모두—그 가운데 일부는 은화를 언급한다—720년 이전의 것이다(Trombert, 1995, p. 25; Yamamoto and Ikeda, 1987). 따라서 우리는 투르판에서의 화폐 유통의 운명을 알 수가 없다. 단지 발굴에서 출토된 주화가 부재하다는 사실만이 부분적인 답을 줄 뿐이다.

없지만 상대적으로 짧은 개선의 시대로 축소되었다. 상업적·종교적 접촉이 적어도 10세기 초반 이전에 한차례 더 있었던 것은 확실하지만 그 경제적 중요성은 거의 없었으며, 930~940년 이후 또다시 감소했다. 지속적인 교류를 보여 주는 몇몇 흔적 — 주로 투르판에서 나온 신(新)페르시아어 문서들 — 은 이 시기 이후 톈산 동쪽 지역과 중요한 경제적 교류가 계속되었음을 입증하지 못한다.[264] 무슬림 상인은 물론, 불교 순례자들도 방문했던 호탄이라는 도시만이 여전히 만남의 장소로서 역할을 수행할 수 있었으며, 1006년 그곳을 장악한 카라한 칸국이 사향과 비단을 가즈니 제국에 제공한 것도 의심의 여지 없이 이 도시를 거쳐서였다.[265] 거란족이 1027년 가즈니의 마흐무드(Maḥmūd de Ghazna)에게 교역을 제안했을 당시 이슬람 중앙아시아의 수장이었던 가즈니의 마흐무드는 이렇게 먼 지역과 교역할 생각을 할 수 있다는 데에 매우 놀랐다.

접촉은 11세기 후반이 되어서야 실질적으로 재개되었다. 카슈가르의 마흐무드(Maḥmūd de Kachgar)는 『튀르크어 대사전』(Dīwān Lughāt at-Turk), 즉 『튀르크 방언 개요서』(Compendium of the Turkish Dialects)를 1076~77년 바그다드에서 집필했다. 바르스칸(Barskhān) — 이식쿨 호수 동쪽 끝에 있는 동부 타림분지와 교류한 마지막 도시이다[266] — 태

264　페르시아와 위구르 사절단이 984년 송나라의 수도를 방문했다. 『宋史』 卷 4, 太宗紀, 雍熙元年, p. 72(Schafer, 1951, p. 403에 인용). 페르시아와 위구르의 제휴는 대륙 항로의 개연성을 높인다. 이 하나의 사절단만으로도 지속적인 접속이 유지되었음을 입증하기에 충분하다. 939년과 984년, 1027년에 파견된 사절들로 마치 오래된 무역로의 양극단에 있는 나라들이 세대마다 한번씩 서로의 존재를 확인하는 데에 만족했던 것 같다.

265　호탄의 여러 문서는 10세기 이 도시의 국제적인 교류를 보여 준다. 예를 들어 925년의 호탄 여행 일정표는 중국으로의 노선을 설명한다. 호탄어-중국어로 된 여행 소책자 표본이 있으며, 같은 유형의 호탄어-산스크리트어 실습도 있다. 스탈-홀스타인(Staël-Holstein) 필사본의 여행 일정표에 대해서는 Hamilton, 1958, 그리고 이중 언어로 된 안내서에 대해서는 Emmerick, 1992, p. 48 참조. 카라한 칸국의 선물에 대해서는 Barthold, 1968, pp. 272, 284 참조.

266　Ḥudūd(trans. Minorsky, p. 98).

생의 아버지를 둔 카라한 칸국 동부 출신의 카슈가르의 마흐무드는 동서 타림분지[267]를 연결하는 중요한 대상의 존재를 거듭 언급하면서 아시아 동부를 그려 넣은 양질의 지도를 제공한 최초의 사람이다.

4. 동화(同化)의 문제

소그드인들의 지배력이 서서히 약화되면서 본국에서 국외 거주 공동체로 정기적으로 오고가던 이들 —상인, 군인, 농부, 성직자— 의 흐름도 함께 종식되었다. 동시에 소그드 문화가 앞 장에서 보여 주었듯이, 10세기 동안 그것이 기원한 땅에서 잦아들자 산 너머의 소그드인들도 계속해서 현지 주민들 속으로 스며들어 갔다. 이러한 과정의 동시성은 10세기에 이루어진 새로운 통합 속에서 소그드 문화의 동화, 특히 상업적 측면에서의 동화에 대해 알고 싶게 한다.

소그드인, 중국인, 위구르인

본국과의 관계와 관련해 앞서 언급한 문서들은 튀르크어와 중국어를 사용하는 주민들 내에서 벌어진 점진적인 융합과 흡수를 보여 준다. 이미 지적했듯이, 이 과정은 소그드인들의 이주만큼이나 오래되었고 소그드인들이 튀르크적인 특성뿐만 아니라 중국적 요소도 받아들였음을 보여 준다.

각각의 이민의 물결은 이들 구성원을 지역사회에 점진적으로 끌어들였다. 이러한 통합은 소그디아나의 인적·문화적 기여가 더 이상 보완적

---

[267] Maḥmūd of Kashgar, II, pp. 176~77: "YUKURK'AN yügürgän. 이슬람 지역으로 신(Sin)의 상인들보다 앞서가서, 그들에 대한 소식과 전언을 전하는 전령(barīd)의 이름이다."

역할을 수행하지 못하면서 이주가 마무리되었을 때, 비로소 고착되었을 것이다. 8세기에 소그드 교역은 계속해서 최고의 자리에 있었다. 사회적으로 복잡한 소그드 이주의 모든 양상은 정기적으로 소그디아나로부터 보강되는 이주 공동체가 동시에 자신들을 지역사회에 통합하려 한 탓에 나타났다. 오르혼(Orkhon)의 위구르 칸국의 종식에 이어 벌어진 안녹산의 난 이후에야 통합의 가속도는 더 이상 새로운 이주민들에 의해 상쇄되지 않았다.

840년 오르혼의 위구르 칸국의 몰락 이후, 중국 내에서는 팽배해진 외국인 혐오로 인해 사회적으로 소그드인으로 인정된 주민들의 생존이 어려워졌다.[268] 게다가 8세기부터 페르시아어를 사용하는 무슬림이 바다로 도래하면서 외국인 공동체의 종족·종교적 풍경은 완전히 달라졌다. 그럼에도 불구하고 몇몇 후기 문서는 11세기 중국에서 소그드 상인 특유의 의식이 존재했음을 보여 준다. 특히 1093년에도 여전히 천(祆) 의식 ― 그러나 이는 인근의 불교에 흡수되어 가고 있었다 ― 이 존재했던 개봉(開封)의 경우가 그러했다. 12세기 초에 그려진 그림에 대한 한 연구에서 동유(董逌)는 이 숭배의 대상에 대한 도해법을 제시했는데, 그는 이를 마헤슈바라(Maheśvara, 시바) ― 소그드의 도상학적 용어로 공기의 신인 베슈파르카르(Wēšparkar)를 이른다. 그의 도해법은 시바를 본으로 삼았다 ― 와 동일시한다.[269] 그러나 이 숭배자들이 완전히 중국인이 아니었는지의 여부는 알기 어렵다.

반면, 돈황에는 그 지역의 소그드 주민들에 대한 풍부한 기록 문서들이 보존되어 있다. 여기서 놀라운 점은 소그드 공동체의 해체가 아니라 역으로 어떤 이주 현상도 없었음에도 10세기까지 줄곧 공동체가 유지되었다는 것이다. 중국화의 정도가 상당했기에 대개 이름을 표지자

---

268 이 책의 제7장 329~30쪽 참조.
269 동유(董逌)의 『광천화발』(廣川畫跋)을 인용한 Waley, 1956, p. 126 참조.

로 더 이상 사용할 수 없지만 결혼이나 다양한 문서에서 보이는 소그드 이름의 집중도 및 활동 부문에 대한 연구는 유익하다. 예를 들어 종화(從化) 구역의 소그드인들 일부는 그 도시의 불교 승원(僧院)의 보호 아래 있었던 것 같다. 왜냐하면 818~823년에 돈황에 있는 여러 승원의 준(準)농노 가족들이 행한 부역 장부 — 대부분이 농부였지만 여러 명의 장인도 포함되어 있었다 — 는 그들 다수가 소그드 출신이었음을 보여 준다. 실제로 이들 소그드인은 자기들끼리만 결혼을 했던 것처럼 보인다.[270] 하층민 가운데 소그드인들이 존재했음을 보여 주는 말년의 다른 사례도 있다. 연말 연회를 위해 조(曹) 가문의 여관에서 주최되는 회원 모임을 알리는 973년 연합회 회람용 안내문이 바로 그러한 예이다. 연합회 수장 및 세액 사정자뿐만 아니라 15명의 회원 가운데 1/3이 안(安) 또는 조(曹)라 불리는 가문 출신이었다.[271]

또한 행정부에 통합된, 소그드 이름을 가진 사람들의 수많은 예도 발견된다. 티베트 제국(787~848) 시기에 그들 지배 아래 있던 지역 행정부 관료들이나 불교 승려들 중에서 소그드어 이름을 가진 이들을 찾을 수 있다. 그 후에도 꽤 오랫동안 대사 집단 내에 소그드 출신 사람들이 지나치게 많았던 것은 확실하다. 874/879년경에 한 사절단이 중국에 파견되었는데 2명의 이름뿐인 대사가 실제로 중국어 이름을 가지고 있었던 반면, 관리급 간부 중에는 4명의 소그드인이 있었다.[272] 투르판에서처럼 호탄에서도 소그드 가문 출신이거나 공용어로 소그드어를 사용하는 대사들의 흔적을 찾을 수 있다.[273] 마지막으로 돈황의 작은 동

---

270 자세한 사항에 대해서는 de la Vaissière and Trombert, 2004 참조.
271 S. 2894 V° 2, ed. Rong, 2001, pp. 270~71.
272 강문승(康文勝), 강숙달(康叔達), 조광진(曹光進), 안재성(安再晟). P 3547 R°. Rong, 2001, p. 264에 인용.
273 호탄을 위해 일하면서 돈황에 사절로 파견된, 그리고 967~977년에 호탄어로 쓰인 경전 — 간기(刊記)는 소그드어로 서명되어 있다 — 을 내놓은 중국인을 예로 들 수

굴에 보존된 세속적인 소그드어 문서 가운데 하나는 한 통치자가 감주(甘州)에서 전개되고 있는 최신의 외교적 사건을 그리스도교 성직자에게 알리기 위해 884년경 쓴 편지이다.[274]

지리학적으로 우리는 돈황의 문서들에서 장락(長樂, Changle) — 다름 아닌 상락(常樂)이다. 앞에서 지시했듯이, 이곳은 안녹산의 조상들이 살던 도시이며, 중국 내륙의 수많은 소그드인이 자신들과는 관련 없는 곳이라 선을 긋고자 했던 본향이다 — 의 모든 고위 직급에 집결된 소그드인 관료들을 발견한다. 필사본이 우리에게 제공하는 미약한 양의 정보를 고려하면, 같은 지역에 소그드인들이 이렇게 집결되었다는 것은 이주가 여전히 연대의 끈으로 조직되었음을 상정케 한다. 이러한 가설은 작은 동굴에서 나온 소그드어 문서들 가운데 하나에 의해 확증된다. 모직물 조각에 대한 설명을 담은 이 문서는 이 지역에서, 특히 Čanglay — 중국 문헌에서는 상락(常樂) — 에서 교역하던 소그드 상인을 보여 준다.[275]

그러므로 이러한 소그드 환경은 완전히 돈황 사회에 통합되는 동안에도 어느 정도는 일관성을 유지했다. 이와 같은 상황을 보여 주는 마지막 증거는 소그드 사원을 언급한 문서에서 발견된다. 중국의 행정당국이 정기적으로 상품을 공급했는데, 그 가운데는 알코올과 도화지 — 아마도 행렬 때 들고 있을 그림을 위한 것인 듯하다 — 가 있었다.[276] 이렇게 행정부는 종교 활동을 총괄하는 감독관이라는 전통적 역할을 수행했는데, 그 결과 소그드 종교도 철저하게 중국화된 다른 수많은 종교와 같은 상황에 놓이게 되었다.

있다. Bailey, 1944.
274 Sims-Williams and Hamilton, 1990, pp. 63ff.
275 상세한 내용은 de la Vaissière and Trombert, 2004 참조.
276 Grenet and Zhang Guangda, 1996, pp. 175~86.

소그드인과 위구르인

튀르크 영역에서 소그드인들과 위구르인들 사이의 밀접한 관련성은 종종 지적되었다. 나 또한 그 연고의 정치적·경제적 기원을 보여 준 바 있다. 온전한 연구를 위해서는 돈황에서 나온 종교 문서들과 그 후속편인 위구르 사업 문서들이 제공하는 모든 정보의 사용뿐만 아니라 소그드 및 위구르 어휘에 대한 조사를 병행하는 것도 필요할 것이다.[277] 물론, 이것은 이 책의 목표가 아니다. 위구르어 참고문헌은 매우 중요하지만 당장은 더 이상 신경 쓰지 않을 것이다.[278] 소그드 네트워크는 중국에서 동부 톈산까지의 위구르 지역 네트워크—이는 그 자체로 역사적 연구의 가치가 있는 주제이다—로 대체되었다.[279] 여기서 중요한 것은 이 위구르 네트워크가 소그드의 사회학적·상업적 토대 위에서 구축되었는지를 보여 주는 것이다.

매우 정확한 사례들이 거론될 수 있다. 돈황에서 발견된 희귀한 위구르 교역 문서 가운데 하나는 아마도 10세기 것으로 추정되는 위구르 상인에게서 온 편지이다.[280] 상인이 상업적 지시를 요구한 수신인은 소그드인이자 그 집안사람이었다. 돈황에서 나온 위구르 문서 더미에서 그들 이름이 소그드어로 해석되어야 할 것 같은 교섭 담당자와 상인들이 수차례 언급되었다.[281] 보다 일반적으로는 10, 11세기에 중국 조정에 있던 위구르 대사들의 상당수가 '소그드' 성씨(姓氏)를 가지고 있었다.

---

277 Sims-Williams and Hamilton, 1990에 실린 참고문헌 참조.
278 요시다 유타카가 내게 언급해 준 소논문인 Moriyasu, 1997 참조.
279 코초에서의 일상의 물질적 측면에 대해서는 von Gabain, 1973 참조. 상업에 대해서는 Maljavkin, 1983, pp. 224ff.; Zieme, 1976; Pinks, 1968 참조.
280 Hamilton, 1986, pp. 126~27.
281 Hamilton, 1986, p. 176. 더 나아가 제임스 해밀턴(James Hamilton)은, 어떤 위구르 상인들은 사실 다른 누구보다도 더 튀르크화된 소그드인들이었다는 가설을 세웠다(p. 177).

907~960년(오국 시대)에 중국으로 여행한 위구르 대사 53명의 이름 가운데 14명의 이름이 '소그드어'였으며, 16명은 튀르크어, 19명은 중국어였다.[282] 튀르크화된 소그드 후손들은 감숙(甘肅)에서 국제 관계에 있어 중요한 장소를 관리했으며, 소그드의 문화적 실체가 사라진 후에도 꽤 오랫동안 이를 담당했다. 소그드인들은 이렇게 끝까지 첫 번째 튀르크 제국 시기에 그들이 맡았던 외교적 협상자의 역할을 수행했다.

튀르크화 과정은 결혼을 통한 가족적 기반 위에서 이루어졌는데, 이는 문헌학자들의 연구 덕분에 잘 알려져 있다. 소그드어로 쓰인 일부 네스토리우스교 문서들은 이중 언어를 쓰는 필경사들 — 갈수록 튀르크어로 사고하는 데 익숙해졌다 — 이 작성한 것이 틀림없다.[283] 일련의 사업 문서는 본문에 혼재되어 있는 두 언어의 통합 정도를 강조하기 위해 편집자들에 의해 '튀르크-소그드어'라 불리기도 했다.[284] 이들 문서 가운데 위구르어 대역어와 결코 다르지 않은 몇몇 편지와 상업 장부가 있다. 위구르 문헌에서 작가가 때때로 튀르크어로 상업적인 주문 — 가능한 대안이었음을 보여 준다 — 이 들어왔음을 언급한 것은 매우 중요하다.[285]

동부의 이주민들은 축소된 규모로 중국과 계속해서 교역했다. 그러나 이슬람화된 소그드 세계와의 접촉은 소멸되었다. 이는 11세기가 되어서야 재개될 터였다.

---

282 Maljavkin, 1983, p. 240.
283 Sims-Williams, 1992a.
284 Sims-Williams and Hamilton, 1990, 특히 p. 10 참조. 이중 언어를 상용한 여러 예를 인용하고 주제에 대한 참고문헌을 제시하면서 크리올 사회와 비교한 Yoshida, 1993a도 참조.
285 Hamilton, 1986, p. 117.

아르구(Argu)의 땅

타라즈부터 이식쿨 호수에 이르는, 큰 면적의 또 다른 소그드 정착지였던 세미레체의 운명은 완전히 달랐다. 이슬람화된 트란스옥시아나와 상당히 가까웠던 이곳은 같은 정치적·종교적 운명을 받아들였다.

정치적으로 사만 제국의 북쪽 경계에 있으면서 이스피자브(Isfijāb) 북쪽에 위치한 지역 일대는 튀르크 부족과 사만 제국 사이의 완충지였다. 더욱이 이 지역은 부하라에 상징적인 공물을 바쳤다.[286] 남쪽의 군주들은 정주 지역 너머로 정기적인 침략을 감행하는 것에 자족했으며, 유목민들의 모든 기습을 피하기 위해 믿음의 전사들(ghāzī)의 정착을 장려했다.[287] 동부와의 마지막 정치적 관계의 끈이 10세기 초에 끊어진 것은 확실하다. 『세계의 경계』— 또다시 자이하니에 따르면 — 는 대상단이 이식쿨 호수 동쪽 끝에서 출발했던 도시인 바르스칸에 대해 위구르인들이 권리를 주장했다고 언급한다.[288] 유사한 방식으로 튀르크 부족 중에는 이슬람으로 개종을 했고, 사만 제국의 제어 지점 인근에서 교역을 준비한 부족이 있다. 종교적으로 우리는 여기서 정복에 의하지 않고 이슬람이 전파된 첫 번째 지역을 만난다. 상인들과 순회 설교자들 — 이들에 대해 우리가 아는 바는 극히 적지만 알-하자즈가 모델이 될 수 있을 것이다 — 이 그곳에서 가장 기초적이고 시아사상(Shi'ism)이 강하게 스며든 이슬람을 전파했다. 그러나 카라한 칸국이 트란스옥시아나를 손아귀에 넣은 후 선포한 것은 정통 수니파 교의였는데, 아마도 도시 엘리트를 더 쉽게 회유하려는 목표에서 그랬을 것이다. 언제 불

---

286 Muqaddasī(trans. Collins, pp. 299~300); Ibn Ḥawqal(trans. Kramers and Wiet, p. 488); Volin, 1960은 자료들을 모아 (러시아어로) 번역했다.
287 Paul, 1994, pp. 13ff. 참조.
288 Hamilton, 1986, p. XVI은 10세기 후반에 카를루크를 위구르인들의 봉신으로 만들고자 하면서 잘못된 판단을 했다.

교가 세미레체에서 사라졌는지는 알 수가 없다. 일부 사원들은 여전히 9세기에도, 어쩌면 10세기 초에도 사용되었을 것이다.[289] 그러나 교회가 모스크로 전환되었다는 수차례의 언급에도 불구하고[290] 네스토리우스교는 이슬람과 나란히 그곳에서 발전했으며,[291] 수많은 묘석이 입증하듯이 적어도 14세기까지는 살아남았다.[292] 경제적 관점에서 정주 지역인 트란스옥시아나와의 관계는 수공예만큼이나 식량 — 가축과 맞바꿀 곡물 — 생산 경제를 위해서도 고도로 발전했다. 이미 주요 교역으로 노예무역을 언급한 바 있지만[293] 교류가 빈번했고 화폐 거래도 포함되었다. 사만 제국의 동화(銅貨, fal)가 발라사군에서 발견되었는데, 모두 중국식으로 한가운데에 사각형 모양의 구멍이 뚫려 있었다. 이는 이 지역의 오래된 교류의 마지막 증거이다.[294] 도자기 생산과 관련해 소그디아나와의 관계가 8세기 말부터 9세기 말까지 약간 느슨해졌지만 교류는 10세기에 재개되었다.[295] 마지막으로 도시화 과정이 강화되었는데,[296] 이는 소그드인들이 식민화한 전통적인 지역에서 동쪽과 북동쪽의 알라타우 북쪽 산록 지대를 거쳐 발카슈 호수로 퍼져나갔다.

이슬람 문화 영역 속으로 사라지는 과정에 있었던 소그디아나와의

---

289 최근의 개관을 살펴보고 싶다면 Staviskij, 1998 참조. 세미레체는 pp. 111~33, 152~55, 165~66에서 다루어지고 있다.

290 893년 타라즈를 침략한 이스마일이 이렇게 했다. 'Mīrkī'에 대해서는 Narshakhī(trans. Frye, pp. 86~87); Muqaddasī(trans. Collins, p. 246, BGA, III, p. 275) 참조.

291 튀르크인들의 대도시는 782년경에 형성되었다(Dauvillier, 1948, p. 285).

292 Dauvillier, 1948, pp. 285ff.; Livšic, 1981, p. 78; Klein, 2000.

293 북부 노선에 대해서는 Axinžanov, 1969 참조.

294 이 정보를 준 안바르 아타조츠다예프에게 감사한다.

295 Raspopova, 1960.

296 타라즈의 예는 Senigova, 1972 참조. Krasnaja Rečka의 경우는 Navaket, *Krasnaja Rečka i Burana*, 1989 참조. 좀 더 일반적으로는 Bajpakov, 1986, pp. 128~60과 갱신된 Bajpakov, 1992 참조.

끊임없는 상호작용이라는 맥락에서, 소그드 공동체의 동화(同化) 문제는 본국과의 비교 속에 내포된 속도와 시차라는 측면에서만 발생한다. 여러 문서는 금석학과 고고학의 결과들을 사실로 확인하는 데 유용하다. 또한 이와 같은 정보 조합은 이러한 동화가 발생하는 언어적 환경에 대해서도 정확한 개념을 제공한다.

카슈가르의 마흐무드는 세미레체 소그드인들의 동화와 관련해 소중한 정보를 제공한다. 특히 그는 다음과 같이 썼다.

> 가장 우아한 방언은 오직 한 언어만을 알고 페르시아어와 섞어 쓰지 않으면서 다른 땅에 관례적으로 정착하지 않은 사람의 것이다. 이중 언어를 가지고 있고 도시들의 대중과 섞인 이들은 뭔가 불분명한 발음(rikka)으로 발언한다. 예를 들어 Sogdāq, Käncăk, 그리고 Argu처럼 말이다. …… 발라사군 사람들은 소그드어와 튀르크어 모두를 말한다. 티라즈(탈라스) 사람들과 마디나트 알-바이다(Madīnat al-Baydā', 이스피자브) 사람들도 마찬가지이다. 이스피자브에서 발라사군까지 펼쳐져 있다는 아르구 전역의 사람들의 말에도 불분명한 발음(rikka)이 섞여 있다.[297]

그러고는,

> SUT ˙DA'Q sogdā 발라사군에 정착한 민족. 그들은 부하라와 사마르칸트 사이에 있는 소그드 출신이지만 복장이며 태도는 튀르크인들 같다.[298]

---

297 Trans. Dankoff and Kelly, 1982, pp. 83~84.
298 Trans. Dankoff and Kelly, 1982, p. 352.

이렇듯 11세기 중반에 소그드어는 여전히 세미레체에서 살아 있는 언어였다. 하지만 쇠락하고 있는 언어의 돌이킬 수 없는 상황인 이중 언어의 사용은 이미 이 지역 전체에 퍼져 있었다.[299]

금석학과 고고학의 증거 또한 이러한 정세를 보여 준다. 길기트의 소그드 대상단장처럼 세미레체의 그들의 후임자들도 키르기스스탄 알라타우(테렉 사이[Terek saj], 쿨란 사이[Kulan saj])의 남쪽 경사지에 있는 탈라스강 우안에 지류들이 깎아놓은 협곡에 낙서를 남겼다. 낙서는 소그드어였는데, 서체는 후기 소그드어 필기체에 가까웠으나 적힌 이름들은 튀르크어였다. 매우 적은 숫자의 명문은 종종 사산 제국의 마지막 왕이었던 야즈드기르드 3세 시대의 것으로 추정되며, 10세기 초부터 11세기 초까지 시간 간격을 두고 쓰였다. 그 가운데 마지막 것은 1026년 2~3월경에 쓰였다. 게다가 명문이 후기 서체로—아마도 11세기의 것으로 추정되는—새겨진 몇몇 도자기도 있다.[300]

카슈가르의 마흐무드가 정보를 수집한 지 2세기가 지난 후에, 대칸 몽케(蒙哥, Mangu, 1208~59)[301]의 조정으로 파견된 성왕 루이 9세의 특사였던 프란체스코 수도회의 수사 윌리엄 루브룩(William of Rubruck, 1210~70)[302]은 스텝 지대를 지나 카라코룸까지 장거리 여행을 했으며, 1253년 11월 18일부터 30일까지 카일라크(Cailac)에서 머물렀다.

우리는 엄청 많은 수의 상인이 자주 드나드는 시장거리[forum]를

---

299 Livšic, 1981; Krippes, 1991 참조.
300 이들 명문에 대해서는 Livšic, 1981, pp. 80~83 참조. 요시다 유타카의 해석에 따라 수정된 날짜이다.
301 (옮긴이) 칭기스칸의 손자로 몽골 제국의 제4대 대칸이었다. 그는 몽골 제국의 모든 점령지에 대한 실질적 지배권을 행사한 마지막 카간이었다.
302 (옮긴이) 플랑드르 출신의 프란체스코회 수도사로, 1245년 이후 3년 동안 교황 인노켄티우스 4세의 명령으로 몽골로 선교 여행을 다녀왔다. 13세기 당시 몽골의 풍습과 생활상이 담긴 여행기를 남겼다.

가지고 있는 카일라크라는 큰 도시를 이곳에서 우연히 발견했다. ……
이 나라는 과거 한때 오르가눔(Organum)으로 알려졌고 자신들의 언어와 문자를 가지고 있다. 하지만 이 무렵 이곳은 완전히 튀르크인들에게 점령되었다. 이들의 문자와 언어는 관습적으로 직무와 집필을 위해 이 지역의 네스토리우스교도들에 의해 사용되었다.[303]

페르시아 저자들이 카얄리그(Qayāligh)라고 했던[304] 카를루크의 옛 수도인 카일라크는 소그드의 강력한 영향력이 미쳤던 지역인 발카슈호[305] 동남동쪽에 위치했다.[306] 폴 펠리오는 오르가눔이라는 이름을 호라즘의 옛 수도인 우르켄치(Ürgänč)와 연결하기 위해 자신의 방대한 학식을 동원했다.[307] 의심할 여지 없이 상이한 답은 카슈가르의 마흐무드에게서 찾을 수 있다. 오르가눔은 마흐무드가 있던 곳 바로 남쪽에 위치한 아르구의 땅임이 분명하다. 그리고 루브룩은 여정 중 그곳을 둘러갔다. 이 일대에서든지 네스토리우스교의 전례어 — 호라즘에서 네스토리우스교도들은 소그드어를 사용했다 — 에서든지 입증된 바 없는, 펠리오가 제안한 호라즘어가 아니라 네스토리우스교의 옛 전례어와 그 땅에서 사라진 고대 언어가 튀르크 방언이 대체한 소그드어였다. 세미레체의 네스토리우스교도 묘비명에 수많은 소그드어 용어가 존재하는

---

303 William of Rubruck(trans. Jackson, p. 148).
304 Barthold, 1968, p. 403; Bajpakov, 1986, p. 36 참조.
305 이 현장의 지도와 설계도는 Bajpakov, 1986, pp. 130~31 참조. Ḥudūd, p. 277에 대한 미노르스키의 논평 속 논의도 참조.
306 이러한 존재감이 소그드 식민지의 중앙 지역 북쪽에서 느껴졌음에도 불구하고 발카슈호와 이들 도시 사이의 스텝 지대를 거쳐 여행했던 루브룩은 이를 알아채지 못했다. 그러나 소그드의 영향력은 적어도 루브룩의 여행 일정표에서 카일라크보다 먼저 들렀던 여행 장소에 붙인 이름이 『세계의 경계』 속의 지명이었다는 사실에 의해 드러난다. 예를 들어 'Iki-ögüz'를 가장한 라틴어 'Equius'는 Ḥudūd, p. 95에서 'Irgūzgūkath'라는 소그드어화된 형태로 나타난다.
307 Pelliot, 1973, pp. 115~17.

것은 이를 사실로 확인해 준다.[308] 마흐무드 시대 이후 소그드 주민들은 완전히 동화되었지만, 그들의 기억은 여전히 13세기에도 보존되었다. 사만 제국 북쪽의 아르구의 땅은 다른 정치적·문화적 조건 속에서 소그드-튀르크의 보루이자 튀르크 노예 무역의 온상이었으며, 카라한 칸국이 탄생한 자궁이었다.

모든 것을 고려하면 소그드어의 저항은 놀랍도록 길었다. 자이하니가 마지막 소그드 상인들의 도움을 받은 이후로도 오랫동안 그들의 언어는 아르구의 땅에, 아마도 12세기까지 그리고 어쩌면 13세기 초까지도 전례어로서 살아 있었다. 동화 과정이 본국에서는 훨씬 이전에 이루어졌지만 말이다.

내가 모은 다양한 정보에 기초해 내릴 수 있었던 평가는 다음과 같다. 모든 지표에 따르면 본국과 소그드 거류지들, 특히 위구르 영토에 있던 톈산산맥 동부의 거류지들 사이의 연결이 미약하나마 930년경에도 여전히 남아 있었다. 중국에서의 그들의 책략과 투사 안녹산의 패배에도 불구하고 8세기 후반과 9세기 초에 소그드인들은 여전히 위구르의 교역을 폭넓게 통제하고 있었으며, 연공으로 바치던 중국 비단에서도 이득을 취했다. 더 나아가 그들은 9세기 초반에 위구르 스텝 지대와 본국 사이의 교류를 재개하는 데도 성공할 수 있었다. 그러나 해상 교역로의 비약적인 성장과 옛 상권 중심지에서 계속되는 전쟁으로 인해 그들의 위상은 매우 위험해졌다. 800년부터 840년 사이에 교역량은 확실히 안녹산의 난 이전에 비해 매우 줄어들었는데, 그 이후에 또다시 떨어졌다. 중국으로의 공납이 종식되자, 동부 소그드 거류지들의 상업적 잠재력은 지역 생산품들 ─ 그 가운데 사향과 노예가 압도적인 역할을 수행했음이 틀림없다 ─ 에만 국한되어 발휘될 수 있었다. 그때부터

---

308 Livšic, 1981, p. 78. Kljaštornyj, 1964, pp. 130~31도 같은 분석을 한다.

비단은 바다로만 운송되었고 이란에서 생산되었다. 소그디아나의 교역이 부하라에 유리하게 호라즘 노선 쪽으로, 그리고 사마르칸트에서는 튀르크어를 사용하는 북동쪽의 스텝 지대 쪽으로 어렵게 방향이 재설정되는 이행기가 이어졌다. 10세기 초반 자이하니는 상인들 덕분에 타림분지와 투르키스탄에 대해 여전히 잘 알고 있었으며, 소그드어로 변용된 지명을 그에 상응하는 튀르크어와 함께 명쾌하게 인용했다. 아부자이드의 글은 같은 시기에 중국에 있던 '고전적인' 소그드 상인을 소개하고 마수디 또한 이 시기에 이와 같은 상인들과 마주쳤다. 위구르 카간이 자신과 종교가 같은 이들을 위해 개입했을지도 모른다. 그는 자신의 영토에 있는 수많은 무슬림을 거론했다. 신(新)페르시아어 문서들은 거의 남아 있지 않지만, 그럼에도 종국에는 중국 투르키스탄에 이르렀다. 이러한 접촉이 여전히 경제적으로 중요했는지는 확실하지 않다. 어떻든 이와 같은 교류는 그 후 곧 중단되었다.

 10, 11세기의 자료들이 보여 주는 이미지에 따르면, 사마르칸트의 후배지는 본질적으로 서부 타림분지(저 멀리 호탄까지) 지역과 톈산 서부까지 펼쳐지는 튀르크 지역(야그마[Yagma], 카를루크, 투크시 등)으로 구성되었다. 9세기 초 이후 이슬람 경제에 중요했던 노예무역은 사향과 함께 유일하게 남은 옛 소그드 교역의 자산이었다. 두 품목은 소그드 교역사에서 내내 인증된다. 노예는 차츠와 페르가나에서 거래되었는데, 이웃 튀르크 부족 — 그들 연합이 카라한 칸국을 구성했다 — 출신들이었다. 교역 지대는 줄어들었다. 외딴 거류지들은 930년대 이후 운명을 받아들여 동화된 반면, 이슬람화된 소그디아나 인근의 공동체들은 지체의 시간을 보내고 나서야 그 특징을 수용했다. 이렇게 대규모의 소그드 대교역은 사라졌다.

결론

 이제 이 탐구의 결론을 요약하는 것이 가능해졌다. 연대표, 지리학적 범주, 장거리 소그드 교역의 경제적·문화적 중요성이 이후로 더 알려졌다. 우리는 한 단계 한 단계 소규모 교역부터 대규모 교역에 이르기까지 그 경과를 꽤 잘 따라갈 수 있었다. 기원전 2세기 이전의 경우에 지역적 중요성 말고는 소그드 교역에 대해 아무것도 말할 수 없다. 3세기가 경과하면서 중국의 비단 — 처음에는 외교적 선물 형태로, 그 후에는 인도와 박트리아 상인들에 의해 수출되는 교역품으로 — 은 경제활동을 촉진하는 수요 및 상품 유통을 창출해 냈다. 우리는 그 당시까지 남쪽으로만, 아마도 박트리아인들에 의해 독점적으로 전파되었던 청금석이 흑해 북쪽에 등장한 것에 주목했다. 이러한 현상은 어쩌면 약간은 더 큰 규모의 소그드 교역이 탄생한 것을 반영한 것일 수도 있다. 박트리아의 스승을 따라 소그드인들도 인도와 중국 사이에서 교역을 했으며, 해외의 공동체들이 계속해서 타림분지, 감숙, 중국의 수도에서뿐만 아니라 쿠샨 제국에서도 형성되었다. 인도와 중국 사이의 교역을 파괴하고 특히 박트리아를 유린한 4, 5세기의 침략과 전쟁은 이 분야를 소그드인들에게 열어주었다. 소그디아나는 중앙아시아 인구와 소비의 주요 중심지가 되었고, 소그드 상인들은 5, 6세기 자신들의 이득을 위해 교역로를 바꾸었다. 이는 가장 위대하고 역동적인 교역의 시대였다. 비록 이어지는 시기가 소그드 교역의 쇠퇴기는 아니었지만 말이다. 그러나 팽창의 경제적 조건이 급격하게 수정되었는데, 우선은 소그드 상인들이 튀르크 제국에 바치는 중국의 공물에 대한 통제권을 획득함으로써 뜻밖의 횡재 효과를 보았기 때문이었다. 그다음으로는 중앙아시아로 중국의 군사력이 팽창한 덕분에 타림분지에서 지배적 위치를 점하고 있던 소그드 무역업자들이 방대한 수익을 얻을 수 있었기 때문이었다. 소그드인들은 중국 군대와 관료들에게 사치품을 제공했고 비단으로 그 값을 지불받았다. 사산 제국의 보호주의 정책으로 인해 남쪽이 차단된 소그드인들은 처음에는 튀르크인들의, 그다음에는 하자르인들의 정치적 보호에 힘입어 비잔티움에 접근할 기회를 창출할 수 있었다. 따라서 이 시기 소그드 교역의 팽창은 엄밀한 정치적 조건과 밀접한 관련이 있었고, 튀르크-소그드 사회가 연이은 튀르크 제국 및 중국에서 점하고 있던 사업적 우위를 유지하는 데 성공한 덕분이었다. 그렇다 보니 처음에는 사산 제국이 몰락하고 아랍 군대가 점진적으로 소그디아나를 정복하면서, 그다음에는 중국에서 안녹산의 난이 발생하면서 연동된 정치적 균형의 변화가 이처럼 취약한 토대에 기초한 대교역에 결정적인 타격을 주었다. 페르시아 상인들은 같은 시기에 자신들의 해상 교역을 발전시켰는데, 최종적으로 8세기에는 자신들의 경쟁자인 소그드인들을 누르고 우위를 차지했다. 그러나 대규모 소그드 교역은 서서히 종식되었다. 9세기 초 다소 회복세를 보였으나, 그 후 완전히 붕괴되었다. 중국과의 마지막 접촉은 930년경이었던 것으로 보인다.

지리적으로 가장 넓게 확장되었을 때, 소그드 교역은 크림반도에서 한반도까지 유라시아 스텝 지대 전체를 포괄했다. 이들은 중앙아시아라는 지리적 한계를 넘어선 방대한 지역에서 유목민들과 정주민들 사이의 주요 거간꾼이자 동서 교역의 운반자로서 역할을 수행했다. 이러한 거간꾼 역할에서 소그드인들은 두 경제 영역 사이에서 크고 작은 모든 교역을 손에 넣음으로써 값비싼 제품을 취급하던 자신들의 전문 분야를 넘어섰다. 말(馬) 무역에 참여한 그들은 동아시아 중세 초기의 주요 경제적 현상 가운데 하나의 중심에 서게 되었다. 또한 이슬람 시대에는 모피와 노예무역, 즉 스텝 지대와 정주민 세계를 연결하는 또 다른 대교역 활동을 선도했다. 노예와 사향은 10세기에도 여전히 사마르칸트가 보유하고 있던 마지막 장거리 교역의 특산물이었다. 그 뒤로 중앙아시아는 이와 같은 경제적·문화적 역할을 다시 담당하지 못했다. 몽골 제국에서의 중요한 상업적 거래는 티무르 제국에서와 마찬가지로 중앙아시아를 경유해 이루어졌으나, 비단은 7세기에 가지고 있던 값어치를 더 이상 근동에서 갖지 못했다.

   그럼에도 불구하고 이 탐구의 결론에서 드러나는 소그드 상인의 역사는 완전함과는 거리가 멀다. 문서 기록의 빈틈은 많은 그림자 영역을 남겨 놓았는데, 내가 내세운 주장의 여러 논리적 핵심은 증거가 아닌 징후에 근거해야만 했다. 대규모 소그드 교역은 확실한 역사적 현실이지만 그 정확한 기원은 여전히 비밀에 가려져 있다. 나는 그 탄생의 맥락을 명확히 했지만, 여전히 무엇이 소그드인들로 하여금 대규모 사업을 계속하도록 압박했는지는 알지 못한다. 쿠샨의 인도나 중국으로 소그드 상인들이 이주한 경제적 동기는 이어 맞출 수 있지만, 소그드 사회구조는 그 근본을 알 수 없다. 지식의 이러한 공백은 내내 내 작업을 제한했다. 소그드 교역의 마지막 국면을 알 수 있기 위해 반드시 필요한 새로운 이슬람 사회에서의 상인 계층의 진화를 추적할 수 있도록 도와줄 사회적 특성에 대한 정보 역시 부족하다. 소그드인들의 최전성기에 대한 뜻밖의 문서 기록 덕분에 자라프샨 계곡에 감춰진 도시, 즉 판지켄트에 대해서만은 소그디아나 내부의 경제적·사회적 정보를 얻을 수 있었다. 상인들의 이주 이유는 물론, 그것이 이루어진 방식도 소그드 교역사에서 커다란 미지의 영역으로 남아 있다. 나는 이러한 정보의 부재로 인해, 예를 들어 상업적 네트워크보다는 확실히 좀 더 정확한 교역과 소그드 상인들에 대해 말할 수밖에 없었다. 『고대 편지 II』 외에는 소그드 교역 전성기의 어떤 기록도, 비록 관련 거리 때문에 굉장히 가능성이 있어 보임에도 불구하고, 공식적으로 우리가 개개인의 상인들의 무역 행위가 아닌 네트워크를 다루고 있다고 언명하도록 허락하지 않는다. 크고 작은 상인들의 체계적인 상호작용에 대한 지식은 이를 증명하도록 해줄 테지만 이러한 정보는 대개 우리에게 없다. 문서들로부터 우리는 한편으로는 소상인들에 대해, 다른 한편으로는 소그드-튀르크 정치 구조에 대해 알게 되었을 뿐만 아니라 안녹산과 시자불의 수행단 사이에는 어떤 연관성이 있다는 사실도 알게 되었다. 파이켄트에서 언급된 부유한 남성을 표본으로 대상인들로 이루어진 사회집단의 존재를 확언할 수 있지만, 우연히 보존된 문서는 그 실체를 어둠 속에 남겨놓았다.

 이러한 공백에도 불구하고 내가 처음에 내세운 가설 — 이 역사 연구의 대상, 즉 소그드 상인들에 의해 유지된 대규모 교역의 존재 — 은 완전히 확인된 듯 보인다. 나는 이러한 명칭에 부응하는 경제적·사회적 구조의 발전을 수세기에 걸쳐 추적할 수 있었다. 중세 초 교역 분야에서의 다른 역사 연구 대상들은 대부분 자료 부족으로 인해 이런 식으로 규정되거나 연구될 수 없었다. 수세기를 가로질러 강승회와 나나이-반다크, 마니아크, 안녹산은 확실히 같은 역사에 속한다.

참고문헌

사료

[한문 사료]

정사(正史)와 정치 문헌

『史記』司馬遷 撰, 北京: 中華書局, 1985.

『史記』Watson, B. (trans.): *Records of the Grand Historian: Han Dynasty*, II, New York: Columbia University Press, 2nd ed. rev., 1993, p. 506.

『漢書』班固 撰, 北京: 中華書局, 1962.

『漢書』Hulsewé, A. F. P., *China in Central Asia: the Early Stage: 125 B.C.-A.D. 23. An Annotated Translation of Chapters 61 and 96 of the History of the Former Han Dynasty*, with an Introduction by M. A. N. Loewe, Leiden: Brill, 1979, p. 273.

『後漢書』范曄 撰, 北京: 中華書局, 1965.

『後漢書』Chavannes, É., "Les Pays d'Occident d'après le Heou Han chou", *T'oung Pao*, series II, vol. VIII, 1907, pp. 149~234, and Chinese text.

『三國志』陣壽 撰, 北京: 中華書局, 1962.

『晋書』房玄齡 撰, 北京: 中華書局, 1974.

『梁書』姚思廉 撰, 北京: 中華書局, 1973.

『魏書』魏收 撰, 北京: 中華書局, 1974.

『周書』令狐德棻 撰, 北京: 中華書局, 1971.

『北史』李延壽 撰, 北京: 中華書局, 1974.

『隋書』魏徵 撰, 北京: 中華書局, 1973.

『舊唐書』劉煦 撰, 北京: 中華書局, 1975.

『新唐書』歐陽修 撰, 北京: 中華書局, 1975.

『宋史』脫脫 等 撰, 中華書局, 1977.

『魏略』Chavannes, É., "Les pays d'Occident d'après le Wei Lio", *T'oung Pao*, series II,

vol. VI, 1905, pp. 519~71.
『通典』杜佑 撰, 長沙: 岳麓書社, 1995.
『通志』鄭樵 撰(文淵閣四庫全書, 史部: 別史類, 380, 台北: 臺灣商務印書館, 1986.
『資治通鑑』司馬光, 北京: 古籍出版社, 1956.

특정 주제에 관한 역사 문헌

Chavannes, É., *Documents sur les Tou-kiue (Turcs) occidentaux*, Saint Pétersbourg, 1903, réimpr. Paris: A. Maisonneuve, 1973, pp. 110, 378 (notes additionnelles).

Li Bo 李白, Jacob, P. (trans.), *Florilège de Li Bai*, Paris: Gallimard, 1985, p. 272.

Liu Mau-Tsai, *Die chinesischen Nachrichten zur Geschichte der Ost-Türken(T'u-Küe)*, (Göttinger asiatische Forschungen, X), 2 vols., Wiesbaden: Harrassowitz, 1958, p. 831.

『安祿山事迹』Rotours, R. Des (ed. and Trans.) *Histoire de Ngan Lou-chan (Ngan Lou-chan che tsi)*, (Bibliothèque de l'Institut des Hautes Études Chinoises, XVIII), Paris: PUF, 1962, p. 398.

Mackerras, C., The *Uighur Empire (744-840) according to the T'ang Dynastic Histories*, Columbia: University of South Carolina Press, 1972, p. 226.

불교 문헌

『高僧傳』Shih, R. (trans., annot.), *Biographies des moines éminents (Kao Seng Tchouan) de Houei-kiao*, (Bibliothèque du Muséon, LIV), Louvain: Institut Orientaliste, 1968, pp. xxiv, 177(chin.).

玄奘『大唐西域記』北京: 中華書局, 1991: Beal, S. (trans.), *Si-Yu-Ki: Buddhist Records of the Western World. Translated from the Chinese of Hiuen Tsiang A.D. 629*, 1884, reprinted New Delhi, 1983, p. 370.

玄奘: 慧立/彦悰『大唐大慈恩寺三藏法師傳』Beal, S. (trans.), *The Life of Hiuen-Tsiang*, 1888, reprinted Delhi, 1973, p. 218.

『法顯傳』『宋雲行紀』Beal, S. (trans.), *Travels of Fah-Hian ans Sung-Yun: Buddhist Pilgrims from China to India (400 A.D. and 518 A.D.)*, London: Trübner, 1869, p. 208.

義淨『大唐西域求法高僧傳』Chavannes, É. (trans.), *Mémoire composé à l'époque de la grande dynastie T'ang sur les religieux éminents qui allèrent chercher la Loi dans les Pays d'Occident*, Paris: Leroux, 1894, p. 214.

慧超『往五天竺國傳』Fuchs, W. (trans.), "Huei-ch'ao's 慧超 Pilgerreise durch Nordwest-Indien und Zntral-Asien um 726", *Sitzungsberichte der Preußischen Akademie der Wissenschaften, Phil.-hist. Klasse*, XXX, Berlin, 1939, pp. 426~69.

실무(實務) 문서

Chavannes, É., *Les documents chinois découverts par Aurel Stein dans les sables du*

Turkestan Oriental, Oxford University Press, 1913, pp. XXXVII, 232.

『吐魯番出土文書』10卷本, 北京: 文物出版社, 1981～91.

『吐魯番出土文書』4卷本, 北京: 文物出版社, 1992～96(圖文對照本).

Liu Jinglong, Li Yukun 劉景龍/李玉昆, 『龍門石窟碑刻題記彙錄』 上下卷, 中國大百科全書出版社, 1998, p. 670.

Ikeda, O. 池田温, 『中國古代籍帳研究: 概觀, 錄文』東京: 東京大學東洋文化硏究所, 1979, p. 669.

Yamamoto, T., Ikeda, O., Okano, M., *Tun-Huang and Turfan Documents: Concerning Social and Economic History, I Legal texts*, 2 vols., Tokyo: The Tokyo Bunko, 1978, 1980, pp. 106, 130.

_____, Dohi, Y., *Tun-Huang and Trufan Documents: Concerning Social and Economic History, II Census registers*, 2 vols., Tokyo: The Tokyo Bunko, 1984, 1985, pp. 212, 280.

_____, Ikeda, O., *Tun-Huang and Trufan Documents: Concerning Social and Economic History, III Contracts*, 2 vols., Tokyo: The Tokyo Bunko, 1986, 1987, pp. 139, 220.

[소그드어, 박트리아어 사료]

고대 편지

Grenet, F., Sims-Williams, N., De La Vaissière, É., "The Sogdian Ancient Letter V", in *Alexander's legacy in the East: Studies in Honor of Paul Bernard, Bulletin of the Asia Institute*, XII, 2001, pp. 91～104.

Reichelt, H., *Die soghdischen Handschriftenreste des Britischen Museums, in Umschrift und mit Ubersetzung. II. Teil: Die nicht-buddhistischen Texte*, Heidelberg, 1931, p. 80.

Sims-Williams, N., "The Sogdian Ancient Letter II", in Schmidt, M. G., Bisang, W. (eds.), *Philologica et Linguistica. Historia, Pluralitas, Universitas. Festschrift für Helmut Humbach zum 80. Geburtstag am 4. Dezember 2001*, Trier: Wissenschaftlicher Verlag Trier, 2001, pp. 267～80.

_____, "Sogdian Ancient Letter I", "Sogdian Ancient Letter III", in Whitfield, S. (ed.), *The Silk Road: Trade, Travel, War and Faith*, London: British Library, 2004, pp. 248～49.

_____, "Towards a New Edition of the Sogdian Ancient Letters: Ancient Letter I", in De La Vaissière, É., Trombert, É. (eds.), *Les Sogdians en Chine*, (Études thématiques, XIV), Paris: École Française d'Extrême-Orient, 2005, pp. 181～93.

인더스강 상류 명문(銘文)

Sims-Williams, N., *Sogdian and Other Iranian Inscriptions of the Upper Indus*, I, (Corpus Inscriptionum Iranicarum, II/III), London: SOAS, 1989, pp. CLXX, 36.

_____, *Sogdian and Other Iranian Inscriptions of the Upper Indus*, II, (Corpus Inscriptionum Iranicarum, II/III), London: SOAS, 1992b, pp. CCLXV, 94.

무굴 문서 외

Bogoljubov, M. N., Smirnova, O., *Xozjajstvennye dokumenty, Ctenie, perevod i kommentarii* (Economic documents. Edition, translation and commentary), (Sogdijskie dokumenty s gory Mug, III), Moscow, 1963, p. 132.

Frejman, A. A., *Opisanie, publikacii i issledovanie dokumentov s gory Mug* (Description, publication and study of the documents from Mount Mugh), (Sogdijskie dokumenty s gory Mug, I), 1962, p. 91.

Grenet, F., De La Vaissière, É., "The Last Days of Panjikent", *Silk Road Art and Archaeology*, VIII, 2002, pp. 155~96.

Livšic, V. A., *Juridičeskie dokumenty i pis'ma* (Legal documents and letters), (Sogdijskie dokumenty s gory Mug, II), Moscow, 1962, p. 222.

Sims-Williams, N., *Bactrian Documents from Northern Afghanistan, I: Legal and Economic Documents*, (Studies in the Khalili Collection, 3, Corpus Inscriptionum Iranicarum, II/VI: Bactrian), Oxford University Press, 2000, p. 255.

_____, Hamilton, J., *Documents turco-sogdiens du IXe-Xe siècle de Touen-houang*, (Corpus Inscriptionum Iranicarum, II/III), London: SOAS, 1990, p. 94.

Vessantara Jātaka, Benveniste, É. (ed., trans. and comm.), (Mission Pelliot en Asie Centrale, IV), Paris: Geuthner, 1946, p. 137.

Yoshida, Y., Moriyasu, T. 吉田豊/森安孝夫/新疆ウイグル自治區博物館「麴氏高昌國時代ソグド文女奴隷賣買文書」,『內陸アジア言語の研究』4, 1988, pp. 1~50.

[튀르크어 사료]

Hamilton, J., *Manuscrits ouïgours du IXe-Xe siècle de Touen-houang*, 2 vols., Paris: Peeters, 1986, p. 352.

명문(銘文)

Maḥmūd al-Kāshgharī, Dīwān Lugāt at-Turk: Dankoff, R., Kelly, J. (ed. and trans.), *Compendium of the Turkish Dialects*, Part I, (Sources of Oriental Languages and Litteratures, 7), Harvard, 1982, p. 416; Part II, 1984, p. 381.

Moriyasu, T., Ochir, A. (ed.) 森安孝夫/オチル (編),『モンゴル國現存遺蹟・碑文調査研究報告』大阪: 中央ユーラシア學研究會, 1999, p. 292.

Radloff, W., *Die Alttürkischen Inschriften der Mongolei*, Saint Petersburg, 1895, p. 460.

[아르메니아어 사료]

Ananias of Širak: Hewsen, R. H. (intr., trans. and comm.), *The Geography of Ananias of Širak (AŠXARHAC'OYC'), The Long and the Short Recensions*, (Beihefte zum Tübinger Atlas des Vorderen Orients, Reihe B [Geisteswissenschaften], LXXVII), Wiesbaden, 1992, p. 467.

Elishē: Thomson, R. W. (trans. and comm.), *Elishē, History of Vardan and the Armenian War*, Cambridge (Mass.): Harvard University Press, 1982, pp. 1(map), 353.

Faustes of Byzantium: Garsoïan, N. (trans. and comm.), *The Epic Histories Attributed to P'awstos Buzand (Buzandaran Patmut'iwnk)*, Cambridge (Mass.): Harvard University Press, 1989, p. 665.

[그리스어, 라틴어 사료]

Acta Andreae: Bonnet, M. (ed.), "Acta Andreae Apostoli cum Laudatione contexta", *Analecta Bollandiana*, XIII, 1894, pp. 309~52.

Ammianus Marcellinus: various eds., trans. and comm., *Histoire*, Paris: Les Belles Lettres, 1968~77.

Arrianos: Brunt, P. A. (trans.), *Anabasis Alexandri*, 2 vols., Cambridge (Mass.): Harvard University Press, 1983, 1989, pp. 548, 589.

Cosmas Indicopleustes: Wolska-Conus, W. (ed. and trans.), *Topographie Chrétienne*, 3 vols., (Sources Chrétiennes, 141, 159, 197), Paris: Cerf, 1968, 1970, 1973, pp. 374, 488.

Ctesias: Auberger, J. (trans.), *Ctésias. Histoires de l'Orient*, Paris: Les Belles Lettres, 1991, p. 191.

Diodoros of Sicily: Goukowsky, P. (ed. and trans.), *Bibliothèque Historique*, Livre XVII: Paris: Les Belles Lettres, 1976, p. 279.

Dion Chrysostomos: Cohoon, J. W., Lamar Crosby, H. (trans.), *The Discoures*, 5 vols., (The Loeb Classical Library, 257, 339, 358, 376, 385), Cambridge (Mass.): Harvard University Press, 1940-1951.

Gregory of Tours: Thorpe, L. (trans.), *The History of the Franks*, London: The Penguin Books, 1974, p. 710.

Historia Augusta: Callu, J.-P. (ed. and trans.), *Histoire Auguste. Vies d'Hadrien, Aelius, Antonin*, Paris: Les Belles Lettres, 1992, p. 177.

Historia Augusta: Paschoud, F. (ed. and trans.), *Histoire Auguste. Vies d'Aurélien, Tacite*, Paris: Les Belles Lettres, 1996, p. 348.

Indices Apostolorum: Schermann, Th. (ed.), *Prophetarum vitae fabulosae, indices apostolorum discipulorum que Domini, Dorotheo, Epiphanio, Hippolyto aliisque vindicata*, Leipzig, 1907, p. 256.

Jordanes: Devillers, O. (trans.), *Histoire des Goths*, Paris: Les Belles Lettres, 1995, p. 229.

Menandros: Blockley, R. C. (ed. and trans.), *The History of Menander the Guardsman*, (ARCA, 17), Liverpool, 1985, p. 307.

Periplus Maris Erythraei: Casson, L. (trans. and comm.), *The Periplus Maris Erythraei*, Princeton University Press, 1989, p. 320.

Plinius (Gaius Plinius Secundus): various eds., trans. and comm., *Histoire Naturelle*, Paris: Les Belles Lettres, 1950-1981.

_____: Eichholz, E. (ed., trans. and comm.), *Natural History*, libri XXXVI-XXXVII, vol. X, Cambridge (Mass.): Harvard University Press, 1962, p. 344.

Priscus: Blockley, R. C. (ed. and trans.), *The Fragmentary Classicising Historians of the Later Roman Empire. Eunapius, Olympiodorus, Priscus and Malchus II Text, Translations and Historiographical Notes*, (ARCA, X), Liverpool: Francis Cairns, 1983, pp. 222~400.

Procopius: Dewing, H. B. (ed. and trans.), *The History of the Wars*, I, Cambridge (Mass.): Harvard University Press, 1914, p. 583.

_____: Dewing, H. B. (ed. and trans.), *The Anecdota or Secret History*, Cambridge (Mass.): Harvard University Press, 1969, p. 384.

Ptolemaios: Coedès, G. (trans.), *Textes d'auteurs grecs et latins relatifs à l'Extrême-Orient: depuis le IVe siècle av. J.-C. jusqu'au XIVe siècle*, Paris: E. Leroux, 1910, reprint 1977.

_____: Ronca, I. (ed. and trans.), *Geographie 6, 9-21. Ostiran und Zentralasien, Teil I*, (IsMEO, Reports and Memoirs, XV, 1), Rome: IsMEO, 1971, p. 118.

Strabon: Aujac, G. (trans.), *Géographie, Livre* II, Paris: Les Belles Lettres, 1969, p. 197.

_____: Lasserre, F. (trans.), *Géographie, Livre* XI, Paris: Les Belles Lettres, 1975, p. 179.

_____: Jones, H. L. (ed. and trans.), *The Geography of Strabo*, VII, Londom, 1930, p. 373.

Theophanes of Byzantium: in Henry, I. R. (ed. and trans.), Photius, *Bibliothèque*, Paris: Les Belles Lettres, 1959, pp. 76~79.

Theophylact Simocatta: Whitby, M. and M., *The History of Theophylact Simocatta. An English Translation with Introduction and Notes*, Oxford: Clarendon Press, 1986, p. 258 and p. 4 maps.

William of Rubruk: Kappler, Cl. C. and R. (trans. and ed.), *Voyage dans l'empire mongol 1253-1255*, Paris: Imprimerie Nationale, 1993, p. 301.

[인도어 사료]

Burrow, T., *A Translation of the Kharoṣṭhi Documents from Chinese Turkestan*, (J. G. Forlong Fund, XX), London: The Royal Asiatic Society, 1940, p. 151.

Kalhana, Rājataranginī: Stein, A., Kalhaṇa's Rājataranginī, a Chronicle of the Kings of Kaśmīr, 2 vols., Westminster, 1900, pp. 402, 555.
Mahābhārata: Roy, P. C. (trans.), *The Nahabharata*, Calcutta, 1887, p. 459.
The Matsyamahāpurānam, part I, Delhi: Nag Publishers, 1983, p. 648.
Pargiter, F. E., *The Mārkaṇḍeya*, Calcutta, 1904, p. 730.

[티베트어 사료]

Thomas, F. W. (trans. and comm.), *Tibetan Literary Texts and Documents concerning Chinese Turkestan*, I: Literary Texts, London: The Royal Asiatic Society, 1935, p. 323.

[아랍어, 페르시아어 사료]

Abū'l-Faraj Al-Iṣfahānī, *Kitāb al-Aghānī*, Cairo: Dār al-Kutub, 24 vols., 1927-1974.
Abū Dulaf: Ferrand, G., *Relations de voyages et textes géographiques arabes, persans et turks relatifs à l'Extrême-Orient du VIIIe au XVIIIe siècles,* Paris: Leroux, 2vols., 1913-1914, p. 743.
Abū Zayd: Ferrand, G. (trans.), *Voyage du marchand arabe Sulaymân en Inde et en Chine rédigé en 851 suivi de remarques par Abū Zayd Hasan (vers 916)*, Paris: Bossard, 1922, p. 157.
Balādhurī: Hitti, Ph. Kh., Murgotten, Fr. Cl. (trans.), *The Origins of the Islamic State, being a translation ... of the Kitāb Futūḥ al-Buldān*, 2 vols., (Studies in History, Economics and Public Law, 163), New York, 1916, 1924.
Bal'amī: Zotenberg, H., *Chronique de Tabari, traduite sur la version persane d'Abou-'Alî Mo'hammed Bel'amî*, 4 vols., Paris, 1867-1874, republished. 4 vols., Paris: Sindbad, 1983.
Bayhaqī: *Tārīkh-i Bayhaqī*, ed. Ġanī and Fyāḍ, Tehran, 1324, p. 764.
Benjamin de Tudela: Signer, M. A. (intr.), Asher, A. (trans.), *The Itinary of Benjamin de Tudela. Travels in the Middle Ages*, New York, 1987, p. 169.
Al-Bīrūnī: Sachau, E. (trans.), *Alberuni's India*, 2 vols., London: Kegan, Trench, Trübner, 1910, pp. 408, 431.
_____: *al-Āthār al-bāqiya 'an al-qurūn al-khāliya*, Sachau, E. (ed.), Leipzig, 1879. *The chronology of ancient nations*, Sachau, E. (trans.), Leipzig, 1879, p. 464.
Gardīzī: Arends, A, K. (trans.), Epifanova, L. M. (comm.), *Zajn al-axbar. Ukrašenie izvestij. Razdel ob istorii Xorasana*, Tashkent: FAN, 1991, p. 176.
_____: Martinez, A. P., "Gardīzī's Two Chapters on the Turks", *Archivum Eurasiae Medii Aevi*, II, 1982, pp. 109~217.
Histories of Nishapur: Frye, R. N., *The Histories of Nishapur*, La Haye: Mouton, 1965,

pp. 20, 3 facsimiles.
Ḥudūd al-'Ālam: Minorsky, V. (trans. and comm.), *Ḥudūd al-'Ālam. "The Regions of the World". A Persian Geography 372 A.H.-982 A.D.*, (Gibb Memorial Series, XI), 2nd ed., London, 1970, p. 524.
Ibn Faḍlān: *Récit de voyage*, in P. Charles-Dominique (trans.), *Voyageurs arabes: Ibn Faḍlān, Ibn Jubayr, Ibn Baṭṭūṭa et un auteur anonyme*, Paris: Gallimard, 1995, pp. 25~67.
Ibn Al-Faqīh al-Hamadhānī: Massé, H. (trans.), *Abrégé du livre des pays*, Damascus, 1973, p. 441.
_____: *Kitāb al-Buldān*, ed. Yū. al-Hādī, Beirut, 1996.
Ibn Ḥawqal: *Configuration de la Terre (Kitab Surat Al-Ard)*, 2 vols., Kramers, J. H. and Wiet, G. (trans.), Paris-Beirut, 1964, p. 551.
_____: *Kitāb Ṣūrat Al-Arḍ*: Kramers, J. (ed.), (Bibliotheca Geographorum Arabicorum, II), Leiden: Brill, 3rd. ed., 1967, p. 528.
Ibn Khurdādhbih: *Kitāb al-Masālik wa'l-Mamālik*: de Goeje, M. J. (ed. and trans.), *Kitāb al-Masālik wa'l-Mamālik (liber viarum et regnorum) auctore Abu'l-Kâsim Obaidallah ibn Abdallah ibn Khordâdhbeh*, Leiden: Brill, 1889, pp. 216, 308 (Arabic text).
Ibn Rusta: Wiet, G. (trans.), *Ibn Rusteh, Les atours précieux*, Cairo, 1955, p. 319.
Idrīsī, *Géographie*: Nef, A. and de la Vaissière, E. (trans.), *L'agrément de celui qui est passionné pour la pérégrination à travers le monde*, CD-Rom, Paris: Bibliothèque Nationale de France, 2000.
Isṭakhrī, *Kitāb al-masālik al-mamālik*: de Goeje, M. J. (ed.), (Bibliotheca Geographorum Arabicorum, I), Leiden: Brill, 3rd. ed., 1967, p. 348.
Al-Khaṭīb al-Bagdādhī: Salmon, G., *Al-Khatîb al-Bagdâdhî. L'introduction topographique à l'histoire de Bagdad d'Abou Bakr Ahmad ibn Thâbit al-Khatîb al-Bagdâdhî*, Paris: Bouillon, 1904, pp. 93, 206.
Kitāb al-Qand: Al Nasafi, *al-Qand fī dhikr 'ulamā' Samarqand*, Al-Fāryābī (ed.), 1991, p. 622.
Maḥmūd al-Kāshgharī: 튀르크어 사료 참조.
Marvazī: Minorsky, V. (trans.), *Sharaf al-Zamān Ṭahir MARVAZĪ on China, the Turks and India: Arabic Text (circa A.D. 1120) with an English Translation and Commentary*, (James G. Forlong Fund, XXII), London: The Royal Asiatic Society, 1942, pp. 53, 170 (Arabic text).
Mas'ūdī: Pellat, Ch. (trans.), *Les prairies d'or*, I, Paris: Société Asiatique, 1962, p. 248.
Merveilles de l'Inde: Sauvaget, J. (trans.), "Les merveilles de l'Inde", *Mémorial Jean Sauvaget*, I, Damascus: Institut Français de Damas, 1954, pp. 189~309.
Muqaddasī: *Kitāb Ahsan al-Taqāsīm fī ma'rifāt al-Aqālīm*: de Goeje, M. J. (ed.), (Bibliotheca Geographorum Arabicorum, III), Leiden: Brill, 1906, p. 498.

_____: Collins, B. A. (trans.), *The Best Divisions for Knowledge of the Regions. A Translation of Ahsan al-Taqasim fi Ma'rifat al-Aqalim*, Reading: Garnet, 1994, p. 460.

Al-Nadīm: Dodge, B. (trans.), *The Fihrist of al-Nadīm. A Tenth-century Survey of Muslim Culture*, 2 vols., New York: Columbia University Press, 1970, p. 1149.

Narshakhī, M., *Tārīkh-i Bukhārā*: Riḍawī (ed.), Tehran, 1351, p. 445.

_____: Frye, R. N. (trans.), *The History of Bukhara*, Cambridge, 1954, p. 178.

Pand-Nāmah: Nazim, M., "The *Pand-Nāmah* of Subuktigīn", *Journal of the Royal Asiatic Society*, 1933, pp. 605~28.

Ps-Jāḥiẓ: Pellat, Ch., "Ǧāḥiziana, I: le *Kitāb al-Tabaṣṣur bi-l-Tiǧāra* attribué à Ǧāḥiz", *Arabica*, I/2, 1954, pp. 153~65.

Qandiyya, Persian: Vjatkin, V. A. (trans.), *Kandija malaja*, Samarkand, 1906, pp. 235~90.

Sam'ānī, *al-Ansab*, vol. I: al-Yamani, 'Abdur Raḥmān (ed.), Hyderabad, 1962, p. 413 (6 vols., 1962-1966).

Tha'ālibī, *Laṭā'if al-Ma'ārif*: Bosworth, C. E. (trans. and comm.), *The Book of Curious and Entertaining Information: The Laṭā'if al-Ma'ārif of Ta'ālibī*, Edinburgh University Press, 1968, p. 164.

Ṭabarī Abū Ja'far Muḥammad ibn Jarīr, *Tārīkh al-Rusul wa al-Mullūk*, Leiden ed., reprinted Beirut, 11 vols., n.d.

_____ (Eng. trans.): Yar-Shater, E. (dir.), *The History of al-Ṭabarī*, 38 vols., New York: State University of New York Press, 1987-1997.

Tamīm ibn Baḥr: Minorsky, V., "Tamīn ibn Baḥr's Journey to the Uyghurs", *Bulletin of the School of Oriental and African Studies*, XII/2, 1948, pp. 275~305.

Ya'qūbī, *Tārīkh al-Ya'qūbī*, 2 vols., Beirut: Dār Saḍer, 1960, pp. 363, 516.

_____, *Les Pays*: Wiet, G. (trans.), Ya'ḳūbī, *Les Pays*, Cairo: Institut Français d'Archéologie Orientale, 1937, p. 291.

[시리아어 사료]

Sachau, E. (ed. and trans.), *Syrische Rechtsbücher. Dritter Band. Corpus juris des persischen Erzbischofs Jesubocht. Erbrecht oder Canones des persischen Erzbischofs Simeon. Eherecht des Patriarchen Mâr Abhâ*, Berlin, 1914, p. 385.

Zacharias of Mitylene: Hamilton, F. J., Brooks, E. W., *The Syriac Chronicle Known as That of Zachariah of Mitylene*, London, 1899, p. 344.

연구 논문과 단행본

Adylov, Š. T., "O datirovke steny Kampirak i nekotoryx voprosax političeskoj istorii zapadnogo Sogda" (On the date of the Kampirak wall and some questions about the political history of southern Sogdiana), *Genezis i puti razvitia processov urbanizacii Central'noi Azii. Tezisy dokladov*, Samarkand, 1995, pp. 45~47.

Afanas'ev, G. E., "Poselenija VI-IX vv. rajona Kislovodska" (Settlements of the 6th-9th centuries in the Kislovodsk region), *Sovetskaja Arxeologija*, 1975/3, pp. 53~62.

Afrasiab, 4 vols., Tashkent, 1969-1975.

Ageeva, E., Pacevič, G., "Iz istorii osedlyx poselenij i gorodov južnogo Kazaxstana" ([Episodes] from the history of the sedentary settlements and cities of southern Kazakhstan), *Trudy instituta istorii, arxeologii i etnografii*, V: arxeologija, Alma-Ata, 1958, pp. 3~215.

Agha, S. S., "The Arab Population in Khurāsān during the Umayyad Period", *Arabica*, XLVI/2, 1999, pp. 211~29.

Al'baum, L., Živopis' Afrasiaba (The paintings of Afrasiab), Tashkent: FAN, 1975, p. 110.

Ali, S. M., *The Geography of the Purāṇas*, New Delhi, 1973, p. 234.

Altheim, Fr., *Geschichte der Hunnen, II, Die Hephtaliten in Iran*, Berlin: W. de Gruyter and co., 1969, p. 329.

Anarbaev, A., Matbabaev, B., "An Early Medieval Urban Necropolis in Ferghana", *Silk Road Art and Archaeology*, III, 1993-1994, pp. 223~49.

Arakawa, M., 荒川正晴, 「唐の對西域布帛輪送と客商の活動について」, 『東洋學報』 73/3-4, 1992, pp. 31~63.

_____, 「唐帝國とソグド人の交易活動」, 『東洋史研究』 56/3, 1997, pp. 603~36.

_____, 「北朝隋·唐代における「薩寶」の性格をめぐって」, 『東洋史苑』 50-51, 1998, pp. 164~86.

_____, "The Transit Permit System of the Tang Empire and the Passage of Merchants", *Memoirs of the Toyo Bunko*, LIX, 2001, pp. 1~21.

Atlas Kirgizskoj SSR (The atlas of Kyrgyz Republic), I, Moscow, 1987, p. 157.

Asmussen, J. P., *X^{u}āstvānīft. Studies in Manichaeism* (Acta Theologica Danica, VII), Copenhagen: Prostant Apud Munksgaard, 1965, p. 292.

Atwood, Ch., "Life in Third-fourth Century Cadh'ota: a Survey of Information Gathered from the Prakrit Documents Found North of Minfeng (Niyä)", *Central Asiatic Journal*, XXXV/3-4, Wiesbaden: Harrassowitz, 1991, pp. 161~200.

Axinžanov, S. M., "Drevnie karavannye puti Kimakov" (Ancient caravan routes of the Kimak), in *Materialy 1-j naučnoj konferencii molodyx učenyx AN Kasaxskoj SSR*, Alma-Ata, 1969, p. 429.

Azarpay, G., *Sogdian Painting. The Pictorial Epic in Oriental Art*, Berkeley: University of

California Press, 1981, p. 211, XXIX pl.

Bagchi, P., "Śulika, Cūlika and Cūlikā-Paiśācī", *Calcutta University: Journal of the Department of Letters*, XXI, 1930, pp. 1~10.

Bailey, H. W., "The Colophon of the Jâtaka-stava", *Journal of the Greater India Society*, XI/1, 1944, pp. 10~12.

_____, *The Culture of the Sakas of Ancient Iranian Khotan* (Columbia Lectures on Iranian Studues, I), Delmar-New York: Caravan Books, 1982, p. 109.

Bajpakov, K. M., *Srednevekovaja gorodskaja kul'tura južnogo Kazaxstana i Semireč'ja (VI-načalo XIII v.)* (The medieval urban culture of southern Kazakhstan and Semireč'e [from the 6 to the beginning of the 13 century]), Alma-Ata, 1986, p. 255.

_____, "Nouvelles données sur la culture sogdienne dans les villes médiévales du Kazakhstan", *Studia Iranica*, XXI/1, 1992, pp. 33~48.

Baranov, I. A., "Sugdeja VII-XIII vv.: k probleme formirovanija srednevekovogo goroda" (Sogdaia from the 7 to the 13 century: on the problem of the formation of a medieval city), *Trudy meždunarodnogo kongresa po slavjanskoj Arxeologii*, Moscow, 1987, pp. 19~26.

_____, "Vizantija i Vostok v sisteme organizacii remesla i torgovli srednevekovoj Sugdei", (Byzantium and the East in the [system of] organization of handicrafts and trade in medieval Sogdaia), in *Problemy istorii Kryma. Tezisy dokladov naučnoj konferencii (23-28 sentjabrja)*, I, Simferopol, 1991, pp. 11~13.

Bartol'd, V. V., "K voprosu o jazykax sogdijskom i toxarskom" (On the question of the Sogdian and Tokharian languages), reproduced in *Sočinenija*, II/2, Moscow: Nauka, 1964, pp. 461~70.

Barthold, W., *Turkestan down to the Mongol Invasion*, 3rd. ed. revised by C. E. Bosworth, London, 1968 (1st ed. 1900), p. 573.

Bazin, L., "Turcs et Sogdiens: les enseignements de l'inscription de Bugut (Mongolie)", in *Mélanges linguistiques offerts à Émile Benvéniste*, (Collection Linguistique, LXX), Paris: Société de Linguistique, 1975, pp. 37~45.

Beckwith, C., "The Introduction of Greek Medicine into Tibet in the Seventh and Eighth Centuries", *Journal of the American Oriental Society*, XCIX/2, April-June 1979, pp. 297~313.

_____, "Aspects of the Early History of the Central Asian Guard Corps in Islam", *Archivum Eurasiae Medii Aevi*, IV, 1984a, pp. 29~43.

_____, "The Plan of the City of Peace. Central Asian Iranian Factors in Early 'Abbâsid Design", *Acta Orientalia Academiae Scientiarum Hungaricae*, XXXVIII/1-2, 1984b, pp. 143~64.

_____, *The Tibetan Empire in Central Asia. A History of the Struggle for Great Power among Tibetans, Turks, Arabs, and Chinese during the Early Middle Ages*, Princeton: Princeton University Press, 1987, pp. xxii, 269.

_____, "The Impact of the Horse and Silk Trade on the Economics of T'ang China and the Uighur Empire", *Journal of the Economic and social History of the Orient*, XXXIV, Leiden: Brill, 1991, pp. 183~98.

Belenickij, A. M., Bentovič, I. B., Bol'šakov, O. G., *Srednevekovyj gorod Srednej Azii* (The medieval city in Central Asia), Leningrad, 1973, p. 389.

_____, Maršak, B., Raspopova, V., "Social'naja struktura naselenija drevnego Pendžikenta" (The social structure of the population of acient Panjikent), in Gafurov, B. G., Girs, G. F., Davidivič, E. A. (dir.), *Tovarno-denežnye otnošenija na Bližnem i Srednem Vostoke v epoxu Srednevekov'ja,* (Bartol'dovskie Čtenija 1976), Moscow: Nauka, 1979, pp. 19~26.

_____, Maršak, B., Raspopova, V., "K xarakteristike tovarno-denežnyx otnošenij v rannesrednevekovom Sogde" (Towards a characterization of the relation between commodities and money in early medieval Sogdiana), in Girs, G. F., Davidovič, E. A. (dir.), *Bližnij i Srednij Vostok. Tovarno-denežnye otnošenija pri feodalizme*, (Bartol'dovskie Čtenija 1978), Moscow: Nauka, 1980, pp. 15~26.

_____, Maršak, B., Raspopova, V., "Sogdijskij gorod v načale srednix vekov (itogi i metody issledovanija drevnego Pendžikenta)" (A Sogdian city at the beginning of the Middle Ages [results and methods of analysis of acient Panjikent]), *Sovetskaja Arxeologia*, 1981/2, pp. 94~110.

Belenitski, A. M., Maršak, B., "L'art de Piandjikent à la lumière des dernières fouilles", *Atrs Asiatiques*, XXIII, 1971, pp. 3~39.

Beradze, G. G., "O torgovyx svjazjax gorodov Irana v IX-XII vv. (Torgovye kolonii)" (On the commercial connections among the cities of Iran in the 9-12 centuries [commercial colonies]), in Girs, G. F., Davidivič, E. A. (dir.), *Bližnij i Srednij Vostok. Tovarno-denežnye otnošenija pri feodalizme,* (Bartol'dovskie Čtenija 1978), Moscow: Nauka, 1980, pp. 27~37.

Bernard, P., *Fouilles d'Aï Khanoum IV. Les monnaies hors trésors. Questions d'histoire gréco-bactrienne,* (Mémoires de la Délégation Archéologique Française en Afghanistan, 28), Paris, 1985, p. 183.

_____, "Maracanda-Afrasiab colonie grecque", *La Persia e L'Asia Centrale da Alessandro al X secolo,* (Atti di Convegni Lincei, CXXVII), Roma: Accademia Nazionale dei Lincei, 1996, pp. 331~65.

_____, Francfort, H.-P., Études de géographie historique sur la plaine d'Aï Khanoum (Afghanistan), Paris: CNRS, 1978, p. 106.

_____, Grenet, F. (dir.), *Histoire et cultes de l'Asie centrale préislamique. Sources écrites et documents archéologiques,* Paris: Éditions du CNRS, 1991, p. 297.

Berthelot, A., *L'Asie ancienne centrale et sud-orientlae d'après Ptolémée*, Paris, 1930, p. 430.

Bleichsteiner, R., "Altpersischer Edelsteine", *Wiener Zeitschrift für der Kunde des*

Morgenlandes, 37, 1930, pp. 93~104.

Bodde, D., "The State and Empire of Ch'in", in Twitchett, D., Loewe, M. (eds.), *The Cambridge History of China. Volume I: The Ch'in and Han Empires 221 B.C.-A.D. 220*, Cambridge University Press, 1986, pp. 20~102.

Boodberg, P. A., "Three Notes on the T'u-chüeh Turks", in Fischel, W. J. (ed.), *Semitic and Oriental Studies Presented to William Popper*, (Publications in Semitic Philology, XI), University of California, 1951, pp. 1~11.

Bopearachchi, O., "The Euthydemus Imitations and the Date of Sogdian Independence", *Silk Raod Art and Archaeology*, II, 1991-1992, pp. 1~21.

Bosworth, C. E., *The Ghaznavids. Their Empire in Afghanistan and Eastern Iran 994-1040*, Edinburgh University Press, 1963, p. 331.

_____, "An Alleged Embassy from the Emperor of China to the Amir Naṣr b. Ahmad: a Contribution to Sâmânid Military History", in Minovi, M., Afshar, I. (eds.), *Yād-nâme-ye īrānī-ye Minorsky*, Tehran, 1969, pp. 1~13.

_____, "The Rulers of Chaghāniyān in Early Islamic Times", *Iran*, XIX, 1981, pp. 1~20.

_____, "Les Ṭāhirides", *Encyclopédie de l'Islam*, Nouvelle édition, X, 1998, pp. 112~13.

Briant, P., *État et pasteurs au Moyen-Orient ancien*, Cambridge-Paris: Cambridge University Press/Maison de Sciences de l'Homme, 1982, p. 267.

_____, *L'Asie centrale et les royaumes proche-orientaux du premier millénaire (c. VIIIe-IVe siècles avant notre ère)*, (Mémoire, XLII), Paris: Recherches sur les Civilisations, 1984, p. 113.

_____, *Histoire de l'Empire Perse. De Cyrus à Alexandre*, Paris: Fayard, 1996, p. 1247.

Brough, J., "Comments on Third-Century Shan-Shan and the History of Buddhism", *Bulletin of the School of Oriental and African Studies*, XXVIII/3, London, 1965, pp. 582~612.

Bubnova, M. A., Polovnikova, I. A., "Torgovyj put' jantarja v severnuju Baktriju i Sogd (I v. do n. e.-VII v. n. e.)" (The amber trade route in northern Bactriana and Sogdiana [1st century BCE-7th century CE]), *Gorodskaja sreda i kul'tura Baktrii-Toharistana i Sogda (IV v. do n. e.-VIII v. n. e.). Tezisy dokladov sovetsko-francuzskogo kollokviuma, Samarkand, 25-30 avgusta 1986 g.*, Tashkent, 1986, p. 24.

_____, Polovnikova, I. A., "Torgovye puti Pribaltijskogo jantarja v Srednej Azii (drevnost', srednevekov'e)" (The Baltic amber trade routes in Central Asia [antiquity, Middle Ages]), *Goroda i karavansarai na trassax velikogo šelkovogo puti. Tezisy dokladov meždunarodnogo seminara juNESKO. Urgenč, 2-3 maja 1991 g.*, Urgenč, 1991, pp. 26~27.

_____, Polovnikova, I. A., "K voprosu o proisxoždenii izdelij iz jantarja najdennyx v Pendžikente" (On the question of the provenance of amber objects found at

Panjikent), in *50-let raskopok drevnego Pendžikenta. Tezisy dokladov naučnoj konferencii (15-20 avgusta 1997 god)*, Pendjikent, 1997, pp. 76~77.

Bulliet, R. W., "A Quantitative Approach to Medieval Muslim Biographical Dictionaries", *Journal of the Economic and Social History of the Orient*, XIII, 1970, pp. 195~211.

Burjakov, Ju. F., *Gornoe delo i metallurgija srednevekogo Ilaka* (Mining and metallurgy of medieval Ilak), Moscow: Nauka, 1974, p. 139.

_____, *Genezis i etapy razvitiia gorodskoj kul'tury Taskenckogo oazisa* (Genesis and stages of development of urban culture in the Tashkent oasis), Tashkent: FAN, 1982, p. 212.

_____, *U sten drevnego Xaradžketa* (At the walls of ancient Xaradžket), Tashkent: Uzbekistan, 1989, p. 64.

_____, "Torgovye puti i ix rol' v urbanizacii bassejna Jaksarta" (Trade routes and their role in the urbanization of the Jaxartes basin), in *Na sredneaziatskix trassax velikogo šelkovogo puti. Očerki istorii i kul'tury*, Tashkent: FAN, 1990, pp. 82~100.

_____ (dir.), *Drevnij i srednevekovyj gorod vostočnogo Maverannaxra*, (Ancient and medieval cities of eastern Transoxiana), Tashkent: FAN, 1990, p. 128.

_____, "À propos de l'histoire de la culture de la région de Tashkent au 1er millénaire avant notre ère et 1er millénaire de notre ère", in Bernard, P., Grenet, F. (eds.), *Histoire et cultes de l'Asie centrale préislamique: Sources écrites et documents archéologiques*, Paris: CNRS, 1991, pp. 197~204.

_____, Askarov, K. K., "K tipologii sel'skix poselenii južnyx rajonov samarkandskogo Sogda V-VIII vv. n. e." (Toward a typology of rural settlement in the southern regions of Sogdiana [associated with] Samarkand), in *50-let raskopok drevnego Pendžikenta. Tezisy dokladov naučnoj konferencii (15-20 avgusta 1997 god)*, Pendjikent, 1997, pp. 70~73.

_____, Dudakov, S. A., "Novye materialy k istorii gornogo dela Kuraminskogo Xrebta" (New materials for the history of mining in the Kuraminsk mountains), in *Fergana v drevnosti i srednevekov'e*, Samarkand, 1994, pp. 37~42.

Burrow, T., "Iranian Words in the Kharoṣṭhi Documents from Chinese Turkestan", *Bulletin of the School of Oriental Studies*, VII/3, 1934, pp. 509~16.

_____, Iranian Words in the Kharoṣṭhi Documents from Chinese Turkestan-II", *Bulletin of the School of Oriental Studies*, VII/4, 1934, pp. 779~90.

Cahen, C., "Quelques questions sur les Radanites", *Der Islam*, XLVIII, 1972, pp. 333~34.

Cai Honsheng 蔡鴻生,「唐代九姓胡禮俗叢考」,『文史』35, 1992, pp. 109~25.

_____,「唐代"黃坑"辨」,『歐亞學刊』2002/3, pp. 244~50.

Callieri, P., "Hephtalites in Margiana New Evidence from the Buddhist Relics in Merv", in *La Persia e l'Asia Centrale da Alessandro al X secolo*, (Atti dei Convegni

Lincei, 127), Rome: Accademia Nazionale dei Lincei, 1996, pp. 391~400.

_____, "Index chronologique, supplément: Margiane-Turkménistan", in P. Guenée, *Bibliographie analytique des ouvrages parus sur l'art du Gandhāra entre 1950 et 1993*, (Mémoires de l'Académie des Inscriptions et Belles-Lettres, NS, XVI), Paris: Institut de France, 1998, pp. 163~72.

Cardona, G. R., "L'India e la Cina secondo l'Ašxarhac'oyc'", in *Armeniaca, mélanges des études arméniennes*, Venice, 1969.

Carter, M., "Notes on Two Chinese Stone Funerary Bed Bases with Zoroastrian Symbolism", in Huyse Ph. (ed.), *Iran. Questions et Connaissances, vol. I: La période ancienne*, (Cahier de Studia Iranica, XXV), Paris: Association pour l'avancement des études iraniennes, 2002, pp. 263~87.

Chao Huashan, "New Evidence of Manichaeism in Asia: A Description of Some Recently Discovered Manichaean Temples in Turfan", *Monumenta Serica. Journal of Oriental Studies*, XLIV, 1996, pp. 267~315.

Chattopadhyaya, B., *The Making of Early Medieval India*, New Delhi: Oxford University Press, 1994, p. 270.

Chavannes, É., "Seng-Houei †280 p. C.", *T'oung Pao*, series II, vol. X, 1909, pp. 199~212.

_____, Pelliot, P., "Un traité manichéen retrouvé en Chine, traduit et annoté", *Journal Asiatique*, 1911 and 1913, pp. 99~199 and 261~394.

Choksy, J. K., "Loan and Sales Contracts in Ancient and Early Medieval Iran", *Indo-Iranian Journal*, XXXI, 1988, pp. 191~218.

Chowdhury, A., *L'Iran sous les Sassanides*, (Annales du Musée Guimet, XLVIII), 2nd ed., Copenhagen, 1944, p. 560.

Chuvin, P. (dir.), *Les arts de l'Asie centrale*, Paris: Citadelles-Mazenod, 1999, p. 617.

Colless, B. E., "The Nestorian Province of Samarqand", *Abr-Nahrain*, XXIV, 1986, pp. 51~57.

Cribb, J., "The Sino-Kharosthi Coins of Khotan. Their Attribution and Relevance to Kushan Chronology. Part 1", *Numismatic Chronicle*, CXLIV, 1984, pp. 126~53.

_____, "The Sino-Kharosthi Coins of Khotan. Their Attribution and Relevance to Kushan Chronology. Part 2", *Numismatic Chronicle*, CXLV, 1985, pp. 136~49 and 4 ill.

_____, "Numismatic Evidence for Kushano-Sasanian Chronology", *Studia Iranica*, 19/2, 1990, pp. 151~93.

Crone, P., *Meccan Trade and the Rise of Islam*, Oxford: Blackwell, 1987, p. 300.

Čuguevskij, L., "Novye materialy k istorii sogdijskoj kolonii v rajone Dun'xuana" (New materials for the history of Sogdian colonies in the region of Dunhuang), *Strany i Narody Vostoka*, X, Moscow, 1971, pp. 147~56.

Curiel, R., Schlumberger, D., *Trésors monétaires d'Afghanistan*, (Mémoires de la

Délégation Archéologique Française en Afghanistan, XIV), Paris, 1953, pp. 131 and XVI pl.

Daffinà, P., *L'immigrazione del Sakā nella Drangiana*, (IsMEO Reports and Memoirs, IX), Rome: IsMEO, 1967, pp. 126 and 2 maps.

_____, "The Han Shu Hsi Yü Chuan Re-translated. A Review Article", *T'oung Pao*, LXVIII, 1982, pp. 309~39.

Daniel, E. L., *The Political and Social History of Khurasan under Abbasid Rule 747-820*, Minneapolis & Chicago: Bibliotheca Islamica, 1979, p. 223.

_____, "Manuscripts and Editions of Bal'amī's *Tarjamah-i tārīkh-i Ṭabarī*", *Journal of the Royal Asiatic Society*, 1990/2, pp. 282~321.

_____, "Arabs, Persians, and the Advent of the Abbasids Reconsidered", *Journal of the American Oriental Society*, CXVII/3, 1997, pp. 542~48.

Darkevič, V. P., *Xudožestvennyi metall Vostoka VIII-XIII vv.: Proizvedenija vostočnoj torevtiki na territorii evropejskoj časti SSSR i Zaural'ja* (Decorative metal-work of the East from the 8th to the 13th century: Works of eastern toreutics on the territory of the European part of the USSR and beyond the Urals), Moscow, 1976, p. 199.

Dauvillier, J., "Les Provinces Chaldéennes de l'Extérieur au Moyen-Âge", in *Mélanges offerts au R. P. Ferdinand Cavallera*, Toulouse, 1948, pp. 260~316.

Davidovič, E. A., "Denežnoe obraščenie v Maverannaxre pri Samanidax" (Monetary circulation in Transoxiana under the Samanids), *Numizmatika i Epigrafika*, VI, Moscow, 1966, pp. 103~34.

Debaine-Francfort, C., Idriss, A. (dir.), *Keriya mémoire d'un fleuve. Archéologie et civilisation des oasis du Taklamakan*, Paris: Fondation EDF et éditions Findakly, 2001, p. 247.

_____, Idriss, A., Wang, B., "Agriculture irriguée et art bouddhique ancien au cœur du Taklamakan (Karadong, Xinjiang, IIe-IVe siècles)", *Arts Asiatiques*, XLIX, 1994, pp. 34~52.

Delmas, A. B., Casanova, M., "The Lapis Lazuli Sources in the Ancient East", *South Asian Archaeology 1987, Part 1*, Rome, 1990, pp. 493~505.

Demiéville, P. (dir.), Durt, H., Seidel, A., *Répertoire du Canon bouddhique sino-japonais. Édition de Taishō (Taishō shinshū Daizōkyō), Fascicule annexe du Hōbōgirin*, 2nd ed., 1978, p. 372.

Deyell, J. S., *Living without Silver: The Monetary History of Early Medieval North India*, Delhi: Oxford University Press, 1990, p. 369.

Dien, A. E., "The *sa-pao* Problem Re-examined", *Journal of the American Oriental Society*, LXXXII/3, July-September 1962, pp. 335~46.

Dohi, Y., 土肥義和, 「敦煌發見唐・回鶻間交易關係漢文文書斷簡考」, 『中國古代の法と社會: 栗原益男先生古稀記念論集』, 汲古書院, 1988, pp. 399~436.

Dolbeau, Fr., "Listes latines d'Apôtres et de disciples, traduites du grec", *Apocrypha*, III,

1992, pp. 259~79.

Drevnij Zaamin (istorija, arxeologija, numismatika, etnografia) (Ancient Zaamin: history, archaeology, numismatics, ethnography), Tashkent: FAN, 1994, p. 118.

Duchesne-Guillemin, J., *La religion de l'Iran ancien*, Paris, 1962.

Dunlop, D. M., *The History of the Jewish Khazars*, 2nd ed., New York: Schocken, 1967, p. 293 (1st ed. 1954).

Dvornik, F., *Les légendes de Constantin et Méthode vues de Byzance*, (Byzantinoslavica, Supplément, I), Prague, 1933, p. 443.

_____, *The Idea of Apostolicity in Byzantium and the Legend of the Apostle Andrew*, (Dumbarton Oaks Series, IV), Cambridge: Harvard University Press, 1958, p. 342.

Eberhard, W., "Die Beziehungen der Staaten der T'o-pa und der Sha-t'o zum Ausland", *Ankara Üniversitesi Yilliği*, II, 1948, pp. 141~213.

_____, "The Origin of the Commoners in Ancient Tun-huang", *Sinologica*, IV/3, 1956, pp. 141~55.

Ecsedy, H., "Trade-and-War Relations Between the Turks and China in the Second Half of the 6th Century", *Acta Orientalia Academiae Scientiarum Hungaricae*, XXI/2, 1968, pp. 131~80.

Emmerick, R. E., *A Guide to the Literature of Khotan*, 2nd ed., (Studia Philologica Buddhica, Occasional Papers Series, III), Tokyo: The International Institute for Buddhist Studies, 1992, p. 62.

_____, Skjærvø, P. O., *Studies in the Vocabulary of Khotanese*, II, (Veröffentlichungen der iranischen Kommission herausgegeben von Manfred Mayrhofer, XVII), Vienna, 1987, p. 179.

Enoki, K., "Sogdiana and the Hsiung-nu", *Central Asiatic Journal*, I/1, 1955, pp. 43~62.

_____, "On the Date of the Kidarites (I)", *Memoirs of the Research Department of the Toyo Bunko*, XXVII, 1969, pp. 1~26.

Ernazarova, T. S., "Denežnoe obraščenie Samarkanda po arxeologonumizmatičeskim dannym (do načala IX v.)" (The monetary circulation of Samarkand according to archaeological and numismatic data [before the beginning of the 9th century]), *Afrasiab*, III, Tashkent: FAN, 1974, pp. 155~243.

Études karakhanides, Cahiers d'Asie Centrale, IX, IFEAC-Édisud: Tashkent/Aix-en-Provence, 2001, p. 302.

Falk, H., "The *yuga* of Sphujiddhvaja and the Era of the Kuṣāṇas", *Silk Road Art and Archaeology*, VII, 2001, pp. 121~36.

Filanovič, M., "O mestopoloženii i naimenovanii Taškenta v predarabskoe vremja" (On the location and name of Tashkent in the pre-Arabic period), *Obščestvennye Nauki v Uzbekistane*, 1982/6, pp. 31~36.

_____, *Taškent. Zaroždenie i razvitie goroda i gorodskoj kul'tury* (Tashkent: origin and development of the city and its urban culture), Tashkent: FAN, 1983, pp. 202, VII pl.

_____, "Sistema rasselenija i gradostroitel'nye formy Taškentskogo mikrooazisa v drevnosti i rannem srednevekov'e" (Settlement and forms of urbanization in the micro-oasis of Tashkent in antiquity and the early Middle Ages), in Pugačenkova, G. A. (dir.), *Gradostroitel'stvo i arxitektura*, Tashkent: FAN, 1989, pp. 35~51.

_____, "Les relations historiques, culturelles et idéologiques et les échanges entre le Čāč, la Sogdiane et la Chorasmie au début du Moyen-Âge, d'après les données de l'étude des résidences fortifiées aux VIe-VIIIe s. de notre ère", in Bernard, P., Grenet, F. (eds.), *Histoire et cultes de l'Asie centrale préislamique: Sources écrites et documents archéologiques*, Paris: CNRS, 1991, pp. 205~12.

Fleming, D., "Darius I's Foundation Charters from Susa and the Eastern Achaemenid Empire", *Afghan Studies*, III-IV, 1982, pp. 81~87.

Forte, A., *The Hostage An Shigao and His Offspring. An Iranian Family in China*, Kyoto, 1995, p. 152.

_____, "Kuwabara's Misleading Thesis on Bukhara and the Family Name An 安", *Journal of the American Oriental Society*, CXVI/4, 1996, pp. 645~52.

_____, "Iraniens en Chine. Bouddhisme, mazdéisme et bureaux de commerce", in Cohen, M., Drege, J.-P., Gies, J. (dir.), *La Sérinde, terre d'échanges*, Paris: La Documentation Française, 2000, pp. 181~90.

Franke, O., *Geschichte des chinesischen Reiches*, 5 vol., Berlin: de Gruyter, 1930-1952.

Frankel, H. H., *Catalogue of Translation from the Chinese Dynastic Histories for the Period 220-960*, (Chinese Dynastic Histories Translations, suppl. I), Berkeley: University of California Press, 1957, p. 295.

Frejman, A. A., "Sogdiiskaya nadpis iz starogo Merva" (A Sogdian inscription from ancient Merv), *Zapiski Instituta Vostokovedeniya*, VII, Moscow, 1939.

Frondžulo, M., "Raskopki v Sudake" (Excavations at Sudak), *Feodal'naja Tavrika*, Kiev, 1974, pp. 139~50.

Frye, R. N., "Jamūk, Sogdian" Pearl?", *Journal of the American Oriental Society*, LXXI, 1951, pp. 142~45.

_____, *Bukhara, the Medieval Achievement*, Norman: University of Oklahoma Press, 1965, p. 210.

_____, *The Golden Age of Persia. The arabs in the East*, London, 1975, p. 290.

_____, "Sasanian-Central Asian Trade Relations", *Bulletin of the Asia Institute*, VII, 1993, pp. 73~77.

Fussman, G., "Documents épigraphiques kouchans", *Bulletin de l'École française d'Extrême-Orient*, LXI, 1974, pp. 1~66, XXXIII pl.

_____, "Nouvelles inscriptions Saka: ère d'Eucratide, ère d'Azès, ère Vikrama, ère de Kaniṣka", *Bulletin de l'École française d'Extrême-Orient*, LXVII, 1980, pp. 1~43.

_____, "Le Périple et l'histoire politique de l'Inde", *Journal Asiatique*, CCLXXIX, 1991, pp. 31~38.

_____, "Expliquer Shatial", in Fussman, G., König, D. (dir.), *Die Felsbildstation Shatial*, (Materialen zur Archäologie der Nordgebiete Pakistans, II), Mainz: Ph. von Zabern, 1997, pp. 73~84.

_____, "L'inscription de Rabatak et l'origine de l'ère śaka", *Journal Asiatique*, CCLXXXVI, 1998, pp. 571~651.

_____, Konig, D. (dir.), *Die Felsbildstation Shatial*, (Materialen zur Archäologie der Nordgebiete Pakistans, II), Mainz: Ph. von Zabern, 1997, pp. 38, 412, XV ph., 1 map (Urdu).

Gabain, A. von, *Das Leben im uigurischen Königreich von Qočo (850-1250)*, (Veröffentlichungen der Societas Uralo-Altaica, VI), Wiesbaden: Harrassowitz, 1973, pp. 251, XCIX pl.

_____, "Irano-Turkish Relations in the Late Sasanian Periods", *The Cambridge History of Iran, 3/1, The Seleucid, Parthian and Sasanian Periods*, 1983, pp. 613~24.

Gardin, J.-Cl., *Céramiques de Bactres*, (Mémoires de la Délégation Archéologique Française en Afghanistan, XV), Paris: Klincksieck, 1957, pp. 131, XXIII pl.

_____, *Prospections Archéologiques en Bactriane orientale (1974-1978), III, Description des sites et notes de synthèse*, (Mémoires de la Mission Archéologique Française en Asie centrale, IX), Paris: Éditions Recherches sur les Civilisations, 1998, p. 370.

Gauthiot, R., review of F. C. Andreas, "Zwei soghdische Exkurse zu Wilhelm Thomsens: Ein Blatt ......", *Journal Asiatique*, XV, 1910, pp. 538~45.

_____, Ross, E. D., "L'alphabet sogdien d'après un témoignage du XIIIe siècle", *Journal Asiatique*, series XI, vol. I, 1913, pp. 521~33.

Gernet, J., *Les aspects économiques du bouddhisme dans la société chinoise du ve au Xe siècle*, (Publications de l'EFEO, XXXIX), Paris: École française d'Extrême-Orient, 1956, p. 331.

_____, "La vente en Chine d'après les contrats de Touen-Houang (IXe-Xe siècles)", *T'oung Pao*, XLV, 1957, pp. 295~391.

Gershevitch, I., "Sogdians in a Frogplain", in *Mélanges linguistiques offerts à Émile Benvéniste*, (Collection Linguistique, LXX), Paris: Société de Linguistique, 1975, pp. 195~211.

Gharib, B., *Sogdian Dictionary, Sogdian-Persian-English*, Tehran, 1995, pp. 37, 517 (Persian).

Ghirshman, R., *Les Chionites-Hephtalites*, (Mémoires de la Délégation Archéologique Française en Afghanistan, XIII), Cairo, 1948, pp. 156, VIII pl.

Giáp, T. V., "Le Bouddhisme en Annam des origines au XIIIe siècle", *Bulletin de l'École française d'Extrême-Orient*, XXXII, 1932, pp. 191~268.

Gibb, H. A. R., *The Arab Conquest in Central Asia*, (James G. Forlong Fund, II),

London: The Royal Asiatic Society, 1923, p. 102.

Gignoux, Ph., "Les nouvelles monnaies de Shāpūr II", *Studia Iranica*, XIX, 1990, pp. 195~208.

Gil, M., "The Râdhânite Merchants and the Land of Râdhân", *Journal of the Economic and Social History of the Orient*, XVII,, 1974, pp. 299~328.

Giraud, R., *L'Empire des Turcs Célestes, Les règnes d'Elterich, Qapghan et Bilgä (680-734)*, Paris, 1960, p. 223.

Göbl, R., *Dokumente zur Geschichte der iranischen Hunnen in Baktrien und Indien*, 4 vols., Wiesbaden: Harrassowitz, 1967, pp. 276, 352, XCVIII pl., XLVIII pl.

_____, "Numismatic Evidence Relating to the Date of Kaniska", in Basham, A. L., (ed.), *Papers on the Date of Kanishka*, London, 1968, pp. 103~13.

_____, *Sasanian Numismatics* (Manuels of Middle Asian Numismatics, I), Braunschweig, 1971, pp. 97, XVI pl.

_____, *System und Chronologie der Münzprägung des Kušānreiches*, Vienna: Verlag der Österreichischen Akademie der Wissenschaften, 1984, pp. 153, CLXXX pl.

Goitein, S. D., *A Mediterranean Society. The Jewish Communities of the Arab World as Portrayed in the Documents of the Cairo Geniza, I: Economic Foundations*, Berkeley: University of California Press, 1967, p. 550.

_____, *Letters of Medieval Jewish Traders*, Princeton: Princeton University Press, 1973, p. 359.

Golb, N., Pritsak, O., *Khazarian Hebrew Documents of the Tenth Century*, Ithaca and London: Cornell University Press, 1982, p. 166.

Golden, P., *An Introduction to the History of the Turkic Peoples*, (Turcologica, IX), Wiesbaden: Harrassowitz, 1992, p. 483.

Goldina, R. D., Nikitin, A. B., "New Finds of Sasanian, Central Asian and Byzantine Coins from the Region of Perm', the Kama-Urals Area", in Tanabe, K., Cribb, J., Wang, H. (eds.), *Studies in Silk Road Coins and Culture. Papers in Honour of Prof. Ikuo Hirayama*, Kamakura: The Institute of Silk Road Studies, 1997, pp. 111~30.

Gorbunova, N. G., *The Culture of Ancient Ferghana VI century B.C.-VI century A.D.*, Oxford: B. A. R., 1986, p. 365.

Gorodišče Pajkend. K probleme izučenija srednevekogo goroda Srednej Azii (The site of Pajkend. On the problem of the analysis of medieval cities in Central Asia), Tashkent, 1988, p. 198.

Grenet, F., *Les pratiques funéraires dans l'Asie centrale sédentaire de la conquête grecque à l'islamisation*, Paris: CNRS, 1984, pp. 362, XXII pl.

_____, "Les" Huns "dans les documents sogdiens du mont Mugh (avec un appendice par N. Sims-Williams)", *Études irano-aryennes offertes à Gilbert Lazard*, (Cahier de Studia Iranica, VII), 1989, pp. 165~84.

_____, "Vaišravana in Sogdiana. About the Origins of the Bishamon-Ten", *Silk Road*

Art and Archaeology, IV, 1995-1996, pp. 277~97.

_____, "Les marchands sogdiens dans les mers du Sud à l'époque préislamique", *Cahiers d'Asie Centrale*, I-II, 1996a, pp. 65~84.

_____, "Crise et sortie de crise en Bactriane-Sogdiane aux IVᵉ-Vᵉ s. de n. è.: de l'héritage antique à l'adoption de modèles sassanides", in *La Persia e l'Asia Centrale da Alessandro al X secolo*, (Atti dei Convegni Lincei, CXXVII), Rome: Accademia Nazionale dei Lincei, 1996b, pp. 367~90.

_____, "Trois documents sogdiens d'Afrasiab", in Inevatkina, O. (ed.), *Srednaja Azija. Arxeologija, istorija, kul'tura. Materialy meždunarodnoj konferencii posvjaščennoj 50-letiju naučoj dejatel'nosti G. V. Šiškinoj*, Moscow: Gosudarstvennyj muzej Vostoka, 2000, pp. 196~202.

_____, "Regional Interaction in Central Asia and North-West India in the Kidarite and Hephtalite Period", in Sims-Williams, N. (ed.), *Indo-Iranian Languages and Peoples*, (Proceedings of the British Academy), London, 2002, pp. 203~24.

_____, "The self-image of the Sogdians", in de la Vaissière, É., Trombert, É. (eds.), *Les Sogdiens en Chine*, (Études thématiques, XIV), Paris: EFEO, 2005, pp. 124~40.

_____, Pinault, G.-J., "Contacts des traditions astrologiques de l'Inde et de l'Iran d'après une peinture des collections de Turfan", *Comptes rendus des séances de l'Académie des Inscriptions et Belles-Lettres*, 1997, pp. 1003~63.

_____, Rapin, Cl., "De la Samarkande antique à la Samarkande islamique: continuités et ruptures", in Gayraud, R.-P. (ed), *Colloque international d'archéologie islamique, IFAO, Le Caire, 3-7 février 1993*, Cairo: Institut Français d'Archéologie Orientale, 1998, pp. 387~402.

_____, Rapin, Cl., "Alexander, Aï Khanum, Termez: Remarks on the Spring Campaign of 328", in *Alexander's Legacy in the East: Studies in Honor of Paul Bernard, Bulletin of the Asia Institute*, XII, 2001, pp. 79~89.

_____, Sims-Williams, N., "The Historical Context of the Sogdian Ancient Letters", in *Transition Periods in Iranian History. Actes du colloque de Fribourg-Brisgau (22-24 mai 1985)*, (Cahier de *Studia Iranica*, 5), Louvain, 1987, pp. 101~22.

_____, Zhang Guangda, "The Last Refuge of the Sogdian Religion: Dunhuang in the Ninth and Tenth Centuries", *Bulletin of the Asia Institute*, X, 1996, pp. 175~86.

Grošev, V. A., *Irrigacija južnogo Kazaxstana v srednie veka* (Irrigation of southern Kazakhstan in the Middle Ages), Alma-Ata: Nauka, 1985, pp. 148, 8 ill.

Gyllensvärd, B., "Recent Finds of Chinese Ceramics at Fostat. I", *The Museum of Far Eastern Antiquities*, XLV, 1973, pp. 91~119.

Gyselen, R., "Ateliers monétaires et cachets officiels sassanides", *Studia Iranica* VIII, 1979, pp. 189~212.

_____, *La géographie administrative de l'empire sassanide. Les témoignages sigillographiques*, (Res Orientales I), Bures-sur-Yvette, 1989, p. 166.

Hall, K. R., "Economic History of Early Southeast Asia", in Tarling, N. (ed.), *The Cambridge History of Southeast Asia, I, From Early Times to c. 1800*, Cambridge University Press, 1992, pp. 183~275.

Haloun, G., "Zur Üe-tṣi-Frage", *Zeitschrift der Deutschen Morgenländischen Gesellschaft*, XCI, 1937, pp. 243~318.

Hamilton, J., "Autour du manuscrit Staël-Holstein", *T'oung Pao*, XLVI, 1958, pp. 115~53.

_____, "Le pays des Tchong-Yun, Čungul, ou Cumuḍa au Xe siècle", *Journal Asiatique*, CCLXV, 1977, pp. 351~79.

Hannestad, J., "Les relations de Byzance avec la Transcaucasie et l'Asie Centrale aux 5 et 6 siècles", *Byzantion*, XXV-XXVII (1955-1957), pp. 421~56.

Hansen, V., *Negotiating Daily Life in Traditional China, How Ordinary People Used Contracts 600-1400*, New Haven: Yale University Press, 1995, p. 285.

_____, "New Works on the Sogdians, the Most Important Traders on the Silk Road, A.D. 500-1000" with an Appendix by Y. Yoshida "Translation of the Contract for the Purchase of a Slave-Girl Found at Turfan and Dated 639", *T'oung Pao*, LXXXIX, 2003, pp. 149~61.

Harmatta, J., "Sogdian Sources for the History of Pre-Islamic Central Asia", in Harmatta, J. (ed.), *Prolegomena to the Sources on the History of Pre-Islamic Central Asia*, Budapest: Akadémiai Kiadó, 1979a, pp. 153~65.

_____, "The Archaeological Evidence for the Date of the Sogdian 'Ancient Letters'", in Harmatta, J. (ed.), *Studies in the Sources on the History of Pre-Islamic Central Asia*, Budapest: Akadémiai Kiadó, 1979b, pp. 75~90.

_____, "Origin of the Name Tun-huang", in Cadonna, A. (ed.), *Turfan and Tun-huang. The Texts. Encounter of Civilizations on the Silk Route*, (Orientalia Venetiana, IV), Florence: Olschki, 1992, pp. 15~20.

Haussig, H. W., *Die Geschichte Zentralasiens und der Seidenstrasse in vorislamischer Zeit*, Darmstadt: Wissenschaftliche Buchgesellschaft, 1983, pp. 318, 2 maps.

Henning, W. B., "Neue Materialen zur Geschichte des Manichäismus", *Zeitschrift der Deutschen Morgenländischen Gesellschaft*, XV, 1936, pp. 1~18.

_____, "Sogdian Loan-words in New Persian", *Bulletin of the School of Oriental Studies*, IX, 1939, pp. 93~106.

_____, "The Date of the Sogdian Ancient Letters", *Bulletin of the School of Oriental and African Studies*, XII/3-4, 1948, pp. 601~15.

_____, "Persian Poetical Manuscripts from the Time of Rudaki", in *A Locust's Leg. Studies in Honour of S. H. Taqizadeh*, London, 1962, pp. 89~104.

_____, "A Sogdian God", *Bulletin of the School of Oriental and African Studies*, XXVIII, 1965, pp. 242~54.

Herrmann, G., "Lapis-Lazuli: the Early Phases of its Trade", *Iraq*, XXX, 1968, pp.

21~57.

_____, Kurbansakhatov, K. *et al.*, "The International Merv Project. Preliminary Report on the Second Season (1993)", *Iran*, XXXII, 1994, pp. 53~75.

_____, Kurbansakhatov, K. *et al.*, "The International Merv Project. Preliminary Report on the Third Season (1994)", *Iran*, XXXIII, 1995, pp. 31~60.

Herzfeld, E., *Altpersische Inschriften*, Berlin, 1938, p. 384.

Hillenbrand, R., *Islamic Architecture, Form, Function and Meaning*, Edinburgh University Press, 1994, reprint 2000, p. 664.

Hinüber, O. von, "Zu den Brāhmī Inschriften", in Fussman, G., König, D. (dir.), *Die Felsbildstation Shatial*, (Materialen zur Archäologie der Nordgebiete Pakistans, II), Mainz: Ph. von Zabern, 1997, pp. 59~60.

Hoffmann, H. H. R., "The Tibetan Names of the Saka and Sogdians", *Asiatische Studien*, XXV, 1971, pp. 440~55.

Höllmann, T. O., "Chinesische Felsinschriften aus dem Hunza- und Industal", in Jettmar, K. (ed.), *Antiquities of Northern Pakistan*, II, 1993, pp. 61~75.

Holmes, V., *On the Scent: Conserving Musk Deer. The Uses of Musk and Europe's Role in Its Trade*, Brussels: Traffic Europe, 1999, p. 58.

Honey, D. B., "History and Historiography on the Sixteen States: Some T'ang *topoi* on the Nomads", *Journal of Asian History*, XXIV/2, 1990, pp. 161~217.

Howard-Johnston, J., "Trading in Fur, from Classical Antiquity to the Early Middle Ages", in Cameron, A. (ed.), *Leather and Fur. Aspects of Early Medieval Trade and Technology*, London, 1998, pp. 65~79.

Hrbeck, I., "Bulghār", *Encyclopédie de l'Islam*, 2nd ed., vol. 1. Leiden: Brill, 1975, pp. 1344~48.

Hu-Sterk, F., "Entre fascination et répulsion: regards des poètes des Tang sur les 'Barbares'", *Monumenta Serica*, XLVIII, 2000, pp. 19~38.

Huang Wenbi 黃文弼, 『新疆考古發掘報告 (1957-1958)』, 北京: 文物出版社, 1983.

Hulsewé, A. F. P., "Notes on the Historiography of the Han Period", in Beasley, W. G., Pulleyblack, E. G. (eds.), *Historians of China and Japan*, London: Oxford University Press, 1961, pp. 31~43.

_____, "The Problem of the Authenticity of *Shih-chi* Chap. 123, the Memoir on Ta Yüan", *T'oung Pao*, LXI, 1975, pp. 83~147.

Ierusalimskaja, A. A., "O severokavkazkom 'Šelkovom puti' v rannem srednevekov'e" (Concerning the 'Silk Road' of the northern Caucasus in the early Middle Ages), *Sovetskaja Arxeologia*, 1967/2, 1967a, pp. 59~78.

_____, "K voprosu o svjazjax Sogda s Vizantiej i Egiptom (ob odnoj unikal'noj tkani iz severokavkazskogo mogil'nika Moščebaja Balka)" (On the question of connections between Sogdiana, Byzantium and Egpyt [concerning a unique fabric from the northern Caucasian sepulchre of Moščevaja Balka]), *Narody Azii i Afriki*, III, 1967b, pp. 119~26.

_____, *Die Gräber der Moščevaja Balka. Frühmittelalterliche Funde an der Nordkaukasischen Seidenstrasse*, Munich: Editio Maris, 1996, pp. 370, LXXXVIII pl.

Ikeda, O. 池田温,「8世紀中葉における敦煌のソグド人聚落」,『ユーラシア文化研究』1, 1965, pp. 49~94.

_____, "Les marchands sogdiens dans les documents de Dunhuang et de Turfan", *Journal Asiatique*, CCLXIX, 1981, pp. 77~79.

Institute of Archaeology of Shaanxi 陝西省考古研究所,「西安的北周安伽墓」,『文物』 2001/1, pp. 4~26.

Institute of Archaeology of Shanxi et al. 山西省考古研究所 (他),「太原隋代O弘墓清理簡報」,『文物』2001/1, pp. 27~52.

Ishida, M., "Études sino-iraniennes, I. À propos du *Hou-siuan-wou*", *Memoirs of the Research Department of the Toyo Bunko*, VI, 1932, pp. 61~76.

_____, "The *Hu-chi* (胡姫), Mainly Iranian Girls, Found in China during the T'ang Period", *Memoirs of the Research Department of the Toyo Bunko*, XX, 1961, pp. 35~40.

Jakubov, Ju., "O strukture sel'skix poselenij gornogo Sogda v rannem srednevekov'e" (Concerning the structure of rural settlements in the mountainous regions of Sogdiana in the early Middle Ages), in Gafurov, B. G., Litvinskij, B. A. (eds.), *Kul'tura i iskusstvo narodov Srednej Azii v drevnosti i srednevekov'e*, Moscow, 1979, pp. 73~78.

_____, *Rannesrednevekovye sel'skie poselenija gornogo Sogda* (Rural settlements in the mountainous regions of Sogdiana in the early Middle Ages), Dushanbe, 1988, p. 289.

Jansson, I., "Wikingerzeitlicher orientalischer Import in Skandinavien", *Bericht der römisch-germanischen Kommission*, LXIX, Mayence: Römisch-germanische Kommission des Deutschen Archäologischen Instituts P. von Zabern, 1988, pp. 564~647.

Jaouiche, H., *The Histories of Nishapur. 'Abdalġāfir al-Farisī. Siyāq Ta'rīkh Naisābur. Register Personen- und Ortsnamen*, Wiesbaden: L. Reichert Verlag, 1984, p. 102.

Jettmar, K., "Hebrew Inscriptions in the Western Himalayas", in Gnoli, G., Lanciotti, L. (dir.), *Orientalia Iosephi Tucci Memoriae Dedicata*, (Serie Orientale Roma, LVI, 2), Rome: IsMEO, 1987a, pp. 667~70.

_____, "The 'Suspended Crossing' - Where and Why?", in Pollet, G. (ed.), *India and the Ancient World. History, Trade and Culture before A.D. 650. Professor P. H. L. Eggermont Jubilee Volume*, (Orientalia Lovaniensia Analecta, XXV), Louvain: Department Oriëntalistiek, 1987b, pp. 95~102.

_____ (ed.), *Antiquities of Northern Pakistan. Reports and Studies: I. Rock Inscriptions in the Indus Valley*, 2 vols., Mainz: Ph. von Zabern, 1989, pp. 157, CCXVII pl.

Jiang Boqin 姜伯勤,『敦煌吐魯番文書與絲綢之路』, 北京: 文物出版社, 1994, p. 277.

Kageyama, E. 影山悦子,「東トルキスタン出土のオッスアリ (ゾロアスター教の納骨器)について」,『オリエント』40/1, 1997, pp. 73~89.

Kamaliddinov, Š. S., *"Kitab al-Ansab" Abu Sa'da Abdalkarima ibn Muxammada as-Sam'ani kak istočnik po istorii i istorii kul'tury Srednej Azii* (The Kitab al-Ansāb of Abu Sa'd 'Abd al-Karīm b. Muḥammad as-Sam'ānī as a source for the history and the cultural history of Central Asia), Tashkent: FAN, 1993, p. 184.

Karev, Y., "Politčeskaja situacija v Maverannaxre v seredine VIII veka" (The political situation in Transoxiana in the middle of the 8th century) in Inevatkina, O. (ed.), *Srednaja Azija. Arxeologija, istorija, kul'tura. Materialy meždunarodnoj konferencii posvjaščennoj 50-letiju naučoj dejatel'nosti G. V. Šiškinoj*, Moscow: Gosudarstvennyj muzej Vostoka, 2000, pp. 205~18.

Kazanski, M., "Les *arctoi gentes* et 'l'empire' d'Hermanaric. Commentaire archéologique d'une source écrite", *Germania* LXX/1, 1992, pp. 75~122.

Kennedy, H., *The Early Abbasid Caliphate. A Political History*, London: Croom Helm, 1981, p. 238.

Kent, R. G., *Old Persian. Grammar, Texts, Lexicon*, New Haven: American Oriental Society, 2nd ed., 1953, p. 219.

Kervran, M., "Forteresses, entrepôts et commerce: une histoire à suivre depuis les rois sassanides jusqu'aux princes d'Ormuz", *Itinéraires d'Orient. Hommages à Claude Cahen*, (Res Orientales VI), Bures-sur-Yvette, 1994, pp. 325~51.

_____, "Caravansérails du delta de l'Indus. Réflexions sur l'origine du caravansérail islamique", *Archéologie islamique*, VIII-IX, 1999, pp. 143~76.

Klein, W., *Das nestorianische Christentum an den Handelswegen durch Kyrgyzstan bis zum 14. Jh.*, Turnhout: Brepols, 2000, p. 464.

Klevan, A., "Hebrew Inscriptions on Ossuaries Discovered in Central Asia", *Qadmoniot*, XII/2-3, 1979, pp. 91~92 (in Hebrew).

Kljaštornyj, S. G., *Drevnetjurskie runičeskie pamjatniki kak istočnik po istorii Srednej Azii* (The Old Turkic runic inscriptions as a source for the history of Central Asia), Moscow, 1964, p. 215.

_____, Livšic, V. A., "Sogdijskaja nadpis' iz Buguta" (The Sogdian inscription of Bugut), *Strany i Narody Vostoka*, X, 1971, pp. 121~46.

_____, Livšic, V. A., "The Sogdian Inscription of Bugut Revised", *Acta Orientalia Academiae Scientiarum Hungaricae*, XXVI/1, 1972, pp. 69~102.

Klyachtorniy, S. G., "À propos des mots *sogd bärcakar buqaraq ulys* de l'inscription de Kul téghin", *Central Asiatic Journal*, III, 1958, pp.. 245~51.

_____, "The Royal Clan of the Turks and the Problem of Early Turkic-Iranian Contacts", *Acta Orientalia Academiae Scientiarum Hungaricae*, XLVII/3, 1994, pp. 445~48.

Kohl, P. L., *Central Asia. Palaeolithic Beginnings to the Iron Age. L'Asie centrale des origines à l'Âge du Fer*, Paris: Recherches sur les Civilisations, 1984, p. 313.

Krasnaja Rečka i Burana (Materialy i issledovanija Kirgizkoj arxeologiceskoj ekspedicii) (Krasnaja Rečka and Burana), Frunze, 1989, p. 184.

Krippes, K., "Sociolingguistic Notes on the Turcification of the Sogdians", *Central Asiatic Journal*, XXXV/1-2, 1991, pp. 67~80.

Kruglikova, I. T., "Bully iz Džigatepe" (Bullae from Džigatepe), in *Drevnjaja Baktrija. Materialy Sovetsko-Afganskoj arxeologičeskoj ekspedicii*, III, Moscow: Nauka, 1984, pp. 141~50.

Kuwabara, J. 桑原隲蔵,「隋唐時代に支那に來住した西域人に就いて」, 羽田亨 (編),『支那學論叢：内藤博士還曆祝賀』, 京都: 弘文堂, 1926, pp. 565~660.

Kuwayama, S., "Literary Evidence for Dating the Colossi in Bāmiyān", in Gnoli, G. and Lanciotti, L. (dir.), *Orientalia Iosephi Tucci Memoriae Dedicata*, (Serie Orientale Roma, LVI/2), Rome: IsMEO, 1987, pp. 701~27.

_____, "The Hephtalites in Tokharestan and Northwest India", *Zinbun*, XXIV, 1989, pp. 89~134.

Kuz'mina, E. E., "Les relations entre la Bactriane et l'Iran du VIIIe au IVe siècle B.C.", in *Le plateau iranien et l'Asie centrale des origines à la conquête islamique, Paris 22-24 mars 1976*, (Colloques internationaux du CNRS, no. 567), Paris: CNRS, 1977, pp. 201~14.

Kuznecov, V. A., Runič, A. P., "Pogrebenie alanskogo družinnika IX v.", (Tomb of an Alan warrior of the 9th century), *Sovetskaja Arxeologija*, 1974/3, pp. 196~203.

Kyzlasov, I. L., "Paleografičeskoe issledovanie aziatskix runičeskix alfavitov" (Paleographic analysis of the Asian runic alphabets), *Sovetskaja Arxeologija*, 1991/4, pp. 62~85.

Lahiri, N., *The Archaeology of Indian Trade Routes (up to 200 B.C.)*, New Delhi: Oxford University Press, 1992, p. 461.

Lapierre, N., "La peinture monumentale de l'Asie centrale: observations techniques", *Arts Asiatiques*, XLV, 1990, pp. 28~40.

Lassner, J., *The Topography of Baghdad in the Early Middle Ages*, Detroit: Wayne State University Press, 1970, p. 324.

Laufer, B., *Sino-Iranica. Chinese Contributions to the History of Civilization in Ancient Iran*, Chicago, 1919, p. 630.

Laut, J. P., *Der frühe türkische Buddhismus und seine literarischen Denkmäler*, (Veröffentlichung der Societas Uralo-Altaica, XXI), Wiesbaden: Harrassowitz, 1986, p. 228.

de La Vaissière, É., "Les marchands d'Asie centrale dans l'empire khazar", in Kazansky, M., Nercessian, A., Zuckerman, C. (eds.), *Les centres proto-urbains russes entre Scandinavie, Byzance et Orient*, (Réalités Byzantines, VII), Paris: Lethielleux, 2000, pp. 367~78.

_____, "Čākars d'Asie centrale: à propos d'ouvrages récents", *Studia Iranica* XXXIV,

2005, pp. 139~49.

_____, Trombert, É., "Des Chinois et des Hu: Migrations et intégration des Iraniens orientaux en milieu chinois durant le haut Moyen Âge", *Annales. Histoire, Sciences sociales*, LIX/5-6, septembre-décembre 2004, no. 5-6, pp. 931~69.

_____, Trombert, É. (eds.), *Les Sogdiens en Chine*, (Études thématiques, 13), Paris: École Française d'Extrême-Orient, 2005, p. 444.

Lee, A. D., *Information and Frontiers, Roman Foreign Relations in Late Antiquity*, Cambridge University Press, 1993, p. 213.

Leriche, P., Pidaev, C., Gelin, M., Abdoullaev, K., *La Bactriane au carrefour des routes et civilisations de l'Asie centrale. Actes du colloque de Termez 1997*, (La Bibliothèque de l'Asie Centrale, I), Paris: Maisonneuve et Larose, 2001, p. 422.

Lerner, J., "Central Asians in Sixth-century China: A Zoroastrian Funerary Rite", *Iranica Antiqua*, XXX, (Festschrift K. Schippmann II), Gand, 1995, pp. 179~90.

Leslie, D. D., "Persian Temples in T'ang China", *Monumenta Serica*, XXXV, 1981-1983, pp. 275~303.

_____, Gardiner, K. H. J., "Chinese Knowledge of Western Asia during the Han", *T'oung Pao*, LXVIII, 1982, pp. 254~308.

Lévi, S., "'Tokharien B' langue de Koutcha", *Journal Asiatique*, series XI, vol. II, 1913, pp. 311~80.

Lewicki, T., "Le commerce des sâmânides avec l'Europe orientale et centrale à la lumière des trésors de monnaies coufiques", in Kouymijan, D. K. (ed.), *Near Eastern Numismatics, Iconography, Epigraphy and History. Studies in Honor of Georges C. Miles*, Beyrouth, 1974, pp. 219~33.

_____, "À propos de deux études sur la géographie humaine du monde musulman", *Cahiers de Civilisation Médiévale*, XXII/2, April-June 1979, pp. 173~90.

Lewis, B., "Sources for the Economic History of the Middle East", in Spuler, B. (dir.), *Wirtschaftsgeschichte des vorderen Orients in Islamischer Zeit*, (Handbuch der Orientalistik, VI, 6. 1), Leiden: Brill, 1977, pp. 1~17.

Li Fang-Kuei, "Notes on Tibetan *Sog*", *Central Asiatic Journal*, III, 1958, pp. 139~42.

Lieu, S. N., *Manichaeism in the Later Roman Empire and Medieval China. A Historical Survey*, Manchester University Press, 1985, p. 360.

Lin Meicun 林梅村, 「栗特文買婢契與絲綢之路上的女奴貿易」, 『文物』 1992/9, pp. 49~54.

_____, 『西域文明: 考古, 民族, 語言和宗教新論』, 北京: 東方出版社, 1995, p. 496.

_____, "Kharoṣṭhī Bibliography: The Collections from China", *Central Asiatic Journal*, XL/2, 1996, pp. 188~220.

_____, 「中國境內出土帶銘文的波斯和中亞銀器」, 『文物』 1997/9, pp. 55~65.

Lin Wushu, "A Discussion about the Difference between the Heaven-God in the Qočo Kingdom and the High Deity of Zoroastrism", *Zentralasiatische Studien*,

XXIII, 1992-1993, pp. 7~12.

Litvinskij, B. A., *Ukrašenija iz mogil'nikov zapadnoj Fergany* (Ornamentation of the tombs of Ferghana), Moscow: Nauka, 1973, p. 211.

____ (dir.), *Vostočnyi Turkestan v drevnosti i rannem srednevekov'e* (Eastern Turkestan in antiquity and the early Middle Ages), Moscow: Nauka, 1988, p. 452.

_____, *La civilisation de l'Asie centrale antique*, (Archäologie in Iran und Turan, III), Rahden: Verlag Marie Leidorf, 1998, pp. 215, 2 maps, XXIX pl.

_____, Solovev, V. S., *Srednevekovaja Kul'tura Toxaristana v svete raskopok v Vaxšskoj doline* (The medieval culture of Tukharistan in the light of excavations in the Wakhsh valley), Moscow: Nauka, 1985, p. 263.

Liu Bo 劉波, 「敦煌所出栗特語古信札與兩晋之際敦煌姑臧的栗特人」, 『敦煌研究』1995/3, pp. 147~54.

Liu Mau-Tsai, "Kulturelle Beziehungen zwischen des Ost-Türken (=T'u-küe) und China", *Central Asiatic Journal*, III/3, 1958, pp. 190~215.

Liu Xinru, *Ancient India and Ancient China: Trade and Religions Exchanges A.D. 1-600*, Delhi: Oxford University Press, 1988, p. 231.

Livšic, V. A., "Praviteli Panča. Sogdijcy i Tjurki" (The sovereigns of Panč. Sogdians and Türks), *Narody Azii i Afriki*, 1979/4, pp. 56~68.

_____, "Sogdijcy v Semireč'e: lingvističeskie i epigrafičeskie svidetel'stva (The Sogdians in Semireč'e: linguistic and epigraphic evidence), *Pis'mennje pamjatniki I problemy istorii kul'tury narodov Vostoka*, (XV godičnaja naučnaja sessija, Leningradskoe Otdelenie, Institut Vostokovedenija, AN S.S.S.R., December 1979, I[2]), Moscow, 1981, pp. 76~84.

_____, Kaufman, I. M., D'jakonov, I. M., "O drevnej sogdijskoj pis'mennosti Buxary" (On the ancient Sogdian written language of Bukhara), *Vestnik Drevnej Istorii*, 1954/1, pp. 150~63.

_____, Lukonin, V. G., "Srednepersidckie i sogdijskie nadpici na serebrjanyx sosudax" (Inscriptions in Middle Persian and Sogdian on silver vessels), *Vestnik Drevnej Istorii*, 1964/3, pp. 155~76.

Loginov, S. D., Nikitin, A. B., "O načal'nom etape čekanki bukarskix podražanij draxmam Varaxrama V" (On the first stage in the minting of Bukharan imitations of the drachms of Vahrām V), *Obščestvennye Nauki v Uzbekistane*, 1985/6, pp. 49~53.

_____, Nikitin, A. B., "Sasanian Coins of the Third Century from Merv", "Coins of Shapur II from Merv", "Sasanian Coins of the Late 4th-7th Centuries from Merv", "Post-Sasanian Coins from Merv", *Mesopotamia*, XXVIII, 1993, pp. 225~46, 247~70, 271~312, 313~18.

Lombard, M., "La chasse et les produits de la chasse dans le monde musulman, VIII-XI siècles", *Annales*, XXIV, 1969, pp. 572~93.

Lubo-Lesničenko, E., "Šelkovyj put'v period Šesti Dinastij (III-VI vv.) po novym materialam" (The Silk Road in the Six Dynasties period [3-6 centuries] according to new materials), *Trudy Gosudarstvennogo Ermitaža*, XIX, 1978, pp. 15~25.

_____, "Velikij Šelkovij put" (The great Silk Road), *Vostočnij Turkestan v Drevnosti i Rannem Srednevekov'e*, chapitre VIII, 1, 1988, pp. 352~91.

_____, "Western Motifs in the Chinese Textiles of the Early Middle Age", *National Palace Museum Bulletin*, XXVIII/3-4, Taipei, 1993, pp. 1~28.

_____, *Kitaj na Šelkovom puti. Šelk i vnešnie svjazi drevego i rannesrednevekovogo Kitaja* (China on the Silk Road Silk and the international relations of China in antiquity and the early Middle Ages), Moscow: Vostočnaja Literatura, 1994, p. 326.

Lukonin, V. G., "Srednepersidskie nadpisi iz Kara-Tepe" (A Middle Persian inscription from Kara-Tepe), in Staviskij, B. Ja. (dir.), *Budijskie peščery Kara-tepe v Starom Termeze*, Moscow: Nauka, 1969, pp. 40~46.

_____, Trever, K. V., *Sasanidskoe serebro sobranie Gosudarstvennogo Ermitaža* (Sasanid silver in the Hermitage collections), Moscow: Iskusstvo, 1987, pp. 154, CXXIV pl.

Luo Feng 羅豊, 『固原南郊隋唐墓地』, 北京: 文物出版社, 1996, p. 247.

_____, "*Sabao*: Further Consideration of the Only Post for Foreigners in the Tang Dynasty Bureaucracy", *China Archaeology and Art Digest*, IV/1, December 2000, pp. 165~91.

Lyonnet, B., *Céramique et peuplement du Chalcolithique à la conquête arabe. Prospections archéologiques en Bactriane Orientale (1974-1978), volume II*, (Mémoires de la Délégation Archéologique Française en Asie Centrale, VIII), Paris: Éditions Recherches sur les Civilisations, 1997, p. 447.

Ma Yong, "The Chinese Inscriptions of the 'Da Wei' Envoy of the 'Sacred Rock of Hunza'", in Jettmar, K. (ed.), *Antiquities of Northern Pakistan. Reports and Studies: I. Rock Inscriptions in the Indus Valley*, I, Mainz: Ph. von Zabern, 1989, pp. 139~57.

Mackerras, C., "Sino-Uighur Diplomatic and Trade Contacts (744 to 840)", *Central Asiatic Journal*, XIII/3, 1969, pp. 215~40.

Maenchen-Helfen, O. J., *The World of the Huns. Studies in their History and Culture*, Berkeley: University of California Press, 1973, p. 602.

Mahler, J. G., *The Westerners Among the Figurines of the T'ang Dynasty of China*, (Serie Orientale Roma, XX), Rome: IsMEO, 1959, pp. 204, XLII pl.

Majizadeh, Y., "Lapislazuli and the Great Khorasan Road", *Paléorient*, VIII/1, 1982, pp. 59~69.

Malleret, L., *L'archéologie du delta du Mékong, II: La civilisation matérielle d'Ocèo*, Paris: EFEO, 1960, p. 398.

_____, *L'archéologie du delta du Mékong, III: La culture du Fou-nan*, Paris: EFEO, 1962, p. 500.

Maljavkin, A. G., *Ujgurskie gosudarstva v IX-XII vv.* (The Uighur states in the 9th-12th centuries), Novosibirsk: Nauka, 1983, p. 297.

_____, "Sogdijskij torgovyj sojuz" (The Sogdian commercial associations), *Meždunarodnaja associacija po izučeniju kul'tur Central'noj Azii: Informacionnyi Bjulleten'*, XV, Moscow: Nauka, 1988, pp. 53~59.

Manandjan, Ja. A., *O torgovle i gorodax Armenii v svjazi s mirovoj torgovlej drevnix vremen (V v. do n. ery-XV v. n. ery)* (On the commerce and cities of Armenia in connection with world commerce in the ancient period [5th century BCE to 15th century CE]), Yerevan, 1962, p. 346.

Mandel'štam, A. M., "Rannie kočevniki v drevej istorii Srednej Azii" (Early nomads in the ancient history of Central Asia), in *Le plateau iranien et l'Asie centrale des origines à la conquête islamique, Paris 22-24 mars 1976*, (Colloques internationaux du CNRS, 567), Paris: CNRS, 1977, pp. 214~23.

Mandelung, W., "The early Murji 'a in Khurāsān and Transoxiana and the spread of Ḥanafism", *Der Islam*, LIX, 1982, pp. 32~39.

_____, "al-Māturīdī", *Encyclopédie de l'Islam*, 2nd ed., vol. VI, 1990, pp. 836~38.

Manylov, Ju. P., "Arxeologičeskie issledovanija karavan-saraev central'nogo Ustjurta" (Archaeological analysis of the caravanserais of the central Ust-Yurt), *Arxeologija Priaral'ja*, I, 1982, pp. 93~122.

_____, "Arxeologičeskie raboty na torgovom puti iz Sogda v central'nye Kyzylkumy" (Archaeological works on the trade route from Sogdian to the central Kyzylkum), *Istorija Material'noj Kul'tury Uzbekistana*, XXVII, 1996, pp. 121~28.

Maróth, M. "Ein Brief aus Turfan", *Alt-orientalische Forschungen*, XII/2, 1985, pp. 283~87.

Marquart, J., *Ērānšahr nach des Geographie des Ps. Moses Xorenac'i*, (Abhandlungen der Akademie des Wissenschaften in Göttingen, N. F. 3, n. 2), Berlin, 1901, p. 358.

_____, *Osteuropäische und ostasiatische Streifzüge*, Leipzig, 1903, reprinted Darmstadt, 1961, p. 557.

Maršak, B., "Indijskij komponent v kul'tovoj ikonografii Sogda" (The Indian element in the religious iconography of Sogdian), *Kul'turnye vzaimosvjazi narodov Srednej Azii i Kavkaza s okružajuščim mirom v drevnosti i srednevekov'e. Tezisy dokladov*, Moscow: Nauka, 1981, pp. 107~09.

_____, "Les fouilles de Pendjikent", *Comptes rendus des séances de l'Académie des Inscriptions et Belles-Lettres*, Paris: 1990, pp. 286~313.

_____, "Sassannidische und türkisch-sogdische Erzeugnisse im Schatz von Mala Pereščepina", *Reitervölker aus dem Osten Hunnen + Awaren. Burgenländische Landesausstellung 1996*, Eisenstadt, 1996, pp. 212~16.

Maršak, B., Kramarovskij. M., *Sokrovišča Priob'ja* (Treasures of the Ob'basin), Exhibition catalogue of the Hermitage Museum, Saint Petersburg: Formika, 1996, p. 228.

_____, Raspopova, V., "Sogdijcy v Semireče" (Sogdians in Semireče), in *Tezisy* dokladov vsesojuznoj naučnoj konferencii "Kul'tura iiskusstvo Kirgizii", I, Leningrad, 1983, pp. 78~80.

_____, Raspopova, V., "Une image sogdienne du Dieu-Patriarche de l'agriculture", *Studia Iranica*, XVI/2, 1987, pp. 193~99.

_____, Raspopova, V., "Wall Paintings from a House with a Granary. Panjikent, 1st Quarter of the Eighth Century A.D.", *Silk Road Art and Archaeology*, I, 1990b, pp. 122~76.

Marschak, B., *Silberschätze des Orients. Metallkunst des 3.-13. Jahrhunderts und ihre Kontinuität*, Leipzig: Seemann Verlag, 1986, p. 438.

_____, "Le programme iconographique des peintures de la" Salle des ambassadeurs "à Afrasiab (Samarkand)", *Arts Asiatiques*, XLIX, 1994, pp. 5~20.

_____, "La thématique sogdienne dans l'art de la Chine de la seconde moitié du VIe Siècle", *Comptes rendus des séances de l'Académie des Inscriptions et Belles-Lettres*, Paris: 2002, pp. 227~64.

Marshak, B., Raspopova, V., "Les nomades et la Sogdiane", in Francfort, H.-P. (ed.), *Nomades et sédentaires en Asie centrale. Apports de l'archéologie et de l'ethnologie*, Paris: Éditions du CNRS, 1990a, pp. 179~85.

Massignon, L., *La Passion de Hallâj, martyr mystique de l'Islam, I La vie de Hallâj*, Paris: Gallimard, 1975, p. 708.

Masson, H., "The Role of the Azdite Muhallabid Family in Marw's Anti-Umayyad Power Struggle", *Arabica*, XIV/2, 1967, pp. 191~207.

Masson, M. E., *Problema izučenija cisteri-sardoba* (Problems in the analysis of cisterns/sardob), (Materialy Yzkomstarisa, VIII), Tashkent, 1935, pp. 44, 1 map.

_____, *Srednevekovye torgovye puti iz Merva v Xorezm i v Maverannaxr (v predelax Turkmenskoj SSR)* (Medieval trade routes from Merv to Khorezm and Transoxiana [within the Turkmen SSR]), (Trudy JuTAKE, XIII), Ashkhabad: Turkmenistan, 1966, p. 298.

Mažitov, N. A., "Funerary Complexes of Birsk with Coins of the 8th Century" (Funerary complexes of Birsk with coins of the 8th century), *Sovetskaja arxeologija*, 1990/1, pp. 261~66.

Mikami, T., "Chinese Ceramics from Medieval Sites in Egypt", in Prince Mikasa Takahito (ed.), *Cutural and Economics Relations Between East and West: Sea Routes*, (Bulletin of the Middle Eastern Culture Center in Japan, II), Wiesbaden: Harrassowitz, 1988, pp. 45~61.

Minorsky, V., "Transcaucasica", *Journal Asiatique*, CCXVII, 1930, pp. 41~112.

Miquel, A., *La géographie historique du monde musulman jusqu'au milieu du 11e siècle*, Paris/La Haye: Mouton, 4 vols., 1967-1988.

Mizuno, S. (ed.) 水野清一 (編), 『チャカラク・テペ: 北部アフガニスタソにおける城塞遺跡の發掘 1964-1967』, 京都大學, 1970.

Mode, M., "Sogdian Gods in Exile. Some Iconographic Evidence from Khotan in the Light of Recently Excavated Material from Sogdiana", *Silk Road Art Archaeology*, II, 1991-1992, pp. 179~214.

_____, *Sogdian und die Herrscher der Welt. Türken, Sasaniden und Chnisen in Historiengemälden des 7. Jahrhunderts n. Chr. aus Alt-Samarqand*, (Europäische Hochschulschriften, Kunstgeschichte, 162), Francfort: Peter Lang, 1993, p. 217.

Molé. G., *The T'u-yü-hun from the Northern Wei to the time of the Five Dynasties*, (Serie Orientale Roma, XLI), Rome: IsMEO, 1970, p. 287.

Mori, M. 護雅夫,「東突厥國家内部におけるソダド人」,『古代トルコ民族史研究』1, 山川出版社, 1967, pp. 61~93.

Mribe, Y., "Military Officers of Sogdian Origin from the Late Tang Dynasty to the Period of Five Dynasties", in de La Vaissière, É., Trombert, É. (eds.), *Les Sogdiens en Chine*, Paris: EFEO, 2005, pp. 243~54.

Moriyasu, T., "Qui des Ouighours ou des Tibétains ont gagné en 789-792 à Beš-Balïq", *Journal Asiatique*, CCLXIX, 1981, pp. 193~205.

_____, "L'origine du bouddhisme chez les Turcs et l'apparition des textes bouddhiques en turc ancien", in Haneda, A. (dir.), *Documents et archives provenant de l'Asie centrale. Actes du Colloque franco-japonais Kyoto 4-8 octobre 1988*. Kyoto: Association franco-japonaise des études orientales, 1990, pp. 147~65.

_____ 森安孝夫,「《ツルクロード》のウイグル商人: ソグド商人とオルトク商人の間」,『岩波講座 世界歴史 11: 中央コーラシアの統合 9-16世紀』, 岩波書店, 1997, pp. 93~119.

Mukherjee, B. N., *The Economic Factors in Kushāṇa History*, Calcutta: Pilgrim Publishers, 1970, p. 114.

Muthesius, A., *Byzantine Silk Weaving. AD 400 to AD 1200*, Vienna: Verlag Fassbaender, 1997, pp. 260, CXXVIII pl.

Muxamadiev, A. G., *Drevnie Monety Povolžja* (Ancient coins of the Volga region), Kazan, 1990, p. 159.

Muxamedov, X., "Novye učastki Kanpir-Devora drevnego Sogda" (New pieces of ancient Sogdian Kanpir-Devor), *Istorija Material'noj Kul'tury Uzbekistana*, IX, 1972, pp. 131~36.

Muxamedžanov, A. R., *Istorija orošenija Buxarskogo oazisa (s drevnejšix vremen do načala XX v.)* (History of the irrigation of the Bukharan oasis from antiquity to the 20th century), Tashkent: FAN, 1978, p. 294.

Nikitin, A. B., "Sasanian Coins in the Collection of the Museum of Fine Arts, Moscow", *Ancient Civilisations from Scythia to Siberia*, II/1, 1995, pp. 71~91.

_____, "Notes on the Chronology of the Kushano-Sasanian Kingdom", in Alram, M., Klimburg-Salter, D. (eds.), *Coins, Art and Chronology. Essays on the Pre-Islamic History of the Indo-Iranian Borderlands*, (Philosophisch-Historische Klasse Denkschriften, CCLXXX), Vienna: Verlag der Österreichischen Akademie der

Wissenschaften, 1999, pp. 259~63.

Noble, P. S., "A Kharoṣṭhī Inscription from Endere", *Bulletin of the School of Oriental Studies*, VI, 1931, pp. 445~55.

Noonan, T. S., "When and How Dirhams First Reached Russia: A Numismatic Critique of the Pirenne Theory", *Cahiers du Monde Russe et Soviétique*, XXI, 1980, pp. 401~69.

_____, "A Ninth Century Dirham Hoard From Devista in Southern Russia", *American Numismatic Society Museum Notes*, 1982a, pp. 185~209.

_____, "Russia, the Near-East, and the Steppe in the Early Medieval Period: an Examination of the Sasanian and Byzantine Finds from the Kama-Urals Area", *Archivum Eurasiae Medii Aevi*, II, 1982b, pp. 269~302.

_____, "Why Dirhams First Reached Russia: the Role of Arab-Khazar Relations in the Development of the Earliest Islamic Trade with Eastern Europe", *Archivum Eurasiae Medii Aevi*, IV, 1984, pp. 151~282.

_____, "Khazaria as an Intermediary between Islam and Eastern Europe in the Second Half of the Ninth Century: the Numismatic Perspective", *Archivum Eurasiae Medii Aevi*, V, 1985a[1987], pp. 179~204.

_____, "Khwārazmian Coins of the Eight Century from Eastern Europe: the Post-Sasanian Interlude in the Relations between Central Asia and European Russia", *Archivum Eurasiae Medii Aevi*, VI, 1985b[1987], pp. 243~258.

_____, "Fluctuations in Islamic trade with Eastern Europe during the Viking Age", *Harvard Ukrainian Studies*, XVI/3-4, 1992, pp. 237~59.

Obel'čenko, O. V., *Kul'tura Antičnogo Sogda. Po arxeologičeskim dannym VII v. do n. e.- VII v. n. e.* (The culture of ancient Sogdiana according to archaeological data, from the 7th century BCE to the 7th century CE), Moscow: Nauka, 1992, p. 256.

Okladnikov, A. P., "Novye dannye po istorii Pribajkal'ja v Tjurskoe Vremja. (Sogdijskaja kolonija na r. Unge)", (New data on the history of the Baikal region in the Türk period. [A sogdian colony on the Unge River]), *Tjurkologičeskie Issledovanija*, XVIII, 1963, pp. 275~81.

_____, "Arxeologičeskie issledovanija v Burjat Mongolii" (Archaeological research in Buryat Mongolia), in *Istorija i kul'tura Burjatii*, Ulan-Ude, 1976.

Pan Yihong, "Early Chinese Settlement Policies towards the Nomads", *Asia Major*, Third Series, V/2, 1992, pp. 41~78.

Paul, J., "Histories of Samarcand", *Studia Iranica*, XXII/1, 1993, pp. 69~92.

_____, *The State and the Military: the Samanid Case*, (Papers on Inner Asia, XXVI), Bloomington, 1994, p. 40.

Peegulevskaya, N. V., "Economic Relations in Iran during the IV-VI Century A.D.", *Journal of the K. R. Cama Oriental Institute*, 38, 1956, pp. 60~80.

Pelliot, P., "*Le sa-pao*", *Bulletin de l'École française d'Extrême-Orient*, III, 1903a, pp.

665~71.

_____, "Le Fou-nan", *Bulletin de l'École française d'Extrême-Orient*, III, 1903b, pp. 248~303.

_____, "L'origine du nom de 'Chine'", *T'oung Pao*, XIII, 1912, pp. 727~42.

_____, "Encore à propos du nom de 'Chine'", *T'oung Pao*, XIV, 1913, pp. 427~28.

_____, "Le 'Cha Tcheou Tou Fou T'ou King' et la colonie sogdienne de la région du Lob Nor", *Journal Asiatique*, Series XI, vol. VII, 1916, pp. 111~23.

_____, "Notice sur: H. Reichelt, Die soghdischen Handschriften", *T'oung Pao*, XXVIII, 1931, pp. 457~63.

_____, *Recherches sur les Chrétiens d'Asie Centrale et d'Extrême-Orient*, œuvre posthume, Dauvillier, J. (ed.), Paris: Imprimerie Nationale, 1973, p. 309.

Piacentini, V. F., *Merchants-Merchandise and Military Power in the Persian Gulf (Sūriyānj/Shahriyāj-Sīrāf)*, (Atti della Accademia Nazionale dei Lincei, Memorie, serie IX, III/2), Rome, 1992, p. 190.

Pigulevskaja, N., *Vizantija na putjax v Indiju. Iz istorii torgovli Vizantii s Vostokom v. IV-VI vv.* (Byzantium on the routes to India. On the history of Byzantine trade with the East in the 4th to 6th centuries), Moscow-Leningrad, 1951, p. 409.

_____, 1956, see Peegulevskaya.

Pinault, G., "Épigraphie koutchéenne", chap. IV of *Sites divers de la région de Koutcha*, (Mission Paul Pelliot, VIII), Paris: Collège de France, 1987, pp. 59~196.

_____, G.-J., "Economic and Administrative Documents in Tocharian B from the Berezovsky and Petrovsky Collections", *Manuscripta Orientalia*, IV/4, 1998, pp. 3~20.

Pinks, E., *Die Uiguren von Kan-chou in der frühen Sung-Zeit (960-1028)*, (Asiatische Forschungen, XXIV), Wiesbaden, 1968, p. 226.

Pletneva, S. A., *Sarkel I "Šelkovyj put'"* (Sarkel and the "Silk Road"), Voronež, 1996, p. 166.

Pourshariati, P., "Local Histories of Khurāsān and the Pattern of Arab Settlement", *Studia Iranica*, XXVII/1, 1998, pp. 41~82.

Prasad, K., *Cities, Crafts and Commerce under the Kuṣāṇas*, Delhi: Agam Kala Prakashan, 1984, p. 202.

Pugačenkova, G. A., "Ištixanskie drevnosti (nekotorye itogi issledovanij 1979 g.) (The antiquities of Ištixan: some results from the investigations of 1979), *Sovetskaja Arxeologija*, 1983/1, pp. 259~70.

Pulleyblank, E. G., "A Sogdian Colony in Inner Mongolia", *T'oung Pao*, XLI, 1952, pp. 317~56.

_____, *The Background of the Rebellion of An Lu-shan*, Oxford University Press, 1955, p. 264.

_____, "Chinese and Indo-Europeans", *Journal of the Royal Asiatic Society*, 1966, pp.

9~39.

_____, "The Wu-sun and Sakas and the Yüeh-chih migration", *Bulletin of the School of Oriental and African Studies*, XXXIII, 1970, pp. 154~60.

_____, "Chinese-Iranian Relations I. In Pre-Islamic Times", in Yarshater, E. (dir.), *Encyclopaedia Iranica*, V/4, Costa Mesa: Mazda Publishers, 1991a, pp. 424~31.

_____, *Lexicon of Reconstructed Pronunciation in Early Middle Chinese, Late Middle Chinese, and Early Mandarin*, Vancouver: UBC Press, 1991b, p. 488.

Rapin, C., *La trésorerie du palais hellénistique d'Aï Khanoum. L'apogée et la chute du royaume grec de Bactriane. Fouilles d'Aï Khanoum*, VIII, (Mémoires de la Délégation Archéologique Française en Ahghanistan, XXXIII), Paris: de Boccard, 1992, pp. 463, CXXVI pl.

Raschke, M. G., "New Studies in Roman Commerce with the East", in Temporini, H. (dir.), *Politische Geschichte (Provinzen und Randvölker: Mesopotamien, Armenien, Iran, Südarabien, Rom und der Ferne Osten)*, (Aufstieg und Niedergang der römischen Welt, II, 9.2), Berlin, 1978, pp. 604~1378.

Raspopova, V., "Gončarnye izdelija sogdijcev čujskoj doliny. Po materialam raskopok na Ak-Bešim v 1953-1954 gg." (Sogdian cersmics of the Ču plain, according to the materials from the excavations of Ak-Bešim in 1953-1954), *Trudy Kirgizskoj Arxeologo-Etnografičeskoj Ekspedicii*, IV, Moscow, 1960, pp. 138~63.

_____, "Odin iz bazarov Pendžikenta VII-VIII vv." (One of the bazaars of Panjikent, 7th-8th centuries), *Strany i Narody Vostoka*, X, 1971, pp. 67~85.

_____, V. I., *Metalličeskie izdelija rannesrednevekovogo Sogda* (Metalwork of Sogdiana in the early Middle Ages), Leningrad, 1980, p. 137.

_____, *Žilišča Pendžikenta (opyt istoriko-social'noj interpretacii)* (The dwellings of Panjikent [a historical-social interpretation]), Leningrad, 1990, p. 208.

_____, *Rannesrednevekovyj sogdijskij gorod (po materialam Pendžikenta). Dissertacija* (A Sogdian city of the early Middle Ages [according to the materials from Penjikent]. Dissertation), Saint Petersburg, 1993, p. 70.

Renou, L., *La civilisation de l'Inde ancienne d'après les textes sanskrits*, Paris: Flammarion, 1981, p. 207.

Riboud, P., "Le cheval sans cavalier dans l'art funéraire sogdien en Chine: à la recherche des sources d'un thème composite", *Arts Asiatiques*, LVIII, 2003, pp. 148~61.

Robin, Ch., "L'Arabie du Sud et la date du Périple de la mer Érythrée (Nouvelles données)", *Journal Asiatique*, CCLXXIX, 1991, pp. 1~30.

Róna-Tas, A., "On the Development and Origin of the East Turkic 'Runic' Script", *Acta Orientalia Academiae Scientiarum Hungaricae*, XLI/1, 1987, pp. 7~14.

Rong Xinjiang 榮新江, 「古代塔里木盆地周辺粟特移民」, 『西域研究』 1993/2, pp. 8~15.

_____, "The Migrations and Settlements of the Sogdians in the Northern Dynasties, Sui and Tang", *China Archaeology and Art Digest*, IV/1, Décembre 2000, pp.

117~63.
_____, 『中古中國與外來文明』, 北京: 三聯書店, 2001, p. 490.
Rougeulle, A., "Les importations de céramiques chinoises dans le Golfe arabopersique (8ᵉ-11ᵉ siècles)", *Archéologie islamique*, II, 1991, pp. 5~46.
Rtveladze, E. V., "Numizmatičeskie materialy k istorii rannesrednebekogo Čača (Numismatic materials for the history of Čāč in the early Middle Ages), *Obščestvennye Nauki v Uzbekistane*, 1982/8, pp. 31~39.
_____, "La circulation monétaire au nord de l'Oxus à l'époque gréco-bactrienne", *Revue Numismatique*, XXVI, 1984, pp. 61~76.
_____, "Denežnoe obraščenie v severo-zapadnom Toxaristane v rannem srednevekov'e (Monetary circulation in Northwest Tukharistan in the early Middle Ages), in *Gorodskaja Kul'tura Baktrii-Toxarestana i Sogda. Antičnost', rannee srednevekov'e, Materialy Sovetsko-francuskogo kollokviuma (Samarkand 1986)*, Tashkent: FAN, 1987, pp. 120~30.
_____, "Pogrebal'nye sooruženija i obrjad v severnom Toxaristane" (Funerary structures and rites of Northern Tukharistan), in Pugačenkova, G. A. (dir.), *Antičnye I rannesrednevekovye drevnosti južnogo Uzbekistana*, Tashkent: FAN, 1989, pp. 53~72.
_____, "Pre-Muslim Coins of Chach", *Silk Road Art and Archaeology*, V, 1997-1998, pp. 307~28.
_____, "K istorii evreev-iudaistov v Srednej Azii (domusul'manskij period)" (On the history of the Jews of Central Asia in the pre-Islameic period), in *Verovanija i Kul'ty domusul'manskoj Srednej Azii*, Moscow: Gosudarstvennyj muzej Vostoka, 1997, pp. 46~50.
Rubinacci, R., "Il Tibet nella Geografia d'Idrīsī", *Gururājamañjarikā. Studi in onore di G. Tucci*, Naples: Instituto Universitario Orientale, 1974, pp. 195~220.
Sadighi, Gh. H., *Les Mouvements religieux iraniens au IIᵉ et au IIIᵉ siècle de l'hégire*, Paris: Les Presses Modernes, 1938, p. 333.
Šandrovskaja, V., "Die Funde der byzantinischen Bleisiegel in Sudak", in Oikonomides, N. (ed.), *Studies in Byzantine Sigillography*, III, Washington: Dumbarton Oaks Research Library and Collection, 1993, pp. 85~98.
_____, "Die neuen Funde an byzantinischen Bleisiegeln auf der Krim", in Oikonomides, N. (ed.), *Studies in Byzantine Sigillography*, IV, Washington: Dumbarton Oaks Research Library and Collection, 1995, pp. 153~61.
Scaglia, G., "Central Asians on a Northern Ch'i Gate Shrine", *Artibus Asiae*, XXI/1, 1958, pp. 9~28.
Schafer, E. H., "The Camel in China down to the Mongol Dynasty", *Sinologica*, II, Basel, 1950, pp. 165~94, 263~90.
_____, "Iranian Merchants in T'ang Dynasty Tales", in Fischel, W. J. (ed.), *Semitic and Oriental Studies presented to William Popper*, (Publications in Semitic Philology,

XI), University of California, 1951, pp. 403~22.

_____, *The Golden Peaches of Samarkand. A study of T'ang Exotics*, Berkeley: University of California Press, 1963, p. 400.

_____, "Notes on T'ang Geisha 3: Yang-chou in T'ang Times", *Schafer Sinological Papers*, 6, 1984, p. 17.

Scheil, J.-M., *Die chinesischen Vertragsurkunden aus Turfan*, (Münchener ostasiatische Studien, LXXII), Stuttgart: Frantz Steiner Verlag, 1995, p. 200.

Schiltz, V., *Les Scythes et les nomades des steppes. VIIIe siècle avant J.-C.-Ier siècle aprés J.-C.* (L'Univers des Formes, XXXIX), Paris: Gallimard, 1994, p. 473.

Sedov, A. V., *Kobadian na poroge rannego srednevekov'ja* (Kobadian on the threshold of the Middle Ages), Moscow: Nauka, 1987, p. 199.

Semënov, G. L., "Sogdian Cities of the Early Middle Ages: Formation of Plans", in Smirnova, G. (ed.), *Itogi rabot arxeologičeskix ekspedicij Gosudarstvennogo Ermitaža*, Leningrad, 1989, pp. 128~40.

_____, *Sogdijskaja Fortificacija V-VIII vekov* (Sogdian fortifications of the 5-8 centuries), Saint Petersburg: Ermitage, 1996, p. 225.

_____, *Sogdijskij gorod V-XII vv. Formirovanie plana* (Sogdian cities of the 5-12 centuries. Formation of plans), Saint Petersburg: Ermitage, 2002, p. 46.

_____, Tašbaeva, K., "Raskopki v Ak-Bešime v 1996 gody" (Excavations at Ak Bešim in 1996), *Otčetnaja arxeologičeskaja sessija za 1996 god*, Saint Petersburg: Ermitage, 1997, pp. 48~51.

Senigova, T. N., *Srednevekovyj Taraz* (Medieval Taraz), Nauka: Alma-Ata, 1972, p. 218.

Sérinde, Terre de Bouddha. Dix siècles d'art sur la route de la soie, catalog of the exhibition at the Galeries Nationales du Grand Palais, 24 October 1995 — 19 February 1996, Paris: RMN, 1995, p. 430.

Šerkova, T. A., *Egipet i Kušanskoe Carstvo. Torgovye i kul'turnye kontakty* (Egypt and the Kushan Empire. Commercial and cultural contacts), Moscow: Nauka, 1991, p. 193.

Shaban, M. A., *The 'Abbāsid Revolution*, Cambridge University Press, 1970, p. 182.

_____, *Islamic History. A New Interpretation*, 2 vols., Cambridge University Press, 1971, p. 197 (1976, p 221).

Shahid, I., *Byzantium and the Arabs in the Sixth Century, Vol. I, Part 1: Political and Military History*, Washington: Dumbarton Oaks, 1995, p. 726.

Sharon, M., *Black Banners from the East. The Establishment of the 'Abbāsid State. Incubation of a Revolt*, (Hebrew University, Max Schloessinger Memorial Series, II), Jerusalem: The Magnes Press, 1983, p. 265.

_____, "The Military Reforms of Abū Muslim and Their Consequences", in Sharon, M. (ed.), *Studies In Islamic History and Civilisation in Honour of Pr. David Ayalon*, Jerusalem: Cana, 1986, pp. 105~43.

Sheng, A., "Innovations in Textile Techniques on China's Northwest", *Asia Major*, XI/2, 1998, pp. 117~60.

Shepherd, D. G., "Zandanîjî Revisited", in *Documenta Textilia: Festschrift für S. Müller-Christensen*, Munich: Bayerisches Nationalmuseum, 1980, pp. 105~22.

_____, Henning, W. B., "Zandanîjî Identified", in *Aus der Welt der islamischen Kunst, Festschrift für E. Kühnel*, Berlin, 1959, pp. 15~40.

Shiratori, K., "A Study on Su-t'ê (栗特) or Sogdiana", *Memoirs of the Research Department of the Toyo Bunko*, II, 1928, pp. 81~145.

_____, "On the Ts'ung-ling Traffic Route Described by C. Ptolemaeus", *Memoirs of the Research Department of the Toyo Bunko*, XVI, 1957, pp. 1~34.

Shishkina, G. V., "Ancient Samarkand: Capital of Soghd", *Bulletin of the Asia Institute*, VIII, 1994, pp. 81~99.

_____, Pavchinskaja, L. V., "Les quartiers de potiers de Samarcande entre le IXe et le début du XIIIe siècle", "La production céramique de Samarcande du VIIIe au XIIIe siècle", in *Terres secrètes de Samarcande. Céramiques du VIIIe au XIIIe siècle*, exhibition catalog, Paris: Institut du Monde Arabe, Caen, Toulouse, 1992-1993, pp. 31~45, 45~73.

Simon, R., "Ḥums et īlāf, ou commerce sans guerre (sur la genèse et le caractère du commerce de la Mecque)", *Acta Orientalia Academiae Scientiarum Hungaricae*, XXIII/2, 1970, pp. 205~32.

Simonenko, A., "Chinese and East Asian Elements in Sarmatian Culture of the North Pontic Region", *Silk Road Art and Archaeology*, VII, 2001, pp. 53~72.

Sims-Williams, N., "The Sogdian Fragments of the British Library", *Indo-Iranian Journal*, XVIII, 1976, pp. 43~74.

_____, "On the Plural and Dual in Sogdian", *Bulletin of the School of Oriental and African Studies*, XLII/2, 1979, pp. 337~46.

_____, "Indian Elements in Parthian and Sogdian", in Röhrborn, K., Veenker, W. (dir.), *Sprachen des Buddhismus in Zentralasien. Vorträge des Hamburger Symposions vom 2. Juli bis 5. Juli 1981*, Wiesbaden, 1983, pp. 132~41.

_____, "A Sogdian Greeting", in Emmerick, R., Weber, D. (eds.), *Corolla Iranica. Papers in Honour of Prof. Dr. David Neil Mackenzie*, Frankfurt: Peter Lang, 1991, pp. 176~86.

_____, "Sogdian and Turkish Christians in the Turfan and Tun-huang Manuscripts", in Cadonna, A. (ed.), *Turfan and Tun-huang. The Texts. Encounter of Civilzations on the Silk Route*, (Orientalia Venetiana, IV), Florence: Olschki, 1992a, pp. 43~61.

_____, "The Sogdian Inscriptions of Ladakh", in Jettmar, K. (ed.), *Antiquities of Northern Pakistan. Reports and Studies*, II, Mainz: Ph. von Zabern, 1993, pp. 151~63, XVI pl.

_____, "Nouveaux documents sur l'histoire et la langue de la Bactriane", *Comptes*

_____, *rendus des séances de l'Académie des Inscriptions et Belles-Lettres*, 1996a [1997], pp. 633~54.

_____, "From Babylon to China: Astrological and Epistolary Formulae across Two Millennia", in *La Persia e L'Asia Centrale da Alessandro al X secolo*, (Atti di Convegni Lincei, CXXVII), Rome: Accademia Nazionale dei Lincei, 1996b, pp. 77~84.

_____, "The Sogdian Merchants in China and India", in Cadonna, A., Lanciotti, L. (eds.), *Cina e Iran da Alessandro Magno alla Dinastia Tang*, Florence: Olschki, 1996c, pp. 45~67.

_____, "Zu den iranischen Inschriften", in Fussman, G., König, D. (dir.), *Die Felsbildstation Shatial*, (Materialen zur Archäologie der Nordgebiete Pakistans, II), Mainz: Ph. von Zabern, 1997, pp. 62~72.

_____, Cribb, J., "A New Bactrian Inscription of Kanishka the Great", *Silk Road Art and Archaeology*, IV, 1995-1996, pp. 75~142.

Singh, M. R., *Geographical Data in the Early Puranas. A Ciritical Study*, Calcutta, 1972, p. 407.

Šiškin, V. A., *Varaxša*, Moscow, 1963, pp. 246, XVIII pl.

Šiškina, G. V., "Gorodskoj kvartal VIII-XI vv. na severo-zapade Afrasiaba" (An urban quarter from the 8th-11th centuries in the northern of Afrasiab), *Afrasiab*, II, Tashkent: FAN, 1973, pp. 117~56.

_____, *Glazurovannaia keramika Sogda: Vtoraia polovina VIII – načalo XIII v.* (Glazed ceramics of Sogdiana: from the Second half of the 8th to the beginning of the 13th century), Tashkent, 1979, p. 216.

_____, "Drevnij Samarkand i ego okruga" (Ancient Samarkand and its environs), in *Gorodskaja kul'tura Baktrii-Toxarestana i Sogda. Antičnost', rannee srednevekov'e. Materialy Sovetsko-francuskogo kollokviuma* (Samarkand 1986), Tashkent: FAN, 1987, pp. 164~70.

Skaff, J. K., "Sasanian and Arab-Sasanian Silver Coins from Turfan: Their Relationship to International Trade and the Local Economy", *Asia Major*, XI/2, 1998, pp. 67~115.

_____, "Barbarians at the Gates The Tang Frontier Military and the An Lushan Rebellion", *War and Society*, XVIII/2, 2000, pp. 23~35.

_____, "The Sogdian Trade Diaspora in East Turkestan during the Seventh and Eighth Centuries", *Journal of the Economic and Social History of the Orient*, XLVI/4, 2003, pp. 475~524.

Smirnova, O., "K istorii samarkanskogo dogovora 712 g." (On the history of the Samarkand treaty of 712), *Kratkie Soobščenija Instituta Vostokovedenija Akademija Nauk SSSR*, XXXVIII, Moscow, 1960, pp. 69~79.

_____, *Očerki iz istorii Sogda* (Essays on the history of Sogdiana), Moscow, 1970, p. 288.

_____, *Svodnyj katalog sogdijskix monet. Bronza* (Catalog of Sogdian coins. Bronze), Moscow, 1981, p. 548.

_____, "Dvugorbyj verbljiud na sogdijskix monetax" (The Two-humped camel on Sogdian coinage), *Strany i Narody Vostoka*, XXV, 1987, pp. 142~48.

Sokolovskaia, L., Rougeulle, A., "Stratified Finds of Chinese Porcelains from Pre-Mongol Samarkand (Afrasyab)", *Bulletin of the Asia Institute*, VI, 1992, pp. 87~98.

Spuler, B., *Iran in früh-islamischer Zeit. Politik, Kultur, Verwaltung und öffentliches Leben zwischen der arabischen und des seldschukischen Eroberung 633 bis 1055*, Wiesbaden: Fr. Steiner Verlag, 1952, p. 656.

_____, "Die wirtschaftliche Entwicklung des iranischen Raumes und Mittelasiens im Mittelalter", in Spuler, B. (dir.), *Wirtschaftsgeschichte des vorderen Orients in Islamischer Zeit*, (Handbuch der Orientalistik, VI, 6, 1), Leiden: Brill, 1977, pp. 116~59.

Staviskij, B. Ja., "Istoričeskie svedenija o verxnej časti zerafšanskoj doliny" (Historical information concerning the upper Zarafshan valley), *Istoria Material'noj Kul'tury Uzbekistana*, I, 1959, pp. 79~93.

_____, "Central Asian Mesopotamia and the Roman World: Evidence of Contacts", in Invernizzi, A. (ed.), *In the Land of the Gryphons: Papers on Central Asian Archaeology in Antiquity*, Florence, 1995, pp. 191~202.

_____, *Sud'by Buddizma v Srednej Azii po dannym arxeologii* (The fate of Buddhism in Central Asia according to archaeological data), Moscow: Vostočnaja literatura RAN, 1998, p. 214.

_____, Urmanova, M. X., "Gorodišče Kuldor-tepe" (The site of Kuldor-tépé), *Sovetskaja Arxeologija*, 1958/1, pp. 231~35.

Stein, A., *Serindia*, 5 vols., Oxford: Clarendon Press, 1921.

_____, *Innermost Asia*, 4 vols., Oxford: Clarendon Press, 1928.

Sublet, J., *Le voile du nom. Essai sur le nom propre arabe*, Paris: PUF, 1991, p. 208.

Sulejmanov, R. X., *Drevnij Naxšab* (Ancient Naxšab), Tashkent: FAN, 2000, pp. 342, CCI pl.

Sundermann, W., "Probleme der Interpretation manichäisch-soghdischer Briefe", in Harmatta, J. (ed.), *From Hecataeus to al-Khuwārizmī*, (Collection of the Sources of the History of Pre-Islamic Central Asia, I/III), Budapest: Akadémiai Kiadó, 1984, pp. 289~316.

_____, "Completion and Correction of Archaeological Work by Philological Means: the Case of the Turfan Texts", in Bernard, P., Grenet, F. (dir.), *Histoire et cultes de l'Asie centrale Préislamique. Sources écrites et documents archéologiques*, Paris: Éditions du CNRS, 1991, pp. 283~88.

_____, "Iranian Manichean Turfan Texts Concerning the Turfan Region", in Cadonna, A. (ed.), *Turfan and Tun-huang. The Texts. Encounter of Civilizations on* the Silk Route, (Orientalia Venetiana, IV), Florence: Olschki, 1992, pp. 63~84.

Szemerényi, O., *Four Old Iranian Ethnic Names: Scythian-Skudra-Sogdian-Saka*, (Veröffentlichungen der Iranischen Kommission Herausgegeben von Manfred Mayrhofer, 9), Vienna: Verlag der Österreichischen Akademie der Wissenschaften, 1980, p. 47.

Tardieu, M., "Le Tibet de Samarcande et le pays de Kûsh: mythes et réalités d'Asie centrale chez Benjamin de Tudèle", *Cahiers d'Asie centrale*, I-II, 1996, pp. 299~310.

Thierry, F., "Sur les monnaies sassanides trouvées en Chine", in Gyselen, R. (dir.), *Circulation des monnaies, des marchandises et des biens*, (Res Orientales, V), Bures-sur-Yvette, 1993, pp. 89~139.

_____, Morisson, C., "Sur les monnaies byzantines trouvées en Chine", *Revue Numismatique*, XXXVI, 1994, pp. 109~45, XVI pl.

Tolstov, S. P., "Monety šaxov drevnego Xorezma i drevnexorezmijskij alfavit" (Coins of the kings of ancient Khorezm and the Khorezmian alphabet), *Vestnik Drevnej Istorii*, 1938/4, pp. 120~45.

_____, "Novogodnij Prazdnik 'Kalandas' u xorezmijskix xristian načala XI veka" (The New Year's festival of the "Calandas" among the Khorezmian Christians at the beginning of the 11th century), *Sovetskaja Etnografija*, 1946/2, pp. 87~108.

Treister, M., Yatsenko, S. A., "About the Centres of Manufacture of Certain Series of Horse-Harness Roundels in Gold-Turquoise Animal Style of the 1st-2nd Centuries A.D.", *Silk Road Art and Archaeology*, V, 1997-1998, pp. 51~106.

Tremblay, X., *Pour une histoire de Sérinde. Le manichéisme parmi les peuples et religions d'Asie Centrale d'après les sources primaires*, (Veröffentlichungen der Kommission für Iranistik, XXVIII), Vienna: Verlag der Österreichischen Akademie der Wissenschaften, 2001, p. 337.

Trombert, É., *Le crédit a Dunhuang*, (Bibliothèque de l'Institut des Hautes Études Chinoises, XXIX), Paris: Collège de France, 1995, p. 258.

_____, "Une trajectoire d'ouest en est sur la route de la soie. La diffusion du coton dans l'Asie centrale sinisée (6-10 siècles)", in *La Persia e L'Asia Centrale da Alessandro al X secolo*, (Atti di Convegni Lincei, CXXVII), Rome: Accademia Nazionale dei Lincei, 1996, pp. 205~27.

_____ (ed.), Ikeda On, Zhang Guangda (collab), *Les manuscrits chinois de Koutcha. Fonds Pelliot de la Bibliothèque Nationale de France*, Paris: Institut des Hautes Études Chinoises du Collège de France, 2000a, pp. 150, LIV pl.

_____, "Textiles et tissus sur la Route de la Soie. Éléments pour une géographie de la production et des échanges", in Cohen, M., Drège, J.-P., Giès, J. (eds.), *La Sérinde, terre d'échanges*, Paris: La Documentation Française, 2000b, pp. 107~20.

Ts'ao Yung-ho, "Pepper Trade in East Asia", *T'oung Pao*, LXVIII, 1982, pp. 221~47.

Tskitishvili, O., "Two Questions Connected with the Topography of the Oriental City in the Early Middle Ages", *Journal of the Economic and Social History of the Orient*, XIV/3, 1971, pp. 311~20.

Twitchett, D., *Financial Administration under the T'ang Dynasty*, Cambridge University Press, 1963, p. 374.

_____, "T'ang Market System", *Asia Major*, XII/2, 1967, pp. 202~48.

_____, "Merchant, Trade and Government in Late T'ang", *Asia Major*, XIV/1, 1968, pp. 63~95.

_____, "The Composition of the T'ang Ruling Class: New Evidence from Tunhuang", in Wright, A. F., Twitchett, D. (eds.), *Perspectives on the T'ang*, New Haven: Yale University Press, 1973, pp. 47~86.

_____ (ed.), *Sui and T'ang China 589-906*, (Cambridge History of China, III), Cambridge University Press, 1979, p. 850.

Udovitch, A. L., *Partnership and Profit in Medieval Islam*, Princeton University Press, 1970, p. 282.

Utas, B., "The Jewish-Persian Fragment from Dandān-Uiliq", *Orientalia Suecana*, XVII, 1968, pp. 123~36.

Vajnberg, B., *Monety drevnego Xorezma* (The coins of ancient Khorezm), Moscow, 1977, pp. 194, XXXI pl.

Vajnberg, B. I., "Rol' kochevnikov v razvitti ekonomiki i torgovli Xorezma v drevnosti" (The role of the nomadic people in the development of the economic and trade of Khorezm in antiquity), in Askrov, A. A. (dir.), *Goroda i Karavansarai na trassax velikogo Shelkogo puti*, Tezisy dokladov meždunarodnogo seminara JuNESKO, Urgench, 2-3 maja 1991 g., Urgench, 1991, pp. 29~33.

Vallat, F., "Deux nouvelles 'chartes de fondation' d'un palais de Darius Ier à Suse", *Syria*, XLVIII, 1971, pp. 53~59.

Vasmer, M., *Untersuchungen über die ältesten Wohnsitze der Slaven. I: Die Iranier in Südrußland*, (Veröffentlichungen des baltischen und slavischen Instituts an der Universität Leipzig, III), Leipzig, 1923, p. 79.

Volin, S. L., "Svedenija arabskix i persidskix istočnikov IX-XVI vv. o doline reki Talas i smežnyx rajonov" (Information from Arabic and Persian sources of the 9th-16th centuries concerning the vallry of the Talas river and neighboring regions), *Trudy Instituta Istorii, Arxeologii i Etnografii AN Kasaxskoj SSR*, VIII, 1960, pp. 72~92.

Vorob'ëva-Desjatovskaja, M., "Indijcy v Vostočnom Turkestane v drevnosti (nekotorye sociologičeskie aspekty)" (Indians in Eastern Turkestan in antiquity [some sociological aspects]), *Vostočnij Turkestan v drevnosti i rannem srednevekov'e*, I, Moscow, 1988, pp. 61~96.

Vorobyova-Desyatovskaya, M., "The Leningrad Collection of the Sakish Business Documents and the Problem of the Investigation of Central Asian Texts", in Cadonna, A. (ed.), *Turfan and Tun-huang. The Texts. Encounter of Civilizations on the Silk Route*, (Orientalia Venetiana, IV), Florence: Olschki, 1992, pp. 85~95.

Voskresenskij, D. L., Golikov, V. P., Opfinskaja, O. V., Pšeničnova, E. A., "Sogdijskie tkani VIII-IX vv. na transkavkazskom učastke velikogo Šelkogo puti" (Sogdian fabrics of the 8th-9th centuries on the Transcaucasian part of the great Silk Road), *Gumanitarnaja nauka v Rosii: Sorosovskie laureaty*, Moscow, 1996, pp. 213~19.

Waley, A., "Some References to Iranian Temples in the Tun-huang Region", *Bulletin of the Institute of History and Philology. Academia Sinica*, XXVIII, 1956, pp. 123~28.

Weinberger, J., "The Authorship of Two Twelth Century Transoxanian Biographical Dictionaries", *Arabica*, XXXIII, 1986, pp. 369~82.

Weller, F., "Bemerkungen zum soghdischen Vimalakīrtinirdeśasūtra", *Asia Major*, X/2, 1934, pp. 314~64.

Wen Yucheng 溫玉成, 「龍門所見中外交通史料初探」, 『西北史地』 1983/1, pp. 61~68.

Whitehouse, D., "Abbasid Maritime Trade: the Age of Expansion", in Prince Nikasa Takahito (ed.), *Cultural and Economic Relations Between East and West: Sea Routes*, (Bulletin of the Middle Eastern Culture Center in Japan, II), Wiesbaden: Harrassowitz, 1988, pp. 62~70.

Whitfield, R., *The Art of Central Asia. The Stein Collection in the British Museum*, II, *Paintings from Dunhuang* II, Tokyo: Kodansha International, 1983, p. 358.

Wu Chi-yu, "Le manuscrit hébreu de Touen-houang", in Drège, J.-P. (ed.), *De Dunhuang au Japon. Études chinoises et bouddhiques offertes à Michel Soymié*, (Collège de France, Institut des Hautes Études Chinoises, Hautes Études Orientales, XXXI), Geneva: Droz, 1996, pp. 259~91.

Xiong, V., *Sui-Tang Chang'an. A Study in the Urban History of Medieval China*, Ann Arbor: Center for Chinese Studies, 2000, p. 370.

Xuanzangs Leben und Werk, (Veröffentlichungen der Societas Uralo-Altaïca, XXXIV), 5 vols., Wiesbaden: Harrassowitz, 1992-1996.

Yang, L. S., "Notes on the Economic History of the Chin Dynasty", *Harvard Journal of Asiatic Studies*, IX, 1945-1947, pp. 107~85.

Yang Junkai 楊軍凱, 「入華粟特聚落首領墓葬的新發現: 北周涼州薩保史君墓石槨圖像初釋」, 榮新江/張志清 (編), 『從撒馬爾干到長安: 粟特人在中國的文化遺跡』, 北京: 北京圖書館出版社, 2004, pp. 17~26.

Yoshida, Y. 吉田豊, 「ソグド語雜錄 II」, 『オリエント』 31/2, 1988, pp. 165~76.

_____, 「ソグド語の人名を再構する」, 『三省堂ぶっくれっと』 78, 1989, pp. 66~71.

_____, "Sogdian Miscellany, III", in Emmerick, R., Weber, D. (eds.), *Corolla Iranica. Papers in Honor of Prof. Dr. David Neil MacKenzie*, Frankfurt am Main: Peter Lang, 1991, pp. 237~44.

_____, review of Sims-Williams, N., Hamilton, J., *Documents turco-sogdiens du IXᵉ-Xᵉ siècle de Touen-houang*, London, 1990, in *Indo-Iranian Journal*, XXXVI/4, 1993a, pp. 362~71.

_____, review of Sims-Williams, N., *Sogdian and Other Iranian Inscriptions of the Upper Indus*, I, (Corpus Inscriptionum Iranicarum, II/III), London: SOAS, 1989, in *Indo-Iranian Journal*, XXXVI/3, 1993b, pp. 252~56.

_____, review of Sims-Williams, N., *Sogdian and Other Iranian Inscriptions of the Upper Indus*, II, (Corpus Inscriptionum Iranicarum, II/III), London: SOAS, 1992, in *Bulletin of the School of Oriental and African Studies*, LVII/2, 1994, pp. 391~92.

_____, "Additional Notes on Sims-Williams' Article on the Sogdian Merchants in China and India", in Cadonna, A., Lanciotti, L. (eds.), *Cina e Iran da Alessandro Magno alla Dinastia Tang*, Florence: Olschki, 1996, pp. 68~78.

_____, review of Emmerick, R., Vorob'ëva-Desjatovskaja, M. (eds.), Saka Documents Texts. The Saint Petersburg Collections, London: 1995, in *Bulletin of the School of Oriental and African Studies*, LX/3, 1997, pp. 567~69.

_____, "On the Origin of the Sogdian Surname Zha owu 昭武 and the Related Problems", *Journal Asiatique*, CCXCI/1-2, 2003, pp. 35~67.

Yü Ying-Shih, *Trade and Expansion in Han China. A Study in the Structure of Sino-Barbarian Economic Relations*, Berkeley and Los Angeles: University of California Press, 1967, p. 251.

Zav'jalov, V. A., "K voprosu o proisxoždenii statuetki Buddy iz Xel'go" (On the question of the provenance of the Buddha statuette from Helgö), *Arxeologičeskie Vesti*, IV, Saint Petersburg, 1995, pp. 137~42.

Zeimal, E. V., "The Political History of Transoxiana", chapter 6 of the *Cambridge History of Iran, III/1: The Seleucid, Parthian and Sasanian Periods*, Cambridge University Press, 1983, pp. 232~62.

_____, "Eastern (Chinese) Turkestan on the Silk Road, First Millenium A.D.: Numismatic Evidence", *Silk Road Art and Archaeology*, II, 1991-1992, pp. 137~77.

Zeimal', E. V., "The Circulation of Coins in Central Asia during the Early Medieval Period (Fifth-Eighth Centuries A.D.)", *Bulletin of the Asia Institute*, VIII, 1994, pp. 245~67.

Zhang Guangda, "Trois exemples d'influences mazdéennes dans la Chine des Tang", Études Chinoises, XIII/1-2, 1994, pp. 203~19.

_____, "Iranian Religious Evidence in Turfan Chinese Texts", *China Archaeology and Art Digest*, IV/1, December 2000, pp. 193~206.

Zieme, P., "Zum Handel im uigurischen Reich von Qočo", *Alt-orientalische Forschungen*, IV, 1976, pp. 235~50.

Zuckerman, C., "On the Date of the Khazars'Conversion to Judaism and the Chronology of the Kings of the Rus Oleg and Igor. A Study of the Anonymous Khazar *Letter* from the Genizah of Cairo", *Revue des Études Byzantines*, LIII, 1995, pp. 237~70.

Zuev, Ju. A., "Kitajskie izvestija o Sujabe" (Chinese information about Suyab), *Izvestija*

Akademii Nauk Kazaxskoj SSR, 3 (14), 1960, pp. 87~96.

Zürcher, E., "The Yüeh-chih and Kaniṣka in the Chinese Sources", in Basham, E. (ed.), *Papers on the Date of Kaniṣka*, Leiden: Brill, 1968, pp. 346~90.

_____, *The Buddhist Conquest of China*, (Sinica Leidensia, XI), 2 vols., 2nd ed., Leiden: Brill, 1972, p. 470.

사항 찾아보기

「고객행」(估客行) 17
「수사 헌장」(Charters of Susa) 45, 46, 48, 53

『계보의 서(書)』(Kitāb al-Ansāb) 406
『고대 편지들』(Ancient Letters) 37~39, 51, 68, 78, 82~87, 89, 91~101, 103~05, 107, 108, 111, 114~18, 121, 122, 125, 126, 132, 145, 188, 195, 208, 211, 212, 217, 219, 223, 224, 227, 237, 240, 241, 243, 244, 255, 278, 280, 281, 303, 305, 316, 440, 458, 480
『고승전』(高僧傳) 119
『광천화발』(廣川畵跋) 466
『교역에 대한 통찰의 서(書)』(Kitāb at-tabaṣṣur bi-t-tijāra) 439
『교회사』(Ecclesiastical History, 미틸레네의 자카리아스) 342
『교회사』(Ecclesiastical History, 카이사레아 아의 유세비우스) 356
『구당서』(舊唐書) 213
『구약성서』(舊約聖書) 357
『국가 정복의 서(書)』(Kitāb Futūḥ al-Buldān) 353, 383
『금강정경』(金剛頂經) 142
『남해기귀내법전』(南海寄歸内法傳) 144
『니샤푸르의 역사』(Tarikh-i Nishapur) 297, 416
『대당서역구법고승전』(大唐西域求法高僧傳) 144
『대당서역기』(大唐西域記) 127, 141, 430
『도로와 왕국들에 대한 서(書)』(Kitāb al-Masālik wa'l-Mamālik) 274
『동방 역사의 꽃』(Flower of the Histories of the Land of the Orient) 376
『라마야나』(Ramayana) 123
『리살라』(Risāla) 459
『마하바라타』(Mahābhārata) 122
『바가바드 기타』(Bhagavad Gita) 123
『바가바탐』(Bhāgavatam) 123
『법현전』(法顯傳) 154
『베산타라 자타카』(Vessantara Jātaka) 284
『부하라의 역사』(Tarikh-i Bukhara) 280, 384, 421, 438
『북사』(北史) 203, 204
『불국기』(佛國記) → 『법현전』
『비사』(Historia Arcana) 337
『비슈누다르모타라』(Viṣṇudharmottara) 141
『비잔티움의 역사』(Ἱστορία Βυζαντιακή) 169
『사기』(史記) 54~56, 59, 65, 72, 73, 83, 109, 120
『사도들의 색인』(Indices Apostolorum) 356,

358
『사마르칸트 학자들을 기리는 감미로운 서(書)』(Kitāb al-Qand fī dhikr 'ulama' Samarqand) 418
『삼국지』(三國志) 75, 104, 110
『서역도기』(西域圖記) 300
『성인 아드레의 삶』(Life of Saint Andrew) 358
『세계의 경계』(Ḥudūd al-ʿĀlam) 216, 434~36, 452, 453, 455, 460, 461, 471, 475
『소그드인의 고대 편지들』(Sogdian Ancient Letters) → 『고대 편지들』
『신당서』(新唐書) 106, 167, 188, 323, 374, 375, 376
『아베스타』(Avesta) 153
『안녹산의 역사』(History of An Lushan) 322
『알마게스트』(Almagest) 39
『알-피흐리스트』(al-Fihrist) 454, 456
『양서』(梁書) 106, 107
『에리트레아 항해지』(Periplus Maris Erythraei) 68
『역사』(메난드로스) 309, 384
『역사 10권』(Ten Books of Histories) 346
『역사의 미(美)』(Zainu 'l-Akhbār) 216
『예언자와 왕들의 역사』(Taʾrīkh al-rusul wa al-mulūk) 382, 383, 397
『왕오천축국전』(往五天竺國傳) 69, 115, 143, 429
『외교사절 초록』(Excerpta de Legationibus) 309
『위략』(魏略) 75, 76,
『위서』(魏書) 105, 112, 117, 133, 152, 167, 168
『제국(諸國)에 대한 서(書)』(Kitāb al-Buldān) 410
『주서』(周書) 298
『중국 및 인도에 대한 이야기』(Account of China and India) 255, 409
『지구의 얼굴』(Ṣūrat al-ʾArd) 414

『지리학』(Geōgraphikō hyphēgēsis) 39, 70, 235, 356
『지리학』(Geography) 235, 352, 376
『지역 정보를 위한 최고의 분류』(Aḥsan at-Taqāsīm fī Maʿrifat al-Aqālīm) 419
『진서』(晉書) 109
『진서』(珍書) 104
『찬미』(Laudatio) 359
『카슈미르 왕들의 연대기』(Chronicle of the Kings of Kaśmīr) 144
『칸디야』(Qandiyya) 245, 275, 385
『코스마스 인디코플레우스테스의 그리스 도교 지형학』(Christian Topography of Cosmas Indicopleustes) 137
『콘스탄티노스의 생애』(Life of Constantine) 360, 361
『쿠란』(Qurʾān) 273, 382, 388, 443
『통전』(通典) 152, 220, 221
『투르판의 관세 장부』(Register of the Customs at Turfan) 92, 211, 254
『튀르크어 대사전』(Dīwān Lughāt at-Turk) 464
『판드나메』(Pand-name) 441
『프랑크 역사』(History of the Franks) 346
『한서』(漢書) 54~56, 62, 68, 72, 73, 104, 120
『헥사플라』(Hexapla) 357
『호탄불교사』(Li-yul-chos-kyi-lo-rgyus) 142
『황금 초원과 보석 광산에 대한 서(書)』(Kitāb Murūj al-Dhahab wa-Maʿādin al-Jawhar) 374
『후한서』(後漢書) 73, 75, 76, 108, 369
『히스토리아 아우구스타』(Historia Augusta) 70

5호16국(五胡十六國) 112, 115, 305
6개 호 자치주(六胡州) 316, 317, 323, 328

| ㄱ |

간다라 양식 68
간다라어 135
간다라인 124
갈호(羯胡) 325, 326
감숙-누란 노선 241
강황(薑黃) 254
객호(客胡) 198
거간꾼 역할 479
거란족(族) 464
견직물(絹織物) 206, 348, 351, 438
결혼 계약서 20, 247, 249, 297
경제사(經濟史) 120, 293, 343, 383, 389
고고학(考古學) 23, 24, 43, 46, 48, 50, 58, 65~68, 74, 75, 103, 116, 127, 151, 156, 159, 175, 177, 181, 192, 234, 253, 255, 271, 272, 284, 288, 305, 307, 315, 348, 355, 364, 367, 369, 375, 390, 395, 422~24, 438, 462, 473, 474
고대 네트워크 181, 186, 204, 218
고문서학(古文書學) 82, 132, 362
고속도로(高速道路) 288, 341
고전학(古錢學) 135, 155
고차족(族) 152, 303
고트어 360
공물(貢物) 47, 64, 110, 173, 115, 168, 173, 205, 206, 215, 251, 313, 340, 342, 347, 368, 369, 393, 395, 444, 446, 454, 471, 479
공부상서(工部尙書) 215
공증 문서 20
관개농업(灌漑農業) 42
관개망(灌漑網) 158, 167
광물학(鑛物學) 23
교역 사절단 344
교역사(交易史) 20, 39, 151, 422
구즈족(族) 281
국자감(國子監) 215
군사 엘리트 63, 413
군사작전(軍事作戰) 169, 218, 397, 401

굶주린 스텝 지대(Steppe of Hunger) 288
궁수 동전(archer coins) 96
귀족 문화 238, 287, 443
귀화(歸化) 225
그리스 문화 43
그리스 철학 173, 357
그리스도교 137, 155, 194, 342, 356, 357, 359~61, 366, 376, 449, 455, 468
그리스어 23, 127, 277, 342, 356
그리스인 43, 45, 65, 123, 138, 236, 337
금석학(金石學) 473, 474
금화(金貨) 45, 94, 315, 366
기근(飢饉) 79, 83, 111
기록 문서 20, 21, 22, 189, 190, 193, 227, 279, 466
기마 전술 58

| ㄴ |

나프(nāf) 224, 245~47, 251
낙타 100, 198, 200, 217, 239, 241, 242, 269, 278~82, 318, 442, 446
남북조(南北朝) 시대 119
납골당(納骨堂) 191, 194, 195, 376
네스토리우스교 155, 272, 330, 376, 448, 449, 455, 470, 472, 475
네스토리우스파 그리스도교 19, 42, 361
네하웬트(Nehawend) 전투 385
노브루즈(Novrūz) 210
노새 173, 200, 217, 269, 279, 280, 282, 435, 437
노예(奴隷) 120, 198, 200, 241, 253, 255, 269, 275, 279, 369, 393, 394, 415, 426, 427, 435, 437, 438, 442~44, 476, 477, 480
노예 (매매) 계약서 192, 199, 209, 219, 247
노예무역 435, 441, 442, 472, 476, 477, 480
노예시장 435

노트르담 대성당 350
농업(農業) 43, 58, 76, 109, 157, 163, 164, 166, 167, 173, 178, 192, 229, 237, 240, 389, 391, 396, 404
농업 문명 175
농업 식민화 240
농업경제 67
니스바(nisba) 405, 406, 416~18
니케아 공의회 356

|ㄷ|

당나귀 200, 279, 282
대가족 96, 97, 183
대규모 교역(대교역) 38, 48, 67, 68, 74, 77, 145, 233, 240, 252, 266, 277, 297, 313, 332, 333, 350, 366, 368, 372, 422, 423, 445, 447, 462, 463, 478, 479~81
대상 무역 279
대상 숙소 283~88
대상 숙소 네크워크 374
대상단(隊商團) 38, 49, 125, 136, 169, 200, 218, 223, 224, 273, 426, 471
대상로(隊商路) 37, 283
대승불교(大乘佛敎) 127
도상학(圖像學) 23, 59, 141, 145, 189, 205, 217, 220, 466
도시 문명 44, 135
도시 문화 180
도시 엘리트 171, 384, 471
도시국가(都市國家) 83, 194, 244
도시화(都市化) 65, 176
도시화 과정 472
도자기(陶瓷器) 67, 156, 157, 159, 163, 164, 169, 286, 371, 462, 472, 474
도편(陶片) 272, 361, 362
돈황 문서 190, 191
돌궐인 301
동방 교회 137
동화(同化) 145, 169, 193, 239, 326, 387,
465, 473, 476, 477
동화(銅貨) 155, 202, 271, 394, 472
드라크마 94, 95, 250~53, 367, 390
디르함(dirham) 425, 431
디칸(dihqān) 177, 178, 188, 239, 246, 403, 414, 415
떠돌이 199, 219, 249

|ㄹ|

라다니트(Rādhānites) 네트워크 277
라비올리(ravioli) 206, 210
로마인 335, 344, 345
로스탐(Rostam) 서사시 238, 421
리넨 천 91, 92
리바트(ribāt) 283, 286

|ㅁ|

마가살보(摩訶薩寶) 222
마니교 19, 42, 192, 223, 300, 329, 330, 332, 434, 446, 449, 453~55
마니교 공동체 454
마르지아인 356
막고굴(莫高窟) 143, 190
만국사(萬國史) 382
만리장성(萬里長城) 52, 98, 314
만주 문자 298
말(馬) 교역 121, 313, 314, 318, 447, 463
머스크 211, 255
메디아인 356
메르브인 417
메트로폴리스 430
멜론 438
멜키트 교회 376
면직물(綿織物) 435, 438
면화(綿花) 112, 350
명명학(命名學) 119, 182, 227, 303
명문(銘文) 18, 129, 130, 132~34, 140~43, 145, 169, 194, 221, 249, 270,

271, 276, 317, 370~72, 375, 392, 448, 449, 474
모직물(毛織物) 91, 463, 468
모피(毛皮) 255, 267, 313, 365, 369, 372, 424, 426~28, 436, 480
무료 숙박소 284, 286
무슬림 162, 164, 222, 385, 391, 392, 412, 414, 415, 429, 454, 456, 459, 464, 466, 477
무슬림 공동체 283
무슬림 엘리트 415~17, 421
무역 전쟁 335, 336
무용수(舞踊手) 206~08, 255
문헌학(文獻學) 24
물물교환(物物交換) 91, 254, 369, 445, 463
밀교(密敎) 142

|ㅂ|

바르마크 가문 170, 387, 400
바빌로니아법 249
바이킹 280
박트리아어 125, 130, 136, 199, 223, 247, 270, 272, 419
박트리아인 42, 48, 65, 70, 83, 124, 136, 145, 189, 269, 356, 478
반(反)외국인 정책 330
방백(傍白) 59
백단유(白檀油) 139, 143
법정통화(法定通貨) 205, 253
베두인 385
보디사트바스(Bodhisattvas) 223
보석(寶石) 48, 76, 206, 215, 267, 324, 368, 408
보응원종공신(宝應元從功臣) 328
보편 제국 60
보호주의 정책 397, 405, 410, 479
부구트(Bugut) 명문 133, 298, 300
부하르 후다(Bukhar Khuda) 화폐 250,

251
불가르인 280, 425, 426
불교(佛敎) 19, 20, 52, 68, 101, 112~15, 119, 121, 126~29, 135, 141~45, 158, 159, 162, 170, 184, 190~92, 211, 212, 217, 223, 275, 280, 300, 326, 330, 351, 410, 448, 450, 466, 467, 471
불교 공동체 141
불교 순례자 464
불상(佛像) 141, 366, 367, 414
브라흐미(brāhmī) 문자 129, 132
비단(緋緞) 37, 58, 60~65, 68, 74, 91, 92, 109~11, 137~40, 189, 198, 201, 213, 214, 217, 228, 254~57, 266, 272, 282, 289, 302~05, 312, 318, 322, 332, 334~37, 339, 340, 344~47, 350~53, 364, 390, 394, 395, 408, 424, 437, 438, 443~47, 463, 464, 476~80
비단길 → 실크로드
비비하눔(Bibi-Khanum) 44

|ㅅ|

사르마트족(Sarmatians) 50
사르타바하(sārthavāhā) 223
사르타파오(sartapao) 223, 224, 226
사리탑(舍利塔, stupa) 129
사막화(沙漠化) 186, 188
사만인 381, 388, 414, 426, 430, 431, 442, 455
사산인 154, 155, 159, 169, 272, 334, 335, 337, 340, 431
사업 문서 181, 191, 203, 204, 221, 243, 279, 307, 382, 423, 463, 469, 470
사절단(使節團) 59~61, 73, 103, 104, 108, 109, 111, 112, 114~16, 121, 168, 170, 172, 173, 198, 206, 229, 242, 287, 300, 309, 335, 336, 339, 340, 344~46, 348, 357, 358, 360, 363, 425, 449, 450, 452, 459, 464, 467

사치품(奢侈品) 92, 240, 254, 362, 381, 408, 439, 479
사카인 356, 357
사카(Saka)족 43, 44, 48, 49, 53, 217, 268, 356, 362, 363
사향(麝香) 81, 85, 87, 91~93, 139, 436, 439, 440, 443, 444, 458, 459, 464, 476, 477, 480
산스크리트어 123, 125, 126, 132, 144, 183, 217, 448, 464
산호 112
살보(薩寶, sabao) 106, 220~26, 228, 229, 231, 257, 278, 314, 316, 324
삼각무역(三角貿易) 141
삼노끈 434, 435, 437
상업(商業) 18, 44, 56, 63, 97, 104, 108, 109, 118, 124, 127, 141, 145, 150, 178, 180, 181, 189, 214, 216, 231, 232, 235, 240, 243, 249, 250, 267, 271, 274, 283, 287, 289, 307, 315, 319, 321, 332, 333, 337, 339, 364, 365, 391, 396, 412, 452, 470
상업 계약서 190, 191, 199, 268
상업 도시 216, 240, 243, 283, 355, 412
상업 문명 214, 445
상업 문서 190, 305
상업 민족 65, 73, 77, 353
상업 이민자 411
상업 정책 339, 431
상업 제국 381
상업적 교환 373
상업적 외교 347, 348
상업적 팽창 109, 185, 233, 294
상업활동 18, 19, 65, 111, 199, 253, 254, 271, 277, 294, 302, 308, 397
상인 공동체 18, 96, 104, 106, 108, 196, 213, 222
상인 네트워크 323
상인 문화 238
생사(生絲) 243, 309, 334, 335, 339, 340, 344, 390, 394, 447
샤(shah) 337, 338
샤프란 201, 206, 254, 390
샤피이 형식 426
서기장(書記長) 219
서역 네트워크 114
서역인(西域人) 63, 107, 110, 122, 126, 210, 253, 254, 281
서역풍(西域風) 210
석류석(石榴石) 47, 50, 267
석청(자당) 201, 206, 254, 375
선물(膳物) 50, 60, 61, 69, 72, 109, 121, 206, 207, 248, 344, 462, 464, 478
선우(單于) 62
성인전(聖人傳) 작가 362, 363
성채(城砦) 66, 175, 178, 187, 238, 245, 286, 287
세금 징수관 98, 219
셀주크인 19
소그드 계약서 247, 249
소그드 공동체 84, 85, 107, 108, 111, 116, 117, 193, 195, 196, 203, 208, 218, 219, 221, 222, 225, 231, 234, 249, 302, 325, 399, 443, 466, 473
소그드 (대)교역 19, 20, 22, 23, 40, 46, 47, 50, 51, 53, 71~73, 78, 118, 132, 134, 135, 139, 145, 149, 151, 171, 193, 211, 213, 214, 218, 236, 243, 244, 254~57, 271, 283, 289, 305, 308, 312, 330, 332~34, 347, 354, 355, 372, 375, 377, 381, 384, 397, 421, 422, 427, 443, 445, 461~63, 466, 477~81
소그드 교역망 → 소그드 네트워크
소그드 교역사 22, 54, 57, 78, 79, 85, 171, 179, 351, 363, 444, 480
소그드 네트워크 20~22, 37, 38, 77, 78, 87, 101, 107, 111, 117, 118, 122, 189, 274, 293, 312, 361, 469
소그드 문명 355, 362
소그드 문서 85, 100, 219, 237

소그드 문자 44, 82, 84, 298, 300
소그드 문화 22, 174, 286, 419, 420, 443, 465
소그드 사원 192, 195, 215, 468
소그드 상업망 → 소그드 네트워크
소그드 수도승 101
소그드 예술 141, 170
소그드법 249
소그드어 21, 23, 40, 51, 52, 84, 100, 101, 114, 125, 128~30, 132, 136, 140, 141, 143, 149, 175, 184, 185, 188, 189, 191, 192, 194, 195, 199, 202, 203, 210~12, 215~17, 219, 221, 223, 224, 226, 227, 234, 242, 247, 269~72, 275, 276, 284, 298, 300, 301, 303, 315, 317~19, 323, 329, 350, 356, 361, 366, 375, 376, 419, 420, 443, 446, 448, 449, 460, 467~70, 473~77
소그드-튀르크 융합 297, 305
소그드화(化) 175, 176, 184
소금 110, 186, 206, 216, 352, 435
솔다인(Soldains) 376
수그드어 360
수도승(修道僧) 126, 127, 162, 210, 212, 247, 248
숭화(崇化) 관구 225, 226
스키타이 문자 300
스키타이인 70, 339, 346, 356~58, 362~64
스텝 지대 19, 42, 43, 48~50, 53, 74~77, 157, 163, 164, 169, 177, 178, 180, 205, 270, 282, 287, 293~97, 303~06, 314, 321, 330, 333, 352, 354, 364, 372~76, 424, 450, 474~77, 479, 480
승려(僧侶) 19, 20, 113, 119, 121, 127~29, 141~45, 162, 467
승원(僧院) 158, 162, 170, 191, 192, 467
시리아어 249, 360, 456
시무르그(Simurgh) 두상 393
시아노스(cyanos) 76
시아파 235, 387, 401

식민화(植民化) 174, 176, 177, 187, 188, 193, 196, 240, 472
실력자 219
실크로드(Silk Road, 緋緞路) 17, 18, 21, 42~44, 52, 60, 68, 71, 83, 93, 111, 173, 178, 179, 236, 276, 348
십자가 제작 272

|ㅇ|

아람어 44, 298
아랍 정복 234, 236, 383, 388, 389, 413, 430
아랍 침공 275, 405
아랍어 23, 273, 277, 279, 360, 375, 381~85, 389, 394, 399~401, 410, 422, 428, 438, 439, 451, 454, 457
아랍인 206, 237, 238, 246, 352, 361, 386, 392, 395, 399~403, 405, 435
아르메니아 반란 336, 346
아르메니아어 23, 360
아미르(amir) 237, 388
아바르어 360
아바스 혁명 386, 387, 389, 402, 407
아브하즈어 360
아이 하눔(Ai Khanum) 66, 67
아이벡스(ibex) 129
아즈드족(族) 404
아카데미아 173
아카드어 46
아케메네스인 43, 44
안드로스타키스(androstachys) 139
안티오크 공의회 356
알란(阿蘭, Alan)족 75
알란어(語) 355, 361
알렉산드리아 교회 137
알렉산드리아 학파 357
알로에 139
암각화(巖刻畵) 129
암모니아 210, 254, 436, 438, 458

사항 찾아보기 533

암포라 66
야만인(野蠻人) 182, 342
야크(yak) 139, 282
약용식물(藥用植物) 201, 254
양피지(羊皮紙) 151
어학원(語學院) 272
에르미타주 박물관 368
에프탈인 152, 297, 334, 340~43
에프탈족(族) 42, 74, 168~70, 172, 173, 205, 250, 296, 309, 368
엘람어 45, 46
엘리트 문화 176, 420
여자 노예 247, 248, 269, 442
여자 노예 계약서 248
여행 허가증 191, 269, 270, 279
여행기(旅行記) 71, 141, 154, 359, 474
역사지리학(歷史地理學) 17
역참(驛站) 216, 279, 287, 450
연회(宴會) 219, 238, 240, 287, 467
염호(鹽湖) 99, 186, 216
오손족(族) 53
오아시스 42, 43, 95, 115, 135, 156, 163~66, 174, 175, 192, 193, 250, 284, 293, 448
외국인 공동체 225, 466
외국인 혐오 298, 466
우물 216, 288, 289
우스트루샤나인 417
우스트-유르트 노선 374
위구르어 191, 446, 469, 470
위구르인 266, 275, 325, 329, 330, 445~47, 450~52, 461, 463, 469, 471
유교(儒敎) 215
유대교 276, 277, 297
유대인 271, 275~78
유대인 공동체 275, 276
유대인 네트워크 277
유리 140, 215, 269, 438
유목 문화(遊牧文化) 42
유목민 군사(지배) 엘리트 63

육상 무역 126, 283
은화(銀貨) 93, 168, 173, 174, 192, 202, 205, 213, 245, 253, 271, 315, 367, 375, 394, 423, 425, 431~33, 445, 463
의학(醫學) 217, 235
이란어 18, 19, 40, 44, 47, 100, 128, 132, 143, 182, 185, 200, 203, 213, 297, 298, 355
이베리아어 360
이슬람 17, 19, 22, 23, 155, 156, 159, 162, 170, 234, 243, 254, 273~75, 283~86, 288, 338, 341, 369, 375, 381~85, 388, 389, 397, 404, 415, 417~19, 422~28, 430, 438, 439, 441, 449, 450, 452, 454, 457, 459, 464, 471, 472, 477, 480
이슬람 법학파 407
이슬람 제국 381, 387, 407, 415
이슬람교 388, 449
이슬람화(化) 165, 246, 385, 387, 400, 414, 417, 423, 425, 470, 471, 477
이슬람화 운동 388
이중 언어 375, 420, 455, 464, 470, 473, 474
이집트어 360
인구밀도 40, 174, 430
인도 네크워크 278
인도 설화 238
인도어 23, 84, 125, 127, 128, 130, 140, 217, 223, 284
인도인 70, 80, 83, 108, 113, 123~26, 128, 132, 145, 153, 180, 204, 304, 338, 356
인디고 206
인장(印章) 136, 155, 246, 315, 367

|ㅈ|

자사(刺史) 230, 317, 328
자선 사업 286, 287
자유인(自由人) 240
잔다니지(Zandanījī) 350, 351, 438

장거리 교역 18, 19, 22, 42, 48, 66, 138, 240, 249, 256, 270, 373, 437, 438, 480
장녀 91, 121
장례(葬禮) 204, 207, 208, 212, 219, 220, 230, 307
장사(長史) 328
장인(匠人) 47, 166, 171, 196, 208, 215, 231, 239, 351, 439, 467
저거족(族) 304
전합성(典合城) 187
절도사(節度使) 184, 320, 323, 328
점성술(占星術) 135, 210
정관의 치(貞觀之治) 187
정사(正史) 184, 198, 204, 235, 302
정주 문화 42, 176
정주민(定住民) 58, 156, 174, 199, 219, 248, 249, 295, 308, 372, 479, 480
정창원(正倉院) 370
정치사(政治史) 44, 151, 152, 332, 343
제티-아사르(Džety-asar) 문화 157
조공(朝貢) 45, 50, 174
조로아스터교 191, 193, 194, 212, 224, 250, 251, 387, 388, 404
조장(鳥葬) 212
조지아인 357, 358
조폐국(造幣局) 250
조폐창(造幣廠) 432
족외혼(族外婚) 228
종교 엘리트 384, 412, 415, 417, 418, 429
종이 44, 55, 82, 151, 190, 199, 351, 352, 434, 435, 438, 439, 457
종화(從化) 관구 195, 197, 225, 226, 228, 467
주화(鑄貨) 45, 51, 56, 58, 66, 67, 73~75, 93~96, 99, 111, 115, 116, 154, 155, 168, 173~75, 192, 219, 238, 246, 250~53, 256, 257, 270, 298, 306, 307, 315, 341, 350, 367~69, 371, 375, 424, 425, 432, 462, 463
중개인(仲介人) 52, 53, 70, 210

중국 문화 210
중국법 249
중국어 58, 84, 99, 127, 128, 130, 142, 149, 185, 190, 191, 199, 217, 220, 223, 224, 226, 227, 234, 249, 270, 279, 284, 303, 315, 329, 351, 464, 465, 467, 470
중국인 52, 53, 60, 65, 70, 79, 83, 92, 98, 99, 113, 125, 141, 144, 154, 173, 175, 182, 183, 186, 188, 199, 201, 204, 208, 213, 217, 219, 221, 227, 228, 247, 254, 278, 280, 282, 295, 301, 304, 307, 308, 316, 317, 319, 324~26, 331, 364, 387, 419, 438, 446, 461, 466, 467
중국화(中國化) 120, 183, 184, 211, 226, 316, 317, 466, 468
중상주의(重商主義) 244
중앙아시아인 37, 68, 139, 369, 373
중왕국(Middle Kingdom) 68
지리학(地理學) 21, 23, 58, 185, 216, 348, 389, 405, 423, 427~29, 434, 449, 459, 460, 468, 478
지방 교역 50, 65, 67
지역사회(地域社會) 84, 97~99, 101, 103, 104, 185, 325, 465, 466

| ㅊ |

차츠인 417
척갈(拓羯) 324
천교(祆教) 193~95, 220
천문학(天文學) 71
천사(祆祠) 209
천체력(天體曆) 210
청금석(青金石) 45~50, 53, 66, 76, 77, 267, 478
친족 회의 97

|ㅋ|

카간(可汗) 301, 303, 312, 313, 325,
　　　329~31, 451
카간국(可汗國) 296, 449
카니슈카(Kanişka) 시대 134, 135
카디시야(Qādisiyya) 전투 385
카라반 85, 89, 125, 169, 191, 216
카라코룸 고속도로 129
카라한인 19, 388
카로슈티 문자 100, 135
카르마칸디카족(族) 124
카슈카탄족(族) 239, 403
카운치(Kaunči) 문화 157
카펫 49, 50, 206, 252, 435, 436
칼리스트라투스 수도원 358
케르만인 356
코커서스 노선 424
쿠가이-카라불라크(Kugai-Karabulak) 문화 58
쿠르간(kurgan, 古墳) 43
쿠샨 문화 145
쿠샨인 70
쿠차어 191
쿠차인 183, 268
크리올 사회 470
키르기스인 331
키막족(族) 452
키온족(族) 153, 158

|ㅌ|

타조알 컵 206
타지크인 420
타타르족(族) 153
탈라스 전투 387, 438
태부승(太府丞) 215
터키석 50, 66, 67
테라코타 조각상 281
테르메즈인 417
토구즈 오구즈(Toghuz Oghuz) 454

투둔(tudun) 175
튀르크 음운 체계 298
튀르크어 23, 175, 295, 298, 304, 329,
　　　360, 460, 465, 470, 473, 474, 477
튀르크인 19, 175, 184, 201, 207, 231,
　　　243, 273, 293, 295~97, 301~09, 312,
　　　313, 316, 317, 319, 323, 330, 331, 335,
　　　338~40, 343, 344, 346, 347, 360, 361,
　　　388, 414, 427, 437, 438, 440~43, 446,
　　　457, 459, 472, 473, 475, 479
튀르크족(族) 173, 309, 414, 437
튀르크화(化) 316, 317, 321, 325, 469, 470
티베트어 23, 188, 217
티베트인 143, 188, 217, 218, 329, 453, 461

|ㅍ|

파르티아 문자 45
파르티아어 130, 184
파르티아인 65, 70, 184
파발꾼 287
파피루스 439
파흘라비어 100, 184, 217
판다바족(族) 123
페르시아 네트워크 271, 274
페르시아어 46, 130, 245, 272, 275, 277,
　　　284, 360, 381, 383, 385, 393, 415,
　　　419, 438, 443, 451, 454, 455, 466, 473
페르시아인 70, 139, 153, 206, 271, 273,
　　　274, 342, 344, 354, 361, 389, 405,
　　　444
포도주 56, 59, 91, 92, 193, 209
폴로 경기 207
푸라나(Purāṇa) 123, 124
풍백(風伯) 숭배 194
프라크리티어 125, 126
프란체스코파 23
피마자 139
피크(fiqh) 443
필경사(筆耕士) 97, 202, 224, 470

| ㅎ |

하나피 법학파 417, 425
하디스(Hadith) 418
하자르어 360
하자르인 274, 297, 361, 371, 372, 479
하자르족(族) 277, 414
한족(漢族) 52
해상 무역 137, 143, 206, 271
향료(香料) 254, 459
향수(香水) 92, 93, 201, 211, 254, 439
헬레니즘화(化) 17
호(胡) 99, 120, 121, 143, 182, 185
호라산 노선 341
호라즘어 366, 375, 376, 475
호라즘인 353, 366, 372, 373, 375, 376, 426~29
호박(琥珀) 74, 255, 369, 370, 426
호상(胡商) 195, 205, 206, 217, 235, 280, 303, 399
호원(胡苑) 316
호인(胡人) 103~05, 108, 110, 120, 185, 187, 198, 199, 203, 207, 219, 221, 226, 229, 231, 298, 301, 302, 304, 317, 321~23, 325, 326, 329, 331, 374, 446
호인 공동체 222, 224, 228, 253
호탄어 100, 189, 217, 218, 464, 467
호희(胡姬) 209
혼합 문명 298
홍려시(鴻臚寺) 221
홍옥수(紅玉髓) 45~47, 66, 206, 267
화폐(貨幣) 23, 45, 56, 95, 96, 103, 120, 155, 158, 175, 192, 233, 250, 251, 254, 256, 272, 330, 367, 375, 422, 424, 425, 428, 431, 463, 472
화폐 제도 111
황금 복숭아 206
황철석(黃鐵石) 76
회계장부 20
후추 89, 91~94, 121, 126, 139
훈족(xwn) 79, 125, 132, 134, 152~54, 156, 157, 167, 169, 173, 342
홍호(興胡) 143, 198, 199, 270
히르카니아인 356
히브리어 130, 275, 276
히포다메이아(Hippodamian) 방식 165

인명 찾아보기

| ㄱ |

가르댕, 장-클로드(Gardin, Jean-Claude) 159
가르디지(Gardīzī) 216, 452
가서한(哥舒翰) 323
가우투스(Ghāwtus) 89, 90, 217
강대빈(康待賓) 317
강라(康羅) 229
강막비다(康莫毗多) 201
강맹상(康孟詳) 128
강문승(康文勝) 467
강미의라시(康尾義羅施) 269
강보의(康寶意) 128
강불탐연(康拂耽延) 188
강사례(康思禮) 198
강소밀(康蘇密) 317
강숙달(康叔達) 467
강순(康絢) 106
강승회(康僧會) 107, 119, 120, 122, 128, 481
강야건(康夜虔) 201
강염비(康炎毘) 201
강염전(康豔典) 187
강오파문타(康烏破門陀, Kang Wupomentuo) 197
강오파연(康烏破延) 242
강원경(康元敬) 229, 230
강철두(康鐵頭) 317
강타(康陀) 229
강태(康泰) 120
강파(康婆) 229
강파하반타(康婆何畔陁, Kang Pohepantuo) 202
강화(康和) 229
강희선(康希銑) 327
거불여다(車不呂多, Ju Bulüduo) 200, 222
고국인(高鞠仁) 325
고종(高宗, 北魏) 115, 152, 168
고종(고종, 唐) 187
고탐-사치(Ghōtan-sāch) 86
고티오, 로베르(Gauthiot, Robert) 122
구라크(Ghūrak) 413
구와바라 지쓰조(桑原隲藏) 204
그룸바테스(Grumbates) 153
그르네, 프란츠(Grenet, Frantz) 24, 224, 239, 246, 251
그리시나, M.(Gricina, M.) 288

| ㄴ |

나나이-다트(Nanai-dhat) 84
나나이-반다크(Nanai-vandak) 79, 86~88, 93, 95~100, 130, 132, 242, 481

| ㄴ |

나나이쿠츠(Nanaykūč) 227
나나이-트바르(Nanai-thvār) 79, 81, 86, 87, 97, 241
나니바다가(Nanivadhag'a) 100
나니판(那你潘) 270
나르샤키(Narshakhī) 177, 178, 280, 350, 384, 391, 396, 402~04, 408, 412, 421, 431
나리사프(Narisaf) 130
나스르 이븐 사야르(Naṣr Ibn Sayyār) 386, 387, 396, 404
나시안(Nasyan) 80, 86
남다르(Nāmdār) 227, 248
노나(Noṇa) 145
노자(老子) 326
누 이븐 아사드(Nūḥ Ibn Asad) 440
누넌, 토머스 S.(Noonan, Thomas S.) 425, 432
니나판(你那潘) → 나니판
니자트(Nīzāt) 227, 248
니케타스, 파플라고니아의(Nicetas, Paphlagonia) 359

| ㄷ |

다리우스 1세(Darius I) 45, 47
대(大)플리니우스(Pliny the Elder) 71, 76
덕종(德宗, 唐) 211
데바슈티치(Dēwāštīč) 237, 246, 297, 395
도마(Thomas) 356
돈막하달간(頓莫賀達干, Dun mohe dagan) 331
동유(董逌) 466
동탁(董卓) 83
두(杜) 242
두우(杜佑) 220
두흠(杜欽) 68, 73, 108
드루와스프-반다크(Dhruwasp-vandak) 80, 95

| ㄹ |

라복해(羅伏解) 270
라슈케, 만프레트(Raschke, Manfred) 64
라스포포바, 발렌티나(Raspopova, Vaentina) 239
라야나(羅也那) 198, 270
라팽, 클로드(Rapin, Claude) 44, 74
라피 이븐 라이스(Rāfi' ibn Layth) 387, 450, 451
레오 3세(Leo III) 364
루브룩, 윌리엄(William of Rubruck) 474, 475
루이 9세(Louis VI) 474
룽신장(榮新江) 211
르 코크, 알베르트 폰(Le Coq, Albert von) 190
리브시크, 블라디미르(Livšic, Vladimir) 237, 247, 251, 361, 448

| ㅁ |

마니아크(Maniakh) 242, 244, 300, 308, 309, 312, 335, 343~45, 347, 348, 357, 364, 481
마르 아바(Mar Aba) 137
마르바지(Marvazī) 452, 461
마르샤크, 보리스(Maršak, Boris) 239, 361, 370
마르코 폴로(Marco Polo) 355, 440
마리노스, 티레의(Marinus of Tyre) 71
마미코니안, 바르단(Mamikonian, Vardan) 346
마색다(磨色多) 269
마시뇽, 루이(Massignon, Louis) 457
마에스(Maês) 71
마흐무드, 가즈니의(Maḥmūd de Ghazna) 452, 464
마흐무드, 카슈가르의(Maḥmūd de Kachgar) 464, 465, 473~76
막지(莫至) 202

매슨, 허버트(Masson, Herbert) 404
맥켄지, 데이비드 닐(Mackenzie, David Neil) 217
멘첸-헬펜, 오토 J.(Mänchen-Helfen, Otto J.) 154
명제(明帝, 魏) 110
모우(牟羽, Mouyu) 331
몽케(蒙哥, Mangu) 474
무왕(武王, 周) 327
무제(武帝) → 한무제
무함마드 이븐 알-파들(Muḥammad Ibn al-Fadhl) 420
무함마드 이븐 압달라 알-하킴 알-니사부리 이븐 알-바이(Muhammad Ibn ʿAbdallāh al-Hākim al-Nīsābūrī Ibn al-Bayyiʿ) 416
무함마드 이븐 이드리스 앗 샤피이(Muhammad Ibn Idris al-Shafiʾi) 426
무함마드(Muhammad) 338, 341, 401, 419
문성제(文成帝) → 고종(北魏)
미계분(米繼芬) 228
미노르스키, 블라디미르(Minorsky, Vladimir) 452, 453, 460, 475
미량(米亮) 268
미르자크메도프, 자말(Mirzaaxmedov, Djamal) 283
미살보(米薩寶) 226
미쇼, 프랑수아즈(Micheau, Françoise) 459
미순지(米巡贄) 241
미우나이(Miunai) 84, 96, 97
미진타(米眞陀) 318

|ㅂ|

바기티-반다크(Vagʾiti-vandak) 100
바돌로매(Bartholomew) 356
바르자크(Varzakk) 79~81, 86~88, 132, 241
바바크(Bābak) 413
바슈샤르(Bashshar) 235
바울(Paul) 346
바이하키(Bayhaqī) 462
바흐람 1세(Vahrām I) 158
바흐람 4세(Vahrām IV) 155
바흐람 5세(Vahrām V) 155, 168, 250
바흐람 고르(Vahrām Ghor) → 바흐람 5세
박치, 프라보드흐 찬드라(Bagchi, Prabodh Chandra) 122
반고(班固) 55, 73
반다크(Vandak) → 적반타
반소(班昭) 55
반용(班勇) 73
반초(班超) 73
반표(班彪) 55
발라미(Balʿamī) 383, 391, 393, 394
발렌티누스(Valentinus) 346
배송지(裵松之) 75, 103
범엽(范曄) 73
법현(法顯) 144, 154, 186
벤자민, 투델라의(Benjamin de Tudela) 440
보고몰로프, M. G.(Bogomolov, M. G.) 284
보스워스, 클리퍼드 E.(Bosworth, Clifford E.) 414, 450
봉상청(封常淸) 324
부견(符堅) 112
부이테넨, 요하네스 베르나르두스(Buitenen, Johannes Bernardus) 123
부처 → 붓다
부카이르(Bukayr) 397, 398, 400
불공(不空) → 아모가바즈라
불리엇, 리처드(Bulliet, Richard) 416
불연(拂延) 269
붓다(Buddha) 123, 129, 144, 269

| ㅅ |

사그라크(Saghrak) 80, 86, 87
사이나(Šaina) 84
사마예(史馬乂) 327
사마천(司馬遷) 54, 55
사사명(史思明) 320, 321, 324
사사물(史射勿) 314, 315
사와슈판(Sāwašfan) 375
사조의(史朝義) 320
사헌성(史憲誠) 184
샤리크 이븐 샤이크 알-마흐리(Sharīk Ibn Shaykh al-Mahrī) 403
샤반, 에마뉘엘-에두아르(Chavannes, Émmanuel-Édouard) 75
샤카(Šaka) 123
샤푸르 2세(Shāpūr Ⅱ) 153~55, 158, 371
샤푸르 3세(Shāpūr Ⅲ) 155
서막(徐邈) 110
석륵(石勒) 112, 305
석만년(石萬年) 195
석신노(石神奴) 317
석염전(石染典) 198, 241, 279
석조한(石早寒) 198
성 스테파노(St. Stephen) 355
세메노프, 그레고리(Semenov, Gregori) 283
세뷕테긴(Sebüktegin) 441
숙종(肅宗, 唐) 210, 328
술라이만(Sulaymân) 222
쉬타우츠(Xūtāwč) 227, 248
스타인, 아우렐(Stein, Aurel) 82, 145, 190
스트라본(Strabon) 71
스파니야카(Spaniyaka) 100
시라크, 아나니아스의(Širak, Ananias of) 235, 352, 373, 376
시몬(Simon) 358
실츠, 베로니크(Schiltz, Véroníque) 50

| ㅇ |

아난카스트(Anankhast) 346
아라카와 마사하루(荒川正晴) 198
아르마트-사치(Armat-sāch) 79, 86
아르사치(Arsāch) 79, 86
아르티후-반다크(Artikhu-vandak) 80, 86, 87
아모가바즈라(Amoghavajra) 142
아부 둘라프(Abū Dulah) 459
아부 무슬림(Abū Muslim) 387, 402, 451
아부 수피안(Abū Sufyān) 338
아부 자이드(Abū Zayd) 255, 409, 440, 457, 477
아부 하니파(Abū Ḥanīfa) 408, 425
아브루이(Abrūī) 177
아즈카츠바르 2세(Azkatsvar Ⅱ) 368
아탑 알-리크와 알-구다니(Attāb al-Liq-wah al-Ghudānī) 397
아후르마즈다크(Akhurmazdak) 89
안가(安伽) 230, 231, 307
안경서(安慶緒) 320
안난타(安難陀) 106
안달한(安達漢) 198
안동(安同) 105, 106, 113
안드레(Andrew) 356~59, 362, 363
안만통(安万通) 222
안모용(安慕容) 317
안문물(安門物) 323
안비한(安胐汗) 317
안세고(安世高) 105, 119, 127, 128
안연언(安延偃) 319
안재성(安再晟) 467
안청(安淸) 119
안토근(安吐根) 203
안파(安婆) 201
안파라(安婆羅) 106
안파주(安波注) 319
안현(安玄) 129
안호도분(安胡到芬, An Hudaofen) 197
안흥귀(安興貴) 327

알-나딤(al-Nadīm) 454
알-나사피(al-Nasafī) 416, 418
알-니샤푸리(al-Nishapurī) 177
알렉산드로스 대왕 39, 43, 49, 51~53, 57, 68, 127, 136, 359, 362, 421
알리('Alī) 401, 402, 406
알리 이븐 이사(Alī Ibn 'Isā) 462
알-마다이니(al-Madāī'nī) 382
알-마문(al-Ma'mūn) 387, 412~14, 421, 451
알-마수디(al-Mas'ūdī) 374
알-마투리디(al-Māturīdī) 417
알-마흐디(al-Mahdī) 235, 236
알-만수르(al-Manṣūr) 410, 411
알-무카다시(al-Muqaddasī) 419, 426, 436
알-무크타디르(al-Muqtadir) 455
알-무타심(al-Mu'taṣim) 413, 415
알-발라두리(al-Balādhurī) 353, 383
알-발히(al-Balkhiī) 418, 434
알-부하리(al-Bukhārī) 416~18
알-비루니(al-Bīrūnī) 19, 420
알-사마르칸디(al-Samarqandī) 416~18
알-아즈라크야니(al-Azrakyānī) 406
알-아프신(al-Afshīn) 413, 450
알-아흐나프(al-Aḥnaf) 386
알-왈리드(al-Walīd) 392
알-카티브 알-바그다디(al-Khatīb al-Bagdadhī) 412
알-콰라즈미(al-Khwārizmī) 19
알-타바리(al-Ṭabarī) 273, 280, 382, 383, 391, 392, 394, 397, 399, 401~04, 408, 462
알-파라비(al-Fārābī) 19
알-하자즈(al-Hajjāj) 456, 457, 471
암미아누스 마르켈리누스(Ammianus Marcellinus) 153
야바나(Yavana) 123
야즈드기르드 1세(Yazdgird I) 155, 250
야즈드기르드 2세(Yazdgird II) 168, 172,
306
야즈드기르드 3세(Yazdgird III) 385, 392, 449, 474
야지드 이븐 알-왈리드(Yazīd Ibn al-Walīd) 392
야쿠보비치, 일리야(Yakubovich, Ilya) 199, 251
야쿠비(Ya'qūbī) 383, 410~12, 414, 439, 440
얀시안(Yānsyān) 247, 248
양귀비(楊貴妃) 207, 208
양제(煬帝, 隋) 215, 300
어환(魚豢) 75
에스판다트(Espandhāt) 89~91, 223
에우크라티데스(Eukratides) 67
에우튀데모스(Euthydemos) 95
에우티키우스(Eutychius) 346
에피파니우스, 칼리스트라투스의(Epiphanius of Callistratus) 358, 359, 363
에피파니우스, 키프로스의(Epiphanius of Cyprus) 356
연수(延壽) → 일테베르
영우희(寧祐喜) 201
오리게네스(Origenes) 356, 357
오타(Ōtā) 247
오타니 고즈이(大谷光瑞) 190
오파차(Ōpača) 247
옥스완(Ōxwān) 219, 248
와후샤크(Wakhushakk) 80
와후슈비르트(Wakhushuvirt) 247, 248
완-라즈마크(Wan-razmak) 81
요르다네스(Jordanes) 354
요시다 유타카(吉田豊) 88, 183, 189, 192, 195, 202, 207, 212, 246, 247, 300, 303, 469, 474
용윤(龍潤) 225
우마르 2세('Umar II) 401, 402
우마이야 이븐 압달라(Umayyah Ibn 'Abdallāh) 397

우바이드 알라 이븐 지야드('Ubaid Allāh Ibn Ziyād) 407
웨일리, 아서(Waley, Arthur) 193
유세비우스, 카이사레이아의(Eusebius of Caesarea) 356
유스타스(Eustace) 342, 343
유스티누스 2세(Justinus II) 343, 344
의정(義淨) 144
이고(李暠) 212
이네바트키나, 올가(Inevatkina, Olga) 170
이드리시(Idrīsī) 267
이백(李白) 17, 209
이븐 루스타(Ibn Rusta) 425
이븐 시나(Ibn Sina) 20
이븐 아삼 알-쿠피(Ibn A'tham al-Kūfī) 393, 394
이븐 알-사마니(Ibn al-Sam'ānī) 406
이븐 알-파키 알-하마다니(Ibn al-Faqīh al-Hamadānī) 274, 430, 452
이븐 파들란(Ibn Faḍlān) 280, 287, 425, 426
이븐 하우칼(Ibn Ḥawqal) 66, 285, 286, 414, 423, 426, 427, 430, 432, 434~36, 440, 441
이븐 후르다드비흐(Ibn Khurdādhbih) 274, 276, 277, 338, 383, 434, 452, 461
이소근(李紹謹) 199, 213
이스마일 사마니(Isma'īl Samani) 388, 429
이스마일 이븐 아흐마드(Isma'īl Ibn Aḥmad) → 이스마일 사마니
이임보(李林甫) 320
이케다 온(池田溫) 226
이포옥(李抱玉) 106, 222, 316, 326
이필(李泌) 210
인예(忍倪) 167
일테베르(Ilteber) 247

| ㅈ |

자이하니(Jayhānī) 216, 434, 452, 453, 459~61, 471, 476, 477
자카리아스, 미틸레네의(Zacharias of Mitylene) 341, 342
자파르 쿠슈샤키(Dja'far Khushshakī) 440
자히즈(Jāḥiz) 439
장건(張騫) 54, 55, 59, 61, 67, 72, 73
장순(張巡) 324
적반타(翟盤陀) 195
적살반(翟薩畔) 201
적타두(翟陁頭) 201
제노(Zeno) 343
제마르코스(Zemarchos) 344, 345, 348, 358
제트마르, 카를(Jettmar, Karl) 276
조가발(曹迦缽) 201
조광진(曹光進) 467
조녹산(曹綠山) 199, 213
조이파(曹易婆) 201
조조(曹操) 183
조필사(曹畢娑) 199, 213
지부(支富) 103
지사발(地舍發) 188
진송(陳宋) 121

| ㅊ |

차트파라트사란(Čatfārātsarān) 227
초시분(稍施芬) 374, 375
초텐베르크, 헤르만(Zotenberg, Hermann) 383
추나크(Čūnākk) 227, 248
측천무후(則天武后) 144, 211
치르트-스완(Chirth-swān) 81
칭기스칸(Gengis khan) 340, 474

| ㅋ |

카게야마 에츠코(影山悅子) 192, 214
카니슈카(Kaniṣka) 134, 135
카레프, 유리(Karev, Yuri) 192, 385
카르즈(Karz) 227, 248
카바드 1세(Kawād I) 172, 306, 341, 343
카이사르, 티베리우스(Caesar, Tiberius) 346
카툴프(Katulph) 334, 339
카티사(Catisa) 84, 125
코스마스 인디코플레우스테스(Cosmas Indicopleustes) 137~40, 257, 266, 272, 335, 336, 340, 459
코츠네프, 보리스(Kočnev, Boris) 432
콘스탄티노스(Constantinos) 359, 361
콜리아타이(Kholiatai) 345, 373
쿠르술(Kūrṣūl) 395
쿠리엘, 라울(Curiel, Raoul) 168
쿠마라지바(Kumārajīva) 114
쿠브라트(Kuvrat) 371
쿠삼 이븐 아바스(Qutham Ibn ʿAbbās) 419
쿠타이바 이븐 무슬림(Qutayba Ibn Muslim) 386, 390~92, 401, 403, 411, 415
쿨리카(Cūlikā) 122, 123
퀼-테긴(Kül-tegin) 319
디온 크리소스토모스(Dion Chrysostomos) 70
크테시아스(Ctesias) 48
키루스(Cyrus) 43

| ㅌ |

타그마(Tagma) 345
타르두(Tardu) 296
타르두슈(Tarduš) 313
타민 이븐 바흐르(Tamīn Ibn Baḥr) 287, 450, 452, 453
타비트 이븐 쿠트바(Thābit Ibn Quṭba) 399, 404
타쿠트(Takut) 81
타흐시치-반다크(Takhsīch-vandak) 81
탈리비(Thaʿālibī) 439
태조(太祖, 北魏) 222
태조(太祖, 北周) 302
태종(太宗, 唐) 141, 187, 318, 325
테오도시우스 1세(Theodosius II, 주교) 455
테오도시우스 2세(Theodosius II, 황제) 337
테오파네스(Theophanes) 336
테오필락투스 시모카타(Theophylactus Simocatta) 277
토뉴쿠크(Toňuquq) 282
투다크(Tudākk) 247
투로넨시스, 그레고리우스(Turonensis, Gregorius) 346
투사라(Tuṣāra) 123
트렘블레이, 제이비어(Tremblay, Xavier) 192
트롬베, 에릭(Trombert, Éric) 59, 107, 114, 142, 179, 194, 196, 200, 220, 273, 463
티슈라트(Tīšrāt) 227, 248
티에리, 프랑수아(Thierry, François) 463
티티아노스(Titianos) → 마에스

| ㅍ |

파른-아가트(Farn-āghat) 80, 86, 87
파크루딘 무바라크 샤(Fakhruddīn Mubarak Shāh) 420
파타우르(Patāwr) 219, 248
페로즈 1세(Pērōz I) 172, 173, 205, 250, 251, 306, 342,·343, 368
페사크(Pēsakk) 80, 81, 95
페카코(Pekako) 132
페하르(Pehar) 217
펠라, 샤를(Pellat, Charles) 439

포르테, 안토니노(Forte, Antonino) 105, 184, 204
푸스망, 제라르(Fussman, Gérard) 134, 135
풀리블랭크, 에드윈(Pulleyblank, Edwin) 58, 319
프라아테스 5세(Phraates V) 73
프로코피우스(Procopius) 155, 337, 343
프리스쿠스(Priscus) 169
프리-흐와타우(Frikhutāw) 89, 90, 98
프톨레마이오스(Ptolemaeos) 39, 66, 70, 71, 75, 104, 174, 235, 305, 356, 362, 363
피사크(Pīsāk) 227, 248

| ㅎ |

하룬 알-라시드(Hārūn al-Rashīd) 387, 413, 462
하르마타, 야노스(Harmatta, János) 82, 355
하르스트랑(Kharstrang) 90
하문철(何文哲) 328
하비시굴(何卑尸屈) 201
하아릉차(何阿陵遮) 201
하영강(何永康) 221
하유선(何游仙) 328
하조(何稠) 214, 215
하타(何妥) 214~16
하홍경(何弘敬) 327, 328
하흑노(何黑奴) 317
한무제(漢武帝) 60, 104
해밀턴, 제임스(Hamilton, James) 469
헤닝, 발터 B.(Henning, Walter B.) 82, 98
헤딘, 스벤(Hedin, Sven) 83, 190, 275
헤로디아노스(Herodian) 346
현우(顯祐) 201
현장(玄奘) 212, 234, 235, 389, 430
현종(玄宗, 唐) 206, 207, 318, 320, 323
혜교(慧皎) 118
혜초(慧超) 142, 143, 429, 430
헤툼(Het'um) 376
호노리우스(Honorius) 337
호스로(Khosro) 334, 346
호스로 아누시르반(Khusrow Anushirvan) 173, 296, 306, 340, 353
호스로 1세(Khosrow I) → 호스로 아누시르반
호스로 2세(Khosrow II) 252
후라이스 이븐 쿠트바(Ḥurayth Ibn Quṭba) 399, 405
후사인 이븐 타히르(Ḥusayn Ibn Ṭāhir) 431
후자(Khuzā'a) 399
휠세베, 파울루스(Hulsewé, Paulus) 55
흐바르나르세(Khvarnarse) 100

지명 찾아보기

| ㄱ |

가영국(加營國) 121
가자(Gaza) 342
가즈니 왕조/제국 123, 441, 452, 462, 464
간다라(Gandhāra) 125, 140, 143, 145, 168, 173
감숙(甘肅) 37, 43, 54, 78, 82, 85~88, 92, 101, 103, 104, 106~17, 189, 193, 200, 202~05, 216, 219, 222, 228, 230, 231, 257, 293, 295, 302~06, 314, 316, 320, 324, 325, 329, 444, 445, 449, 453, 461, 463, 470, 478
감주(甘州) 468
강거(康居, Kangju) 57, 59, 60, 72, 73, 75, 77, 103, 104, 108, 112, 119, 126, 128, 167, 174, 182, 219, 305, 369, 374
강국(康國) → 사마르칸트
개봉(開封) 212, 466
갠지스강 69
거란(契丹) 319, 320, 452, 459
건강(健康, 지금의 남경[南京]) 214
계림(桂林) 143
계빈국(罽賓國) 68, 69
고비사막 43
고원(固原) 314, 316, 318
고차(高車)/고차국 152
고창(高昌)/고창국 190, 195, 221, 222, 247, 248, 308
곡(Gog) 427
과리(過利) → 호라즘
과주(瓜州) 200
광동(廣東) 143, 222, 253, 409
교지(交趾) 119, 120
구자라트(Gujarat) 46, 47
규강(江) 56
그로즈니(Groznyj) 370
그리스(Greece) 39, 45, 48, 49, 52, 66, 70, 75, 93, 94, 124, 154, 166, 250, 253, 338, 347, 362, 363, 390
근동(近東) 17, 274, 424, 425, 462, 480
금성(金城, 지금의 난주[蘭州]) 80, 83
급다구차(急多颺遮) 374
길기트(Gilgit) 145, 169, 270, 449, 474
길기트강(江) 129

| ㄴ |

나라(奈良) 143, 370
나바케트(Navaket) 177, 178
나사프(Nasaf) → 에르쿠르간
낙양(洛陽) 37, 79, 80, 82, 83, 106, 107, 110, 111, 125, 129, 184, 206, 208, 211, 227, 229, 320, 323, 329, 461
난주(蘭州) 83, 216, 314

남경(南京) 120, 214, 327, 328
남전(藍田) 106
네팔(Nepal) 93
노강(盧江) 328
누란(樓蘭)/누란 왕국 82~86, 92, 99~101, 114, 125, 145, 186, 188, 280, 281
누츠칸트(Nūčkand) 227, 248
니샤푸르(Nishapur) 23, 276, 384, 388, 416, 417, 421, 431, 438
니시비스(Nisibis) 337
니야(Niya) 83, 85, 91, 92, 94, 101, 125, 186, 257
니즈니 아르치즈(Nižnij Arxyz) 350
닌이치(N'yn'ych) 79

|ㄷ|

다게스탄(Dagestan) 370
다르곰(Dargom) 운하 133, 163, 164
다르곰강(江) 44
다마스쿠스(Damascus) 386
다부시야(Dabūsiya) 437
단단-윌리크(Dandān-Uiliq) 275
당(唐)나라 47, 106, 182, 183, 185, 190, 195, 204, 206, 208, 210~15, 218, 220, 221, 226, 228~32, 235, 253, 256, 266, 268, 269, 296, 313, 314, 316~18, 320, 321, 325, 326, 328, 329, 444, 447
대완(大宛) 56~58, 60, 64, 73, 76
대월지(大月氏, Great Yuezhi) 55, 56, 104, 152
대주(代州) 212
대진(大秦) → 로마 제국
대하(大夏) → 박트리아 제국
데비차(Devitsa) 371, 424
도란(都蘭, Dulan) 217
돈강(江) 370, 371
돈황(燉煌) 80~85, 89, 90, 93, 97~99, 109, 126, 142, 143, 184, 186, 188~98, 204, 217, 219, 225~27, 231, 241, 256,

257, 266, 275, 280, 281, 327, 361, 381, 394, 423, 445, 463, 466~69
돌궐(突厥)/돌궐 제국 302, 304
동남아시아 120~22
동로마 제국 343
동(東)아시아 17, 19, 370, 480
동진(東晉) 327
동(東)투르키스탄 257, 423, 451, 456
둘두르 아쿠르(Duldur aqur) 191
드네프르강(江) 369
드지가-테페(Džiga-tépé) 136
드지자크(Džizak) 164
디야르바키르(Diyarbakir) → 아미다
디자크(Dīzak) 437
딜베르진 테페(Dil'beržin tépé) 158

|ㄹ|

라빈잔(Rabinjan) 437
라우히타카(Rauhītaka) 145
라지카(Lazica) 352
로마(Rome)/로마 제국 68, 70, 74, 75, 79, 115, 214, 215, 217, 274, 337, 341, 342, 344~46
로브 노르(羅布泊, Lob Nor) 83, 240, 293, 354
리마로프카(Limarovka) 370
리미리케(Limyrikê) 69

|ㅁ|

마 신(Mâ Sîn) 457
마 와라아 알-나흐르(Mā warā'a al-Nahr) 389
마곡(Magog) 427
마그레브(Maghreb) 274
마랄바쉬(Maralbaši) 268
마르스만다(Marsmanda) 436
마와랄나흐르(Mâwarâlnahr) 457
마운트 무그(Mount Mugh) 199, 219, 237,

246, 247, 249, 251, 395
마이마나(Maymana) 276
마이무르그(Maymurgh) 133, 134, 167, 182, 227, 245, 248, 429
마이토베(Majtobe) 177
마자르 타그(Mazar Tagh) 189
마케도니아(Macedonia)/마케도니아 제국 51, 52, 71
말레(Malé) 139
메디나(Medina) 408
메르브(Merv) 42, 44, 73, 76, 127, 128, 136, 141, 142, 154~56, 168, 173, 216, 250, 272, 273, 275, 278, 288, 303, 339, 341, 368, 385, 387, 397~401, 404, 407, 408, 410~13, 416, 417, 421, 431, 438
메소포타미아(Mesopotamia) 338, 341, 410, 415, 455
메카(Mecca) 338, 415, 416
모슈체바야 발카(Moščevaja Balka) 348, 350, 351, 353
몽골(Mongol) 42, 52, 60, 149, 153, 212, 266, 278, 287, 295, 298, 301, 305, 480
무위(武威, 옛 이름은 고장[姑臧]) 79, 80, 83, 84, 86, 89, 90, 106, 109, 110, 115, 222, 223, 230, 231, 242, 328
미밀(迷密) 167
미주(眉州) 230
미즈다칸(Mizdaxkan) 376
민구르주크(Mingurjuk) 175

| ㅂ |

바그다드(Baghdad) 20, 235, 274, 388, 400, 407, 410~14, 416, 421, 426, 437, 439, 440, 443, 454, 464
바그슈르(Baghshūr) 216
바다흐샨(Badakhshan) 46, 47, 50, 76, 267
바락샤(Varaxša) 163
바르스칸(Barskhān) 441, 464, 471
바리가자(Barygaza) 69
바미얀(Bamiyan) 141
바빌론(Babylon) 44
바슈지르드(Washjird) 254
바스라(Baṣra) 406~09
바이 발리크(Bay Baliq) 331
바크쉬(Wakhsh) 계곡 158
박트라(Bactra, 발흐) 44, 48, 50, 65, 71, 139, 140, 142, 145, 158, 159
박트리아(Bactria)/박트리아 제국 38, 47~49, 51, 56, 57, 60, 64~71, 73, 74, 77, 95, 104, 109, 116, 118, 123, 125, 127, 134~36, 139, 140, 154, 157~59, 162, 166, 168~71, 239, 249, 253, 269, 270, 282, 305, 386, 389, 414, 478
발식덕(鉢息德, Boxide) 182, 386
발칸반도 347
발트해(海) 255, 371, 370
발틱해(海) 74
발흐(Balkh) 66, 136, 154, 157~59, 162, 170, 275, 276, 386, 399, 411, 458
발히카(Bālhika) 123
베네치아(Venezia) 376
베슈발리크(Bešbalik) 191, 200, 241, 269, 302, 303, 457, 460, 461
보스포루스(Bosporus) 75, 358, 362
볼가강(江) 42, 255, 278, 280, 287, 365, 371, 425, 463
볼가분지 424
부남(扶南) 왕국 120, 121
부탐(Buttam) 436
부하라(Bukhara) 19, 40, 45, 95, 143, 156, 163~65, 169, 171, 177, 182~84, 216, 227, 239, 246, 250, 272, 273, 276, 288, 350, 367, 372, 387, 388, 397, 398, 402~04, 406, 407, 410~13, 415~18, 420, 421, 425, 429~33, 435, 436, 438, 463, 471, 473, 477

북안도독부(北安都督府) 317
북위(北魏) 105, 112, 222, 229, 230, 303
북정(北庭) / 판지카트(Panjikath) / 베슈발리크(Bešbalik) 191
북제(北齊) 203, 221, 229, 309, 312
북주(北周) 106, 228, 231, 302, 307, 309, 312
불가리아(Bulgaria) 287, 370
불라이크(Bulayïq) 455, 456
불룽구르강(江) 44
비나카트(Binākath) 437
비슈케크(Biškek) 178
비잔티움(Byzantium) 115, 137, 151, 152, 169, 242, 255, 277, 293, 296, 305, 312, 313, 315, 333~37, 342~48, 352, 354, 355, 357, 359, 363~65, 367, 369, 372, 373, 385, 413, 456, 479
비현(郫縣) 216
빈(Wien) 360

| ㅅ |

사가스탄(Sagastan) 353
사라즘(Sarazm) 44
사르켈(Sarkel) 371
사마라(Samarra) 412, 414
사마르칸트(Samarknad) 18, 19, 37, 44, 47, 59, 66, 67, 74, 78, 79, 84~87, 92, 95~98, 112, 116, 136, 149, 162~69, 171, 175, 178, 179, 182, 187, 206~08, 218, 227, 229, 234, 238, 240, 242, 244, 245, 247~51, 266, 275, 278, 283, 288, 293, 298, 302, 315, 341, 351, 370, 371, 376, 384~90, 393~95, 398, 401, 402, 407, 409, 412~14, 416~18, 421, 429~32, 434, 435, 437~43, 448~50, 454, 455, 457, 458, 461~63, 473, 477, 480
사만 왕조/제국 23, 388, 418, 419, 423, 425, 428, 429, 431, 433, 441, 442, 462, 463, 471, 472, 476
사산 왕조/제국 42, 116, 127, 135~37, 144, 145, 152~56, 158, 159, 165, 169, 170, 172, 173, 177, 180, 184, 185, 192, 193, 202, 217, 234, 247, 249~53, 255, 271~74, 277, 283, 289, 296, 305, 306, 315, 334~42, 346, 348, 352, 353, 366~68, 370~73, 385, 386, 389, 392, 397, 398, 405, 406, 409, 423, 439, 462, 474, 479
사주(沙州) 187
사천(四川) 149, 205~14, 216, 230
사케(Sakē) 353
산동(山東) 444
산음(山陰) 327
살비성(薩毗城) 187
상락(常樂) 327, 468
상스(Sens) 424
상제앙(Sangeang)섬 121
샤슈(Shāsh) 437
서경(西京) 461
서량(西涼) 204
서로마 제국 337
서위(西魏) 302, 313
서주(西州) 198, 242
서진(西晉) 83, 327
석성진(石城鎭) 187, 188
선비(鮮卑) 204
선선(鄯善) 왕국 83, 101, 186, 187, 217
성도(成都, 당대[唐代]의 익주[益州]) 214~16
세레스(Seres) 71
세미레체(Semireč'e) 176~79, 188, 189, 193, 196, 202, 218, 240, 287, 293, 297, 298, 302, 304, 389, 441, 444, 450, 463, 471~75
세바스토폴(Sebastopol) 358
셀렝가강(江) 331
소(小)순다열도(Lesser Sunda Islands) 121

소그다이아(Sogdaia, 지금의 수다크
　　[Sudak]) 355, 361, 363, 364, 376
소비에트(Soviet) 158, 286, 389
속특(粟特, Sute) 112, 114, 115, 167
송(宋)나라(춘추전국시대) 324
송(宋)나라(남조) 112
송(宋)나라 214, 445, 461, 464
수(隋)나라 106, 204, 214, 215, 296,
　　312~14, 317
수그다빌(Sughdabil) 354
수마트라(Sumatra) 120
수사(Susa) 47, 368
수야브(Suyab) 177, 179, 209, 256
수양(睢陽) 324
수하르(Ṣuḥār) 462
수후미(Sukhumi) 348
술지(戍地) 374
숨바와(Sumbawa)섬 121
쉴지(Shiljī) 437
슈만(Shuman) 254
스웨덴(Sweden) 366, 425
시나이(Sinai) 137
시네 우수(Šine Usu) 331, 446
시노페(Sinope) 346
시니즈(Sīnīz) 437
시라프(Sīrāf) 255, 458
시르다리야(Syr Darya) 157
시르다리야강(江) 18, 19, 40, 42, 43, 48,
　　49, 57, 58, 72, 77, 167, 174, 284, 288,
　　371, 450
시리아(Syria) 271, 278, 338, 343, 411,
　　454, 455
시안(西安) → 장안(長安)
시암만(灣) 144
신드(Sind) 139, 155
신라(新羅) 141~43
신성(新城) 187
신장(新疆) 130, 193
실론(Ceylon) 139, 142, 374

│ㅇ│

아나톨리아(Anatolia) 47
아라비아(Arabia) 336, 341
아랄해(海) 20, 42, 374, 450
아랍(Arab) 18, 57, 155, 156, 162, 234,
　　236, 237, 243, 246, 267, 273, 275,
　　280, 281, 283, 365, 367, 373, 381~93,
　　397, 398, 400~05, 407, 413, 415, 422,
　　424, 426, 428, 430, 447, 452, 479
아르간다브(Arghand-āb) 계곡 123
아르구(Argu) 473, 475, 476
아르메니아(Armenia) 154, 235, 348, 352,
　　353
아르사케스 왕조 127, 184
아르타사타(Artaxata) 337
아리아나(Ariana) 235, 353
아무다리야(Amu Darya)강 18, 40, 42, 57,
　　73~75, 136, 159, 273, 276, 284, 374,
　　405(옥수스강)
아미다(Amida) 153, 154, 342
아바스 왕조 288, 341, 367, 383, 403, 410,
　　413, 441, 462
아스비샤브(Asbīshāb) 411
아스타나(Astana) 190, 192, 199, 200, 315
아시아(Asia) 21, 22, 38, 39, 124, 138,
　　151, 237, 244, 254, 272, 278, 335,
　　340, 354, 363, 465
아이금산(阿爾金山) 217
아제르바이잔(Azerbaidjān) 368
아조프해(海) 370
아케메네스 왕조/제국 18, 39, 40, 43~50,
　　53, 164, 249, 341, 362
아테네(Athens) 94
아파메아(Apamea) 342
아프가니스탄(Afghanistan) 42, 76, 366
아프라시아브(Afrasiab) 44, 298
아프라시아브고원 430
아한가란(Ahangaran) 계곡 174
악-베쉼(Ak-Bešim) 177
악수(Aqsu) 186, 279

악시켄트(Akhiskent) 58
안남(安南) 121
안식(安息, 파르티아) 55~57, 60, 64, 73, 76, 105, 106, 119, 204
안양(安陽, 옛 이름은 상주[相州]) 212, 229
알라이산맥 252
알라타우(Alatau) 176
알란(阿蘭, Alan) 75
알렉산드리아(Alexandria) 39, 70, 137
알말리크(Almalig) 200, 242
알-아슈무나인(al-Ashmūnayn) 436
알타이(Altai) 49, 152, 242, 297
앙그렌 계곡 → 아한가란 계곡
야사르테스강(江) → 시르다리야강
양(涼)나라 115, 325
양자강(江) 205, 216
양주(涼州) 103, 106, 109, 110, 115, 204, 215, 323
양주(揚州) 205
엄채(奄蔡) 75, 167, 369
업(鄴, 옛 이름은 상주[相州]) 79, 83, 212
에데사(Edessa) 153
에르쿠르간(Erkurgan) 163, 165
에르크 칼라(Erk Kala) 272
에스파냐(España) 274
에프탈(Hephtal)/에프탈 제국 140, 149, 173
엔데레(Endere) 100, 101
엠시 테페(Emshi Tépé) 158
엽달국(嚈噠國) 152
영무(靈武) 316
영주(永州) → 서경
영주(營州, 지금의 조양[朝陽]) 213, 321
영주대도독부(營州大都督府) 328
예멘(Yemen) 335~37
오(吳)나라 121
오르도스(Ordos) 213, 314, 316~18, 323, 324, 328, 364
오르혼(Orkhon) 466

오브(Ob) 393
오에크강(江) 345
오트라르(Otrar) 175, 176
옥문관(玉門關) 98, 108
옥서스(Oxus)강 → 아무다리야강
온나사(溫那沙) → 속특
외몽골(外蒙古) 20
요동(遼東) 105, 106, 113
우랄산맥 365, 366, 392
우르켄치(Ürgänč) 475
우마이야 왕조 367, 386, 392, 401~03, 424
우스트루샤나(Ustrushana) 74, 182, 237, 288, 386, 412, 435, 450
우스트루샤나 왕조 239, 413, 415
우스트-유르트고원 287
우즈베키스탄(Uzbekistan) 18, 438
울주(蔚州) 212
월지(月氏) 44, 60, 67, 72, 73, 103, 104, 121, 135, 219
위(魏)나라/위 왕조 104, 106, 110, 112, 115, 183, 204, 222
위구르(Uighur)/위구르 제국 96, 208, 287, 297, 298, 307, 320, 329~32, 381, 423, 444~52, 460, 461, 463, 464, 466, 469, 470, 476, 477
위다르(Widhar) 435, 437
위주(衛州) 212
위주(魏州) 212
유라시아(Eurasia) 278, 479
유럽(Europe) 369
유연(柔然) 152, 296, 303, 304
유주(幽州) 212
유프라테스강(江) 71
이라크(Iraq) 277, 338, 350, 371, 384, 392, 406, 407, 409, 410, 414, 424, 426, 435, 436, 438, 457
이란(Iran) 45, 48, 51, 68, 77, 100, 105, 108, 127, 144, 145, 152~54, 165, 173, 184, 185, 193, 226, 234, 249~51, 273, 283, 285, 288, 334, 336, 337, 341,

343, 351, 352, 365, 371, 382, 383,
385, 386, 388, 405, 414, 415, 417,
421, 429, 439, 441, 454, 477
이란고원 42, 43
이리하 계곡 242
이메온산(山) 353
이슈타카즈(Ishtākhandj) 411
이슈티칸(Ishtīkhan) 163, 182, 411
이스피자브(Isfījāb) 437, 473, 471
이식쿨(Issyk Kul) 179, 389
이식쿨 호수 176, 178, 441, 460, 464, 471
이집트(Egypt) 70, 74, 274, 406, 462
이탈리아(Italy) 244
인더스강(江) 38, 48, 51, 68, 129, 132~34, 136, 140~43, 169, 186, 218, 219, 227, 243, 244, 271, 276, 282
인도(India) 19, 20, 37, 38, 42, 46~48, 51, 66~68, 70, 71, 74, 77, 91, 94, 114, 118~29, 132, 134~37, 139~45, 153, 171, 183, 212, 218, 274, 276, 280, 282, 284, 326, 366, 441, 452, 456, 478, 480
인도네시아(Indonesia) 121
인도양 68, 70, 137, 138, 277, 409
일본(日本) 143, 370

ㅈ

자라프샨(Zarafshan) 40, 224, 244, 418
자라프샨 계곡 18, 44, 75~77, 163, 165, 166, 171, 182, 240, 389, 430, 480
자라프샨산맥 44
자무카트(Jamūkath) 177
자아민(Zaamin) 286, 288
잔다나(Zandana) 350
장락(長樂) → 상락
장안(長安) 51, 79, 106, 115, 141, 152, 185, 206, 208~10, 215, 216, 221, 230, 231, 242, 255, 268~70, 278, 304, 320, 328,
329, 444, 446
전량(前涼, 또는 장량[張涼]) 115
전한(前漢) 54, 187
전합성(典合城) 187
정절국(精絶國) 101
정주(定州, 지금의 정현[定縣]) 212, 221, 229
정주(庭州) 241
조르잔(Djordjân) 274
조양(朝陽, 당대(唐代)의 영주[營州]) 213, 321
조지아(Georgia) 348, 354
조호(鳥滸) → 옥수스강
주천(酒泉, 옛 이름은 숙주[肅州]) 79, 83, 86, 109, 200, 204, 302, 303
중국(中國) 19, 20, 37~39, 42, 43, 51~55, 58~60, 62~65, 67, 75, 77, 79, 80, 82~84, 86~94, 96~99, 101, 103~05, 107~20, 122, 126~29, 133~35, 138~45, 149, 151, 159, 167, 168, 170~74, 179~86, 188~91, 193~95, 197~99, 202~08, 210~16, 218~26, 228, 230, 231, 234, 235, 241~43, 245, 247, 249~57, 266~69, 271~75, 278, 280~82, 284, 289, 293, 296~98, 300~02, 304, 305, 307, 309, 312~33, 335, 336, 340, 341, 347, 351, 355, 362, 367, 375, 377, 381~83, 387, 390, 392, 394, 397, 399, 400, 402~04, 406~09, 428, 429, 439, 440, 443~47, 451~55, 457~70, 472, 476~80
중앙아시아(Central Asia) 18~20, 23, 39, 42~44, 47, 48, 53, 54, 57, 59, 60, 62~65, 71, 74~77, 83, 93, 94, 98, 103, 104, 108, 109, 111, 114, 116, 121, 124, 126, 134, 136, 139~41, 143, 149, 152, 154, 165, 166, 168, 170, 171, 173, 180, 181, 186, 207, 210, 211, 213, 223, 226, 228, 239, 252, 256, 266, 272, 278, 296, 312, 314, 316, 330, 333, 336,

341~43, 348, 350~52, 357~59, 361, 363, 365~72, 376, 381~83, 392, 395, 397, 404, 410, 414, 424~26, 431, 438, 441, 447, 450, 457, 464, 478~80
지발(Jibal) 424
지중해(地中海) 70, 74, 277, 362
진(秦)나라/진 왕조 51~53, 112
진(晉)나라 105, 106

| ㅊ |

차가니얀(Chaghāniyān) 414
차르클리크(Čarklik) 188
차말(且末) 281
차츠(Čāč) 42, 52, 57, 143, 174~76, 179, 182, 207, 219, 246, 254, 282, 284, 286, 288, 295, 297, 298, 386, 388, 389, 411, 431, 432, 436, 438, 441, 450, 477
차츠-일라크(Čāč-Ilaq) 174
차칼라크-테페(Chaqalaq-tépé) 158
천수(天水) 204
천축(天竺) 119
철륵(鐵勒) → 고차국
청해(靑海) 216, 217, 280
치르치크(Čirčik) 174
치트랄(Chitral) 132

| ㅋ |

카라동(Karadong) 186
카라발가순(Qarabalghasun) 329, 446, 447, 450, 453
카라샤르(Qarashahr) 194, 270
카라코룸(Karakorum) 474
카라테페(Karatépé) 127, 158
카라한 왕조/카라한 칸국 239, 284, 388, 464, 471, 476, 477
카라호자(Qarakhoja) 190, 192
카르간카트(Kharghankath) 429

카르미니야(Karmīniya) 437
카르시(Karshi) 163, 165
카마(Kama) 365~69, 371, 372
카바디얀(Quwadhiyan) 254
카부단(Kabūdan) 182, 245, 429
카불(Kabul) 69, 141, 408
카불리스탄(Kabulistan) 366
카비르사막 415
카슈가르(Kashgar) 186, 192, 267, 268
카슈미르(Kashmir) 141, 276, 367
카슈카 다리야(Kashka Darya) 156, 182, 389
카스피해(海) 69, 75, 275, 335, 372
카이담(Qaidam) 216, 217, 281
카이로(Cairo) 277
카일라크(Cailac) 474, 475
카찬(Kačan) 98
카타-쿠르간(Kata-kurgan) 164
칸카(Kanka) 174, 284
칸푸(Khānfū) 458
칼리니콘(Callinicon) 337
칼리프 제국
캄리지(Khamlydj) 274
캄보자(Kamboja) 123
케다(Kedah) 409
케데르(Keder) 176
케르만(Kirmān) 350
케르치(보스포루스) 해협 358, 361
케시(Kesh) 179, 273, 315, 387, 389, 390, 395, 435
코초(Qočo) 453, 460, 461, 469
코카서스(Caucasus) 276, 297, 344, 346, 348, 350, 352~54, 365, 367, 368, 371, 372, 424~26
  테페(Kök Tépé) 44
쿠루 왕국 123
쿠물(Kumul) 270
쿠반(Kuban) 348
쿠샤니야(Kūšaniyya) 171, 182, 227, 245, 248

쿠샨 왕국/제국 70, 104, 134~36, 145,
　　146, 154, 158, 171, 219, 478, 480
쿠차(庫車) 115, 183, 187, 191~93,
　　200~02, 207, 208, 237, 268, 279, 282,
　　448
쿠탈(Khuttal) 411
쿤두즈(Kunduz) 158
쿤두즈 평원 159
쿰단(Khumdān) 51~53
크라스나야 레츠카(Krasnaja Rečka) 177,
　　297
크라치흐(Kr''cyh) 80
크로라이나(Krorayna) → 누란
크브링크(Kwr'ynk) 79, 88
크테시폰(Ctesiphon) 277, 337
키다라 제국 168~70, 172
키르기스스탄(Kyrgyzstan) 176, 179, 474
키질쿰사막 284

| ㅌ |

타라즈(Tarāz) 177, 437, 471, 472
타만반도 362
타슈켄트(Tashkent) 42, 57, 174, 175,
　　288, 376
타슈쿠르간(Tashkurgan) 130
타지키스탄(Tajikistan) 237, 420
타프로바네(Taprobanê) → 실론
타히르 왕조 388, 431
탁실라(Taxila) 136, 145
탈라스(Talas) 179, 473
탈라스 평원 176
탈라스강(江) 474
탈로칸(Taluqan) 평원 159
탕체(Tankse) 448
태국(Thailand) 144
태원(太原, 옛 이름은 병주[幷州]) 212
테르메즈(Termez) 127, 158, 388, 400
테페 마란잔(Tépé Maranjān) 168
테페 자르가란(Tépé Zargaran) 158, 159

텐샨산맥 42, 174, 178, 193, 200, 234, 235,
　　242, 288, 293, 307, 388, 445, 447,
　　450, 460, 464, 469, 476, 477
토번(吐蕃) 188
토요크(Toyoq) 455
토욕혼(土谷渾) 188
토유크(Toyuk) 194
토칼라(Tokkala) 376
토화라(吐火羅) 269
통킹(Tonkin) → 교지(交趾)
투르크메니스탄(Turkmenistan) 42
투르키스탄(Turkestan) 177, 235, 247, 255,
　　320, 352, 367, 381, 383, 437, 457, 477
투르키스탄산맥 288
투르판(Turfan) 93, 116, 149, 173, 184,
　　189~202, 204, 209, 210, 219, 221,
　　223~25, 227, 241~43, 247, 249, 253,
　　255, 268~70, 273, 278, 282, 302, 308,
　　318, 324, 381, 440, 448, 453~56, 461,
　　463, 464, 467
투하리스탄(Tukharistan) 47, 140, 145,
　　169, 206, 218, 235~37, 254, 269, 270,
　　298, 366, 391, 451
툼슈크(Tumshuq) 192
튀르크(Turk)/튀르크 제국 19, 133, 149,
　　152, 156, 159, 172, 175, 195, 204,
　　205, 241, 266, 270, 282, 287, 293,
　　295~98, 300~02, 304, 306~09, 312,
　　313, 316~19, 321, 330~35, 338~40,
　　344~48, 354, 358, 364, 366, 372, 374,
　　376, 377, 387, 388, 395, 412, 415, 436,
　　441, 443, 446, 451, 452, 454, 455,
　　458, 465, 469~71, 475~77, 479
튀르키예(Türkiye) 283
트란스옥시아나(Transoxiana) 275, 285,
　　286, 371, 383, 385, 386, 388, 389,
　　397, 409, 413~17, 419, 422, 423,
　　427~30, 432~36, 438, 441, 442, 451,
　　471, 472
트무토로칸(T'mutorokan) 276

티무르 제국 480
티베트(Tibet)/티베트 제국 91, 142, 188, 212, 216~18, 267, 280, 320, 329, 381, 423, 439, 440, 444, 445, 448~51, 458, 467
티베트고원 307

| ㅍ |

파나고리아(Phanagoria) 276
파르가나(Farghānā) 437
파르스(Fārs) 274, 350
파르티아(Parthia)/파르티아 제국 43, 45, 57, 59, 64, 65, 67, 68, 70, 73, 76, 107, 127~29, 140, 183, 184, 275, 336
파미르고원 40, 46, 65, 70, 83, 115, 124, 134, 140, 154, 167, 218, 460
파블로프카(Pavlovka) 370
파사(波斯) → 페르시아
파이켄트(Paykent) 165, 166, 169, 171, 229, 243, 246, 283, 390~92, 394~96, 399, 402, 405, 408, 412, 481
파지리크(Pazyryk) 49, 50
파키스탄(Pakistan) 129
판지카트(Panjikath) → 베슈발리크
판지켄트(Panjikent) 165, 166, 169, 171, 172, 175, 182, 219, 237~40, 245, 247, 249, 251, 287, 297, 370, 390, 395, 396, 402, 420, 480
페레셰체피노(Pereščepino) 370
페르가나(Ferghana) 52, 54, 57~59, 66, 72~75, 105, 112, 164, 170, 206, 237, 252, 276, 286, 288, 318, 386, 388, 389, 403, 408, 412, 413, 436, 437, 450, 477
페르가나 계곡 42
페르세폴리스(Persepolis) 46, 47
페르시아(Persia)/페르시아 제국 23, 39, 43, 45, 48, 115, 137~39, 143, 145, 153, 155, 173, 206, 215, 222. 242, 247, 250, 253, 255, 266, 271~75, 277, 278, 309, 312, 334~40, 342, 347, 374, 385, 386, 391~93, 419, 422, 439, 452, 464, 475, 479
페르시아만(灣) 138
평로(平盧) 213, 320
폰투스(Pontus) → 흑해

| ㅎ |

하(何)나라 245, 328
하남(河南) 444
하무카트(Ḥamūkat) 177
하미(Hami) 193, 195, 241, 270
하북(河北) 184, 229, 328, 444
하서(河西) 253, 318
하서회랑(河西回廊) 37, 43, 84, 91, 145, 173, 205, 216, 253, 327, 461
하자르(Khazar)/하자르 제국 276, 360, 361, 364, 365, 370~74, 424, 427
한(漢)나라/한 왕조 53, 54, 58, 60, 62, 63, 72, 82, 92, 94, 103, 105~07, 109, 111, 116, 126, 183, 187, 256, 257
한반도(韓半島) 105, 218, 320, 321, 479
한푸(Hânfû) → 광동(廣東)
할차잔(Halčajan) 47
함양(咸陽) 51
항주(恒州) 212
헤르손(Cherson) 347, 354
헬괴(Helgö) 366
협서성(陝西省) 323
형주(邢州) 212
호라산(Khorasan) 340, 341, 382, 383, 387, 389, 391, 396, 397, 400, 409~12, 418, 427, 428, 431, 433~35, 437~39, 454, 455, 457, 458, 462
호라즘(Khorezm) 20, 42, 66, 67, 74, 75, 175, 206, 270, 271, 276, 280, 287, 297, 340, 350, 353, 365~68, 370, 372~77, 386, 389, 411, 415, 420, 424,

지명 찾아보기 555

426, 428, 429, 431, 443, 451, 463, 475, 477
호북(湖北) 106
호탄(Khotan)/호탄 왕국　83, 94, 100, 101, 126, 135, 136, 145, 152, 186, 188, 189, 216, 217, 267, 268, 275, 280, 443, 464, 467, 477
홀완(Holwân) 338, 339
홍해(紅海, Red Sea) 277
황하(黃河)　60, 205, 211~13, 314, 316, 324
회계(會稽) 327
횡산(橫山) 316
후위(後魏)　106, 152, 304
후잔트(Khujand)　66, 67, 236, 237
후조(後趙) 112
후한(後漢)　106, 107, 113
흉노(匈奴)　52, 53, 60, 62, 64, 72, 79, 83, 167, 168, 174, 304, 305
흑해(黑海, Black Sea)　42, 69, 74~76, 348, 352, 356~63, 478
히말라야(Himalaya)　37, 139, 180
히사르산맥　136, 389
힌두스탄(Hindūstān) 350
힌두쿠시(Hindu Kush)　42, 66, 70, 127, 135, 141, 168